5, rue Cusset - 12000 Rodez
Tél. : 65 73 36 07

Guy Renvoisé

Le Monde du Vin

Art ou Bluff

Nouvelle Édition

EDITIONS
DU
ROUERGUE

À mon épouse qui, depuis près de 36 ans,
arpente patiemment le vignoble français,
dégustant en ma compagnie.
Sans sa précieuse collaboration,
ce livre n'aurait sans doute jamais vu le jour.

PRÉFACE

C'est le merveilleux Olivier Rœllinger qui, le premier, me parla de Guy Renvoisé, m'expliquant qu'il ne connaissait pas amateur de vins plus honnête et plus sûr. J'appris ainsi, peu à peu, que cet homme était le bon génie qui, peu ou prou, avait sans le savoir organisé, ou tout le moins supervisé la plupart de mes extases œnophiliques puisque, de Robuchon à de Bricourt, d'Apicius à l'Ambroisie, de Dutournier à Jacques Cagna ou Faugeron, et de Vézelay à Pont-Aven, passant par Rouen et Joigny, il était bien peu de restaurants prestigieux dont la carte des vins ne porte plus ou moins son empreinte.
Sans le savoir, à l'époque, j'avais même vu sa tête et savouré sa gouaille, lors d'un droit de réponse, au temps béni où Michel Polac lançait chaque semaine un pavé dans la mare télévisuelle.
Or donc, le bruit courait, depuis quelque temps déjà, que Guy Renvoisé écrivait un livre sur le vin ; et plus d'un, je vous l'assure, l'attendaient avec impatience, certains d'y trouver compétence et vérité. Par ailleurs, il n'est pas impossible que d'autres, moins nombreux, je l'espère, en redoutaient la parution.
Le voici, ce livre. Répondant à toutes nos espérances : précis, passionnant, savant, très savant, sans pédantisme (la cuistrerie, chez Renvoisé, est une notion aussi extravagante que la générosité chez un percepteur) ; mais aussi d'un humour parfois féroce, en tous cas formidablement réjouissant, d'une sévérité de bon aloi, parfois d'un lyrisme qui réchauffe le cœur. Bref, un livre plus proche d'un Richebourg, d'un Latour ou d'un Côte-Rôtie de chez Guigal, que d'une bouteille issue de « différents vignobles de la Communauté européenne ».

Renvoisé le fait remarquer : les ouvrages consacrés au vin se traduisent le plus souvent par des satisfecit béats qui, en définitive, mélangent le bon grain et l'ivraie, sans vergogne, soit par incompétence, soit par flagornerie.

Dieu merci ! ce n'est pas le cas ici : on n'y prend pas les vessies pour des lanternes, ni les petites combines de productivité pour le fin du fin de la vinification. Vous qui traficotez, laissez ici toute espérance : vous allez être disséqué, mis à nu et, bien pire, ridiculisé.

Comme seront ridiculisés, mais beaucoup plus gentiment, les Trissotins du tastevin dans le surréalisme de leurs sensations gustatives. Voilà certes un chapitre à pleurer de rire, d'un cœur d'autant meilleur qu'il touche au domaine de la pure futilité et s'attaque à une mode que chacun de nous, je pense, a plus ou moins, à un moment ou à un autre, suivie.

Beaucoup plus grave est l'auteur quand il vous explique comment une administration tantôt tatillonne, tantôt laxiste, mais rarement très compétente, a dangereusement laissé le champ libre à des extensions d'appellation spécifique, qui ont justement fait perdre leur spécificité à ces appellations.

Et l'on touche au kafkaïen, quand Guy Renvoisé évoque, par exemple, les problèmes d'embouteillage ou de bouchonnage !

Bref, on aura compris qu'à chaque détour de page, une révélation, une anecdote, une vérité sèchement assénée, tout cela fruit d'une compétence et d'une somme de connaissances inégalables, font de cet ouvrage a priori didactique un véritable polar vinicole.

Mais sans doute faut-il souligner particulièrement l'amour fou de l'auteur pour l'objet de son étude, cet amour qu'il sait si bien faire partager. Qu'il nous fasse partager aussi une partie de sa science est le mérite le plus éclatant de ce livre indispensable.

À votre santé, mon cher Guy !

Claude Chabrol

AVANT-PROPOS

Les livres sur le vin pullulent. Tous décrivent avec minutie l'ensemble du vignoble français, avec les différentes appellations qui le composent, traitent des méthodes de vinification avec, en prime quelquefois, des adresses de bons récoltants. Certains sont précis et très bien faits ; d'autres accumulent les erreurs, mais tous ont un point commun : ils ne font que louanger ! Alors, me direz-vous, encore un ouvrage sur le même sujet. Je répondrai : pas tout à fait car, contrairement aux autres, je trouve que beaucoup de choses ne vont pas, à commencer par la nouvelle orientation prise par l'INAO en matière d'appellations. Je constate aussi que, depuis un certain temps, le paysage viticole français s'est considérablement dégradé. Ce qui a amené de profondes modifications dans le caractère des grands vins.

Depuis une dizaine d'années, une extraordinaire technologie s'est développée dans les caves. Elle a permis de voiler un gigantesque déficit de la qualité des vendanges, occasionné par l'extension de pratiques peu compatibles, dont les excès d'engrais chimiques qui ont tué totalement la plupart des sols des AOC les plus prestigieuses, la sélection clonale, les rendements aberrants et la machine à vendanger.

Le vigneron pallie, comme il peut, les carences avec le sucre, les levures *, la macération pelliculaire *, les filtrations *, l'élevage en fût neuf et j'en passe... Résultat : un nivellement par le bas. C'est un fait, il n'y a plus de mauvais vins, mais les grandes choses ont presque disparu.

Le viticulteur n'a qu'un désir : faire un vin parfumé et souple, qui puisse se boire vite et surtout plaire aux dégustateurs un peu en vue, pour faire monter la sauce...

Aujourd'hui, un grand vin (il en reste heureusement quelques-uns), qui se présente mal, n'a plus sa place dans une compétition basée sur l'instantané, qui se fait au détriment du terroir *. On se contente de farder...
Il est vrai que le système économique actuel n'encourage pas à faire bien. Les récoltants devront bientôt passer autant d'heures derrière un bureau, s'ils veulent satisfaire aux exigences d'une administration dévorante, que dans la cave, pour élever convenablement leurs vins. Il faut ajouter qu'après avoir travaillé dur tout une vie, en étant tributaires du ciel, ils sont souvent découragés de voir leurs enfants devoir faire des emprunts pour payer des droits de succession hors de proportion avec la transmission de leur outil de travail. Autant de raisons qui expliquent le découragement général qui s'empare de la viticulture.
Cet ouvrage survole succinctement et sans compromission les dix grandes régions viticoles françaises, pour en donner une vision la plus exacte possible, sans pour autant énumérer fastidieusement toutes les AOC qui les composent.
Néanmoins, ce rapide mais complet tour d'horizon permettra à une majorité de récoltants qui vivent pratiquement en vase clos de se familiariser avec les pratiques culturales et œnologiques de collègues éloignés, dont ils connaissent souvent très mal les vins, hormis, bien entendu, un petit noyau d'élites qui n'hésitent pas à voyager chaque année pour déguster dans les caves en vogue, afin de se tenir constamment dans le coup vis-à-vis des journalistes.
Il évite aussi, tout en donnant de précieux conseils pour acheter, de tomber dans le piège de la compilation en ne communiquant pas une liste impressionnante d'adresses que tout le monde ou presque connaît déjà depuis longtemps.
Il ne se veut surtout pas rébarbatif, encore moins technique et consacre une part importante de son contenu au consommateur, qui trouvera matière à s'informer sur beaucoup de points bien précis, tels que :
- les idées préconçues, les écueils à éviter pour jeter les bases de la constitution d'une cave ;
- les dix-huit circuits de commercialisation, entre autres la mystérieuse vente en primeurs pratiquée à Bordeaux, sur laquelle on n'a jamais écrit l'essentiel ;
- l'aménagement de la cave et, plus important, les moyens de l'assurer, de la gérer et surtout de la rentabiliser ;
- le transport des vins : précautions et garanties à prendre ;
- la dégustation actuelle : un art et beaucoup de bluff... ;
- les médailles : savoir minimiser leur importance ;
- le bouchon et surtout les causes de son fameux goût !
- le vin et la santé : de grands professeurs n'hésitent pas à recommander sa consommation... avec modération, il va de soi ;
- les vins les plus spéculatifs ;
- la mise en bouteilles dans les meilleures conditions ;
- les facteurs qui permettent de faire un grand vin ;
- les accords gourmands ;
- les causes pour lesquelles les pouvoirs publics veulent rendre l'amateur de vins responsable de tous les maux ?
Bien que faisant la part belle aux consommateurs, il n'en oublie pas pour autant les

vignerons, tout en sachant par avance que les récoltants qui sont obnubilés par la rentabilité à tout prix, ne partageront pas totalement ma vision des choses sur certaines de mes options, guidées pourtant par un seul objectif « la recherche du bon vin ». Je souhaite cependant qu'ils trouvent matière à réflexion, en parcourant des sujets qui les concernent directement, comme :
- la destruction des sols due aux abus d'engrais ;
- l'érosion alarmante de beaucoup de vignobles en coteaux ;
- le développement inconsidéré du désherbage chimique ;
- une certaine uniformisation des vins, qui repose en partie sur une sélection clonale mal utilisée ;
- l'extension incessante et insensée de la plupart des AOC ;
- la multiplication des traitements, pour tenter en vain de suppléer aux carences de la vigne, provoquée par les erreurs de l'homme ;
- l'incidence des rendements élevés, cause de la baisse de niveau des vins de France ;
- la machine à vendanger, qui fait plus de mal que de bien à la qualité ;
- l'abus du bois neuf, utilisé à tort et à travers pour farder les petits vins, en faussant le goût du consommateur.

Pour faire bonne mesure et créer l'équilibre, afin de rester objectif, d'autres aspects de la viticulture – sur lesquels je suis presque assuré de faire l'unanimité chez les producteurs – sont développés :
- la bureaucratie actuelle, ce cancer qui ronge les récoltants ;
- l'inadaptation de la fiscalité plus préjudiciable que bénéfique aux grands vins ;
- l'Union européenne et son cortège de tracasseries, qui vont aller en empirant ;
- les espèces de « magouilles » de la SAFER, organisme qui a été souvent plus néfaste qu'utile ;
- les droits de succession exorbitants, appliqués par un État qui, petit à petit, livrera les jeunes viticulteurs pieds et poings liés aux multinationales et aux capitaux étrangers ;
- et, enfin l'étatisation de l'INAO, qui semble aller à l'encontre de son but initial, en devenant aujourd'hui le promoteur du développement anarchique des AOC.

Autant de sujets, méritant d'être mieux approfondis, tant par les milieux professionnels que pour le modeste consommateur.

Une quarantaine de photos, illustrant ce livre, viennent corroborer la véracité de mon texte. Leur découverte stoppera sans doute un peu l'élan de ceux qui pensent que toute vérité n'est pas bonne à dire.

(*) Les mots suivis d'une étoile, qui appelaient des précisions, sont répertoriés au lexique placé en fin d'ouvrage, page 356.

une civilisation millénaire

LA VIGNE : DE L'EMPIRE ROMAIN À NOS JOURS

Héritier d'une civilisation millénaire, qui doit beaucoup à l'Église du Moyen Âge, le vignoble français plonge ses racines dans les conquêtes des peuples méditerranéens. Cinq siècles avant notre ère, donc bien antérieurement à la conquête romaine, il semble que ce soient les Phocéens, fondateurs de Massilia (Marseille) qui apportèrent sur le sol de la Gaule les premiers ceps de vignes.

Le véritable développement des terroirs viticoles, leur prolifération et leur épanouissement sont très profondément liés à la romanisation de la Gaule et à sa romanité. En encourageant la culture de la vigne, Rome y a introduit plusieurs caractéristiques, qui sont demeurées jusqu'à nous : son expérience de la juridiction et de la législation et il ne faut pas oublier que la Rome impériale était très jouisseuse et surtout qu'elle avait le sens du prestige ainsi que l'amour du vin.

Cela n'empêcha cependant pas l'empereur Domitien, en l'an 92, d'ordonner l'arrachage de plus de la moitié des terres à vignes de la Gaule, sans doute pour éviter aux producteurs romains d'avoir à subir la concurrence. Mais il avait surtout éprouvé de vives craintes à la suite de la diminution des emblavures * pour le futur approvisionnement de Rome.

Pour la petite histoire, rappelons que dans les légions romaines l'emblème des centurions était un cep de vigne.

En 280, un autre empereur, Probus, abolit l'édit de Domitien et autorisa à nouveau les plantations de vignes en Gaule.
Tous les manuels du vin citent ces deux empereurs, mais, curieusement, passent sous silence l'empereur Constantin Ier qui, par l'édit de Milan en 313, garantit aux chrétiens une tolérance qui équivalait à la reconnaissance du christianisme comme religion d'État. C'est sous son règne que la culture de la vigne s'intensifia, le vin remplaçant la bière qui, jusqu'alors, avait été la boisson nationale des Gaulois, inventeurs du tonneau pour la transporter, alors qu'à Rome, malgré une civilisation beaucoup plus avancée, on utilisait essentiellement des outres en peau et les amphores en terre cuite.
Les invasions barbares des Ve et VIe siècles réduisirent à néant tous ces efforts. Parce que les assaillants ne purent y propager le feu comme dans les moissons, quelques vignes survécurent, mais le désastre était tel qu'il fallut replanter partout. Le renouveau vint de l'Église dont les premiers évêques eurent besoin de vin pour célébrer l'eucharistie. L'évangélisation des campagnes, qui débuta avant la chute de Rome, se poursuivit sous les Francs puis surtout sous les Carolingiens (VIIe siècle) avec la création de monastères et d'abbayes. Partout où on entendait la messe, poussa la vigne. Les troubles n'ayant point cessé, les religieux cherchèrent à protéger les récoltes : le vin trouva refuge dans des souterrains, à l'abri des regards indiscrets. Ainsi naquit sans doute la cave.
Tout au long du Moyen Âge, prenant appui sur le rayonnement de l'Église, le vignoble français se développa et se perfectionna. Pour leurs fondations, les ordres bénéficièrent de dotations grâce auxquelles se constituèrent les terroirs prestigieux.
Mais il faut attendre les Xe et XIe siècles, avec le foisonnement des églises romanes et la prospérité des grandes abbayes – souvenons-nous pour la seule Bourgogne de Pontigny, Cîteaux, Tournus et Cluny – pour voir le clergé exercer une véritable domination sur les meilleurs terroirs, en contribuant à la propagation du vin.
Presque tous les ordres religieux ont travaillé la vigne, mais ce sont surtout les bénédictins et les cisterciens qui ont véritablement contribué au développement de la viticulture, et formé ce qui constituerait huit siècles plus tard les grandes AOC actuelles. Les premiers s'imposèrent en Alsace, dans le Sud-Ouest, dans les Côtes du Rhône, en Touraine, plus particulièrement en Bourgogne (prieuré de Saint-Vivant, abbaye de Cluny et clos de Bèze) et surtout, beaucoup plus tard, en Champagne à l'abbaye d'Hautvillers où œuvra le célèbre dom Pérignon. De nombreux clos * ou lieux-dits témoignent encore aujourd'hui du passage des ecclésiastiques : la Roche aux Moines à Savennières, le Cellier aux Moines à Givry, la Combe aux Moines à Gevrey Chambertin, etc. Les cisterciens furent les pionniers d'une grande partie du vignoble bourguignon actuel : leurs points forts étaient l'abbaye de Pontigny en 1147 (Chablis) et surtout le clos de Vougeot, dont la création remonte à 1120. Bien qu'ils aient joué un rôle moins efficace dans la viticulture, les austères pères chartreux furent aussi propagateurs du vin ; on les retrouve en 1381 à Beaune, en 1383 à Bordeaux et surtout à Cahors. On ne saurait oublier les ordres féminins tout aussi experts. Les bénédictines de Saint-André-de-Provence nous ont légué le gigondas et les abbesses de Château-Châlon, le vin de paille et le vin jaune. Sans leur contribution, la viticulture française se serait certes développée, mais beaucoup plus lentement.
En instaurant l'indulgence au XIIIe siècle, l'Église accrut encore son domaine viticole grâce aux legs que lui firent les bourgeois et nobles en échange d'une place au Paradis

à l'heure du Jugement dernier. Il est vrai qu'il n'en coûtait guère aux religieux de faire des promesses, assorties de félicités célestes, aux apeurés de l'heure dernière, en contrepartie de quelques arpents de vignes bien placées, qui permettaient à l'Église, avec l'aide de Dieu, de procéder habilement aux premiers remembrements avant la lettre ! Elle put mettre le vignoble en valeur grâce à une main-d'œuvre abondante, peu coûteuse et corvéable à merci, dont elle disposait dans les villages, et au travail désintéressé des préposés au cellier, qui s'évertuaient à élever patiemment le vin dans les meilleures conditions. Enfin, le système féodal l'avantageait, car elle prélevait la dîme – dixième partie de la récolte – en vin et percevait des droits pour l'utilisation du pressoir banal.
À cette époque, les religieux connaissaient déjà le principe fondamental, selon lequel les vignes plantées sur les sols les moins fertiles donnent les meilleurs vins. Mus par une sorte d'instinct, ils avaient conscience des facteurs agronomiques qui font que certains vins sont supérieurs à d'autres. La preuve : les bons moines surmontaient allégrement les distances et les pires difficultés d'accès, pour s'installer aux emplacements les plus favorables, comme le Clos de Vougeot, le Chablisien, les meilleurs coteaux alsaciens, Château-Châlon, Cahors et L'Hermitage, pour ne nommer que quelques sites.
La religion jouait aussi un rôle hospitalier. Les abbayes avaient mission d'héberger les pèlerins, d'accueillir les voyageurs, les hôtes de marque et les grands du royaume. Parmi les devoirs de l'hospitalité, venaient en premier chef ceux de la nourriture, du vin et du coucher. Tous les anciens écrits insistent sur ce point : il fallait bien traiter les personnalités, mais aussi tous les humbles qui demandaient asile et protection ou simplement refuge et surtout leur donner convenablement à boire, ce qui était l'usage. Très rapidement, cette attribution se renforça d'un rôle somptuaire : puisque l'on devait bien recevoir dans ces lieux ouverts à tous, pourquoi ne pas y associer la consécration du vin. Il est vrai que nous sommes au haut Moyen Âge, où se situe le vrai départ de la viticulture française.
La société féodale d'alors manifestait aussi un net penchant pour le bon vin. Lorsqu'ils se déplaçaient de château en château, les rois de France emmenaient parfois leurs crus favoris, puisant dans leurs réserves pour donner des fêtes ou honorer des invités. De vieux ouvrages mentionnent de somptueux cadeaux de pièces ou de queues de vin (ancienne mesure d'un muid * et demi) offerts par les papes, les monarques, les évêques et les seigneurs. En ce temps-là, le vin voyageait beaucoup moins qu'aujourd'hui, car l'insécurité régnait sur les routes, tandis que le transport par voie fluviale comportait de nombreux risques. Aussi, certains vignobles en étaient-ils réduits à l'autoconsommation, incapables de vendre leur production. Ceux qui se trouvaient sur un lieu de passage ou proches d'un port purent exporter. À partir des XIIe et XIIIe siècles, des villes comme Autun, Colmar, Avignon, Reims, La Rochelle et Bordeaux furent étroitement associées aux marchands de vins, ancêtres du négoce actuel. Leurs réseaux de relations s'étendirent vite au-delà de ce cercle pour annexer le monde des puissants. Jusqu'au déclenchement de la guerre de Cent Ans (XIVe siècle), le vin de Bordeaux occupa une place importante dans les relations entre la France et l'Angleterre.
Le professeur Branas, pour définir cette viticulture lors du Congrès international Vigne et Vin au Cap en Afrique du Sud le 28 octobre 1983, employa une belle image ; il la qualifia de « transparente ». Il faut dire qu'elle était orientée vers l'obtention des

vendanges les plus sucrées (la chaptalisation * n'existait pas encore), afin de produire les vins les plus agréables.
Précédée par les famines de 1316-1317 qui affaiblirent les campagnes, la guerre de Cent Ans chassa la prospérité et stoppa l'essor de la classe marchande. Des bandes de pillards brûlèrent et détruisirent à nouveau les récoltes. La vigne en souffrit, et ne s'en releva que sous le règne de Louis XIV, après avoir subi les troubles des guerres de religion. Le Roi-Soleil avouait son attirance pour la bonne chère et les grands vins, notamment de Bourgogne. Bien que sans doute plus gourmand que gourmet, il avait cependant anobli Jean de la Quintinie qui lui fut présenté par Colbert, après l'avoir fait directeur des jardins fruitiers et potagers des maisons royales ; ce qui dénotait un penchant pour la table. Alors que tout semblait aller mieux, survint une catastrophe : le terrible hiver de 1709, si froid que la mer gela, portant un coup fatal au vignoble. À nouveau, on dut pratiquement tout replanter. Ce fut le signal d'une série de troubles futurs.

DE L'ÂGE D'OR À LA RUINE

Arriva ensuite 1789, époque de la Révolution, libérant la paysannerie française et donc les viticulteurs d'un certain nombre de contraintes et de servitudes multi-séculaires, comme la dîme et le pressoir banal. On a souvent écrit que l'on a donné aux paysans la terre qu'ils cultivaient. Pour être totalement objectifs, disons que les choses ne se sont pas passées exactement comme cela. Il est vrai que les propriétés épiscopales ont bien été restituées, mais on oublie de préciser que la Révolution « quoique bonne fille pleine de vertus » n'a pas fait de tels cadeaux aux vignerons. Toutes les terres ayant appartenu à l'Église ont été revendues en tant que « biens nationaux ». Certains ont eu la possibilité d'en acheter, mais pas systématiquement ceux qui la cultivaient auparavant et pour cause : avec quel argent auraient-ils pu s'offrir un tel patrimoine ? Il ne faut pas oublier qu'à cette époque la paysannerie était très pauvre. Dans la plupart des cas, ce sont des bourgeois cossus qui ont remplacé le clergé ; quant aux paysans, ils ont simplement changé de maîtres, mais pas toujours de condition.
Dans le même temps, l'extension des surfaces continuait anarchiquement, stimulée par l'absence de législation créée par la suppression des règles en vigueur sous l'Ancien Régime. Il s'ensuivit beaucoup de plantations sur des sols impropres à la culture de la vigne. Au lendemain de l'épopée napoléonienne, tout à fait au début de la période de la Restauration, la toute récente noblesse d'Empire et une bourgeoisie opulente qui s'était très largement rempli les poches pendant les guerres avaient maintenant soif de plaisir et découvraient l'art du bien manger et du bien boire. C'est à partir de cette époque que commencèrent à se créer un certain nombre de restaurants connus.
Le Second Empire correspond à l'âge d'or. Vers 1850, la vigne s'étendait en France sur 2,2 millions d'hectares et occupait le second rang des cultures après les céréales. Les vignerons n'avaient à craindre sporadiquement que les rigueurs du climat (gelée ou grêle), les dommages intermittents de certains parasites connus depuis l'Antiquité et le redoutable collecteur d'impôts… Il existait sans doute certaines maladies physiologiques, qui n'avaient pas encore été identifiées, mais leurs dégâts devaient être insignifiants. Les méthodes de lutte étaient essentiellement d'ordre cultural ; choix des

meilleures situations topographiques, modes de conduite orientés vers la qualité des produits en faisant appel à des procédés physiques comme l'ébouillantage contre la pyrale * ou le ramassage des insectes et le comptage des papillons, etc. Il n'y avait pas de protection chimique : la vigne était réellement conduite en « culture naturelle ».
Pour endiguer la grande pagaille qui sévissait à l'époque, les milieux viticoles trouvèrent en Napoléon III un ardent défenseur. L'Empereur organisa à Paris une exposition universelle qui amena, indirectement, le classement des crus du Médoc en 1855, et confia au savant Louis Pasteur le soin d'étudier les différentes maladies du vin, notamment les mécanismes de la fermentation qui transformaient de bons crus en breuvages aigres, piqués ou tournés. La production annuelle dépassait 50 millions d'hectolitres qui trouvaient facilement preneurs en France – grâce à l'urbanisation, au développement du chemin de fer et à l'amélioration du réseau routier –, mais aussi à l'étranger. En 1874, les superficies culminèrent avec 2,45 millions d'hectares ; l'année suivante, les volumes atteignirent 84 millions d'hectolitres avec des rendements oscillant entre 13 et 35 hectolitres à l'hectare.
La viticulture commerciale semblait donc de nouveau appelée à un avenir florissant. Malheureusement, cette seconde moitié du XIXe siècle fut non seulement endeuillée par la redoutable guerre de 1870, mais aussi par l'apparition successive de quatre redoutables parasites (insectes et champignons) en provenance des États-Unis, qui furent cause du plus grand désastre de tous les temps dans la viticulture.
La première agression se manifesta sous la forme d'un champignon microscopique, l'oïdium, qui avait été bien malencontreusement introduit en France avec des plants importés d'Amérique du Nord en 1848 par des vignerons du Languedoc, faisant ainsi rentrer imprudemment le loup dans la bergerie. Dès 1852, le champignon s'attaque à trois grands vignobles réputés : le Bordelais, la Bourgogne et les Côtes du Rhône. En 1856, la maladie redouble d'intensité, détruisant plus de 30 % des récoltes, obligeant les vignerons l'année suivante à commencer d'employer régulièrement des produits chimiques (cuivre et soufre) pour la combattre. C'est de là que remonte la technique des premiers soufrages. Ils marquèrent un changement dans les méthodes de culture, bouleversant les pratiques ancestrales qui se limitaient à quelques procédés rudimentaires.
Surpris par cette offensive de l'oïdium (1852-1862), les viticulteurs français cherchèrent à se procurer des variétés plus résistantes parmi les espèces américaines, important des boutures ou des plants racinés, capables d'affronter le champignon. Hélas ! ils furent loin d'obtenir l'effet escompté, car les nouvelles espèces, qui étaient extrêmement sensibles au phylloxéra, en furent vraisemblablement le véhicule porteur en Europe.
Le phylloxéra est un minuscule puceron, étudié et décrit pour la première fois en France par Planchon en 1868, dont la présence dans les vignes se manifeste sous deux formes : les sexués et les asexués qui, à l'instar des abeilles ou des pucerons, se reproduisent par parthénogenèse en pondant un très grand nombre d'œufs. On sait à peu près avec certitude que l'insecte destructeur s'est introduit en France sur des plants racinés, venant de New York à Roquemaure, et qu'il se multiplia dans la pépinière des frères Audibert à Tonnelle près de Tarascon avant d'envahir l'ensemble du vignoble français. En 1865, la maladie fut constatée pour la première fois officiellement à Roquemaure. Quatre ans plus tard, le phylloxéra se trouvait déjà à Meursault en Côte-d'Or. Puis tout alla très vite, puisqu'en 1878, le ministère de l'Agriculture signala 39 départements touchés

pour une superficie de 2 114 891 ha. Devant l'ampleur du sinistre, l'État prit en charge les dépenses occasionnées par le traitement des vignes, la loi du 18 juillet 1878 confirmant cet engagement.

Le phylloxéra continua inexorablement sa sinistre progression, au point qu'au début du siècle la France entière était envahie (73 départements). En 1900 paraissait au *Journal officiel de la République française* une nouvelle loi datée du 20 décembre. Elle précisait que dans les départements déclarés atteints par le phylloxéra les terrains plantés ou replantés en vignes âgées de moins de quatre ans lors de la promulgation de la loi seraient exempts de l'impôt foncier.

Pour lutter contre le phylloxéra, on employa sans grand succès plusieurs techniques culturales ou chimiques :

- les plantations dans le sable : elles n'offraient que des possibilités très limitées car elles ne concernaient qu'un faible pourcentage de terrains. Son effet le plus spectaculaire eut lieu sur le prix des terres auparavant sans valeur qui, de 100 francs l'hectare, passèrent à 10 000 francs-or ;
- la submersion : c'était un autre procédé de lutte, fondé sur une donnée physiologique, aussi simple que la découverte d'Archimède. Le puceron est organisé pour vivre dans l'air et non dans l'eau. En effet, lors de la submersion, l'eau agit mécaniquement ; par son poids, elle chasse les molécules d'air contenues dans la terre et l'insecte, ne trouvant plus l'oxygène dont il a besoin, meurt par asphyxie. Cette méthode rencontra d'énormes difficultés d'application, au point qu'elle apportait au viticulteur beaucoup plus de désagréments que d'avantages ;
- le sulfure de carbone : on tenta également d'enrayer le phylloxéra grâce aux méthodes chimiques, en insufflant, à l'aide de pals injecteurs, du sulfure de carbone dans les sols phylloxérés. Ce travail manuel était très pénible, mais il faut dire qu'à l'époque la main-d'œuvre était abondante, forte et peu rémunérée. En Bourgogne, la célèbre Romanée-Conti fut protégée par ce procédé jusqu'en 1944, date à laquelle ses anciennes vignes furent arrachées.

Depuis l'invasion de l'oïdium et du phylloxéra, on s'attendait un peu à l'apparition d'une autre maladie cryptogamique *, le mildiou paraissant avoir de tout temps existé en Amérique du Nord. Les récoltants voulaient résolument rester optimistes, mais, c'est bien connu, un malheur n'arrive jamais seul. En 1879, le nouveau mal était repéré en Saône-et-Loire et dans la Gironde. À partir de 1880, il se répandait à une vitesse fulgurante à travers l'Europe. À sa rapidité d'extension, ce champignon nouveau alliait une puissance de destruction, qui le fit redouter des vignerons désemparés et déjà préoccupés par les ravages du phylloxéra. Les faibles récoltes de la décennie de 1880 témoignent de la superposition de ces deux cataclysmes, le mot n'est pas trop fort.

On ne sait comment un autre champignon ascomycète, le black-rot, très anciennement connu sur les vignes sauvages américaines de l'est des Montagnes Rocheuses, avait pu, lui aussi, parvenir jusqu'en France. Toujours est-il qu'il apparut le 15 juillet 1885 sur une vigne d'aramon du Gard et n'en resta pas là !

Dans la lutte contre ces maladies, le laboratoire de viticulture de l'École nationale supérieure agronomique de Montpellier joua un rôle prépondérant grâce aux travaux de ses sommités : les professeurs G. Foex, P. Viala (à qui l'on doit une splendide ampélographie *), L. Ravaz, Alexis Millardet et Ulysse Gayon, ces derniers, pères de la fameuse bouillie bordelaise, mise au point en 1883. La Compagnie des chemins de fer de Paris-Lyon-Méditerranée (PLM) apporta bénévolement son concours pour sauver le vignoble, qui eut à affronter au cours des trente dernières années du XIXe siècle les attaques simultanées de ces quatre prédateurs impitoyables.

Le cheval

Avec nostalgie, on pense parfois au bon vieux temps où le cheval était roi, mais, comme me le rappelait mon copain, le regretté Georges Mugneret, tout le monde, jeunes viticulteurs en tête, oublie que son règne a été extrêmement court.
Avant la reconstitution post-phylloxérique, lorsque les ceps étaient conduits en foule, il lui était impossible de pénétrer dans les parcelles pour y effectuer le moindre travail. C'est seulement à partir des années 1890, lors de l'apparition des premières vignes palissées, qu'il a pu participer à toutes les opérations d'entretien du vignoble. Cela n'a duré qu'une bonne soixantaine d'années, puisqu'il a commencé à progressivement régresser avec l'arrivée sur le marché des premiers tracteurs enjambeurs (1952) et – si l'on excepte de rares passéistes ou écologistes purs et durs – a totalement disparu du paysage viticole lors de la mécanisation totale aux environs de 1962. Au début du XXe siècle, le vigneron n'était souvent qu'un bien modeste travailleur de la terre (au sens noble du terme), cultivant avec amour et respect les quelques arpents de vigne durement acquis par ses parents, avec, pour unique compagnon, son valeureux cheval (parfois même pour les plus déshérités un mulet ou un bœuf), dont le maigre fumier servait à amender tant bien que mal les vieux ceps que l'homme connaissait aussi bien que ses enfants et que l'animal ne maltraitait jamais. Il arrivait notamment, lors des travaux de décavaillonnage, que le soc de l'araire en accroche un, aussitôt, de lui-même, le cheval s'arrêtait. Il n'en est malheureusement pas de même maintenant : avec la mécanique il faut que ça passe ou ça casse !
Elle était pourtant belle cette période, où l'on entendait entre les rangs de vignes un langage aujourd'hui oublié entre l'homme et l'animal. Elle rappelle tristement le souvenir d'une génération trop tôt disparue, avant même d'avoir pu transmettre son savoir. C'était le temps du sociable : pendant le travail, on pouvait encore se parler entre collègues d'une vigne à l'autre. Actuellement, avec les décibels des engins, les tenues de cosmonautes et les nuages toxiques des produits de traitement, non seulement on ne s'entend plus, mais on ne se voit même pas.

LA RENAISSANCE DU VIGNOBLE

Alors qu'elles causèrent la destruction du vignoble français, les vignes américaines permirent paradoxalement sa renaissance. Planchon ramena des États-Unis des plants capables de survivre aux attaques du phylloxéra, tandis que le botaniste Alexis Millardet établit, entre 1870 et 1880, une « échelle de résistance » des cépages américains et observa que seules quelques espèces possédaient cette propriété héréditaire. Sa démonstration ne parut pas convaincre tous les vignerons qui se partagèrent en trois clans : les partisans du plant américain greffé, les défenseurs du traitement par le sulfure de carbone et les adeptes d'une reconversion par les hybrides *.
Au cours des années 1885-1890, Alexis Millardet mit définitivement au point des porte-greffes bien adaptés aux différents cépages du terroir * français. On finit par admettre que c'était la seule solution efficace. Son succès ne fut véritablement assuré que lorsque le gouvernement décida au mois de décembre 1887 d'exonérer de la fiscalité les vignobles nouvellement plantés.
Au cours des vingt dernières années du XIXe siècle, les surfaces replantées atteignirent 962 000 ha. Ce sont ces vignes que l'on désigne sous le nom de porte-greffes. La reconquête passa par un changement des méthodes de culture : le provignage – procédé voisin

du marcottage * – fut délaissé au profit du greffage * qui rendit plus difficile le remplacement des ceps manquants. La densité des pieds évolua, le renouvellement permettant des plantations en rangs, que le vigneron pourrait ensuite palisser, afin de faciliter son travail. De 30 000 pieds à l'hectare, la densité passa, selon les régions de 7 000, à 10 000, tandis que l'on désertait les coteaux escarpés – producteurs des meilleurs crus – pour les plaines et une qualité moindre des vins.

La reconstitution du patrimoine viticole français coûta très cher aux contribuables, qui allaient devoir régler, par le truchement des impôts, une des plus lourdes additions de toute leur histoire ; elle se montait à plus de 20 millions de francs-or. Aux pertes financières, il fallait ajouter les frais de reconstitution des plantations, auxquels s'additionnèrent les recettes perdues faute de récoltes (vieux ceps mourants et jeunes vignes encore improductives) et l'importation de vins de table pour couvrir la consommation intérieure. Cette crise confirma l'évolution qui se dessinait.

En effet, après le Second Empire, on assiste à la coexistence de deux types de vignobles que tout opposait, l'un produisant des quantités industrielles de vins rouges de consommation courante très prisés du monde ouvrier de l'époque – le Languedoc fournissant plus de la moitié de la production nationale – et l'autre artisanal, issu de prestigieux terroirs tels que : Champagne, Bordelais, Bourgogne et Côtes du Rhône, où les récoltants étaient plus soucieux de la qualité que du rendement. C'est sur celui-ci que reposait l'essentiel des exportations. Le premier, au début du XXe siècle, connut de graves difficultés en raison d'une mévente persistante, encore aggravée par l'arrivée massive sur le marché de vins plus structurés en provenance d'Algérie. Ce fut à l'origine de la révolte du « Midi rouge » en 1907.

Après la reconstitution post-phylloxérique, le vignoble français devait subir encore bien des vicissitudes. Il y eut la guerre de 1914-1918, longue et meurtrière, qui priva les vignes de main-d'œuvre : des propriétés furent abandonnées, d'autres en partie délaissées, leur exploitation n'étant plus assurée que par des femmes et quelques vieillards valides. Il faut aussi ajouter la pénurie de produits de traitement. Après la signature de l'armistice, il fallut relever les domaines, remettre en état les vignes – dont beaucoup étaient redevenues sauvages et envahies par les mauvaises herbes –, les caves, la futaille et le matériel vinaire.

La production baissa considérablement en volume, mais aussi en qualité, pendant plusieurs années à l'exception du millésime 1921 qui donna du baume au cœur.

À peine le vignoble redressait-il la tête que survint une autre guerre, fragilisant un équilibre précaire. Les années d'occupation (1939-1945) furent, dans l'ensemble, de petits millésimes. L'indispensable sucre manquait pour corriger les défauts de la nature. Après la Libération, une nouvelle catastrophe surgit : le gel très tardif (fin mai) de 1945 détruisit près de 90 % des vignes. Celles qui furent épargnées produisirent néanmoins un vin exceptionnel.

Après la dernière guerre, une profession en plein essor, malheureusement pas contrôlée, celle des pépiniéristes, fit florès au détriment des vignerons. Les pépiniéristes étaient en effet entièrement libres de cultiver et de greffer les variétés de leur choix, qu'ils proposaient à une clientèle manquant de connaissances pour juger sainement de la sélection des porte-greffes et reconnaître les bons plants. Il s'ensuivit beaucoup d'abus : pratiquement jamais vérifiés sanitairement, ces greffés-soudés amenaient une

recrudescence de maladies virales. Ils furent pourtant longtemps vendus par des professionnels sans scrupules, qui se contentaient d'orienter les acheteurs en fonction de leurs disponibilités du moment. Hormis les vignerons faisant eux-mêmes leurs greffons par la sélection massale, la plupart des autres, ignorant ces problèmes, les replantaient en toute bonne foi. Ils s'apercevaient ensuite, au bout de très peu d'années, que les vignes récemment reconstituées étaient souvent celles qui étaient les plus malades. Il fallait à nouveau tout recommencer, d'où l'augmentation des charges d'exploitation, une accélération prématurée du vieillissement du vignoble et une baisse constante de la qualité dans beaucoup de grandes appellations.
Conscient du phénomène, pour pallier ces inconvénients, l'État créa enfin une section de contrôle des bois et des plants de vigne, mission maintenant confiée à l'ONIVIN, qui a accompli depuis un travail digne d'éloges. C'est de là qu'est partie la sélection clonale qui, malgré les inconvénients, permet, grâce au test Élisa [1], de dépister, entre autres maladies redoutables, le court noué [2] et le virus de l'enroulement [3], tous deux pratiquement impossibles à déceler visuellement lors d'une replantation.
En dépit des trois grands millésimes 1947, 1949 et 1959 (le dernier survenant après le terrible hiver de 1956), la viticulture ne commença à retrouver la prospérité qu'après 1961, et encore de manière intermittente. Elle s'ouvre désormais à l'ère de la mécanisation et de la technologie, avec ce que cela apporte de positif et de négatif, entre autres la machine à vendanger, la filtration * et l'osmose inverse * dont il faut pourtant bien s'accommoder aujourd'hui.

Les hybrides * producteurs directs

Après les ravages du phylloxéra, les hybrides ont longtemps contribué à maintenir, tant bien que mal, le vignoble en production. Aux yeux de certains vignerons, ces producteurs directs n'avaient que des qualités : ils résistaient aux maladies, s'adaptaient à tous les sols et à tous les climats, ne demandaient aucun soin particulier et donnaient du raisin à profusion. Les anciens se rappellent du noah, de l'oberlin ou du baco, pour ne citer que les principaux. Le vin issu des hybrides titrait toujours un fort degré, mais il n'était pas très bon, voire même foxé (caractère aromatique très spécial que l'on trouve dans les vins issus d'hybrides. Ce goût se situe bizarrement entre l'odeur fauve du renard et celle de la framboise). On constata bientôt qu'il comportait une forte teneur en méthanol, dangereuse pour l'homme. Faute de mieux, beaucoup s'en contentèrent longtemps. Après tout, c'était quand même du pur jus de la vigne, 100 % naturel ! On assista même à leur prolifération au cours de la première moitié du XXe siècle. Alors qu'ils ne couvraient qu'environ 50 000 ha en 1900, ils passèrent à 402 147 ha en 1958, occupant presque 30 % des surfaces plantées. Cette progression n'allait pas de pair avec la qualité. Il fut un temps où de nombreux crus classés du Médoc, et non des moindres, possédaient dans leur encépagement un fort pourcentage de producteurs directs. On les utilisait comme vin de coupage *. Quoi de mieux pour requinquer un cabernet souffreteux qu'un doigt de noah à 16 ° !
Un jour, le gouvernement, pour préserver la qualité des AOC, fit voter une loi exigeant l'arrachage immédiat des hybrides et combattit la fraude, grâce à une brillante découverte de Pascal Ribéreau-Gayon, qui permettait désormais, grâce à la chromatographie en phase liquide, de détecter leur présence dans des échantillons. Aujourd'hui, ils sont complètement marginalisés, en n'occupant qu'à peine 5 % du vignoble. En dehors de l'Armagnac où le baco est recommandé, ils se cachent souvent au-dessus de nos têtes, en procurant une ombre bienfaitrice aux heureux propriétaires d'une tonnelle !

---

(1) Test de laboratoire permettant de déceler tous les virus d'un porte-greffe.
(2) Maladie virale la plus grave, provoquant la dégénérescence des pieds de vigne.
(3) Autre maladie virale ayant des effets négatifs sur la maturation du raisin, entraînant surtout une importante perte de sucre.

CHAPITRE I

le sol et le sous-sol

LE DRAINAGE NATUREL INFLUENCE FAVORABLEMENT LES GRANDS TERROIRS

Les progrès accomplis par la science nous permettent de savoir maintenant avec précision que, pour produire des très grands vins, il n'y a pas de formation géologique meilleure qu'une autre. Actuellement, on ne connaît pas un seul constituant ou élément du sol dont on puisse affirmer avec certitude qu'il est un facteur indiscutable de la qualité. Le seul avec lequel elle est souvent associée est le calcaire actif ; ce qui n'a rien d'étonnant, puisque, à l'échelle mondiale, de nombreux vignobles réputés sont établis sur des roches mères calcaires et que l'abondance du calcium est un facteur bien connu de l'amélioration structurale des sols.
Bien que de plus en plus connue, la science géologique recèle toujours une petite part de mystère, raison pour laquelle il faut faire preuve de la plus grande circonspection lorsqu'on avance une nouvelle affirmation sur la structure tectonique de l'écorce terrestre. Dans l'état actuel de la recherche, il subsiste un certain nombre d'éléments qui échappent aux scientifiques. N'oublions pas qu'il existe sans doute encore aujourd'hui dans le monde des terroirs peut-être équivalents voire meilleurs que ceux déjà répertoriés. L'inventaire exhaustif est, en effet, loin d'être entièrement réalisé.
Néanmoins, grâce aux remarquables travaux du professeur Seguin de l'université de Bordeaux, on sait maintenant que les grands terroirs sont définis depuis des siècles par

un régime hydrique naturel et régulier, qui a au moins autant d'importance que la structure géologique qui les compose. Avec la diversité de ses très grands terroirs, le vignoble français semble tout à fait illustrer cette théorie, en produisant des crus tout aussi remarquables les uns que les autres, sur des sols pourtant très différents.
- En Alsace, les grands crus offrent à eux seuls tout un éventail de sols : schistes au Kastelberg d'Andlau, granit au Brand de Turckheim, grès rougeâtre au Kitterlé de Guebwiller, roches volcaniques au Rangen de Thann, etc. ;
- dans le Bordelais, le Château Haut-Brion campe sur des graves ainsi d'ailleurs que le Château Latour en Médoc. À Saint-Émilion, le vignoble de Château Ausone est planté en partie sur le rocher calcaire alors que, contre toute logique, le meilleur cru de Pomerol, Pétrus, repose sur de l'argile lourde ;
- les Côtes du Rhône n'échappent pas à la règle : les vignobles de l'Hermitage et de la Côte-Rôtie se situent sur des schistes désagrégés (comme d'ailleurs la célèbre Coulée de Serrant du Val de Loire) tandis que les meilleurs Châteauneuf-du-Pape sont issus de vignes poussant sur les galets roulés et la molasse marine (exception faite pour le Château Rayas, situé sur un sol léger, plutôt siliceux) ;
- en Bourgogne, les grands crus prestigieux de Chambertin, Chambertin Clos de Bèze et Musigny trouvent leurs assises sur des sols argilo-calcaires où domine le calcaire dur ;
- les grands champagnes tirent leur finesse d'un sol crayeux à bélemnite à peine fertile ;
- dans le Jura, l'incomparable Château-Châlon, issu du savagnin, a son terroir * d'élection sur les lias (marne bleue).
D'autres exemples pourraient aisément compléter cette liste.
Tous ces grands vins exceptionnels, lorsqu'ils ont été très bien vinifiés, présentent bien entendu des caractéristiques totalement différentes, mais rien ne permet d'affirmer de manière péremptoire que l'un d'entre eux est supérieur aux autres [1].
La grande diversité des roches mères et des climats apporte la preuve qu'il est possible d'obtenir des vins de haute qualité sur des sols pédologiquement très différents.
Les grands terroirs se définissent essentiellement par quatre éléments indissociables : un sol et un sous-sol – nous avons vu que leur composition pouvait en être extrêmement diversifiée – étroitement liés à un bon microclimat * et surtout – ce qui est primordial – bénéficiant d'un drainage naturel, remontant à des temps immémoriaux ; ce qui est démontré avec les meilleurs crus. Ainsi, à Sauternes, l'exceptionnel Château d'Yquem est planté sur des sols à nappe perchée, qui, sans une bonne macroporosité, empêcheraient tout développement de vignes de qualité.
Le drainage était déjà pratiqué couramment par les Romains. Il est évident qu'avec les moyens matériels actuels et les coûts de revient nettement moins élevés, on peut améliorer considérablement la circulation de l'eau dans un sol, à condition de ne pas recourir, comme on le fait quelquefois à tort aujourd'hui pour des facilités culturales (Apremont en Savoie et Saint-Émilion, sur la roche calcaire), à la technique du dérochement qui enlève l'originalité des terroirs. Il est important de respecter la structure des sols et des sous-sols, en n'oubliant pas que les rochers jouent un rôle important dans la circulation de l'eau ; les Anciens les creusaient, sans jamais les retirer. Malgré

(1) C'est uniquement vrai dans les sols qui ne sont pas saturés par les engrais chimiques, cas de la Côte de Nuits où certaines vignes de grands crus présentent un taux de potasse qui n'est pas loin d'égaler celui de certaines mines d'Alsace abandonnées.

tout, le progrès ne permettra jamais d'égaler les fissures naturelles du sous-sol, créées par la nature au cours des siècles, dans les terroirs d'exception.

À l'inverse, les terroirs plus modestes, qui constituent malheureusement la majeure part des extensions actuelles, présentent invariablement, selon les années, un déficit ou un excès d'humidité. Les profils hydriques relevés après des précipitations abondantes montrent que l'eau apportée par la pluie dans certains types de sols peu perméables, et surtout mal drainés, a tendance à stagner. Si la vigne résiste très bien à la sécheresse, en contrepartie, elle craint particulièrement un passage prolongé dans l'eau. Ses racines peuvent aller jusqu'à l'asphyxie et mourir. Dans le cas de vignes jeunes, ayant un enracinement superficiel, la totalité des racines (ou presque) sont situées dans la couche baignée par la pluie : elles sont donc amenées bien involontairement à absorber l'eau d'une façon brutale et excessive, avec une répercussion néfaste sur les grumes qui gonflent, éclatent et finissent par pourrir.

On a la preuve de ce phénomène lors des années de chaleur caniculaire avec les extensions abusives des plaines par rapport aux vignes de coteaux. Sur les terrains riches de la plaine où le niveau hydrique est moyen, la vigne développe son système radiculaire juste au-dessus du niveau de l'eau et, dès que celui-ci baisse en raison de la brusque sécheresse, les feuilles commencent à tomber. En coteau, où il n'y a pas de niveau hydrique, les racines, qui descendent très loin, arrivent à trouver un peu d'humidité et supportent mieux les dures conditions climatiques. C'est ce que certains vignerons n'arrivent toujours pas à comprendre.

C'est dans les années défavorables que la supériorité des grands crus est la plus éclatante, en raison de la qualité de leurs terroirs bien structurés, qui présentent toujours une forte perméabilité et une bonne aération. Cet avantage est encore accentué lorsqu'ils sont plantés en vieilles vignes, possédant un enracinement profond, qui limite considérablement les effets d'une forte sécheresse ou ceux d'une pluviosité excessive, comme cela se produit quelquefois en août ou en septembre.

La nature du sol et celle du sous-sol, conjuguées à l'exposition du terrain, exercent une action sur les constituants aromatiques du cépage, en imprimant une personnalité au vin, indépendamment de sa qualité qui, elle, résulte essentiellement des conditions climatiques de l'année. On connaît l'influence de quelques composants : fer (intensité colorante), calcaire (plénituce, gras et rondeur), silice (finesse et puissance), argile (moelleux et fermeté). On sait aussi que la couleur des sols a une action : ceux de couleur foncée conviennent mieux aux vignes produisant des vins rouges et ont aussi un pouvoir plus absorbant à l'égard des radiations solaires, alors que les terres blanches sont plutôt réservées à la production de vins blancs. Ce domaine est si vaste et si passionnant qu'il ne se passe guère d'années sans que les géologues ne fassent part aux agronomes de nouvelles découvertes.

L'ÉROSION INEXORABLE DES VIGNOBLES

Il faut vivre avec son temps. La vigne n'a pas échappé au progrès. On peut dire que depuis 1955, son entretien est entièrement mécanisé, si l'on fait bien sûr abstraction des très rares vignerons qui continuent à la travailler avec un cheval, en faisant figure d'originaux ou d'hommes du paléolithique.

Les premiers tracteurs enjambeurs ont vu timidement le jour en 1947 ; bien sûr, il y eut un peu avant quelques inventions abracadabrantes dues à des illuminés, qui n'ont étonné plus tard que les visiteurs des musées viticoles, mais rien de bien sérieux. Il a fallu attendre plusieurs années pour qu'enfin arrivent sur le marché des engins fiables, fabriqués en série. C'est la Maison Loiseau de Meursault qui eut, en 1952, le leadership. Puis, vinrent, en 1956, de nouveaux matériels construits par les Établissements Bobard.

La mécanisation permet bien entendu un nombre plus élevé d'interventions que le cheval (désherbage chimique, traitements antiparasitaires multiples et rognage *). En revanche, cet avantage peut vite devenir un inconvénient pour les sols, car ces opérations sont quelquefois réalisées dans n'importe quelle condition climatique, en particulier lors des périodes humides ; ce qui a pour effet de modifier la structure des sols au passage des roues, entraînant un phénomène de tassement (création d'ornières, sites privilégiés de l'érosion) encore amplifié par l'utilisation d'engins de plus en plus lourds, la machine à vendanger en particulier.

En outre, l'utilisation accrue des herbicides à effet durable a supprimé toute couverture végétale. Apparue à la fin des années 1950, cette technique du désherbage chimique est utilisée aujourd'hui sur 80 % du vignoble. Elle rend les sols aussi durs que ceux d'une autoroute.

Plus grave encore, pour faciliter le passage et la circulation des tracteurs, la plupart des vignes sont maintenant plantées dans un seul sens. Elles suivent la ligne de pente ; ce qui favorise l'érosion, alors que pendant des siècles elles avaient épousé le contour des coteaux, pour permettre au cheval de ne pas peiner. Ainsi, lors de violents orages, rien n'arrête plus la terre qui se ravine avec une ampleur démesurée. Les vignerons ont beau la remonter, il en manque toujours un peu plus à chaque perturbation. Dans un avenir qui semble assez proche, il est à craindre que dans certains vignobles de coteaux il n'y ait bientôt plus de terre. C'est déjà presque le cas dans la plupart des grands crus de la Côte d'Or. Qu'à cela ne tienne, on pourra toujours faire des apports allogènes, comme à Chablis.

Malheureusement, obnubilés par l'appât du gain, trop de vignerons ne voient pas plus loin que le bout de leur nez. Lors des replantations, il faudrait penser à planter horizontalement aux coteaux, retravailler la vigne d'une manière aratoire et surtout poser des drains qui aboutiraient à des fosses de décantation. À moins, bien sûr, que d'ici là un habile inventeur du concours Lépine trouve un jour la panacée : un tracteur enjambeur, qui travaillerait de travers…

Face à de telles dérives, il conviendrait donc, plus que jamais, de protéger le sol en tant que support de culture, mais surtout en tant qu'élément irremplaçable de l'originalité et de la typicité des vins, car si l'on peut aisément reconstituer un support de culture par apport de terre, on ne peut recréer un terroir * conçu au cours d'une dizaine de siècles.

Comme le dit si joliment un passionné hors du temps, Nicolas Joly : « Le sol doit être considéré comme un capital placé en banque, dont on tire des intérêts pour vivre, sans toucher au principal. En revanche, lorsqu'on commence à tirer dessus, vient un jour où le banquier se manifeste, pour rappeler que le compte est épuisé. C'est, malheureusement, ce qu'on a tendance à faire aujourd'hui avec les terroirs viticoles. »

LES ENGRAIS, CES FOSSOYEURS DES SOLS

Les grands vins se vendent aujourd'hui mieux que par le passé à l'exportation, où s'ouvrent encore des marchés nouveaux (entre autres au Japon). Pour certaines appellations prestigieuses, il arrive que la demande dépasse l'offre ; d'où le réflexe bien compréhensible des vignerons : en produire un peu plus. Pour récolter davantage, plusieurs solutions s'offrent au récoltant : étendre les aires d'appellations, obtenir des rendements plus importants et conduire les vignes pour qu'elles soient en mesure de répondre à la demande, en taillant plus long et surtout en utilisant des engrais à outrance.
Si les grands vins de France ont acquis une réputation mondiale, ce n'est pas aux fertilisants qu'ils la doivent. Au Moyen Âge, les rois de France, qui avaient déjà pressenti le danger, interdisaient bien souvent les épandages de fumier dans les vignes.
Le professeur Branas disait : « Les vignerons oublient que la vigne est une mauvaise plante méditerranéenne, qui se plaît là où rien d'autre ne pousse. » J'ajouterai que les grands vins sont toujours issus de vignes qui ont souffert.
La vigne se contente d'une fumure de fond avant les plantations, pour aider au démarrage et seulement d'un peu d'engrais si elle perd de la force pendant deux ans de suite, car un manque de vigueur passager n'est pas alarmant. Il se produit souvent après une grosse production ou une année très sèche. Les Anciens avaient une belle expression : « graisser la vigne ». Cela voulait dire « amener un petit peu de fumier essentiellement composté », car la terre n'est pas un organisme qui puisse digérer du fumier frais, qui monte trop haut en température. Composté, il mijote lentement, un peu comme la bonne vieille cuisine française. Malheureusement, un bon fumier composté devient une matière extrêmement rare, car aujourd'hui la plupart des vaches sont bourrées d'antibiotiques et presque toutes les pailles sont traitées. Au moment des vendanges, il semble qu'une vigne sans engrais soit inférieure en production, c'est vrai, mais en contrepartie elle ne pourrit pas !
En mettant beaucoup d'engrais, on retarde la maturité. Certes, on obtient de beaux raisins, mais ils ont moins de sucre naturel ; ce qui oblige à compenser par une chaptalisation * excessive. Ces excès de fumure, qui permettent d'augmenter considérablement les rendements, arrangent bien tout le monde, en particulier beaucoup de coopérateurs, devenus des producteurs de raisins et non de vin. Au train où vont les choses, on cultivera bientôt la vigne sans sol, comme on fait pousser les tomates en Hollande.
Si on place la vigne dans des conditions trop favorables, avec de gros apports de fertilisants, elle devient une assistée qui ne se donne plus la peine d'aller chercher la nourriture dont elle a besoin dans le sous-sol. Pourquoi ferait-elle l'effort de descendre profondément ses racines, alors qu'au-dessus elle trouve de quoi s'alimenter ? Lorsque l'on commence à prendre la vigne en charge de cette sorte, on met le doigt dans l'engrenage : comment s'arrêter alors que le volume de terre qu'elle explore, là où la vie est facile, est trop restreint pour lui permettre de reprendre son autonomie ? D'autant que, lui ayant enlevé son facteur résistance, elle est devenue très vulnérable.
L'industrie des fertilisants connaît une expansion spectaculaire, enregistrant presque chaque année des hausses sur les exercices précédents. Cette augmentation est due uniquement aux ventes d'engrais azotés et potassiques, la consommation d'acide

phosphorique n'ayant pas progressé. Cette réussite des marchands d'engrais, que les viticulteurs hostiles à ces pratiques qualifient « d'oiseaux de mauvais augure », repose uniquement sur une astucieuse propagande, qui consiste dans la plupart des cas à rédiger l'ordonnance sans avoir visité le malade. La démarche se borne à vendre des produits augmentant la vigueur des vignes à des vignerons riches, donc très réceptifs. À la décharge des marchands d'engrais, il faut encore préciser que certains récoltants achètent aussi des produits sans en avoir besoin.

Les apports massifs d'engrais ont contribué à fausser l'image du millésime. Le millésime doit être différent chaque année. Il est le reflet du temps et du climat. Suivant les conditions météorologiques, la plante, pour contrebalancer certains excès dus aux variations climatiques, sécrète des substances qui lui permettent de puiser dans les couches géologiques successives les éléments dont elle a besoin, qui varient selon la température, l'hygrométrie, etc., d'où la nécessité d'avoir un sol équilibré avec une vie microbienne et bactérienne qui contribue à l'image du millésime. C'est maintenant prouvé scientifiquement. On ne peut, sous couvert d'un soi-disant progrès, mésestimer l'extraordinaire organisation du monde animal dans le sol et en particulier des micro-organismes, qui permettent de rendre assimilables les substances du sol par la vigne, et des innombrables bactéries, qui participent à la bonne marche du sol, notamment les bactéries pourpres qui assimilent la lumière solaire. Aujourd'hui, certains terroirs ne sont même plus capables de décomposer de la paille ! La viticulture moderne apporte presque toujours les mêmes engrais qui, à la longue, rendent le sol stérile, obligeant la plante à être complètement dépendante de la fertilisation.

Une vigne bien conduite doit suivre un régime « jockey ». Il vaut mieux que de temps en temps elle ait une petite faim d'azote ou de potasse, que de se complaire dans l'abondance. C'est une grave erreur que d'essayer, par la fertilisation, d'amener le sol à son optimum de production, si l'on veut élaborer des vins représentatifs de leur appellation, car c'est souvent dans les parcelles où l'on observe des insuffisances que l'on produit les plus grands vins.

Dans l'état actuel de nos connaissances, il est impossible d'établir des corrélations entre la qualité des vins et la teneur des sols en tel ou tel élément nutritif. Si cela était, il serait alors facile, par des fumures ou des amendements appropriés, de produire un grand vin n'importe où.

LES ENGRAIS POTASSIQUES. Parmi les fertilisants les plus vendus, viennent en tête les engrais potassiques, qui créent souvent un déséquilibre alimentaire pour la plante. L'excès de potassium engendre aussi des carences en magnésium qui ont des répercussions sur la couleur. Il faut aussi préciser qu'en cas de forte pluie, intervenant quelques jours avant les vendanges, il se produit des remontées de potasse dans le raisin. À l'inverse, dans les années de grande sécheresse, les vignes trop amendées avec cet engrais perdent beaucoup plus vite leurs feuilles, ce qui a pour effet de bloquer le cycle chlorophyllien en stoppant l'apport de sucre.

LES ENGRAIS AZOTÉS. Ils font aussi partie des produits jouissant de la faveur des vignerons. Au fil des ans, toute une série de problèmes, consécutifs à leur emploi, est apparue, notamment avec les produits ammoniaco-azotés :

- en contribuant au grossissement des cellules de la baie, ils diluent les potentialités aromatiques, donc la qualité ;
- ils accroissent la masse du feuillage, rendent la pellicule du raisin très mince et retardent la maturité d'environ une semaine, ce qui augmente les risques de prolifération des champignons, notamment du *Botrytis cinerea* *, agent de la pourriture grise * ;
- par ailleurs, on a observé que les terrains ayant subi une fertilisation importante en produits azotés ont tendance à donner des vins rouges pauvres en anthocyanes et en tanins.

LES GADOUES DES VILLES. Quant aux gadoues des villes, fumure utilisée dès le début du XVIIIe siècle, elles ont largement contribué à hâter la disparition totale des vignobles du Bassin parisien (auparavant, les vignerons de Suresnes et d'Argenteuil produisaient pourtant un honnête picolo franc et gouleyant pour la clientèle des estaminets de la capitale). Il est regrettable que beaucoup de vignerons oublient, ou tout simplement ignorent, que ces boues et ces ordures ménagères renferment des micro-organismes (coliformes, streptocoques, etc.), qui, emportés par le vent ou lors du rejaillissement de l'eau de pluie, pourront se fixer sur la pellicule du grain de raisin. De plus, ces fumures risquent sérieusement de dénaturer les vignobles d'AOC par suite de l'introduction massive d'éléments majeurs et d'oligo-éléments comme le cadmium, le plomb et surtout le mercure contenus dans les piles alcalines, toujours abondantes dans les déchets urbains, où elles sont de véritables bombes à retardement pour les nappes phréatiques ; une simple petite pile de transistor contamine 1 m^3 de terrain pendant 50 ans. Ces déchets contiennent aussi les restes d'éléments chimiques présents dans les produits ménagers, dont les influences sont loin d'être connues dans la synthèse des sucres, des arômes et des matières colorantes du raisin.
Les vignerons champenois, obnubilés par le profit immédiat, ont jusqu'en 1994 largement abusé de cet engrais encore employé aujourd'hui. Il est temps qu'ils prennent conscience qu'il représente une certaine toxicité qui, à plus ou moins longue échéance, aura des répercussions sur la qualité des récoltes.
Actuellement, les sols de la Champagne détiennent toujours la plus haute concentration en métaux toxiques de tous les vignobles d'AOC de France [1]. Les pouvoirs publics continuent pourtant à fermer pudiquement les yeux. Quant aux Champenois, lorsqu'on les interroge, ils rétorquent qu'aucun péril n'est à craindre, vu la consommation réduite du produit, en raison de son prix dissuasif. En somme, les uns et les autres cherchent surtout à protéger les importants apports de devises que procure ce vin. Dans l'avenir, la glorieuse image de marque de cette prestigieuse appellation risque d'en pâtir, surtout à l'étranger, où l'on est plus écologiste qu'en France. Dom Pérignon, Dom Ruinart et les grandes maisons de commerce ont construit la renommée du champagne sur d'autres principes...

L'ACIDE PHOSPHORIQUE. Il n'est guère employé. Il joue pourtant un rôle essentiel dans le métabolisme biologique de la vigne et plus tard de la fermentation. C'est un engrais qui favorise la fructification, hâte la maturation * et influe sur le caractère

(1) Beaucoup ont remplacé les boues de ville par des écorces de pin, ce qui est encore plus catastrophique car, indestructibles, celles-ci enlèvent toute vie dans les sols, les rendant de plus très acides.

qualitatif et gustatif, en agissant sur les arômes et la couleur. Encore cela n'est-il vrai que s'il est utilisé périodiquement et à doses homéopathiques comme remède.

Les engrais foliaires. Cette nouvelle génération de produits a été mise au point pour aider la plante à surmonter les carences de certains sols. Ce type de produit agit par osmose, nourrissant les cellules de la feuille, en jouant pour la plante le rôle de la perfusion chez un humain qui ne serait plus en état de s'alimenter normalement. Or, cette pratique va contre la nature. En effet, la feuille de vigne a un rôle respiratoire et non nutritif. Elle s'aggrave en période de sécheresse, en suscitant un phénomène de phytotoxicité. Malheureusement, il semble inéluctable que ces pratiques se multiplient, au point de devenir courantes, car la vigne placée sur un sol non travaillé et désherbé chimiquement, donc très dur, reçoit plus difficilement les engrais : peut-on faire descendre une matière au travers du macadam ? Le recours aux engrais foliaires constitue un premier constat d'échec, démontrant que les engrais chimiques et le désherbant réduisent une partie du dynamisme de la racine.
Si un jour on voulait revenir à une agriculture vivante, plus de la moitié des vignes de l'étranger, ainsi qu'une grande partie de nos vignobles devraient être arrachés.

DÉSHERBAGE CHIMIQUE : LA RANÇON DU PROGRÈS

Le récit pourrait commencer comme un conte de Merlin l'Enchanteur : il était une fois des laboratoires de phytosanitaire * qui mirent au point des composés herbicides capables d'empêcher le développement de toutes les mauvaises herbes, sans gêner les vignes. On allait enfin conserver celles-ci parfaitement propres, en évitant les nombreuses opérations culturales si accaparantes et de surcroît tellement onéreuses. Aussitôt partirent en campagne tous les marchands de drogues miracles qui avaient des arguments de vente frappants. Pensez donc ! les vignerons allaient pouvoir aller à la pêche, tandis que leurs épouses astiqueraient les charrues pour les exhiber en bonne place devant les demeures familiales où elles feraient figure d'objets paléolithiques pour les petits-enfants et les visiteurs.
Il fallut tout de même attendre 1970 pour que cette pratique s'étende à la plupart des vignobles. Depuis lors, elle augmente régulièrement, au point d'atteindre aujourd'hui pratiquement 100 % dans certaines régions.
Deux raisons expliquent cette extension :
- la première est bien évidemment d'ordre économique. Le désherbage chimique a permis de limiter considérablement la main-d'œuvre. Ce phénomène de réduction * de personnel n'est pas simplement lié à l'agriculture. Il existe dans tous les secteurs de notre économie nationale. Malheureusement, il semble devoir n'aller qu'en empirant. Comment en serait-il autrement dans une nation où le patronat est écrasé par les charges ?
- la seconde est d'ordre pratique. Pour les vignerons qui utilisent la machine à vendanger, le désherbage chimique s'avère presque obligatoire, car il joue un rôle indispensable dans la portance des sols pour le passage des gros engins ; en revanche, il est une double cause de la baisse de la qualité.

Le désherbage chimique ou « labourage chimique », pour employer le terme actuel utilisé par les techniciens pour se donner bonne conscience, est pratiqué actuellement sur presque 80 % de l'ensemble des terres viticoles et même un peu plus si l'on y inclut les surfaces en désherbage localisé.
Si l'on tient compte du fait que la première raison de son développement est d'ordre économique, on serait tenté de conclure hâtivement qu'il a surtout conquis les vignobles les plus pauvres où, compte tenu des prix pratiqués pour la commercialisation, les viticulteurs doivent se montrer très vigilants pour équilibrer les finances de leur exploitation. Au contraire, c'est dans les appellations prestigieuses où le vin est vendu très cher qu'il trouve ses plus farouches partisans. La Champagne, pourtant facile de culture, arrive en tête de ce palmarès peu enviable.
Je ne condamne cependant pas totalement cette façon de faire, en particulier dans le cas de vignobles d'accès très difficiles comme les Côtes du Rhône septentrionales, quelques coteaux d'Alsace ou encore Banyuls par exemple (la liste n'est pas exhaustive). Cette technique a également un côté positif dans certains vignobles très gélifs au printemps, tel Chablis. Il faut savoir qu'une terre dure comme de l'asphalte accumule un peu de chaleur durant la journée qu'elle restitue à la vigne pendant la nuit (environ 2°), alors que rendue meuble par les labours, elle facilite au contraire la gelée. D'autant qu'elle doit aussi être exempte d'herbes, propices à l'humidité. Il ne faut pas oublier que, dans certains secteurs, le gel se manifeste parfois jusqu'au début juin. Je pense que ce mode de culture est également excusable pour une très vieille vigne où le travail des engins risque toujours d'endommager les vénérables ceps, ou sur de fortes pentes pour éviter les risques de ravinement en cas de pluies diluviennes.
Un sol désherbé chimiquement depuis un certain laps de temps n'a pratiquement plus de vie microbienne et bactérienne. Les marchands d'engrais en sont parfaitement conscients, mais ils ont trouvé un nouveau moyen pour vendre de l'espérance... Ils proposent aux vignerons des bactéries susceptibles de faire revivre les sols ; ce qui est une totale aberration, car la pratique du labourage chimique sur plusieurs années a totalement tué le milieu qui n'est plus capable d'aider les bactéries à se développer. On sait pertinemment que le support, en l'occurrence le sol, est mort mais on cherche quand même à pigeonner le vigneron. C'est un peu comme si l'on montait un moteur de formule 1 sur un châssis qui n'aurait plus de roues.
Les vignerons qui pratiquent la non-culture ont bien sûr un argument pour la défendre. Ils prétendent qu'elle permet un développement plus abondant des racines superficielles qui ne sont plus mutilées par les labours, avantage d'après eux lors des petites pluies qui n'humectent que les premiers centimètres du sol, notamment pendant la maturation *. Ces vignes, en désherbage chimique, sont mieux alimentées en potasse et en azote. Ce raisonnement est plus que puéril car la plante, dans la plupart des cas, en reçoit hélas déjà beaucoup trop.
Heureusement tous les espoirs ne sont pas perdus. Il reste encore d'ardents partisans de la culture aratoire (mécanisation intégrale) et leur voix commence à être entendue dans les rangs des adeptes du désherbage chimique, où ils arrivent à semer le doute et faire un patient travail de sape. Il faut dire que le temps et la nature travaillent pour eux. Un certain nombre de plantes nuisibles, considérées comme peu envahissantes ou encore bien maîtrisées jusque-là par les herbicides de pré-émergence, ont désormais

tendance à se développer à nouveau dans la plupart des régions viticoles, où l'on applique la non-culture à outrance. Ainsi ont été créés des produits de plus en plus puissants, qu'il faut pulvériser avec prudence, car un moment d'inattention de la part du pilote du tracteur ou un incident dans la tuyauterie, et le rang de vigne sera complètement détruit ; j'en ai été moi-même témoin à Volnay. Ces traitements sont de véritables défoliants.

À ce sujet, il est bon de parler des récentes investigations des scientifiques. On connaissait déjà chez l'homme des maladies ou des anomalies congénitales, connues sous le nom de porphyries. Ces désordres sont caractérisés par l'accumulation anormale de porphyrines : il s'agit de pigments puissants photosensibilisateurs pouvant conférer à l'organisme une sensibilité excessive à la lumière solaire et induire chez les malades une intolérance au soleil.

Récemment, les chercheurs de l'INRA ont pu démontrer que plusieurs herbicides induisent chez les végétaux des désordres métaboliques, suscitant une sensibilité anormale à la lumière solaire. Ces recherches de biochimie végétale, faites à partir de la culture de cellules végétales, ont abouti à la conclusion très inattendue que certains produits agissent sur les plantes d'une façon identique à leur action sur les êtres humains, en accumulant des pigments qui fragilisent la plante dès qu'elle est exposée au soleil, pouvant même aller jusqu'à la tuer. Comme elle ne peut se passer de lumière, leur effet est donc imparable.

Il faut apporter beaucoup de soins dans l'application des désherbants qui, ne l'oublions pas, sont non seulement des produits très toxiques pour la plante mais aussi extrêmement dangereux pour l'homme. C'est si vrai qu'il est impérativement recommandé au vigneron, avant chaque utilisation d'un produit de traitement, quel qu'il soit, de revêtir une véritable tenue de cosmonaute, comprenant combinaison étanche, masque et gants protecteurs. Si l'on parle toujours, et avec juste raison, des accidents mortels survenant au cours des vinifications – par asphyxies dues au dégagement considérable d'oxyde de carbone – les pouvoirs publics restent en revanche beaucoup plus discrets sur ce sujet…

CHAPITRE II

la vigne

LES DIFFÉRENTS STADES QUI ONT MARQUÉ L'ENCÉPAGEMENT

L'origine des cépages de *Vitis vinifera L* * et l'évolution de l'encépagement dans les vignobles, depuis les débuts de la culture de la vigne jusqu'à nos jours, ont toujours retenu l'attention d'historiens et d'ampélographes, qui y ont consacré de nombreux travaux. Les étapes de ces changements dans le temps et les divers éléments qui les ont influencés au cours des siècles ont souvent été analysés, avec plus ou moins de précision. Tous les ouvrages anciens et modernes, publiés sur ce sujet, mettent l'accent, soit sur l'aspect historique, soit sur l'aspect scientifique, selon la spécialisation des auteurs. Les modifications de l'encépagement, intervenues dans les différents vignobles, sont la résultante d'éléments naturels et aléatoires qui agissent sur la variation génétique des cépages eux-mêmes, et de facteurs humains qui orientent le développement et l'extension des cépages en fonction de différents critères techniques, économiques et réglementaires.

VARIATION DES CÉPAGES DANS LE TEMPS. Plus de 150 variétés de plants de vignes de cuve sont actuellement identifiées en France, qui résultent essentiellement d'un choix opéré par l'homme au cours des siècles, fondé sur des critères d'aptitude culturale et de qualité du raisin, faisant du vignoble français un véritable labyrinthe ampélographique, où le profane a bien du mal à se retrouver. Si certains d'entre eux sont

restés très localisés – tels le viognier de Condrieu, l'en de l'el de Gaillac, le courbu, le petit et le gros manseng de Jurançon, le poulsard et le trousseau du Jura, le braquet et la folle noire à Bellet ou la mondeuse, la jacquère et l'altesse de Savoie –, on ne peut pas dire que, hormis l'Alsace qui possède en grande partie (exception faite pour le pinot noir et le pinot blanc) un encépagement qui lui est propre, qu'il en soit de même dans les autres régions de notre vignoble. Ainsi, la Bourgogne et la Champagne ont hérité leur gloire de deux cépages communs : le pinot noir et le chardonnay. Le cabernet franc du Médoc – qui, soit dit en passant, se nomme bouchet à Saint-Émilion et à Pomerol – fait aussi la renommée des vins de Chinon, Bourgueil, Saint-Nicolas de Bourgueil et Saumur-Champigny, où il s'appelle breton. Pour ne pas être en reste, un autre cépage bordelais, le malbec, a fait une incursion en Touraine sous le nom de côt sans pour autant mésestimer les vins de Cahors dont il assure la pérennité sous le pseudonyme d'auxerrois. Dans le Jura, le chardonnay, sans doute pour ne pas nuire à son prestige (noblesse oblige) se prénomme communément melon d'Arbois. Il arrive aussi, pour tout simplifier… que dans une même région le cépage porte deux patronymes ; c'est le cas dans le Val de Loire avec le chenin blanc (Anjou) ou pineau de Loire (Touraine).
Cette sélection a l'originalité de s'être exercée sur des populations d'individus issus de sources très variées :
- lambrusques * spontanées fructifères dont certaines populations existent encore de nos jours. Plusieurs cépages seraient issus plus ou moins directement de ces formes sauvages comme en témoigne la racine de leur nom ;
- plants issus de semis provenant d'autofécondation et de croisements naturels entre cépages cultivés ou sauvages, source qui a probablement donné naissance au cours des siècles à de très nombreuses variétés, puisqu'elle offrait à la sélection exercée par l'homme une variabilité des caractères beaucoup plus large ;
- plants issus de semis provenant de croisements réalisés par l'homme, dans le but de créer de nouvelles variétés, orientés par le choix du géniteur. Ils ont été entrepris dès le début du siècle dernier par les précurseurs des futurs « hybrideurs * », qui ont laissé leur nom à des cépages de table et à des cépages de cuve (alicante bouschet, grand noir de la calmette, seyve villard, etc.) ;
- plants de cépages présentant des variations issues de mutations spontanées de bourgeons qui peuvent également porter sur des caractères non apparents ou difficiles à mettre en évidence, constituant la source de variation la plus importante chez les cépages multipliés végétativement (marcottage *, bouturage, greffage *) qui sont en grande partie à l'origine des nombreux clones existants, sélectionnés dans les cépages anciens, cultivés depuis des siècles et dénommés aujourd'hui très justement « cépages populations ».
Les nouvelles formes, apparues spontanément dans les vignobles, ont naturellement été sélectionnées et multipliées par l'homme dans la mesure où elles présentaient une caractéristique intéressante (précocité, fertilité, richesse en sucre, qualité du vin, etc.). Certaines ont donné naissance à de nouveaux cépages (grenache gris, merlot blanc, mauzac rose, etc.).
L'apparition de nouvelles formes issues de semis ou des mutations des cépages connus a encore contribué à diversifier l'encépagement dans les vignobles régionaux, donnant naissance à des groupes géographiques, composés de variétés présentant des caractères ampélographiques communs. Parmi ces familles, on peut citer : les noiriens (pinot noir,

pinot gris, gamay, chardonnay, savagnin) et les cabernets (sauvignon, franc, merlot, petit verdot, fer servadou, etc.).
C'est en se basant sur leurs caractères morphologiques comparés que les premiers ampélographes ont essayé de reconstituer la genèse des cépages actuellement cultivés, mais en se limitant à la simple description des caractères, sans trop aborder l'étude de l'origine qui demeure la plupart du temps incertaine et quasiment impossible à vérifier. Le polymorphisme des cépages actuels est la résultante des variations de toute nature, qu'ils ont subies au cours des siècles. La pérennité des nouveaux types apparus au cours des temps, par suite des mutations successives, est assurée par la multiplication végétative (sélection massale ou clonale).

AVANT LA NAISSANCE DES AOC. Contrairement à une opinion assez répandue, tous les cépages ne sont pas apparus spontanément dans les contrées où ils sont actuellement cultivés. Ils ont, souvent, été échangés entre les continents, les pays et les régions ; et ce, depuis la plus haute antiquité. Nombreux sont ceux qui ont connu un grand développement loin de leur zone d'origine. Ainsi, le carignan, le grenache, le mourvèdre et l'aramon ont été introduits d'Espagne, alors que l'ugni provient d'Italie et la syrah sans doute de Perse.
L'évolution historique de l'encépagement s'est ensuite opérée sous l'influence de trois facteurs :
- facteur humain. L'homme a, de tous temps, manifesté pour la vigne un très grand intérêt, en raison du caractère noble du produit et du particularisme de sa culture qui nécessite de l'expérience et une certaine technicité. Celui-ci s'est porté, presque essentiellement, sur les cépages. Il faut dire que l'esprit de curiosité et le sens de l'observation étaient autrefois très répandus. Jusqu'à une époque assez récente, les propriétaires de vignobles (d'ailleurs pas toujours vignerons eux-mêmes) férus d'ampélographie *, d'hybridation et d'expérimentation, ont été fort nombreux dans la plupart des régions, où ils ont souvent laissé des traces écrites et des résultats tangibles (cépages) de leurs travaux, allant même jusqu'à réaliser de véritables sélections. Leur activité a facilité les échanges de plants entre les différentes contrées. Il en est résulté un intense brassage, dont on retrouve aujourd'hui les effets dans les vignobles du monde entier. Pour des raisons multiples, dues surtout à la sacro-sainte rentabilité, ce type d'observateurs et d'expérimentateurs a disparu en France depuis quelques décennies ;
- facteur économique. Le choix des cépages cultivés a été, dès le Moyen Âge, influencé par des aspects d'ordre économique. Les notions de qualité et surtout de rendement ont été alors perçues très rapidement. Le souci de compenser un faible prix de vente du vin a conduit tout naturellement certaines régions à cultiver des cépages à haut rendement. Mais cette évolution a surtout été marquée dans les vignobles producteurs de vins ordinaires. Elle a été beaucoup moins évidente dans ceux qui avaient la réputation de faire des vins de haute renommée quoique, dans ces derniers, les rendements moyens aient aussi augmenté régulièrement depuis la fin du siècle dernier, jusqu'à l'époque actuelle ;
- facteur climatique et parasitaire. La culture de la vigne a subi au cours des siècles des chocs brutaux, qui ont eu des répercussions importantes sur son encépagement, comme ce fut le cas lors des années à très fortes gelées d'hiver (en 1709 par exemple), qui ont détruit presque complètement la plupart des vignobles. La reconstitution s'est

opérée avec les cépages qui avaient le mieux résisté (melon de Bourgogne dans le Muscadet). Cette sélection naturelle, qui s'est renouvelée avec plus ou moins d'intensité au cours des siècles, a conduit à une transformation souvent profonde de l'encépagement de nombreuses zones viticoles, surtout septentrionales. L'apparition de parasites et de maladies cryptogamiques * a entraîné également des modifications dans l'encépagement. Les plants qui se sont révélés très sensibles à certaines de ces maladies ont été parfois un peu délaissés au profit d'autres, qui manifestaient une sensibilité moindre, voire une certaine tolérance, d'autant plus quand ceux-ci étaient plus productifs.
Il est un facteur d'orientation de l'encépagement sur lequel on trouve assez peu de données précises dans la littérature ancienne et dont on ne souligne pas suffisamment l'importance. C'est celui qui relève de l'adaptation aux conditions de sol des cépages, tels qu'ils étaient cultivés avant le phylloxéra, c'est-à-dire francs de pied (non greffés). L'acclimatation d'une vigne à un milieu donné fait intervenir son comportement, non seulement dans le climat ou le microclimat * de ce milieu, mais également dans les conditions de sol qui lui sont offertes (profondeur, pH, régime hydrique, richesse en éléments minéraux et teneur en calcaire). Seule l'expérience accumulée durant des siècles a permis de déterminer empiriquement les sols et les sous-sols qui convenaient le mieux à tel ou tel cépage. Ce n'est qu'à partir de là qu'il a été possible à nos aïeux de définir avec suffisamment de précision les aptitudes de chaque terroir * à produire des vins de bonne qualité.
Au cours des siècles, il est indéniable que l'encépagement du vignoble français a subi, sous des influences diverses, une certaine évolution, parfois légère, mais dans bien des cas fondamentale, qui s'est généralement produite dans le sens d'une amélioration qualitative. En revanche, les terroirs de haute renommée, même après la triste période post-phylloxérique, n'ont pas connu de bouleversement spectaculaire. Ils ont tout simplement retrouvé (greffés sur bois américains) les bons vieux plants avec lesquels ils avaient précédemment conquis leurs titres de gloire : pinot noir en Bourgogne, chenin en Val de Loire, cabernet sauvignon dans le Médoc, riesling en Alsace ou syrah dans les Côtes du Rhône septentrionales.

La réglementation. L'évolution de l'encépagement, bien que conditionnée par de nombreux facteurs naturels et humains, s'est pratiquement déroulée jusqu'au XXe siècle, en l'absence de toute contrainte réglementaire, en étant laissée à la seule initiative des gens qui cultivaient la vigne et de ceux qui faisaient commerce du vin. Certes, l'histoire nous apprend qu'à certaines époques, des édits, lois ou règlements ont limité ou interdit sa culture dans des régions déterminées, mais ils n'ont pour ainsi dire jamais été respectés et sont généralement restés sans effet sur l'évolution de l'encépagement et la circulation des plants. Seul l'édit du duc de Bourgogne, Philippe le Hardi, en juillet 1395, interdisant la plantation dans le vignoble des côtes de Bourgogne du très « déloyaud gaamez », peut être considéré comme une réglementation qui a été suivie d'effet. Il faut dire que, durant cette période, les ducs de Bourgogne avaient une autorité et une puissance supérieure à celle des rois de France. En réalité, cette décision a, semble-t-il, été plus inspirée par le souci de préserver les terres à céréales indispensables à la vie économique de l'époque, que par celui de véritablement protéger le pinot noir.

Il a fallu attendre la première moitié du XXe siècle pour voir apparaître les premières réglementations nationales, à la suite de graves crises viticoles. La période de reconstitution qui a suivi la destruction du vignoble français par le phylloxéra à la fin du XIXe et au début du XXe siècle, a été marquée par la création intempestive de nouvelles variétés, les hybrides *, producteurs directs qui se sont répandus dans la plupart des vignobles, y compris ceux qui produisaient des vins de qualité, notamment le Bordelais. Les vins provenant de ces hybrides n'atteignaient pas un niveau qualitatif très élevé, quand ils n'étaient pas franchement mauvais. L'anarchie la plus totale régnait alors dans l'encépagement de nombreux vignobles de vins de table et se répercutait dans les terroirs de qualité, engendrant des fraudes et une diminution de la qualité des grands vins. Le décret-loi de 1935, créant le Comité national des vins de France, fut à la naissance des décrets fixant les conditions de production des vins d'appellation, en précisant notamment la liste exclusive des cépages autorisés dans les zones délimitées. Ce fut la première réglementation de l'encépagement, décrétée au niveau national.

Il est intéressant de revenir sur les conditions dans lesquelles ces listes de cépages furent établies et sur les principes qui ont guidé leurs auteurs à l'époque. Le premier était l'exclusion systématique de tous les hybrides issus de croisements inter-spécifiques. Cette mesure, très justifiée, a eu pour effet immédiat d'arrêter l'introduction de ces cépages dans les aires délimitées et de faire progressivement disparaître ceux qui y étaient déjà cultivés. Le deuxième consistait, dans la majeure partie des appellations, à distinguer deux groupes de plants : les principaux et les cépages accessoires ou secondaires, en donnant pour ces derniers un pourcentage minimum ou maximum à ne pas dépasser pour chaque AOC.

Le choix des cépages principaux n'a présenté, dans l'ensemble, aucune difficulté et les cépages traditionnels les plus cultivés dans l'aire y ont été inscrits d'office. La liste des variétés accessoires a posé beaucoup plus de problèmes. Dans les premiers décrets, parus à partir de 1936, on a paré au plus pressé, en retenant le plus souvent tous les cépages de *Vitis vinifera L* * présents à ce moment-là dans les vignobles, quelle qu'ait été leur valeur qualitative ou l'importance de leur développement. Beaucoup ne figuraient alors qu'à l'état de trace dans les aires délimitées. En examinant l'encépagement actuel, on constate que dans plusieurs appellations un certain nombre de ces cépages ont maintenant disparu, peut-être en raison d'une valeur incertaine ou, plus simplement, du fait de la tannicité excessive de leurs vins, mais surtout à cause de leur qualité culturale insuffisante ou de leur sensibilité aux maladies cryptogamiques *. Depuis, d'autres les ont remplacés.

Ces variétés étaient toujours répertoriées sous le vocable « d'accessoire, d'appoint ou secondaire ». Leur présence en fait pourtant aujourd'hui les derniers témoins de la réalité viticole, durant la période préphylloxérique. Les raisons qui les ont fait sélectionner sont en général oubliées des générations actuelles de vignerons, qui devraient quand même, avant de les supprimer comme ils ont de plus en plus tendance à le faire, procéder à des explorations plus approfondies des procès-verbaux ayant permis d'accorder les premières AOC. Entre la seconde moitié du XIXe siècle et le premier tiers du XXe siècle, la grande préoccupation des viticulteurs était d'assurer une récolte suffisante, en compensant les pertes dues aux aléas climatiques et aux attaques de prédateurs avec les faibles moyens dont ils disposaient pour essayer de réussir, malgré tout,

à faire un bon vin marchand. La technologie étant très limitée, seule restait l'utilisation de plusieurs cépages, pour répartir les risques. Ainsi étaient conçus la plupart des vignobles, d'ailleurs très souvent « plantés en mélanges » comme l'exigeait la règle des variétés diversifiées, car n'oublions pas que les viticulteurs avaient aussi l'impérieuse nécessité d'étaler les vendanges sur une longue période, du fait des moyens de transport, de pressurage * et de cuvaison * précaires de cette période ; d'où tout l'intérêt d'avoir conservé un encépagement dont la maturité s'échelonnait sur plus d'un mois.
Il faut néanmoins attendre la gigantesque enquête, entreprise sous la responsabilité des deux ampélographes qui faisaient autorité au début du siècle, Viala et Vermorel, pour que l'aptitude des différentes variétés soit mieux cernée et établie avec plus d'exactitude. Encore ne s'agissait-il que de qualité, prise au sens large (aptitude culturale et type de vin produit), en tenant compte des conditions de culture de l'époque, des modestes moyens phytosanitaires * de défense et des pratiques œnologiques assez empiriques.
Malgré toutes ces difficultés d'appréciation, il apparaît que de nombreux plants présentaient de réelles qualités technologiques que les connaissances et le matériel actuels permettraient encore de mieux valoriser :
- l'originalité et l'intensité des arômes,
- l'harmonie des structures,
- et surtout l'aptitude au vieillissement.
Au lieu de cela, nous assistons depuis deux ou trois décennies à un véritable déclin de l'encépagement diversifié. Aujourd'hui, avec la mécanisation poussée à l'extrême et les techniques ultrasophistiquées, les vendanges sont réalisées en un minimum de temps. C'est pourquoi, durant les périodes de reconstitution, on a abandonné toute une série de très bons cépages ou, tout simplement, on les a réduits à la portion congrue, au point qu'il est devenu difficile, pour ne pas dire impossible, de bien les juger dans les nouvelles conditions d'exploitation. Ces raisons sont diverses ; beaucoup resteront malheureusement méconnues, mais on imagine facilement les impératifs prioritaires qui ont dicté ce profond bouleversement :
- productivité sans doute insuffisante,
- sensibilité à certaines maladies cryptogamiques *,
- tannicité excessive durant les premières années.
Ce qui amène à faire un double constat en matière d'encépagement :
- l'utilisation de très bons cépages secondaires (comme le petit verdot) est sporadique. Leur valorisation n'est plus soutenue ; ce qui explique qu'ils soient voués à disparaître,
- l'engouement excessif pour quelques plants « nobles » largement encouragés et prônés par une poignée de fonctionnaires de la viticulture et une majorité de jeunes viticulteurs, qui ont une vision à court terme, conduit tout droit à une uniformisation de l'encépagement, qui va tout à fait à l'encontre de la diversité des vins d'appellation d'origine contrôlée, d'autant plus que le registre proposé est relativement réduit. En blanc, chardonnay, sauvignon et chenin ; en rouge, syrah, merlot, gamay et cabernet sauvignon. Paradoxalement, ces cépages nous sont présentés comme la meilleure solution pour « typer » le vin de telle ou telle AOC qui ne les comportait pas toujours dans son encépagement passé.
L'exploitation raisonnée du patrimoine constitué par les cépages secondaires – légués par nos aïeux – représente pour l'avenir de la viticulture française la meilleure source

d'innovation, qui se place de plus dans le droit chemin de notre tradition viticole. Il faut noter que la réglementation entérine presque toujours une situation de fait, au moment où elle est instaurée, en ayant constamment pour objectif d'en favoriser le maintien et, si possible, le développement par souci d'amélioration de la qualité. Elle remplit donc théoriquement la mission pour laquelle elle a été mise en œuvre. C'est l'une des raisons qui fait qu'elle demeure évolutive ; d'où les nombreuses modifications intervenues depuis 1960 dans les décrets de contrôle relatifs aux appellations et concernant les pourcentages (minimum ou maximum) accordés à chaque cépage principal ou accessoire.
Les changements ont souvent consisté en l'introduction de cépages non cultivés de manière traditionnelle, dans l'aire concernée. Exemples : chardonnay et chenin pour l'AOC blanquette de Limoux, merlot et tannat à Cahors, après une expérimentation conduite préalablement avec rigueur qui a montré que la venue de ces variétés apportait une très nette amélioration qualitative. En ce qui concerne Cahors, la nouvelle réglementation s'est aussi accompagnée d'une restriction du pourcentage accordé au jurançon noir, plant secondaire de qualité assez moyenne. Il en a été de même dans le Languedoc avec l'augmentation des surfaces consacrées à la syrah, au mourvèdre et au grenache, qui se sont faites au détriment du carignan et du cinsault, aux termes de délais fixés au préalable.
Une autre tendance actuelle, regrettable, consiste quelquefois à ne faire appel qu'à un seul cépage pour l'élaboration de vins qui, traditionnellement, provenaient de plusieurs. Ce qui n'est pas du tout conforme aux principes des « usages locaux, loyaux et constants », même si cette pratique ne va pas à l'encontre de la réglementation en vigueur. Celle-ci, en effet, pour certaines appellations, n'impose pas de proportion à respecter pour les cépages principaux. Cette tolérance a été très largement utilisée au cours de la seconde moitié du XIXe siècle et surtout durant les deux dernières décennies, par de nombreux propriétaires de châteaux du Médoc, pour toutes sortes de raisons, en tête desquelles on trouve naturellement la rentabilité et aussi le souci de produire régulièrement en quantité suffisante des vins à la fois plus alcoolisés, plus souples et plus aromatiques à dominante merlot, au détriment du cabernet sauvignon, ce grand cépage médocain.
À titre indicatif, en 1970, dans le vignoble bordelais, le merlot couvrait 17 694 ha contre plus de 45 000 en 1988 et, depuis, la progression s'est encore intensifiée, changeant radicalement la physionomie d'une grande partie du vignoble de la Gironde. Parallèlement, d'autres variétés ont pratiquement disparu – tels le malbec et surtout l'excellent petit verdot –, d'où la perte de typicité d'un grand nombre de crus classés du Médoc. Et tout cela dans le plus profond respect de la réglementation existante !
On trouve aussi ces variations dans d'autres vignobles, où elles sont suffisamment profondes pour avoir des répercussions sur les types de vins produits, notamment dans le Jura, les Côtes du Rhône, les Côtes du Ventoux, les Côtes du Luberon, Lirac et même à Châteauneuf-du-Pape, mais avec beaucoup moins d'acuité dans cette AOC, quand même un peu particulière, dans la mesure où elle a construit sa renommée sur le savant dosage de treize cépages, qui ne sont d'ailleurs plus guère cultivés en totalité, hormis par quelques viticulteurs passéistes.
Dans certaines appellations récentes, tels les Côtes-de-Provence et les Coteaux d'Aix, figure un encépagement secondaire (dans des pourcentages assez importants), qui

comporte des variétés dont l'origine ne remonte pas à un passé très lointain dans la région. On peut en effet s'interroger sur l'antériorité du cabernet sauvignon, du sémillon et du sauvignon dans les aires concernées. Certes, leur introduction est en partie justifiée par un objectif qualitatif, mais on est quand même en droit de se poser des questions sur le respect de la typicité des vins de ces nouvelles AOC.

Ces longues transformations, qui se sont déroulées tout au long de notre histoire viticole, doivent nous inciter à relativiser le fameux concept des « usages locaux, loyaux et constants » et à considérer aujourd'hui que l'antériorité de certains vignobles ne remonte pas toujours à des temps immémoriaux. L'évolution continue ou discontinue, suivie au cours des siècles par l'encépagement, témoigne que la perfection dans ce domaine n'est pas toujours atteinte définitivement à un moment donné. Il en est souvent ainsi lorsqu'on est à la recherche de l'idéal.

Les éventuels problèmes d'introduction de nouveaux cépages issus de croisements dans les AOC doivent également être pris en compte. En matière d'encépagement, il existe, dans la viticulture actuelle, deux tendances très opposées : la première, dictée par la sagesse, considère – avec juste raison – que la sélection établie par l'homme au cours des siècles pour l'ensemble des appellations, bien qu'elle ne soit pas totalement parfaite, a quand même fait suffisamment ses preuves pour être conservée. La seconde, pour étayer sa thèse, ne manque pas d'objecter que l'ancienneté de plusieurs cépages autorisés ne leur confère pas *ipso facto* des qualités et des vertus irréprochables, d'autant que certains s'avèrent trop sensibles à la coulure * et aux attaques de pourriture, et que d'autres produisent quelquefois des vins manquant un peu de degré, de couleur, de tanin * ou tout simplement qui ne sont pas assez aromatiques pour être au goût du consommateur actuel. Quelques jeunes vignerons, qui voudraient tout révolutionner, vont même plus loin dans leur raisonnement, en envisageant de planter dans certaines AOC de nouvelles variétés. Pour argumenter leurs doléances, ils s'appuient sur une logique qui, à première vue, peut sembler imparable puisqu'il n'existe aucune différence fondamentale de nature génétique entre des vignes anciennes de *Vitis vinifera L* *, dont la genèse a été bien définie, et des plants nouveaux issus de croisements intra-spécifiques entre cépages comme le caladoc ou le portan (improprement appelés métis). Pourquoi vouloir les rejeter, si l'on accepte en plus le fait qu'ils ont pour eux beaucoup d'atouts, tels qu'une quasi-immunité envers les maladies cryptogamiques *, la faculté d'assurer une production régulière, et également des moûts particulièrement riches en sucre ? Les adeptes de cette théorie, ne visant que des impératifs financiers, prétendent qu'aucun argument (pas même génétique) ne peut plus s'opposer à leur introduction dans l'encépagement de certaines AOC, si ce n'est ceux qui relèvent de l'ostracisme. Ils ajoutent que les générations qui ont contribué dans le passé à perfectionner sans cesse les différentes variétés n'auraient pas refusé une telle évolution. Raisonnement pour le moins spécieux.

Il est bien sûr logique de toujours concevoir une légère amélioration de l'encépagement existant et même, sans doute, de prévoir le remplacement de certaines variétés secondaires dans quelques zones bien définies, mais il convient de ne jamais oublier que la sélection demeure un domaine où il faut faire preuve de la plus extrême prudence.

En conclusion, disons que les principales caractéristiques, ayant marqué l'encépagement du vignoble français depuis une vingtaine d'années, sont la montée en flèche du merlot, du chardonnay, du sauvignon, du cabernet sauvignon et surtout de la syrah, la régression de l'ugni, du carignan et du sémillon et une certaine stabilité du pinot noir, du gamay et du grenache.

DROITS DE PLANTATION : DE FRÉQUENTS ABUS

Au début du siècle, en l'absence de réglementation, les plantations de vignes étaient la plupart du temps laissées à la liberté de chacun, par conséquent totalement anarchiques, jusqu'à ce que survienne la très grave crise de 1927, qui allait mettre en péril, quelques années plus tard, l'ensemble de la viticulture française, obligeant le gouvernement de l'époque à prendre toute une série de mesures impopulaires pour sauver une partie de notre richesse nationale.

Parmi ces propositions, venait tout naturellement en priorité le gel total des replantations. Malgré quelques entorses bien prévisibles, les consignes ont été dans l'ensemble respectées jusqu'à la parution du décret-loi du 30 septembre 1953, qui remettait en cause une partie de la législation, en instituant en plus une nouveauté avec la création de ce qu'on a appelé « le régime de la consommation familiale », permettant – pour la première fois depuis la création des AOC – à tout un chacun de pouvoir planter jusqu'à concurrence de vingt-cinq ares de vignes pour ses besoins personnels. Bien que ce droit soit toujours en vigueur, n'ayant pas été officiellement abrogé, il n'en est pas moins suspendu par la réglementation communautaire qui interdit, à partir de 1976, toute plantation nouvelle sauf dérogation exceptionnelle. Dans l'état actuel des choses, je ne vois pas comment ce droit pourrait être rétabli car cette mesure de la CEE a été reconduite jusqu'en 1996.

Ce même décret de 1953 créait aussi l'IVCC (Institut des vins de consommation courante), qui allait devenir en 1976 l'ONIVIT, sur les racines desquelles a pris naissance en 1983 l'actuel ONIVINS (Office national interprofessionnel des vins, chargé aujourd'hui de missions très importantes, telles que l'attribution des droits de plantations ou la tenue du cadastre viticole, etc.).

Toutefois, il a toujours été prévu, quelle que soit la réglementation en place, que chaque vigneron puisse, lorsqu'il le jugerait nécessaire, procéder à des arrachages pour continuer à assurer la bonne gestion de son domaine (vignes très âgées, malades ou orientation différente de l'exploitation en raison de la conjoncture commerciale du moment) et, bien entendu, avoir de ce fait la possibilité de replantation périodique. Dans cette hypothèse, avant de procéder à l'arrachage des ceps d'une parcelle bien précise, le vigneron a obligation de faire par écrit aux services de la viticulture une demande d'intention d'arrachage. À partir de la date de sa requête, il doit respecter une période d'un mois avant d'entreprendre quoi que ce soit, pour laisser éventuellement le temps aux services de la DGI (Direction générale des impôts) de venir inspecter la dite parcelle. Passé ce laps de temps, l'absence de réponse de l'administration équivaut à l'acceptation. Il lui faut ensuite faire une nouvelle déclaration de fin de travaux, qui correspond au justificatif d'existence de droit potentiel de plantation de la même superficie, qui reste valable huit ans (dans le passé, le délai était de douze ans).

Le droit de plantation a un statut un peu bâtard, en étant tout à la fois considéré comme un bien immeuble et un bien meuble. Dans le premier cas, il est attaché à l'exploitation à laquelle, bien entendu, appartient la parcelle, lorsque la vigne est plantée. Dans le deuxième cas, il n'est plus lié à celle-ci lorsque la vigne est arrachée. Le vigneron qui dispose en portefeuille de droits de plantations, issus d'arrachages antérieurs, peut donc les utiliser à son gré dans son exploitation, quelle que soit la parcelle. Toutefois, pour ne pas nuire à la classification communautaire des terroirs, il a une obligation d'équivalence ou de progression. Exemples : il ne pourra utiliser des droits issus d'AOC communales telles que Saint-Julien ou Pommard, pour n'en citer que deux, pour replanter une AOC générique * (Bordeaux ou Bourgogne par exemple) ou des vignes destinées à la production de vins de consommation courante, alors que l'inverse est possible. Enfin, s'il désire planter des cépages pour produire un vin d'une autre couleur, il devra en faire la demande, pour obtenir une dérogation, ce, depuis avril 1989.
De 1953 à 1957, il n'y eut guère de modifications dans les superficies en production. À partir de 1958, on assista timidement à la délivrance des premiers droits de plantations gratuits, non issus d'arrachages antérieurs. En 1964 parut la loi du 26 mai, relative à l'organisation du vignoble et à l'amélioration de la production viticole, permettant, sous certaines réserves, les transferts de droits de replantations de vignes d'une exploitation à une autre, sous certaines conditions. Ce fut une grande première. Avec cette loi, les vignerons avaient la possibilité d'acheter des droits de plantations issus d'arrachages, dont le transfert était libre à l'intérieur d'une grande région d'AOC, telle que la Gironde, à condition qu'il y ait équivalence ou progression. On pouvait alors replanter une AOC avec des droits issus d'arrachages de vignes de production de vins de consommation courante, mais non l'inverse, pour ne pas descendre dans la hiérarchie. Grâce à ce décret inespéré, qui mettait fin à un très long immobilisme des structures, lié à l'existence du droit et du contingentement à l'intérieur de l'exploitation, de nombreux propriétaires de vignobles s'empressèrent d'acquérir très vite le maximum de droits de plantations, sachant bien qu'ils arriveraient à les utiliser avant la forclusion sur des terroirs non plantés, classés en AOC.
Les premières années, la plupart de ces transactions se sont soldées par de très bonnes opérations financières pour les acquéreurs qui, le plus souvent, trouvaient en face d'eux des vendeurs naïfs, qui ne soupçonnaient pas un seul instant l'intérêt d'une spéculation future, plus préoccupés qu'ils étaient à tirer enfin un bénéfice, en cédant les droits de plantations de vignes arrachées sans regret, qui ne produisaient que des vins de consommation courante ou même de simples génériques *, devenus difficilement négociables dans un marché bien encombré. Plus tard, les nouveaux vendeurs, qui avaient compris tout l'intérêt qu'ils pouvaient en tirer, se sont organisés et montrés plus gourmands. On a même vu apparaître la faune habituelle des rabatteurs et des intermédiaires, toujours à l'affût d'une commission. Quoi qu'il en soit, ce décret a permis à de nombreuses propriétés viticoles de s'agrandir, notamment en Bourgogne, mais surtout dans le Bordelais ; un grand nombre de crus classés ont pu, par ce biais et tout à fait légalement, étendre leurs superficies.
À titre documentaire, pour étayer ces dires, il n'est pas inintéressant de comparer, pour le département de la Gironde (Bordelais) et de la Côte d'Or (grande Bourgogne) les

superficies respectives des vignes destinées à la production des vins de pays et des vins de consommation courante depuis un peu plus de vingt-cinq ans :
- Gironde : 1968 : 33 137 ha, 1993 : 4 072 ha, différence : 29 065 ha,
- Côte d'Or : 1968 : 2 114 ha, 1993 : 217 ha, différence : 1 897 ha.
En 1976, est parue une nouvelle réglementation, qui limitait les transferts de droits de plantations aux seules régions d'AOC Elle n'a pas changé grand-chose, car les achats concernant les autres vins n'intéressaient plus guère de monde à l'époque.
Le 25 février 1987, un nouveau décret relatif aux autorisations de plantations nouvelles et aux droits de replantation de vignes modifie les dispositions du décret du 30 septembre 1953. Avec cette nouvelle réglementation, il est toujours possible, pour les AOC, de procéder à des replantations, en utilisant des droits issus de transfert, même si ceux-ci proviennent d'arrachages de vignes consacrées aux vins de consommation courante et maintenant quelle que soit leur région d'origine. Mais cela ne sert plus à grand-chose, car toute plantation nouvelle doit avoir l'agrément du ministère de l'Agriculture et de l'INAO, seuls habilités pour répartir les quotas de plantations attribués par la CEE, pour tous les États membres.
Aujourd'hui, chaque dossier de plantations nouvelles non issues d'arrachage de l'exploitation personnelle (valable huit ans) est confié pour examen à l'INAO et, ensuite, transmis au ministre de l'Agriculture, qui est le seul juge. C'est lui qui donne ou non son accord, en tenant compte des priorités à accorder à certaines AOC, dont l'économie marchande semble suffisamment prospère pour supporter une extension. Pour schématiser, la réglementation relative aux plantations de vignes nouvelles ou replantations est actuellement entièrement régie par tout un ensemble de dispositions communautaires ou nationales, destinées à assurer une meilleure maîtrise qualitative et surtout quantitative du potentiel de production des vignes destinées à faire du vin. Avec ce système, il y a chaque année des droits gratuits de plantations exceptionnelles attribués par le ministère de l'Agriculture, sous forme de quotas par région de production, dans la limite des contingentements annuels fixés par décision de la CEE. Pour en bénéficier, c'est un peu la foire d'empoigne ; chacun se débrouille comme il peut, en faisant jouer sa réputation et surtout ses accointances. Pour l'anecdote, disons qu'à ce jeu, la Champagne et le Chablisien tirent assez bien leur épingle du jeu !
En résumé, la réglementation sur les droits de plantation ou de replantation, depuis le début du siècle, se répartit en quatre périodes :
- 1927 : blocus total de toute plantation nouvelle ;
- 1953 : remise en cause d'une partie de la législation et autorisations de plantation pour la consommation personnelle ;
- 1964 : autorisation d'achat de droits de plantation issus d'arrachages, avec possibilité de transfert,
- 1987 : réglementation communautaire et nationale liée aux quotas exceptionnels de droits de plantation.
Toutefois, malgré cette dernière barrière communautaire qui semblait pourtant infranchissable, certains exploitants avaient quand même trouvé un biais pour agrandir leur domaine, surtout dans le Médoc. Il est vrai qu'une réglementation, si draconienne soit-elle, est souvent détournée de son but initial par les petits malins. Le procédé utilisé était en réalité très simple : des investisseurs en mal d'expansion avaient tout bonnement

établi des baux fictifs, permettant d'utiliser les droits de plantations de « vieux » vignerons proches de la retraite, baux qui étaient évidemment résiliables, une fois la vigne plantée, après accord tacite avec les viticulteurs « prête-droit » censés bien sûr exploiter les vignes en fermage. En cas de résiliation, la législation française prévoit en effet que la vigne, plante pérenne *, soit reprise par le bailleur.
Conscients de cette anomalie, pouvoirs publics, INAO, ministère des Finances et ministère de l'Agriculture ont bien entendu réagi, entamant devant la Justice des procédures pour plantations illicites, qui s'élèveraient à environ 1 500 hectares. Certaines seront sans doute arrachées, d'autres subsisteront. La question est de savoir à qui elles appartiennent. Le vieil adage : « Selon que l'on est puissant ou misérable, les jugements de cour vous rendront blanc ou noir » reste toujours en vigueur [1].
Aussi, sans être pessimiste, il est certain que l'on s'achemine, petit à petit, vers un épuisement total des ressources en droit de plantations nouvelles.

PRÉPARATION DES SOLS AVANT REPLANTATION. Jadis, lorsqu'on arrachait une vigne, on commençait par pratiquer un défoncement profond du sol, avec une charrue à bascule, pour tenter d'en extirper la totalité des racines infectées ou même apparemment saines, qu'elles soient de vigne ou d'arbres quelconques (certains fruitiers, vestiges du passé, subsistent encore là où ils ne sont pas interdits par les décrets de contrôle), pour éliminer le pourridié *. Cette pratique reste en vigueur aujourd'hui, seul le matériel utilisé est plus performant. Ensuite, le vigneron procédait à une légère désinfection du sol, pour éviter le virus de la dégénérescence infectieuse, causée par les nématodes, petits vers vecteurs d'un virus qu'ils inoculent plus tard à la jeune vigne en piquant ses racines. Actuellement, on procède différemment, en suivant ce qui semble être le « grand dada » de la plupart des blouses blanches, « les conseillers en agronomie » : on désinfecte avec des produits puissants les sols et les sous-sols, au moins jusqu'à 1,50 m de profondeur, en donnant une garantie au vigneron. Il est évident qu'en agissant de cette façon, les techniciens ne courent pas de risques, puisqu'ils anéantissent toute vie bactérienne et microbienne. C'est le reniement de la tradition ; le sol devient une chose neutre, en quelque sorte un simple support pour les ceps. C'est sans doute la plus belle illustration des aberrations auxquelles peut conduire l'agronomie actuelle. Cette pratique devrait être interdite dans les AOC. Un sol traité de cette façon, pour retrouver vie, doit rester une bonne dizaine d'années sans aucun apport d'engrais chimique. Je me demande si les vignerons, adeptes de cette technique, sont conscients d'une telle aberration. La troisième opération consistait à amender le terrain en jachère * avec un bon fumier composté. Pour qualifier ce travail, nos aïeux avaient une jolie expression : « garnir le garde-manger ». Enfin, les vignerons, pas encore traumatisés par les problèmes de rentabilité immédiate, pratiquaient l'assolement, qui consiste à cultiver alternativement sur les sols ayant porté de la vigne, différentes plantes, céréales ou luzerne, pour leur conserver leur fertilité. Actuellement, au mépris de la qualité du vin comme de la pérennité de la vigne, la plupart des viticulteurs replantent vigne sur vigne, sitôt après l'arrachage, sans avoir laissé à la terre le temps de se reposer.

(1) Une décision rendue le 30 juin 1994 par la cour d'appel de Bordeaux semble me donner raison. Elle a relaxé plusieurs vignerons condamnés en première instance. L'infraction a bien été constatée, mais la cour, en l'absence d'intention délictueuse, a prononcé la relaxe. Comme quoi…

LA SÉLECTION CLONALE OU L'UNIFORMISATION FUTURE DES VIGNOBLES

Après la dernière guerre, beaucoup de vignobles avaient grand besoin d'être reconstitués. Les pépiniéristes, devant la demande croissante des vignerons, ont vu là une manne inespérée dont ils pourraient tirer un large profit et se sont cantonnés dans la facilité, en vendant un peu n'importe quoi, souvent sous n'importe quelle identité. Une vingtaine d'années plus tard, les vignes dégénéraient à nouveau un peu partout en France. Les organismes viticoles prirent conscience du désastre et cherchèrent à y remédier par le biais de l'Institut national de la recherche agronomique (INRA). Au départ, les chercheurs avaient comme unique but d'opérer une très bonne sélection sanitaire, pour fournir aux vignerons un matériel exempt de dégénérescence.
Les premiers travaux eurent lieu un peu avant 1960 dans plusieurs stations de l'INRA, notamment à Colmar où M. Pierre Uglin s'est intéressé aux cépages alsaciens gewurztraminer et riesling, tandis qu'en Bourgogne à l'ONIVIT, sous la direction de M. Raymond Bernard, on travaillait énormément sur le pinot noir et le chardonnay.
Ces investigations ont montré que les cépages de raisins de cuve sont constitués d'une population faite d'une multitude d'individus vigoureux ou faibles, qui ont des qualités ou des défauts extrêmement diversifiés. Ce qui n'était au départ qu'une sélection sanitaire permettant de détecter certains virus, responsables de la dégénérescence infectieuse tels que le court-noué et le virus de l'enroulement (tous deux difficiles à déceler visuellement), est très vite devenue une sélection génétique ou sélection clonale, dont l'INRA avait codifié les premières règles en 1967.
Depuis l'origine de la culture de la vigne, les hommes se sont toujours efforcés, par divers moyens, d'améliorer la plante quelquefois dans un but quantitatif, mais surtout dans un but qualitatif ou en tentant de conjuguer les deux. Les premières sélections, dites « sélection parcellaire », étaient très primitives et pas vraiment efficaces.

La sélection massale. Antérieurement à 1967, on ne connaissait que le mode de sélection dite « massale », qui pouvait être positive ou négative. Dans le premier cas, le vigneron marquait d'un fil ou d'un cordon de couleur différente pendant cinq ou six ans les ceps qui lui paraissaient les plus beaux, pour y prélever ensuite ses greffons. Dans l'hypothèse d'une sélection négative, le processus était le même, mais à l'inverse ; elle portait sur les pieds les moins productifs et les plus déficients pour les éliminer. Pour l'anecdote, ces vignes marquées de plusieurs fils étaient familièrement appelées « vignes colonelles ».
La sélection massale présente l'avantage d'offrir un matériel végétal plus hétérogène, mais, en contrepartie, n'offre aucune garantie du point de vue sanitaire. Elle est toujours pratiquée par les vignerons traditionalistes, plus attachés à la qualité qu'à la productivité. À mon sens, ce sont eux qui sont dans le vrai, car, pour faire un grand vin, il faut savoir prendre des risques. Cependant, quatre facteurs font que ce type de sélection tend à régresser :
- elle demande beaucoup de temps et de travail, pour un résultat qui compte quelques échecs, car un certain pourcentage de greffons ne reprend pas toujours ;

- il faut que le vigneron soit apte à juger visuellement les symptômes des différents virus (ce qui n'est pas toujours le cas), pour éviter dans l'avenir d'avoir à remplacer trop vite les ceps atteints de dégénérescence ;
- les vignerons ont toujours le droit (pour combien de temps encore ?) de faire leurs sélections massales, sauf s'ils se trouvent dans un schéma de restructuration. Dans ce cas, pour toucher leurs primes, ils ont obligation d'utiliser du matériel certifié, autrement dit des clones ;
- les pépiniéristes, encore désireux de se charger de greffer sur porte-greffes les bois sélectionnés par les vignerons sont des artisans, qui deviennent de plus en plus rares, car la tendance actuelle – où tout n'est que simplification et rentabilité – va nettement aux clones agréés.

La sélection clonale. C'est l'isolation de souches prélevées individuellement dans une population et multipliées par greffage *. Le clone est donc l'ensemble de la descendance végétative d'une seule souche appelée « souche mère » ou « tête de clone ». Toutes posséderont exactement les mêmes caractéristiques, les mêmes qualités ou les mêmes défauts que la souche mère. De ce fait, on arrive à une homogénéité totale des parcelles ; d'où un certain intérêt vis-à-vis des maladies, donc des traitements, puisque chaque cep réagit de la même façon, au même moment. Cette homogénéité ne constitue d'ailleurs pas pour autant la panacée et si tous les ceps d'un même clone ont un comportement identique, l'avantage peut alors très vite devenir un inconvénient. En cas de coulure * climatique, par exemple, toute la parcelle sera atteinte. De même, face aux invasions graves de botrytis * ou de toute autre maladie, l'attaque sera d'autant plus sérieuse et difficile à combattre que tous les ceps seront également touchés.
La sélection clonale, en s'appuyant sur la reproduction d'un seul sujet dont la qualité est jugée optimale, va très loin, peut-être même un peu trop. Actuellement, les chercheurs manquent de recul pour estimer les conséquences de cette pratique. Il leur faudra encore de nombreuses années pour être véritablement sûrs que leur technique est fiable à 100 %. Il faut aussi penser que plus on arrive à une race pure, plus on la fragilise. Rien ne prouve qu'il n'y ait pas dans le futur une calamité aussi redoutable que le phylloxéra, qui détruirait alors presque tous les clones. Pour réussir la sélection de leur pinot fin à l'abbaye de Hautvillers en Champagne et au Clos de Vougeot en Bourgogne, les bons moines bénédictins et cisterciens ont mis plusieurs siècles ; ils avaient sans doute de bonnes raisons pour cela. Il a bien dû aussi leur arriver des mésaventures.
Enfin, plus grave, l'utilisation des mêmes clones par tous les viticulteurs banalise la qualité et on est, par extrapolation, conduit à se demander si, un jour prochain, il sera toujours possible, par la dégustation, de distinguer un grand cru d'un autre, voire d'une appellation générique *.
Le clone a une autre conséquence néfaste. Il donne un vin technologique, donc un vin rectiligne. Ce qui se comprend, puisqu'on n'a plus la population. Imaginons que les humains aient tous le même visage et le même caractère ! La valeur d'une civilisation se juge à ses individualités, de même que, pour bien fonctionner, une salle de classe ne doit pas uniquement regrouper en son sein des génies, mais au contraire se composer de personnalités diverses : le farceur, le paresseux, le distrait, le studieux et le surdoué, qui seront seules garantes du bon équilibre.

Cette banalisation n'empêchera sans doute pas ce même vin d'obtenir plus tard au Concours général agricole de Paris une médaille. Il est vrai que, lorsque l'on voit dans cette même enceinte accorder des premiers prix (avec pour seul élément de jugement les mensurations et le poids) à des espèces de bestiaux hideux (taureaux ou cochons), sortes de monstres de graisse et d'éléments artificiels, nourris de vitamines, privés de toute défense immunitaire, il ne faut plus s'étonner de rien !
Sur le plan qualitatif, un seul clone ne produit pratiquement jamais un vin complet, fin et aromatique, se suffisant à lui-même. L'expérience, en matière de dégustation comparative des clones, tend à le prouver. Il est donc non seulement nécessaire mais impératif de planter plusieurs clones, au minimum trois, dans une même parcelle ou tout au moins dans la même exploitation.
D'un clone à l'autre, dans un même cépage, la différence de maturité, d'au moins une semaine, peut modifier la teneur en sucre d'environ 10 % et apporter une diminution du taux d'acidité. C'est une première possibilité de correction * naturelle des moûts.
La sélection clonale connaît un succès grandissant, du seul fait qu'elle permet d'augmenter considérablement les rendements à l'hectare, même si elle va quelquefois à l'encontre de la qualité. Si l'on se réfère au principe intangible que l'accroissement du nombre de clones diminue obligatoirement la richesse en sucre, la sélection clonale sera dans l'avenir responsable de l'avilissement qualitatif de nos grands vins. En effet, en viticulture, c'est le rendement par cep qui importe puisque c'est de lui que dépend tout le système de la production des raisins, d'où l'intérêt de la sélection massale. Si l'on maintient exclusivement des individus vigoureux, produisant beaucoup, on ne fait plus de grands vins, mais seulement du vin.
De plus, il ne faut pas oublier que la vigne est une plante pérenne *. Une erreur de sélection clonale peut pénaliser un viticulteur pendant une partie de sa vie et retirer à son vin certains éléments aromatiques essentiels.

Les clones qui apportent le plus de garanties

Bien qu'ils ne constituent pas le meilleur de l'avenir des grands vins, les clones sont aujourd'hui une évidence avec laquelle il faut compter dans la quasi-totalité des exploitations. Parmi l'éventail de questions que le consommateur doit poser au récoltant figure, pour chaque variété de plant, le choix des clones dominants, qu'il est indispensable de connaître avant d'effectuer un achat, pour juger de l'optique qualitative du vigneron.

Les meilleurs sont choisis en fonction de plusieurs critères principaux : production modérée, richesse en sucre, potentialité aromatique, aptitude à la garde, etc. Sachant que chaque clone agréé sanitairement porte un numéro d'identification, pour les 15 cépages nobles les plus cultivés, entrent dans la catégorie la plus positive 37 clones. À l'inverse, 24 autres sont considérés comme gros producteurs :

- cabernet franc : n° 393 (vin charnu, équilibré, long en bouche et très aromatique). À déconseiller : n° 331 ;
- cabernet sauvignon : n° 337 et 341 (bien adaptés à la Gironde). À déconseiller : 15 - 169 ;
- carignan : n° 6 7 et 171 ;
- chardonnay [1] : n° 76 95 et 548 (celui-ci pouvant se montrer complémentaire). À déconseiller : n° 75 - 78 - 121- 124 - 277 ;
- chenin ou pineau de Loire : n° 220 et 278 ;
- cinsault : n° 3 - 4 - 5 et 103 ;
- gamay : n° 509 - 565 et 358. À déconseiller : n° 222 - 282 - 284 ;

(1) Pour le chardonnay et le pinot noir, les Champenois utilisent presque exclusivement les huit clones très gros producteurs. En Chardonnay, il existe aussi deux clones, donnant un vin à saveur muscatée bien marquée : les n° 77 et 809, assez recherchés par certains producteurs du Mâconnais.

- grenache : n° 362 et 224 (sensible à la coulure *). À déconseiller n° 70 ;
- merlot : n° 181 - 182 - 342 et 343. À déconseiller : n° 346 - 348 - 184 ;
- mourvèdre : n° 247 - 248 et 450. À déconseiller : n° 244 - 245 - 246 et 250 ;
- muscat à petits grains, dit muscat de Frontignan : n° 154 et 579 (très aromatique). À déconseiller : n° 452 ;
- pinot noir : n° 115 - 114 et moindrement 667. À déconseiller : n° 386 - 388 - 389 ;
- sauvignon : n° 297 - 316 ;
- sémillon : n° 173 - 315 ;
- syrah : n° 383. À déconseiller : n° 100, le plus multiplié pour ses rendements impressionnants.

Les vins de pays et particulièrement ceux du Languedoc provenant de cépages dits « améliorateurs » comme le cabernet sauvignon, le merlot, la syrah, le cabernet franc, le mourvèdre ou le chardonnay, pour n'en citer que six, sont presque tous issus de clones productifs, pour concilier rentabilité et productivité.

Pour un retour à la sélection massale. Le clonage est une découverte allemande, qui remonte à 1876. Elle bénéficia d'une organisation centralisée dès 1937, au sein de la culture des vignes du Troisième Reich, témoignant de l'avance considérable de cette nation dans ce domaine expérimental.

Cette sélection, dont le seul avantage est la garantie sanitaire de la vigne, ne peut avoir d'effets positifs si l'organisme officiel, garant de la discipline des appellations d'origine contrôlée, n'interdit pas la plantation de tous les clones trop productifs, dont les effets désastreux se font déjà sentir sur les grands vins de Bourgogne et en Champagne. On distinguait autrefois les cépages prohibés et les cépages autorisés. Il devrait en être de même aujourd'hui avec les clones. Ce mode de sélection ne devrait pas être mis intégralement sur le marché, à la disposition de n'importe quel vigneron obsédé par la rentabilité. Toute proportion gardée, c'est un peu comme si l'arme atomique était à la portée de tous les mouvements révolutionnaires dans le monde.

Une lueur d'espoir semble toutefois se profiler à l'horizon bordelais. Voici quelques années, conscients qu'un des maillons essentiels de la qualité des grands vins disparaissait à tout jamais, les directeurs respectifs ou œnologues – parmi lesquels figure le sympathique et passionné Jean-Claude Berrouet – des neuf plus grands crus du Bordelais ont pris la plus importante décision salvatrice des vingt dernières années. En accord avec plusieurs pépiniéristes sérieux, ils ont tout bonnement décidé de revenir progressivement à la bonne vieille sélection massale, sans laquelle aucun des grands vins que nous connaissons n'aurait vu le jour. Jean-Claude Berrouet expliquait ainsi : « Nous allons vers un appauvrissement de la population végétale. Il faut à tout prix sauvegarder nos individualités ; les clones ne correspondent absolument pas aux notions de diversité et complexité qui appartiennent à notre histoire viticole. »

Je ne peux, au nom de la sauvegarde du vignoble français, que leur souhaiter une complète réussite dans leur entreprise de résurrection de ces vieux « cépages populations », seuls garants de la survie des célèbres crus classés ou assimilés, qui ont contribué dans le passé au renom et à la richesse de notre pays.

À l'actif des chercheurs de l'INRA et de l'ANTAV [1], la sélection clonale a permis de sauver de vieux cépages de qualité, qui ne produisaient pratiquement plus tant ils

(1) Deux organismes officiels s'occupent de la sélection clonale : l'INRA (Institut national de la recherche agronomique) et l'ANTAV (Association nationale technique pour l'amélioration de la viticulture).

étaient dégénérés : le floral viognier qui donne le condrieu et le rare château grillet, le trousseau qui apportait la typicité aux Côtes du Jura, la mondeuse, ce grand cépage savoyard dont Arbin est le berceau, et le petit manseng, meilleur producteur des admirables grands jurançons moelleux d'autrefois. Après avoir été testés pour s'assurer qu'ils avaient bien la valeur que leur accordaient les écrits anciens, quelques clones ont été régénérés sanitairement et réintroduits dans ces petits vignobles, avec l'idée de produire à nouveau ces vins typiques connus et renommés depuis le Moyen Âge.

LES PORTE-GREFFES ET LA TAILLE : DEUX FACTEURS DE PRODUCTION

LES PORTE-GREFFES. Après la terrible invasion phylloxérique de la fin du siècle dernier, l'ensemble du vignoble français fut entièrement replanté par greffage *, sur des porte-greffes issus de bois américains, seuls capables de résister à la piqûre de l'insecte. Toute variété possède, quand elle est plantée sur ses propres racines, une puissance qui se traduit par une plus ou moins grande quantité de bois produite. On sait, depuis longtemps, que chaque génotype de porte-greffe confère au greffon qui lui est associé une vigueur dite « vigueur conférée », indépendante de celle de ce même porte-greffe lorsqu'il est cultivé franc de pied, c'est-à-dire non greffé.

Depuis une bonne vingtaine d'années, l'ANTAV a commencé un important travail de sélection des porte-greffes, parallèlement à la sélection clonale des greffons, sur laquelle elle semble plus en avance. Cette sélection ne peut être que sanitaire, étant donné qu'une variété de porte-greffe ne peut provenir que d'un seul plant (pour la plupart issus à l'origine d'hybridation). Cela explique qu'il n'y ait pas de différence de comportement cultural entre clones d'une même variété de porte-greffe, tant qu'ils restent sains. L'élimination des viroses a permis d'en réhabiliter certains, notamment l'excellent riparia gloire.

Dans l'association symbiotique que constitue une vigne greffée, les fonctions métaboliques sont réparties entre deux génotypes différents. Le système foliaire du greffon assure la nutrition carbonée, celui racinaire du porte-greffe, l'alimentation hydrique et la nutrition minérale. Ce dernier synthétise en plus des substances de croissance, des acides organiques et des protéines, qui participent à l'évolution de la variété greffon.

Le consommateur doit savoir que le porte-greffe peut être un facteur important de la vigueur de la vigne, par conséquent de la production et donc de la qualité du vin ; ce que le récoltant n'ignore pas, sans pour autant en tenir obligatoirement compte...

Avant d'entreprendre une replantation, le vigneron doit faire procéder à une analyse très détaillée de son sol – à moins qu'il ne le connaisse parfaitement – de manière à choisir avec son pépiniériste un ou des porte-greffes bien adaptés, pour éviter par la suite des risques de coulure *, dus à un mauvais équilibre entre le greffon et le porte-greffe, ou de chlorose *, qui se manifeste lorsqu'il y a une mauvaise affinité entre le porte-greffe et le sol trop calcaire.

LA TAILLE. Malgré le progrès, la taille reste sans doute la dernière opération manuelle, qui nécessite encore réflexion et même adaptation pour certaines souches.

Les sécateurs assistés n'ont pas beaucoup bouleversé la vie des vignerons, encore qu'ils aient soulagé les rhumatisants. La taille démontre que la viticulture est une branche non négligeable de l'œnologie et elle est là, à point nommé, pour rappeler qu'une bonne bouteille commence par la vigne. Dans un temps, pas si lointain, les vignerons commençaient à tailler vers la mi-février pour terminer vers la fin mars. Un vieux dicton affirmait d'ailleurs : « Taille tôt, taille tard, rien ne vaut la taille de mars. » Aujourd'hui, c'est à qui commencera le premier, alors que certaines vignes portent encore des feuilles. Dans la plupart des régions viticoles, la taille se situe bien avant la période des grands froids, quelquefois avant le retour des réserves vers les racines ; cette précipitation augmente considérablement les risques de voir s'anéantir une partie de la future récolte, du fait que les vignes taillées ont des tissus plus riches en eau que celles qui ne le sont pas, donc gèlent beaucoup plus facilement.
La nature rafraîchit de temps à autre la mémoire défaillante des vignerons, en leur rappelant le bien-fondé des anciennes pratiques, au rang desquelles on peut aussi compter le buttage et le déchaussage * des ceps, pratiqués autrefois par tous et régulièrement abandonnés de nos jours.

LA VIGNE A-T-ELLE VRAIMENT BESOIN D'AUTANT DE TRAITEMENTS ?

À l'aube du XXIe siècle, la viticulture moderne dispose d'un véritable arsenal pour affronter avec succès tous les parasites de la vigne – qu'il s'agisse des insectes comme l'eudémis, le cochylis, les araignées ou tout autre prédateur –, toutes les maladies cryptogamiques *. Malheureusement, les vignerons ne jurent plus, aujourd'hui, que par le traitement. Ils ont complètement oublié qu'avant toute lutte chimique, il est impératif de commencer par réduire la sensibilité de la vigne à l'aide de moyens prophylactiques où interviennent le mode de culture, la fertilisation et surtout les rendements. Ils sont devenus des apprentis sorciers, manipulés par le lobby des fabricants de produits chimiques. À l'heure actuelle, il apparaît tellement de nouveaux produits phytosanitaires * sur le marché que la plupart des viticulteurs ne savent plus à quel saint se vouer. Il est vrai qu'il est très difficile d'être au courant de tout. Devant le talent de bonimenteur du marchand de poudre de perlimpinpin, qui a un stock de marchandises à « fourguer », le vigneron en porte-à-faux cède souvent au « chant des sirènes », qui lui laissent entrevoir de belles vignes et l'espérance d'un meilleur rendement.
Les agents des différents services administratifs jouent aussi un drôle de rôle, notamment dans la protection des végétaux, bien qu'ils n'usent guère de paires de bottes dans les vignes. Reconnaissons-leur toutefois le grand mérite de publier des communiqués pour informer les vignerons des différentes attaques parasitaires. Il est seulement dommage, vu la lenteur administrative, qu'ils paraissent le plus souvent lorsque le mal est déjà fait !
Autrefois, on utilisait dans tous les traitements uniquement des produits de contact, lessivables par la pluie, comme le soufre et les bonnes bouillies bordelaise (cuivre et chaux) et bourguignonne (cuivre et carbonate de sodium), qui ont largement fait leurs preuves. Elles n'entraînaient qu'un seul inconvénient : un excès de cuivre dans le sol ralentit sa vie microbienne. Mais, en contrepartie, il n'est pas polluant.

Aujourd'hui, on emploie de plus en plus les systémiques, produits de traitement véhiculés par la sève et par conséquent présents à tous les stades de la vie du raisin, du bourgeon à la vendange ; un corps étranger se balade toujours quelque part, jusque dans votre verre ! Cette nouvelle façon de traiter la vigne amène parfois les récoltants à changer leur type de vinification et d'élevage des vins, notamment les collages et les filtrations *. On ne peut, dans l'état actuel de la science, ni affirmer de manière péremptoire, ni nier que ces traitements n'apportent pas de modifications sur le plan aromatique.
Il est incontestable que certains pesticides employés dans la lutte contre la pourriture grise *, quelquefois peu de temps avant les vendanges, provoquent des modifications importantes de la flore microbienne et perturbent plus ou moins intensément l'évolution fermentaire, pouvant aller jusqu'à donner au vin des caractéristiques organoleptiques différentes. Or les principales causes du développement de la pourriture grise * sont dues à des porte-greffes trop puissants et surtout à des excès de fumure azotée dont est friand le champignon *Botrytis cinerea* *, agent de cette maladie.
En outre, les nouveaux systémiques évitent le millerandage * et autorisent des rendements plus élevés, mais avec des grains plus serrés ; en contrepartie, on augmente le risque de développement de la pourriture.
En voulant trop protéger le vignoble, on ne réussit qu'à créer une désorganisation dans l'équilibre du système biologique. Les parasites de la vigne, comme ceux des autres végétaux, sont une réalité quotidienne. Le vigneron doit s'en accommoder du mieux qu'il peut. En conséquence, traiter avec parcimonie et non dépenser un peu plus d'argent chaque année sur des vignes fragilisées, privées de leurs anticorps naturels, mais plutôt s'attacher à les rendre moins vulnérables et essayer de ne pas oublier les bons vieux traitements cupriques qui ont fait leurs preuves.
Nos aïeux ont toujours fait du vin – et même parfois du très bon –, sans être œnologues et bien avant l'apparition des systémiques qui sont loin d'être le remède miracle. Le progrès, d'accord, mais avec une petite pointe d'empirisme et un doigt de sagesse !

LES VIGNES HAUTES : ENCORE UN RENIEMENT DE LA QUALITÉ

À l'origine, les autorisations de plantations de vignes hautes [1] n'avaient été accordées qu'à titre transitoire et expérimental. Le temps a passé sans que personne s'en préoccupe, l'essai est devenu état de fait. En France, les choses se passent toujours ainsi ; le provisoire, pour peu qu'il serve les intérêts de gens bien placés, dure en général très longtemps. Il suffit pour s'en convaincre de se rappeler la fameuse vignette automobile, créée en 1956 pour un an, à l'initiative de Paul Ramadier.
L'INAO ne s'est jamais donné les moyens de vérifier l'incidence que pouvaient avoir ces nouvelles vignes sur la production et surtout sur la qualité. Un tel contrôle lui aurait peut-être permis, dans certaines zones, de supprimer le bénéfice de l'appellation d'origine contrôlée à des vins issus de ces plantations. Au lieu de cela, l'INAO a continué à les tolérer et même à les encourager dans de nouvelles AOC, comme ce fut le cas dans

(1) Vignes conduites à une plus grande hauteur que les autres, en général à 1,60 m et plantées 3 mètres sur 3. On considère qu'au-delà de 1,20 m, une vigne entre dans cette classification.

le vignoble bordelais, avec le décret du 23 septembre 1974 qui les autorisait à partir de la vendange 1974 dans cinq d'entre elles. À l'époque, ce décret tombait à pic pour un domaine appartenant à un membre de l'instance dirigeante des appellations miraculeusement touchées par la manne providentielle... Ce n'était peut-être qu'un pur hasard !
Bien qu'elles aient de farouches partisans, il semble que les vignes hautes (l'Alsace mise à part pour des problèmes culturaux et surtout climatiques) soient dans l'ensemble préjudiciables à la qualité. Néanmoins, j'ai tenu à faire ressortir aussi bien les éléments en leur défaveur que les atouts qui militent pour elles :
- en Alsace, elles occupent la totalité du vignoble. Cela est aisément compréhensible dans cette région traditionaliste, où elles sont présentes depuis plusieurs siècles, en ayant prouvé qu'elles étaient bien adaptées culturalement aux terroirs accidentés qui bordent les Vosges et surtout plus en mesure que les vignes basses de résister aux hivers très rudes. Sur le plan qualitatif, elles permettent d'obtenir d'excellents vins, tout aussi réputés que ceux des autres grandes régions viticoles (le sérieux et l'honnêteté des vignerons alsaciens y est aussi pour beaucoup). Pour être totalement impartial, précisons tout de même qu'elles produisent beaucoup trop...
- le professeur Galet aime à rappeler cette anecdote : « Au Moyen Âge, les serfs des environs de Paris avaient fait revendication au roi de France et aux puissantes abbayes de Saint-Germain-des-Prés et de Saint-Denis, propriétaires des vignobles de Montmartre, Meudon, Argenteuil et Suresnes, pour ne plus boire le vin vert des treilles hautes, qui leur donnait colique et diarrhée, mais plutôt un peu de bon vin des vignes basses des coteaux » ;
- en Champagne, le bon moine dom Pérignon déconseillait lui aussi les vignes hautes ;
- plus tard, en 1772, l'abbé Rozier, à qui l'on doit trois précieux ouvrages sur la viticulture, les condamnait également ;
- la vigne, comme toute végétation, demande à être conduite. Or il est important de savoir que les réserves glucidiques se situent dans le bois ; donc plus une vigne aura de bois, plus ses potentialités qualitatives seront élevées. On peut remarquer que les vieilles vignes, mieux pourvues en bois, ont toujours une production qualitativement supérieure. Pour les mêmes raisons, les vignes conduites en vignes hautes ont obligatoirement une qualité inférieure. En effet, la partie la plus riche en réserves est le tronc ; celle-ci est d'autant plus important par rapport au raisin, lorsque la vigne est conduite en taille basse ;
- intervient aussi un facteur que minimisent, à tort, beaucoup de vignerons : l'influence climatique du sol qui est celle de la plate-forme, sur laquelle repose la couche d'air qui environne le feuillage de la vigne. L'altitude au-dessus du sol est une donnée essentielle. En été, pendant la période de maturation * des raisins, il fait plus chaud au niveau du sol ; la température moyenne de l'air diminue lorsqu'on s'élève et les différences sont importantes. Cette donnée impose un mode de conduite tel que le feuillage se trouve aussi près du sol que possible ; elle condamne donc irrémédiablement le système à tige élevée, en vue de la production de vins fins : plus une vigne se trouve proche du sol, plus elle prend de force pour s'élever vers le soleil et la lumière. Les propriétés de la surface du sol jouent également un grand rôle, notamment lorsqu'il est caillouteux et particulièrement en année sèche.
Enfin, dans les régions septentrionales où, à partir de septembre, les nuits commencent à se rafraîchir, la vigne basse possède un réel avantage sur la vigne haute, car elle bénéficie de la restitution de la chaleur que le sol a emmagasinée dans la journée, surtout

lorsqu'il s'agit de terroirs caillouteux, de graves ou mieux encore de galets roulés comme à Châteauneuf-du-Pape. Pour avoir une idée du pouvoir de rétention des sols en calories, il faut se reporter à des études sérieuses, menées en cours de maturation *. Elles ont démontré que les raisins de vignes hautes, se trouvant à environ 70 cm du sol, subissent pendant la période nocturne une température inférieure de 1 à 1,5° à celle d'une vigne basse située en général à 30 cm ;

- j'ai fait plusieurs contrôles de maturité avec mon réfractomètre * une dizaine de jours avant la vendange entre vignes basses et vignes hautes très chargées, notamment dans les Hautes Côtes de Beaune sur la commune de Magny-les-Villers. Dans deux parcelles côte à côte, l'appareil affiche 2° d'écart. On ne peut trouver fait plus significatif ;
- la vigne haute est un outil de production souvent néfaste, qui peut compter jusqu'à quarante grappes par cep ! Devant une telle avalanche, le vigneron n'a pas toujours la volonté de s'autodiscipliner, en faisant une prévendange en vert (supprimer très tôt une partie des raisins) et en modulant ses vendanges en fonction d'un bonne maturité ;
- plus que jamais, il devient nécessaire de revoir les critères afférents à la densité de plantation (nombre de pieds par unité de surface), en n'oubliant pas que celle-ci est un facteur primordial de la qualité des vins. L'importance du bois de la vigne, par rapport au fruit, conditionne la qualité du raisin et donc du vin futur. Il faut qu'il soit le plus grand possible. Il est évident qu'avec 10 000 ceps, il y a beaucoup plus de bois à l'hectare que si la plantation ne compte que 3 300 pieds. N'oublions pas que c'est le bois qui absorbe les ressources du sol en éléments minéraux assimilables et en eau. La vigne basse permet de récolter de beaux raisins qui donneront des vins plus sucrés, mieux structurés et beaucoup plus fins, alors qu'avec des ceps vigoureux et trop productifs d'une vigne haute, provoquant un retard de la maturation et un excès d'acidité, le degré s'abaisse obligatoirement et le phénomène de dilution enlève de la finesse. C'est une des causes principales de la baisse de qualité dans certains vignobles ;
- les adeptes de la vigne haute ne sont pas sans rétorquer – d'ailleurs avec raison – que celle-ci est d'une plus grande longévité. J'en ai, pour ma part, vu à Cahors et dans le Madiranais qui avaient allégrement passé le cap des cent ans, tout en se montrant encore assez fructifère alors qu'il est évident que, bien avant d'atteindre cet âge, la plupart des vignes basses deviennent stériles. On compte ainsi en général trois replantations de vignes basses pour deux en vignes hautes ; ceci, tout au moins depuis l'époque post-phylloxérique, car au siècle dernier, les vieilles vignes françaises avaient, en fonction du mode de conduite en marcottage *, une longue espérance de vie. Ce qui fait dire à ses partisans de mauvaise foi que ce mode de conduite se rapprochait davantage de l'état naturel et physiologique de la vigne ;
- dans certaines régions viticoles particulièrement défavorisées, les viticulteurs – afin d'assurer la survie de leur domaine – doivent tenir compte de considérations économiques, ce qui explique bien souvent l'option des vignes hautes. En effet, replanter un hectare avec ce mode de conduite revient nettement moins cher à l'exploitant. Il y a d'abord un gain de plantes très appréciable de 3 300 pieds au lieu de 8 000 à 10 000, deux tiers de fils de fer en moins pour le palissage *, un piquet sur trois, et surtout une importante réduction de main-d'œuvre, tant pour la plantation que pour le travail futur, la vendange mécanique notamment, qui est facilitée.

(1) Par « bois de vigne », on entend la souche, les bras et le système racinaire (il ne faut pas oublier que la partie enterrée représente en volume plus de deux fois celle visible.

Aujourd'hui, hormis le Beaujolais, la Champagne et les Côtes du Rhône, les vignes hautes sont pratiquement partout, représentant un assez fort pourcentage de l'ensemble du vignoble français. On les trouve même là où on ne les attendrait jamais. C'est ainsi qu'il en existe à Vosne-Romanée, appellation prestigieuse s'il en est ! Qu'on ne vienne surtout pas me dire qu'elles assurent la survie économique de l'appellation !

POURQUOI VOULOIR MODIFIER L'ENCÉPAGEMENT ?

Un grand vin n'est pas le fruit du hasard. Dans son ouvrage *Le Théâtre d'agriculture et mesnage des champs* paru en 1600, Olivier de Serres, célèbre agronome français, écrivait : « Les trois choses que demande la vigne sont l'air, le sol et le complant ». J'ajouterai l'homme. Un vin fin demande en effet un terroir *, un climat, mais surtout un cépage noble qui lui soit très bien adapté. Les bons moines, qui furent à l'origine de toutes les grandes appellations, l'avaient bien compris, qu'il s'agisse des chartreux, des bénédictins ou des cisterciens, pour ne citer que les trois principales congrégations. Le meilleur exemple illustrant cette thèse est fourni par la Bourgogne. Il remonte à 1120, époque où les cisterciens de l'abbaye de Cîteaux, sur l'emplacement de ce qui allait devenir le Clos de Vougeot, plantèrent les premières vignes en pinot noir, cépage noble entre tous qui, en dehors de la Bourgogne et de la Champagne – où il est pourtant à sa limite septentrionale – ne donne que de piètres résultats. En agronomie, c'est l'expérience et la sagesse des générations passées qui doivent nous guider. Aussi loin que l'on remonte dans le temps, on constate que les grandes régions d'appellations ont construit leur renommée sur un ou plusieurs cépages bien adaptés à leur climat et à leur sol. Ce n'est pas le fait du hasard si la Bourgogne et la Champagne ont tiré leur gloire du pinot noir et du chardonnay, pas plus que l'Hermitage et la Côte Rôtie de la syrah, les grands Médocs du cabernet sauvignon, la Loire du chenin, l'Alsace du riesling et du gewurztraminer ou le Bandol du mourvèdre, pour ne citer que les principales AOC.

Aujourd'hui, on voudrait nous faire croire le contraire. Beaucoup de régions ont commencé à changer leur encépagement. Dans le Jura, le pinot noir, où il ne produit qu'un faux bourgogne à peine coloré, se substitue aux bons cépages locaux poulsard et trousseau, pourtant bien adaptés. Dans le Sud-Est, le cabernet sauvignon et le merlot commencent à détrôner les vieux plants provençaux. À Bellet, le chardonnay mange le rolle petit à petit. Dans le Val de Loire, le gamay a pris dans de nombreux secteurs la place du cabernet franc. En s'engageant dans cette voie, on court au désastre, en risquant d'enlever toute la typicité d'une partie du vignoble français et, du même coup, de faire le jeu des vins étrangers. Car enfin, on sait produire des vins de cépages un peu partout dans le monde et surtout à moindre coût qu'en France. N'oublions pas que nous sommes confrontés à de très grandes unités de production, aux terroirs pratiquement illimités, parfois mieux ensoleillés, possédant une assise financière souvent meilleure que la nôtre, animées par des gens dynamiques qui disposent d'une main-d'œuvre moins onéreuse en charges sociales et n'ont pas à subir toutes les tracasseries administratives imposées à nos braves vignerons. C'est le cas du Chili, de l'Argentine, du Mexique, des États-Unis, de l'Afrique du Sud, de l'Australie, et même de la Russie qui est déjà le quatrième producteur mondial.

La viticulture française a indéniablement inspiré la production viticole des autres continents, mais c'est surtout l'aspect commercial qui a été retenu au détriment de l'exemple féodal, sans lequel pourtant nos grandes appellations actuelles ne domineraient pas aussi aisément depuis plusieurs siècles l'ensemble de la production mondiale. Notre viticulture, victime d'une certaine naïveté ou séduite par quelques phénomènes de mode, cherche paradoxalement à l'étranger des exemples pris dans l'imitation de ce qui n'est pas, chez elle, le meilleur.
Il est très facile de comprendre pourquoi beaucoup de vignerons sont attirés par cette nouvelle possibilité qui s'offre à eux. Les noms de certains cépages – gamay, sauvignon, chardonnay, cabernet ou merlot – sont porteurs, donc vendeurs, et, pour peu qu'on sélectionne des clones à fort rendement, ils peuvent aussi s'avérer de gros producteurs. Enfin, cabernet sauvignon mis à part, ils s'adaptent assez facilement à la récolte mécanique.
Ceux qui jouent la carte des vignobles neufs de type américain, en produisant de faux bordeaux, des semblants de bourgogne ou des imitations de beaujolais risquent de détériorer le goût du consommateur et surtout de le désorienter d'une manière irréversible. On constate déjà une telle dérive avec les vins de pays.
Dans les AOC, le cépage ne devrait jamais être mis en vedette, *a fortiori* lorsqu'il provient d'une autre région, n'étant alors qu'une sorte d'immigré en situation régulière, choisi pour son bon caractère et sa facilité d'adaptation.
En revanche, il faut admettre que dans le Languedoc, certains cépages – dits améliorateurs – comme le mourvèdre, la syrah, le cabernet sauvignon, le merlot, le sauvignon ou le chardonnay, peuvent dans une large mesure permettre de promouvoir des vins issus de terroirs modestes et contribuer à sortir cette région du marasme contre lequel elle se bat depuis de nombreuses années.
Bien entendu, ces remarques ne concernent pas le vignoble alsacien, dont les grands vins, depuis des siècles, doivent leur réputation aux cépages dont ils sont issus ; c'est l'exception qui confirme la règle. Il est vrai que – hormis le pinot noir (planté depuis plusieurs siècles) et le tokay pinot gris (dont il existe quelques hectares dans la Loire) – cette région possède un encépagement qui lui est propre, qu'il s'agisse du muscat d'Alsace, du muscat ottonel, du sylvaner, du gewurztraminer ou du riesling.

LA MACHINE À VENDANGER, EXÉCUTRICE DES BASSES ŒUVRES

L'apparition, en 1971, de la première machine à vendanger, importée des États-Unis [1], ne manqua pas de susciter de nombreuses et quelquefois même de violentes polémiques. Ce qui ne l'empêcha pas de continuer inexorablement sa percée, qui fut surtout très spectaculaire de 1978 à 1983, où le nombre des machines – tous modèles confondus – passa de 639 à 5 096. Aujourd'hui, le parc français des machines à vendanger dépasse largement les 10 000 unités. Il semble cependant, pour la première fois depuis le début de la mécanisation des vendanges, qu'il se produise une certaine stagnation due, il est vrai, à une conjoncture économique très défavorable.

(1) La mise au point de cette première machine (Chylshom-Ryder) qui dura deux ans (1969-1970) eut lieu à l'université de Davis aux États-Unis.

De nos jours, le marché paraît plus orienté vers les grosses automotrices. Ce renversement de la tendance s'explique par le fait qu'une grande partie des transactions sont prises en main par des CUMA (Coopératives d'utilisation en commun de matériels agricoles) mais aussi par des entrepreneurs qui louent leurs services, en exploitant les diversités géographiques ; ce qui leur permet de rentabiliser le gros matériel, en arrivant à le faire tourner pendant deux ou trois mois par an. Actuellement, certains d'entre eux commencent la récolte dans le Languedoc-Roussillon, puis vont ensuite dans le Bordelais et terminent fin octobre par les Charentes.
Notre parc national de machines est actuellement le plus important du monde, ce qui peut sembler paradoxal au regard du fractionnement d'une grande partie de nos AOC. Aujourd'hui, 45 départements viticoles sont plus ou moins équipés de machines à vendanger. Contrairement à une idée reçue, ce ne sont pas les vignobles du Languedoc qui détiennent le record, mais la région de Cognac (ce qui n'est guère dommageable pour la cueillette de raisins appelés à être distillés), suivie de près par le département de la Gironde, qui comptait déjà, en 1983, 1 050 machines. Pour l'année 1994, ce même département avoisine les 2 500. Il faut reconnaître que les cépages rouges du bordelais, cabernet-sauvignon, cabernet-franc et merlot – plus résistants que le pinot noir et le grenache – souffrent moins d'être vendangés mécaniquement.
La Côte d'Or, sans doute en raison de son extrême morcellement, fait preuve de beaucoup plus de prudence envers cette nouvelle technique. En revanche, l'Yonne, et tout particulièrement le Chablisien – ce qui se comprend aisément, vu l'extension démesurée de ses aires d'appellations – semble voir d'un très bon œil la mécanisation.
Plusieurs autres régions comme la Corse, les Côtes du Rhône méridionales, le Sud-Ouest et surtout le Val de Loire connaissent également un réel engouement pour la mécanisation des vendanges. La machine commence aussi timidement mais sûrement à faire son apparition en Alsace et dans le Sud-Est. Sont encore épargnés, en raison de leur mode de vinification : la Champagne, Châteauneuf-du-Pape et le Beaujolais, où la machine est proscrite, ainsi que quelques vignobles très escarpés où son usage est pratiquement impossible, comme la Côte-Rôtie, l'Hermitage, Condrieu, Château-Châlon, Banyuls, le secteur de Jurançon et certaines zones d'AOC trop restreintes pour son utilisation, Château Grillet, Bellet, Palette et Cassis entre autres.

LES ATOUTS DE LA MACHINE. Même si l'on est un inconditionnel de la qualité ou un nostalgique du bon vieux temps, regrettant que les chansons et les rires des vendangeurs soient de plus en plus remplacés par les décibels des engins, lorsqu'on parle de machine à vendanger, on est amené à rechercher les causes qui ont pu, dans une période aussi courte, jouer en sa faveur. Incontestablement, on retrouve en premier lieu la sacro-sainte gestion et son *alter ego*, la rentabilité. Puis viennent, dans l'ordre, les difficultés administratives de tous genres, chaque année plus contraignantes, au point qu'un vigneron qui veut être en règle lors de l'embauche d'un vendangeur doit accomplir des formalités qui relèvent presque du gymkhana. Avec la dernière en date, la réalité dépasse la fiction ! Dorénavant, l'État exige que le personnel saisonnier soit déclaré aux services intéressés huit jours avant les vendanges. On imagine ce qui peut se passer en cas de défection de dernière minute. Le montant insupportablement élevé des charges sociales frappant depuis quelques années les exploitations qui vendangent

manuellement, est un autre argument en faveur de la machine. Enfin, à notre époque, il devient très difficile pour un vigneron de constituer chaque année une équipe de coupeurs et de porteurs qui soient travailleurs et surtout animés d'un très bon esprit. Restent encore à résoudre tous les problèmes d'intendance posés à la femme du viticulteur, qui a la charge de loger et de nourrir convenablement tout ce personnel saisonnier hétérogène, dont le comportement vis-à-vis des employeurs laisse beaucoup à désirer. Pourtant, de nos jours, les vendangeurs sont en général payés correctement, nourris copieusement et bien logés. Ces quatre atouts vont au bénéfice du fabricant de machines, dont les représentants – qui ont généralement la bonne idée « comme par hasard » de se présenter après les vendanges – trouvent d'ailleurs presque toujours dans la place une alliée de choix en la femme du vigneron, interlocutrice plus coopérative que le mari (on la comprendrait à moins...), à tel point que je me demande bien pourquoi ils ne l'intéresseraient pas à leur commission...
Lorsqu'on examine les coûts d'un peu plus près, on constate qu'entre le prix de revient d'une vendange mécanique et celui d'une vendange manuelle, selon les régions et aussi en fonction du propriétaire de la machine (exploitant ou entrepreneur loueur), la différence oscille entre 0,50 F et 1 F par bouteille. Son utilisation est donc compréhensible pour les domaines très importants et particulièrement dans ceux d'appellations mineures, où les prix de vente doivent être calculés au plus juste pour passer auprès des réseaux de grande distribution. En revanche, dans les exploitations vendant les vins à partir d'un certain prix (30 F environ), cette technique n'est pas excusable si l'on veut préserver la qualité qu'il ne faut pas confondre avec la tranquillité !
Pour être tout à fait concret, disons qu'actuellement environ 50 % des surfaces viticoles françaises – dont une grande partie en AOC (même réputées) – sont récoltées mécaniquement, ce qui est loin d'aller de pair avec l'amélioration du niveau qualitatif des grands vins de France. Voilà plus de 3 000 ans que l'homme vendange à la main et maintenant on voudrait lui faire croire qu'une machine va faire mieux ! Elle constitue, certes, une évolution mais raisonnablement pas un progrès.

Une régression qualitative. Les farouches partisans de cette technique ne manquent pas d'avancer qu'à son époque la moissonneuse-batteuse eut aussi ses bataillons de détracteurs, argument simpliste et peu convaincant. Peut-on en effet comparer des céréales à de fragiles baies de raisins ? Indéniablement, avec ce procédé, on ne progresse pas, mais au contraire on régresse, car la récolte mécanique – telle qu'elle est pratiquée par tous les types actuels de machines à vendanger – pose à nouveau le problème de la dilacération du raisin, alors qu'une vingtaine d'années de recherches avait permis de faire enfin comprendre aux vignerons toute la nécessité d'amener au pressoir ou à la cuve un fruit intact, exempt d'oxydation * (il est bon de rappeler qu'un grain de raisin demeuré entier, s'il n'a pas été malmené, peut vivre sans dommage pendant plusieurs heures abandonné dans un coin, alors qu'écrasé, il s'évanouit immédiatement, envahi par les micro-organismes). Ses adeptes négligent ou simplement veulent ignorer certaines de ses incidences sur l'évolution future de la vigne. Même avec les systèmes actuels de cueillette, à battage latéral des souches, les ceps sont encore meurtris, ce qui provoque parfois des attaques virales l'année suivante, obligeant à procéder à un traitement cuprique * préventif. On écourte ainsi la longévité des ceps.

Dans l'hypothèse de vendanges survenant pendant ou après de fortes pluies, la machine augmente considérablement le volume d'eau qui rentre avec le raisin [1], causant un phénomène de dilution ayant pour effet de baisser sensiblement le degré alcoolique. En outre, le passage saccadé des batteurs occasionne un lessivage des souches se traduisant par la récupération de tous les produits de traitement qui s'y sont plus ou moins accumulés.
Qu'on le veuille ou non, la récolte mécanique entraîne dans la benne à vendange avec les grains de raisins toutes sortes de matières étrangères : éclats de bois provenant des piquets, jets d'écorces des ceps, agrafes métalliques ou plastiques, pétioles (partie rétrécie de la feuille unissant le limbe à la tige), escargots ou morceaux de fils de fer, etc. Au sujet du fer, il faut savoir qu'il n'existe qu'un pourcentage très limité du vignoble français palissé sur fils d'inox, alors que cette règle s'avère indispensable lorsque l'on vendange mécaniquement. De plus, certains piquets de bois, traités avec la créosote, risquent de transmettre des mauvais goûts au vin. Le vigneron doit aussi s'assurer auprès du fabricant de l'uniformité des lots de piquets, afin qu'il n'y ait pas de mélange d'essences, entre autres des résineux susceptibles de communiquer aux raisins et plus tard aux vins des odeurs étrangères.
Ayant pris conscience que les machines à vendanger ramassaient un peu tout, les Établissements Mercier Sanchez, fabricants de matériel agricole, ont eu l'idée astucieuse de commercialiser un appareil, qu'ils dénomment très justement « séparateurs de corps étrangers », dont l'efficacité à 100 % reste à démontrer, car cet appareil – s'il élimine les éléments grossiers – laisse passer les autres. J'ajoute que mon éducation est toute à refaire, car, dans ma grande naïveté, je croyais qu'une vendange n'était faite que de raisins !
La machine présente encore beaucoup d'autres inconvénients :
- en raison de la trituration rapide du fruit, les raisins ont tendance à libérer ce que les œnologues dénomment des précurseurs d'arômes, qui sont localisés en grande partie dans la pellicule. Ce qui a pour effet de produire certains vins blancs plus parfumés, mais qui, en contrepartie, durent moins longtemps ;
- on a aussi constaté dans les années de bonne maturité que les moûts issus de raisins récoltés mécaniquement présentaient une forte coloration, d'où l'obligation de les coller plus fortement à la caséine ;
- si l'on se réfère à Denis Dubourdieu, qui sait de quoi il parle, l'augmentation des protéines dans les vins blancs secs *, dont les raisins ont été vendangés à la machine, nécessite d'augmenter au collage * les doses de bentonite *. Dans certaines régions, où les récolteuses mécaniques sévissent, elles sont passées de 50 à 100 g/hl, voire plus. Or, au-delà de 60 g, il se produit invariablement une perte de la potentialité aromatique ;
- tous les vignerons sont d'accord : même maladroit ou écervelé, un vendangeur ne coupe jamais les verjus et rarement un raisin atteint de pourriture, alors que la machine s'accapare de tout ce qui ne résiste pas aux mouvements latéraux de ses batteurs ;
- il faut aussi remarquer qu'en fonction des conditions climatiques de l'année, lorsque le bois de la rafle * est bien aoûté *, le vinificateur, qui dispose de l'ensemble de la matière, peut aisément jouer avec elle, en modulant le taux d'égrappage avant cuvaison *. La mécanisation n'offre pas cette possibilité ;
- dernier point et non le moindre, dans les vinifications en blanc, le pressurage * s'avère

(1) Même lorsqu'elle est équipée d'une soufflerie.

parfois plus délicat, du moins avec les pressoirs mécaniques, du fait de l'absence de rafles constituant normalement des drains, qui facilitent l'écoulement des jus.
Les fabricants ont donc encore de gros efforts à faire dans le domaine de l'hygiène pour transformer leurs machines s'ils veulent passer de l'état de matériel viticole à celui de matériel œnologique. Pour s'en persuader, il suffit de laisser une machine à vendanger simplement (mais bien) nettoyée à l'eau dans un hangar fermé pendant une nuit, pour que le lendemain une odeur aigre soit perceptible. Une récente étude des services de microbiologie de l'ITV de Nantes, sur l'hygiène des machines à vendanger, a démontré que la désinfection indispensable à l'aide d'un produit spécifique réduisait de façon importante les populations de levures * et les bactéries lactiques. Ce qui se traduirait invariablement par des répercussions sur les fermentations.
Enfin, pour l'utilisation d'une machine, le conducteur joue un rôle important. Il doit faire preuve d'une extrême sagesse de pilotage ; la récolteuse n'est pas une Formule 1.
Parmi les partisans de la mécanisation, on trouve trois catégories de récoltants :
- ceux, francs du collier, qui ne cherchent pas à dissimuler l'option qu'ils ont choisie avec ses avantages et ses inconvénients ;
- les simulateurs, qui arguent bien fort qu'ils récoltent la plus grande partie manuellement et bien sûr... seulement quelques parcelles à la machine pour faire des essais. Afin de prouver la mauvaise foi de ces récoltants, il suffit, comme je le fais périodiquement, d'assister un matin au départ des équipes et ensuite d'établir une modeste équation, superficie du domaine/nombre de vendangeurs, pour découvrir très vite la supercherie ;
- enfin, les fabulateurs, qui affirment éliminer à chaque millésime toutes les grumes insuffisamment mûres et celles atteintes par la pourriture. Je voudrais qu'ils m'expliquent comment ils pratiquent certaines années – 1992-1993-1994 par exemple – où la plupart des remorques de vendanges mécaniques étaient, sauf dans les régions précoces, semblables à un pot de marmelade ?

Des règles impératives. Si elle va à l'encontre de la qualité, la machine à vendanger présente néanmoins un avantage certain, sa rapidité d'exécution, qui permet au vigneron de pouvoir attendre le moment optimum pour vendanger chaque parcelle à complète maturité et donne la possibilité de stopper toute cueillette pendant les moments de pluie, le loisir de reprendre la vendange à n'importe quelle heure, même la nuit – ce qui est utile dans les vignobles situés dans les régions chaudes – si les conditions météorologiques sont meilleures (bien que cela reste à démontrer, car un végétal récolté la nuit n'a pas la même force que celui ramassé le jour, les morpho-chromatographies le démontrent. Jamais un ancien n'aurait semé ou récolté en l'absence de soleil).
Une petite exploitation familiale peut véritablement obtenir de bons résultats avec une machine, sous réserve de ne pas enfreindre certaines règles :
- manœuvre entre des rangs de vignes minutieusement palissés en inox ;
- pilotage avec douceur par le chef d'exploitation ou l'un de ses proches ;
- hygiène extrêmement rigoureuse du matériel ;
- sulfitage * plus important de la cueillette qui doit être amenée dans les délais les plus brefs à la cuverie ou au pressoir ;
- enfin, notons que de récents systèmes de battage latéraux, mis au point en 1988, diminuent un peu la casse du cep et permettent surtout de doubler la vitesse d'avancement.

Toutefois, selon M. Chaler de l'ITV de Montpellier, en mettant à la disposition des viticulteurs leurs nouvelles têtes de récolte, les constructeurs ont démontré qu'ils étaient susceptibles d'adapter de mieux en mieux leurs machines à la vigne. Mais elle n'est pas encore née la vendangeuse mécanique capable de respecter intégralement et en même temps la plante et sa production et d'égaler la cueillette manuelle ;
- les machines à vendanger par aspiration – qui n'aspiraient pas uniquement le raisin ! – disparaissent progressivement du vignoble, essentiellement parce que les rendements en surfaces récoltées étaient trop faibles et surtout parce qu'elles devenaient fatigantes pour les hommes qui soutenaient les bouches aspirantes. Le bruit qu'elles occasionnaient rendait en outre les conditions de travail trop pénible.
Signalons une boutade : les Établissements Somaref ont mis au point une machine à vendanger possédant un pressoir incorporé. Où cela va-t-il s'arrêter ! Peut-être en verra-t-on bientôt une équipée pour le tirage des bouteilles et pourquoi pas la mise en cartons !
Quoi qu'il en soit, dans un avenir que je souhaite le plus lointain possible pour la qualité des grands vins de France, l'utilisation de la machine à vendanger semble inéluctable dans la plupart des exploitations. D'ici là, arrivera peut-être sur le marché la fameuse coupeuse au laser dont on nous parle depuis longtemps… Espérons que cela ne sera pas le monstre du Loch Ness…

LA DATE DES VENDANGES, UN CHOIX BIEN DIFFICILE

Issu d'une famille de vignerons de l'Orléanais, d'origine très modeste, Charles Péguy disait : « Tout ce qui se faisait à la vigne s'appelait travailler, excepté vendanger qui était le gain de l'année… ».

Une décision suzeraine puis réglementée. Dans les temps anciens, les terroirs les mieux situés appartenaient tous à la noblesse ou aux hautes autorités religieuses, les autres étant dévolus aux pauvres vignerons, qu'il serait plus juste d'appeler des paysans, car ils pratiquaient surtout la polyculture et leurs vignes – généralement mal placées – ne permettaient pas encore de faire vivre une famille. Pour commencer les vendanges, il fallait attendre que les raisins des puissants aient été entièrement cueillis – ce qui n'était pas pour autant un désavantage pour la qualité des autres – car les propriétaires des meilleurs crus faisaient toujours preuve de sagesse dans la conduite de leur patrimoine, en ne ramassant que des fruits parfaitement mûrs. Le décalage jouait alors en faveur des parcelles déshéritées, qui finissaient par acquérir une maturité suffisante, sauf, bien entendu, certaines années où le temps brusquement venait à se dégrader d'une façon irréversible. Après la Révolution, on assista à une sorte de libéralisme, où chacun prenait ses responsabilités, en jugeant selon son âme et conscience pour commencer le ramassage. Ce furent ensuite les maires des communes qui reprirent la vieille coutume du fameux ban des vendanges jusqu'en 1948. Cette année fut marquée par les contrôles obligatoires de maturation *, pour éviter que certains vignerons trop pressés ne cherchent ensuite à compenser le déficit alcoolique par une surchaptalisation *, mesure encore renforcée par le décret du 4 octobre 1979 relatif au sucrage.

Aujourd'hui, les choses se passent différemment. Le commissaire de la République, préfet du département, sur avis de l'INAO – dont les agents sont « censés » avoir au préalable procédé à différents contrôles de maturité dans tous les vignobles à l'aide d'un réfractomètre * – décrètent chaque année, en survivance de l'Ancien Régime, la date d'ouverture des vendanges avant laquelle aucun viticulteur ne peut commencer sous peine de perdre le bénéfice de l'appellation pour la totalité de sa récolte.
Ce système est loin d'être parfait car il pénalise de nombreuses parcelles bien situées, avec un bon microclimat * qui leur permet de bénéficier d'une avance de plusieurs jours sur le reste du vignoble, ou certains cépages précoces vis-à-vis d'autres. Or, lorsqu'un raisin a atteint sa maturité physiologique, il ne peut souvent que perdre à attendre sur le cep. Dans le cas où ses raisins ne sont pas mûrs au moment de l'ouverture des vendanges, le récoltant a la possibilité de patienter quelques jours de plus. Hélas ! la précipitation l'emporte la plupart du temps sur la sagesse, d'autant que les contrôles effectués dans les bennes à vendanges ne sont pas monnaie courante. En revanche, ce laxisme se révèle souvent profitable à certaines parcelles de Champagne, du Bas Beaujolais et même de la Côte d'Or, dont les raisins ont quelquefois bien du mal à atteindre le degré minimum imposé pour garder le bénéfice de l'AOC.
Il aurait mieux valu laisser le pouvoir au maire, car nul ne connaît mieux sa commune que lui, d'autant qu'il est lui-même souvent viticulteur. Désormais, depuis son « bureau climatisé », un préfet régente tout, y compris la maturité des raisins dans une région viticole entière, qu'il ne connaît d'ailleurs pas toujours parfaitement (n'étant parfois en place que depuis peu) et où la vigne occupe, la plupart du temps, une multitude de situations et d'orientations différentes qui ne peuvent permettre une uniformisation parfaite de la maturité [1].
Les viticulteurs ont néanmoins la possibilité, s'ils veulent commencer plus tôt, de demander des dérogations à l'INAO, en cas de problème particulier posé par la pourriture grise, à condition d'avoir fait constater que le degré minimum correspondait à celui exigé par le décret de contrôle de l'appellation. Dans le cas contraire, les années très chaudes où se présente un risque d'excès d'alcool, par exemple, le processus reste le même.
De nombreuses voix de viticulteurs, et non des moindres, se sont déjà élevées contre cette réglementation absurde.

Une question de maturité. Chaque année, à pareille époque, se présente aux vignerons le même dilemme : choisir avec discernement une bonne date pour commencer les vendanges, décision qui n'est jamais facile à prendre, surtout dans les appellations où l'on doit couper les raisins de plusieurs cépages, comme les Côtes du Rhône et le Bordelais.
Dans les zones viticoles les plus chaudes, il est bien sûr conseillé de vendanger un peu avant terme, pour limiter les excès de mûrissement. En revanche, dans les vieilles régions traditionnelles de vins fins comme le Bordelais et surtout la Bourgogne, une cueillette trop hâtive, alors que les raisins n'ont pas encore acquis une maturité suffisante, aboutit à l'élaboration d'AOC de qualité moyenne en passant parfois à côté d'un grand millésime. La principale difficulté pour le vinificateur tient au fait que la période

(1) Exemple : en Côte d'Or, dans le secteur des Hautes Côtes, la même date est donnée sans tenir compte des parcelles plantées en vignes basses ou en vignes hautes, où la maturation est pourtant loin d'être identique.

correspondant à la maturité physiologique du raisin, définie par les variations de sucre et d'acidité, ne concorde pas obligatoirement avec la maturité phénolique *, celle où l'accumulation de ses composés est maximale.
La seule influence que le viticulteur puisse avoir sur un supplément de qualité réside dans la cueillette, mais encore faut-il qu'il ait un très bon jugement, une petite part de chance et penser qu'en prenant quelques risques supplémentaires, il est susceptible de gagner 1 ou 2°, qui feront par la suite la différence. Sans parler de la satanée « fièvre des vendanges » qui crée une sorte d'affolement collectif et contagieux, il faut des nerfs d'acier à l'homme le plus calme pour attendre avec sérénité la date optimale.
Cueillir bien mûr oui, mais jamais trop tard. Sur un nombre donné de millésimes, il ne fait aucun doute que les partisans de l'attentisme sont plus souvent perdants, surtout dans les années caniculaires, où il ne faut pas hésiter à ramasser un peu plus tôt, pour conserver des tanins souples et gras. Les millésimes 1947, 1959, 1961, 1976 et dans une moindre mesure 1989 furent dans ce cas. Dans le Haut Médoc en 1976, par exemple, le Château Montrose, vendangé tôt, est encore splendide alors que le Château Lynch-Bages, ramassé tardivement, s'est effondré depuis longtemps ; il s'agit pourtant là de deux crus généralement bien vinifiés.
Si dans beaucoup d'exploitations l'on arrive aisément à régulariser le travail d'une machine à vendanger, il n'en est pas de même avec une horde de vendangeurs, que l'on ne peut activer à la commande ou laisser à ne rien faire, en attendant que le ciel consente à se montrer plus clément. Le vigneron, avant la date fatidique, doit faire face à d'innombrables problèmes d'intendance qui conditionneront l'organisation de son travail, en employant une main-d'œuvre diverse, souvent composée de personnes de nationalités différentes, ne lui offrant d'autre alternative que de commencer dès leur arrivée. Il doit se montrer assez convaincant pour raisonner, et surtout retenir les vendangeurs ; tâche ardue, même lorsque cela concerne une éventuelle amélioration.
Les viticulteurs gardent toujours en mémoire de belles années ravagées par de violents orages ou encore la vision de magnifiques ceps complètement hachés par des grêlons, quelquefois seulement à vingt-quatre heures d'être cueillis. De surcroît, un bon nombre de viticulteurs sont souvent plus sensibles à la quantité, mesurable en volume et en argent, qu'à la qualité dont la rentabilité est quelquefois moins évidente au départ. Le viticulteur n'a pas toujours une juste vision de l'état de tous ses raisins car bien peu notent scrupuleusement chaque année, parcelle par parcelle, les dates de débourrement, de floraison * et de véraison, pour avoir une idée très exacte de l'ensemble de leur domaine. Enfin, la règle impérative est de se fixer un ordre de coupe, en fonction des microclimats, mais aussi des conditions climatiques propres à chaque millésime.
Il ne faut pas oublier que la qualité d'un vin est déterminée, au moins pour 50 %, par le temps qui a précédé les vendanges et, surtout, par celui qu'il a fait pendant la récolte. Mai ou juin, avec le passage de la fleur, conditionnent la quantité, mais août et septembre règlent la qualité, en permettant aux raisins de faire le plein de sucre, de perdre les excès d'acidité et d'acquérir de bons tanins souples et gras. Les raisins arrivés à maturité métamorphosent l'aspect de la vigne : son port est affecté, la pousse est arrêtée, les feuilles changent de tonalité, elles foncent, se cuivrent et même ternissent. On peut affirmer que les vendanges dans un vignoble dont le feuillage est encore très vert et brillant interviennent un peu trop tôt.

Le vin est le produit noble par excellence de l'agriculture, dont on parle bien longtemps après sa naissance. Lorsque l'on déguste une vénérable bouteille, on ne peut s'empêcher de penser qu'elle est issue de raisins coupés depuis des lustres et se remémorer les conditions climatiques qui ont précédé sa naissance. Ceux qui ont ramassé des betteraves ou tout bonnement cueilli des cerises sont bien incapables d'éprouver la même émotion. Enfin, et l'on n'insiste jamais assez sur ce point, lorsque le raisin rentre en cuverie, on connaît déjà intégralement sa valeur à la sortie. Je suis toujours amusé lorsque, au printemps, j'entends des vignerons m'affirmer : « Les vins sont bien meilleurs qu'on aurait pu le penser au départ » (à ce jeu, les producteurs de la Côte d'Or sont imbattables), « Ils ont du degré et de la couleur. » Vaste fumisterie pour néophyte ! Le vin du vrai professionnel ne peut être que le reflet des raisins ramassés. Il peut toujours, bien sûr, s'arranger pour qu'il se présente mieux avec l'aide du sucre, de l'œnologie et tout l'arsenal de la pharmacopée autorisée, mais il perdra alors en authenticité. Il est vrai que la nuit, quand la porte du vigneron est close, il se passe parfois des miracles... La qualité d'une vendange, donc d'un vin, dépend avant tout de l'équilibre entre ses divers constituants, au nombre desquels figurent : le sucre, les acides, les tanins, mais surtout plusieurs centaines de substances spécifiques et inimitables qui conditionnent sa typicité, sa rondeur, sa persistance aromatique et sa finesse, lui assurant sa complexité. Ce qu'aucun ordinateur, même le plus perfectionné, n'a pu définir jusqu'à ce jour.

Il est facile de comprendre l'espèce d'angoisse et les affres que ressentent la plupart des vignerons à mesure que les vendanges approchent. Impatience bien légitime de rentrer en lieu sûr la récolte, fruit d'une année de labeur. Tout repose sur des raisonnements prévisionnels, car, même à courte échéance, on ne peut pas toujours juger des bonnes conditions de ramassage, vu le nombre de facteurs de perturbation : la sécheresse, les orages violents qui favorisent les attaques brusques de pourriture, la pluie faible ou forte, mais surtout durable. Ce sont autant de conditions d'exécution précaires pour assurer la réalisation du travail, dans un temps déterminé, avec des moyens appropriés, sans véritable raisonnement absolu. Les raisons d'avancer la date des vendanges sont multiples. Parmi celles-ci, vient en priorité la météo, que chacun interprète selon les besoins de la cause. Tous les motifs sont bons pour accélérer l'échéance et lancer le départ : « les prélèvements laissent augurer un petit manque d'acidité », « les attaques de pourriture et d'insectes se multiplient », « c'est une grosse récolte », « il faut s'y mettre tôt » ; ou, au contraire : « il n'y a presque rien, je dois l'assurer », « le voisin ramasse une belle vendange, c'est lui qui avait raison » ; de puérils motifs sont même avancés, comme : « j'ai l'habitude de toujours commencer le premier ». Si bien qu'on assiste à un curieux paradoxe : si les raisins ne sont pas sains, on se hâte de les couper, ce qui est compréhensible. Lorsqu'ils sont magnifiques, on est tout aussi pressé de cueillir, hanté par la peur de les voir se détériorer. Beaucoup de vignerons pensent en effet à tort que certains manquements n'auront qu'une incidence mineure sur la qualité du vin. Après tout, le sucre n'est-il pas là pour pallier la maturité déficiente et l'œnologie pour rééquilibrer l'ensemble ? Autant d'excuses pour se donner bonne conscience que l'on clôt par une promesse de gascon « en jurant de redevenir plus sage l'année suivante... ». Chaque époque a toujours eu ses excès. Dans le passé, la tendance allait aux vendanges précoces, quelquefois à l'encontre d'un parfait mûrissement. Aujourd'hui, au contraire, sous l'emprise d'œnologues qui prétendent avoir la science infuse et détenir le secret des anciennes générations, certains jeunes vignerons veulent à tout prix ramasser le plus tard possible, même au détriment de la qualité ; ce qui ne manque pas de faire l'affaire de la presse. En dehors des AOC regroupant les liquoreux, moelleux ou autres sélections de grains nobles, trouver fin octobre un viticulteur cueillant encore du raisin constitue pour un journaliste une aubaine, qui vaut bien de risquer un peu de pellicule pour impressionner ses lecteurs. Ce qu'il fait sans même prendre la peine de s'assurer de l'état des grumes ramassées. Or, il faut savoir qu'une vendange pourrie est plus néfaste pour la qualité du futur vin qu'un tout petit manque de maturité.

CHAPITRE III

le vin

Pour une meilleure compréhension, je me suis efforcé de suivre l'ordre chronologique de l'élaboration du vin, commençant invariablement par l'égrappage, sans lequel les grands vins rouges n'existeraient pas, tant en Bordelais qu'en Bourgogne ou dans les Côtes du Rhône, trois des régions les plus prestigieuses.

UNE VIEILLE TECHNIQUE : L'ÉGRAPPAGE

L'égrappage [1] est une technique très ancienne, puisqu'elle est déjà citée dans le *Manuel du cultivateur de l'Orléanais*, édité en 1770. Jusqu'à la deuxième décennie de ce siècle, beaucoup de viticulteurs restaient hostiles à ce procédé. Il faut dire qu'ils ne disposaient pas encore d'un matériel performant. Si l'on revient seulement une trentaine d'années en arrière, on constate qu'il ne semblait pas exister sur le marché un appareil aussi bon et précis que le vieil « érafloir » médocain, où les rafles étaient séparées des baies par simple ratissage manuel des raisins déversés sur une claie en bois. J'ai vu aussi des engins similaires en Côte d'Or et dans le Val de Loire. Aujourd'hui, où tout doit aller vite et surtout avec le minimum de main-d'œuvre, ils feraient vraiment figure de vestiges.
En 1772, le célèbre abbé Rozier écrivait : « Il n'est pas plus absurde de dire qu'il est avantageux de mettre dans la cuve des sarments avec le raisin que de laisser la grappe

(1) L'égrappage est un procédé œnologique et non agronomique.

entière. » Plus près de nous, le professeur Peynaud soulignait fort justement par une formule lapidaire : « Ce qui n'est pas bon à manger n'est pas bon à boire. » Il est incontestable que les pédoncules et les pédicelles * des fruits ne sont pas comestibles. Si, par curiosité expérimentale, on se force à les mâcher, on découvre que ces parties ligneuses joignent l'âpreté, l'amertume et un goût végétal. Elles laissent aussi une impression acidulée, très désagréable. En les recrachant, on comprend mieux.
Les rafles représentent, suivant la grosseur et l'architecture des grappes, de 4 à 8 % du poids des fruits. Elles contiennent de l'eau, des matières minérales, des acides et des tanins. Leur présence en quantité dans la cuve a souvent pour effet de diminuer l'acidité du vin, qui dans certaines régions a déjà tendance à en manquer en raison des excès d'amendements.
De nos jours, où la propension est aux vins plus souples, la pratique de l'égrappage s'est considérablement développée, la machine à vendanger ayant largement œuvré dans ce sens. On peut dire, sans craindre d'être contredit, que 90 % du vignoble rouge français est égrappé, hormis la Champagne et le Beaujolais entre autres, en raison du pressurage * direct et de la vinification en macération carbonique *, cette dernière étant appliquée aussi en Languedoc et surtout dans le Roussillon.
En conclusion, le fait d'égrapper dans une cuvaison * traditionnelle est bénéfique, car la rafle * est une mauvaise matière première, qui n'apporte rien d'agréable au vin, si ce n'est de la dureté, de l'astringence et un goût herbacé.

LE SIXIÈME SENS QUI FAIT TOUTE LA DIFFÉRENCE

Un grand vinificateur possède généralement un « sixième sens », le meilleur et véritable auxiliaire pour réussir toutes les opérations : vinification, élevage et embouteillage. Autrefois, les meilleurs vignerons, habités par une sorte d'instinct, décidaient de la date des vendanges simplement en goûtant quelques raisins dans certaines parcelles bien déterminées, prenaient de jour comme de nuit la température des cuves pour éviter les accidents bactériens, savaient avec précision choisir le moment opportun pour décuver, dégustaient régulièrement pour fixer le nombre de soutirages * et le mode de collage *. Enfin, ils réussissaient la plupart du temps, malgré les conditions de travail épouvantables de l'époque, à mettre le vin en bouteilles à point nommé, parvenant à des réussites admirables encore aujourd'hui, en réalisant de véritables tours de force.
Aucune année ne ressemble à une autre. Le récoltant ne doit pas être prisonnier d'un système, mais au contraire adapter un style de vinification en fonction de l'état sanitaire et de la maturité des raisins qu'il vendange.
Afin de démontrer son talent, le vinificateur dispose d'une palette assez restreinte et surtout d'un temps limité pour choisir les bonnes options, en tête desquelles viennent la date opportune de vendange, facteur primordial de la réussite, le pressurage * pour les blancs, l'alternative de l'égrappage (sauf dans le cas du champagne et du beaujolais) pour les rouges vendangés manuellement (avec la machine la question ne se pose pas) qui, selon les années, peut être total ou partiel, la durée de cuvaison * variable selon le millésime et le type de vin, la régularité des remontages * ou des pigeages *,

les soutirages * à l'air ou au contraire à l'abri de l'air, le temps de vieillissement sous bois ou en cuve, le mode de filtration *, etc.
Dans les années très ensoleillées, où la vigne souffre parfois même de la sécheresse, on produit en général de très grands vins, mais ce sont des millésimes où la vinification est relativement difficile. Il y a les bonnes levures *, mais elles sont souvent dominées par les vilaines bactéries... Rappelons-nous 1947, l'un des millésimes du siècle, où seule une élite de vignerons a réussi à faire des bouteilles de collection. Certaines d'entre elles tiennent encore fort bien aujourd'hui et, pourtant à l'époque, le matériel de cuverie et les connaissances étaient archaïques. Les hommes, dotés de ce fameux « sixième sens », ont tout simplement laissé les raisins dans la cuverie, en les arrosant copieusement d'eau fraîche durant la nuit, avant de les mettre dans la cuve, pour retarder le départ en fermentation. Quelques-uns d'entre eux, comme le père Ramonet de Chassagne-Montrachet (vinificateur d'exception), n'ont même pas hésité à jeter des pains de glace dans les moûts, pour calmer les fermentations tumultueuses, afin d'éviter la volatile *. Les degrés étaient si élevés qu'un peu d'eau n'a guère eu d'incidence sur la qualité, pas plus que sur les volumes très restreints.

Lorsqu'on fréquente assidûment les vignobles, on s'aperçoit qu'il existe une sorte d'osmose entre le propriétaire récoltant et son vin. Certains sont si intimement liés à leur terroir * et à leurs appellations que parler de leurs vins équivaut à camper les personnages au point qu'on ne peut évoquer l'un sans citer l'autre, tant l'image est fidèle. Les exemples sont légion :

- Bernard Michelot à Meursault, personnage rondouillard et bourguignon type, respire la joie de vivre. Ce qui se ressent dans ses vins qui sont gras et en quelque sorte joyeux ;
- Hubert de Montille à Volnay cumule la profession du vigneron avec celle d'avocat, réputé pour produire de grands vins parfois sévères, au point qu'ils semblent dans leur jeunesse avoir la rigueur du Code pénal ;
- Jean Gautreau, sorte de janséniste du Médoc, fait de son vin du Château Sociando-Mallet un produit de rigueur, qui demande de nombreuses années pour exprimer sa haute qualité ;
- Robert Jayer Gilles de Magny-lés-Villers, solide gaillard moustachu, au physique aussi carré que ses opinions, produit de très beaux vins colorés et tanniques. Ils demandent, comme lui, beaucoup de temps pour devenir aimables ;
- le marquis d'Angerville à Volnay fait des vins magnifiques, qui ont l'élégance seigneuriale de leur propriétaire ;
- le regretté M. du Gardin, propriétaire à l'époque du Clos Salomon à Givry (l'une des meilleures situations de la commune), avait le gabarit d'un jockey de handicap. C'est sans doute pourquoi les vins, qu'il s'obstinait à mettre en bouteilles après les avoir conservés trois ans en fûts, avaient la plupart du temps séché et perdu tout leur fruit. Ce qui a bien changé depuis, avec sa nièce ;
- il existe également des perfectionnistes, où l'on recherche en vain les erreurs de vinification, tels : les frères Tollot (Chorey-les-Beaune) et Perrin (Châteauneuf-du-Pape), Yannick Amirault (Bourgueil), Pierre Dubourdieu (Barsac), François Mitjaville (Saint-Émilion) ou encore Henri Duboscq (Saint-Estèphe), pour n'en citer que quelques-uns.

On pourrait aussi mentionner :

- le viticulteur à l'esprit marchand et beau parleur, dont les vins charmeurs au fût passent généralement assez vite après leur mise en bouteilles ;
- le producteur peu soigneux, à la cave mal tenue, chez lequel la plupart des vins possèdent des tares dues au manque de propreté ;
- le pessimiste, dont les vins sont aussi tristes que lui ;
- l'inquiet, qui interroge constamment le client pour savoir si on ne reproche rien à son vin ; cas d'André Bonhomme à Viré, qu'il dorme tranquille...

- ou encore le technicien en œnologie, qui vinifie et met en bouteilles exclusivement en fonction des bulletins d'analyses. Pour schématiser, son raisonnement est le suivant : on peut laisser sortir le malade, il n'a plus de fièvre... Résultat : des vins sans défaut, mais aussi sans âme !

La liste est loin d'être close. Il y aurait de quoi remplir un ouvrage, tant le sujet est vaste. Un conseil quand même avant d'acheter : il faut tenter, tant que faire se peut, de percer la personnalité du récoltant ; elle est souvent un indice sur la nature de son vin.

LES ŒNOLOGUES, CES MÉDECINS DU VIN

L'amateur de vin ne fait pas toujours bien le distinguo entre l'œnologue et l'œnophile. Aussi, est-il instructif de se reporter à leur définition respective selon le Larousse :

- le premier est un technicien, dont les connaissances scientifiques sont sanctionnées par un diplôme national. Son savoir et sa pratique lui permettent de prendre la responsabilité totale de la vinification, de l'élevage des vins et de procéder aux analyses les plus délicates sur le raisin et le vin. De nos jours, il est considéré comme le médecin des vins ;
- le second est une personne qui aime le vin et lui rend hommage. Ce que les auteurs grecs appelaient « philoïnie » est devenu le mot moderne « œnophilie ».

J'espère que cette petite mise au point permettra aux lecteurs de cet ouvrage de ne plus se laisser berner par quelques pseudo-professionnels vaniteux, qui n'hésitent pas à se parer du titre d'œnologue, alors que dans la plupart des cas ils n'ont même pas les connaissances suffisantes pour entrer dans la modeste catégorie des œnophiles.

Le premier traité d'œnologie date de près de 4 000 ans. Il se trouve dans la Vallée des Rois en Haute-Égypte. Il a été décrit 1 500 ans avant J.-C. sous forme de « bandes dessinées » peintes sur la tombe de Nakht, scribe responsable des greniers et de la cave de Thoutmès III, pharaon de la XVIIIe dynastie qui régna de 1505 à 1450 avant J.-C. On y voit des esclaves nubiens cueillir avec précaution les grappes d'une treille, les fouler aux pieds, en recueillir le jus dans des amphores fermées d'un bouchon percé de trous, probablement pour que l'aération permette la fermentation. On retrouve à peu près la même scène de la cueillette et du foulage 3 000 ans plus tard sur une tapisserie du XVe siècle, conservée au Musée de Cluny.

Comme le prouvent les dessins ornant ce tombeau, la fabrication des premiers vins par les ancêtres des viticulteurs actuels remonte sans doute à la nuit des temps. L'homme, qu'il ait été vigneron ou marchand, a toujours cherché le moyen de conserver et de faire voyager son produit.

Les balbutiements de l'œnologie. Jusqu'au milieu du XIXe siècle, la manière de faire le vin n'avait guère évolué. C'est seulement à partir de cette époque que le grand savant Louis Pasteur a libéré l'œnologie (le terme n'était pas encore usité) de l'empirisme, pour l'élever au niveau d'une science, apparaissant comme le premier œnologue moderne. En plein XIXe siècle, des chimistes éminents, comme le Suédois Berzelius, l'Allemand Liebig et un biologiste réputé, Claude Bernard, croyaient encore à la génération spontanée du ferment du jus de raisin. C'est Pasteur qui a découvert les causes de la fermentation du jus de raisin. Sa découverte, bien que capitale, aurait pu demeurer une victoire à la Pyrrhus si les maux nombreux qui frappaient alors le vin n'avaient continué à tourmenter producteurs et consommateurs. Les vins que buvaient nos ancêtres avant Pasteur étaient en effet très sensibles à certaines maladies, rendant la consommation incertaine et la conservation très aléatoire. Longue était la litanie de ces vins imbuvables : acides, piqués, aigres, tournés, poussés, amers ou gras.

Les sommités de l'époque pensaient que les maladies du vin étaient dues au fait qu'il était sans cesse en travail, explication qui ne s'appuyait sur aucune expérience sérieuse et faisait sourire Pasteur. Pendant ses vacances à Arbois en septembre 1858, il avait eu à plusieurs reprises la curiosité d'observer au microscope des vins altérés ; cela lui avait permis de comprendre beaucoup de phénomènes jusqu'alors ignorés et l'avait amené à se demander si les altérations du vin, loin d'être spontanées, selon la croyance commune de l'époque, n'étaient pas en fait causées par des germes jouant un rôle analogue à celui des ferments. Lorsqu'il eut achevé ses études sur le vinaigre, il entreprit – à la demande de Napoléon III, dès l'automne 1863 – des recherches sur les maladies des vins, avec l'espoir d'en découvrir les causes et de proposer les remèdes.

L'enjeu valait la peine. En 1864, la vigne couvrait en France plus de 2 millions d'hectares, produisant environ 150 millions d'hectolitres de vins d'une valeur approximative de 500 millions de francs de l'époque.

Pasteur tenta d'abord de prouver que le vieillissement du vin était provoqué tout simplement par l'oxydation *. Ce fait acquis, il importait ensuite de découvrir la cause des diverses maladies du vin, autrement dit les ferments spécifiques qui les provoquent.

En ce qui concerne l'acescence *, Pasteur avait déjà démontré qu'un vin ne pouvait s'aigrir que par l'action d'un petit champignon : le *Mycoderma aceti* *. Il s'attaqua à la maladie de la tourne, à celle de l'amer et, enfin, à la maladie de la graisse qui, à l'époque, en raison du manque d'hygiène des vignerons, était une véritable catastrophe pour la viticulture. En effet, sous le Second Empire, on économisait le puits, alors seule réserve d'eau, d'où l'impossibilité de laver à grande eau les récipients et les parois des cuves où se maintenaient les ferments pathogènes. Pasteur démontra ainsi que les maladies étaient toutes occasionnées par des organismes microscopiques dont les germes venus de l'extérieur existaient dans le moût * de raisin dès le début de la vinification.

Identifier les causes du mal représentait un succès, en réaliser la prévention, c'est-à-dire assurer la conservation des vins, en serait une autre. Pasteur s'y employa. Il n'ignorait pas que les Anciens avaient pressenti les bienfaits du chauffage des vins pour en prolonger la conservation. Il savait également que l'industriel Appert et le viticulteur bourguignon Vergnette-Lamotte avaient envisagé le même procédé. Ces précédents incitèrent Louis Pasteur à reprendre à son compte, mais avec une vision différente, l'idée du chauffage du vin.

Son intuition lui fut précieuse. Après plusieurs essais, il constata qu'il suffisait de chauffer le vin à une température de 55 à 60° pendant une minute, pour le garantir désormais de toute altération. Ce procédé de chauffage porte son nom : la pasteurisation. Du fait qu'il était peu coûteux, il enthousiasma les viticulteurs, mais perdit sa raison d'être dès lors que les récoltants se convertirent progressivement aux principes d'hygiène, de propreté et aux règles œnologiques de vinification édictées par Pasteur. Cependant, certains propriétaires de crus célèbres actuels ont repris à leur compte cette technique en la modifiant sous forme de « flash pasteurisation * ».

C'est au fondateur d'une dynastie de chercheurs, à l'époque professeur de sciences physiques et assistant de Louis Pasteur, Ulysse Gayon, qu'est due la naissance de l'œnologie. Il fonda la station agronomique et œnologique de Bordeaux, nommée station de chimie agricole. Les principaux travaux de cet ancien disciple de Pasteur portèrent tout d'abord sur les difficultés de fermentation dans les années chaudes, les nécessités de remontage * pour éviter les dangers bactériens en cas d'arrêt dû à des températures trop élevées. Dans le même temps, il orienta aussi ses recherches sur la casse oxydasique très redoutée au début du siècle, où la pourriture grise * constituait encore un véritable fléau. Il reprit les études de Pasteur, pour lutter contre certaines maladies microbiennes telles que la tourne, la graisse, etc. qui avaient subsisté en raison du manque de soins apportés aux vins.
Outre les découvertes de Pasteur et de Gayon, ne manquons pas de saluer un grand scientifique suisse, Hermann Muller-Thurgau, dont les travaux de microbiologie représentent la charnière entre la doctrine pastorienne et l'œnologie moderne. On lui doit, aux environs des années 1900, les premières utilisations du sulfitage * de la vendange avant le départ de la fermentation. Cette pratique ouvrait alors une ère nouvelle dans le travail de la vinification. On ne connaissait auparavant que le méchage des fûts comme moyen antique de conservation. Muller-Thurgau eut le premier l'idée d'utiliser le gaz sulfureux pour maintenir une vendange saine et privilégier ainsi l'action des bonnes levures *.
Inlassablement, Ulysse Gayon continuait ses investigations, qui l'amenèrent à conseiller le sulfitage * en cuverie et au pressoir, pour éviter l'oxydation *. Dans un même temps, il préconisait les clarifications, soit par collage *, soit par filtration * (ce procédé existait déjà !).

LE MÉTIER D'ŒNOLOGUE. La première apparition du mot « œnologie » dans un texte officiel vient sans doute du décret du 8 novembre 1946, qui organise la profession de courtier * et stipule une incompatibilité avec celle de chimiste-œnologue. Mais il faut attendre la loi du 19 mars 1955 pour que les œnologues soient enfin consacrés par un diplôme national, délivré uniquement dans six centres d'enseignement : les facultés des sciences de Bordeaux, Dijon, Reims et Toulouse, l'École nationale supérieure d'agronomie de Montpellier ainsi que la faculté de pharmacie de Montpellier.
« Œnologie » est un mot savant, formé à partir de racines grecques : « œno » tirée de *oinos* (vin) et « logie » de *logos* (discours, science). C'est une science de laboratoire, qui s'est greffée sur les anciennes pratiques de cave, pour les féconder, mais dont la véritable révolution culturelle (terme cher au professeur Émile Peynaud) ne date que des années 1950 à Bordeaux ; elle a été l'œuvre d'un groupe de recherches, créé par le professeur Jean Ribereau-Gayon, pour bâtir une œnologie nouvelle.
Il serait totalement injuste de ne pas rendre aussi hommage à quelques sommités contemporaines qui, avec les professeurs Ribereau-Gayon et Émile Peynaud, ont très largement contribué à son développement actuel : les professeurs Suzanne Brun, Pierre Bidan, Denis Dubourdieu et Michel Feuillat, auxquels on peut aussi associer les œnologues Jacques Puisais, Jean-Claude Berrouet, André Brugirard, et François Serres, les chercheurs Michel Flanzy, Robert Cordonnier et Pierre Dubois.
La profession d'œnologue est dotée d'un code de déontologie très rigoureux. Il a la particularité insolite et exemplaire de réunir à la fois des patrons et des employés.

Élaborer un vin, c'est transformer un produit biologique, le raisin, en un autre produit biologique, le vin. Les deux mots clés sont raisin et levure *. Le vin est le résultat d'une biochimie merveilleuse, dans son élégance et sa complexité, qui va de la maturation * du raisin à la maturation du vin en bouteilles, en passant par les étapes levuriennes et bactériennes des fermentations.

Dans le jus se trouvent les sucres, les acides, les acides aminés, c'est-à-dire les constituants « non spécifiques », responsables de la qualité minimale, tandis que les constituants « spécifiques », ceux qui donnent au vin son caractère, sont essentiellement localisés dans la pellicule et également liés aux débris cellulaires de la pulpe.

Sur le plan qualitatif, il existe aussi une grande différence entre le jus et la pellicule. Le jus, riche en acides et en sucres, est proportionnellement plus pauvre en constituants de l'arôme et pratiquement sans tannins. En d'autres termes, la pellicule, tant par la spécificité des composés qu'elle contient que par leur richesse, est considérée par le vinificateur comme la partie noble du raisin. L'œnologue qui a compris ce principe détient la principale clé de l'œnologie.

On ne peut passer sous silence une merveilleuse réflexion pleine d'humilité de deux œnologues mondialement connus, Jean Ribereau-Gayon et Émile Peynaud, dans leur traité d'œnologie, véritable bible pour tous les initiés : « Nos premières connaissances exactes sur les phénomènes qui concernent l'élaboration du vin ne datent que d'un siècle alors que l'usage des vins remonte à des millénaires. »

L'œnologie du XXᵉ siècle est devenue une science. Avec elle, l'à-peu-près n'existe plus. Les œnologues sont à même de comprendre tout ce qui se passe dans le vin, sans pour autant mettre tout leur savoir en pratique. En effet, la vinification a aussi sa médecine préventive et curative.

Les œnologues dignes de ce nom, responsables du produit final, « le vin », doivent avant toute chose s'intéresser à la matière première, « le raisin » : un bon vin commence à la vigne, avec de beaux raisins bien sains. Ils doivent également suivre la règle n° 1 de la vinification : si les raisins sont digestibles par eux-mêmes, le vin doit l'être aussi ; dans le cas contraire, la faute en incombe au vinificateur.

Le meilleur œnologue est celui qui parvient à mettre en bouteilles le plus possible de la qualité initiale présente dans le raisin. C'est un postulat indispensable à la survie de la viticulture des grands vins de France. Pourtant, l'éthique semble actuellement être remise en cause par une majorité d'œnologues eux-mêmes, trop fiers de leurs connaissances et surtout de toutes les possibilités techniques qui s'offrent à eux. Ils oublient qu'entre faire du vin et faire un grand vin, il y a un monde... La première façon est à la portée de tous, alors que la seconde est l'œuvre d'artistes imprégnés de tradition, possédant un « sixième sens ».

L'œnologie actuelle a accompli des progrès considérables. Les professionnels qui pratiquent cette science disposent maintenant de laboratoires équipés de matériel hypersophistiqué (chromatographie, spectrophotométrie, résonance magnétique nucléaire, etc.), leur permettant, grâce à des analyses très poussées, d'étudier la santé du vin comme le médecin le fait pour celle de l'homme.

En menant une action prophylactique * poussée, elle a contribué à la suppression des principales maladies du vin ; elle a aussi permis de lutter avec efficacité contre l'apport de substances métalliques telles que le fer et le cuivre, susceptibles d'engendrer des casses ; grâce à elle, les vignerons ont appris à surveiller la régulation des températures au cours de la fermentation alcoolique * et à mieux comprendre le phénomène de la malolactique *.

L'œnologie moderne ne cherche pas à supprimer le SO_2, mais tend en permanence à en réduire les doses ou tout au moins à l'employer avec plus de discernement. Elle préconise de préférence l'asepsie à l'antisepsie et ses interventions font appel à des moyens physiques – tels que le froid, la chaleur, la centrifugation * ou l'utilisation de gaz inertes * – plutôt que chimiques.

LES LIMITES DE L'ŒNOLOGIE. Il serait injuste de jeter l'anathème sur une profession qui compte encore – et c'est heureux ! – des hommes sachant concilier les techniques nouvelles et un certain empirisme, mais hélas ! ils représentent une minorité.

On se livre trop souvent aujourd'hui à une œnologie de laboratoire, plus scientifique qu'intuitive, standardisée et non adaptée au terroir *, au point quelquefois de faire perdre sa personnalité au vin. Il est vrai qu'il est parfois difficile d'évaluer avec précision toutes les possibilités d'un sol et d'un sous-sol pour mettre en valeur le produit qui en est issu. C'est pourtant là où l'on reconnaît le véritable œnologue.

Le meilleur exemple est fourni par de nouvelles techniques de vinification des vins blancs secs *, pour lesquels des médecins du vin qui n'en n'ont que le nom préconisent, sitôt après le pressurage *, un débourbage *, un collage *, une filtration * et un relevurage avec des levures * aromatiques sélectionnées, pour obtenir des vins de haute technologie aux arômes fugaces, en faisant bien sûr abstraction de la spécificité du terroir * plutôt que de pratiquer la macération pelliculaire *. Que ces techniques s'appliquent à des vins régionaux issus de sols sans caractère, destinés à être consommés très rapidement, du type de certains Languedoc, Provence ou Entre-Deux-Mers, passe encore ! Malheureusement, elles commencent à gagner des régions réputées, comme le Chablisien. Face à ce type de vinification, qui retire toute personnalité aux vins, en gommant les particularités du terroir *, on en vient à être inquiet pour l'avenir des AOC.

Un autre défaut des pratiques actuelles consiste à faire à tout prix avec les vins rouges de la surextraction pour cacher la dilution, ne réussissant dans la plupart des cas qu'à accentuer les carences dues à des productions trop importantes ou à la médiocrité des terroirs. En cela, le vin présente un parallèle avec le thé : lorsqu'il est trop infusé, il devient amer et perd toute la subtilité de ses arômes. La surextraction s'opère facilement par plusieurs moyens : cueillette de raisins surmûris (très à la mode actuellement), cuvaisons * très longues avec remontages ou encore macération à chaud, le tout bien entendu suivi d'un passage sous bois neuf ayant subi un brûlage plus accentué pour extraire des arômes de fruits exotiques (aujourd'hui, c'est bien connu, tout le monde veut jouer dans la cour des grands !). On obtient ainsi un produit possédant une structure tannique très importante, en créant l'illusion dans les dégustations, où les participants finissent par juger en fonction de la matière présente, en négligeant l'élégance et surtout la finesse, qui sont pourtant les seuls véritables critères pour évaluer la qualité et l'avenir d'un vin.

Certaines belles années sont très difficiles à vinifier (les plus chaudes). Elles exigent que le vigneron et l'œnologue prennent beaucoup de risques. C'est seulement à ce prix qu'ils peuvent espérer réussir un grand millésime. Or, de nos jours, au contraire, on fait le maximum pour les éviter, en recourant à un véritable arsenal thérapeutique. Le résultat n'est pas sans rappeler l'histoire connue de ce monsieur qui, voulant se débarrasser des rats dans sa maison, fit appel à un pyrotechnicien. La solution était radicale : après l'explosion, les rats avaient tous disparu, mais la maison aussi...

Si le développement de ces techniques nouvelles a eu pour effet bénéfique de remonter considérablement le niveau qualitatif des petits vins et des millésimes médiocres (pour ne pas dire plus), elles enclenchent aujourd'hui un processus irréversible de standardisation de l'ensemble des AOC. Moyennant quoi, il sera de plus en plus difficile de trouver à la propriété de très grands vins et des millésimes de longue garde. En agissant ainsi, les œnologues pratiquent le nivellement par le bas.

Trop d'œnologues, complices des vignerons sans scrupules, arrangent des vins issus de productions aberrantes ou tout simplement surchaptalisés.

Il est encore temps de redresser la barre, mais pour cela il faut admettre que l'œnologie, telle qu'elle est appliquée actuellement par une large majorité, va à l'encontre de la qualité des grands vins de France, qui commencent à voir apparaître de sérieux rivaux à l'étranger.

Aujourd'hui, beaucoup d'œnologues voudraient faire des vins qui puissent se boire au Pôle Nord ou au Sahara sans qu'il leur arrive rien. Qu'ils soient rassurés ! il ne pourra même pas leur arriver d'être bons, puisqu'ils les auront tués dès le départ.

LE SUCRE N'A PAS TOUTES LES VERTUS

Le 15 mai 1985, lors de la séance de son comité national, l'INAO rappela que l'enrichissement * de la vendange était une pratique fort ancienne, en citant un ouvrage collectif paru en 1806, dont les auteurs étaient le comte Chaptal, l'abbé Rozier, MM. Parmentier et Dussieux. Il est rapporté que, lorsque les raisins contiennent insuffisamment de sucre, il faut réparer les torts de la nature en ajoutant au moût * le principe sucré dont il a essentiellement besoin. Les anciens incorporaient quelquefois du miel au produit de la vendange. Ces pratiques, vieilles de près de deux siècles, sont aujourd'hui réglementées par l'emploi de seulement trois produits : le saccharose, issu du sucre de betterave ou de canne, le glucose et le fructose, obtenus par concentration et rectification.

Le sucre ou le moût * concentré rectifié doit être incorporé dans la cuve en fermentation lorsqu'il s'agit de vins rouges ou directement dans le moût *, à la sortie du pressurage * pour les vins blancs. Un certain nombre de producteurs très soucieux de la qualité accordent leur préférence au sucre de canne, dont la composition semble se traduire par la présence de vanilline. Toutefois, aucune expérimentation scientifique n'est venue étayer la validité de ces observations.

Le consommateur moderne, sous la pression des associations, a presque toujours un préjugé défavorable envers la chaptalisation *. Il la considère comme une opération visant à dénaturer le vin, alors qu'au contraire cette technique ne fait que suppléer certaines années les manques de la nature, pour lui redonner un juste équilibre. La seule condition est un dosage fait avec parcimonie. J'irai même plus loin – je ne suis pas sectaire –

dans les grands millésimes, ceux où le soleil a largement dispensé ses rayons bienfaiteurs durant les mois d'août et de septembre, en permettant au raisin d'acquérir tout le sucre dont il a besoin, je préconiserai quand même un enrichissement *, mais à dose homéopathique (1/10° ou 2/10° maximum), juste pour apporter au vin un gras et une brillance incomparables, qui sont les signes d'une grande naissance.
Nos aïeux, très observateurs et surtout habitués à vivre durement, étaient tout à fait conscients que la nature ne se montre pas généreuse à chaque millésime et que les degrés, dans la majorité des années, sont très difficiles à obtenir naturellement.
Lors de la création de l'INAO, les décrets de contrôle relatifs à chaque AOC n'imposaient d'ailleurs que des degrés minima assez bas (ils sont toujours en vigueur), manière de faire comprendre aux viticulteurs que l'alcool ne fait pas nécessairement un grand vin, en ne les incitant pas à chaptaliser à outrance. Il est vrai qu'à l'époque, les rendements étaient loin d'être ceux d'aujourd'hui.
À titre indicatif, pour une région comme la Côte d'Or, les degrés imposés sont les suivants :

	Villages	Premiers crus	Grands crus
Vins rouges :	10°5	11°	11°5
Vins blancs :	11°	11°5	11°5 ou 12° [1]

Hormis les récentes années exceptionnelles du type 1988, 1989 et 1990, beaucoup de vins de Bourgogne n'atteignent même pas toujours ce cap, d'où l'obligation de les enrichir. Mais pourquoi vouloir à tout prix les remonter jusqu'à 13°5, ce qui est une totale aberration ?
De plus, un vin contenant beaucoup plus de sucre que celui engendré par le soleil manque d'extrait sec *, indispensable à son équilibre.
À toutes les époques, la chaptalisation * a fait l'objet de multiples lois, qu'il serait trop fastidieux de rappeler ici. Disons simplement qu'après le phylloxéra, pour venir en aide à la viticulture complètement ruinée, l'État apporta une modeste contribution, en abaissant, par la loi du 30 juillet 1884, les droits frappant le sucre destiné à être ajouté à la vendange.
Une loi du 28 janvier 1903, complétée par une autre du 31 mars 1904, réglementait enfin l'emploi, la détention et la circulation du sucre, en précisant que les viticulteurs ou négociants qui en détenaient une quantité supérieure à 25 kg étaient désormais astreints à faire une déclaration ; pratique toujours en vigueur aujourd'hui.
Actuellement, les vignerons doivent payer une taxe de 80 F par 100 kg de sucre achetés légalement. Ils ne peuvent s'en procurer auprès d'un détaillant que dans la limite de 25 kg. Au delà, ils doivent obtenir auprès de la recette locale de la DGI, dont ils dépendent, un titre de mouvement susceptible d'être contrôlé par les brigades volantes ou lors d'une vérification de cave. Il en est d'ailleurs de même pour les moûts concentrés, rectifiés ou non, dont la circulation est aussi sujette à une inspection.
La chaptalisation * n'est pas une pratique condamnable en soi. C'est son excès qui l'est. Les abus remontent à une période où l'on a cru donner une valeur commerciale à un produit aussi complexe que le vin, à partir d'un seul de ses constituants : l'alcool. Le même phénomène avait été enregistré pour le lait, qui était payé uniquement selon

(1) Selon les crus.

son taux de matières grasses ; résultat, pendant un long moment les éleveurs n'ont plus sélectionné que des animaux à hautes performances en matières grasses, en négligeant totalement le pourcentage de protéines, pourtant indispensable.
La chaptalisation * n'a jamais été contrôlée intelligemment. Ce ne sont pas les visites inopinées de fonctionnaires, parfois mal intentionnés, qui changeront les choses. Dans ce domaine, la prévention serait plus efficace que la répression. Il est impératif de rendre les récoltants conscients de ce problème, en leur démontrant que ce n'est pas l'alcool qui fait seul la qualité d'un vin d'AOC. Selon MM. Ribereau-Gayon et Peynaud, la chaptalisation * ne doit jamais être considérée comme une pratique destinée uniquement à enrichir le vin, mais plus simplement comme un complément qui améliore sa saveur, en affinant son bouquet et en lui donnant une impression de rondeur, tout en lui apportant des composantes nouvelles. Une addition de sucre, si elle peut atténuer les défauts trop évidents d'un manque de maturité, ne remplacera jamais le caractère d'une vendange bien mûre. Certains millésimes difficiles ont besoin d'une « correction * », mais jamais d'un enrichissement *. On ne le répétera jamais assez : un apport excessif de sucre sur une vendange déficiente n'a pas plus de chance de réussir que si l'on voulait donner des muscles à un squelette au Muséum d'histoire naturelle. L'alcool du raisin, donc du soleil, est léger, alors que celui du sac de sucre est lourd. C'est ce que j'appellerai du « soleil de cuverie », qui fut pendant longtemps responsable de la dégradation de la qualité des moelleux du Val de Loire et des sauternes. Le principal danger de la chaptalisation * réside dans le fait qu'elle est devenue une routine chez la plupart des vignerons et, plus grave encore, pour le consommateur, habitué à boire des vins très alcoolisés, d'approche plus facile. Elle agit par mithridatisation. Une chaptalisation * qui intervient sur des gros rendements devient une « fraude légale ». La production intense amène un phénomène de dilution, que ne compensera jamais un apport de sucre, ne pouvant que donner au vin une simulation brûlante qui masque le fruit et accentue la maigreur.
Pour éviter au consommateur de connaître de tels désagréments, il faudrait contrôler plus sérieusement le raisin avant cuvaison * ou pressurage *, lorsqu'il arrive en cuverie, en n'hésitant pas, certaines années, à déclasser les récoltes des viticulteurs peu regardants sur la qualité, surtout dans les grandes AOC. Ceci sensibiliserait l'ensemble de la profession, qui n'aime guère qu'on touche à son portefeuille. Après, il est souvent trop tard, car, au bout de quelques heures, le saccharose se transforme en lévulose et en glucose, qu'il est impossible de détecter (sauf avec la résonance magnétique nucléaire – RMN – dont on n'use pas assez).
L'INAO devrait revoir chaque année les degrés imposés par les décrets de contrôle, pour les adapter aux conditions climatiques ayant précédé la vendange de chaque AOC. Les producteurs seraient peut-être moins pressés de cueillir, alors qu'avec le système actuel, ils savent qu'ils pourront toujours s'inspirer de « Monsieur Plus ».
Selon la réglementation actuellement en vigueur, la chaptalisation * doit être opérée en une seule fois, après qu'a été prévenu trois jours à l'avance le Service des contributions indirectes pour lui donner la possibilité d'effectuer une vérification. Cette législation est devenue complètement désuète. En effet, une bonne chaptalisation * – même en restant dans les limites autorisées – doit être fractionnée ; elle permet ainsi de relancer la fermentation, pour tirer le maximum des potentialités du raisin. Hélas !

les fonctionnaires des Impôts montrent une certaine hostilité envers cette demande, pourtant très justifiée [1]. Il est vrai que cela les obligerait à se déplacer plusieurs fois. Curieusement, la quantité de sucre admise est déterminée sur la base des hectolitres de vendange, alors que les raisins récoltés s'évaluent en poids. L'administration des Impôts considère, en effet, que 3 hectolitres de vendange (300 à 320 kg, selon l'importance des jus par rapport à l'épaisseur de la peau du raisin) donne 2 hectolitres de vin.
Partant de ce calcul, la DGI a fixé la dose autorisée, qui est de 4,5 kg à l'hectolitre, assortie d'un maximum de 200 kg à l'hectare [2], qui permet, dans les millésimes où cette pratique s'avère nécessaire, d'enrichir les vins blancs de 2°5 et les vins rouges de 2°2, en partant d'une table de transformation, indiquant qu'il faut approximativement, pour remonter les vins blancs de 1° au litre, 17 grammes de sucre et 18 grammes pour les vins rouges, compte tenu d'une certaine perte enregistrée pendant la cuvaison *.
Ces chiffres témoignent d'un souci de respect de la qualité de la part de l'administration. Mais ils ne peuvent avoir de valeur que si tous les viticulteurs s'astreignent à ne pas dépasser 45 hl/ha. Ce qui est généralement loin d'être le cas dans deux régions réputées, où les vins se vendent très cher. Ainsi, la moyenne des dernières années – 1991 mise à part pour cause de gel [3] – des grandes AOC du Bordelais laisse apparaître des chiffres bien supérieurs. Exemples : Saint-Émilion 52 hectolitres avec des pointes de 60,5 hl et 58,2 hl, Pauillac 56 hl avec des pointes de 61,6 hl et 59,8 hl, Saint-Julien 54,4 hl avec des pointes de 58,6 hl et 56 hl, etc. Quant aux grands vins blancs de la Côte d'Or et du Chablisien, les plafonds sont encore supérieurs.
Si l'on s'en tient aux chiffres de l'administration, les récoltants doivent avoir quelque difficulté à rester dans la légalité, car, en produisant 55 hectolitres, il ne faut plus 200 kg mais 247,5 kg et pour 60 hectolitres 270 kg de sucre.
Je sais que les syndicats viticoles réagiront vivement à ces chiffres, en arguant que la chaptalisation * n'intervient pas chaque année ; ce que je ne conteste absolument pas. Toutefois, je précise qu'elle est très souvent indispensable sur les gros rendements du fait de leur dilution et aussi dans les petits millésimes, tel 1987 (Pauillac plus de 50 hl).
La taxe perçue sur le sucre de betterave et de canne destiné à la chaptalisation * devrait logiquement permettre à l'administration de connaître le tonnage utilisé. Malheureusement, les données sont toujours fausses car elles méconnaissent les achats clandestins des vignerons qui, c'est bien connu, font énormément de confitures !

La résonance magnétique nucléaire. Devant l'ampleur de la chaptalisation * clandestine, la DGI, pour tenter de reprendre la situation en main, lança le 2 juillet 1979 un concours doté d'un million de francs pour le lauréat. Il s'agissait de trouver un procédé de détection de la chaptalisation *, qui interviendrait uniquement à partir du produit fini, postérieurement à l'intervention des phénomènes d'inversion du saccharose en glucose et en levulose dû à la fermentation alcoolique *, pour déterminer avec précision dans les vins achevés la quantité de sucre ajouté.
La dotation du concours a parfaitement joué, avec les travaux positifs de deux chercheurs de la faculté des sciences de Nantes, les professeurs G.-L. Martin et M.-L.

(1) Tout n'est cependant pas perdu. Sans être officiellement reconnue, cette pratique a fait, notamment en Bourgogne, l'objet d'accord de principe pour des essais.
(2) 450 kg/ha pour l'Alsace. On se demande pourquoi deux poids, deux mesures…
(3) Ainsi que 1994 dont les productions n'étaient pas encore connues à l'heure où j'écris ces lignes.

Martin (Laboratoire de résonance magnétique nucléaire et de réactivité chimique). Leur procédé, intitulé RMN, est une méthode spectroscopique, fondée sur les propriétés magnétiques des atomes, avec leur constitution nucléaire. Elle nécessite au départ un appareillage complexe et onéreux ainsi qu'un personnel de haut niveau pour en assurer le fonctionnement.
Comme il était facile de le prévoir, l'administration s'est ingéniée à montrer que, si la fiabilité de la technique semblait acquise, elle manquait encore un peu de précision, pour déterminer très exactement la qualité du sucre ajoutée, constatation qui n'a permis aux chercheurs de n'encaisser que la moitié du prix initialement prévu par le concours. Difficile de faire des affaires avec l'État... Toutefois, depuis quelques années, elle s'est affinée. Les laboratoires capables de l'appliquer aujourd'hui se sont multipliés et les analyses sont devenues peu coûteuses, environ 300 F. Ce n'est pas encore la vulgarisation, mais on y arrive petit à petit. Actuellement, les services de contrôle sont en mesure de déterminer avec précision sur un vin fini, non seulement la quantité de sucre ajouté, mais aussi son origine : betterave, canne, maïs, etc. En revanche, ils ne peuvent pas détecter une chaptalisation * au moût * concentré rectifié (sucre de raisin *). Ce qui laisse encore de beaux jours aux vignerons astucieux, lorsque cette technique sera devenue la seule autorisée par la CEE. En cas de surchaptalisation *, la RMN est en mesure d'apporter des preuves irréfutables devant les tribunaux.

Les moûts * concentrés. Pour remédier aux excédents des vins de consommation courante, la CEE a autorisé, depuis plusieurs années, la technique dite de concentration des moûts visant à réduire dans certains pays les volumes de production.
Il est évident qu'en concentrant un vin, on agit non seulement sur le sucre, mais également sur tous les éléments de sa constitution tels que les acides, en partant de son terroir * d'origine et de son encépagement, ce qui rend impossible son emploi tel quel pour les AOC qu'il dénaturerait. Pour obtenir un produit absolument pur, il faut en opérer ensuite sa rectification, pour éliminer tout ce qui est « non sucre », en ne conservant du produit fini que le fructose, le glucose et une partie de son eau de constitution. À la fin du traitement, ce moût contient 885 grammes de sucre de raisin * absolument pur par litre et, selon la terminologie du règlement de la CEE du 15 novembre 1982, se nomme « moût de raisin concentré rectifié ». Pour ma part, je ne verrais aucun inconvénient à ce qu'il remplace la chaptalisation * classique.
Malgré la réticence de l'INAO et l'hostilité de l'ensemble des viticulteurs d'AOC, il ne fait aucun doute qu'à plus ou moins longue échéance, ce système d'enrichissement * des vins par addition de moût concentré rectifié remplacera la traditionnelle chaptalisation * au sucre de betterave ou de canne, pratiquée en France depuis plus de deux siècles. La CEE y est en effet tout particulièrement favorable.
Actuellement, la réglementation française en la matière repose sur l'idée selon laquelle l'enrichissement * relève des conditions de production du vin et non des pratiques œnologiques. Sur le plan communautaire, ce problème est encore très mal résolu. Le jour où la CEE décidera formellement qu'il n'est pas une condition de production du vin, mais bien un procédé œnologique, la compétence de l'INAO, pour la chaptalisation * telle qu'elle est pratiquée aujourd'hui, deviendra beaucoup plus discutable pour la France.

Ne soyons pas hypocrites en jouant sur les mots ! Les deux termes ont le même sens. La CEE a surtout pour objectif de résorber les excédents de vins de consommation courante (VCC) dans les États communautaires et particulièrement en Italie. Elle verrait donc d'un très bon œil l'enrichissement * par les moûts concentrés rectifiés remplacer la chaptalisation *. Cette décision ne fera pas l'affaire des viticulteurs et encore moins des betteraviers, qu'elle priverait d'un important marché. Plusieurs raisons expliquent l'opposition des vignerons français à ce mode d'enrichissement * :

- le prix de revient est nettement plus onéreux. Ainsi, pour remonter 50 hectolitres de vendanges de 2°, il faut débourser plus de 2 500 francs, contre à peine 1 000 avec le sucre de betterave, soit une différence de 150 % en défaveur du MRCR qui pèse lourd dans la balance des domaines d'une certaine importance ;
- intervient aussi le risque de perte dû au fait que ce produit, livré dans des contenants d'une certaine importance, subit obligatoirement une oxydation * dans le cas d'utilisation partielle. En contrepartie, il amène une augmentation du volume de vin en raison de l'apport inévitable de son eau de constitution, soit une sorte de mouillage bénéfique ;
- mais, ne nous leurrons pas, la principale raison qui le fait rejeter en bloc par les vignerons est d'ordre matériel. Il faut savoir que le jour où il sera définitivement adopté par la CEE, les achats en fraude deviendront très aléatoires, puisque seuls des distributeurs agréés le détiendront. Il ne sera donc plus question d'aller plusieurs fois par an au supermarché remplir les chariots !

L'enrichissement * par les moûts concentrés rectifiés ou non va à l'encontre de l'équilibrage de notre balance commerciale ; plus de 90 % proviennent en effet d'Italie, parfaitement rodée à cette fabrication et, surtout, beaucoup plus compétitive.

Ajoutons que l'accroissement des degrés alcooliques dû aux moûts concentrés n'est qu'une manière déguisée de chaptaliser dans les régions et sur les vins pour lesquels cette pratique est interdite.

De même, il existe une petite lacune dans la réglementation des vins de consommation courante. En effet, si un vin de table français reçoit en coupage * un vin d'Italie ou d'Espagne, il devient un simple produit de la Communauté, alors qu'une vendange du Languedoc ou d'ailleurs, remontée par un moût concentré italien, demeure française. Je m'explique assez mal cette subtilité du législateur.

L'ÉLEVAGE SOUS BOIS NEUF : IL FAUT EN PRENDRE ET EN LAISSER

Le fût [1] est certainement l'un des plus vivants témoignages de l'objet utilitaire, né d'un besoin impératif très tôt ressenti par les hommes, celui de pouvoir conserver les liquides et, plus tardivement, de les transporter.

Le fût déroge à toutes les règles établies. Aucune autre invention n'a duré 2 000 ans, sans qu'on lui ait apporté la moindre modification, tant elle est parfaite, qu'il s'agisse de la conservation des vins, de l'étanchéité ou de la manipulation rendue enfantine par ses formes bien particulières. Ce qui est tout bonnement formidable, lorsqu'on songe

(1) Le fût, selon les régions, prend différents noms. Il s'appelle aussi barrique, tonneau ou pièce.

qu'il ne s'agit que de la superposition d'un petit tas de planches que le savoir des hommes a réussi à emboîter les unes aux autres, sans le secours de colle ni d'aucun clou ou vis. Devant un tel chef-d'œuvre, on ne peut être qu'admiratif. Le consommateur et surtout le vigneron devraient y penser plus souvent.
Ce sont les Celtes, et plus tard les Gaulois, qui inventèrent la barrique. Au musée Calvet d'Avignon, on peut voir un bas-relief gallo-romain de l'époque d'Auguste (63 ans avant J.-C.) qui représente une scène de halage sur la Durance : un petit bateau gaulois est chargé de deux barriques cerclées en bois. Au-dessus, le sculpteur a fait figurer les autres récipients de transport utilisés à cette époque : le vase de terre cuite protégé par une vannerie et l'amphore.
Aujourd'hui, de nombreux viticulteurs ne pensent plus que bois neuf. Qu'importe si leur vin n'a pas la structure suffisante pour le supporter, surtout dans les petites années. Ils ne cherchent qu'à montrer leur supériorité sur leurs confrères, en se livrant à une véritable bataille de chêne par tonneliers interposés. C'est à qui aura le plus de barriques neuves ou lequel aura déterminé la meilleure provenance, afin de tenter de prouver que le chêne des Vosges ou celui de Bourgogne bien traité peut rivaliser avec le bois de la forêt de Tronçais acheté par le voisin. Dans cette absurde confrontation, c'est presque toujours le bois qui sort vainqueur, au détriment du pauvre consommateur, qui aura payé une substantielle plus-value pour avoir le droit de déguster une infusion de chêne !
Des aberrations laissent pantois. Ainsi, dans l'appellation Muscadet Sèvre-et-Maine, certains n'hésitent pas à pratiquer l'élevage en fûts neufs. C'est un peu comme si un automobiliste prétendait faire rouler une Rolls avec le moteur d'une voiturette... Beaucoup de vignerons ont tendance à confondre élevage et boisage, qui n'est qu'un maquillage aromatique. Il est illusoire, dans le cas de petits vins ou de millésimes médiocres, d'espérer obtenir par un élevage en barriques neuves – même si le bois est de bonne provenance – une bonification si modeste soit-elle, au même titre qu'il ne faut pas qu'un ingrédient domine dans une préparation culinaire, mais au contraire se fonde dans l'ensemble. Le bois ne doit jamais masquer le fruit.
Le professeur Puisais a écrit : « Lorsque je suis bien né, on m'envoie à l'école, on m'élève au contact de ce merveilleux chêne plein d'expérience dont sont faits les tonneaux. Mais il ne faut me faire étudier que si je suis doué et si j'ai la possibilité d'assimiler ses éléments tanniques. Dans la négative, laissez-moi dans ma simplicité et ma jeunesse. » Que tout cela est bien dit...
Lorsqu'un vigneron pratique l'élevage en barriques neuves, il a deux objectifs : un but noble qui est l'amélioration gustative, mais surtout un intérêt économique, qui est la recherche d'une plus-value. Faut-il encore que la qualité corresponde, pour qu'elle puisse être répercutée sur le prix de vente et acceptée par le consommateur.
Seuls quelques très grands vins bien constitués, à la fois riches, complets et d'une puissance aromatique au-dessus de la moyenne, peuvent allégrement supporter un élevage de dix-huit mois à deux ans en fûts neufs de bonne provenance. Sont uniquement, dans ce cas, les plus grands bordeaux [1], les bourgognes rouges et blancs d'un très haut niveau, deux exceptionnels vins des Côtes du Rhône septentrionales que sont la Côte Rôtie et l'Hermitage lorsqu'ils sont vinifiés par des hommes de talent, ou encore

(1) Je pense en plus des rouges à quelques sauternes de grandes lignées et deux ou trois graves blancs remarquables tels que Haut-Brion ou le Domaine de Chevalier.

quelques vins très robustes épars dans le Languedoc et le Sud-Ouest, Faugères ou Madiran. L'élevage sous bois neuf d'un grand vin bien vinifié, issu d'un bon millésime, doit constituer un mariage dans lequel règne une harmonie parfaite, où le « boisé » apporte discrètement à l'arôme, et plus tard au bouquet, juste la petite note complémentaire que lui a cédée le chêne. Comme dans un grand orchestre philharmonique, où tous les instruments doivent se compléter sans que l'un d'entre eux ne domine véritablement. On constate à la dégustation que les vins bien élevés en fûts neufs sont plus ronds et moins agressifs. Ce qui s'explique par une meilleure polymérisation des tanins. Pour les autres secteurs, l'élevage sous bois neuf n'est, la plupart du temps, qu'un artifice pour correspondre à la mode et vendre plus cher un produit presque toujours moyen. Il n'y a pas de véritable recette pour l'élevage : le dosage du bois doit s'accorder à la structure de chaque vin, la dégustation restant le seul véritable instrument de mesure au moment du jugement. Enfin, dernier point et non le moindre : si les milieux professionnels jugent trop souvent à tort que le passage sous bois sera bien accepté, le consommateur n'est pas nécessairement de cet avis.
Certains viticulteurs passent systématiquement la totalité de leurs vins sous bois neuf chaque année, sans s'assurer si la qualité du millésime le permet. Dans le cas contraire, ils ne réussissent qu'à créer un déséquilibre au profit du bois, qui va à l'encontre du but recherché. J'ai moi-même été plusieurs fois témoin de cet état de choses, notamment avec les millésimes 1984 et 1987 dans les Hautes Côtes en Bourgogne : en vinification, il n'est rien de plus néfaste que la routine. D'autres ont en partie résolu le problème, en pratiquant l'élevage en fûts neufs sur seulement un pourcentage de leur récolte, afin de doser le caractère « boisé », mais sans doute aussi dans un esprit d'économie.
L'abus de bois neuf fait dire à mon ami Pascal Delbeck du Château Ausone, recréant la grammaire française et la conjugaison de certains verbes afin de répondre aux modes actuelles : « Je bois, tu bois, il boit, nous *boisons*... »

Dans certaines régions d'AOC et non des moindres, des récoltants peu scrupuleux n'hésitent pas à incorporer pendant les cuvaisons * des copeaux de chêne ou des bois merrains *, maintenus au fond des cuves, pour donner au vin un ersatz de goût boisé, qui n'est qu'un leurre passager pour tromper le consommateur naïf. Il n'est d'ailleurs pas rare de voir, après les vendanges, des douelles * sécher au soleil ou des sacs entiers de copeaux rougis s'étaler effrontément sur les décharges.

LES MEILLEURS TERROIRS DU CHÊNE. La forêt française s'étend sur environ 14 millions d'hectares, soit près de 25 % de notre territoire alors qu'au début du XIXe siècle elle n'en couvrait que 7 millions, soit à peine 50 % de ce qu'elle représente aujourd'hui, ce qui va faire plaisir aux écologistes, toujours prêts à la critique.
Les régions les plus réputées pour la production des chênes destinés à la tonnellerie sont le Limousin, la Nièvre (forêt de Nevers appelée aussi chênes de Bourgogne), les Vosges, l'Allier (forêt de Tronçais) et la Sarthe (forêt de Jupille).
De l'avis de l'ensemble des professionnels de la tonnellerie, il n'est de bon bois pour la fabrication des fûts que les chênes sessiles ou rouvres qui peuvent vivre plus de trois cents ans.
Chacun de ces arbres, en raison de leur provenance et surtout des sols où ils se développent, par exemple riches et d'origine granitique dans le Limousin ou, au contraire, relativement pauvres et sablonneux en forêt de Tronçais, apporte au vin des caractéristiques

différentes, qui ont des influences sur les tanins. Il en est qui sont plus recherchés pour le vieillissement des vins rouges (chênes de Bourgogne) ou, inversement, des vins blancs (Vosges ou Tronçais).
La magnifique forêt de Tronçais fut en grande partie replantée sous le règne de Louis XIV, à l'initiative de son ministre Colbert, pour être en mesure de fournir plus tard le bois nécessaire à la construction des bâtiments de la Marine royale. Ne serait-ce que pour cette seule forêt, on relève des différences individuelles considérables entre des arbres de la même espèce, selon les conditions de croissance (humidité, ensoleillement, richesse du sol, etc.) donnant des nuances importantes de structure au bois, qui ne manquent pas d'avoir des effets sur le vieillissement des vins.
Les recherches menées par l'Institut d'œnologie de Bordeaux ont établi que le beau chêne à grain fin des forêts du Centre de la France possède de subtiles mais réelles vertus organoleptiques. Sec et purgé de sa résine, il est riche en odeurs nobles et en saveurs délicates, dont beaucoup peuvent compléter ou nuancer finement le goût d'un vin noble.

Élaboration des fûts. La fabrication des fûts fait intervenir un grand nombre d'étapes, dont les principales sont la sélection du bois, le fendage, le séchage et le chauffage.
Deux méthodes sont utilisées : le sciage rentable et rapide, qui se fait au détriment de la qualité, et le fendage (il consiste à débiter le tronc en billots, qui sont ensuite éclatés en quartiers) qui donne des douelles * plus solides, permettant un cintrage sans écailles. Avec cette technique, les fuites et les évaporations sont moins importantes et les extractions d'arômes plus régulières et moins rapides. Ce travail est nécessaire pour conserver aux fibres du bois leur intégrité.
Le séchage, lui aussi, peut se faire de deux façons : à l'air libre où les bois merrains * sont empilés de telle façon que l'air puisse circuler facilement entre chacun d'eux. L'exposition aux intempéries, au soleil et au froid, est au minimum de dix-huit mois, pour la fabrication de bons fûts destinés au vin, mais jamais plus de trois ans pour éviter que les pores du bois ne s'ouvrent trop ; ce qui aurait pour effet de rendre les vins trop tanniques. Le séchage peut être aussi artificiel, en se pratiquant dans une pièce ventilée à l'aide d'air chaud, où les bois ne subissent que l'évaporation de l'eau. Les fûts ainsi travaillés donnent en général des vins durs avec des goûts herbacés.
Le chauffage au feu permet le cintrage en accolant les douelles * et assure aussi, sans le secours d'aucun enduit, l'« hermétisme » des fûts.
C'est également la chauffe lente qui libère la vanilline, apportant au bois et, par conséquent plus tard au vin des parfums délicats de vanille et des goûts de pain grillé (que l'on retrouve souvent dans les grands bourgognes blancs). Pour cette opération, certains utilisent l'eau chaude ou la vapeur ; c'est beaucoup plus rapide et économique, mais cause, en contrepartie, le lessivage des meilleurs tanins.
En résumé, au niveau de la bonne fabrication des fûts, les critères favorables à la qualité, en dehors de la provenance du chêne, sont : le fendage et non le sciage avec des douelles * de 27mm d'épaisseur plutôt que 20 mm, le séchage naturel pendant au moins deux ans et demi, laps de temps nécessaire à la diminution de l'humidité résiduelle du bois qui, de 70 % à l'abattage de l'arbre, ne doit plus être que de 15 % lors

du façonnage des fûts, le cintrage au feu (et non vapeur plus feu). Autant de facteurs qui exigent du tonnelier une grande honnêteté et une éthique professionnelle au-dessus de tout soupçon.

UTILISATION ET RÉNOVATION DES FÛTS USAGÉS. Certains négociants et même des vignerons cherchent à augmenter la durée de vie des fûts par la rénovation, pour limiter les dépenses.
Pour des appellations génériques *, l'utilisation des vieilles barriques reste une solution envisageable, à condition qu'elle soit suivie avec beaucoup de minutie au niveau de l'hygiène. Il est bien entendu qu'elles n'apportent plus rien au vin, puisque, après le passage successif de trois récoltes, le bois ne libère plus aucun composé aromatique susceptible de l'enrichir. Elles restent néanmoins très utiles, en raison de plusieurs facteurs, notamment leur petit volume et leur inertie thermique qui permet à la barrique de posséder un bon pouvoir de clarification *, facilitant étonnamment la sédimentation des lies *, aidant aussi à l'élimination du gaz carbonique *. Au niveau de l'oxydation *, qui est plus rapide qu'en cuve, la barrique produit des échanges qui permettent de transformer tous les polyphénols *. Enfin, par rapport à l'élevage en gros volume, elle offre les avantages d'une meilleure maîtrise de la température.
Toutes ces raisons expliquent qu'une barrique d'occasion, n'ayant été utilisée que dix-huit mois à deux ans pour un seul vin, peut être intéressante à l'achat. Cependant, il est particulièrement difficile, lorsqu'un fût est très bien entretenu, d'évaluer avec précision son âge dès lors qu'il n'est plus neuf. Il est profondément regrettable que les tonneliers n'aient pas obligation de marquer à la rouanne l'année de fabrication. Dans les crus classés du Bordelais, avant de procéder à un achat, il est indispensable d'entretenir de très bonnes relations avec les maîtres de chais. Eux seuls connaissent, non seulement l'âge, mais aussi la qualité de chaque barrique. Je crois qu'il est encore plus difficile d'acheter des fûts d'occasion en Bourgogne, car le tempérament madré des vignerons empêche toute bonne affaire.
Les fûts usagés ne sont jamais neutres. Ils donnent quelquefois des mauvais goûts de bois, qui ne sont pas sans rappeler un léger goût de bouchon, d'autant plus sensible que le vin est moins riche. Or c'est ce type de produit qu'on y entrepose généralement.
Le consommateur doit aussi savoir que l'élevage sous bois neuf est une technique onéreuse. Outre l'investissement important causé par l'achat des barriques (environ 3 000 F pièce), vient encore s'ajouter une perte de vin supérieure à celle d'un vieux fût, occasionnée par la consume (terme vigneron) plus importante qui est généralement de 4 à 6 % l'an, en fonction de l'hygrométrie de la cave. Cet investissement est en partie compensé par la revente des barriques d'occasion qui trouvent en général assez facilement preneurs dans les zones moins privilégiées comme le Languedoc ou le Jura.

Conclusion : par l'apport bénéfique de certaines composantes subtiles et aromatiques qu'il libère progressivement au cours de l'élevage du vin, le bois neuf concourt à l'harmonie finale du produit, mais seulement si celui-ci est de noble origine. En revanche, bien qu'il s'avère parfaitement neutre aromatiquement, le fût ancien, à condition d'être soigneusement entretenu, demeure un élément non négligeable pour son pouvoir de clarification *, qui le rend très supérieur à la cuve métallique.

LES BOUTEILLES NEUVES MÉRITERAIENT BIEN UN LAVAGE

Les bouteilles vides, en provenance des verreries, arrivent chez l'embouteilleur sous palettes filmées. Cela n'exclut pas que, théoriquement, elles devraient être lavées avant leur utilisation, comme cela est stipulé par une circulaire du 15 octobre 1962, relative au nettoyage des récipients destinés à être mis en contact avec des boissons. En effet, ce texte reprend les dispositions de l'article 4 du décret du 15 avril 1912 modifié par celui du 15 août 1937 précisant qu'il est interdit d'employer, pour la conservation des produits destinés à l'alimentation, des récipients qui n'auraient pas été lavés et égouttés immédiatement avant leur utilisation. Il est écrit que ce nettoyage doit être effectué pour assurer non seulement l'élimination de toute impureté étrangère aux boissons, mais aussi la destruction de tout micro-organisme pathogène, étant entendu qu'un rinçage à l'eau potable, ou de préférence à la vapeur d'eau, enlève toute trace de produits. Un égouttage ou séchage sans essuyage doit terminer les opérations.
De plus, le verre est un corps composé, dont les constituants sont de deux types :
- matières naturelles : le sable (silice qui est l'élément vitrifiant), calcaire et feldspath,
- matières chimiques : une quinzaine de composants ayant des influences sur la qualité et la couleur du verre choisi, les principaux étant le carbonate de soude et le sulfate de soude ainsi que du groisil (débris de verre pilé provenant de récupération).

Actuellement - hormis l'Alsace méticuleuse et surtout très rigoureuse ainsi qu'une grande partie du négoce champenois - seule une infime minorité respecte scrupuleusement ce texte de loi. Dans la plupart des autres appellations, un très fort pourcentage de professionnels du vin, qu'il s'agisse de caves coopératives, négociants ou viticulteurs, continuent à superbement bafouer la réglementation. Même dans les crus les plus prestigieux du Bordelais et de la Bourgogne, dont les propriétaires ne sont pourtant pas gênés aux entournures, acquérir une laveuse à bouteilles, estime-t-on, constitue un investissement inutile et causerait, de surcroît, un alourdissement des charges salariales, en raison de l'augmentation du temps de travail. Cela vaut au consommateur de connaître bien des mésaventures (j'ai pour ma part déjà trouvé dans des bouteilles de grands vins des corps étrangers comme une araignée, une mouche et même, aussi invraisemblable que cela paraisse, jusqu'à plusieurs guêpes).

Lors du transport des palettes, il arrive que les cartons qui les recouvrent se trouvent légèrement détériorés ; d'où des interstices qui, par la suite, favorisent l'entrée de visiteurs indésirables. Selon René Chelle, expert de la Fédération nationale des syndicats du liège et spécialiste du conditionnement des liquides, le fait de ne pas rincer les bouteilles, sous prétexte qu'elles sont livrées sous housses par le verrier, est une aberration que met en évidence l'état de certaines housses recouvrant les palettes de bouteilles stockées à l'extérieur. Elles présentent en effet fréquemment des dépôts et des moisissures susceptibles, lorsqu'elles sont détériorées, d'apporter au vin, lors des mises en bouteilles, des odeurs de moisi, proches des nouveaux goûts de bouchon.

Il arrive aussi, lors des mises en bouteilles, qu'une palette ne soit pas être entièrement terminée lorsque le personnel s'en va. Dans un des plus grands crus du Bordelais de la rive droite, j'ai moi-même été témoin de ce fait. En outre, un employé trop zélé avait, avant de partir, cru bon de procéder au balayage intempestif de la salle où se trouvait

la palette entamée, proche du groupe d'embouteillage, qui, lui non plus, n'était pas protégé de la poussière...
J'ajoute que la plupart du temps (sauf en Champagne, où elles sont mirées), les bouteilles, après remplissage et bouchage sans aucun véritable contrôle, prennent directement, à la sortie du groupe, le chemin des caisses palettes métalliques, où elles sont immédiatement couchées, position qui est maintenant à peu près définitive pour leur stockage, jusqu'à la mise en caisses, qui intervient beaucoup plus tard. Les vignerons traditionnels se servent uniquement de la palette comme intermédiaire et restent encore attachés au bon vieil empilage en cave, dit « à la bretonne ».
Bien que ce ne soit pas tout à fait le sujet, il me paraîtrait également utile que les vignerons investissent aussi dans une table d'accumulation *, afin que les bouteilles venant du groupe restent debout pendant environ quinze minutes avant l'empilage, temps nécessaire pour permettre au bouchon de reprendre 92 % de ses dimensions initiales et éviter ainsi d'avoir plus tard des bouteilles couleuses *.
Les services de l'hygiène et de la répression des fraudes semblent vouloir ignorer que le lavage des bouteilles est un impératif à respecter. Sinon, ils devraient sanctionner tous les professionnels du vin non respectueux de cette loi afin d'assurer au consommateur un fini parfait du produit. Bien que je ne sois pas un farouche partisan du Marché commun, j'espère que, dans l'avenir, il œuvrera dans ce sens [1].
À titre anecdotique, au XVIIe siècle à l'abbaye d'Hautvillers en Champagne, dom Pérignon exigeait que les bouteilles soient lavées à grande eau additionnée de gros plombs de chasse et soigneusement rincées, avant de procéder au tirage des vins.

GROUPES D'EMBOUTEILLAGE ITINÉRANTS : DU TRAVAIL À LA CHAÎNE

Un groupe d'embouteillage, ne servant généralement que quelques jours par an, représente pour les petits domaines un investissement lourd et peu productif, raison pour laquelle certains vignerons hésitent souvent avant de se lancer dans une telle acquisition. Une autre catégorie de viticulteurs, dont les propriétés sont plus importantes et qui n'attachent pas toujours suffisamment d'attention à la qualité, ne jugent pas utile de s'équiper d'un tel matériel pour des raisons diverses :
- la première est dictée par le renouvellement des machines. Chaque année – ou presque – les fabricants sortent de nouveaux modèles toujours plus sophistiqués, qui font que les groupes – outre qu'ils sont devenus moins performants – sont très vite invendables, avant même d'être complètement amortis ;
- la seconde est régie par la sacro-sainte gestion : il est quelquefois plus rentable pour un propriétaire de s'adresser à un embouteilleur à façon que de payer du personnel pour accomplir le même travail, au lieu de gagner du temps appréciable en l'occupant à d'autres tâches sur l'exploitation.

(1) Les dernières directives de Bruxelles conseillent fortement aux négociants de s'équiper en conséquence mais en revanche, curieusement, semblent continuer d'ignorer la propriété tout aussi en cause.

Tout un ensemble de facteurs ont largement contribué à l'essor et la multiplication des entreprises spécialisées dans ce genre de travail, disposant maintenant en plus d'un matériel fort complexe. Ces groupes, généralement montés sur de très gros camions, sont itinérants ; ce qui facilite beaucoup le travail, en leur permettant de se rendre facilement et dans un temps très court d'une exploitation à l'autre.
Chaque entrepreneur, dont les prix sont généralement assez tirés, doit accomplir le travail dans un minimum de temps, afin de rentabiliser son matériel et le salaire d'un personnel très spécialisé ; ce qui ne peut se faire, dans la plupart des cas, qu'au détriment de la qualité. Un embouteilleur à façon travaille sur des vins différents, allant du vin de table à de très grandes appellations, en passant par les paliers intermédiaires. Pour ma part, j'en ai vu œuvrer sur des grands crus de Saint-Émilion et même sur du chambertin. J'ajoute qu'il lui arrive couramment de mettre en bouteilles des vins dont il ignore le plus souvent comment ils ont été vinifiés.
L'entrepreneur est responsable du produit, même après que celui-ci a été exporté dans les pays lointains où, bien souvent, il est stocké dans des conditions précaires, le rendant vulnérable aux brusques écarts de température susceptibles de déclencher des reprises de fermentation ou tout autre incident de ce genre. Il lui faut donc agir en conséquence, pour éviter tout déboire pendant les premières années, car, dans de tels cas, il aurait non seulement à dédommager les clients, mais devrait aussi assurer à ses frais le rapatriement des bouteilles défectueuses. En bref, il ne peut se permettre de courir le moindre risque, qui pourrait mettre son entreprise en péril avec, en plus, l'éventualité d'avoir à verser des dommages et intérêts pour perte de clientèle. C'est pourquoi il lui faut se garantir au maximum, en usant de tout l'arsenal physique et chimique autorisé par la réglementation viticole. Voilà donc comment la plupart des artisans à façon opèrent :
- première opération : une quinzaine de jours avant, ils se rendent chez le viticulteur ou le négociant pour réaliser un collage * sévère du vin ;
- seconde opération : 48 heures avant la mise en bouteilles, ils procèdent au relevage de colle et font ensuite subir au produit une nouvelle épreuve, consistant à le filtrer sur diatomée avec un débit puissant, de l'ordre de 90 à 120 hl/h. Il arrive aussi, pour éviter les éventuelles précipitations tartriques, que le vin passe par le froid ou qu'on lui ajoute de l'acide métatartrique ;
- troisième opération : sulfitage * maximum autorisé (SO_2), plus parfois addition d'acide ascorbique (vitamine C) principalement pour les vins blancs, d'acide sorbique (pour les vins moelleux et aussi ceux où subsistent encore, après la fermentation alcoolique *, des sucres résiduels – antifongique empêchant les refermentations mais dommageable pour les intestins – sans oublier la gomme arabique, stabilisateur de la matière colorante des vins rouges, évitant qu'elle précipite trop vite au vieillissement ;
- ultime opération : la mise en bouteilles. Certains embouteilleurs procèdent à un filtrage supplémentaire sur plaques stérilisantes avec un débit accéléré de 20 à 25 hl/h. Pour limiter et simplifier les opérations, il arrive aussi qu'ils optent pour la flash pasteurisation *, en portant, à l'aide d'un matériel approprié, le vin pendant une seconde à une température atteignant 120° C, vin qui est ensuite rentré chaud en cave (50° C environ) en y déstabilisant la température ambiante au détriment des autres vins..
Parmi les vignerons qui ne possèdent pas de groupe d'embouteillage et qui, par conséquent, sont dans l'obligation d'avoir recours à cette profession, il existe heureusement

une catégorie qui cherche à préserver la qualité future du produit. Ceux-là tiennent à rester les maîtres d'œuvre durant toute l'opération, en contrôlant eux-mêmes les traitements préalables, susceptibles d'être appliqués à leur vin, en excluant tout ou partie de ces techniques qu'ils jugent résolument drastiques. En agissant de cette façon, ils prennent bien entendu le risque d'un éventuel accident pouvant survenir au vin dans le temps et s'engagent à ne pas demander par la suite de dommages et intérêts à l'embouteilleur, dont la responsabilité future se trouve ainsi dégagée.
Pour la petite histoire, disons que l'embouteillage à façon connaît sa plus forte activité dans le Beaujolais, le Bordelais et le Languedoc.
Le vin qui a subi de tels traitements est bien entendu apte à supporter stoïquement tous les modes de transport, par n'importe quelle température. Il peut même être conservé dans les conditions les plus épouvantables. Plus rien n'aura de prise sur lui ; et pour cause, ce n'est plus qu'un produit sans vie, qui a été successivement déshabillé, drogué et assommé, au même titre qu'un otage au bon vouloir de ses geôliers.
Comme si cela ne suffisait pas, la mise en bouteilles se fait en un temps record, la plupart du temps dehors, par n'importe quel temps. J'ai même vu, sur des palettes entamées, des bouteilles prendre parfois la pluie pendant un très court instant avant de passer au remplissage. C'est lamentable de penser qu'il puisse encore exister en France des vignerons qui aiment aussi peu leur vin. Pauvres consommateurs !
Le comble est que certains de ces vins iront en dégustation, pour subir la critique des nouveaux parfumeurs... Peut-être arrivera-t-il un jour que l'un d'entre eux, dans une grande envolée lyrique, entre les fruits rouges, la fourrure et la feuille froissée de hêtre, trouve un peu d'eau de pluie... Pourquoi pas !

L'INDISPENSABLE BOUCHON ET SES FAMEUX GOÛTS

Le chêne-liège occupe de vastes territoires, où il se reproduit constamment. Les zones de plantations sont situées à l'ouest du bassin méditerranéen occidental, sur la péninsule Ibérique et en Afrique du Nord ; elles sont assez proches de la vigne.
Le Portugal, qui totalise près de 60 % de la production mondiale, demeure le premier exportateur. Il est suivi de l'Espagne, avec environ 25 % des parts du marché. Ces deux nations approvisionnent la quasi-totalité de la consommation mondiale en bouchons. La Tunisie, l'Algérie et le Maroc représentent pourtant encore 12 % des plantations.
En France, le massif des Maures, malheureusement souvent dévasté par les incendies de forêts, compte encore 10 000 hectares de surfaces potentielles en suberaies, plus très bien entretenues, donc peu productives. D'après nos aînés, il semble que la qualité de ce liège était encore bonne il y a une quarantaine d'années, mais, petit à petit, elle s'est détériorée, car les levées n'ont pas été effectuées régulièrement et les arbres pas renouvelés, d'où une dégradation avec l'âge.
La production accrue de vins de qualité dans le monde a considérablement fait augmenter la mise en bouteilles, entraînant du même coup une demande toujours en extension du bouchon de liège, alors que la situation réelle de la production mondiale de matière première stagne et, dans certains cas, elle a même tendance à régresser, tant

sur le plan quantitatif que qualitatif ; ce qui risque de devenir un véritable problème dans l'avenir. Il ne faut pas perdre de vue que lorsqu'on plante un gland, il faut attendre une bonne cinquantaine d'années pour récolter des plaques de liège ayant la qualité nécessaire pour faire un bon bouchon, apte à être utilisé pour préserver le vieillissement d'un vin de garde.
Le liège a ceci de particulier qu'il se reconstitue généralement tous les neuf à dix ans, pendant environ cent cinquante ans. Ce qui explique qu'au Portugal sa culture soit divisée en neuf parties pour les très grandes exploitations ou, plus communément, en neuf régions pour obtenir une récolte chaque année. Dans ce pays, les chênes-lièges sont souvent immenses, sans pour autant être vieux. L'espèce est la même que celle cultivée en France. La différence réside en partie dans le climat, mais elle est surtout due au fait que la plupart des importantes suberaies portugaises (certaines font plusieurs milliers d'hectares) sont en général implantées dans des plaines cultivées d'une façon aratoire, sur des terrains rendus très fertiles par des apports massifs d'engrais, destinés à accroître la production des cultures céréalières pratiquées en dessous, amendement dont, bien sûr, profitent également les arbres. Ces données expliquent qu'à âge égal, leur taille soit pratiquement double de celles des chênes-lièges du Var ou du Roussillon, qui, eux, poussent, sur des collines aux sols superficiels et pierreux. Cette façon de cultiver les arbres, en sorte de vergers à liège, permet d'avoir toujours des chênes bien entretenus et surtout taillés ; ce qui rend les plantations facilement accessibles par camions, en diminuant aussi les frais de transport et de main-d'œuvre.
L'Espagne regroupe trois zones de production : le Sud, identique au Portugal où l'on effectue une récolte tous les neuf ans, le Centre, où il faut attendre de dix à onze ans, et la Catalogne (petite productrice), où les lièges poussent beaucoup plus lentement (levée tous les quatorze ou quinze ans), ce qui leur confère une meilleure élasticité et les rend plus aptes à la fabrication des bouchons réservés aux vins de garde.
La formation annuelle du liège varie avec la nature du sol, les conditions climatiques et la vitalité de l'arbre. La qualité du liège est, pour une large part, fonction de la situation dans laquelle se trouve l'arbre. Placé sur un sol fertile, humide et bien exposé, il pousse plus vite, mais en contrepartie, il donne un liège souple et moins dense, qui le prédestine à la fabrication de bouchons de second choix. À l'inverse, en terrain maigre ou si l'arbre vit sur un coteau, le liège sera compact et plus nerveux ; ce qui le destinera aux bouchons « super ». Le chêne-liège a un point commun avec la vigne. Il doit être issu d'une plante qui a souffert pour donner de la qualité.
Le Portugal et l'Espagne possèdent des forêts de chênes-lièges relativement jeunes. Les arbres ont une moyenne d'âge d'environ quatre-vingts ans. Leur potentiel de production est donc encore de près d'un siècle. Un développement et des reboisements se poursuivent régulièrement selon un plan concerté, en utilisant uniquement des plants sélectionnés par voie végétative, afin d'éviter l'hybridation avec les espèces jugées peu intéressantes.
Pour la récolte, les producteurs doivent impérativement respecter certaines contraintes. L'époque la plus propice se situe entre le début juin et la fin août, lorsque la première poussée de la sève se ralentit. Ce qui n'exclut pas d'arrêter les levages si les conditions météorologiques deviennent subitement mauvaises.
Après avoir subi différentes opérations, la dernière étant le tirage en bandes et le tubage, les bouchons sont alors lavés à l'eau claire puis dans plusieurs bains successifs, qui

contiennent généralement du chlorure de chaux, de l'acide oxalique et même parfois un peu de chlore [1] pour les débarrasser de toutes les impuretés et les aseptiser. Les Établissements Augustin Sabaté à Céret ont, paraît-il, mis au point un lavage du liège à base d'eau oxygénée qui évite les faux goûts de bouchon.

Selon M. Pierre Dubois, le chlore n'apportait pas de mauvais goût par le passé, il n'est censé en donner que depuis qu'il existe dans la nature un grand nombre de produits chimiques étrangers, tels que les pesticides ou les engrais.

Le liège est le seul matériau idéal pour le bouchage du vin en raison de plusieurs facteurs : structure très aérée, cellules contenant un gaz à prédominance d'azote et faible densité. Enfin, sa légèreté facilite grandement son transport et sa manipulation. De plus, ses qualités d'élasticité sont remarquables.

Le liège est peu perméable à l'eau. Il en absorbe moins de 20 %, en raison du gaz contenu dans ses cellules. Il résiste aussi aux températures extrêmes et il est imputrescible (on a retrouvé des amphores grecques parfaitement bouchées, alors qu'elles reposaient depuis plusieurs siècles au fond des océans).

L'achat d'un très bon liège est un art que seuls quelques très grands bouchonniers possèdent. Il leur faut avoir l'œil pour juger de la couleur claire et uniforme, le sens du toucher pour se rendre compte de la nervosité et de l'élasticité, mais surtout une longue expérience sur le terrain, qui repose essentiellement sur la connaissance des caractéristiques des diverses régions de production, terroirs, forêts, etc. C'est à force d'observations longues et minutieuses que ces hommes ont appris à parfaire l'adaptation des divers lièges pour les multiples besoins de bouchage exigés par la diversité des catégories de vins.

De tous les produits de conditionnement, le bouchon de liège reste le plus difficile à contrôler, car, contrairement aux autres articles nécessaires à la mise en bouteilles des vins qui sont des matières premières dont la production obéit à des mesures et des dosages bien déterminés, sévèrement contrôlés, c'est une substance végétale naturelle, hétérogène non transformée, donc impossible à homogénéiser et encore moins à standardiser. Le caractère agricole naturel du liège impose aux pouvoirs publics et aux consommateurs l'acceptation de cette hétérogénéité, qui reste intimement liée aux différences existantes entre les terroirs et les arbres ; ce qui est fondamental et ne doit jamais être oublié. La fabrication mécanique des bouchons, le triage et les techniques de finition dont il bénéficie ne peuvent que la corriger.

Bien que la loi actuellement en vigueur fasse obligation de compter en millimètres, curieusement la profession de bouchonnier a conservé les vieilles traditions et continue à s'exprimer en « lignes », ancienne mesure comme le pied, la toise, le pouce et l'aune. Les deux dimensions d'un bouchon sont sa longueur et son diamètre :

- 24 lignes : 53 mm x 24 mm
- 22 lignes : 49 mm x 24 mm
- 20 lignes : 44 mm x 24 mm
- 17 lignes : 38 mm x 24 mm

Les vingt-quatre et vingt-deux lignes n'existent que dans la qualité « super ». Ces bouchons sont utilisés par les grands Châteaux du Bordelais et aussi par les viticulteurs de quelques AOC prestigieuses de Bourgogne, d'Alsace et des Côtes du Rhône.

(1) On a la preuve de sa présence indésirable, en rebouchant une bouteille entamée avec son bouchon lorsqu'il est légèrement détérioré par la mèche du tire-bouchon. En quelques heures, le meilleur vin devient parfois imbuvable, tant le goût de moisi est prononcé. Ce qui ne se produisait pas dans le passé, même en commettant involontairement cette maladresse.

Il y a six qualités de bouchons, en réalité sept avec le « super choix ». Les producteurs de grands vins, qui se plaignent toujours, sont facilement enclins à trouver que le prix des bouchons de qualité a augmenté dans de sérieuses proportions. Pour la petite histoire, je leur rappellerai qu'en 1830 les très bons bouchons valaient déjà de 40 à 50 francs le mille, mais c'était des francs-or ! Ce qui démontre que le produit n'est pas aujourd'hui d'un prix prohibitif, comparativement à la hausse démesurée des grandes appellations.

LES GOÛTS DE BOUCHON. De multiples travaux ont été faits sur l'étude des goûts de bouchon. Ce n'est pas un problème nouveau ; on en parle presque depuis le début du siècle. Aujourd'hui, c'est tout à fait d'actualité, en raison de nouvelles odeurs apparues et sous la pression des consommateurs toujours plus exigeants. Ainsi, l'université de Bordeaux a procédé à de nombreux essais pour tenter de les identifier.

La recherche des composés volatils naturels extraits du liège n'a pas encore permis de trouver des constituants, susceptibles de donner un goût de bouchon au vin. En revanche, certains composés chlorés à odeur de moisi ont été détectés sur des plaques de liège destinées aux bouchonneries. La mouture de ces lièges peut communiquer au vin dans lequel on l'a fait macérer un caractère « bouchonné », dont l'intensité augmente selon la quantité de trichloroanisole. Le pentachlorophénol mis en évidence dans certains échantillons est le précurseur le plus probable de ces mauvaises odeurs qui sont actuellement responsables de la grande majorité de ce que l'on dénomme les « nouveaux goûts de bouchon », qui bien souvent disparaissent à l'aération ou mieux encore lors de la décantation.

Si l'origine des chloroanisoles dans les atmosphères polluées de certaines caves ne fait plus aucun doute, celle du trichloroanisole dans les vins « bouchonnés » est moins facile à expliquer. C'est à Tanner que revient le mérite d'avoir souligné son rôle dans les « goûts de bouchon » actuels des vins. Pour expliquer la présence de ce composé, il avait émis l'hypothèse d'une action chimique du chlore quelquefois utilisé comme désinfectant sur des produits de dégradation de la lignine du liège.

Les goûts de bouchon, quelle que soit leur origine, sont obligatoirement plus perceptibles sur un contenant de petit volume tel que la demi-bouteille, puisque la concentration est plus élevée. À l'inverse, elle est moins prononcée pour les grands flaconnages : magnums, etc.

L'authentique goût de bouchon ou « puant » est très rare. Il transmet au vin une odeur putride et butyrique, qui le rend inconsommable. Son origine est certainement liée au liège, mais on n'en connaît toujours pas la cause réelle. Les bouchonniers évitent cependant d'employer des bouchons atteints de la « tache jaune » ou de la « tache brune », supposées provoquer un goût ; ce qui a été démontré dans certains cas, mais la relation directe « tache jaune - goût de bouchon » n'est pas systématique. Son développement serait dû à un organisme végétal indéterminé, mousse pour les uns, champignon pour les autres. On constate ce défaut à la base des arbres qui croissent près d'un ruisseau ou dans les régions humides où les troncs sont recouverts de végétation.

Les modifications organoleptiques rencontrées dans les vins en bouteilles sont souvent qualifiées à tort de « goût de bouchon ». Sous ces termes sont regroupées plusieurs altérations de l'odeur et du goût qui en réalité ont des origines très différentes : « goût de levure * », « goût de lumière », « goût de plaque » (dû à un mauvais filtrage) » « goût

de grêle » (goût de sec communiqué aux raisins meurtris peu de temps avant les vendanges) ou tout simplement « goût de mauvaise futaille » et, ce qui est plus grave, certains consommateurs et même professionnels de la restauration assimilent quelquefois au goût de bouchon de « bonnes odeurs de chêne » lorsqu'elles dominent un peu trop le vin. Comme on peut le constater, c'est un problème très complexe, car il n'y a pas un seul mais bien de nombreux goûts de bouchon, d'autant plus que la majorité des exploitants forestiers de chêne-liège, s'ils se défendent de pratiquer un quelconque traitement sur les arbres, avouent quand même utiliser des désherbants chimiques à leur pied.
Enfin, devant l'apparition de nouveaux goûts de bouchon, certains fabricants ont tenté de mettre en place une barrière entre le liège et le vin, en utilisant depuis quelques années des polymères synthétiques, produits classiques dans l'industrie des matériaux en contact avec les denrées alimentaires. Le revêtement des extrémités du bouchon est obtenu par trempage et supporte la compression sans éclater. Cette nouvelle technique apporte des avantages notables :
- elle a permis de diminuer considérablement la proportion de « mauvais goûts » dus à certains bouchons ;
- elle évite que des poussières de liège soient expulsées dans le vin lors de la compression ;
- elle est conforme à la législation et résiste à la thermolysation (ce qui avantage la pratique courante de la flash pasteurisation *).

Ces revêtements, de même que le paraffinage (destiné à améliorer la glisse lors du bouchage), sont sévèrement contrôlés pour vérifier leur innocuité et leur absence de goût par des laboratoires hautement qualifiés. Ils ne sont pas un obstacle à la « respiration » du liège, ni à la pénétration d'humidité qui entretient sa souplesse.

LA NOUVELLE GÉNÉRATION DE VITICULTEURS

Les grands vins de France connaissent aujourd'hui une notoriété mondiale. Elle est l'œuvre des anciens ; ils l'ont acquise au fil des siècles à force de travail, d'abnégation et de privations. Malheureusement, les années ont passé et le système a décliné lorsque les producteurs héroïques se sont raréfiés et ont tout simplement baissé les bras, à l'occasion de l'arrivée de la nouvelle génération, voyant qu'avec elle s'établissait un climat de connivence sur des pratiques choisies pour la rentabilité et les productions.
Avec l'arrivée des jeunes vignerons aux commandes des principaux domaines, la viticulture française est entrée dans une phase de profonde mutation souvent favorable à la qualité mais parfois préjudiciable. Cette nouvelle génération n'a jamais connu la misère, ni même les difficultés, contrairement à ses devancières qui ont dû se battre pour obtenir d'abord une AOC et ensuite conquérir les premiers marchés à l'exportation. De nos jours, tout était plus facile.
Les industriels ont leur part de responsabilité dans ce nivellement des vins en ne cessant de créer toutes sortes de matériels pour soi-disant faciliter la vie du vigneron dans ses opérations culturales et œnologiques, suscitant une débauche d'engins, tous plus coûteux les uns que les autres (la plupart ne servent que quelques jours par an). La

conséquence fatale est l'endettement de la plupart des jeunes producteurs, qui n'ont plus qu'une seule issue pour faire face à leurs emprunts, produire toujours plus et surtout régulièrement chaque année. C'est une chaîne sans fin dont le consommateur fait les frais ! Pourtant, les hommes ont toujours fait du vin, et même souvent du bon, sans toute cette sophistication. Le luxe de l'équipement ne suffit pas, heureusement. Bien sûr, technologiquement, beaucoup de choses sont possibles, mais encore faut-il que le « nerf de la guerre » puisse les supporter...

Le matériel œnologique moderne, souvent imposant et très onéreux, n'a pas toujours apporté une contribution marquante à l'amélioration de la qualité. Il a surtout diminué la peine des hommes. Ce matériel peut être scindé en trois catégories bien distinctes :

- le positif, pour ce qui est de l'égrappage, du pressurage *, des contrôles de température, de la filtration * et de la conservation ;
- le gadget coûteux, comme la cryoextraction * ou l'osmose inverse * ;
- le négatif, qui concerne la machine à vendanger, les cuves rotatives, les appareils à passer le vin par le froid et la flash pasteurisation *.

Ces considérations permettent d'établir la ligne directrice qui sera probablement celle du vigneron de l'an 2000, avec les dix commandements qui le motiveront :

- il sortira la plupart du temps d'une grande école ou d'une faculté, muni d'un diplôme d'œnologue ou tout au moins nanti d'un BTS délivré par un lycée viticole. Donc, il sera un peu médecin du vin. Ce qui lui permettra de corriger ses vendanges déficientes ;
- il ne pensera plus qu'investissements, donc produire à outrance, pour être en mesure de faire face à ses remboursements démesurés ;
- il deviendra obligatoirement gestionnaire ; ce qui ne va pas toujours de pair avec la qualité ;
- il sera obnubilé par la mécanisation ;
- il n'aura confiance qu'en la sélection clonale et les porte-greffes vigoureux ;
- il cherchera toujours à se tenir au courant des meilleurs engrais et des produits de traitement systémiques les plus efficaces, pour produire régulièrement ;
- il souhaitera étendre ses surfaces, sans toujours trop se préoccuper de la valeur des meilleurs terroirs ;
- il tentera, dans la mesure du possible, de modifier son encépagement dans un but de rentabilité ;
- il fera le type de vin le plus commercial possible ;
- enfin, parfois, il louchera sur la coopération, pour se simplifier la tâche.

Il serait totalement injuste de mettre tous les jeunes vignerons dans le même panier. Beaucoup ont heureusement su résister au chant des sirènes et garder la tête sur les épaules, en ne prenant du progrès que le meilleur, pour l'incorporer intelligemment à petites doses dans les pratiques transmises par leurs aînés. Cette judicieuse façon de procéder permet d'obtenir des résultats surprenants sur le plan qualitatif, même parfois supérieurs dans l'ensemble à ceux des anciens. Il est seulement dommage qu'ils ne représentent pas la majorité. Dominique Lafon (Meursault), Christian Gouges (Nuits-Saint-Georges), Philippe Foreau (Vouvray), Jean-Louis Trapet (Gevrey-Chambertin) et Jean-Michel Alquier (Faugères) en sont de bons exemples.

Certains pensent encore très naïvement que la France, avec ses crus et la diversité de ses incomparables terroirs, pourra continuer éternellement à vivre sur sa vieille réputation.

C'est une vision simpliste. Le marasme qui touche actuellement le monde n'épargne aucun secteur, pas même celui des vins d'AOC considérés à juste titre comme des produits dont on peut aisément se passer.
Les appellations les plus prestigieuses, même celles aux superficies très restreintes, n'échappent pas à la sinistrose. Dans le passé, la commercialisation des grands noms obéissait à un phénomène d'élitisme qui les plaçait au-dessus de la mêlée, alors qu'aujourd'hui ils connaissent plus encore la mévente que les vins d'essence moins noble. Ce qui est doublement compréhensible : régression du pouvoir d'achat et stagnation de la qualité pour une majorité. Enfin – hormis les vins de pays – l'ensemble des AOC sans exception est frappé de plein fouet par la crise. Cela ne peut malheureusement aller qu'en s'aggravant, en raison de l'extension irraisonnée des surfaces en exploitation.
À ce stade impitoyable de la compétition mondiale, seuls les meilleurs continueront à tirer leur épingle du jeu ; raison de plus pour que tous les jeunes reviennent à plus de sagesse et surtout n'oublient pas qu'il n'existe que trois règles pour faire un très bon vin :
- avoir des vignes qui ne soient pas fragilisées ;
- s'en tenir à des productions raisonnables (45 hl/ha maximum) ;
- bannir l'appareillage trop compliqué, qui ne laisse pas toujours une marge d'initiative suffisante aux récoltants.

Vendre est devenu essentiellement un problème d'homme et surtout de conscience professionnelle, avec tout ce qui s'attache à ce terme. De nos jours, la notoriété d'un cru ne suffit plus. Combien sont-ils à répondre à ce profil (toutes générations confondues) ? C'est difficile à dire, mais ils sont de toute façon peu nombreux ! Il faut savoir qu'il n'existe dans chaque appellation (par village en Bourgogne) qu'une poignée de vignerons répondant à cette condition. Il est hors de doute que si l'on additionnait les superficies qu'ils exploitent, on arriverait à peine à 20 % du volume actuel des AOC (85 000 ha), soit quand même deux fois l'ensemble de la Bourgogne viticole et ceci en étant encore optimiste. Cette estimation purement théorique, il est vrai, reflète, hélas !, tristement la réalité.
La lecture de ces lignes ne va pas manquer de déclencher une levée de boucliers des syndicats et des associations viticoles à qui je réponds par anticipation. Comment se fait-il que dans chaque région de production on assiste aux mêmes phénomènes amplifiés ? J'aimerais que l'on m'explique, entre autres, toutes ces incohérences :
- les caves bourguignonnes et les chais bordelais regorgent de crus classés et non des moindres, qui ne trouvent plus preneurs ;
- le négoce, quelle que soit la région, n'achète plus à la propriété qu'au coup par coup et encore uniquement pour satisfaire à des commandes bien précises ;
- un très grand nombre de viticulteurs ont repris leur bâton de pèlerin, pour aller prospecter la restauration ;
- sur les rayons des grandes surfaces, on voit apparaître les noms de vignerons, qui juraient, il y a peu de temps, que ce circuit de vente était à bannir ;
- dans la plus petite foire-exposition de province, les places encore vides voici quelques années sont aujourd'hui très prisées ;
- les panneaux racoleurs, invitant à la dégustation, poussent comme des champignons, même dans les crus en renom comme Puligny-Montrachet, Vosne-Romanée, Gevrey-Chambertin ou Pomerol, pour n'en citer que quatre. Beaucoup de domaines consentent

aussi à recevoir le dimanche et l'on peut même parfois discuter les prix. Autant de choses impensables il y a encore deux ou trois ans ;
- les cours malgré une légère inflation ont dégringolé d'au moins 15 % ;
- les boîtes à lettres des particuliers débordent de propositions, toutes plus alléchantes les unes que les autres, procédé qu'il ne faut surtout pas confondre avec l'envoi annuel d'un tarif à une clientèle fidèle.

Si ce ne sont pas des signes avant-coureurs, annonçant le désarroi d'un très grand nombre d'exploitants, j'aimerais que l'on me dise à quoi ils correspondent. Tout n'est pourtant pas perdu. La France bénéficie encore d'une nette suprématie, à condition qu'elle ne recherche plus, comme le souhaite une majorité de jeunes vignerons, à produire des vins technologiques et aromatiques, qui se vendent bien, comme elle tend à le faire de plus en plus. Le viticulteur français doit tout faire pour maintenir le type de vin qui a rendu son vignoble célèbre et surtout ne s'en éloigner à aucun prix.

N'oublions jamais que, si une vie d'homme est suffisante pour faire du bon vin, il faut plusieurs générations pour acquérir une réputation.

Tout le monde veut nous copier. Qu'à cela ne tienne ! Montons le niveau qualitatif encore plus haut. Il n'y a pas d'autre moyen pour barrer la route à la concurrence. Montrons-nous intelligents, en refusant d'entrer dans une compétition fondée sur la productivité, où nous aurions tout à perdre.

VINS D'HIER ET VINS D'AUJOURD'HUI

Boit-on mieux ou plus mal que nos aïeux ? C'est une question qui revient constamment dans les conversations et à laquelle on ne peut donner qu'une réponse de Normand. Il en est du vin comme de l'histoire. On ne parle de lui que par rapport à son temps, dont il est une fidèle image.

Tout commence au terroir *. Autrefois, il ne recevait pratiquement que du fumier d'alouette… alors que maintenant il est amendé à outrance. La reproduction végétative faisait appel à la sélection massale constituée de cépages « population » d'une grande diversité ; actuellement, tout ou presque passe par les clones. Les productions ont doublé, voire triplé. La vigne n'a plus les raisins concentrés qu'elle avait dans le passé ; ce qui donne des vins plus souples, c'est vrai, mais en contrepartie souvent dilués, et même évanescents.

Les raisins n'étaient pas ou rarement égrappés, d'où de mauvais tanins amers et végétaux qui apportaient de l'astringence. Aujourd'hui, on élimine les rafles, afin de privilégier les tanins souples et gras, pour faire des produits qui répondent mieux aux conditions de vie actuelle (psychologiques et économiques), mais aussi à la mode. Le consommateur moderne préfère nettement les vins jeunes et aromatiques. Les récoltants, pour répondre à ce phénomène, ont été amenés à produire des vins élégants et buvables plus rapidement, bien sûr au détriment de la garde. Ainsi, ils ont dû modifier totalement leurs techniques de vinification et d'élevage, en faisant des cuvaisons * plus courtes, suivies bien souvent d'un rapide passage sous bois neuf. La fiscalité, qui impose lourdement les stocks, n'est pas étrangère au changement. Ces profonds bouleversements, nuisibles à l'espérance de vie du vin, remontent aux débuts des années 1964-1966.

Autrefois, dans les grands terroirs, les propriétaires cherchaient essentiellement à réussir des vins susceptibles de pouvoir se garder pendant de nombreuses années, répondant alors au goût des clients de l'époque. Ils ne pratiquaient pas d'égrappage mais des cuvaisons * prolongées, un élevage de trois ou quatre ans en fût, avec de nombreux soutirages (généralement en cas de pluie, qui empêchait d'aller dans les vignes). La malolactique [1] se produisait dans la plupart des cas sans que les viticulteurs s'en aperçoivent et y attachent de l'importance puisqu'ils n'en connaissaient pas le mécanisme. Les vins n'étaient presque jamais filtrés mais souvent collés ; ce qui n'était d'ailleurs pas un mal, car la première opération les déshabille complètement et leur enlève une grande partie de leurs bons constituants. Par ailleurs, les mises en bouteilles avaient toujours lieu par temps clair et en bonne lune, pratique qui n'est pas toujours respectée aujourd'hui. Il est évident qu'avec de telles vinifications, le vin demandait de nombreuses années pour perdre son agressivité et son astringence, mais beaucoup plus pour commencer à se montrer aimable. Après, seul le temps l'affinait, en se chargeant de faire disparaître les imperfections de la jeunesse, pour révéler une palette de qualités insoupçonnables au départ, que l'on ne retrouve plus dans les vins actuels.
Dans quelques Châteaux du Bordelais et aussi les vieilles caves bourguignonnes, du Val de Loire ou des Côtes du Rhône dorment encore des bouteilles de millésimes très anciens, d'une telle richesse qu'elles supportent aisément quelques dissymétries de constitution, sans aucunement affecter le plaisir. Avec les ans, elles transgressent sans dommage nos lois des équilibres et des saveurs. Leur puissance et les sensations qu'elles procurent à la dégustation couvrent tout. Elles tolèrent même un taux élevé d'acidité volatile * et d'acétate d'éthyle * qui serait une tare pour des vins de moins noble naissance. De plus, comme on les a attendues longtemps, leur excès de tanin, qui les rendaient durs, a fini par s'intégrer presque harmonieusement à l'ensemble, au point que les vins deviennent gras. On peut affirmer qu'aucun de ceux produits actuellement n'atteindra une longévité comparable à la leur et surtout n'apportera autant de satisfaction.
Conclusion, ces vieux vins sont des sortes de phénomènes, qui se placent en dehors des lois communes tant ils sont éloignés des types actuels. Seuls quelques maîtres de chais avaient acquis une solide réputation grâce à un « tour de main » dont ils gardaient jalousement le secret. Ils n'exerçaient leurs bons offices qu'au profit d'une minorité de nobles, qui, en général, se trouvaient à la tête des domaines ou des châteaux possédant les meilleurs terroirs et de solides assises financières ; ce qui facilitait bien les choses. Une infime minorité de vignerons plus astucieux et perspicaces que la masse (généralement bourguignons) pouvaient être intégrés à ce noyau d'élite. La véracité de cette constatation nous apparaît aujourd'hui où les seuls grands millésimes du passé que l'on trouve encore proviennent exclusivement des appellations célèbres et des grands noms de la viticulture. En effet, pour être totalement objectif, on doit reconnaître qu'il y avait en contrepartie plus de catastrophes que de réussites, tout au moins dans les exploitations, les appellations et les années mineures.
Les goûts, comme d'ailleurs les conditions de vie, ont considérablement évolué. Bien que les vins d'hier soient incontestablement les plus grands, il n'est pas sûr qu'ils

(1) Il faut noter que beaucoup plus tard, lorsqu'elle a été découverte, cette notion de fermentation malolactique était une sorte de révolution, parce qu'elle allait en sens contraire de la théorie de Pasteur, selon laquelle l'acidité totale était la colonne vertébrale du vin ; donc, d'après le père de l'œnologie, plus il y avait d'acidité, mieux le vin devrait se conserver. Cela est d'ailleurs vrai, lorsqu'elle est naturelle et confirme la bonne tenue des vins du passé.

plairaient au consommateur actuel, pas plus que celui-ci n'accepterait de revenir aux conditions d'hébergement, de travail et d'alimentation de nos aïeux.

QU'EST-CE QUI FAIT UN GRAND VIN ?

Pour produire un grand vin, quelle que soit l'appellation, les critères sont toujours les mêmes. Le vin contient en général (c'est un peu fonction de l'âge de la vigne et du millésime) :
- 87 % d'eau (végétale, filtrée par les racines de la vigne),
- 12 % d'alcool,
- 0,5 % d'acides et de substances végétales diverses,
- 0,5 % de choses importantes… qui font toute la différence.

La nuance entre un bon vin et un grand vin, c'est la complexité, qui est ce que les scientifiques ne peuvent pas disséquer, quand ils croient avoir pourtant tout analysé. Elle est fonction du volume de terre exploré par la vigne ; ce qui explique que, dans le même millésime à richesse égale (maturation *) et avec un rendement identique, une vieille vigne donnera toujours un vin supérieur à celui issu d'une jeune.
Certaines de ces remarques, basées sur l'observation et l'expérience, m'ont été inspirées par Jean Hugel, véritable puits de science en la matière. Il ne faut pas oublier que les vieilles vignes possèdent un enracinement pouvant pénétrer jusqu'à plusieurs mètres de profondeur. Certaines vont parfois rechercher l'humidité et la nourriture dont elles ont besoin jusqu'à six ou sept mètres pour trouver tous les éléments dissous du sous-sol, qui vont alimenter la sève de la plante, par conséquent le raisin. On connaît ainsi parfaitement les matières minérales nutritives, que les différents cépages « importent », pour les stocker annuellement dans la végétation et les raisins, en ne prenant que ce qui est nécessaire à leur équilibre.
Les facteurs chimiques les plus favorables à la qualité des vins correspondent à une certaine pauvreté des sols, qui se traduit par une faible production ; plus prosaïquement, pour faire un grand vin, il faut « une terre pauvre et un vigneron riche », mieux armé pour supporter les caprices de la nature et les investissements en bon matériel.
Au risque de me répéter, j'affirme qu'il n'y a pas de secrets pour faire un grand vin mais simplement seize principes dont il faut tenir compte : il commence en coteau, sur un bon terroir *, naturellement bien drainé et sain, c'est-à-dire exempt d'amendement chimique et toujours travaillé d'une façon aratoire, sur lequel ont pris le temps de vieillir des ceps de vigne provenant d'une bonne sélection massale. Il est issu de raisins d'une petite production (30 à 40 hl/ha maximum selon la générosité de dame nature), vendangés manuellement par temps sec à parfaite maturité, pressurés avec sagesse, vinifiés avec beaucoup de soin, d'une manière traditionnelle et surtout sans chaptalisation * outrancière, élevé sous bois avec un pourcentage de fûts neufs qu'il soit en mesure d'assimiler. Enfin, il est mis en bouteilles par bonne lune et surtout sans filtration *. En somme, rien d'impossible. Pourtant, seuls quelques très rares producteurs de vins nobles sont encore capables de le faire parce que leur conscience professionnelle consiste à placer l'honneur du produit au-dessus du profit.

LE VIN ET SON VIEILLISSEMENT

Le vin est un produit qui évolue avec le temps, dans sa couleur, son goût et sa limpidité. Son vieillissement s'opère pendant deux périodes bien distinctes.
- la première a lieu avant la mise en bouteilles, surtout lorsque la durée de conservation est assez longue et que l'élevage est pratiqué sous bois en petit volume. Le vin est alors aromatique ; c'est le premier élément de la saveur, qui évolue vers le fruité, rappelant le raisin d'origine. La robe des vins rouges tire sur le violet ou le rouge rubis. Il arrive qu'après la vinification, un vin très coloré, riche en anthocyanes et pauvre en tannin *, perd un peu de sa robe, alors qu'au contraire, un autre moins soutenu en couleur mais plus riche en tannin * en reprend les premières années de vieillissement. La couleur des vins blancs, selon leur origine, l'année et leur élevage (rapide en cuve ou prolongé sous bois) passe par des dominantes vertes ou jaunes ;
- pendant la deuxième époque, alors qu'il est en bouteilles, parfaitement à l'abri de l'air, le vin subit un phénomène de réduction *, inverse de l'oxydation *, sorte d'asphyxie qui lui permet, au cours des années, d'acquérir le bouquet, résultat d'une chimie extrêmement complexe, dont on commence à pénétrer les secrets. Quant à la saveur, deuxième élément de la flaveur, elle se modifie, en allant vers la rondeur et le moelleux, tandis que s'effacent les agressivités buccales acides et amères, sauf lors de certaines très mauvaises années telle 1972 (surtout pour les blancs). La robe des vins rouges perd aussi, au cours du vieillissement, un peu de son intensité, pour finir sur des teintes tuilées. Quant aux vins blancs, qui ont un cycle de vie beaucoup plus court (sauf les grands liquoreux du Bordelais, les admirables sélections alsaciennes de grains nobles et quelques moelleux exceptionnels du Val de Loire), leur couleur devient très ambrée, lorsque s'entament les premiers signes du phénomène de madérisation. À noter que la maturité se trouve très accentuée si la bouteille est couleuse * (défaut de bouchage à la mise en bouteilles).
Le vieillissement du vin est plus ou moins ralenti, en raison de plusieurs facteurs :
- au fil des ans, le vin subit une évolution amenant la transformation de certains constituants, appartenant à la famille des polyphénols * et des tannins responsables de la couleur. Le vieillissement tient aussi aux conditions d'entreposage, jouant un rôle capital, en raison de quatre éléments primordiaux : la température ambiante, l'hygrométrie, la lumière et les trépidations. Plusieurs vins d'un millésime identique, provenant du même viticulteur, peuvent avoir une espérance de vie totalement différente, variant aisément de plusieurs années à l'avantage de celui qui aura été stocké dans les conditions idéales de conservation (température constante comprise entre 10 et 12°, hygrométrie oscillant entre 70 et 80, absence totale de lumière et aucune vibration). Conservées dans de mauvaises conditions de température, les bouteilles sont assez vite basses et le vin a perdu toute qualité gustative et marchande ;
- le phénomène est également lié au volume du contenant. Selon son importance, le vieillissement est plus ou moins accéléré. Un vin en demi-bouteille sera très vite à son apogée, alors qu'il se conservera plus longtemps en bouteille et, bien entendu, encore mieux en magnum, double magnum, etc. Ceci est valable pour tous les vins excepté le Champagne, car, outre qu'il n'est pas de longue conservation lorsqu'il a subi l'opération de dégorgement *, l'importance du contenant ne joue aucun rôle, puisque la plupart

des champagnes contenus en gros volume proviennent d'un transvasement issu de bouteilles : c'est la nuance ;
- enfin intervient le millésime. Aucun ne ressemble à un autre. La nature fait bien les choses. Il y a certaines années, dites « petites », qui donnent bien des satisfactions lorsqu'on les boit jeunes et, au contraire, d'autres qu'il faut avoir la sagesse d'attendre quelquefois longtemps, mais de toute façon beaucoup moins que par le passé.

Quelques règles doivent être respectées pour boire le vin dans de bonnes conditions :
- ne jamais oublier qu'il y a un temps pour boire chaque vin. Ne pas attendre qu'une bouteille vénérable soit complètement passée, sous prétexte qu'elle est censée avoir une grande valeur. Souvenons-nous que le premier débouché pour le vin est d'être débouché...
- le vin le plus vieux n'est pas forcément le meilleur ;
- à quel âge boire un vin ? Question délicate ; de toute façon, avant qu'il ne soit passé ! Cela me rappelle une anecdote : un jour, j'accompagnais en dégustation Pierre Dubreuil, le pape de Pernand-Vergelesses à l'époque, chez un de ses collègues. Au premier vin, après avoir posé son verre, il dit simplement : « Il est foutu ». Le propriétaire de la cave répondit : « T'as raison, mais tu serais venu il y a quatre ans, il était comme ça (geste à l'appui) ». Arrive le deuxième vin : « Il est dur comme du chien ». À nouveau, la réponse arrive : « T'as raison, mais dans cinq ans il sera comme ça (nouveau geste). » « Bon, dit Pierre, tu me dis que le premier est passé, le deuxième pas arrivé, donne-nous donc celui qu'est bon à boire aujourd'hui ! »
Quelques procédés pour accélérer prématurément le vieillissement du vin méritent d'être évoqués : les rayons ultraviolets (lumière artificielle remplaçant les rayons du soleil), les rayons infrarouges (élévation de la température, sorte de flash pasteurisation *), les ultrasons (agitation moléculaire), etc. On accorde d'autant plus de crédit à toutes ces techniques que l'on manque de recul pour évaluer avec précision leur action sur le vin dans le temps.
La vérité est que le vin est vivant, donc parfois instable et, surtout, très souvent imprévisible.

LES GRANDS MILLÉSIMES DU SIÈCLE

Deux périodes sont primordiales pour déterminer la quantité et la qualité, dans la mesure, bien sûr, où aucun élément perturbateur ne vient entraver les prévisions entre-temps. Le passage de la fleur, qui a lieu entre mai et juin, conditionne le volume de la future récolte. L'idéal, pour assurer son bon développement, tient à la rapidité de la fécondation. Le temps doit être sec et chaud pour lui permettre de se faire en quatre ou cinq jours. Dans le cas contraire, lors de pluie ou de froid, il se produit un avortement partiel ou un développement incomplet d'une partie des grains de raisins, qui provoque un phénomène de coulure * ou de millerandage *. Le temps des mois d'août et septembre influe sur la qualité. Si la température est chaude, elle permet une très bonne fonction chlorophyllienne, qui a pour effet d'augmenter la quantité de sucre formée par la photosynthèse de la feuille de vigne et contribue aussi à dégrader deux acides organiques : le tartrique * et le malique *, qui sont brûlés par la respiration du raisin.
Tout est question d'équilibre, car un excès de chaleur ou une longue période de sécheresse arrêtent ou bloquent le cycle chlorophyllien, en empêchant une évolution normale de la maturation *, qui se traduit par des tanins durs et mal évolués, donc moins gras. 1976 en est l'exemple type. Ce qui démontre que le vin, à l'instar des humains, peut être riche sans être élégant. La luminosité est également un facteur essentiel de la coloration des raisins rouges. Ce qui explique que dans les régions proches de la limite nord, pour la culture de la vigne, on ne produit guère que des vins blancs (Chablisien, Champagne et Alsace).

Lorsque la vigne fleurit (généralement en même temps que le lis et le tilleul), elle annonce au vigneron la date des futures vendanges qui, à trois ou quatre jours près (au maximum) se situe cent jours plus tard, quelles que soient les conditions météorologiques qui suivront. Ce cycle du règne végétal est lié à un phénomène comparable à celui des humains et du monde animal.
Bien connaître la date de la floraison * permet de vivre au rythme de son temps, aide à comprendre le langage du vin et favorise son bon usage. Les raisins de cuve, par opposition aux raisins de table, sous nos climats tempérés, sont des fruits de développement et de maturité tardifs.
Chaque millésime, en fonction des conditions climatiques qui ont précédé, possède son propre style. Certains ont des points communs, mais aucun ne se ressemble. Il est évident qu'une année ayant bénéficié d'un très bon ensoleillement pendant les deux mois qui ont devancé la cueillette aura plus de plénitude et de puissance qu'une autre tardive dont les raisins auront plus profité de la lune que du soleil. Cela n'exclut pas que cette dernière soit bonne car les vins légers peuvent être aromatiques.
Les techniques de vinification et surtout les rendements actuels ne permettront plus jamais de faire des millésimes aussi exceptionnels que furent 1893, 1911, 1915, 1921, 1928, 1934, 1945, 1947, 1949, 1959 et 1961, pour ne citer que les plus prestigieux ; néanmoins à côté de ces réussites et de quelques autres moins grandes, mais malgré tout très bonnes, combien de vins honorables ont fini tragiquement à la vinaigrerie, à cause des conditions d'élevage de l'époque !
Le consommateur doit savoir qu'un très grand millésime est extrêmement rare, tant il faut de paramètres réunis pour le réussir. Cela commence par une année chaude et surtout précoce, avec une bonne réserve en eau des sols, des vignes peu chargées, une maturation * parfaite, avec le petit je-ne-sais-quoi d'eau, juste calculé par le Bon Dieu et dispensé au jour J et à l'heure H... Il ne faut aucune nuit froide, qui risquerait de créer une coupure, enfin, un temps magnifique, sans être trop chaud, pendant toute la durée des vendanges. Autant de facteurs que l'on trouve rarement réunis.
Aujourd'hui, l'homme dispose d'un matériel toujours très sophistiqué et des techniques nouvelles de vinification apparaissent presque chaque année. Enfin, les œnologues, ces médecins du vin, s'affairent dans leurs laboratoires à rédiger des ordonnances, en s'efforçant de pallier les carences de trois catégories d'individus : les vignerons trop avides de gains, les agronomes en blouse blanche et les charlatans, qui vont de domaine en domaine, en vendant des remèdes miracles pour améliorer la qualité des sols...
Maintenant, pour connaître la valeur d'un millésime, il suffit de lire la presse, d'écouter la radio ou de regarder la télévision ; ce qui m'irrite profondément. Chaque année, dès les premiers jours de septembre, les journalistes commencent leur campagne « d'information » sur la valeur hypothétique d'un millésime en devenir. La plupart du temps, les raisins sont encore sur pied et de nombreux événements climatiques imprévisibles peuvent toujours venir perturber la phase terminale. En informant trop tôt et mal, les médias ont gratifié souvent à tort une bonne année de millésime du siècle. À l'inverse, mais dans ce cas c'est beaucoup plus grave, cette intoxication réduit parfois à néant des petits millésimes agréables, qualifiés de désastreux, au péril de l'économie viticole d'une région qui en subit les conséquences pendant plusieurs années. Dans ce cas, le consommateur, abusé, ne cherche même pas à vérifier par lui-même, notamment au restaurant.

Conclusion : actuellement tous les vins, même ceux des petites appellations, sont en général bons, quelle que soit l'année, certains étant bien entendu au-dessus des autres. Mais le « millésime d'exception » comme 1961 [1] n'existera plus jamais. Pourtant, on vient d'assister, il y a quatre ans, à un tiercé, que l'on qualifie de remarquable. Nous sommes entrés dans le règne des vins technologiques. Il faut s'en accommoder !

On m'a parfois posé la question : « Pour vous, quel est le millésime du siècle ? » J'ai bien souvent été tenté de répondre qu'il n'était pas encore terminé, mais je me suis ravisé, en donnant une réponse. Pour moi, aucune hésitation possible : 1961 (Sauternais mis à part, en raison de la quasi-absence de pourriture noble *). Mon appréciation est étayée par quatre points capitaux :

- le passage de la fleur très précoce s'est déroulé dans des conditions exceptionnelles ;
- durant les différentes étapes physiologiques de la vigne et lors des vendanges, on aurait pu croire que le temps (soleil et pluie) avait été minutieusement harmonisé par des scientifiques chargés de lancer un programme spatial de grande envergure ;
- donnée très importante, la vigne était peu chargée (quelques gelées printanières étaient survenues à point nommé, pour rappeler les hommes à la sagesse) ;
- enfin, et c'est sans doute le point crucial, les récoltants commençaient à prendre conscience de certains phénomènes jusqu'alors peu connus, telle la fermentation malolactique * entre autres. Leurs connaissances en œnologie étaient suffisantes pour mieux vinifier et, heureusement, pas encore assez développées pour faire de la technologie poussée comme aujourd'hui. Ils ont ainsi pu tirer la quintessence d'un produit hors du commun. Il faut également ajouter qu'ils avaient à leur disposition un matériel mieux approprié notamment pour le contrôle des températures.

Bien sûr, 1915, 1921, 1934 et 1949 furent aussi des années très exceptionnelles. La meilleure preuve de leur valeur tient au fait que la plupart sont encore remarquables aujourd'hui. De plus, à l'époque, bien peu de récoltants procédaient à l'embouteillage. La majorité des vins étaient vendus en vrac à l'étranger et au négoce, d'où ils ne ressortaient pas toujours anoblis. À titre indicatif, jusqu'en 1953, Pétrus était encore vendu en barriques.

1945 fut aussi remarquable, tout au moins l'infime pourcentage qui a subsisté (à peine 10 %), car les fortes gelées tardives de fin mai avaient quasiment réduit à néant la récolte dans l'ensemble du vignoble français.

Enfin, nous arrivons à 1947 (fabuleuse) et 1959, années caniculaires qui ont placé la majorité des récoltants devant des problèmes de vinification inhabituels. Il faut se rappeler qu'ils rentraient des raisins très chauds, qui, immanquablement, amenaient des fermentations tumultueuses. Au bout de quelques heures de cuvaison *, il n'était pas rare de voir les levures * paralysées cesser leur travail de transformation du sucre en alcool, au profit des bactéries, qui prenaient aussitôt le relais en amenant de l'acidité volatile *. Certains vins (parfois même une majorité) n'avaient plus alors comme avenir que d'espérer accommoder la salade. Curieusement, en 1959, bien que le processus fût le même qu'en 1947, beaucoup de vignerons, pourtant déjà mieux équipés pour refroidir les cuvaisons * et aussi plus familiarisés avec les problèmes de vinification du fait que la mise en bouteilles à la propriété commençait timidement à démarrer, ne réussirent pas si bien, sans doute en raison d'une production pléthorique qui les désorienta. Donc, paradoxalement, ce furent deux très grands millésimes, mais en partie mal exploités en raison d'un manque d'équipement relatif au contrôle des températures et d'une méconnaissance de la vinification dans de telles conditions climatiques. Mon ami Jean-Claude Berrouet placerait 1947, qu'il juge très exceptionnel, devant 1961. Je lui en laisse la responsabilité, car il est meilleur juge que moi en la matière. En dehors des années d'exception précitées, il serait injuste de passer sous silence les bons millésimes que furent : 1906, 1918, 1923, 1926, 1929, 1933, 1937 (avec des réserves, en raison d'attaques du ver de la grappe), 1948 (passé inaperçu entre 1947 et 1949), 1950, 1957, 1962 (proche d'un très grand), 1964, 1966, 1970 (surtout dans le Bordelais), 1971 (de courte durée), 1973 (bien que de production pléthorique), 1976, 1978 (grands), 1979, 1982 (remarquable en Bordelais), 1983, 1985, 1986 et le superbe trio 1988, 1989, 1990 (très grand) inséparables malgré des nuances, selon les régions.

---

(1) C'est si vrai qu'aujourd'hui les vins de ce millésime, surtout les bordeaux, atteignent dans les ventes aux enchères des prix records. Exemple : Pétrus, acheté en primeur en 1962 28 francs, se négocie actuellement aux environs de 10 000 francs. C'est autre chose que la Bourse !

Le vignoble de la Côte-Rôtie : le vrai, occupant des coteaux doublement ensoleillés et peu accessibles, parmi les plus difficiles à travailler (à mon sens les vignerons qui maintiennent en état ce véritable patrimoine national ne devraient pas être fiscalement imposés aussi lourdement que les autres)...

... et l'autre, celui plus productif des plateaux, qu'il est préférable que le touriste ne voie pas, résultat des extensions récentes et qui n'a de Côte-Rôtie que le nom.

Apport de terre allogène et restructuration au bulldozer d'une AOC champenoise prestigieuse (pratique non prévue lors de la création du Comité des vins de France, aujourd'hui INAO), ou comment dénaturer un terroir en créant de nouveaux sols qui risquent de donner des produits différents de ceux ayant justifié l'AOC.

Bouchons de qualité et de longueur différentes : on remarque des écarts énormes, qui justifient la palette des prix. Le liège est le matériau idéal pour le bouchage du vin : structure très aérée, cellules contenant un gaz à prédominance d'azote, faible densité et remarquables qualités d'élasticité.

Bouteille non lavée, contenant un visiteur et un premier cru de la Côte d'Or. Il arrive que les insectes soient les premiers dégustateurs.

Le camion embouteilleur et son équipe parfaitement rodée pour œuvrer dans un minimum de temps. Des groupes itinérants qui se soucient davantage de rentabiliser le matériel et le salaire d'un personnel très spécialisé que de la qualité du vin. Pourtant, j'en ai vu œuvrer sur de grands crus.

Mise en bouteilles rudimentaire dans le Val de Loire, région où cette pratique, pour laquelle j'émets des réserves – en particulier parce qu'elle n'offre pas les meilleures garanties sur le plan de l'hygiène (heureusement les bons vignerons en ont pris conscience) – demeure cependant bien ancrée.

Les « superbes » coteaux de Cravant-les-Coteaux, presque chaque année sous les eaux de la Vienne : un comble quand on sait que c'est le drainage naturel qui fait les meilleurs terroirs... et les grands vins ! Les membres de la Commission de délimitation ont dû accorder l'extension lors d'une année particulièrement sèche.

Décharge publique aux abords d'une grande ville ? Non ! parcelle d'un cru champenois à 100 %, amendée à outrance, jusqu'à ces dernières années, avec les boues ou gadoues de ville, inévitablement escortées des débris difficilement dégradables de sacs-poubelles en plastique (en outre, elle a été désherbée chimiquement !).

Objet tabou : la transvaseuse prise en flagrant délit opère en Champagne un changement d'habitat d'une cuvée blanc de blancs réputée ; un procédé que l'on se garde bien d'avouer, au détriment du consommateur non averti.

Pupitre de remuage automatisé (Pupimatic) en Champagne, qui prend progressivement la place du remueur traditionnel. L'augmentation des charges et la difficulté pour trouver du personnel spécialisé y sont pour beaucoup.

Les bouteilles de gaz escortant la machine, auxiliaires indispensables au transvasage pour assurer la réintégration artificielle du gaz, éventuellement perdu au cours de cette délicate manipulation. Un vin qui a subi le transvasement ne s'en tire pas sans dégât. Il perd automatiquement une partie de son gaz naturel.

Le clonage détrône désormais la sélection massale, au risque d'une uniformisation future des vignobles. Ici, deux clones de pinot noir aux productions sans commune mesure. Le 115 (à gauche) est considéré comme le meilleur, en raison de son faible rendement. Le 583 à port érigé (à droite) a largement contribué au déclin de la Côte de Nuits. Malheureusement, le vigneron s'avère parfois plus sensible à l'argument du rendement qu'à celui de la qualité.

Séance de dégustation comparative à la magnifique Auberge des Templiers. Ces séminaires sont souvent riches d'enseignements pour juger de l'évolution ou de la régression de certains viticulteurs, à condition que les participants aient la sagesse de se limiter dans les superlatifs...

Bétonnière ? Non ! cuve tournante de vinification en Côte de Nuits. Leurs utilisateurs prétendent qu'elles font de grands vins. Qu'entendent-ils par « grand » ?

Système de protection par aspersion contre le gel, à Chablis, vignoble septentrional, particulièrement gélif. Le déboisement a encore accentué cette tendance. Un acte de plus dans la destruction d'un vignoble de qualité, réduit quasiment à néant par la cupidité d'une poignée d'hommes !

Minerve, haut-lieu de l'histoire du Languedoc. C'est un immense vignoble au sud des Corbières, comprenant 61 communes (45 dans l'Aude et 16 dans l'Hérault). Deux ou trois caves (pas plus) méritent le détour, notamment le Clos Centeilles, à Siran.

Témoin impartial, l'auteur, sur la machine à vendanger, assiste à une double cueillette : celle des raisins et l'autre, moins noble, des corps étrangers...

Il arrive parfois que des raisins vendangés mécaniquement, souvent laissés en plein soleil, s'oxydent, en provoquant un départ de fermentation, comme c'est le cas ici en Muscadet. Un dommage supplémentaire pour des raisins qui subissent déjà une dilacération avec la machine à vendanger.

À quinze jours des vendanges, vignes hautes particulièrement chargées à Vosne-Romanée, appelée : « perle du milieu dans le collier bourguignon ». Dans ce cas, il s'agit sans doute d'une fausse... Sauf en Alsace, les vignes hautes constituent en effet toujours un reniement de la qualité.

CHAPITRE I

les différents types de vins

Lorsque l'on parle du vignoble français, on pense immédiatement aux appellations d'origine contrôlée et plus particulièrement à celles des régions les plus célèbres. Il en existe pourtant beaucoup d'autres. En 1992, elles étaient environ 390 [1] à constituer ce noyau de nanties, suivies d'une vingtaine de VDQS plus ou moins groupés près du portillon qui donne accès à la catégorie supérieure, et d'environ 150 vins de pays pleins d'espoirs depuis la loi de décembre 1973, qui constitue pour eux une bonne structure d'accueil. Enfin venaient les vins de table, ces sans-grade dont l'avenir est souvent plus noir que leur couleur, bien que cela ne soit plus tout à fait vrai aujourd'hui pour certains, en raison de la loi précitée. On dénombre en fait quatre catégories de vins très dissemblables qui n'ont entre elles qu'un lien commun : elles sont toutes issues de la fermentation du moût * de raisin frais. Au fil des siècles, le terroir *, l'encépagement, le savoir-faire de l'homme et le législateur réunis conjointement, ont permis d'établir une hiérarchie qui a abouti à la délimitation des AOC, à la création des VDQS, à la naissance des vins de pays et à une réglementation difficile des vins de table, ces déshérités qui se vengent parfois en se déguisant en vins de marque, pour tenter de piéger le consommateur naïf, lequel a toujours beaucoup de difficultés à retrouver son chemin dans le labyrinthe du vignoble français.
J'espère que ce chapitre jouera pour lui le rôle du fil d'Ariane.

(1) Grâce à la générosité sans limite de l'INAO, elles sont aujourd'hui beaucoup plus. Il est pratiquement impossible de se tenir à jour, chaque année en apportant de nouvelles.

APPELLATIONS D'ORIGINE CONTRÔLÉE (AOC)

Il est bon de rappeler qu'une appellation d'origine est, par essence même, une entité qui possède des caractères strictement locaux ou régionaux. Il n'est donc pas possible d'utiliser des critères identiques à l'échelon national pour servir de base exclusive aux normes qui la régissent. Les vins qui en bénéficient doivent cependant tous satisfaire à des clauses précises :
- être issus d'une zone délimitée, constituée par un ensemble de terroirs situés à l'intérieur d'une aire géographique, reconnue comme apte à les produire. Les textes qui réglementent chaque appellation en fixent les délimitations parcellaires, à partir de limites administratives (liste de communes) ou de limites naturelles nettement apparentes. C'est la première des conditions de production d'une AOC ;
- provenir d'un encépagement spécifique, qui donne à la production son originalité, complément indispensable au terroir * pour constituer avec lui un ensemble se caractérisant par un potentiel qualitatif de haut niveau, dont l'homme a eu la lente révélation au cours des générations successives ;
- ne pas dépasser un rendement maximum ;
- titrer, avant tout enrichissement * (chaptalisation *) un degré minimum en vertu du principe selon lequel un vin digne d'une appellation contrôlée doit être élaboré avec des raisins ayant atteint un niveau de maturité suffisant. Pour les vins enrichis par la chaptalisation *, il existe aussi un degré alcoolique maximum à ne pas dépasser ;
- provenir de vignes taillées selon un mode imposé pour chaque appellation. Le viticulteur doit aussi tenir compte d'une certaine densité de plantations * à l'hectare ;
- être élaborés en se conformant aux modes de vinification imposés, en bénéficiant de toutes les pratiques œnologiques autorisées par les lois et règlements en vigueur. Certaines, très particulières, tiennent compte de la période d'élevage en fût, du type de flaconnage employé pour la mise en bouteilles, ou même – pour une seule d'entre elles, malheureusement – des amendements ;
- enfin, depuis 1974 (plus tard pour certaines), les vins doivent subir une dégustation et une analyse, dernier examen avant commercialisation.

Le consommateur doit savoir que si l'INAO, par le biais de toutes les contraintes qu'il impose aux producteurs pour l'obtention de l'appellation d'origine contrôlée, est bien en mesure de garantir l'authenticité du produit, il ne peut pour autant en faire de même pour sa qualité. Ces deux notions ne vont en effet pas forcément de pair.

VINS DÉLIMITÉS DE QUALITÉ SUPÉRIEURE (VDQS)

Pendant la dernière guerre, le gouvernement de Vichy prit la décision de taxer le prix du vin ordinaire. Or il existait alors quelques petits vignobles qui avaient connu dans le passé une certaine réputation commerciale, maintenue tant bien que mal par les vignerons après la reconstitution postphylloxérique, et pour lesquels les coûts de production étaient plus élevés que ceux des vins de consommation courante du Midi, mais dont les mérites avaient été jugés insuffisants pour qu'ils bénéficient des appellations d'origine attribuées en 1936. Pour tenter d'échapper à cette taxation, leurs dirigeants saisirent par d'innombrables réclamations le ministre de l'Agriculture et le Comité national. Ce dernier tenta en 1943 de faire passer un décret-loi pour aider à promouvoir ces vins régionaux considérés, en quelque sorte, comme des vins de pays avant la lettre.

Devant l'affluence des demandes, on estima en haut lieu que la taxation en vigueur pour les VCC * et le rationnement ne permettaient pas de telles libéralités et on jugea plus sage de renvoyer l'étude du décret à la fin des hostilités, obligeant le Comité national à s'incliner. Après la guerre, ses membres avaient complètement oublié les déshérités qui s'appelaient déjà VDQS depuis que ce label avait été reconnu par les arrêtés de taxation pris en 1945.

Le 18 décembre 1949, une loi officialisait les VDQS dans les statuts viticoles, en précisant qu'ils devaient être définis par des arrêtés du ministre de l'Agriculture sur avis de la Fédération des associations viticoles de France. Ces dispositions laissaient l'INAO théoriquement en dehors de tout pouvoir de décision, bien que nombre de ses membres aient été chargés de l'étude des dossiers présentés par les fédérations. N'ayant pas encore la mainmise sur les VDQS, l'INAO tenta une manœuvre de retardement, en adoptant une position hostile, mais il put tout juste obtenir que les mots « appellations d'origine » ne figurent pas dans le texte de la loi de 1949 ; ce qui, bien entendu, a changé depuis.

Par un décret-loi du 30 novembre 1960, l'INAO reçut pour mission d'organiser la réglementation des VDQS. Il est, désormais, le seul organisme habilité pour en proposer les conditions de production, déterminer les délimitations et surveiller la délivrance des labels de qualité ; enfin, il assure le contrôle et la défense des VDQS au même titre que pour les vins d'AOC.

Une loi de finances du 24 décembre 1969, supprimant au stade du négoce la possibilité de déclassement * des VDQS en vins de table, et l'entrée en vigueur d'une nouvelle réglementation communautaire enlevant encore certains avantages dont bénéficiait cette catégorie de vins, ont sans doute contribué, dès 1970, à accélérer pour certains un processus déjà entamé, visant à leur accession à l'appellation contrôlée.

Depuis longtemps le succès rencontré par les AOC suscitait la convoitise de ces vins marginaux, handicapés par un label bâtard sans signification commerciale : « vins délimités de qualité supérieure ». Supérieure à quoi ? on ne l'a jamais dit !

Depuis 1970, vingt-huit VDQS sont parvenus à entrer dans la catégorie des AOC. Il semble que l'INAO ait fait parfois preuve de mansuétude car tous ne sont pas issus de gisements de vins nobles.

Les nouveaux élus sont, respectivement :

23.01.70 : Haut Comtat [1]
23.10.70 : Irouleguy
15.04.71 : Cahors
19.04.73 : Côtes de Buzet
27.07.73 : Côtes du Ventoux
05.05.82 : Saint-Chinian
09.05.84 : Coteaux du Lyonnais
15.02.85 : Minervois
24.12.85 : Corbières
24.12.85 : Coteaux du Languedoc [2]

(1) Ont été inclus dans l'AOC Côtes du Rhône.
(2) Concerne les vins des anciens VDQS suivants : Cabrières, Coteaux de Vérargues, La Clape, Coteaux de la Méjanelle, Montpeyroux, Pic-Saint-Loup, Quatourze, Saint-Christol, Saint-Drezery, Saint-Georges-d'Orques, Saint-Saturnin et Picpoul-de-Pinet.

27.07.73 : Coteaux du Tricastin
04.09.73 : Vins de Savoie
07.02.75 : Côtes du Frontonnais
03.03.75 : Châtillon en Diois
17.10.75 : Béarn
02.04.76 : Vins de Sartène
28. 3.77 : Côtes du Roussillon
24.10.77 : Côtes de Provence
05.05.82 : Faugères
24.12.85 : Coteaux d'Aix-en-Provence
04.07.86 : Costières de Nîmes
26.02.88 : Côtes du Luberon
02.04.90 : Côtes du Marmandais
02.04.90 : Marcillac
24.03.93 : Cour-Cheverny
26.03.93 : Cheverny
26.03.93 : Les Coteaux Varois
14.02.94 : Côtes Roannaises

Aujourd'hui, l'INAO est investi de toutes parts par les candidatures des VDQS soucieux de se constituer un état civil. Nul doute que la majorité obtiendra bientôt satisfaction ; ce qui ne rehaussera ni le prestige, ni le niveau qualitatif déjà très bas de beaucoup d'AOC. Profitant de la nouvelle ligne de conduite de l'INAO encore renforcée par la loi du 12 décembre 1973, les vins de pays briguent à leur tour le classement en VDQS, sachant qu'ils gagneront ainsi l'antichambre des appellations contrôlées. Certains ont déjà franchi cette première étape.

Ce sont respectivement :

25.03.81 : Côtes de Saint-Mont
27.01.82 : Côtes de la Malepère [1]
24.10.84 : Fiefs Vendéens
21.11.84 : Côtes du Brulhois
02.02.94 : Côtes de Millau
à venir : Coteaux du Quercy [2]

D'autres suivront. Pourquoi s'arrêter en si bon chemin ?

Pour être totalement objectif, il importe tout de même de préciser que les nouvelles promotions ne se font pas sans coupes franches, car, par rapport aux délimitations antérieures des VDQS, les experts désignés par l'INAO éliminent purement et simplement certains secteurs viticoles de la nouvelle AOC. Ceux-ci deviennent alors des zones à production de vins de consommation courante. Il est à craindre que, dans l'avenir, ces produits ne viennent encore aggraver le malaise des excédents destinés à la distillation et causent la disparition de plusieurs domaines.

Avec les récentes accessions, cette catégorie regroupe encore aujourd'hui trente vins pouvant bénéficier de ce label et même un peu plus, si l'on tient compte que dans le Bugey il existe une vingtaine d'autres possibilités accordées pour personnaliser le cru ou le vin, par exemple : vins de Bugey-Manicle, Roussette-du-Bugey, vins du Bugey-Cerdon, etc. Il semble que les promotions futures soient gelées pour un certain temps, encore que le dossier de l'aligoté de Saint-Bris reste sous le coude…

Entrent encore dans cette catégorie :

- Région Est : Côtes de Toul, Vins de Moselle ;
- Région Bourgogne : Côtes du Forez, Sauvignon de Saint-Bris ;
- Région des Côtes du Rhône : Coteaux de Pierrevert, Côtes du Vivarais ;
- Région de la Savoie : Vins du Bugey ;
- Région du Languedoc : Côtes de Millau, Côtes de la Malepère, Côtes du Cabardes et de l'Orbiel ;

(1) Le cas des Côtes de la Malepère est un peu particulier. Elles étaient passées directement VDQS sans jamais avoir été vins de pays, violant la loi de 1973 ; ce qui fut estimé illégal par le Conseil d'État, qui annula l'arrêté. Dans un premier temps, elles se sont donc contentées d'être reconnues comme vins de pays. Cela n'était qu'un artifice car, dès l'année suivante, elles étaient admises parmi les VDQS. Après tout, c'était le but recherché !

(2) Les Coteaux du Quercy ont été délimités. La parution au Journal officiel du décret de contrôle les officialisant en VDQS était imminente lorsque j'ai rédigé cet ouvrage.

- Région du Sud-Ouest : Coteaux du Quercy, Côtes de Saint-Mont, Côtes du Brulhois Tursan, Vin de Lavilledieu, Vins d'Entraygues et du Fel, Vins d'Estaing ;
- Région du Val de Loire : Châteaumeillant, Coteaux d'Ancenis, Coteaux du Giennois (suivis ou non de Cosne s/Loire), Coteaux du Vendomois, Côtes d'Auvergne suivies d'une commune (Boudes, Chanturgues, Châteaugay, Corent, Madargues), Gros Plant du Pays Nantais, Les Fiefs Vendéens, suivis d'un nom de cru (Mareil, Bren, Pissotte, Vix), Saint-Pourçain s/Sioule, Valençay, Vins d'Auvergne, Vins de l'Orléanais, Vins du Haut-Poitou, Vins du Thouarsais.

VINS DE PAYS

La notion de vin de pays (cette catégorie est placée sous la tutelle de l'Office national interprofessionnel des vins – ONIVINS –, l'alter ego de l'INAO pour les vins de table) est sans doute presque aussi vieille que la vigne elle-même, mais cette expression utilisée pour désigner des vins de table, avec une indication géographique de la région ou du secteur d'où ils proviennent, ne date véritablement que de l'année 1973.
Voici comment se sont déroulées les choses : un décret du Conseil d'État, en date du 13 septembre 1968, avait permis d'entreprendre la revalorisation de l'image des vins de pays, en précisant qu'ils ne seraient plus désignés comme autrefois sous le nom du canton mais sous celui d'un département ou d'une zone bien définie et qu'ils devraient satisfaire à des conditions de production fixées par décret. En attendant la parution de celui-ci, ils devaient encore tenir compte des conditions définies antérieurement par le décret du 31 août 1964 prévoyant à l'époque un régime particulier pour certains vins, leur évitant d'être soumis au blocage et leur accordant des dispenses de distillation obligatoire.
Le décret du 29 novembre 1973, modifié en date du 4 septembre 1979, précise que le bénéfice de la dénomination « vin de pays », suivie du nom du département ou de celui d'une zone spécifique de production, est accordé seulement aux vins qui remplissent les conditions suivantes :
- provenir d'exploitations dont le rendement à l'hectare n'excède pas 90 hl et de vignobles complantés en cépages recommandés ;
- présenter un degré minimum compris entre 9 et 10° selon les zones ;
- satisfaire à une analyse, constatant que leur acidité volatile * n'est pas supérieure à 0,4 g/l ;
- et, enfin, être soumis à une dégustation pour obtenir le droit d'être commercialisés.
Ces conditions remplies, les vins classés en vins de pays se partagent en trois catégories distinctes :
- les vins de pays désignés sous le nom du département où ils ont été produits, sauf si ce nom est celui d'une appellation d'origine comme la Savoie, le Jura ou la Corse ;
- les vins de pays désignés sous le nom d'une zone de production bien précise du département, qui est généralement plus restreinte que celui-ci mais qui, dans quelques cas est, au contraire, plus étendue ;
- enfin les « vins de pays régionaux » désignés sous le nom d'une grande zone couvrant plusieurs départements et à vocation de regroupement, qui sont au nombre de quatre et se trouvent assujettis à un régime quelque peu différent de celui des autres vins du même type. Ce sont respectivement les Jardins de la France (14 départements du Val

de Loire), les Comtés Rhodaniens (8 départements de la vallée du Rhône), les Comtés Tolosans (8 départements de Midi-Pyrénées et limitrophes) et les Pays d'Oc (4 départements du Languedoc-Roussillon).

En 1992, cent vingt-huit vins de pays avaient été officiellement reconnus par un décret paru au *Journal officiel*. Depuis, ils sont nettement plus nombreux (cent quarante-et-un), mais pratiquement impossibles à comptabiliser, du fait des regroupements périodiques. Ainsi, en 1991, cinq d'entre eux : Coteaux du Salaves, Uzège, Mont Bouquet, Coteaux Cévenols et Côtes de Libac, pour créer un volume plus facile à commercialiser, ont été baptisés « vins de pays des Cévennes ». Ce n'est qu'un exemple pris parmi beaucoup d'autres.

On peut regretter que de nombreuses zones de production de vins de pays, dont on ne sait pas toujours très bien où elles commencent et où elles s'arrêtent, soient imbriquées dans les secteurs où sont produits des vins d'appellation d'origine contrôlée ou des VDQS. Les cépages étant, de plus, bien souvent les mêmes, on retrouve toujours les plants miracles : gamay, chardonnay, sauvignon, cabernet-sauvignon et merlot. Enfin, beaucoup de vignerons produisent à la fois des AOC, des VDQS et des vins de pays dont les prix de vente totalement différents sont toujours une source d'incitation pour faire jouer les vases communicants… Dans les régions viticoles, tel le Languedoc, – dites aussi mixtes – où les zones d'appellations chevauchent généralement celles des vins de pays, il arrive fréquemment que les viticulteurs se livrent à de savants calculs avant de faire leur déclaration de récolte. Lorsque l'on connaît le processus, on les comprend. Ils sont souvent placés devant un dilemme. D'un côté, on les autorise à produire 50 hl en AOC qui se négocieront parfois difficilement (aux alentours de 30 F la bouteille). De l'autre, ils ont la possibilité de récolter l'équivalent de 90 hl de vin de pays, pouvant atteindre de 20 à 22 F la bouteille, s'il est bien vinifié, dont la commercialisation ne pose guère de problèmes. Pour les domaines qui n'ont pas encore réussi à se faire un nom, il est facile de prévoir de quel côté va pencher la balance. Il faut savoir que sur les feuilles de déclaration de récolte, la demande d'AOC est une démarche volontaire et non une obligation. L'option doit cependant être prise vite, car après remise des imprimés, il est impossible de modifier une décision.

Il est fortement question – mais ce n'est encore qu'un projet – d'apporter un amendement au décret de 1979, interdisant la production et la vente de ce type de vins dans les régions viticoles prestigieuses telles que la Gironde ou la Côte d'Or entre autres. Une telle mesure devrait être en vigueur depuis longtemps.

Hélas, les producteurs en veulent toujours plus ; non contents de la réussite de ce type de vin, qui ne connaît pas de problèmes de commercialisation, quelques-uns réclament maintenant que certains vins de pays soient autorisés à incorporer des plants prohibés dans les AOC et les VDQS. Les producteurs des Côtes du Tarn ont déjà franchi le pas avec le gamay teinturier de Chaudenay et le gamay de Bouze). D'autres ont même obtenu l'autorisation d'introduire de nouveaux plants issus de croisements intra-spécifiques entre cépages comme le chenanson, le chasan ou le caladoc (vin de pays du Val de Dagne et Coteaux de l'Ardèche). Ce ne sont que des précédents, d'autres ne tarderont pas à leur emboîter le pas. Néanmoins, certains de ces vins, à base de cabernet sauvignon, de merlot et de chardonnay, lorsqu'ils sont bien vinifiés, ont de quoi inquiéter les bordeaux rouges et les bourgognes blancs génériques *.

Avec une production de près de 12 millions d'hectolitres, dont plus d'un million en blanc, les vins de pays sont en pleine expansion, celle-ci pouvant se chiffrer à environ 22 % pour les blancs et 11 % en ce qui concerne les rouges. Leur progression s'est aussi beaucoup affirmée à l'exportation. Ils bénéficient d'un sérieux atout depuis que la Communauté économique européenne ne les contraint plus à faire figurer sur les étiquettes la mention « Vin de table », lorsqu'y figure déjà la mention « Vin de pays ». Cette modification n'affecte pas l'application des mesures éventuelles de distillation en cas d'excédent de rendement, mais a d'heureuses incidences sur la commercialisation. En effet, ce type de produit s'adresse surtout à une nouvelle clientèle comprise entre 30 et 60 ans, buvant régulièrement du vin, mais ayant une image absolument négative du « litre ».
La surprenante ascension de ce type de vin est due en grande partie au petit côté écologique, qui sommeille dans le cœur de chaque Français, car, objectivement, les vins de pays ne sont que ce simples vins de table, il est vrai soumis à une réglementation plus astreignante voire souvent draconienne, comparée aux AOC, notamment pour l'obtention du label. Cependant, parce qu'il existe un trop grand nombre de dénominations pour cette catégorie de vins, celles-ci sont encore mal perçues par les consommateurs. Ainsi, environ 20 % des vins agréés en vins de pays, provenant d'un seul plant, sont commercialisés en vins de cépages ; exemple : chardonnay de l'Ardèche.

VINS DE PRIMEUR

Vin de « primeur » ou « vin nouveau », ces expressions qualifient un vin vinifié pour être consommé immédiatement, qu'il ne faut surtout pas laisser vieillir.
Afin d'obtenir l'autorisation de commercialisation aux dates voulues, le vin doit subir l'épreuve de la dégustation et avoir fait l'objet d'une analyse, prouvant que son acidité volatile * est inférieure à 0,60 gramme par litre.
Avant la guerre, et seulement dans les années précoces, quelques cuvées de beaujolais partaient en vrac à destination de Lyon, où elles étaient vendues en pots d'étain aux comptoirs des bouchons lyonnais, pour accompagner les mâchons. C'était un petit vin fruité, gouleyant, sans prétention, aussi trouble que l'affaire Greenpeace, mais il régalait bien le palais et se révélait un joyeux compagnon autour des traboules. Sa vente restait marginale, loin de l'engouement manifesté vers les années 1970, lorsque sur l'impulsion de quelques hardis pionniers (négociants et vignerons), le beaujolais de primeur partit à l'assaut non seulement de la capitale mais aussi du monde entier.
Un décret du 5 novembre 1985 a fixé la date de déblocage des vins de primeur au troisième jeudi de novembre (on se demande pourquoi elle n'est pas révisable chaque année, compte tenu des conditions climatiques qui ont précédé la cueillette).
Le négoce, pour terminer l'élevage du vin et faire ses mises en bouteilles, est autorisé à le recevoir en vrac sous acquits à caution à partir du 31 octobre, soit environ une quinzaine de jours seulement après les vendanges. De cette pratique s'ensuit toute une série de traitements barbares infligés à ce pauvre beaujolais pour le rendre buvable à la date prévue. Jules Chauvet, surnommé « La science et la conscience » pour ses connaissances et son intégrité, m'avait un jour dit « C'est un peu comme si l'on voulait sortir un enfant de six mois de son berceau, en lui ordonnant de marcher… » Généralement relevuré, le vin passe simultanément par la centrifugeuse pour un débourbage * rapide, parfois aussi par le froid pour éviter les précipitations tartriques. Il subit également plusieurs filtrages successifs sur kieselguhr, sur plaques ou sur membrane. Certains négociants n'hésitent pas parfois à lui infliger, en outre, une flash pasteurisation *.

Le jour « J », à 0 heure, les avions, chargés comme pour une opération militaire de grande envergure, décollent de Lyon-Satolas pour que Américains et Japonais puissent découvrir notre fameux beaujolais cher à Colette. Télévision, radios et presse en branle-bas de combat – comme s'il s'agissait d'une crise ministérielle ! –, affichent tous le même titre : « Le Beaujolais nouveau est arrivé ! » Avec un tel support médiatique, la réussite est assurée. Cela me rappelle une réflexion d'Alfred Capus qui, comme on lui parlait d'un homme arrivé, répliquait : « Oui, mais dans quel état... »
Pour satisfaire une demande toujours plus importante, il a fallu aller, indéniablement, à l'encontre de la qualité. D'autant qu'une grande partie des primeurs proviennent du bas Beaujolais, secteur dont les terres lourdes sont plus aptes à produire des céréales que de la vigne. Les rendements sont importants ; quant aux degrés, mieux vaut ne pas en parler. La médiocre qualité des récoltes a engendré un processus de chaptalisation * excessive, amenant un déséquilibre des vins et faussant le goût du consommateur, en l'habituant à boire des vins alcooliques, au point qu'il n'aime plus le véritable beaujolais.
Le résultat inéluctable de cette mode est l'incontestable chute de la qualité pour une majorité de vins en provenance du négoce et une banalisation du produit, qui ont conduit le consommateur à « brûler ce qu'il avait adoré ». La locomotive beaujolaise n'affiche plus le même allant. Cela n'a toutefois pas découragé d'autres régions viticoles (qui connaissent de sérieux problèmes de vente) d'accrocher leur wagon à ce train de primeurs qui ne vit plus que sur une vieille réputation. On voit désormais monter à l'assaut du marché toute une série de vins nouveaux provenant d'appellations très diverses – jusqu'aux bordeaux –, auxquels il faut ajouter les vins de pays, dont le déblocage a lieu une quinzaine de jours avant. De nombreux concurrents mais pour des produits quelquefois bien moyens !
Malgré tout subsistent d'excellents beaujolais-villages vinifiés en primeur, provenant de certaines communes au terroir * réputé, tels Le Perreon ou Quincié. En revanche, je déconseille aussi formellement que possible au consommateur d'acquérir des beaujolais de primeurs auprès de négociants qui n'exerceraient pas leur activité dans la Saône-et-Loire ou le Rhône !

VINS DE MARQUE

La langue française est remplie de subtilités. Allez donc faire comprendre à un étranger que l'ophtalmologiste est un monsieur qui soigne les yeux et ne soigne pas à l'œil ! Dans le domaine du vin, il existe aussi un terme à double sens : la marque commerciale, rendant encore plus difficile la tâche du consommateur, qui a déjà souvent tendance à assimiler l'appellation d'origine contrôlée à une marque. Il est en partie excusable, puisqu'il existe deux catégories de vins pour lesquelles la marque individualisant le produit demeure l'argument principal de vente. La première regroupe pourtant des vins d'AOC provenant de deux régions viticoles prestigieuses : la Champagne où la marque prend toujours le pas sur l'appellation d'origine, qu'il s'agisse de maisons de commerce, de caves coopératives ou même de viticulteurs. De même, en Bordelais, les étiquettes désignant un château – même les plus illustres – ne sont aussi que des marques.
La deuxième catégorie concerne de modestes vins de table vendus sous une vulgaire

marque commerciale. Leurs utilisateurs n'ont qu'une obligation vis-à-vis de la législation française, le respect de la définition légale du vin qui doit être « un produit issu exclusivement de la fermentation du moût * de raisin frais ». Elle est d'ailleurs la même pour toutes les catégories composant le vignoble français. Ces vins doivent aussi répondre à trois critères pour être reconnus marchands, c'est-à-dire aptes à la commercialisation : avoir une acidité volatile * inférieure à 0,90 g, être issus d'une production n'excédant pas 90 hl/ha, enfin, titrer au moins 9°.
Ce sont les trois seules contraintes imposées aux vins de table vendus sous une marque commerciale. En dehors de cela, tout est permis au producteur ; entre autres : il n'existe aucune zone délimitée pour l'implantation des vignobles ; l'encépagement est absolument libre, au point que certains hybrides * sont encore autorisés, le villars blanc par exemple ; la chaptalisation * (sucrage) est interdite. En revanche, l'enrichissement * avec du moût * concentré (2° maximum) est parfaitement légal ; ce qui est assez cocasse, puisqu'il a la même fonction ; la conduite de la vigne (taille) est laissée à l'improvisation de chacun ; tous les modes de vinification sont autorisés sans aucune restriction, y compris les pressoirs continus ; enfin, il n'y a pas de dégustation obligatoire pour obtenir un label.
En raison de l'extension de la mise en bouteilles à la propriété dans certaines grandes régions viticoles, la plupart des négociants, pour éviter de mettre leurs entreprises en péril, ont dû se rabattre sur la commercialisation de vins de marque. C'est le cas en Bourgogne où le chiffre d'affaires réalisé grâce à la vente de cette catégorie dépasse les 58 %. Une grande partie est réalisée par les transactions à l'exportation, notamment aux États-Unis. Aussi curieux que cela paraisse, quelques marques ont acquis une telle renommée au-delà de l'Atlantique qu'elles sont parfois plus connues que des appellations réputées au volume, il est vrai, très restrictif. L'habileté du négociant qui commercialise des vins de table dans une grande région d'appellation contrôlée, consiste à l'embouteiller dans une bouteille du type de l'appellation (bourguignonne par exemple) et surtout à utiliser une belle capsule qui lui donne un air de ressemblance avec l'AOC. Il est regrettable que certaines mentions soient tolérées sur l'étiquette ou la contre-étiquette de ce type de vin. Elles n'ont qu'un seul objectif : créer un climat d'ambiguïté auprès du consommateur, tendant à lui faire croire qu'il déguste un produit d'appellation contrôlée. Exemple, en Savoie : beaucoup d'étiquettes de vins de table portent un slogan dédié aux skieurs ou à la fondue ; l'idée astucieuse consiste à mettre le même sur des bouteilles d'appellation, rendant la détection difficile. Le contrôle est pourtant aisé : un vin de marque porte la mention « vin de table », et la capsule-congé qui recouvre le bouchon est de couleur bleue et non verte.
Les vins de marque sont généralement d'une approche facile pour le consommateur, car ils sont souvent mis en bouteilles avec un certain taux de sucre résiduel *, tolérance admise pour ce type de produit.

DES CUVÉES DE PRESTIGE QUI N'EN SONT PAS OBLIGATOIREMENT

En Champagne, chaque maison de commerce a, dans sa gamme, une « cuvée spéciale », imitée d'ailleurs depuis quelques années par un certain nombre de vignerons récoltants,

qui cherchent à devenir des émules de dom Pérignon. Nombre de ces cuvées n'ont de prestige [1] que le nom. Qu'importe, elles sont vendues plus chères ; ce qui est le but recherché. Dans les autres régions viticoles, les viticulteurs n'avaient pas semblé tentés par ce style de produit, si l'on excepte bien sûr quelques timides essais effectués par plusieurs domaines provençaux, pourtant de renom, mais dont aucun ne fit véritablement une percée. Jusqu'à ce que, en 1973, les établissements Ladoucette sortent une cuvée spéciale de pouilly-fumé, sous la marque « Baron de L », qui, d'entrée, connut une réussite spectaculaire. Il faut dire que ce négociant, mondialement connu avait mis tous les atouts dans son jeu, en pratiquant une stratégie commerciale de haut niveau :
- conditionnement de classe, utilisant la réplique d'une belle bouteille ancienne ;
- prix assez dissuasif, pour flatter le snobisme d'une certaine catégorie de consommateurs ;
- choix très sélectif des points de vente.

Il n'en fallait pas plus pour s'imposer dans un marché, où, semble-t-il, il y avait une place à prendre. Aujourd'hui, avec près de vingt ans de recul, le succès ne se dément toujours pas, malgré un prix de vente vraiment pas courant pour une telle appellation. La réussite attire immanquablement la convoitise d'autrui. C'est sans doute en vertu de cet adage que les cuvées spéciales de quelques vignerons connaissant la notoriété ont tendance, depuis cinq ou six ans, à se multiplier, tant à Pouilly-sur-Loire qu'à Sancerre – appellation voisine – et même en Muscadet [2]. Cette pratique ne peut se développer qu'au détriment de leurs récoltes, qui continuent à être commercialisées comme auparavant, c'est-à-dire au prix d'usage, mais avec une qualité obligatoirement en régression, ce qui est compréhensible avec ce procédé que j'appellerai « l'écrémage ». Un vigneron qui prend cette option cherchera, bien sûr, pour tenter de justifier le prix de sa « super » bouteille, à y mettre le meilleur de sa récolte : vieilles vignes [3], lieux-dits privilégiés et fruits ayant acquis une parfaite maturité ; autant de raisins qui, antérieurement à cette nouvelle manière d'opérer, allaient enrichir l'ensemble de la production en y apportant puissance alcoolique et potentialité aromatique.

Il y a encore plus inquiétant. En cas de réussite commerciale rapide de la « noble cuvée »..., le viticulteur, pour faire face aux demandes, sera tenté d'en augmenter sensiblement le volume, en distrayant à nouveau un certain pourcentage de ce qu'il trouvera de meilleur dans ce qui lui restera, baissant encore un peu plus la qualité non seulement de son bas de gamme mais aussi de sa cuvée de prestige. C'est une chaîne sans fin, semblable à celle d'un comptable indélicat, qui prend toujours un peu plus dans la caisse, du fait que personne ne s'en est encore aperçu... Au bout de quelques années, on arrivera à un curieux paradoxe. L'ensemble aura baissé, mais il subsistera quand même deux prix ! Les seuls perdants seront, en définitive, les consommateurs, dont le tort aura été de se laisser impressionner par des arguments commerciaux fallacieux.

(1) Dans cette catégorie, il faut aussi inclure tous les superlatifs utilisés par d'autres régions tels que réserve particulière, quintessence, vendanges de telle date, etc.
(2) Elles ont aussi fait leur apparition dans beaucoup d'autres AOC.
(3) J'aimerais que l'INAO et la répression des fraudes codifient l'âge à partir duquel une vigne entre dans cette catégorie. La direction de cet organisme m'a répondu qu'elle se retranchait derrière la mention accordée par la CEE en laissant à chaque syndicat viticole le soin de trancher sur l'âge des vieilles vignes. Si l'on ajoute qu'aucun contrôle n'est opéré à la propriété sur les vins qui en proviennent, on constate une fois de plus un manque de protection pour le consommateur.

CHAPITRE II

déguster et juger le vin

LA DÉGUSTATION ACTUELLE, UN ART ET BEAUCOUP DE BLUFF

La dégustation est avant tout une grande école de découvertes, mais surtout de modestie. Elle exige un effort de concentration et constitue un excellent exercice de mémoire (on dit aussi examen organoleptique ou analyse sensorielle). Elle est l'appréciation par la vue, le goût et l'odorat des qualités ou des défauts d'un vin.

On distingue quatre phases dans l'acte gustatif : l'observation au moyen des sens, la description des perceptions, la comparaison par rapport à des normes connues et le jugement.

Beaucoup plus de personnes qu'on ne le pense sont aptes à déguster. Il ne suffit souvent que d'un petit effort d'attention et surtout il faut apprendre à analyser les impressions. Le plus difficile, qui n'est sans doute pas d'emblée à la portée de tous, est de pouvoir décrire les sensations éprouvées et de donner ensuite un avis en termes clairs, sans se perdre dans des considérations poétiques, en faisant référence à des parfums imaginaires. Lorsqu'on est débutant et que l'on veut décrire et expliquer le goût et l'odeur du vin, on se heurte non seulement à sa complexité mais aussi à sa diversité. À ce jour, les analystes ont dénombré plus de cinq cents constituants et, en appliquant les méthodes de recherche les plus sophistiquées, ils en découvrent toujours de nouveaux. Il faut néanmoins reconnaître que les plus importants du point de vue qualitatif, c'est-à-dire ceux qui conditionnent le goût et l'odeur, sont les moins connus. On

sait identifier les éléments de la charpente, mais on connaît mal les détails qui apportent pourtant son style à l'édifice. L'analyste pratique l'anatomie, mais l'essentiel de la personnalité du vin lui échappe encore.
Le vin est l'un des produits agro-alimentaires dont le goût est le plus varié. Il est cependant, selon la législation française et européenne, issu exclusivement de la fermentation des raisins frais. Pourtant les différents vins n'ont entre eux que peu de caractères communs ; ce qui s'explique aisément : il y a les terroirs, l'influence des climats, les cépages, l'état de maturité des raisins lors des vendanges, les techniques de vinification et d'élevage, autant de facteurs qui ont permis la création d'un grand nombre de variétés, chacune ayant ses normes qualitatives ; celles-ci font qu'il existe une échelle de valeur expliquant qu'on ne déguste pas avec les mêmes références un champagne brut, un haut médoc, un sauternes, un bourgogne blanc, un château-châlon ou un beaujolais de primeur. C'est précisément l'une des grandes difficultés de la dégustation que de bien juger chaque vin dans sa catégorie.

Pratique de la dégustation. Cet exercice est propre à la personne qui déguste et aux conditions dans lesquelles elle a goûté. Il vaut ce que vaut le dégustateur, c'est-à-dire qu'il est souvent très subjectif.
Un dégustateur ne peut définir les goûts et les odeurs, c'est-à-dire les qualités ou les défauts des vins que par des mots. Le vocabulaire de la dégustation est assez difficile à codifier, car il est automatiquement imagé ; ce qui explique qu'il ne soit pas toujours compris par le profane et qu'il peut quelquefois même prêter à sourire.
Les termes « nervosité, souplesse, séché, gras, fatigué ou élégant » pour citer quelques exemples, appliqués au vin nécessitent indéniablement des explications démontrant que, pour bien interpréter le langage des professionnels, une certaine connaissance de cette pratique est absolument nécessaire.
Les grands dégustateurs sont en général des gens remplis d'humilité. Ils savent, par expérience, combien il faut être prudent lorsqu'il s'agit de se prononcer sur une appellation ou un millésime en face d'une bouteille sans étiquette.
Il y a bien sûr des journées fastes, où tous les éléments propres à la réussite se conjuguent : forme physique et psychique du goûteur, heure et ambiance de recueillement propices à la dégustation, région de prédilection, connaissance de la cave et mémoire de certains millésimes du même cru qui ont marqué ; d'où des réussites exceptionnelles qui font que l'on trouve tout (vin et millésime). À ce propos, je voudrais citer une réflexion de Bernard Ginestet [1] : « Il y a des moments dans la vie où il faudrait, comme Jean-Claude Killy, savoir se retirer sur ses succès. » En revanche, ces goûteurs sont parfaitement à leur aise pour décrire simplement, mais avec les mots justes, les qualités ou les défauts des vins qu'ils ont à juger. Déguster en compagnie d'un bon palais est toujours très enrichissant pour le débutant. Il pourra y apprendre le vrai vocabulaire du vin et savoir qu'il est aussi intéressant de goûter des mauvais vins, ne serait-ce que pour éviter de les acquérir à l'avenir. Il prendra conscience qu'une bouteille passée (même d'un millésime réputé en son temps) n'a plus rien à transmettre, pas même le souvenir ; c'est un peu comme une fleur que l'on n'aurait pas cueillie en temps voulu.

(1) Très grand personnage du vin, ce fils du précédent propriétaire du château Margaux fut négociant à Bordeaux, avant de devenir un talentueux homme de plume, responsable de la belle collection du Grand Bernard. Il est aussi, depuis 1973, maire de la commune de Margaux.

Identifier un vin c'est bien, trouver son année c'est encore mieux, mais il faut savoir en parler et donner les caractéristiques de son millésime qui ont permis de le détecter. L'amateur pense, à tort, que pour avoir le droit de parler du vin, il faut être capable, presque à chaque dégustation, d'identifier les appellations et les millésimes. C'est une idée fausse qu'il doit chasser de son esprit. Si cela était le cas, bien peu de personnes pourraient s'exprimer sur le sujet.

De même, on peut être amené à porter un jugement différent sur un vin identique, selon l'heure de la journée, mais aussi en fonction du lieu et de l'ambiance de la dégustation. Les meilleurs résultats sont obtenus en fin de matinée, quand le goûteur éprouve de l'appétit, ou en fin d'après-midi. Mais il faut absolument éviter les longues séances, engendrant une forme de fatigue, due à l'effet de l'alcool, qui, au cours des dégustations successives, passe dans le sang à travers les muqueuses de la bouche, bien que l'on recrache la totalité du vin absorbé. À ce sujet, il est bon d'ajouter qu'avaler n'apporte rien de plus à ce que l'on a déjà découvert avec le nez et le palais.

LES SENS UTILISÉS DANS LA DÉGUSTATION. Le premier à intervenir est la vue. Elle renseigne sur l'aspect du vin, sa limpidité et son intensité ; ce qu'on appelle pour un vin rouge la robe. C'est une première indication instinctive qui influe peut-être un peu trop sur les suivantes. Le dégustateur est quelquefois amené à juger plus sévèrement un vin un peu trouble ou de couleur anormale. L'intensité colorante d'un vin rouge laisse préjuger de son corps, la teinte de son âge et la couleur foncée d'un vin blanc de son état d'oxydation *. L'œil joue donc un rôle très important et prépare à la dégustation. Il est de fait que déguster sans voir renforce singulièrement la difficulté. Il est souvent difficile de reconnaître, dans une série de vins dégustés sans les avoir vus, les vins blancs secs *, les vins rosés et les vins rouges pour peu que ces derniers ne soient guère tanniques. Cet exercice à l'aveugle est un très bon enseignement pour un débutant.

Le second sens intéressé est l'odorat. Il est impératif de sentir longuement le vin sans bouger le verre (c'est ce qu'on appelle le premier « coup de nez »). On utilise alors l'olfaction, puis on agite le verre afin d'exhaler les sensations olfactives avant de porter le liquide à sa bouche. Un bon dégustateur détecte souvent ainsi certains défauts et peut même identifier plusieurs types de vin, presque uniquement sur leurs odeurs. Il faut tout de même noter que certains vins promettent beaucoup au nez, mais déçoivent en bouche ; le contraire est aussi vrai quelquefois. Dans cette description, on doit différencier l'arôme et le bouquet : le premier désigne l'odeur d'un vin jeune, tandis que le second est seulement acquis par le vieillissement. Si l'on respecte cette définition, un vin nouveau n'a pas encore de bouquet et un vin vieilli en bouteille n'a plus d'arôme.

Les sensations perçues lorsque le vin est dans la bouche n'appartiennent pas seulement au troisième sens, le goût proprement dit ; y participe encore pour une très large part, l'odorat, par voie rétronasale (arôme gustatif ou arôme de bouche) et même le sens du toucher. Lorsqu'on parle « du goût » d'un aliment, il s'agit souvent de sensations dues à l'odorat. Les spécialistes utilisent le terme de « flaveur » pour désigner la somme des sensations du goût et de l'odorat. La part du toucher est importante ; elle cumule les impressions de température (sensibilité thermique) et de consistance (sensibilité tactile) [1].

(1) Je n'ai pas voulu entrer plus avant dans la pratique compliquée de la dégustation, ni davantage dans le vocabulaire gustatif. D'autres personnes plus qualifiées que moi ont écrit à ce sujet et avec talent. Pour les plus curieux, je conseillerais entre autres le Goût du Vin, *un bel ouvrage d'Émile Peynaud (Éditions Flammarion).*

La dégustation seule permet de porter un jugement sur la qualité d'un vin. En effet, son analyse chimique, même poussée à l'extrême, ne suffit pas ; elle peut l'appuyer, mais ne la remplace pas. Rien ne distingue à l'analyse courante un vin exceptionnel d'un vin quelconque. Tous les laboratoires d'œnologie en sont parfaitement conscients.
Un grand vin se caractérise par un heureux rapport de concentration. Il ne doit paraître ni acide ni sucré (mis à part les vins liquoreux, moelleux ou les vins doux naturels), ni trop alcoolique, ni astringent. Ses divers constituants doivent être harmonieusement fondus et sa consommation provoquer une impression d'ensemble pleinement agréable, un véritable plaisir, ce que les spécialistes appellent « l'équilibre ».
Jusqu'à une certaine époque, les dégustations (moins fréquentes que de nos jours), faites presque toujours en cave, étaient prétexte à de petites réunions très amicales entre bons vivants, pour deviser sur les mérites du dernier millésime ou de quelques vénérables bouteilles. Il était de coutume d'utiliser avec le vigneron un vocabulaire, quelquefois un peu grivois, où les références à une jolie femme étaient monnaie courante. Ne disait-on pas qu'un vin avait du corsage ou de la cuisse… Aujourd'hui, ces inepties ont été bannies par les dégustateurs, mais malheureusement elles ont fait place à d'autres encore plus ridicules, donnant actuellement au langage du vin une forme de préciosité savante, qui porterait à sourire si le sujet n'était pas aussi sérieux.

DES MASCARADES DE DÉGUSTATIONS. De nos jours, il est clair – ce ne sont pas les vignerons qui vont me contredire – que la plupart des dégustateurs un peu en vue – sommeliers, restaurateurs, cavistes, journalistes et pseudo-œnologues, à la recherche d'un peu de vedettariat (toujours les mêmes) – tentent par vantardise et par intérêt de briller pour prouver une sensibilité supérieure, mais surtout pour faire oublier un manque de connaissances. Ils ont toutefois un avantage non négligeable sur les véritables dégustateurs : en cas d'anosmie ou d'agueusie [1], ils pourront continuer à débiter leur fumisterie, sans courir le risque d'être démasqués.
En raison d'un phénomène de mode, certains magazines organisent très régulièrement des bancs d'essais, sortes de dégustations marathons pas toujours bien préparées, avec des dégustateurs parfois plus préoccupés par le photographe de service que par les vins qu'ils ont à juger. C'est en général dans les notes de dégustation des membres de ces jurys que l'on trouve les plus belles envolées lyriques sur le vin, chacun voulant surenchérir. Le déroulement de ce que j'appellerai des mascarades de dégustations est à peu près immuable. Les bouteilles sont presque toujours fournies par les viticulteurs. Elles se voient attribuer, comme au collège, une notation généralement sur vingt avec, en plus (il ne faut surtout pas les oublier), les fameux dixièmes de points, censés faire toute la différence… Quelle sottise de vouloir prétendre qu'un vin gratifié aujourd'hui de 18,7 sera meilleur dans l'avenir qu'un autre ayant reçu un 18,3 ou très supérieur au pauvre malheureux noté seulement à 17,2 !
Pour obtenir de la crédibilité, ces dégustations, soi-disant comparatives, devraient concerner exclusivement des vins achetés anonymement dans les différents circuits commerciaux, grandes surfaces incluses. Cela modifierait bien souvent les résultats. Je me suis en effet toujours mal expliqué, après les avoir goûtés, comment certains vins,

(1) Anosmie : diminution ou perte complète de l'odorat. Agueusie : absence de sensibilité gustative.

présentés dans ces espèces de compétitions ridicules, pouvaient parfois avoir de telles disparités avec les mêmes vendus au public. Ce n'est pourtant pas difficile à comprendre, sans faire appel à un fin limier.
Les dégustations faites à la propriété par quelques journalistes très en vue dans le monde viticole français, tels Robert Parker ou Michel Bettane, pour n'en citer que deux, ne sont pas plus crédibles que les précédentes, sans pour autant que leur bonne foi puisse être mise en doute. La raison est fort simple : aujourd'hui, où tout va très vite, l'information aussi circule rapidement. Elle explique que la quasi-totalité des viticulteurs, un tant soit peu en vogue dans les plus grandes régions, connaissent parfaitement les goûts marqués de chacun des principaux critiques pour des types de vin bien précis. Ce n'est un secret pour personne dans les milieux viticoles : un tel ne jure que par les vins tanniques à l'extrême, un autre recherche essentiellement ceux qui sont puissants et colorés, allant même parfois jusqu'à monter au pinacle des sortes de monstres à forte concentration, presque atypiques, aux possibilités de vieillissement sujettes à caution. Un troisième voue un véritable culte au bois neuf, à qui il accorde toutes les vertus. Enfin, un quatrième privilégie l'élégance et le fruit. Le drame, c'est que certains de ces hommes de plume ont non seulement un impact très important en France, mais aussi et surtout à l'étranger, pouvant aller jusqu'à avoir une incidence sur les volumes destinés à l'exportation et, par voie de conséquence, jouer également sur les cours. Autant de raisons qui expliquent que les propriétaires, même ceux des plus grands noms du Bordelais, ne font jamais fi de leurs écrits. Ils s'efforcent donc, chaque année – c'est de bonne guerre – de mettre le plus d'atouts possibles dans leur jeu avant la venue de ces personnages au pouvoir si redoutable. Pour cela, quoi de plus facile pour un château dont le vignoble est généralement important, de distraire, après le décuvage, quelques barriques que l'on s'efforce de bichonner tout particulièrement, afin d'être en mesure de répondre aux espérances de chacun. Pour le premier, il suffit d'incorporer dans l'assemblage * un peu plus de vin de presse *, afin de le rendre tannique. Pour le second, le maître de chai choisira une ou deux barriques contenant le vin de la meilleure cuve de vieilles vignes de cabernet sauvignon ramassé parfaitement mûr et le tour est joué. On fait déguster un troisième vin élevé dans une futaille neuve de bonne provenance, que le tonnelier, lors de la fabrication, chauffe un peu plus pour libérer plus vite et accentuer les arômes de vanille. Enfin, le quatrième a droit à un assemblage * à dominante de merlot très mûr et, bien entendu, contenu dans des fûts déjà avinés l'année précédente, pour garder le côté petits fruits rouges. Et chacun repartira content, d'autant que ces critiques, que la modestie n'étouffe pas toujours, n'hésitent pas à donner en prime des conseils de vinification et d'élevage, ayant donc un peu le sentiment d'avoir été écoutés, manière comme une autre de s'attribuer les mérites d'une réussite qui ne leur doit rien.
En me lisant, certains vont sans doute croire mon imagination trop débordante ; ce n'est pourtant pas le cas. Si l'on se donne la peine de réfléchir, on constate que ces pratiques astucieuses, qui ne nuisent pas à la qualité, n'engagent en rien les intérêts d'un domaine, puisque, lors des assemblages des barriques, avant les mises en bouteilles, tout rentre dans l'ordre.
Les autres régions ont une technique différente, mais le procédé employé demeure le même, en particulier pour les concours, où rentre en jeu l'attribution de médailles.

Tous ceux qui approchent un peu de près la viticulture n'ignorent rien de ces procédés. Il est beaucoup de vignerons pour qui « la barrique de concours » contribue à l'équilibre de la réussite commerciale de l'exploitation. Il faut encore ajouter que, d'un fût à l'autre, le même vin se goûte souvent différemment. Les vignerons en sont bien conscients et font généralement, quand ils sont sur leurs gardes, déguster ceux qui se présentent le mieux. Ne jetons pas la pierre aux critiques, même lorsqu'il leur arrive de se tromper, en encensant un vin bien au-delà de ses mérites, mais pensons plutôt qu'ils sont parfois abusés par plus malin qu'eux, en sachant que le viticulteur ou le maître de chai, parfait connaisseur de sa cave, dirige personnellement la dégustation, de manière à ce qu'elle se présente pour lui sous les meilleurs auspices.
Rappelons simplement que dans une dégustation comparative d'une même appellation ou d'un millésime commun, pour connaître les meilleurs vins, il suffit d'arriver à la fin et de noter la ou les bouteilles qui sont à peu près vides. Ce sont toujours les meilleures, car chaque dégustateur y revient au moins une fois pour le plaisir.

Trois stades évolutifs permettent au vin d'acquérir certains composés odoriférants : l'arôme primaire qui est issu du raisin, l'arôme secondaire engendré par la fermentation et l'élevage, et l'arôme tertiaire ou bouquet acquis au cours du vieillissement, qui résulte, d'une part, de la transformation de certains constituants non odoriférants issus de la pellicule du raisin et, d'autre part, de la transformation des constituants de l'arôme des vins jeunes. Une nouvelle théorie cherche actuellement à se faire jour, qui voudrait que l'arôme primaire englobe à la fois le raisin et la fermentation et que l'arôme secondaire soit attribué au vieillissement ; ce qui n'est pas tout à fait exact. À chacun de ces trois stades, le vin développe des parfums différents. Les petits fruits rouges que l'on trouve dans les deux premiers arômes (cassis, framboise, myrtille, mûre ou fraise) disparaissent peu à peu pour faire place à des saveurs nouvelles nées avec le processus de réduction * apporté par le vieillissement en bouteilles, qui sont souvent cynégétiques ou proches des odeurs de sous-bois, champignon, truffe. Je m'explique toujours très mal que les « dégustateurs-mode » arrivent dans le même vin à trouver à la fois du petit fruit rouge et du sous-bois ; lorsqu'on croise un inconnu dans la rue, on peut toujours tenter de lui donner un âge avec bien entendu beaucoup de risques de se tromper, mais on ne peut le faire en s'autorisant par avance à prendre une fourchette comprise entre dix et soixante ans. Il faut être sérieux. De qui se moque-t-on ?
L'étude des odeurs et leur description imposent au dégustateur un effort d'analyse olfactive, tendant à établir des rapports de similitude ou d'analogie (souvent suggestifs) entre les parfums émis par le vin et ceux qui sont révélés par nos perceptions du monde extérieur végétal ou même animal. Ces odeurs peuvent être balsamiques, boisées, chimiques, épicées (ce sont celles qu'on trouve à l'état de traces dans le bouquet des grands vins), animales et surtout florales ou fruitées. On rencontre encore des odeurs finement brûlées, de miel, de pain grillé, de torréfaction, d'amande grillée, de noyau, de bois et de vanille (dues en général à l'élevage en fût neuf), de café, de kirsch de banane dans les vins de primeurs (acétate d'isoamyle) et de truffe sur certains vieux vins. Beaucoup de ces odeurs sont très perceptibles, mais d'autres sont difficilement décelables ; pourtant l'imagination débordante et les qualificatifs saugrenus employés par certains dégustateurs semblent démontrer le contraire. Il existe aussi des odeurs relatives à certains défauts de vinification ou d'élevage : l'amande amère, qui est une déviation organoleptique due à un passage un peu prolongé du vin dans une cuve plastique (revêtue de résine époxy contenant de l'alcool benzylique) ; le beurre (diacétyl) est une déviation aromatique engendrée par une fermentation malolactique * enclenchée trop vite sur une fermentation alcoolique * qui n'a pas totalement terminé la transformation des sucres ; le pélargonium (géranium) est un défaut survenant sur des vins traités exagérément par l'acide sorbique. Par ailleurs, les commentaires donnant les raisons de ces mauvaises odeurs sont souvent très discrets.
On a tendance à oublier que, sauf dans quelques cas particuliers, le problème des relations entre la présence des différents constituants du vin et les caractères sensoriels est loin d'être résolu. Le seuil de perception olfactive est très inférieur au seuil de détection des appareils analytiques dont on dispose pour le moment et, dans un avenir assez proche, le fossé risque encore de se creuser davantage.

« JE NE CROYAIS PAS QU'IL Y AVAIT TOUT ÇA DEDANS ! » On assiste actuellement à la multiplication des écoles de dégustation où, moyennant une somme rondelette, on garantit à l'élève qu'après une série de cours, il sera non seulement à même de reconnaître les différents vins de France, mais surtout en mesure de détecter les fameux parfums qu'ils renferment. Pour justifier un tant soit peu leurs émoluments, des charlatans légèrement mythomanes n'hésitent pas à se parer du titre de professeur qui n'existe que dans leur petite tête. Je ne comprends pas que les associations de consommateurs, pourtant très puissantes actuellement, n'aient pas encore réagi contre cette forme de duperie. Il est vrai que dans les guides du vin de la revue *50 millions de consommateurs*, on lit les mêmes bêtises. Il ne se passe non plus, guère de semaines sans que la presse spécialisée nous inonde de commentaires de dégustations tous plus ou moins aberrants.
Il ne faut pas conclure hâtivement que je rejette systématiquement la fonction descriptive du dégustateur, même lorsque, en plus du vocabulaire technique usuel, il évoque une ou deux dominantes aromatiques (d'ailleurs souvent aussi reconnues par plusieurs autres goûteurs) ; bien au contraire, car il est indéniable que l'on trouve de nombreux parfums dans le vin. À titre d'exemples : dans un chambertin la réglisse domine, un musigny jeune développe des arômes de violette, un vieux vouvray recèle du coing, un grand pomerol est marqué par la truffe et un riesling de grande classe a un nez prononcé de pétrole (terpène). La liste est loin d'être exhaustive, mais je préfère arrêter là l'énumération, plutôt que d'entrer dans un processus fastidieux, et attirer l'attention du lecteur sur le fait qu'au-delà du troisième qualificatif ces Stakhanov de la dégustation fantasment pour enjoliver leurs commentaires, à moins qu'ils ne soient, comme les bergers allemands, dotés d'une muqueuse pituitaire disposant de cellules sensorielles sept fois supérieures à celle de l'homme !
Je n'ai eu que l'embarras du choix pour donner quelques exemples. Ainsi, dans les trois dernières éditions du *Guide Hachette des Vins* (pourtant bien fait et assez objectif dans ses sélections). On y trouve environ quatre-vingts variétés de fruits frais ou secs. Cela va de l'ananas à la peau d'agrume, en passant par le litchi, la mangue et le melon mûr, sans oublier la pêche que certains dégustateurs ont définie comme étant blanche, verte, jaune ou de vigne ! Le chapitre des plantes et des fleurs est encore plus complet. J'ai noté, entre autres, le lilas blanc, le narcisse en fin de floraison, le genêt d'Espagne en fleurs, l'églantine épanouie, le muguet, le chrysanthème, la matricaire exacerbée, l'aristoloche (liane dégageant une odeur putride qui attire les mouches !) et même le souci de fond de jardin... Les cuirs n'ont pas été oubliés. Ils sont aussi de la fête, en étant simultanément blancs, neufs, usés ou de selle chaude. Toute la nature y passe. C'est une vraie « leçon de choses » : herbe verte à l'aurore, sous-bois mouillé, senteur végétale d'herbes aromatiques, foin coupé, feuilles froissées, bois de peuplier déroulé, ajoncs des coteaux broussailleux, feuilles de lierre, bourgeons de pin, bois de santal et bois de cèdre, grande prairie fraîchement coupée (on remarque au passage que dans une petite, la senteur n'est sans doute pas la même !). Le registre des friandises est tout aussi riche : nougat, cachou, marmelade de pommes et de coings cuits légèrement madérisés ; le fin du fin « évoque les cuisines d'autrefois, où mijotait la confiture de mûres sous l'étagère aux épices » ! Les eaux-de-vie sont également présentes : rhum, calvados, armagnac, marc de raisin (on en parle quand même) et eau-de-vie de poire. La chasse n'a pas été oubliée : marinade de lièvre au thym macéré, poil de lapin

et senteur de fourrure de lièvre, crème à la vanille et venaison à la broche (ou le dessert avant le gibier...), bigarreau rouge très mûr et pelage du lièvre mouillé par la rosée de l'aurore ! Tout un programme, où se mêlent l'arboriculture fruitière et la cynégétique.
Côté légumes, c'est nettement plus pauvre, mais on trouve quand même l'asperge, le poivron et le poireau.
Vous croyiez en avoir fini avec toutes ces élucubrations. Eh bien non ! J'ai gardé les meilleures pour la fin : pointe d'estragon, arôme d'algue, stéarine chaude, encens, promenade en sous-bois avec odeurs de mousse, fougère, champignons et truffe, créosote, banane flambée, fragrance épicée, bougie allumée, champignon de Paris coupé en fines lamelles, lait chaud, note minérale graphitée sur un fond de raisin sec, promenade dans un verger à la nuit tombante, nuit d'Orient avec son papier d'Arménie. Étant d'une génération qui a bien connu cette matière qui brûle lentement en dégageant une odeur caractéristique, j'avoue que si elle est vraiment présente dans certains vins, il faut très vite les conseiller pour les cures de désintoxication.
La presse spécialisée est tout aussi prolifique en balivernes. Voici quelques notes de dégustation relevées entre 1986 et 1990 (chacune concernant les impressions d'un dégustateur) :
- Domaine de Chevalier-Rouge : « Poudre de riz, bois de cèdre, baume, tabac, poivre, pain d'épice et muscat cuit. »
- Savennières Coulée de Serrant. 1986 : « cerfeuil, fenouil, pomme verte et compote ». 1981 « animal, végétal, épicé, osier, poivre, fourrure et pétrole » (tout un programme !). 1964 « épices, herbes (basilic et sauge), pétrole et essence de cèdre ».
Avec ces deux derniers, c'est une nouvelle palette, où apparaissent d'autres herbes et l'osier, qui avaient été, on se demande pourquoi, injustement oubliés :
- Sancerre : « Évoque le marc de raisin frais, la feuille fraîche et le panier de cerises posé sous l'arbre. » S'il avait été placé dans un autre lieu, le dégustateur n'aurait certes pas eu la même perception...
- Pouilly-Fumé : « Fleur de souci et de narcisse, avec un buis léger. Son fruité fait songer à la senteur d'un pré fauché, où l'herbe commence à sécher. » Que c'est beau !
- Menetou : « Queue de cerise, fumée de bois vert et tripe de lapin. » Pour celui qui aime les arômes contrastés, difficile de trouver mieux !
- Pétrus 1985 : « Nez de truffe noire avec de multiples nuances de violette, crème fraîche, vanille, épices, cannelle et réglisse » (la crème fraîche, il faut déjà le faire, mais la trouver entre la violette et la cannelle, c'est encore plus fort !).
- Château Soutard : « Réglisse, tabac blond, violette et confiture cuite... »
- Château d'Yquem : « Mirabelle, pomme mûre, banane séchée et chêne confit... » J'avoue qu'avant d'avoir lu ces commentaires, j'ignorais que l'on pouvait confire du chêne...
- Château Malescot-Saint-Exupéry : « Nez bitumeux de goudron, plus de l'eau-de-vie style vieille liqueur de cassis. » Quand je pense que c'est un sommelier qui a osé écrire cela !
- Château Margaux : « Confiture de prunes aux épices, bois de cèdre, châtaigne grillée saupoudrée d'un nuage de vanille... »
- Château Haut-Batailley : « Résine, cerise noire et venaison marinée aux jus de

fruits. » Curieuse manière de préparer le gibier ; je pense qu'il vaut mieux que le dégustateur reste sommelier, car en cuisine il risquerait d'avoir quelques problèmes.
- Riesling-Brand : « Nez fin empyreumatique, térébinthe, brioche grillée et fruits. » Je tire mon chapeau au dégustateur, qui a une haute opinion de lui, car trouver de la brioche grillée et des fruits derrière de la térébinthe, il faut le faire !
- Château La Lidonne : « Nez extra, animal, sueur, sexe. En bouche, mêmes caractéristiques qu'au nez. » Ce surprenant commentaire de dégustation, paru dans le très sérieux *Amateur de Bordeaux*, a pour auteur un restaurateur bordelais, Jean-Pierre Xiradakis. Comment peut-on dire de telles inepties et surtout trouver un support qui ose les publier !
- Côte-Rôtie : « Nez avec une nuance tapenade. » C'est vraiment dire n'importe quoi. Je précise qu'il s'agit, selon le *Larousse gastronomique*, d'un condiment de la cuisine provençale à base de câpres, d'anchois et de petites olives noires (pilées au mortier) assaisonnés d'un jus de citron et d'huile d'olive ; autant de produits qui n'ont vraiment aucun rapport avec le vin.
Dans une autre séance, j'ai aussi lu que Robert Vifian avait, dans un grand vin blanc, trouvé une légère senteur de volaille échaudée.
Encore une note de dégustation (remise à des sommeliers et des cavistes) vantant les mérites d'un cru rouge très réputé du Languedoc, le Mas Daumas-Gassac : « Senteurs de laurier, arbousier, thym, aspic (grande lavande mâle), romarin, lavande (la petite était aussi du voyage), coing, prune caramélisée, poire, framboise, figue sèche, amande, cassis, mais aussi mousse humide des ravins sombres (il est vrai que s'ils avaient été ensoleillés, la mousse aurait été sèche !), cailloux brûlants de l'été, odeurs de cuir, de goudron, de tabac, de cacao amer, effluves de sanglier, de champignon, de vanille et de bois brûlé. » À côté d'un tel vin, les souks d'Afrique du Nord – qui sont pourtant réputés pour la multiplicité de leurs odeurs – font figure de parents pauvres.
Je me souviens de la réflexion du spirituel Henri Lamarche, vigneron bourguignon réputé de Vosne-Romanée, assistant à mes côtés à une dégustation où l'on parlait de son vin, plissant ses yeux malicieux derrière ses petites lunettes à monture d'écaille, en me disant : « Je ne croyais pas qu'il y avait tout ça dedans… »
Avec ces commentaires, on pourrait croire que les limites de la bêtise ont été atteintes. Non ! il y a l'oscar : lors d'un exposé sur les grands vins de Bourgogne, le commentateur s'est permis cette réflexion : « Ce vin sent le foutre de lièvre. » Moi, je veux bien, mais pour percevoir une telle odeur, il faut déjà attraper un lièvre en rut à la course, ce qui est loin d'être facile. Pour la suite de l'opération, je vous laisse le soin d'imaginer…
Certaines analyses ou termes usités par ces nouveaux professeurs m'échappent, de même qu'avant d'avoir parcouru toutes ces notes de dégustation, j'ignorais que certains composés assez curieux pouvaient se détecter dans les vins :
- lécithine : lipide contenant du glycérol et de l'acide phosphorique, présent dans tous les tissus animaux et végétaux (très abondants dans le jaune d'œuf et le cerveau), selon la définition du *Larousse* ;
- lanoline : selon le *Petit Robert* substance onctueuse extraite du suint de la laine de mouton et utilisée dans la préparation des pommades, crèmes et savons ;
- créosote : liquide huileux transparent, désinfectant, extrait du goudron.
J'allais oublier la meilleure des expressions que l'on retrouve pourtant souvent dans les commentaires de dégustation, celle de « serpillière mal lavée ».

Quand les dégustateurs sont à court d'imagination, comme il y a quelques années Jean-Claude Estève à la dégustation annuelle des saumur-champigny (à laquelle j'étais convié), ils sortent cette expression, qui est leur grand cheval de bataille, alors qu'il serait tellement plus élégant et, surtout plus juste, de dire « ce vin a un goût de sale », dû sans doute à une mauvaise futaille ou à un élevage avec manque d'hygiène de la vaisselle vinaire.
Ils trouvent aussi des goûts de pomme dans certains vins blancs secs * : je suis d'accord pour ceux qui n'ont pas fait leur malolactique. En revanche, lorsqu'ils précisent avec assurance « reinette grise », « pomme verte », « pomme à cidre », « pomme amère » ou « golden », je n'hésite pas à dire qu'ils sont des fumistes.
Toutes ces notes de dégustation sont rigoureusement authentiques. Je me demande bien comment il m'aurait été possible – même en faisant preuve d'imagination – d'inventer de telles balivernes. Je précise que j'ai en ma possession les ouvrages cités en référence, les dépliants publicitaires, ainsi que les coupures de presse dans lesquels sont mentionnés, avec les commentaires, les noms de ces nez si subtils... Dans la plupart des séances de dégustation, on retrouve d'ailleurs toujours à peu près les mêmes, entre autres : Jean Lenoir (l'homme qui a découvert ce nouveau filon), Robert et Freddy Vifian, Didier Bureau, Myriam Huet, Patricia Gastaud-Gallagher, Maryse Allarouse, Georges Lepré, Jean-Michel Deluc, Jean Guy Loustau, Hervé Bizeul, Jean-Claude Estève, Pierre Casamayor, Raoul Salama, etc. La liste n'est pas exhaustive ; d'autres palais redoutables manquent à l'appel.
Malgré une telle richesse de vocabulaire, je reste quand même encore sur ma faim. C'est pourquoi, je suggère à ces nouveaux « maîtres ès dégustations » ce prochain commentaire : « Au nez, petits fruits rouges et sulfate de cuivre ; en bouche, truffe, sous-bois et fongicides, avec en rétro-olfaction des nuances de systémique *... »
Après toutes ces élucubrations sur les odeurs, on aurait pu penser que le vin avait été complètement disséqué. Il n'en est rien. Il faut aussi subir les mélomanes « œnophiles », dont la vision paraît pour le moins surprenante.
Dans un quotidien professionnel traitant du vin, j'ai parcouru un article consacré à un ancien fonctionnaire de la répression des fraudes. Après avoir évoqué le vin et la peinture, il se déclare convaincu qu'à chaque musique correspondrait un type de vin. Si l'on suit son raisonnement jusqu'au bout, il y aurait une analogie entre l'impression tirée d'une œuvre musicale et les sensations organoleptiques procurées par un vin. Il donne d'ailleurs de nombreux exemples : la musique de Bach serait la préfiguration auditive de la dégustation d'un vin jaune ; avec la *8e Symphonie* de Beethoven, on retrouverait l'impression que laisse un grand bourgogne, à l'arôme persistant ; tandis que la *9e Symphonie* rappellerait un médoc qui allie la force et la suavité ; la *Flûte Enchantée* de Mozart irait avec un bourgueil, les côtes de provence avec le rythme des tambourins de l'*Arlésienne* ; le vin d'Alsace s'accorderait avec un tintement de clochettes ; quant au champagne, il pourrait accompagner l'ouverture de *Tannhäuser*. Pour ce dernier accord, je lui suggère toutefois un blanc de noir plus mâle pour supporter Wagner.
Si cet artiste en dégustation se décide un jour à associer le vin à la sculpture, je tiens bien modestement à mettre la première pierre à son édifice, en lui conseillant de déguster un muscat de Samos au musée du Louvre, en contemplant la *Vénus de Milo*. C'est peut-être un peu tiré par les cheveux, mais en réfléchissant bien, ce n'est pas plus stupide que d'associer le vin jaune avec la musique de Jean-Sébastien Bach.

La véritable dégustation est en passe de perdre toute sa crédibilité auprès des gens sérieux. Il est grand temps que les vignerons prennent conscience que ces parfumeurs d'un nouveau style, avec toutes leurs sornettes, font plus de mal que de bien aux vins de France. Heureusement, tout n'est pas perdu. Il existe encore quelques cas d'espèce parmi les grands sommeliers, qui savent toujours utiliser un vocabulaire clair et précis, pouvant être compris de tous et, surtout, parler du vin avec passion pour donner au consommateur envie de l'aimer. Je cite les commentaires de Philippe Bourguignon (chef sommelier au *Laurent* à Paris), extraits du n° 332 de la *Revue du Vin de France*, lors d'une dégustation de pouilly-fuissé 1986 :
- « nez puissant, harmonieux, boisé, élégant, bouche riche et ample, bel équilibre, bonne structure, une très belle bouteille » ;
- « nez difficile et peu franc, goût de mauvaise futaille en bouche » ;
- « nez développé, fin et assez puissant, bonne présence en bouche, un vin sérieux, typé, encore sur ses réserves ».

Bien qu'ayant toutes le même dénominateur, les dégustations – de par leur principe – varient sensiblement de l'une à l'autre. Une dégustation peut être qualifiée d'horizontale si elle porte sur un millésime commun, avec des provenances diverses, de verticale lorsqu'il s'agit de déguster le même vin sur plusieurs années ou comparative quand elle s'adresse à des vins de régions variées ou de nationalités différentes.

La dégustation commentée demande bien sûr une attention soutenue de la part de l'assistance par respect pour l'orateur et aussi pour que tous les participants soient en mesure de pouvoir juger le plus objectivement possible les qualités ou les défauts des vins présentés. Ces considérations n'excluent pas qu'elle puisse se dérouler dans une ambiance amicale et détendue, surtout si le conférencier est quelque peu spirituel et crée une atmosphère, en émaillant son exposé de quelques anecdotes sur l'histoire du vin ou, mieux encore, sur le vigneron qui l'a produit. Enfin il ne faut pas oublier que dans une dégustation, « le meilleur de tous les vins est toujours celui qui plaît ».

Aujourd'hui, la plupart des séances de dégustation en groupe sont empreintes d'une telle solennité que les participants à ces colloques ont un peu l'impression de subir l'examen d'entrée à une grande école, qui engagerait leur avenir. Les pseudo-professeurs, qui n'ont même pas toujours une bonne culture livresque, tentent de camoufler leur ignorance en se lançant dans de longues phrases emphatiques pour commenter le moindre vin.

Allons ! Messieurs les prétendus « maîtres », restez simples ! Le vin est joyeux par excellence. Son approche est plus facile qu'on ne se l'imagine. Ne donnez pas faussement des complexes au consommateur, en tentant, avec des artifices, de le persuader que sa connaissance - à l'instar d'une science occulte - serait uniquement une affaire de spécialistes, réservée à quelques rares initiés.

Face à la pléthore d'inepties sur le vin, écrites et publiées par les revues viticoles, plus avides d'être au goût du jour que de fournir des informations sérieuses, tous les catalogues de vente sans exception (Y compris les tarifs émanant de plusieurs domaines, pourtant jusqu'alors réputés sérieux) ont emboîté le pas, même celui de la très respectable Maison Nicolas. On ne sait plus recommander la moindre bouteille de vin sans l'accompagner d'une note de dégustation enjolivée par les commentaires dithyrambiques du parfumeur de service... où fusent les superlatifs les plus saugrenus.

DES PARFUMS À LA MODE. Mes détracteurs ne manqueront pas de me rétorquer qu'il faut vivre avec son temps et, qu'après tout, ce phénomène de mode ne fait de mal à personne. Ce n'est pas du tout mon opinion, car cette recrudescence de références aux divers parfums a donné naissance à un formidable outil de marketing (les grandes surfaces s'en servent d'ailleurs comme argument de vente dans leurs

dépliants). Certains vignerons astucieux et dénués de tout scrupule ont très vite compris qu'il y avait là une manne prodigieuse à exploiter, susceptible de leur apporter une certaine notoriété et, du même coup, d'augmenter la rentabilité de leur exploitation en parfumant leur vin en cours de fermentation. Rien de plus simple ! Les liquoristes disposent aujourd'hui de toute une panoplie d'extraits naturels qui, par ailleurs, sont indécelables par la chromatographie en phase gazeuse, ce qui se comprend aisément puisqu'ils recèlent des parfums déjà présents à l'état pur dans le raisin, donc dans le vin. Les plus usités sont le cassis, la framboise, la fraise, la mûre, le pruneau, la vanille et l'iris de Provence qui a la particularité de renforcer les arômes du cabernet-sauvignon. J'allais oublier de parler de certaines levures *, dont la B 71, qui fabriquent de l'acétate d'isoamyle, accentuant le goût de bonbon anglais ou de banane dans les vins de primeurs, beaujolais en particulier.
Il ne faut pas oublier les enzymes qui sont ajoutées au vin fini, car elles ont un rôle de révélateur, en libérant les arômes cachés et non d'extraction. Leur emploi est parfaitement légal sur l'ensemble des cépages, mais on remarque qu'elles donnent leurs meilleurs résultats avec les muscat, viognier, chardonnay, sauvignon, cabernet-sauvignon et syrah. L'extrait de chêne lyophilisé peut suppléer la carence de fût neuf, le miel également que certains incorporent aux vins moelleux ou liquoreux, sauternes entre autres. Il faut toutefois noter que ce produit naturel, déjà utilisé il y a plusieurs siècles, ne résiste pas à une analyse de détection très poussée.
Il est à craindre, pour les années à venir, que ces pratiques tendent à se développer. On ne voit d'ailleurs pas pourquoi elles s'arrêteraient en si bon chemin, puisque ses adeptes – dont le nombre augmente – sont assurés de l'impunité. On peut toutefois les excuser dans certaines zones qui, sans que cela soit péjoratif, sont un peu déshéritées. Dans le Languedoc, par exemple (région qui ne produit pas autant que l'on pense), elles peuvent contribuer indubitablement à faire sortir de l'anonymat des récoltants méritants, en leur donnant un petit plus, que malheureusement ne manquent pas d'exploiter les nouveaux sommeliers en mal de découvertes odoriférantes.
En revanche, ces méthodes sont inadmissibles dans les zones produisant des grands vins. On ne peut que regretter de tels procédés pour le pauvre consommateur qui, à plus ou moins longue échéance, semble irrémédiablement condamné à boire de plus en plus de vins parfumés artificiellement, par conséquent standardisés.
Voilà plus d'un tiers de siècle que je parcours inlassablement le vignoble français. J'ai donc eu plusieurs occasions de vérifier mes affirmations – et je pèse mes mots – car, en dégustant plusieurs années de suite un vin d'un lieu-dit bien précis, vinifié par le même vigneron, j'ai pu quelquefois constater que, sur des millésimes récents et pas forcément les meilleurs, apparaissaient subitement des notes de cassis, mûre ou pruneau si dominantes qu'elles en étaient suspectes. Qu'on ne vienne pas me dire pour se justifier – comme je l'ai entendu – : « C'est le goût de terroir *. » Allons, soyons sérieux ! Je suis parfaitement conscient qu'à la lecture de cet ouvrage, de nombreux récoltants vont sans doute réagir vertement, forts du principe que beaucoup de vins – sans aucun ajout – présentent naturellement des arômes de petits fruits rouges, truffe, violette, etc., ce que je n'ai jamais contesté, mais il y a une nuance entre un parfum perceptible à l'état de trace par un nez avisé et une odeur, tout à coup si présente qu'elle en devient violente et accusatrice.

Pour ne pas être accusé de misogynie, je dois reconnaître, après avoir très souvent dégusté en charmante compagnie, qu'une femme rodée à ce genre d'exercice est généralement très supérieure aux hommes. Il y a en elle une espèce de « sixième sens », qui fait toute la différence. L'élément masculin lui reproche parfois de manquer un peu d'assurance dans ses commentaires ; ce qui, pour moi, n'est pas un handicap, au contraire. La finesse de son palais, sa perception juste des odeurs et une logique percutante font qu'elle pallie aisément une petite technicité, disons défaillante, pour être gentil avec vous, messieurs...
Il ne faut pas oublier que la femme, à l'encontre de l'homme – confrontée quotidiennement aux odeurs des préparations culinaires et aux subtilités des parfums dont elle aime à se parer discrètement – dispose d'un terrain d'entraînement perpétuel. On peut même ajouter que des dégustatrices, quasi débutantes, ont quelquefois dérouté des professionnels chevronnés, grâce à leur bon sens. Bien entendu, j'exclus les dames qui fument trop, qui sont outrageusement parfumées et enfin celles qui dégustent sans avoir pris la peine de sacrifier leur rouge à lèvres.

LES MÉDAILLES : IL FAUT MINIMISER LEUR IMPORTANCE

Le Français a toujours eu un goût prononcé pour les distinctions. Le monde du vin n'échappe pas à cette attirance. Ainsi, une multitude de concours dans les régions viticoles et dans la capitale se tiennent chaque année, dont certains remontent au siècle dernier (Concours agricole de Paris créé en 1870).
Sur le plan national, trois de ces concours dominent largement toutes les autres manifestations de ce style, qui permettent au producteur privé, au coopérateur ou au négociant (certains concours leur sont interdits), entrant en lice avec un ou plusieurs vins, de se voir attribuer par un jury de dégustateurs une médaille d'or, d'argent ou de bronze, récompensant le mérite du produit présenté.

LE CONCOURS GÉNÉRAL AGRICOLE DE PARIS. Le Concours général agricole de Paris est le plus ancien. La dégustation, pour l'attribution des médailles, a lieu début mars, la veille de l'ouverture du Salon de l'Agriculture. Elle concerne les AOC, les VDQS et les vins de pays.
Pour présenter un vin au Concours général agricole, il faut que le viticulteur ou la cave coopérative fasse, plusieurs mois à l'avance, une demande par écrit auprès de la DDA (Division départementale de l'agriculture) et fournisse ensuite cinq bouteilles :
- deux pour la présélection régionale ;
- une pour l'analyse qui déterminera le degré alcoolique et le taux d'acidité volatile * ;
- deux pour la dégustation éventuelle à Paris (si le vin a passé le cap de la présélection régionale), au cas où l'une serait bouchonnée.

La présélection régionale, qui se déroule sur les lieux de production, a pour but de clarifier un peu la situation, en éliminant environ 50 % des vins présentés. Elle est faite par un jury composé en général de membres influents, du négoce, de courtiers * et de l'administration viticole (membres des Chambres d'agriculture, des stations œnologiques, des lycées techniques viticoles ou du Service de la répression des fraudes).
Les vins qui ont satisfait à ce premier passage concourent alors quelques semaines plus tard devant le jury parisien, constitué de professionnels de la viticulture, de courtiers *, de restaurateurs, de cavistes, de sommeliers et de consommateurs (leurs associations

l'exigent maintenant). Malheureusement, certains membres du jury sont davantage sélectionnés par relations commerciales ou par copinage que sur leur qualification professionnelle : du petit épicier sans connaissances au préposé au service du vin (qu'il ne faut surtout pas confondre avec le véritable sommelier), en passant par le représentant spécialiste du porte à porte, sans oublier le consommateur néophyte ; curieusement, les membres du jury sont quelquefois désignés pour juger un vin sans connaître les caractéristiques de l'appellation. À ce sujet, il est aussi regrettable que certains vins de qualité soient souvent éliminés par des dégustateurs inexpérimentés pour des bons goûts de bois (élevage en fût neuf), qu'ils jugent trop marqués, ou qu'ils prennent même quelquefois à tort pour des faux goûts de bouchon.
Chaque année, au Parc des Expositions de la Porte de Versailles à Paris, près de 1 200 jurés sont répartis par tables de quatre, pour juger près de 5 000 vins préalablement retenus lors des sélections régionales, parmi plus de 8 000 inscrits en participation.
Il ne faut pas attacher une trop grande importance aux médailles qui y sont décernées. Jusqu'en 1986, les organisateurs avaient réussi à réunir à peu près toutes les conditions défavorables à une véritable épreuve de sélection. Depuis 1987, les choses ont un peu évolué. On a abandonné le grand ring au profit du restaurant de la nef, qui offre un espace plus vaste et mieux aéré ; pourtant c'est encore loin d'être idéal. Le bruit subsiste toujours, la lumière est très mal étudiée, la place manque pour la concentration, les vins ne sont pratiquement jamais présentés à la bonne température, les verres ne répondent pas aux normes fixées pour ce genre d'exercice et des odeurs étrangères sont encore présentes. Le seul moyen de rendre ce concours crédible serait que la dégustation n'ait plus lieu à la Porte de Versailles et que le choix des jurés devienne enfin sélectif.
Les médailles obtenues au Concours général agricole de Paris sont les seules à être reconnues par la Communauté européenne de Bruxelles (CEE).

Le Concours national des vins de France. À Mâcon, le Concours national des vins de France a lieu aux environs du 20 mai au lycée agricole de Mâcon-Davayé qui existe depuis plus de trente ans. Pour ce Concours, il n'y a pas de présélection régionale, sauf pour l'Alsace. Après inscription à la DDA, les participants sont tenus de fournir trois bouteilles, l'une pour analyse du degré alcoolique et du taux d'acidité volatile *, les deux autres pour la dégustation au cas où l'une d'entre elles serait bouchonnée.
Contrairement au Concours général de Paris, à Mâcon les négociants sont admis à participer, mais avec un maximum de 40 échantillons par maison de commerce (ce qui paraît déjà beaucoup trop), et la région d'Alsace n'est autorisée à présenter que 2 500 vins (avec une fourchette de 100 en plus ou en moins) ; pour ne pas dépasser ce chiffre, le CIVA (Comité interprofessionnel des vins d'Alsace) établit avec les professionnels locaux une présélection. Il faut dire que l'Alsace est une région particulièrement friande de médailles ; chaque viticulteur, négociant ou cave coopérative y est autorisé à présenter un échantillon par cépage, quel que soit le volume de sa production, d'où la nécessité impérative d'un éliminatoire.
Au Concours national de Mâcon, près de 1 800 dégustateurs, d'un niveau professionnel certainement plus relevé qu'à Paris, sont aussi répartis par tables de quatre pour juger près de 10 000 crus différents, mais ils n'ont pas le pouvoir d'accorder des

médailles ; ils se contentent de noter jusqu'à 32 points maximum pour les différents critères : nez, robe, persistance aromatique, etc.
L'attribution des médailles n'a lieu qu'une huitaine de jours plus tard, après que les Services administratifs ont compulsé les différentes notes et établi des moyennes. Cette pratique est un peu curieuse mais cela vaut bien l'ancien système de ce concours, qui faisait appel à un grand jury partial dont le verdict était très souvent contestable.

LE CONCOURS DU BLAYAIS ET DU BOURGEAIS. Le Concours du Blayais et du Bourgeais concerne tous les vins de France et tous les deux ans à l'occasion de Vinexpo, devient international. Il a lieu la deuxième semaine de juin et il est ouvert à la présentation des vins issus de la viticulture, de la coopération et du négoce.

Les viticulteurs, négociants et caves coopératives dont les vins ont obtenu, dans l'un des trois concours précités, une médaille d'or, d'argent ou de bronze sont autorisés à apposer au-dessus de l'étiquette sur la bouteille contenant le vin qui a été primé un macaron indépendant, dont la délivrance correspond au nombre de bouteilles annoncé pour le lot qui a concouru, assurant sa fiabilité, mais il existe quand même un petit risque de substitution, qui peut avoir lieu lors de l'étiquetage.
Par tolérance administrative française, les médailles obtenues au Concours national des vins de France à Mâcon et au Concours du Blayais et du Bourgeais sont autorisées en France au même titre que les médailles attribuées au Concours général agricole de Paris. Pour les vins exportés, seules sont valablement reconnues par la Communauté européenne de Bruxelles les médailles obtenues à Paris.
Le consommateur doit savoir qu'une médaille n'est quelquefois qu'un argument publicitaire, permettant de vendre plus facilement un vin quelconque et surtout qu'il ne se laisse pas impressionner par un chai aux murs recouverts de diplômes comme le bureau d'un éleveur de chiens de concours…
Certains vignerons préparent une cuvée, voire une pièce, pour un concours. Dans ce cas, une médaille – fût-elle d'or – ne veut pas dire grand-chose.

CHAPITRE III

les achats

LE CONSOMMATEUR : TOUTE UNE ÉDUCATION À REFAIRE ?

Contrairement à une idée reçue, le consommateur français connaît assez mal les différentes catégories de vins produites sur le territoire national et, encore moins, la définition de l'appellation d'origine contrôlée. Toutefois, s'il consomme moins de vin que par le passé, le Français boit mieux. Il est vrai que le vin de table, considéré par les anciennes générations comme source de calories, a aujourd'hui perdu sa raison d'être dans un pays industrialisé. Ceci explique la chute de sa consommation : en 1960, on consommait encore 127,7 litres par habitant, alors qu'en 1993, on est tombé à moins de la moitié, chiffre qui ne cesse de décroître. Le vieillissement d'une partie de la population, le changement des activités professionnelles, l'arrivée sur le marché de nouveaux types de boissons, l'élévation du niveau de vie et les polémiques sur la santé sont autant de transformations de la société, qui ont motivé le choix du consommateur vers une orientation nouvelle.
Les consommateurs français sont partagés en trois catégories bien distinctes :
- la première concerne celui qui est insensible au raffinement gustatif et pour lequel le vin est simplement une boisson désaltérante, qui doit être bon marché et d'un goût simple. Son argumentation d'achat est uniquement basée sur le prix et non sur la qualité du produit ;
- l'amateur, qui considère le vin comme une boisson d'agrément, en essayant de faire concorder un certain équilibre entre prix d'achat et qualité ;

- enfin, le connaisseur pour qui le vin n'est pas seulement une boisson, mais aussi le début d'une ébauche de cave pour lequel le choix de l'appellation, du millésime et du producteur est plus important que le prix d'achat. C'est à ce dernier que je donnerai raison, car pour avoir un bon vin, le consommateur français – à l'instar de l'Anglais et du Belge – doit accepter de payer un prix nécessairement élevé pour acquérir une grande bouteille.

Dans l'absolu, la notion de qualité ne saurait être définie, puisqu'elle correspond à l'agrément de chacun. Elle est très subjective, car dépendante des aptitudes sensorielles de chaque individu, de sa psychologie, de ses habitudes alimentaires et surtout de sa culture. Les consommateurs du Nord n'ont pas les mêmes goûts que ceux du Sud ; certains aimeront les vins nerveux, fruités, légers, peu alcooliques alors que d'autres auront plaisir à boire des vins liquoreux, corsés, bouquetés et riches en extraits. Il en est pour qui les vins vieillis en fûts de chêne neufs rallieront tous les suffrages, d'autres qui préféreront des vins primeurs aux arômes fruités, caractéristiques du cépage. Les vins bus en dehors des repas ne sont pas en général les mêmes que ceux qui accompagnent un plat. À chaque cuisine correspond un type de vin, qui forme une association pouvant engendrer la satisfaction ou la déception. En outre, le jugement varie selon l'âge et l'expérience. Le vin d'un millésime ancien peut rappeler à un homme mûr des souvenirs enjolivés par le temps.

Il semble qu'actuellement nous assistions à une sorte d'affadissement du goût, qui se manifeste par une prédilection pour tout ce qui est neutre et sans personnalité. Ce phénomène est un signe de décadence. C'est pourquoi certains vins souples, peu colorés et parfumés rencontrent un large succès ; ce sont des vins dits « commerciaux ». Effectivement, tout ce qui manque d'originalité est d'un abord plus facile. En jouant la carte de la standardisation, beaucoup de producteurs tablent sur la faiblesse et l'incompétence du consommateur. Ainsi, lentement mais sûrement, s'achemine-t-on vers un monde bien triste. À ce stade, dans une dizaine d'années, seules deux catégories de vins se maintiendront, la première étant progressivement en voie de disparition :

- le vin artisanal ;
- le vin standardisé, dont le développement continuera à s'amplifier si les consommateurs ne réagissent pas très vite.

Traumatisé par la vie actuelle, le consommateur est devenu un écologiste en puissance, qui ne rêve plus que de manger et boire des produits naturels. Mais il oublie que le mot « naturel » ne signifie pas forcément qualité. Ainsi, un champignon mortel comme l'amanite phalloïde n'en demeure pas moins un produit naturel.

Le vin, selon la définition légale en vigueur en France, est issu de la fermentation de jus de raisins frais. Pourtant, le vin naturel n'existe pas, car sans la surveillance permanente de l'homme, la nature le transformerait très vite en vinaigre et poursuivrait sa destruction totale en gaz carbonique *, eau et sels minéraux.

Le consommateur a un préjugé contre le soufre (indispensable à la conservation du vin), qu'il juge comme une matière diabolique retirant au vin son caractère naturel alors qu'il est aussi essentiel que le chlorure de sodium dans l'alimentation. Certains viticulteurs, comme Lapierre à Villié-Morgon, ont tenté de produire des vins sans soufre, presque toujours avec des résultats catastrophiques. Ce genre de tentative équivaut un peu à jouer les funambules sans balancier sur les chutes du Niagara.

Hemingway a dit : « L'écologie : tout le monde veut y aller, mais personne ne veut y aller à pied. » Ainsi les consommateurs réclament-ils du naturel, mais, lorsqu'on leur en propose, ils le refusent. Une pomme avec des tavelures, même habitée par un ver, est un produit naturel ! Ils en viennent à ne plus supporter le moindre dépôt dans un vin, amenant ainsi les viticulteurs et les œnologues, pour donner satisfaction aux consommateurs, à présenter des vins d'une limpidité irréprochable, sacrifiant une grande partie de leurs qualités organoleptiques. Il faut savoir que tous les traitements ou manipulations pratiqués sur le vin diminuent automatiquement (quelquefois provisoirement heureusement) sa qualité, qu'il s'agisse d'un collage *, d'une filtration *, d'une mise en bouteilles ou même d'un transport. Pour avoir un grand vin, il faut accepter dans les rouges parfois un petit dépôt et dans les blancs quelques cristaux de tartre (qu'il ne faut pas prendre pour du sucre mal dissous). Un vin vieux sans dépôt a été malmené avant la mise en bouteille au point de n'avoir plus rien à raconter sur son origine...

Dans ses critiques, le consommateur se réfère souvent à un argument imparable : « Je sais que c'est un bon vin, car il ne m'a pas fait mal à l'estomac. » En revanche, s'il a mal à la tête le lendemain, il dénoncera un vin trafiqué... alors qu'il a tout simplement bu un vin mal vinifié par un viticulteur qui n'avait pas eu confiance dans son produit.

Le consommateur ne doit pas ignorer certaines choses :

- contrairement à une fausse croyance, qui persiste dans l'esprit du public, un vin dont les fermentations sont terminées, après contrôle et analyses, ne retravaille jamais, même à l'époque « du passage de la fleur ». S'il se remet en effervescence en bouteille, du fait de l'élévation de la température de la cave (en général au printemps, époque de la fleur), c'est uniquement parce que le vinificateur a mal contrôlé son produit. Il peut s'agir alors de sucres résiduels qui n'ont pas été complètement transformés et qui provoquent le redémarrage de la fermentation alcoolique *, ou bien d'une fermentation secondaire (malolactique) qui n'est pas totalement terminée, d'où la réactivation des bactéries ;
- lorsqu'un vin est légèrement piquant (c'est parfois le cas des « vrais Beaujolais nouveaux » et d'autres vins primeurs, dans lesquels subsiste encore une pointe de gaz carbonique *) il s'agit d'un phénomène naturel qui n'a rien à voir avec l'acescence * et non, comme le croient à tort les consommateurs, d'un vin piqué. Certaines expressions employées lors de la dégustation font parfois référence à la femme, ce qui m'amène à dire qu'il y a une nuance entre une « femme piquante » et une « femme piquée » ;
- le bon vin pas cher n'est qu'un mythe. Quel que soit le circuit d'achat choisi, il est illusoire de penser trouver un bon vin de pays plaisant et typé, et à plus forte raison un VDQS ou une appellation d'origine contrôlée, à moins de 15 F. Il faut comprendre que pour élaborer une bouteille de vin, outre les coûts de production plus élevés chaque année et l'amortissement du matériel, viennent s'ajouter les frais d'élevage (si courts soient-ils, ils existent), les honoraires d'œnologues pour les différentes analyses, la commission du courtier * (2 %) qui a servi d'intermédiaire, les dépenses occasionnées par la mise en bouteilles, le flacon, le bouchon, l'étiquetage, la capsule, le carton, le transport, la marge du revendeur (même si elle est calculée au plus juste) et enfin la TVA. Comme on peut le constater, il ne reste pour ainsi dire plus rien au vigneron qui a produit le vin. Encore faut-il que les conditions climatiques aient été favorables.

Il est bon de parler de la digestibilité du vin, laquelle est indépendante de sa qualité.
Certains producteurs n'attachent que peu d'importance à la santé du consommateur : qu'importent les indispositions futures, puisque le vin est déjà vendu. Toutefois, un mauvais vin peut ne pas donner mal à la tête, alors que l'inverse est tout à fait possible. Si l'on ne peut pas faire de vin apte à la conservation, sans apport de soufre, il faut savoir l'utiliser. C'est là qu'intervient le rôle du bon vigneron car il ne faut pas oublier que les notions gustatives et alimentaires du vin ne vont pas forcément de pair. Les doses autorisées par la Communauté européenne ne sont pas assez restrictives et laissent encore le champ libre à une majorité de mauvais vinificateurs, qui ne connaissent pas toujours bien le produit qu'ils ont à transformer. Pour protéger le vin contre l'oxydation * et les bactéries, le vigneron est obligé à chaque manipulation d'ajouter une certaine dose de SO^2 ; cela commence au pressurage *, se poursuit à chaque soutirage * et intervient même avant la mise en bouteilles. L'ensemble du soufre incorporé au vin (soufre total) se divise en deux parties : le SO^2 libre, qui joue un rôle aseptique et qui est très volatil ; il lui arrive d'être perceptible au nez lors de la dégustation, mais il n'a aucune incidence sur la digestibilité, et le SO^2 combiné, indécelable, qui est le plus dangereux car, avec la chaleur de la digestion, il se désagrège dans l'estomac, causant ensuite de redoutables migraines. Un vin bien vinifié doit présenter un pourcentage de deux tiers de soufre libre contre un tiers de combiné, bien que, malheureusement, l'inverse se produise encore.
Autrefois, les plus grandes erreurs, lors du sulfitage *, intervenaient en général sur le moût * de raisin blanc surchaptalisé, favorisant la combinaison du soufre. Ce phénomène se rencontrait surtout avec les vins liquoreux du Sauternais, des coteaux du Layon, de Monbazillac, Loupiac et d'Alsace produits dans les années où l'ensoleillement ne permettait pas d'obtenir naturellement les degrés nécessaires à l'élaboration de ce type de produit. À de rares exceptions près, cela n'arrive plus aujourd'hui.

LES DIX-HUIT CIRCUITS DE COMMERCIALISATION

Les dix-huit circuits de commercialisation sont répartis en trois catégories :
- les traditionnels au nombre de neuf : vente à la propriété, vente en primeur, négociant, cave coopérative, caviste et épicerie fine, vente aux enchères, foire-exposition, grande surface et vente à domicile ;
- cinq dont quatre de création plus récente : club de vente, cave entrepôt, antiquaire du vin, foire au vin et – déjà ancien – le comité d'entreprise ;
- enfin quatre, complètement fantaisistes, sont issus de la nouvelle anarchie qui règne sur la vente du vin : le touche-à-tout, la vente par correspondance et la vente par téléphone ou minitel.

Il est indéniable qu'il vaut mieux se tourner vers les circuits traditionnels pour choisir son système d'achat. Incontestablement, le meilleur est la vente en primeur, qui permet de réduire le capital engagé au départ, en laissant même la porte ouverte aux possibilités de spéculation future, bien que cela ne soit plus aussi vrai aujourd'hui. En seconde position, la vente à la propriété offre beaucoup de garanties sur la qualité du produit, sans pour autant être totalement parfaite.
Dans tous les domaines – outre les connaissances – le facteur chance intervient, rien n'est jamais absolu. C'est pourquoi, j'ai attaché beaucoup de soins à détailler chaque circuit de commercialisation, en insistant sur sa fiabilité ou en démontrant sa fragilité.
Dans l'avenir, on peut cependant craindre que cette multiplicité des sources d'approvisionnement finisse par désorienter les consommateurs, au point de faire du vin un simple produit de marketing, dont la réussite commerciale tiendrait plus à une politique de communication qu'à la qualité intrinsèque d'un produit noble issu de la nature.

Vente à la propriété. Dans le passé, la viticulture comptait deux professions bien distinctes : le vigneron faisait la vigne et le vin, le négociant se chargeait de son élevage, de la mise en bouteilles et assurait ensuite la commercialisation.
Tout aurait pu continuer ainsi si le négociant avait joué le jeu. Hélas ! dès le départ, les dés ont semblé pipés. Conscient de sa suprématie financière et de la force de son implantation commerciale, il imposait aux vignerons des conditions qui, compte tenu de l'évolution du niveau de vie, devenaient inacceptables, en définissant les cours bien en deçà de la valeur du vin et en réglant le récoltant avec des délais hors de la limite du supportable. Sans vouloir jeter l'anathème sur la profession de négociant, qui a toujours compté dans ses rangs des éléments de grande valeur, d'une probité commerciale indiscutable, on peut dire que dans le revirement des habitudes commerciales, ils sont les principaux artisans de leur déclin.
Les très graves crises viticoles de 1929 en Champagne, 1933 en Bourgogne et dans beaucoup d'autres régions furent à l'origine de la création des premières caves coopératives. Puis quelques hardis pionniers – Bourguignons en tête – se dirent qu'avec un produit de qualité, mieux valait tenter seul l'aventure et se créer une clientèle, plutôt que de continuer à se laisser exploiter par des commerçants dont le seul objectif était la défense de leurs propres intérêts. Les premiers viticulteurs à pratiquer la vente en direct eurent bien du mérite, car faire du vin est une chose, assurer son élevage, le mettre en bouteilles au moment opportun dans de bonnes conditions et bien le commercialiser en est une autre.
Au départ, seule une élite sut très vite concilier l'empirisme et les idées nouvelles qui se faisaient jour, en surmontant tous les obstacles : ostracisme du négoce, quasi-ignorance des techniques de conservation des vins et méconnaissance totale des circuits de distribution. Il faut croire que la qualité paie toujours, car une clientèle nouvelle, venue le plus souvent de nations étrangères (ce qui prouve que nul n'est prophète en son pays) en particulier des États-Unis, commença à s'intéresser sérieusement à ces vins, dont le caractère typique tranchait étrangement avec la standardisation de la majorité des appellations vendues jusqu'alors dans le commerce.
La renommée acquise à l'étranger et auprès de plusieurs tables de prestige par quelques grands noms de la viticulture commençait à faire tache d'huile. Dans toutes les régions viticoles, de nombreux émules de la vente en direct manifestèrent le désir de ne plus rester pieds et poings liés au commerce. Cette volonté d'indépendance, facilement compréhensible, allait de pair avec le développement de l'œnologie moderne qui ouvrait aux vignerons des horizons nouveaux.
Plusieurs crises viticoles, dont la dernière date de 1973, ont mis à mal le négoce. Certaines maisons très connues ont même dû fermer boutique ; les autres se sont accrochées tant bien que mal pour surmonter la tempête, en stoppant tous leurs achats et en se spécialisant dans la vente de vins de marque, ce qui a encore accentué bien involontairement la mise en bouteilles à la propriété. Beaucoup de vignerons ont opté pour cette formule, plus pour sauver leur exploitation que par véritable vocation. Puis, les années passant, ces viticulteurs ont pris goût à ce nouveau mode de vie plus rémunérateur qui, en outre, leur permettait d'acquérir une certaine indépendance et de nouer des contacts avec une clientèle souvent cultivée et riche. Cet ensemble de facteurs explique que le mythe du vigneron récoltant ait fait son chemin.

Actuellement, la vente en direct à la propriété connaît un engouement parfois excessif. Elle est favorisée par le fait que le consommateur actuel, pris dans l'engrenage d'une société de plus en plus industrialisée, cherche par tous les moyens à retrouver une certaine authenticité du produit, en devenant un tantinet écologique... L'élévation du niveau de vie, le développement du tourisme et la multiplication des réseaux routiers ont largement contribué à faire découvrir certaines régions viticoles, leur offrant des débouchés et encourageant l'extension de la mise en bouteilles à la propriété.

La vente directe a été aussi très largement favorisée par l'appui inconditionnel des chroniqueurs gastronomiques qui n'ont jamais autant parlé du vin qu'aujourd'hui. C'est à qui communiquera le premier le plus grand nombre de prétendues bonnes adresses, les meilleures bien sûr étant déjà connues de tout le monde depuis bien longtemps. C'est comme s'ils avaient voulu enfoncer une porte ouverte ! Mais, après tout, cela me rappelle ce vieux turfiste impénitent à qui l'on reprochait toujours de ne jouer que des favoris et qui répondait : « Il vaut mieux être plusieurs sur une bonne affaire que seul sur une mauvaise. »

Les journalistes ont indéniablement fait beaucoup pour la viticulture, mais en insistant un peu trop sur le sujet, certains oublient de bien contrôler leurs informations, au risque d'écrire n'importe quoi. D'où tout un tissu de bêtises, qui commencent à entamer leur crédibilité auprès des vignerons. C'est ainsi que j'ai appris entre autres qu'il existait du Corton-Charlemagne rouge.

N'en rajoutez pas...

Mes pérégrinations dans les nombreux vignobles m'amènent à rencontrer toutes sortes de personnages parfois réservés, diserts ou colorés, chez qui je déguste. Les vins, bien entendu, sont très différents tant sur le plan de la typicité que sur celui de l'échelle des valeurs. Ce qui se comprend aisément, vu la diversité. Avec chacun je m'efforce d'avoir un long dialogue, pour mieux comprendre sa région, sa vinification et ses problèmes. Un mot revient trop souvent dans les conversations : « qualité » qui semble être le vocable le plus utilisé dans le langage du vigneron actuel. C'est à croire que tous les vins ont cette caractéristique. Je me demande bien souvent pourquoi les récoltants en font un véritable leitmotiv, puisqu'il ne permet plus de se démarquer du voisin. On n'entend que cela. Je réprouve d'autant plus ces actes de foi, que la plupart du temps ils émanent de vignerons que la conscience n'a pas toujours tourmentés. C'est un peu la dame de petite vertu qui, un jour, décide de se ranger. Je crains simplement qu'en opérant de cette façon les viticulteurs aillent à l'encontre du but recherché. Au lieu de demeurer un argument de vente auprès du consommateur, il arrive à perdre son pouvoir attractif.

Je suis aussi irrité de voir de plus en plus de vignerons cultiver le charlatanisme avec toutes sortes de précisions sur les méthodes de culture et la vinification, dont le pauvre consommateur n'a que faire, d'autant que la plupart du temps, il n'y comprend strictement rien. Pour lui, une seule chose compte : la finalité du produit lorsqu'il est dans son verre. De grâce, messieurs les vignerons, faites votre vin le mieux possible, pour qu'il soit agréable, franc, honnête et vendez-le à un prix décent afin que l'on puisse boire à notre soif et aussi pour le plaisir, mais arrêtez d'en rajouter sur la manière dont vous le faites. Car enfin : « Toute marchandise vantée perd de sa valeur. »

Il n'est pas toujours aisé, lorsqu'on se déplace dans une zone d'appellation, de détecter le bon vinificateur, d'où quelques conseils qui, sans tomber dans la compilation des guides du vin, vous permettront de déjouer certaines embûches.

Dans une commune viticole, ne jamais espérer trouver la bonne adresse auprès d'un autochtone car, s'il ne fait aucun doute qu'il la connaît, il se gardera bien de la communiquer, cherchant plutôt à détourner l'acheteur éventuel ou à l'orienter chez un de ses copains. Dans chaque village, il y a souvent une petite rancœur qui sommeille. Les jeunes restaurateurs en renom - contrairement à leurs aînés - se passionnent pour le vin. La lecture de leur livre de cave (lorsque le nom des fournisseurs y figure) est souvent pleine d'enseignements. En revanche, ne comptez pas trop tirer d'informations des professionnels locaux, ceux-ci ont des obligations commerciales envers les clients qui les font le plus travailler, en général le négoce local.

Lorsqu'on ne connaît pas une région viticole, il faut faire appel aux limiers les plus experts qui sont en général le curé, les gendarmes ou le facteur, le premier recevant toujours quelques bouteilles, les seconds ayant parfois l'obligation de trinquer. Nul n'est mieux placé pour connaître en détail les bonnes caves sans y avoir un quelconque intérêt.

Il ne faut sous aucun prétexte, lors d'un achat à la propriété, accepter ou solliciter du viticulteur un arrangement qui consisterait à étiqueter les bouteilles d'une autre appellation moins prestigieuse en établissant une facture en conséquence avec une partie du règlement en espèces (ce que j'appellerai vulgairement « la poche kangourou du vigneron »), pour diminuer éventuellement le prix du vin et surtout réduire celui de la TVA, même si on ne la récupère pas. Dans ce cas, non seulement on devient le complice d'une fraude mais on lui ouvre tout grand la porte, en encourageant le dépassement de récolte non déclarée qui, invariablement, se fait au détriment de la qualité du produit qu'on acquiert. De même, lors d'un achat, il faut exiger une facture.

Même si l'on est un nostalgique du temps passé, il ne faut pas croire qu'un vin élevé dans de très vieux fûts datant de la décennie précédente trônant au milieu d'une cave, dont les murs sont couverts d'une épaisse couche de moisissure, soit meilleur, au contraire ! Le fût est l'inverse de la pipe : plus il est culotté, moins il est bon ! À la longue, ce n'est plus qu'un mauvais récipient entartré, véritable repaire de bactéries.

Acheter en direct à la propriété implique pour le client quelques règles de courtoisie élémentaire : lorsqu'on a l'intention de rendre visite à un vigneron, il est bon, au préalable, de prendre rendez-vous et non d'arriver à l'improviste à n'importe quelle heure. Il ne faut pas oublier que, comme tout le monde, il a une vie professionnelle et personnelle qu'il a le droit de protéger. Il ne faut surtout pas pousser la dégustation, en abusant de la gentillesse du récoltant, si l'on n'a pas l'intention de faire un achat, si modeste soit-il. Une dégustation en cave demande le calme et le recueillement. Les enfants ou les amis non intéressés qui ne voient là qu'un but de sortie n'y ont pas leur place, pas plus que les personnes outrageusement parfumées, car les émanations volatiles dominent la subtilité des arômes, rendant toute dégustation impossible. Enfin, il ne faut jamais fumer dans une cave.

Pour être sûr d'avoir quelques bouteilles – surtout lorsqu'il s'agit d'un grand millésime dont la demande dépasse la production – les réservations concernant des vins encore en fûts doivent être faites très rapidement et par écrit. Un chèque d'acompte peut, le cas échéant, y être joint ; il est fort possible que le récoltant le refuse, mais, même dans cette hypothèse, il constitue un gage de bonne foi. En ne prenant pas ces précautions en temps utile, on court le risque que des clients occasionnels passent à la propriété dès les mises en bouteilles terminées, en se montrant assez convaincants pour traiter avec le vigneron, qui ne sait pas constamment dire non. On reproche parfois à l'exploitant de ne pas toujours avoir le respect de la parole donnée ; c'est plus facile à dire qu'à faire. Il faudrait de temps en temps se mettre à sa place. Dans les grandes années qui, de surcroît, sont souvent de petites productions, il peut être excédé de devoir refuser des ventes presque chaque jour, uniquement pour tenir un engagement moral avec des acheteurs qui, par la suite, négligent quelquefois d'honorer leurs réservations faites dans un moment d'euphorie.

Le vigneron embouteilleur est, souvent, un personnage ambigu, qui veut tout à la fois « avoir le lait, le beurre et l'argent du beurre »... Ce qui l'amène souvent, au détriment de ses clients fidèles, à trop se disperser dans le choix de ses circuits de vente. On ne peut raisonnablement vouloir exporter, vendre au négoce, travailler avec le particulier et être en même temps présent dans la grande restauration, sans que cela ait, à un moment ou à un autre, une incidence négative sur une partie de la clientèle.

Le bon vigneron, en général, n'a pas ou guère de stock. Il oublie qu'il travaille avec le ciel au-dessus de sa tête telle l'épée de Damoclès et qu'il est tributaire des conditions climatiques à venir, avec tout ce que cela peut engendrer comme répercussions sur la production (gel ou grêle).

Lorsqu'on a l'habitude de travailler régulièrement avec un viticulteur, il faut lui acheter tous les millésimes sans distinction et non se contenter de n'acquérir que les meilleurs, car il faut penser qu'il fait du vin chaque année et a donc besoin de commercialiser régulièrement, pour maintenir son exploitation en vie. En contrepartie, l'exploitant doit être logique. Il a aussi des devoirs envers ses clients, qui consistent à moduler ses prix en fonction des conditions climatiques qui ont précédé l'élaboration de son produit et faire sien ce précepte : « Grande année ou petit millésime, d'accord, mais prix en conséquence. »

Il ne faut pas se laisser griser par le premier moment d'euphorie passé dans une cave que l'on découvre et, encore moins, tomber sous le charme du vigneron, en général bien sympathique, avec son accent du terroir *, ce qui ne l'empêche pas quelquefois d'être un peu madré ! Surtout ne jamais accepter, pour accompagner la dégustation, de fromages et encore moins de noix, qui ont le pouvoir de farder le vin, au point que le plus modeste peut devenir une grande chose, en n'oubliant jamais une maxime chère aux acheteurs anglais (sans doute les plus grands connaisseurs de vins) : « Achetez sur du pain et vendez sur du fromage. »

Lors d'une dégustation en cave, il est très possible que certains vins ne se présentent pas toujours au mieux ce jour-là, ce qui ne les empêchera pas, sans doute, de bien vieillir. Aussi, ne soyez pas étonné d'entendre le viticulteur leur trouver des excuses parfaitement justifiées, du style : il vient d'être collé, il a été soutiré hier, la malolactique n'est pas complètement terminée, il n'y a pas longtemps qu'il a été mis en bouteilles et cela l'a fatigué ou bien encore la solution (SO_2) lui a enlevé un peu de couleur.

La première qualité d'un bon viticulteur est l'hygiène. Une cave bien tenue doit être d'une propreté irréprochable ; elle est le reflet de l'homme qui fait le vin. Bien que l'exception puisse confirmer la règle : il m'est arrivé certaines fois de déguster de très grands vins dans des caves où un cochon aurait eu du mal à retrouver ses petits !

Pour mettre le plus d'atouts possibles dans son jeu, il faut acheter de préférence chez des viticulteurs dont les vignes sont situées dans les meilleures zones de leur appellation. Il est évident qu'un saint-émilion de plaine, récolté à Saint-Pey d'Armens,

Vignonet ou Saint-Sulpice de Faleyrens, même s'il est grand cru, ne représente pas ce qu'il y a de mieux dans son appellation. Il en est de même dans les premiers crus de Chablis récoltés dans les extensions récentes. La liste est infinie, mais je ne voudrais tout de même pas oublier dans l'aire d'appellation Chinon, la commune de Cravant-les-Coteaux avec ses « merveilleux » terroirs inondables qui ne sont que d'anciennes terres à blé !

Comme dit le proverbe : « Le bon vin n'a pas besoin d'enseigne. » Dans les grandes régions viticoles, tout particulièrement en Bourgogne, il faut se méfier comme de la peste des panneaux racoleurs invitant le client à la dégustation et plus encore du tonneau surmonté de bouteilles trônant devant la porte du vigneron. Il faut aussi éviter de se laisser leurrer ; dans ce domaine, la palme est incontestablement détenue par un vigneron bourguignon de Mercurey qui n'hésite pas à envoyer un dépliant publicitaire avec photo à l'appui, précisant que « ses bouteilles vieillissent sur palettes de chêne... »

Petit rappel sur les règles de commercialisation

Lors du cinquantenaire des appellations d'origine, parmi une pléiade d'orateurs talentueux ayant animé le symposium organisé par l'INAO, le grand journaliste économiste Jean Boissonnat a fait un large exposé, consacré à la commercialisation des vins d'appellations en France et à l'exportation. Il a attiré l'attention de la viticulture sur le fait qu'elle ne devait jamais privilégier les nations étrangères au détriment de la clientèle nationale, et notamment de la restauration de prestige, qui constitue une luxueuse – autant qu'incontournable – vitrine, mais plutôt chercher un juste équilibre entre les différents circuits de vente. Il a également insisté sur un point auquel les récoltants ne pensent pas assez : la disparition progressive des vins appartenant aux domaines les plus en vue sur les grandes cartes des vins, finirait à la longue par ruiner les marchés internationaux eux-mêmes. En effet, si les importateurs et leurs acheteurs recherchent uniquement certaines bouteilles, c'est parce qu'elles se trouvent sur la plupart des tables étoilées. Cette admonestation s'adressait en priorité aux vignerons bourguignons. Il suffit qu'un millésime ait été encensé par Robert Parker ou que la restauration française soit un peu enrhumée... pour entendre, comme cela m'est arrivé dans les domaines ayant un nom et la chance d'être situés dans une appellation porteuse : « On va réduire les allocations des restaurants ; ils n'ont rien pris l'année passée. De toute façon, il n'y en aura pas assez pour satisfaire les demandes de l'étranger. » Avec des raisonnements aussi puérils, on comprend que les chefs commencent à se tourner vers des vignobles affichant une autre vision commerciale...

En théorie, un viticulteur ne peut commercialiser que le vin produit par sa propre récolte. Dans la pratique, ce n'est pas tout à fait vrai. Quelques vignerons l'ignorent, à plus forte raison les consommateurs.

Il existe en effet un texte de tolérance administrative, qui se perd dans la nuit des temps, dont le premier document en la matière est une circulaire n° 506 du 30 octobre 1857, qui a fait l'objet de quelques aménagements par lettre autographe n° 2493 du 6 octobre 1938, n° 2687 du 27 octobre 1939 et n° 2958 du 20 janvier 1941. Cette question a aussi fait l'objet à l'Assemblée nationale de plusieurs réponses écrites aux parlementaires, notamment en 1980 et 1985. Au départ, le but de ce texte était de permettre aux viticulteurs, certaines années, d'améliorer qualitativement ou quantitativement des récoltes déficitaires, par l'achat de raisins ou de moûts hors exploitation, avec un seuil de 5 % du volume total produit à ne pas dépasser, pour ne pas perdre le bénéfice de la position de récoltant ; au-delà, on est obligatoirement considéré comme négociant. Il va de soi qu'il ne peut s'appliquer qu'aux appellations revendiquées dans les déclarations de récoltes.

Ce texte a été inspiré par une optique de bonification. Or il semblerait actuellement, au travers de l'évolution des circulaires et des réponses ministérielles, qu'il ait été plus ou moins vidé de sa substance d'origine : de tolérée, la pratique est devenue coutumière. Ainsi, les vignerons champenois y recourent largement, invoquant, pour se justifier, l'intérêt de l'assemblage *. Décidément, ils n'oublient rien !
L'intention de l'administration aujourd'hui est précisément de revenir au respect un peu plus strict des conditions qui avaient présidé à cette tolérance. Néanmoins, celle-ci reste toujours en vigueur, ce qui conduit à se poser une question : où commencent et où s'arrêtent, pour la propriété, les éventuelles bonifications ?

COMMERCIALISATION BORDELAISE EN PRIMEUR [1]. Chaque année, environ six mois après la récolte, l'ensemble des Châteaux (classés ou non) qui jouissent d'une certaine réputation dans le Bordelais – crus bourgeois y compris – font, aux négociants privilégiés, une offre de vente en primeur à un prix fixé par leurs propriétaires ; celle-ci ne concerne qu'une tranche de la production et n'est valable que pendant un laps de temps très court. Ce sont toujours les Châteaux qui font leur répartition et qui déterminent les allocations qu'ils attribueront à chaque porteur.
En faisant leur proposition aux courtiers *, les propriétaires de châteaux fournissent des échantillons, pour permettre aux négociants de juger en dégustant la valeur du millésime. Les châteaux ne peuvent bien entendu fournir au négoce acheteur que des échantillons prélevés directement sur les pièces, avant l'assemblage * de la cuvée ; ce qui, par conséquent, ne donne pas une image exacte de la valeur intrinsèque du château par rapport au millésime. Pour sauvegarder un certain prestige sur la place de Bordeaux, ces propriétaires ont quelquefois tendance à effectuer ces distractions sur leurs meilleures barriques. Il est toutefois impossible pour le consommateur moyen de connaître les viticulteurs qui agissent de cette façon, sauf s'il dispose d'un ami sérieux bien en place à Bordeaux. Les transactions se font toujours au tonneau (unité fictive censée représenter 1 200 bouteilles). Les vins, quelle que soit l'importance de la réservation, sont ensuite livrés au négoce en caisse de bois d'origine.

Dans la plupart des grandes régions viticoles – Champagne mise à part – le négoce est en très nette régression. En revanche, en Bordelais, il reste un puissant bastion, représenté encore par environ 400 maisons qui assurent à elles seules près de 75 % de la commercialisation française et des exportations. Une quarantaine d'entre elles, en raison de leur ancienneté et surtout de leur réputation, entretiennent des liens privilégiés avec les propriétaires des crus classés du Médoc et du Sauternais, mais aussi avec les châteaux de renom des Graves, de Saint-Émilion et de Pomerol ; ce qui leur assure, pour leurs achats de primeurs, une sorte de monopole, puisqu'elles sont les seules à être agréées. Ajoutons qu'il n'existe aucun contrat ni engagement, si ce n'est moral, entre le propriétaire du Château et le commerce. Les transactions se font simplement en raison d'anciens usages commerciaux.

La sortie sur le marché bordelais de la première tranche de primeurs des Châteaux les plus réputés est comparable aux courses cyclistes, qui se disputent sur l'anneau de vitesse du Palais des Sports de Bercy avec « la fameuse séance de surplace des pistards... ». Chacun s'estimant meilleur que ses voisins, tous hésitent à communiquer leur prix le

(1) Attention ! Il ne faut pas confondre « vente en primeur » et « vin de primeur », ce qui est totalement différent. La commercialisation en primeur est une pratique propre au bordelais. On ne la retrouve que très marginalement en Bourgogne.

premier, car, dans le Médoc, vendre moins cher qu'un confrère rival équivaut à se discréditer auprès du négoce de Bordeaux pour les années futures et, surtout, à perdre une partie du prestige du Château auquel tiennent par dessus tout la majorité des propriétaires. N'oublions pas que les Médocains se prennent généralement pour des seigneurs...

Cette commercialisation en primeur, propre à la région bordelaise, offre aux viticulteurs l'avantage d'un paiement différé d'une partie de leurs bénéfices réels. Les sommes encaissées ne sont comptabilisées par le domaine que lorsque le vin est identifié par l'administration fiscale, qui prend comme référence la livraison [1], celle-ci ayant lieu en général de dix-huit à vingt-quatre mois après la récolte. Le règlement des vins s'effectue pourtant quelquefois six mois après l'achat, mais le plus souvent en trois tiers : trois mois - six mois - neuf mois.

Pour le premier déblocage des primeurs dans les crus les plus réputés, seule l'élite des bureaux de courtage est habilitée à traiter les marchés. En effet, toutes les transactions entre le Château et le négoce passent obligatoirement par l'intermédiaire d'un courtier * (il doit être *persona grata* auprès du propriétaire), qui perçoit au passage 2 % de commission versée par l'acheteur. À Bordeaux, cette profession représente une grande puissance très respectée par la viticulture et le négoce. En échange de quoi le courtier s'engage à ne jamais traiter une affaire en dehors du département de la Gironde [2]. Dans toutes les tractations, la commission est versée par l'acheteur même lorsqu'il ne s'agit pas de primeurs, le Château restant toujours en dehors du jeu. Quand un négoce vend à l'un de ses confrères, c'est le vendeur qui règle les 2 %. Pour la petite histoire, il faut toutefois préciser qu'avant la guerre les courtiers étaient toujours rémunérés par le vendeur, en l'occurrence le propriétaire du Château. Les Allemands ayant bloqué les prix de vente, les propriétaires ont cessé cette pratique, ce qui les arrangeait bien. Un courtier fait en général la majorité de ses affaires avec des vins de sa région. Comme dans le monde médical, il a sa spécialité.

Si un négociant se désiste en totalité ou en partie, le Château dispose à sa guise des caisses restantes, mais un commerçant qui n'achète pas un millésime court le risque de perdre tout ou partie de ses allocations les années suivantes, le propriétaire restant dans les transactions le maître absolu du jeu. Pour préserver le privilège des quotas mis à sa disposition par le Château, le commerce jusqu'en 1990 était condamné à acheter chaque année, quelle que soit la valeur du millésime. Pour avoir respecté leur parole, en maintenant leurs achats au prix fixé par la propriété lors de la très grave crise de 1972/1973, certaines maisons de négoce et non des moindres ont connu bien des déboires qui, dans quelques cas, se sont même soldés par leur fermeture. Depuis, la propriété s'est montrée plus conciliante. Il n'est toutefois pas impossible qu'à l'avenir, en raison d'un grand millésime, elle ne puisse à nouveau se montrer intransigeante.

Les avantages dont dispose un négoce ne sont jamais acquis. En cas de vente de l'affaire commerciale, le propriétaire du château peut refuser de continuer à servir en primeur le successeur et supprimer du jour au lendemain l'allocation. De même, lorsque l'un de ses clients diminue ses achats, le courtier peut essayer d'augmenter ceux d'un autre de ses acheteurs, mais il ne doit le faire qu'avec l'accord du propriétaire.

(1) Un directeur des services fiscaux de la Gironde, un peu trop zélé, avait voulu revenir sur cette pratique. En appel, la justice s'est prononcée pour les Châteaux, en arguant que le vin était toujours susceptible de subir des détériorations durant son élevage.
(2) Ce qui n'est plus tout à fait vrai aujourd'hui, la conjoncture économique ayant obligé les courtiers à étendre leur rayon d'action.

Après avoir pris la température de la commercialisation et des cours, les Châteaux débloquent en général une seconde tranche de primeurs dans les mêmes conditions que la première, mais en ayant pris le soin de réajuster leur tarif. Si la demande reste forte, il arrive qu'ils en mettent sur le marché une troisième, quelques semaines plus tard, mais avec un prix revu et corrigé...
L'élevage des vins achetés en primeur se poursuit au Château en barriques ou en cuves pendant une période de dix-huit mois à deux ans, avant d'être mis en bouteilles à la propriété et livré au porteur de l'allocation. Pendant son élevage, le vin – par le canal des courtiers et des négociants – fait l'objet de multiples transactions. Il va sans dire qu'à chaque changement d'acheteur les cours grimpent allégrement. Ce qui se comprend aisément dans ce vignoble où il existe un commerce important de négoce à négoce. Toutes ces spéculations se font en dehors du propriétaire du Château qui, lui, traite avec une seule et unique personne : le porteur de l'allocation.
En dehors de la période des primeurs, le négoce, en fonction du marché, se réapprovisionne dans les Châteaux au coup par coup, expliquant ainsi les disparités dans les tarifs d'une maison à une autre pour le même vin du même millésime. Les raisons peuvent être multiples : tractation engagée quelques jours avant une forte demande, affinités commerciales du courtier avec le viticulteur ou marge bénéficiaire plus serrée de l'intermédiaire.
Les négoces privilégiés, qui peuvent acquérir des vins en primeur en bénéficiant du prix de déblocage de la première tranche, occupent une position des plus enviables pour les trois principaux marchés :
- les neuf grands crus : c'est une spéculation absolument sans risque. La demande excède toujours la production. Même dans un petit millésime, les bénéfices restent assez substantiels ;
- les crus classés et assimilés : cette catégorie concerne les crus classés du Médoc (deuxièmes, troisièmes, quatrièmes et cinquièmes), les premiers et seconds crus de Sauternes et Barsac ainsi que les Châteaux les plus en vue des Graves, Saint-Émilion, Pomerol et quelques crus Bourgeois que l'on compte sur les doigts d'une main, mais dont le niveau qualitatif dû au sérieux et au talent de vinificateur de leurs propriétaires fait qu'ils ont réussi à se glisser au sein du noyau d'élites où ils sont jugés sur un pied d'égalité. C'est un marché également spéculatif suivant les millésimes, mais il y a quand même un petit risque, car il repose sur les étiquettes. Il faut savoir bien acheter pour ne pas commettre certaines années des erreurs qui pourraient entraîner de pertes financières difficiles à supporter à notre époque. Il semble que la commercialisation de ce type de vin soit en très nette perte de vitesse. Les raisons de l'effondrement sont multiples. Hormis les premiers, la plupart des crus classés, en particulier les seconds, sont devenus trop chers. Il ne fait aucun doute dans l'avenir que certains châteaux devront revoir leurs marges et se rappeler qu'un vin bien élevé sous bois, avec un pourcentage de fûts neufs raisonnable, ne revient (fiscalité mise à part) qu'à environ 25 francs la bouteille. On assiste aussi de plus en plus à Bordeaux à de curieuses pratiques qui découragent la commercialisation en primeur, en désorientant les acheteurs. Il n'est en effet pas rare de voir brusquement réapparaître périodiquement sur le marché des crus (parfois revenus de l'étranger, donc pas obligatoirement bien conservés) de millésimes anciens vendus 30 % moins cher, qui avaient été achetés plusieurs années

auparavant. Le dernier en date n'est autre que le Château Talbot en 1992, pour toute une série de millésimes. Il faut encore ajouter qu'outre ces techniques de vente peu orthodoxes, ce circuit n'est plus guère rentable depuis l'année 1985, ce qui explique sa désaffection par les consommateurs français et du même coup par le négoce ;

Le négoce bordelais traverse aujourd'hui une passe difficile. Tous les clignotants sont au rouge : l'exportation bat sérieusement de l'aile, les caves des gros acheteurs sont pleines, donc sans renouvellement ; la grande restauration connaît un marasme sans précédent ; les particuliers – qui vivent différemment – boivent de moins en moins et, enfin, les grandes surfaces, qui commencent à tenir la plus grande part du marché, discutent les prix d'une façon presque indécente, au point que la marge du commerce se rétrécit comme une peau de chagrin. Il est vrai que certains négoces, travaillant avec des bénéfices trop importants, ont fini par tuer la poule aux œufs d'or.

- les crus bourgeois : c'est un marché, sérieux, assez facile pour qui goûte bien, et sans beaucoup de danger, si l'on se contente d'une marge raisonnable ;
- les génériques * : marché très délicat, concurrentiel, de plus en plus difficile et à risque, vu l'importance du volume de la production de bordeaux, bordeaux supérieurs, entre-deux-mers, etc. Il est essentiellement fonction de la conjoncture économique du moment.

Depuis plusieurs années, les choses ont bien changé dans le vignoble bordelais, où règne actuellement une sorte de gourou de la dégustation, qui, en peu de temps, a littéralement réussi à envoûter la majorité des propriétaires des crus classés : Robert Parker. Cet Américain habile édite, à l'intention de quelques milliers de privilégiés (moyennant toutefois une substantielle rétribution), une lettre dans laquelle il joue au professeur en attribuant à une kyrielle de vins des notes sur cent, qui ne reflètent en fait qu'un jugement très personnel. Il suffit que Parker encense un cru pour qu'aussitôt son prix s'envole. Dans le cas contraire, c'est la chute des cours et la consternation dans les châteaux.

Avant chacune de ses visites dans la région, beaucoup de propriétaires ne dorment plus ; quelques-uns prépareraient même, dans le plus grand secret, les pièces ou le fameux échantillon prélevé sur une barrique neuve, provenant de leur meilleur assemblage *, le bichonnant tout spécialement pour tenter de passer l'épreuve avec succès. Parker ne dispose évidemment pas toujours du temps suffisant pour se rendre dans chaque propriété ; aussi s'arrange-t-il souvent pour que soient regroupés dans un même lieu un grand nombre de crus (parfois plus de deux cents vins). Ses dégustations s'apparentent alors davantage à un marathon qu'à un véritable test gustatif.

Les échantillons fournis par les viticulteurs sont prélevés sur une barrique avant assemblage * de la cuvée, qui doit encore subir des soutirages, un collage * et dans la plupart des cas une filtration *, autant de facteurs qui font que le vin ne donnera pas nécessairement la même image lorsqu'il sera en bouteille (idem pour la dégustation en cave).

Pour ma part, je n'ai jamais été impressionné par ce genre de personnage sur lequel on ignore à peu près tout, si ce n'est qu'il a construit sa réputation aux États-Unis en prédestinant un grand avenir qualitatif et spéculatif (sujet tabou aux États-Unis) au millésime bordelais 1982 : point n'était besoin d'être devin pour l'augurer !

Quoi qu'il en soit, Parker bénéficie aujourd'hui d'une telle aura aux États-Unis que les plus grands viticulteurs français et tout particulièrement ceux du Bordelais (bien que son autorité soit moins grande qu'à Bordeaux, il est aussi lu et craint dans d'autres régions viticoles notamment en Bourgogne et dans les Côtes du Rhône) font grand cas de ses jugements qui, indéniablement, ont des répercussions sur les cours des primeurs.

CONSEILS POUR ACHETER EN PRIMEUR. L'acheteur de vin en primeur, qui investit plusieurs années à l'avance un certain capital – même s'il écarte le facteur spéculatif –, mise sur le fait que son vin, dans le temps, va automatiquement se valoriser, ne serait-

ce que par sa rareté. Il a aussi la perspective d'un profit substantiel par rapport au prix d'achat d'un millésime ancien, à consommer immédiatement. En revanche, il ne doit pas oublier qu'il s'agit de vin payable au négoce, en général environ dix-huit mois avant sa livraison et pour lequel la responsabilité des châteaux ne peut être engagée. C'est ce qu'on appelle une marchandise en devenir. Il lui faut donc prendre un minimum de précautions. Sa meilleure garantie consiste à s'adresser à des maisons de commerce bordelaises connues pour leur sérieux et ayant pignon sur rue. Cela n'exclut quand même pas totalement un risque, infime, dont il faut tenir compte. À notre époque, une maison de négoce, même honnête, peut être amenée, pour de multiples raisons, à déposer son bilan. En fait, dans toutes les transactions financières, subsiste une part de risque.
L'acquéreur éventuel a aussi la possibilité de prendre des renseignements sur le vendeur auprès du Château. En outre, il doit étudier les tarifs de plusieurs négociants, afin d'établir des comparaisons, mais avec suffisamment de flair pour écarter systématiquement les propositions trop alléchantes, qui cachent souvent quelque vice. Il est arrivé que certains escrocs vendent des vins en souscription sans les avoir achetés auparavant à la propriété. À partir du mois d'avril, il faut commencer à consulter les tarifs de primeurs du négoce bordelais, car, pour très bien acheter, il est indispensable de bénéficier des prix du premier déblocage. Pour obtenir la liste de ses adhérents, écrire au Syndicat des négociants en vins de la Gironde, 1, cours du 30-Juillet, 33000 Bordeaux, tél : 56 00 22 90.
Dans l'hypothèse (bien improbable) d'un accident survenant au vin en cours d'élevage, qui obligerait le fournisseur à annuler la livraison, le bordereau d'achat prévoit bien entendu le remboursement, mais en excluant tout droit d'indemnité pour préjudice financier.
Dans le passé, il était conseillé, pour faire de bonnes affaires, d'acheter le grand cru dans un petit millésime et de procéder à l'inverse pour les châteaux de moindre renommée. Vu les prix de vente pratiqués de nos jours, cela n'est plus vrai. Aussi, faut-il acheter uniquement le grand millésime (sauf si l'on a des affinités de longue date avec un viticulteur), qui peut toujours, en cas de circonstances imprévues, se négocier facilement à un prix décent.
En achetant en primeur, les règlements peuvent être différents selon que l'on traite avec un négociant ou un viticulteur. Au négoce, on règle en général la moitié à la commande et le solde au bout de soixante ou quatre-vingt-dix jours. À la propriété, dans la plupart des cas, les paiements se pratiquent en versant un tiers à la commande, un tiers à six mois et le solde à neuf mois voire quelquefois un an. L'acheteur doit impérativement respecter les délais de règlements, pour ne pas tomber sous le coup d'une clause résolutoire, toujours prévue sur les bordereaux d'achat. En ce qui concerne la TVA le règlement est aussi différent. Si l'on traite avec un négociant, elle sera exigible en totalité avant la livraison (et non sur les acomptes), ce qui est facilement compréhensible puisque son générateur – au sens juridique du terme – est la mise à disposition du produit, qui intervient lorsque les vins sont identifiés par l'administration fiscale, c'est-à-dire seulement lorsqu'ils sont en bouteilles. Avec un viticulteur assujetti au régime agricole de la TVA, celle-ci est payable sur chaque acompte, au fur et à mesure des règlements.
Enfin, avant la mise en bouteilles, le fournisseur propose à l'acheteur la possibilité de lui conditionner (pour le nombre de bouteilles qu'il a acquises) la totalité ou une partie en impériales, jéroboams *, magnums ou demi-bouteilles.

VENTES AUX ENCHÈRES. Elles ont tendance à se multiplier [1]. C'est à se demander d'où proviennent tous les vins présentés. Il devient difficile de réaliser une bonne affaire dans une salle des ventes de la région parisienne. Il n'y a plus guère que dans certaines petites villes de province que l'on peut encore quelquefois espérer réussir de bonnes opérations, surtout lorsque les ventes n'ont pas lieu un dimanche.

Dès réception du catalogue d'une vente, mentionnant les estimations des experts, le futur acquéreur, après avoir soigneusement annoté les lots susceptibles de l'intéresser, doit prendre l'avis de quelques initiés en qui il a toute confiance (cavistes, courtiers * en vins, viticulteurs, restaurateurs, etc.). Ces professionnels lui donneront confirmation des cours à ne pas dépasser et, surtout, des indications sur la valeur des vins ; même dans un grand millésime – pour des raisons multiples (incidents en cours de vinification, mauvais choix de la date des vendanges) – il peut arriver qu'un viticulteur très réputé ait connu un échec total. À l'inverse, dans certaines années très mal considérées, naissent de belles réussites dont seuls peuvent bénéficier les acheteurs avisés et bien conseillés ; elles sont d'autant plus intéressantes que leur valeur marchande n'a pas subi d'inflation.

Si l'acheteur ne peut assister à la vente, il a la possibilité de donner un ordre d'achat écrit au commissaire-priseur ou à l'expert, mentionnant les lots susceptibles de l'intéresser, avec le prix maximum de l'enchère qu'il ne souhaite pas dépasser, en joignant un chèque bancaire en blanc (sauf s'il est bien connu de l'intermédiaire). Si d'autres acheteurs proposent davantage, le lot lui échappe. En revanche, s'il lui revient, c'est presque toujours pour le montant maximum qu'il a fixé, car il ne faut pas oublier que le commissaire-priseur n'est pas là pour faire acheter le moins cher possible mais, au contraire, pour vendre au meilleur prix. En assistant à la vente, on a plus de chances de faire de meilleures affaires.

Les vins étant exposés au public la veille ou le matin de la vente, une visite s'impose pour vérifier l'état des étiquettes, celui des bouchons et surtout le niveau du vin qui ne doit pas être bas ; dans ce cas, il faut éviter d'acheter si l'on ne veut pas courir le risque de se retrouver avec un vin oxydé. Personne ne peut s'opposer à une observation minutieuse des bouteilles proposées ; on peut même demander l'ouverture des caisses, afin de les examiner soigneusement. Avant la vente, il est conseillé d'interroger habilement les commissionnaires ou les assesseurs du commissaire-priseur, pour tenter de savoir d'où proviennent les vins et dans quelles conditions ils ont été conservés, car il ne faut pas oublier qu'à une température moyenne de 5° C au-dessus de 16° C le vin subit un vieillissement accéléré. Quant aux vins de très vieux millésimes (Bordeaux en particulier), ils peuvent être inégaux d'une bouteille à l'autre, car, dans le passé, on ne pratiquait pas d'assemblages *. Les mises en bouteilles se faisaient fût par fût, avec un robinet à deux becs. Leur achat parfois relève de la loterie ! Enfin, certains vins proposés dans ce style de transaction, même lorsqu'il s'agit de grandes appellations, sont complètement passés ou présentent de graves défauts. La salle de vente est une sorte d'exutoire pour certains restaurateurs ou particuliers.

(1) Les trois plus grandes salles des ventes aux enchères spécialisées dans le vin sont :
SOTHEBY de Londres : 3, rue de Miromesnil, 75008 Paris. Tél. (1) 42 66 40 60.
CHRISTIE'S de Londres : 6, rue Paul Baudry, 75008 Paris. Tél. (1) 42 56 17 66.
l'HÔTEL DROUOT : 9, rue Drouot, 75009 Paris. Tél. : (1) 48 00 20 20.

Pour cautionner la majorité des grandes ventes aux enchères, le ou les commissaires-priseurs se font en général assister d'un expert. Dans la région parisienne, ont droit à ce titre les membres de la Compagnie des courtiers jurés piqueurs de vins de Paris (compagnie miraculeusement ressuscitée, par quelques personnages astucieux, des réminiscences d'un passé qui remonte à la nuit des temps...), qui ont prêté serment devant le président du tribunal de commerce. En fait, aucun diplôme ne vient sanctionner le titre d'expert dont n'hésitent pas à se parer bon nombre d'individus. Après tout, on n'est jamais si bien servi que par soi-même !

Une vente aux enchères est un spectacle, dont l'acteur principal est le commissaire- priseur, qui a en général un certain sens du théâtre, auquel le public donne la réplique. Entre eux s'instaure un échange de signes cabalistiques, difficiles à décrypter pour le profane. Avant de participer aux enchères, mieux vaut bien connaître les coulisses où s'agite tout un petit monde : les clercs chargés de dresser le procès-verbal des ventes et de calculer au fur et à mesure le montant des frais, les commissionnaires et les crieurs chargés de stimuler le public pour repérer les éventuels acheteurs ; ces derniers veulent aussi leur part du gâteau : lorsqu'un acheteur est particulièrement intéressé par un lot, il arrive qu'il leur glisse subrepticement quelques billets (comme le font les professionnels de l'antiquité), de sorte qu'ils s'arrangent pour que l'adjudication soit frappée en sa faveur.

L'amateur qui veut faire fi de certaines règles propres à ce genre de vente risque de le payer assez cher :

- dans certains catalogues figurent à la fin plusieurs pages avec les évaluations du commissaire-priseur. Il est indispensable, avant d'assister à la vente, de les annoter en face de chaque lot car les enchères se déroulent tellement vite qu'il est impossible de les consulter ;
- au moment où démarrent les enchères, placez-vous de préférence sur le côté, le dos au mur et surveillez attentivement le déroulement des opérations. Lors des envolées, le mouvement est toujours difficile à suivre, car tout se passe très rapidement. Quand vous avez décidé de rentrer dans les enchères, faites votre annonce d'une voix nette et intelligible ou bien levez très franchement la main. Dès que la somme dépasse celle que vous vous êtes fixé, faites, avec votre avant-bras, des signes de dénégation très fermes ; sans cela, vous risquez, lorsque le marteau revient vers vous, de vous retrouver bien involontairement le malheureux propriétaire d'un lot surpayé ;
- il peut arriver, lorsque la salle manque de combativité, que le commissaire-priseur fasse semblant de prendre des enchères à droite et à gauche, vous forçant ainsi à une escalade imaginaire jusqu'au moment où le mot fatidique « adjugé » sera prononcé à votre détriment, faisant de vous une victime de ce que l'on appelle le « coup de bourrage » ;
- il est vrai qu'il n'est pas toujours facile de résister à la griserie des enchères dans cette ambiance de surexcitation, qui fait que beaucoup d'acheteurs se prennent au jeu au point de payer très au-dessus du cours des vins encore trouvables dans le commerce, allant même – dans ce climat d'euphorie – jusqu'à surenchérir sur des millésimes passés, qui n'ont plus aucune valeur ;
- il existe cependant dans toutes les ventes aux enchères des instants privilégiés pour l'acheteur où, malgré l'insistance du commissaire-priseur et des crieurs, la salle ne réagit pas. C'est le creux de la vague, qui permet souvent d'acquérir un lot pour un prix inférieur à sa valeur. Dans ce cas, si plusieurs lots identiques se suivent sur le catalogue, l'acheteur a la possibilité de se les procurer au même prix que l'enchère précédente ;

- enfin, il ne faut pas oublier qu'au montant de l'adjudication s'ajoutent des frais calculés selon un barème proportionnel au prix des lots : 10,674 % jusqu'à 15 000 francs, 5,226 % de 15 001 à 40 000 francs, 4,151 % de 40 001 à 300 000 francs. Ces frais sont assujettis à la TVA à 18,60 %. Ce barème dégressif est une sorte de leurre, car les lots comprennent un nombre de bouteilles permettant de ne pas atteindre les 15 000 francs, pour rester dans la tranche maximum, même s'ils se suivent. J'attire particulièrement l'attention de l'acheteur sur cette astuce, qui permet d'augmenter considérablement les honoraires du commissaire-priseur. Dans certaines ventes aux enchères, l'acheteur doit aussi acquitter une TVA libératoire, qui est de l'ordre de 0,80 franc par bouteille ;
- ne pas oublier que les lots, une fois l'adjudication prononcée, sont automatiquement sous la seule responsabilité de l'adjudicataire, le commissaire-priseur se dégageant de toute responsabilité concernant les casses de bouteilles ou les manques. Il faut bien surveiller les manutentionnaires (et là encore y aller de son petit billet...), car, dans le brouhaha qui règne, c'est souvent la foire d'empoigne.

Un particulier qui désire vendre des vins en salle des ventes doit acquitter des frais sur les transactions, qui sont de l'ordre de 17 %. Ils comprennent les honoraires du commissaire-priseur, les frais d'expertise, de catalogue et de publicité, ainsi qu'une TVA de 18,60 %. Lorsqu'il y a beaucoup de détail, viennent s'ajouter en plus certains frais fantaisistes et très discutables, tels que manutention, magasinage et cartons, qui peuvent atteindre près de 8 % supplémentaires, sans compter, ne l'oublions pas, une note de transport relative au déménagement [1] des vins de l'entrepôt du commissaire-priseur à la salle des ventes, qui est généralement comptée largement. Il ne faut pas hésiter à se faire préciser, par écrit, avant la vente, qu'il n'y aura aucun dépassement aux frais de transactions légaux et refuser catégoriquement toutes dérogations autres que le transport en s'assurant de son coût avant la vente.
Le vendeur a la possibilité d'indiquer un prix de réserve pour certaines bouteilles. Si celui-ci n'est pas atteint lors des enchères, il peut les reprendre, mais en réglant quand même les mêmes frais que si le vin avait été vendu, sauf accord préalable pour une somme forfaitaire avec l'expert et le commissaire-priseur, qui est généralement de l'ordre de 3 à 5 %.
Pour les bouteilles qui ne sont pas en CRD (capsules représentatives de droits), les vins doivent être accompagnés d'un passavant, délivré gratuitement par le bureau des contributions indirectes du vendeur, après avoir pris connaissance des factures d'achat. Il va de soi que, pour des vins acquis depuis fort longtemps, l'administration fait parfois abstraction des pièces justificatives.

NÉGOCIANTS. La majorité des consommateurs actuels a tendance à bouder les vins commercialisés par le négoce au profit de ceux produits par la propriété, à qui elle attribue toutes les vertus. C'est un raisonnement simpliste : il n'y a pas d'un côté les mauvais négociants et de l'autre les bons vignerons. Chaque profession compte dans ses rangs des éléments de valeur, d'une grande probité commerciale et aussi, malheureusement, quelques marchands (au mauvais sens du terme), ou tout simplement des incapables.
Le négociant n'a pas toujours été correct avec la propriété, proposant trop souvent des cours inférieurs à la qualité du vin et échelonnant ses règlements sur de longues périodes (un an, voire plus), ce qui, indéniablement, a contribué au développement de la mise en bouteilles à la propriété. Aujourd'hui, c'est le viticulteur qui ne joue pas le jeu, vendant dans la plupart des cas au commerce les cuvées qu'il juge moyennes voire médiocres, se réservant toujours les meilleures pour sa propre mise en bouteilles. C'est pourquoi il faut se garder de jeter l'anathème sur le négoce. Tributaire de la marchandise dont il dispose

(1) Pour ce qui est du transport du domicile du vendeur à celui de l'entrepôt, il doit être assuré par l'intéressé.

(heureusement beaucoup de négociants ont pu, à une certaine époque, acquérir des vignes avant les très curieuses interventions de la SAFER), il ne peut accomplir des miracles.
Autrefois, les négociants passaient de cave en cave avec une tasse pour goûter les vins. Aujourd'hui, malheureusement, ils s'adressent la plupart du temps à un courtier * et surtout ne font confiance qu'à l'analyse pour procéder à leurs achats annuels : acidité volatile *, pH, degré et malolactique semblent être devenus leurs seuls chevaux de bataille. Quant au goût et au plaisir, ils sont laissés de côté et c'est bien dommage. La science l'emporte sur les choses naturelles, quand nos aïeux, loin d'être stupides, recherchaient plutôt la typicité et la vérité du terroir *.
Prenons pour exemple un grand cru de la Côte de Nuits en Bourgogne qui, par son morcellement, constitue à lui seul un véritable patchwork, rendant les achats extrêmement délicats. S'il veut faire face à la demande de sa clientèle (étrangère dans la plupart des cas), le négoce bourguignon est dans l'obligation de se procurer plusieurs pièces de qualité très hétérogène, chez plusieurs vignerons (qui ne sont pas obligatoirement tous de bons vinificateurs). Il doit ensuite les élever avec beaucoup de soin en tentant de corriger, pour certaines d'entre elles, les erreurs de vinification commises au départ par le récoltant, puis les assembler pour homogénéiser sa cuvée avant la mise en bouteilles. Or, lors de ce genre d'opération, le vin le moins bon l'emporte toujours, ce qui se conçoit aisément. Ainsi, dans une corbeille, si on place un fruit talé, il pollue rapidement l'ensemble ; l'inverse ne se produit jamais !
Pour ma part, je pense qu'il vaut parfois mieux boire un vin bien vinifié ou bien élevé par un négociant sérieux [1], plutôt qu'un autre issu de récoltes à gros rendements produit par un vigneron à la recherche du profit ou encore mis en bouteilles par un viticulteur sans expérience de cette technique, qu'il ne pratique qu'occasionnellement, selon la conjoncture économique du moment. Deux critères permettent de juger le sérieux d'un négociant : il ne doit vendre que des vins d'appellations de sa région et, surtout, aucun vin de marque ne doit figurer sur son tarif, ce qui lui évite la tentation d'arranger certaines cuvées déficientes avec des vins « médecin » *.

CAVES COOPÉRATIVES. La première cave coopérative, dite winzerkeller (cave des vignerons), fut créée en 1895 en Alsace à Ribeauvillé, mais elle ne disposait pas de bâtiments comme celles d'aujourd'hui et n'était pas installée pour recevoir du raisin et, encore moins, pour vinifier. C'était, tout au plus, un lieu commun pour le stockage du vin : la première véritable cave coopérative de vinification fut celle de Maraussan dans l'Hérault, fondée en 1905.
Déjà, en 1918, la France comptait une centaine de caves coopératives, qui n'avaient plus rien de commun avec le mouvement coopératif du début du siècle, où le coopérateur, qui n'était lié par aucun engagement d'apport, profitait de cet avantage en ne cédant la plupart du temps à la coopérative que le vin qu'il considérait comme étant de moindre qualité. Dès 1932, les coopérateurs s'unirent en formant la Confédération nationale des caves coopératives (CCVF). Entre les deux guerres, de nombreuses caves coopératives virent le jour, puis, après une période stationnaire, le mouvement reprit sa progression dès 1945, pour se stabiliser aux environs des années 1970.

(1) Bien qu'il ne faille pas oublier un vieux proverbe : « Plus on s'éloigne de la source, moins on a de chance que l'eau soit pure. »

À leur actif, elles ont largement contribué à remettre en valeur des appellations qui avaient connu bien des vicissitudes : Blanquette de Limoux, Clairette de Die, Côtes de Buzet, Frontignan, Jurançon, Gaillac et Cahors, sortant aussi de l'anonymat quelques VDQS, vins du Haut-Poitou et même Saint-Pourçain-sur-Sioule. Le développement intensif des vins de pays est aussi en rapport direct avec le mouvement coopératif.
En France, les caves coopératives représentent un pouvoir économique très important, qui pèse lourd dans notre balance commerciale, au point que, bien souvent, elles influent sur les décisions prises par les organismes officiels en faveur de la viticulture et obligent le négoce à les considérer comme des partenaires à part entière. Quelques chiffres démontrent leur importance :
- en 1990, 1 116 caves coopératives étaient réparties dans les différentes régions viticoles (51 départements), chiffre auquel il faut encore ajouter près de 200 Unions de caves coopératives, dont le rôle se borne au conditionnement et à la commercialisation des vins et aussi environ 150 SICA (Sociétés d'intérêt collectif agricole) sous contrôle de coopérateurs. La zone la plus représentée par le mouvement coopératif est le Languedoc-Roussillon avec 538 caves coopératives. Pour comparaison, une grande région d'AOC comme la Champagne n'en compte pas plus de 140 ;
- la même année, les vignerons coopérateurs ont cultivé 54 % de la superficie du vignoble français (chiffre en constante augmentation : 36,3 % en 1970) avec une production représentant : 60 % des vins de table et 68 % des vins de pays, 44 % des VDQS, 40 % des AOC.
Devenus en quelque sorte des producteurs de raisins payés au kilo, les vignerons coopérateurs prônent parfois la surproduction. Pourtant, durant la période comprise entre 1960 et 1970, sont apparues, dans beaucoup de régions, des modifications de l'encépagement qui ont entraîné des vinifications séparées et des écarts qualitatifs, obligeant alors la majorité des caves coopératives à encourager les efforts de leurs adhérents en créant des grilles de bonification, qui tiennent compte de plusieurs paramètres susceptibles d'influencer la qualité : terroir *, encépagement, rendement et degré.
Une note est attribuée pour chacun d'entre eux, qui sont, en outre, affectés d'un coefficient multiplicateur, d'où toute une série d'opérations. Malgré tout – même si son mérite est récompensé par quelques primes qualitatives – le bon vigneron, amoureux de sa vigne, qui produit peu, récolte à maturité et surtout vendange encore manuellement, lorsqu'il amène au cuvage une récolte saine qu'il voit parfois avec tristesse tomber dans le conquêt de réception avec celle d'un voisin moins scrupuleux, se dit qu'au fond, il a peut-être tort de ne pas entrer lui aussi dans le système.
Certaines caves coopératives produisent tout de même des vins qui peuvent rivaliser avec ceux des bons vinificateurs. Il n'y a pas de secret à leur réussite : elles jouent à fond la carte de la qualité, avec tout ce que cela suppose comme contraintes morales et financières au niveau d'une gestion rigoureuse. Elles ont su s'entourer de cavistes compétents et scrupuleux, octroient des primes qualitatives à leurs adhérents qui respectent certains critères concernant l'encépagement et le tri de la vendange, se sont équipées d'un matériel de vinification ultramoderne, travaillent dans des conditions d'hygiène parfaites et n'hésitent pas à déclasser les cuvées qu'elles jugent indignes de leur appellation. C'est à ce prix seulement qu'elles se maintiennent au top niveau. En disant cela, je pense particulièrement à la cave de Turckheim en Alsace, à celle de Prissé en

Mâconnais, à deux caves du Roussillon : Tautavel et Baixas, aux caves des Côtes de Buzet dans le Sud-Ouest, de Oisly Thésée en Val de Loire et Cairanne en Côtes du Rhône. Bien entendu, cette liste n'est pas exhaustive.

Le fonctionnement des caves coopératives

Afin de se familiariser avec le fonctionnement des caves coopératives, le consommateur doit avoir en tête plusieurs notions :

- une cave coopérative est parfaitement autorisée (sous réserve de ne pas dépasser un certain pourcentage) à prendre des parts dans une autre coopérative située en dehors de sa zone viticole. C'est un apport de vin de cave à cave fait dans le cadre d'un engagement au profit de la solidarité coopérative. Dans les grandes régions d'appellations, tels le Bordelais ou la Bourgogne, les vins de table – en raison de leur manque de rentabilité – ont pratiquement tous disparu ; les caves coopératives ont donc été dans l'obligation de les remplacer par des vins de consommation courante, provenant souvent du Midi, qu'elles vendent en vrac d'une manière tout à fait légale sans jamais faire allusion au Bordeaux ou au Bourgogne, mais en restant suffisamment discrètes sur l'origine du produit, tablant secrètement sur la naïveté du consommateur généralement mal informé et toujours obnubilé par les fameux déclassés, en pensant instantanément « petit bordeaux ou petit bourgogne... » Il est pourtant facile de contrôler l'origine du vin lorsqu'il s'agit d'une AOC ; le congé est de couleur verte alors que pour le vin de table il est blanc. Les cubitainers sont obturés par une capsule fiscale faisant office de congé, verte pour les AOC et bleue pour les vins de table ;
- toutes les caves coopératives ont droit, pour les vins qu'elles produisent, à la mention « mise en bouteilles à la propriété » ;
- certaines caves coopératives vendent sous plusieurs étiquettes, en utilisant l'identité de leurs adhérents (en Bordelais pour certains Châteaux par exemple). C'est tout à fait légal, à condition que les vins aient été vinifiés à part ; ce qui n'est malheureusement pas toujours le cas, mais bien difficile à vérifier ;
- en vertu de l'article 48 du Code du vin, relatif à la notion d'exploitation, les caves coopératives sont considérées par l'administration fiscale comme étant le prolongement de l'exploitation individuelle et peuvent acheter, hors adhérents, jusqu'à 20 % de leur production (en vin, moût * ou raisin) qu'elles commercialisent sans pour autant perdre le bénéfice de la coopération. Toutefois, les vins ne provenant pas des adhérents ne peuvent bénéficier de la mention « mise en bouteilles à la propriété ».

CAVISTES, ÉPICERIES FINES. C'est un métier qui semble nettement en régression. Il faut dire que, obnubilés par la concurrence des grandes surfaces, les professionnels du commerce de détail n'utilisent pas toujours au mieux les armes dont ils disposent pour lutter contre elles. Au contraire, ils servent leur jeu, en commettant l'erreur de les affronter sur des marchés de produits à grande diffusion, comme les apéritifs, le cognac, les champagnes de marque et surtout les whiskies.

Pourtant, le petit commerce du vin devrait avoir encore de beaux jours devant lui. La majorité des consommateurs demeurent dans des résidences modernes, où ils ne disposent pas souvent de caves bien adaptées à la conservation des vins ; en outre, les vols sont tellement fréquents qu'ils préfèrent acheter plus souvent à l'unité. Mais il faudrait que le caviste ou l'épicier s'adapte au consommateur actuel, en tenant compte de certains impératifs :

- affirmer ses compétences bien au-delà du simple choix du vin, se montrer très accueillant et ne négliger aucun atout, notamment le fait qu'il bénéficie d'un formidable avantage sur les grandes surfaces, en opérant dans des magasins qui sont encore des lieux conviviaux, permettant les contacts personnalisés et ne jamais oublier qu'il doit rester le meilleur informateur face à des clients mieux avertis maintenant, grâce à tout un arsenal de renseignements sur les appellations et les millésimes glanés dans la presse et les guides spécialisés ;

- ne plus se contenter d'acheter sur tarif, mais faire confiance à des courtiers * hautement qualifiés (ne pas confondre avec des VRP de service, totalement incompétents, qui ne voient que leur commission) ou, éventuellement, se déplacer en personne sur les lieux de production ;
- offrir au client des vins sélectionnés chez les meilleurs vinificateurs de chaque région de production, si possible avec quelques millésimes anciens, en perfectionnant son choix chaque année, histoire de braver les spécialistes du marketing ;
- éviter les crus classés du Bordelais bradés par les grandes surfaces en raison de la politique anti-commerciale du négoce girondin qui ne sait jamais à quel saint se vouer ;
- avoir des prix très étudiés pour éviter les écarts trop importants avec la propriété qui, elle aussi, est un concurrent qu'il ne faut surtout pas négliger ;
- pour les appellations prestigieuses dont la rotation est beaucoup moins rapide, éviter de les conserver en boutique, où elles subissent les variations de température et la lumière. Les grands vins méritent un peu de respect. Le client sera toujours sensible de voir son caviste descendre à la cave quérir le précieux flacon ;
- enfin, un magasin de vin doit être sobre mais attractif. Une belle vitrine et des casiers avec des bouteilles factices de grandes appellations (les viticulteurs se feront toujours un plaisir de les fournir), quelques gravures sur le vignoble, ou mieux encore un ou deux vieux outils de vigneron, retiendront toujours l'attention de l'amateur.

Lorsque toutes ou partie de ces conditions sont requises, le consommateur trouve là un excellent circuit de distribution. En revanche, s'il n'a pas encore compris que sa profession doit obligatoirement passer par une profonde mutation, le caviste est voué à disparaître à brève échéance, sans doute avant l'an 2000.

FOIRES EXPOSITIONS. Les foires expositions constituent l'endroit idéal pour se faire pigeonner ! On peut compter sur les doigts d'une main les viticulteurs de qualité présents dans ce genre de manifestation [1]. La quasi-totalité des stands est tenue par des bonimenteurs à la petite semaine, qui se contentent de racoler, pour vendre très cher un produit moyen qu'ils ne connaissent pas eux-mêmes, à une clientèle crédule le plus souvent prise au piège d'une mascarade de dégustation, où elle boit aussi les paroles du charlatan qui est derrière le comptoir.

Le prix prohibitif demandé pour ces vins quelconques s'explique facilement : location des emplacements très élevée, vendeurs travaillant à un pourcentage tout à fait inhabituel compte tenu d'une période d'activité très courte et risques d'impayés bien supérieurs à la moyenne. En effet, il s'agit de traiter avec une clientèle de passage qui, bien souvent dans un moment d'euphorie, signe le bon de commande sans bien réfléchir, bien qu'elle doive l'accompagner d'un chèque d'acompte.

Il ne faut surtout pas confondre les foires expositions avec un salon comme celui des caves particulières et faire le distinguo avec une partie du Salon de l'Agriculture.

GRANDES SURFACES. Le nouveau mode de vie des Français a, incontestablement, favorisé l'extension de la grande distribution. Le premier supermarché date de 1963. En 1970, la France comptait déjà 1 828 supermarchés et 114 hypermarchés. En 1985,

(1) Quelques exploitants sérieux s'y sont pourtant fait une belle clientèle de particuliers, mais précédemment à l'anarchie qui règne dans la commercialisation du vin, c'est-à-dire avant 1986.

on en recensait respectivement 4 954 et 549. Aujourd'hui, ils sont plus de 6 000 et la progression continue inexorablement [1]. Chaque année, ils broient un peu plus le petit commerce. Nos dirigeants n'ont pas encore pris conscience qu'un tel monopole, aux mains de financiers avides, représente pour l'avenir de notre pays un réel danger. Il est vrai que la grande surface, par sa taille importante, a la possibilité – contrairement au commerce de détail – de référencer un nombre impressionnant de produits (vendus en général à moindre prix) et de proposer une gamme extrêmement variée. Mais sa supériorité repose surtout sur le fait qu'elle est presque toujours d'accès facile et qu'elle dispose d'un vaste parking attenant.

Les grandes surfaces sont exploitées par d'habiles spécialistes en marketing, qui ont très vite compris l'impact que le vin pouvait exercer sur le consommateur. À partir de là, il leur suffit d'organiser d'importantes campagnes publicitaires pour le polariser, tout en rendant les rayons vins plus attrayants et plus diversifiés, en n'oubliant surtout pas d'y incorporer quelques bouteilles d'appellations prestigieuses bien en vue, réparties parmi les articles de bataille qui ne sont d'ailleurs souvent que de simples vins de marque.

Ces grandes bouteilles constituent le leurre idéal. Elles sont en général vendues avec une marge très minime, dans le but d'impressionner l'acheteur, qui ne manque jamais ensuite de faire des comparaisons avec les prix pratiqués par le petit commerce. Elles permettent aussi d'attirer le badaud vers la tête de gondole où trônent les vins en vente promotionnelle. Dans ce circuit de vente, le vin est vite assimilé au rang des produits anodins au même titre qu'un vulgaire paquet de lessive, en étant soumis à la dure loi du commerce moderne où seule compte la vitesse de rotation, qui ne peut se faire qu'à force de baisses répétées. Cela finit par avoir un effet boomerang sur le producteur, pris dans l'engrenage, et n'ayant d'autre alternative que d'augmenter son rendement au détriment de la qualité, afin de satisfaire l'exigence toujours grandissante de cette forme de distribution, qui finira par l'avaler. Il faut dire qu'à de très rares exceptions près, tous les seigneurs de la Gironde sont présents dans les rayons, quelquefois au grand dam de leurs propriétaires. La raison en est simple : les grands Châteaux, vu le volume important de leur production, passent obligatoirement par le négoce pour leur commercialisation et, de ce fait, perdent tout pouvoir de décision sur les circuits de distribution ultérieurs, alors que les viticulteurs bourguignons grâce à leurs exploitations morcelées et lilliputiennes s'en tirent habilement, en évitant ce réseau de vente guère prestigieux.

Actuellement, de plus en plus de responsables de l'aménagement des grandes surfaces ont pris conscience que les vins, notamment les grands, exigeaient des meilleures conditions de stockage et d'entreposage, en particulier : étalages mieux adaptés pour la conservation, lumières moins vives et températures peu élevées. C'est déjà un premier pas de franchi. Malheureusement, resteront toujours les vibrations et surtout les excès de décibels, qui règnent dans ce genre d'établissement. Autant de facteurs nuisibles à la stabilité d'une boisson aussi fragile que le vin, entre autres le champagne.

Au chapitre des omissions, je regrette aussi la quasi-absence de personnes spécialisées, qui conseilleraient utilement le consommateur, souvent désorienté devant l'importante palette d'AOC proposée.

(1) La loi Royer, limitant les nouvelles implantations, a été aussi efficace qu'un cautère sur une jambe de bois.

Les foires au vin. Depuis quelques années, certaines grandes surfaces ont adopté une nouvelle technique de vente, en organisant périodiquement des foires aux vins, généralement sous la houlette d'un sommelier en renom, sous d'immenses chapiteaux. Tout cela à grand renfort de publicité sur les ondes, dans la presse et en remplissant les boîtes à lettres de circulaires alléchantes, annonçant des vins célèbres vendus à des prix défiant toute concurrence ; on oublie néanmoins de préciser que plusieurs lots sont extrêmement réduits, attirant le chaland qui ne manque pas, vu les délais très courts, de se précipiter. Pour que l'opération marketing soit un succès complet, la deuxième phase consiste à procéder à un gigantesque déballage de caisses, en majorité de Bordeaux, où l'on retrouve toujours la totalité des crus classés ou assimilés. Impressionné par cette profusion de noms connus, le pauvre consommateur, quasiment en état d'hypnose, demeure persuadé qu'il y a de bonnes affaires à réaliser ; c'est sans doute vrai, mais pas obligatoirement pour lui...

Avec un peu de perspicacité, on s'aperçoit très vite que les prix à la caisse (dans ce genre de vente, on ne détaille pas) - sauf rares exceptions - ne résistent pas à une comparaison avec les tarifs de place du commerce de Bordeaux. La plupart des années ne sont pas parmi les meilleures et, enfin, mais cela reste invérifiable, beaucoup de ces bouteilles n'ont pas été forcément bien conservées, provenant parfois du déstockage de négociants en perdition, voire de retours de l'étranger.

Pour créer l'impact assurant la part du rêve, tels les joyaux de la Couronne bien protégés derrière des vitrines, trônent invariablement quelques appellations de collection dans des millésimes réputés, vendus à prix dissuasifs, tels le Château d'Yquem, Pétrus, la Romanée-Conti ou encore les crus de Côte-Rôtie signés Marcel Guigal.

Encore un circuit présentant bien des imperfections.

Ventes à domicile. La vente à domicile semble connaître un véritable renouveau. Plusieurs facteurs en sont la cause : la très grave crise de l'emploi qui sévit actuellement oblige beaucoup de salariés à tenter une reconversion difficile. La presse, la radio ainsi que la télévision n'ont jamais autant parlé du vin. Ce qui n'a pas manqué de susciter des vocations, d'autant qu'en cette matière, la plupart des Français sont intimement persuadés de détenir la science infuse. Conscients de ce phénomène, quelques négociants peu scrupuleux ont trouvé là un excellent moyen d'augmenter leur chiffre d'affaires, en récupérant une main-d'œuvre dynamique et disponible sans bourse délier, puisqu'elle n'est rétribuée qu'à la commission sur les affaires encaissées. Ces négociants misent intelligemment sur un facteur psychologique :

- le représentant, pour se faire la main et tenter d'assurer son emploi, commence toujours par placer du vin à sa famille et ses amis, procurant ainsi à la maison une clientèle qu'elle n'aurait pu toucher autrement. Enfin, ces maisons de commerce possèdent presque toujours une multitude de firmes qui leur permettent de ficher les clients pour les solliciter à nouveau les années suivantes sous une autre raison sociale, avec un autre démarcheur, mais malheureusement toujours avec le même produit d'une médiocrité désarmante.

En cas de vente à domicile, sachez que vous ne devez jamais verser d'argent et que même après avoir signé un bon de commande, vous avez sept jours pour vous désister sans avoir à acquitter aucune indemnité.

Un autre type de racolage se pratique par le canal d'annonces publicitaires très alléchantes, où l'éventuel acquéreur se voit en général proposer une caisse assortie contenant toujours une ou deux bouteilles d'un vin assez connu, ce qui ne veut pas dire pour autant qu'il soit bon, permettant astucieusement de surestimer l'ensemble ; le reste est constitué d'appellations génériques * et même plus souvent de simples vins de marque. Mais, attention ! les vendeurs pensent à tout pour faire avaler la pilule en douceur : ils n'oublient pas d'offrir un cadeau à l'acheteur (le plus souvent un tastevin ou un tire-bouchon de pacotille).

CLUBS DE VENTE. Aucun circuit de vente ne remplit bien évidemment toutes les conditions requises pour être parfait. Mais certains apportent au consommateur une plus grande garantie que d'autres. Les clubs de vente entrent dans la catégorie la moins positive.
Cette idée de marketing assez astucieuse au départ, conjuguée aux groupes financiers, se décompose en trois phases :
- 1e opération : s'assurer, moyennant de très substantielles rémunérations, le concours de chefs en renom, qui avaliseront une kyrielle de vins (parfois quelconques), qu'ils n'ont pas obligatoirement tous dégustés ;
- 2e opération : à coups de millions, faire donner l'artillerie pour les appuyer à l'aide de vastes campagnes publicitaires répétées dans les organes de presse les plus lus, donc les plus chers ;
- enfin, 3e opération : s'assurer, toujours moyennant finances, un solide fichier pour couvrir la France avec un mailing gigantesque.
Reste à convaincre la clientèle ! Les clubs de vins [1] s'adressant en général à des professions libérales - entre autres médecins qui constituent des proies idéales - des commerçants et des cadres supérieurs, toujours flattés d'être considérés comme membres privilégiés d'un club de grande notoriété (le petit côté snob les titille !) ; ce n'est pas le plus difficile, on s'en doute.
En général, chaque mois, les abonnés reçoivent une petite revue abondamment illustrée, prodiguant des conseils pour bien boire et recommandant les bonnes affaires du moment ; on se demande pour qui !
Personnellement, je m'explique très mal cet engouement pour ce genre de vente, qui draine une clientèle bien naïve et surtout masochiste car, à moins d'être des organismes philanthropiques – ce dont je doute –, je ne vois pas comment ces clubs peuvent vendre à des prix plus intéressants que ceux pratiqués par les viticulteurs ou le commerce traditionnel, compte tenu de leurs énormes frais de gestion occasionnés par une publicité tapageuse et les émoluments des toques blanches.
Les clubs de vente sont d'importantes sociétés commerciales aux mains de capitalistes, qui ont évidemment deux objectifs : expansion et rentabilité. Pour réaliser ces deux options, les acheteurs n'ont d'autre alternative que de sélectionner les vins en tenant compte en priorité des volumes commercialisables ; ce qui se fait parfois au détriment de la qualité. C'est pour eux le seul moyen d'être en mesure de faire face à une forte demande. Bien sûr, il arrive que la qualité aille de pair avec la quantité, mais ce n'est pas obligatoirement le cas.

(1) Le plus représentatif et surtout prestigieux des clubs est le Savour Club.

Il ne faut surtout pas que le consommateur s'illusionne, en pensant se procurer par le biais de ce circuit des bouteilles provenant de chez des viticulteurs réputés et, encore moins, d'appellations prestigieuses aux volumes confidentiels que les vignerons contingentent et réservent à l'élite de leur clientèle, ce qui est compréhensible.
Ce système de vente n'est, on l'aura compris, pas toujours fiable !

CAVES ENTREPÔTS. C'est devenu une mode. Il ne se passe guère de mois sans qu'une nouvelle cave entrepôt fasse son apparition. Elles disparaissent presque au même rythme, le vin étant un produit trop noble pour être mis entre toutes les mains.
La formule n'est pas très originale. C'est une profession où l'imagination n'est pas débordante ; jamais les plus petits frais de décoration, on fait avec les moyens du bord. Cela n'a pas pour objet de serrer les marges bénéficiaires ; si celles-ci semblent quelquefois plus réduites, c'est simplement parce que la qualité du produit est en rapport. On peut néanmoins, lorsqu'on est très averti, y faire occasionnellement une bonne opération sur certains bordeaux, à condition de bien suivre les ventes promotionnelles.
Il est indispensable de venir en voiture (on peut en général stationner facilement), car la majorité de ces caves entrepôts ne vendent pas à l'unité, mais uniquement à la caisse. Dernier conseil : si vous ne voulez pas avoir de surprise désagréable, évitez d'acheter des vins en vrac, conservés dans un cubitainer ou tout autre récipient en plastique de la même variante, si aucune date de remplissage ne figure sur l'emballage.

ANTIQUAIRES DU VIN. Par le biais de petites annonces et en fréquentant assidûment depuis plusieurs années les salles des ventes, quelques amateurs éclairés ont réussi à se constituer d'assez belles collections de vins et d'eaux-de-vie d'appellations et de millésimes très recherchés, qu'ils proposent ensuite à la revente. Certains tiennent boutique, d'autres opèrent en chambre en envoyant des listes nominatives. « Comme à la Samaritaine, on y trouve de tout ». Ce réseau commercial présente plusieurs avantages : il permet de se procurer à peu près toutes les grandes appellations, une multitude de millésimes très cotés ou médiocres mais cependant toujours recherchés pour les anniversaires. Les prix sont souvent prohibitifs, mais dans la plupart des cas, comme aux puces, ils se discutent. Malheureusement, cette solution a aussi son revers. L'acheteur n'a aucune garantie sur la qualité du vin, ce qui est parfaitement compréhensible puisque, bien souvent, le vendeur ignore lui-même les conditions et le lieu d'entreposage des bouteilles qu'il a acquises. En traitant avec un caviste sérieux et ayant pignon sur rue, on minimise les risques.

COMITÉS D'ENTREPRISE. Peu après la Libération, une ordonnance du 22 février 1945 créa les comités d'entreprises dans toutes les sociétés regroupant plus de quarante-neuf salariés. Ils ont pris aujourd'hui une ampleur considérable. Ces organismes, bien que sans but lucratif, se livrent à des transactions préjudiciables aux autres circuits commerciaux. Ils disposent, sur le lieu de travail, d'emplacements réservés fournis par les employeurs, généralement situés près du restaurant d'entreprise ou du réfectoire. Leur fonctionnement est assuré par des représentants du personnel, élus démocratiquement. Les responsables des ventes sont chargés d'étudier diverses propositions concernant la

gamme complète de tout ce qui peut être susceptible d'intéresser un ménage. Cela va de l'équipement de la maison jusqu'au vêtement, en passant par l'alimentaire, par conséquent le vin. Il arrive également que des vendeurs – surtout à la veille des fêtes de fin d'année – fassent des expositions pour présenter ou faire déguster leurs produits. Pour ce qui est du vin, objet de ce livre, les fournisseurs sont le plus souvent des maisons de commerce, offrant une palette diversifiée de produits quelconques, comprenant des vins de toutes les régions. Parfois, il arrive qu'un viticulteur champenois isolé ou en difficulté y fasse son apparition.
Une chose est certaine : il est illusoire d'espérer trouver de bons vins par ce biais.

LES TOUCHE-À-TOUT. Face au phénomène de gigantisme créé par les grandes surfaces, les petits détaillants auraient dû instantanément réagir avec les armes dont ils disposaient : en premier lieu l'accueil, le service et les heures d'ouverture, en opposant aux marchandises standardisées des produits de très haute qualité provenant de fournisseurs trop restrictifs pour être dans les hypermarchés, en suspendant les relations commerciales avec certaines maisons qui avaient besoin d'une leçon et surtout en jouant à fond la carte de la spécialisation. Au lieu de cela, le commerce de détail a opté pour la mauvaise alternative, qui a consisté à se diversifier en vendant un peu n'importe quoi ou à peu près, faisant ainsi le jeu des super et hypermarchés, d'où l'anarchie dans la vente des vins. C'est un domaine où l'on est arrivé à une aberration totale. Tout le monde s'est découvert des talents de caviste : charcutier, pâtissier, fromager, poissonnier et, mieux encore, la station-service.... Le consommateur devrait absolument boycotter ces réseaux fantaisistes où le vin est plus mal conservé qu'un vulgaire produit d'entretien. Qu'attendent les services de la répression des fraudes pour procéder à des dégustations inopinées et constater les entreposages désastreux ?

VENTES PAR CORRESPONDANCE. La VPC est une technique de vente venue des États-Unis, qui commence à sérieusement s'implanter en France. Tous les secteurs de l'économie nationale sont plus ou moins concernés par ce mode de prospection, auquel la vente du vin ne pouvait échapper, vu la popularité dont jouit ce produit auprès des médias. Certains organismes, toujours à l'affût, ont flairé là une manne providentielle à exploiter sous forme de stage d'initiation et de perfectionnement pour le futur « vépéciste » de la bouteille ! En échange d'un droit d'inscription assez élevé, l'élève, à l'issue de débats, d'exposés et de discussions agrémentées de projections audiovisuelles, apprend l'avenir d'un circuit de vente, comment et avec quel investissement il peut se constituer un circuit VPC, ce qu'est un client et pourquoi celui-ci achète chez vous plutôt qu'à la concurrence : « Élémentaire, mon cher Watson. » En somme, beaucoup de bruit pour rien, car, enfin, restons sérieux : une bonne bouteille ne s'achète pas sur catalogue, comme une douzaine de torchons !

VENTES PAR TÉLÉPHONE. Aussi curieux que cela paraisse, il existe aussi un circuit de vente téléphonique. En échange d'un droit d'inscription, le futur vendeur apprend la prise de contact avec son interlocuteur, la meilleure période de l'année pour prospecter, comment conduire un entretien téléphonique et, mieux que tout, la présentation des vins par téléphone. On croit rêver !

VENTES PAR MINITEL. C'est le dernier-né des circuits de distribution de vin. Il a été créé par de puissants groupes, gérant déjà les clubs de vente. Le système est d'une banalité désarmante. En tapant sur le clavier du minitel, on voit apparaître toute une liste d'AOC avec les millésimes et les prix. Enfin, on peut visionner les sempiternelles notes de dégustation des spécialistes en odeurs... ce serait vraiment dommage de s'en passer. Après tout, apprendre qu'un vin sent le sous-bois mouillé en automne ou la giroflée à peine épanouie peut être d'un enseignement précieux, pour savoir avec quel plat le consommateur peut l'associer ! Encore un circuit à bannir.

PLUS GRAVE : CEUX QUI N'ANNONCENT PAS LA COULEUR. Nous vivons actuellement une époque complètement bouleversée et incompréhensible, où personne n'est satisfait de son sort. Les exploitants, même ceux qui paraissent avoir une situation enviable, en veulent encore davantage. D'où, depuis quelques années, un processus qui consiste à exercer une profession en parallèle, pour augmenter encore la rentabilité. Il est évident que cette diversification constitue un leurre pour le consommateur. Aujourd'hui, alors que le respect du client semble être devenu pour certains une notion surannée, des viticulteurs pas trop regardants adjoignent à leur domaine une activité annexe de négoce. Il n'y aurait rien à redire si les intéressés avaient l'honnêteté de l'annoncer sur l'ensemble des documents mentionnant leur raison sociale : dépliants, tarifs, factures, etc., par exemple sous cette forme : propriétaire-négociant. Malheureusement, à quelques très rares exceptions, le vigneron se vante d'être un récoltant sans peur et sans reproche devant le consommateur et la presse, se gardant bien de faire allusion à son autre occupation, très lucrative.
Dans l'esprit de la réglementation sur la commercialisation des vins, les deux métiers peuvent être pratiqués simultanément par la même personne, à condition de respecter plusieurs règles, la principale consistant à posséder deux caves et deux cuveries bien distinctes. Les premières doivent être uniquement réservées aux vins issus de la propriété, les autres aux produits achetés au titre du négoce, qu'il s'agisse de moûts ou de raisins pendant les vendanges ou de vin en cours d'année. Aucune dérogation n'est admise par les services de la répression des fraudes ou de la DGI. Le vigneron qui ne s'y conforme pas est, au regard de l'administration, considéré comme un négociant et les vins de sa propre récolte perdent le bénéfice de la mise en bouteilles à la propriété, en entrant systématiquement dans le circuit commercial. Cependant la tromperie – n'ayons pas peur des mots – est largement facilitée par les services officiels, qui ferment pudiquement les yeux sur l'étiquetage, en n'exigeant plus que figure comme auparavant le terme « négociant ».
Mais où se cachent donc tous ces hommes à la double casquette ? Un peu dans tous les vignobles, mais principalement en Champagne, en Val de Loire, en Bourgogne (Beaujolais compris), dans le Sud-Ouest et en Savoie. L'Alsace et les Côtes du Rhône affichent plus facilement une identité. Quant au Bordelais, le processus est généralement différent ; il arrive qu'un château ait aussi une petite maison de négoce annexe, mais les deux affaires sont bien scindées. Il ne faudrait surtout pas croire qu'il s'agit d'inconnus ; bien au contraire, derrière une façade respectable, se cachent des noms célèbres. Il est vrai qu'en raison de leur renommée, ils ont moins de mal à vendre que d'autres, même si c'est au mépris des consommateurs.

Ces petits malins, pour pallier sur l'étiquette l'absence du terme « propriétaire récoltant », utilisent toutes sortes de subterfuges pour noyer le poisson, au détriment de l'acheteur néophyte, qui en vient à croire qu'il a affaire à un récoltant scrupuleux. Un bon moyen permet cependant de les débusquer : aujourd'hui, la plupart des bouteilles d'AOC partent pour la commercialisation revêtues d'une capsule-congé verte CRD (capsule représentative de droit) où figurent plusieurs mentions. Le terme « récoltant » étant exclusivement réservé aux vignerons ne vendant que leur récolte personnelle, son absence signifie presque toujours une double activité. Pour les domaines qui sont encore restés au bon vieux congé vert comme document d'accompagnement du transport (il n'y en a plus guère), seule une enquête discrète, en cas de doute, peut se révéler efficace ; elle est facilement réalisable auprès des voisins, d'autant que les autres vignerons se feront un plaisir de vous informer, la plupart du temps en vous répondant : « Moi, vous savez, je ne m'occupe point des gens, mais c'est quand même drôle qu'avec toutes ses vignes, il fasse le commerce… ». En Champagne, la détection est enfantine : sur l'étiquette figure en minuscule un numéro d'immatriculation au CIVC escorté de deux petites lettres permettant l'identification qui peuvent être « RM » (Récoltant Manipulant) ou « NM » (Négociant Manipulant) ou bien encore « MA » (Marque Auxiliaire) ; aucune confusion n'est possible.
Cette pratique délictueuse ne nuit pas uniquement au consommateur, elle cause aussi un certain préjudice aux vrais négociants et aux vignerons sérieux, par le fait d'attirer une partie de la clientèle, en usant d'arguments fallacieux.

MODE ET SNOBISME PEUVENT GUIDER LE MAUVAIS CHOIX

Acheter du vin, pour se constituer un fond de cave, demande de l'intuition, de la perspicacité, une bonne part de chance et surtout une connaissance approfondie des terroirs. D'où quelques recommandations, pour minimiser les risques s'appliquant à chaque vignoble, mais principalement à la Côte d'Or, son extrême morcellement en faisant une sorte de patchwork assez déroutant pour le profane s'y aventurant les premières fois.
Ces remarques sont le fruit de longues observations personnelles, acquises sur le terrain au contact des vrais hommes de la vigne, ceux ayant « de la terre sous les souliers ». Elles ne concernent pas l'ensemble des appellations, mais seulement celles que je pratique depuis longtemps avec assiduité :
- le consommateur doit se méfier d'un certain snobisme. Le vin – comme d'autres produits – subit l'influence de mystérieux courants de mode. Actuellement, il penche en faveur du gamay de Touraine (ce petit vin qui va avec tout et, en réalité, avec rien), saumur champigny, sancerre rouge et surtout bouzy, que les snobs considèrent comme la panacée sans oublier les vins de pays issus d'un seul cépage, pour un retour aux vraies valeurs !
- éviter les vins rares, très surestimés, tenant leur renommée d'un autre, tels le Château Haut-Brion blanc, le Musigny blanc ou l'Y du Château d'Yquem, par exemple.
- commercialement, il y a parfois des réussites paraissant si exceptionnelles qu'elles échappent à toutes les règles établies, au point que les plus grands stratèges en communication seraient bien incapables de les expliquer. Il arrive même que le nom d'une marque en

vienne à éclipser totalement celui du produit qu'elle représente. Exemples : la célèbre fermeture « Éclair » ou le populaire « Frigidaire ». Sans avoir acquis une telle notoriété, on est obligé – toutes proportions gardées – de reconnaître que certaines maisons de négoce ou domaines viticoles ont su aussi faire monter la sauce habilement autour de quelques vins de leur gamme, qu'ils proposent à des prix susceptibles de justifier la réputation qu'ils veulent bien leur accorder. Sont dans ce cas : Moët & Chandon (Dom Pérignon et Saran), Ladoucette (Pouilly Fumé, Baron de L), Les Domaines Ott (Clos Mireille, Blanc de Blancs *...), La Baronnie – commercialisant l'omniprésent Mouton Cadet, bien modeste bordeaux, auréolé il est vrai d'une signature célèbre et d'une marque très astucieuse qui, la plupart du temps dans l'esprit du pauvre consommateur lambda, crée une confusion avec le célèbre premier cru classé Mouton Rothschild –, et surtout, dans l'AOC Pomerol, le Château Le Pin dont le bouquet particulièrement surprenant et enjôleur ne justifie pas pour autant un prix aussi prohibitif.
Il est évident que ces six vins sont loin de représenter, eu égard à leurs AOC, un bon rapport qualité/prix mais, en raison de stratégies commerciales très bien conduites, du snobisme et de la méconnaissance d'une grande partie de la clientèle, ils se vendent facilement et bien chers. Je n'irai pas jusqu'à dire qu'ils sont surestimés (bien que le pensant), mais je conseillerai, pour investir sciemment, de les éviter !
- si une région a acquis sa réputation avec une couleur ou un type de vin, il ne faut pas y rechercher le mouton à cinq pattes, avec une appellation plus restrictive, comme le pinot noir en Alsace, le sancerre rouge, les bordeaux blancs des crus classés du Médoc ou le rosé des Riceys en Champagne, petit vin au prix peu en rapport avec sa bien modeste qualité !
Il circule aussi presque chaque mois dans la presse des informations sur des jeunes vignerons talentueux, faisant état de soi-disant révélations, renseignements devant être pris au conditionnel. Il est exact que quelques-uns sortent actuellement de l'ombre, mais, en réalité, assez peu. Un achat à la propriété demande de s'adresser en priorité à un viticulteur ayant de l'expérience et surtout une bonne pratique de la mise en bouteilles. S'aventurer chez un récoltant inconnu, sous prétexte qu'il a très bien réussi un millésime, dont il est parfois le premier étonné, équivaut à faire confiance à un miracle ; or, même à Lourdes, où l'Église fait preuve de la plus grande suspicion, ils sont rares, les statistiques révélant que depuis 1858, soixante-quatre seulement ont été reconnus.

VINS SPÉCULATIFS ET DIFFICILEMENT TROUVABLES

Les grands vins ont toujours été très recherchés non seulement en France, mais surtout aux États-Unis, en Angleterre, en Belgique et en Suisse par les amateurs éclairés, qui n'avaient qu'un seul objectif : acquérir les meilleurs millésimes, les laisser s'épanouir lentement en cave et les déguster à leur apogée lors de séances comparatives entre initiés. Depuis 1982, les choses ont beaucoup changé. Quelques grandes bouteilles, très anciennes (la plupart du temps passées) n'ayant plus que valeur de collection, ont fait l'objet de prix records lors de ventes aux enchères. La répercussion a été immédiate : tout un monde nouveau qui ne s'était jamais intéressé au vin auparavant a cru découvrir là une nouvelle valeur refuge et s'est engagé dans des achats à tour de bras, en stockant les vins dans n'importe quelles conditions, dans le seul but de spéculer. Cela n'a pas manqué de provoquer une envolée des cours sur la place de Bordeaux, où les primeurs ont atteint des prix hors de proportion avec la valeur des crus et des millésimes. Les journaux regorgent maintenant de petites annonces émanant de particuliers, qui ont tous des vins à vendre. Dans les ventes publiques, les cours commencent à connaître l'effondrement ; tous ces vins acquis sans discernement reviennent actuellement sur le marché, certains même en provenance de l'étranger.

Pourtant, il est indéniable que l'achat de certains grands vins représente toujours un excellent mode de placement, pour qui connaît parfaitement les rouages du système.

Pour spéculer sur le vin, il faut avoir, comme les agents de change qui exercent au Palais Brongniart, de la clairvoyance et aussi de bons informateurs particulièrement bien placés. Avant toute chose, quatre règles sont impératives :

- les seuls vins sur lesquels la spéculation reste possible sont les premiers grands crus ou assimilés du Bordelais et une petite poignée de seconds. Les neuf ténors couvrent une superficie d'à peine cinq cents hectares, d'où une demande dans les grands millésimes qui excède toujours l'offre. De même, cinq ou six autres Châteaux méritent d'entrer dans cette catégorie de vins spéculatifs, car ils sont assez rigoureux dans la sélection des cuvées qui portent leur étiquette ;
- bien se tenir au courant des conditions météorologiques qui ont précédé et accompagné la période des vendanges, pour connaître la pluviométrie, les orages de grêle éventuels, l'ensoleillement d'août et surtout celui de septembre. Le CIVB de Bordeaux et la station météorologique peuvent, sur demande, fournir ces renseignements ;
- n'acheter que des vins de grandes années en écartant les grosses récoltes pour éviter les produits dilués par une production importante ;
- faire confiance à un négociant reconnu pour son sérieux, comme Madame Descaves ou les Établissements Moueix, en n'hésitant pas à le contacter en fin d'année pour avoir ses impressions sur le dernier millésime.

Vins les plus spéculatifs

Première catégorie
Château d'Yquem [1]
Pétrus

Deuxième catégorie
Château Lafite Rothschild
Château Latour
Château Ausone

Troisième catégorie
Château Mouton Rothschild
Château Haut-Brion
Château Margaux
Château Cheval-Blanc (moindrement)

Quatrième catégorie
Château Léoville Lascases
Château Trotanoy
Château Palmer
Château Cos d'Estournel
Château La Mission Haut-Brion
Haut-Brion blanc

(1) Le Château d'Yquem n'est jamais commercialisé en primeur. Seuls sept négociants privilégiés sont accrédités auprès de ce cru ; c'est chez eux qu'il faut s'adresser. La liste peut être communiquée par le Château d'Yquem, à Sauternes.

VINS INTROUVABLES. Certains vins ont acquis depuis fort longtemps une telle renommée au-delà de nos frontières qu'ils sont devenus difficilement trouvables sur le marché français. Leur rareté est encore aggravée par le volume restreint de leur aire d'appellation presque confidentielle qui va de quarante-et-une ares pour le plus petit à quatre hectares pour l'immense Château Lafleur...
- BORDELAIS : Château Lafleur - Château Laville Haut Brion.
- BOURGOGNE : Romanée-Conti, Musigny blanc, Montrachet du domaine de la Romanée-Conti.
- CÔTES DU RHÔNE SEPTENTRIONALES : Côte-Rôtie *La Mouline*, Côte-Rôtie *La Landonne*, Côte-Rôtie *La Turque*.
- ALSACE : Riesling *Clos Sainte Hune* de Trimbach
- CHAMPAGNE : Les Vieilles Vignes Françaises de Bollinger et Le Clos du Mesnil de Krug.

CHAPITRE IV

la cave

TRANSPORT : PRÉCAUTIONS ET FORMALITÉS À PRENDRE

Dans le passé, beaucoup de petits vins avaient la réputation de ne pas pouvoir voyager ; ce qui était en partie vrai, pour ceux dont le degré alcoolique était faible. Le meilleur exemple est le Beaujolais primeur, vendu aujourd'hui dans le monde entier à partir du troisième jeudi de novembre, alors qu'avant la dernière guerre sa renommée ne dépassait guère la région lyonnaise. La rapidité des transports, les techniques de vinification et de conditionnement ayant beaucoup évolué, le transport du vin à notre époque ne pose absolument aucun problème. Tous sont maintenant aptes à voyager sans que leur qualité en soit altérée.
Le transport des vins est lié aux conditions climatiques. Il ne faut jamais faire transiter des vins par temps trop froid ou trop chaud. Dans le premier cas, il risque de se produire une précipitation tartrique * – qui est un des composants naturels du vin – qui s'insolubilise. Il se forme alors des cristaux de bitartrate de potassium, pris à tort pour du sucre par le consommateur non averti ! À l'inverse, les fortes chaleurs affectent surtout les vins blancs, mais ont aussi une incidence sur les rouges au point de détruire complètement leur potentialité aromatique. En plein été, il n'est pas rare que la température à l'intérieur des camions bâchés ou tôlés – souvent stationnés en plein soleil pendant leurs différents chargements – monte jusqu'à 50° C. Cette véritable étuve dilate le vin, au point de faire remonter le bouchon d'environ 24 mm, pouvant même

aller dans les cas extrêmes jusqu'à l'expulser. Pour les grands volumes (magnums, doubles magnums, etc.), les détériorations sont toujours plus importantes. Du fait que la capsule est aussi endommagée, la bouteille devient couleuse * et le vin s'oxyde très rapidement, allant jusqu'à perdre toute valeur marchande.
Les transports SNCF ne sont pas meilleurs, car les colis séjournent parfois plusieurs jours – notamment pendant les week-ends et jours fériés – dans des hangars ouverts à tous vents, devenant alors, selon les saisons, de véritables chambres froides ou des hammams. Pour les longs transports, il faudrait prendre la précaution de faire voyager les bouteilles le col en bas, pour éviter les dilatations. Mais encore faut-il avoir la possibilité de surveiller le chargement.
En ce qui concerne le transport des vieux vins, il demande certaines précautions supplémentaires. Comme les vieillards, ils supportent assez mal les voyages et ont beaucoup de difficultés à récupérer. Il faut éviter de les confier à des transporteurs impétueux, qui risqueraient de les brusquer, mais plutôt les véhiculer soi-même par temps clair, avec une pression atmosphérique élevée, à l'abri de la lumière si possible et en ayant la prévoyance de faire voyager les bouteilles debout et bien calées. Cela évitera que le dépôt occasionné par le vieillissement ne se trouve trop agité dans son habitat.
La fragilité des arômes et leur instabilité sont notoires. Les moindres modifications de l'équilibre physico-chimique du vin entraînent des variations. Il n'est donc pas étonnant que le transport les affecte momentanément. Lorsqu'on déguste un vin peu de temps après son transport, il arrive très souvent que l'on soit déçu ; il ne semble pas répondre aux qualités initiales qu'on lui avait attribuées, ce qui amène à se poser des questions :
- l'ambiance de la cave a-t-elle favorisé un engouement excessif ?
- le vigneron aurait-il fourni un autre vin que celui dégusté sur place (cela s'est déjà vu) ?
- les trépidations du voyage ont-elles fatigué le vin au point de ne pas le reconnaître ?
La troisième hypothèse est en général la plus fondée. Il est impératif – lorsqu'on reçoit un vin – de le laisser reposer (sauf dans le cas de primeurs stabilisés lors de la vinification) une bonne quinzaine de jours ; plusieurs semaines, voire quelques mois, sont nécessaires lorsqu'il s'agit d'un vieux vin.

PIÈCES DE RÉGIE. Les vins ne peuvent circuler librement en France, sans être accompagnés d'un titre de mouvement délivré par la Régie, qui est un congé de couleur verte pour les appellations d'origine contrôlée concernant les vins tranquilles ou de méthode champenoise, orange pour les vins doux naturels et les vins de liqueur, et blanche pour les vins de pays ou les vins de table, sur lequel doivent être mentionnés l'appellation, le volume, la provenance, le point et l'heure de départ, l'itinéraire, le nombre de jours accordé pour le transport ainsi que le numéro minéralogique du véhicule et la destination. Il est bon de rappeler que l'idée de la création de ce titre de mouvement est venue au sénateur Joseph Capus (fondateur de l'Institut national des appellations d'origine) et au baron Le Roy, lors d'un voyage commun à Marennes en voyant les étiquettes d'identification des bourriches d'huîtres contrôlées par l'Office national des pêches maritimes.
Depuis 1972, les pièces de régie peuvent être remplacées par une capsule CRD (Capsule représentative de droits) verte pour les AOC, bleue pour les vins de table et

les vins de pays. Adoptée par l'ensemble du négoce, des caves coopératives et de nombreux vignerons, la capsule facilite les déplacements en évitant d'avoir à respecter scrupuleusement les itinéraires et les horaires.
L'élite de la viticulture bordelaise et bourguignonne reste toutefois circonspecte, pour ne pas dire hostile, à la vulgarisation de la capsule CRD à laquelle elle reproche son côté inesthétique et surtout sa standardisation au niveau des appellations, qui peut être éventuellement source de fraude.

Précautions à prendre lors des livraisons. Lors d'une livraison de vins par un transporteur routier ou par la SERNAM, il faut contrôler que le nombre de cartons correspond bien au bordereau d'expédition et vérifier soigneusement leur état, pour s'assurer qu'ils n'ont pas été ouverts en cours de route et recollés ensuite avec une autre bande. Dans le cas de bouteilles manquantes ou cassées, faire les réserves d'usage sur le bon de livraison avant de le signer, puis écrire dans les 48 heures en demandant le remboursement des bouteilles manquantes à la direction de l'organisme transporteur, en joignant une photocopie du bon de livraison et une autre de la facture du fournisseur.
Il existe une réglementation administrative de l'indemnisation pour les marchandises transportées, fixant la limite légale de responsabilité en cas de perte ou d'avarie, qui prévoit actuellement un remboursement forfaitaire de 90 francs TTC par kilo, quelle que soit la valeur du produit.
L'acheteur ne doit pas ignorer, bien que cela ne soit jamais stipulé, qu'en acquérant des bouteilles de vin, qui seront confiées ensuite à un transporteur, il souscrit en quelque sorte souvent deux contrats : le premier avec le fournisseur concernant l'achat d'une marchandise, le second avec un transporteur pour un service.
C'est pourquoi en cas de litige, il vaut mieux qu'il n'ait affaire qu'à une seule personne, plutôt qu'à deux interlocuteurs. Lors d'un achat, il est recommandé d'exiger du marchand qu'il pratique, à défaut du franco, au moins le port avancé. En cas de détérioration ou de manques, le meilleur recours consiste malheureusement à refuser purement et simplement la marchandise, en n'omettant pas de mentionner le motif sur le bon de livraison qui accompagne les cartons. C'est le seul moyen, pour le consommateur, de rentrer en possession plus tard de l'intégralité de la commande en bon état.
La loi devrait obliger les transporteurs à faire figurer sur les bordereaux d'enlèvement une clause mettant en garde les expéditeurs sur les risques qu'ils courent, en signalant qu'au-delà d'un certain prix, les bouteilles ne sont plus garanties pour leur valeur vénale, sauf en prenant une assurance complémentaire, dont le coût de revient est pourtant minime 4 ‰. Pour les vins de grande valeur, cette précaution est indispensable.
Dernier conseil : dans la mesure du possible, éviter de se faire expédier des vins pendant la période des fêtes de fin d'année. Les transporteurs, surchargés d'envois, n'ont pas toujours la possibilité d'exercer leur surveillance avec vigilance. Ce qui multiplie les risques de vol ou de casse.
Ajoutons un mot sur les tarifs des transporteurs. Beaucoup de consommateurs se plaignent parfois, à juste titre, du coût élevé des transports qui sont, il est vrai, prohibitifs pour les petites quantités et regrettent que la viticulture ne pratique pas plus le « franco ». Il faut savoir que les viticulteurs vendent du vin, mais pas des kilomètres… À chacun son métier !

LA MISE EN BOUTEILLES PAR LE CONSOMMATEUR

Le développement de la mise en bouteilles à la propriété et dans les caves coopératives a largement contribué à la disparition progressive de la vente de vins en vrac, dans la plupart des régions viticoles, d'autant que l'ensemble des producteurs de grandes AOC avaient, depuis longtemps déjà, donné l'exemple, en cessant ce mode de commercialisation, qui leur causait plus de désagréments que d'avantages financiers.

La mise en bouteilles par les consommateurs – je suis tenté d'écrire archaïque – est heureusement une pratique en voie d'extinction dans les milieux urbains. Elle suscite pourtant encore un certain engouement en zone rurale, où elle compte toujours de chauds partisans, arguant qu'elle leur permet de bénéficier d'un prix d'achat plus attractif. Ce qui est partiellement vrai, car ce qui coûte le plus cher au producteur, c'est la conservation du vin, et évidemment ni la bouteille ni le bouchon qu'il achète bien entendu dans des conditions plus avantageuses que le particulier, vu l'importance de ses commandes. Dans la plupart des cas, ces novices (il n'y a pas d'autre terme) ne tirent presque jamais le meilleur parti du produit qu'ils embouteillent, en raison d'un manque d'expérience et surtout en ne respectant pas, la plupart du temps, les règles élémentaires d'hygiène. L'amateur qui achète en vrac doit savoir, lorsqu'il s'agit d'un fût, qu'après l'avoir laissé reposer une dizaine de jours, il lui faut le tirer en une seule fois. En ce qui concerne le cubitainer ou tout autre récipient du même genre, il doit être tiré en bouteilles rapidement, voire le lendemain de son arrivée et, également, en une seule opération, l'air étant l'ennemi le plus redoutable du vin. Un contenant en vidange constitue une proie idéale pour la piqûre acétique *, qui transforme en moins de quelques heures le meilleur vin en vinaigre.

Dans les appellations Chinon, Bourgueil et Saint-Nicolas-de-Bourgueil, j'ai été témoin à plusieurs reprises de pratiques aberrantes de la part de consommateurs, qui achetaient à la propriété des cubitainers de trente-deux litres qu'ils s'apprêtaient ensuite à répartir entre des relations demeurant à des adresses différentes. Je n'ose penser aux conditions déplorables dans lesquelles se sont effectuées par la suite les mises en bouteilles de ce produit, que je n'hésiterai pas à qualifier de « vinaigravin ». Je sais, par expérience, que chez certains vignerons du Val de Loire, le commerce n'est pas toujours florissant, raison pour laquelle devoir refuser une vente est souvent un cruel dilemme, mais il y a cependant des cas où le récoltant devrait rester ferme. C'est la seule façon pour lui de ne pas ternir sa réputation ; ce qui ne saurait manquer avec de tels procédés.

Néanmoins, pour les incorrigibles de cette pratique, certains conseils s'imposent, afin de leur permettre de limiter les dégâts :

- ne jamais se servir plusieurs fois d'un cubitainer. Même après l'avoir bien lavé, il faut impérativement le considérer comme un emballage perdu ;
- s'arranger pour faire coïncider les achats avec les bonnes périodes de mise en bouteilles, c'est-à-dire pendant le décours (période de décroissement de la lune), surtout par temps clair et sans vent. Ce qui est compréhensible ; on constate bien l'influence de la lune sur la sédimentation du sang, nul doute qu'elle agisse aussi sur celle du vin, donc aide à sa clarification *. Jamais un bon vigneron ne prendra le risque de manipuler son vin par temps instable ;

- laver soigneusement les bouteilles à l'aide d'un goupillon, dans un bain basique de soude à 1 ou 2 % ou, à la rigueur, avec un autre détersif inodore, à une température d'environ 50° C. Ensuite, rincer soigneusement les bouteilles à l'eau claire et les égoutter sur un hérisson ou un égouttoir mural. Toutes ces précautions ont pour but d'éviter les mauvais goûts dus à des bouteilles mal rincées. Dans le cas de bouteilles neuves, il faut, tant qu'elles ne servent pas, les obturer avec une capsule de plastique ;
- choisir un fournisseur de bouchons très sérieux et surtout ne jamais vouloir « tirer les prix ». Un beau bouchon a peu de piqûres, son coloris est de nuance blonde, son contact est doux, son extrémité est sans défaut ; si elle est parfaite (ce qui est exceptionnel), on la qualifie de miroir. À chaque style de vin correspond une qualité de bouchon. Il ne faut surtout pas confondre choix et qualité. Le choix correspond seulement à un aspect dans une qualité donnée ;
- les bouchons sont livrés soit en sacs de jute (ce qui malheureusement devient de plus en plus rare), soit en sacs plastique perforés. On trouve aussi, en petite quantité, des bouchons emballés sous vide « stérilisés avec addition de SO^2 ». Pour les conserver dans de bonnes conditions, il faut les placer dans un local aéré à faible taux d'hygrométrie, à l'abri des écarts de température, surtout pas à même le sol, en évitant les lieux trop froids qui les durcissent provisoirement ;
- avant utilisation, laver les bouchons à l'eau froide (sauf s'ils sont paraffinés), pour éliminer les poussières, mais surtout jamais de trempage dans l'eau bouillante, pour éviter la dissolution de certains constituants à l'origine de l'élasticité du liège ;
- le meilleur traitement pour les bouchons, avant utilisation, consiste à leur faire subir pendant une dizaine de minutes un passage à la vapeur, en les plaçant dans une sorte d'égouttoir surmontant un récipient (couscoussier), où l'on maintient de l'eau à ébullition, pour leur donner l'élasticité nécessaire à la future compression ;
- lorsque la bouteille a reçu son bouchon, il ne faut surtout pas la coucher, mais, au contraire, la laisser debout pendant une vingtaine de minutes ; l'idéal serait deux à trois heures, car il ne faut pas oublier que la décompression n'est pas immédiate ; un bouchon reprend : 85 % de ses dimensions initiales immédiatement, 92 % en 15 minutes, 99 % en 48 heures. Faute de prendre cette précaution, on risque d'avoir plus tard des bouteilles couleuses *.

Il ne reste plus qu'à capsuler la bouteille. Pour cela, il existe dans les magasins spécialisés des petites capsuleuses peu encombrantes et surtout peu onéreuses. Pour ma part, je préconiserais plus volontiers de cacheter les goulots avec de la cire (mélange de colophane, provenant de la distillation de la gemme, suc résineux qui coule des pins maritimes, et de carbonate de chaux). Il en existe de plusieurs couleurs ; les deux plus usitées sont la rouge et la jaune. L'utilisation en est fort simple : dans une boîte en fer ou encore une vieille casserole réformée en aluminium, faire fondre un pavé de cire, auquel on ajoutera un peu de matière grasse (paraffine) pour l'empêcher plus tard d'être trop friable. Quand le mélange sera bien fondu, tremper le haut du goulot dedans, en le tournant doucement jusqu'à ce qu'il soit entièrement recouvert.

Dernier conseil : ne pas hésiter à récupérer des bouteilles bordelaises, bourguignonnes ou de Loire (avec l'écusson) chez un restaurateur qui sera ravi ; cela lui évitera de les détruire.

Il existe dans chaque région, même non viticole, au moins un magasin vendant tous les articles de cave. Néanmoins, je n'hésite pas à vous communiquer une très bonne adresse : Lescene & Dura, 63, rue de la Verrerie, 75004 Paris ; tél. : 42 72 08 74 (ouvert du mardi au samedi de 9 h 30 à 13 h et de 14 h à 19 h, parking de l'Hôtel de Ville). Cette maison – j'allais dire presque antique – remonte à 1875. Pendant près d'un tiers de siècle, elle a fourni aux amateurs qui achetaient leurs vins en vrac à Bercy, d'excellents bouchons. Aujourd'hui – nécessité fait loi – elle vend plus d'armoires climatisées pour la conservation en appartement des « vins bouchés » que de bouchons. Accueil charmant, qui a su conserver les traditions commerciales du début de siècle, dans une sorte de capharnaüm vinique bien sympathique, qui fait heureusement oublier les grandes surfaces si impersonnelles.

LA CAVE

Le *Petit Larousse* la définit ainsi : « Partie souterraine d'une maison, généralement au niveau des fondations, lieu souterrain où l'on conserve le vin. » Georges Duhamel écrivait, voici plus de quarante ans : « L'avenir du vin est entre les mains des architectes. » Dieu qu'il avait raison ! C'est à croire que cette profession ne l'aime pas car elle néglige assez souvent cette partie de l'habitation ou ne l'isole pas ; elle contribue pourtant à la qualité de la vie. Pour l'anecdote, la cave la plus haute du monde est la cave de Casapalca, qui se trouve au Pérou à 4 155 mètres d'altitude.

COMMENT L'AMÉNAGER ? Dans son *Art de faire le vin*, paru en 1807, le grand chimiste Chaptal (ancien ministre de Napoléon Ier) avait déjà défini la cave idéale. Son analyse est encore tout à fait d'actualité aujourd'hui, mais, compte tenu d'éléments nouveaux comme l'électricité, il faut la compléter :

- une bonne cave doit être suffisamment enterrée, à l'abri des trop grandes variations de température ; pour cela, il faut qu'elle bénéficie d'une bonne ventilation statique. L'idéal est une prise d'air sur la partie basse du local exposée au nord et une autre dans la partie haute du mur côté sud. Pour une bonne cave, la meilleure exposition se situe au nord ou à l'est ;
- le sol doit être en terre battue ou en petits gravillons, pour permettre les mouvements par capillarité d'eau du sous-sol ;
- la température idéale doit être comprise entre 10° C et 14° C. Jusqu'à 16° C, c'est encore acceptable, mais dans ce cas, les vins évolueront un peu plus vite et leur longévité s'en trouvera raccourcie. Si des canalisations de chauffage passent, il faut les isoler, en pratiquant un calorifugeage parfaitement étanche. Les gros écarts de température sont redoutables ; il faut y remédier, en bouchant éventuellement les soupiraux en hiver ou en posant tout simplement sur certaines parties des cloisons des panneaux isolants en polystyrène ou laine de verre. Dans le cas de cave mal exposée et par conséquent trop chaude, on peut aisément faire installer par un frigoriste un système de climatisation, dont le prix relativement modéré oscille entre 6 000 et 12 000 francs selon le volume de la pièce ; ce qui n'est pas cher, si l'on a de grands vins à conserver ;

- les trépidations, causées par la proximité d'une rue à grande circulation, du métro, d'une ligne ferroviaire ou d'un parc de stationnement occasionnent des vibrations qui rendent très aléatoire la conservation du vin, car elles ont pour principal effet de remettre quelquefois en activité les bactéries toujours présentes dans certains vins instables, risquant de provoquer une piqûre lactique *. Sans envisager de telles catastrophes, il faut quand même savoir que certains éléments du vin, tels les matières colorantes ou les tannins, n'y sont pas véritablement dissous, mais seulement en état de suspension colloïdale ; sur le plan des équilibres chimiques, ils sont très fragiles et peuvent être provisoirement rompus par les ultrasons. Afin de pallier les vibrations, il est conseillé de mettre sous et derrière les casiers un système antisismique, constitué de patins en caoutchouc antivibratoires « silent block » ;
- une véritable cave ne doit pas être trop sèche, pour éviter que les bouchons se dessèchent et se chevillent avec le risque de voir certaines bouteilles devenir couleuses *. Pour garder une certaine humidité, placer dans un coin un tonneau ou un grand récipient rempli de sable, que l'on mouille à intervalles réguliers, ou bien encore un bac à eau avec du charbon de bois, pour éviter qu'elle croupisse ;
- une certaine hygrométrie est nécessaire. L'idéal se situe à 75 % ; au-dessus, il n'y a aucun risque pour le vin (même jusqu'à 100 %), au contraire, mais les étiquettes se décollent. Il est indispensable d'avoir non seulement un thermomètre, mais également un hygromètre ; certains appareils remplissent ces deux fonctions. Si la cave est trop humide, on peut y remédier, en y plaçant un récipient en grès ou en verre rempli de chaux vive, qui absorbe l'humidité ; il suffit de la changer régulièrement dès qu'elle est chargée d'eau. Il est quelquefois aussi utile de drainer des eaux d'infiltration vers un petit puisard ou, tout bonnement, à l'égout. Il est conseillé, dans ce cas, d'enduire les étiquettes d'un vernis alimentaire avant leur entrée en cave ;
- l'obscurité est de rigueur. Une lumière trop vive peut, à la longue, avoir des répercussions sur le vin. Il existe des lampes bleues adaptées pour cette utilisation. Le tube au néon est à prohiber ! Le summum demeure les lampes au sodium à basse pression, dites à « lumière froide », qui équipent déjà beaucoup de caves champenoises. Elles dégagent très peu de chaleur ; en revanche, elles déforment totalement la couleur, ce qui n'est pas un handicap si l'on ne déguste pas sur le lieu de vieillissement. Elles sont commercialisées par les Établissements Philips ;
- chauler les murs une fois par an, pour absorber l'humidité. La chaux empêche aussi l'implantation d'araignées et d'insectes. Dans les caves se multiplient parfois des coléoptères et surtout des microlépidoptères qui pondent sur les bouchons et dont les larves creusent des galeries dans ceux-ci. Les teignes sont les plus abondantes avec, notamment, la mite commune du liège, la mite du vin et la mite de la colle. Il se développe une ou deux générations par an, entre avril et octobre, qui durant cette période d'activités causent d'importants dommages. Les papillons vont pondre sur les bouchons, les larves issues des œufs s'incrustent dans les bouchons et perforent des galeries au tracé irrégulier, comportant des ramifications ; celles-ci s'enfoncent de la surface vers l'intérieur du bouchon, de telle façon qu'à un moment donné le vin arrive à s'écouler. La surface des bouchons se couvre d'un résidu friable, significatif d'une attaque. De manière à éviter une telle infestation, il est impératif d'éliminer tous les supports susceptibles d'abriter ces parasites, tels que les vieux bois... Le plus souvent,

c'est lorsqu'on constate des résidus de sciure farineuse sur les bouchons que l'on se décide d'intervenir. Il est alors bien trop tard ; il faut avant tout s'attacher à détruire les papillons à l'aide de pièges (petits appareils avec des tubes lumineux) ou en brûlant du soufre, mais les larves ne sont pas atteintes à l'intérieur du liège. Il faut donc remplacer les bouchons contaminés, en prenant grand soin de les brûler. Il est également nécessaire, lorsque les bouteilles ne sont pas capsulées, de protéger les bouchons avant toute attaque par une petite capsule en polyéthylène réutilisable. Dans une cave contaminée, la fréquence des bouchons atteints varie sensiblement, mais il semble que les bouteilles de vin rouge soient plus touchées.

Le chaulage, c'est-à-dire le badigeonnage au lait de chaux, se prépare en versant de l'eau sur des morceaux de chaux vive, les transformant en poudre de chaux éteinte, qui se dilue dans l'eau ; c'est un travail rapide, qui se fait à l'aide d'un gros pinceau ou d'une brosse à badigeon. Autre avantage de cette opération : le blanc est mauvais conducteur de la chaleur ;

- la cave est un lieu où il doit régner une très grande propreté. Il ne faut jamais y entreposer de produits odorants (mazout, etc.), de matière susceptible de fermenter (légumes, fruits, fromages) et encore moins du vinaigre toujours susceptible d'amener de l'acescence * ;
- les casiers de rangement peuvent être de différentes matières : en lave volcanique, en ciment armé, en métal ou encore en bois ou en aggloméré. Ces derniers sont plus pratiques et très fonctionnels pour qui ne dispose pas de quantités importantes par appellation, en utilisant les dimensions 36 x 25 avec une profondeur de 32. Chaque alvéole permet de ranger avec précision, sans risque de casse, 12 bouteilles, 6 magnums ou 30 demies. Prévoir aussi des étiquettes métalliques à fixer aux casiers. Le meilleur matériau est le contreplaqué marine, assez onéreux mais d'une solidité à toute épreuve.

Il ne faut jamais utiliser dans une cave des casiers ou des étagères en bois qui auraient été traités avec un pesticide à base de chlorophénol, si l'on veut éviter la mésaventure qui est arrivée, il y a une vingtaine d'années, à une grande maison de commerce champenoise pour sa cuvée de prestige, dont les bouteilles avaient été placées pour le remuage * sur des pupitres préalablement traités. Elles ont pratiquement toutes été atteintes par ce que les spécialistes nomment le « nouveau goût de bouchon », qui est en réalité un goût de moisi.

Il est bien rare que dans une cave, il n'y ait pas quelques petits foyers de moisissure sur le bas des murs ou sur des bouteilles. Des études scientifiques, faites par d'éminents spécialistes, ont démontré qu'ils sont capables de méthyler les chlorophénols, volatils et peu odorants, utilisés dans le traitement des bois, pour donner des chloroanisoles ou des tétrachloroanisoles. Le produit chimique lui-même a un seuil de perception très bas ; en revanche, une fois transformé par les micro-organismes, il a une odeur épouvantable. Lorsqu'on entre dans une cave qui en est atteinte, on sent une sorte d'odeur de moisi et de renfermé. Mais, au bout de très peu de temps, le nez se sature et l'on ne perçoit plus rien. Ce n'est que quelques instants après être sorti de la cave et s'être aéré les muqueuses olfactives que l'on ressent à nouveau l'odeur, qui réapparaît sur les vêtements.

En 1975, Wurdig fut le premier à faire la relation entre l'odeur de moisi que dégagent

certaines caves et l'utilisation de produits à base de pentachlorophénol pour traiter le bois. Déjà en 1966, travaillant dans un tout autre domaine, Engel avait mis en évidence le rôle d'un tétrachloroanisole dans l'odeur des œufs et des carcasses de poulets élevés à l'époque sur des litières de copeaux de bois traités. Jusqu'en 1980, personne n'avait fait le rapprochement entre ces deux axes de recherche. Ce n'est qu'en 1981 que Tanner et Zannier démontrent la présence et le rôle du trichloroanisole (il s'agit d'une autre voie d'approche exposée au chapitre consacré aux bouchons) dans un vin à goût de bouchon. Peu de temps après, Dubois et Rigaud piègent les composés, responsables de l'odeur de moisi de certaines caves et identifient le tétrachloroanisole et le pentachloroanisole dans celles où le bois avait été traité avec un pesticide à base de chlorophénol ;
- les bouteilles de vin doivent toujours être conservées couchées, pour que le bouchon reste en contact permanent avec le vin. En revanche, les bouteilles d'eau-de-vie doivent rester debout, afin d'éviter que l'alcool ronge la subérine qui est une matière imperméable du liège, provenant d'une transformation de la cellulose. Ne pas empiler de vin sous un soupirail ;
- prévoir un coin dégustation à la luminosité adaptée avec une table ou tout simplement un vieux fût aménagé, un crachoir rempli de sable ou de sciure non traitée et surtout quelques sièges indispensables pour la concentration ;
- un débarras non chauffé, protégé des rigueurs de l'hiver, sans trépidation et légèrement aéré convient souvent mieux à la conservation du vin qu'une cave cimentée attenante à la chaufferie ;
- les caves d'appartement sont trop coûteuses. Il faut également préciser que ce type de meuble, en raison du volume d'air trop important entrant dans l'appareil à chaque ouverture de porte, représente une inertie thermique trop faible pour être fiable.

COMMENT L'ASSURER ? Il faut prendre toutes les précautions nécessaires en cas d'infraction :
- porte blindée avec trois points d'ancrage et serrure à pompe ;
- souscrire un contrat d'assurance, prévoyant une réévaluation chaque année, garantissant, en cas de vol, d'incendie, de dégâts des eaux ou de toute autre déprédation sans aucune réserve, le remboursement des vins au cours du jour ;
- conserver tous les documents pour les fournir à l'assurance en cas de sinistre : photocopie des factures d'achat et photographie très détaillée de la cave.

Pour obtenir un tel contrat (tout à fait possible), il faut engager de nombreuses palabres avec le courtier en assurances. Généralement, il exige, avec juste raison, que les lieux soient protégés par un système d'alarme et même, si la garantie est importante, que celui-ci se double d'une télésurveillance. Il demande aussi la visite d'un expert et un inventaire annuel. Sur ces deux derniers points, on doit s'assurer que l'expert sera bien un agent de la compagnie d'assurances. Quant à l'inventaire, il peut être confié sous pli cacheté par les soins de l'assuré chez un notaire ; ce qui limite les indiscrétions. Cela oblige aussi à refaire chaque année un nouvel inventaire, qui tiendra compte des rentrées et des sorties.

La meilleure protection demeure l'anonymat. Une cave ne se visite pas ; ce n'est pas un lieu de pèlerinage.

COMMENT LA GÉRER ? Il faut tenir un livre de cave dans lequel figurera, pour chaque vin, l'appellation, le millésime, la date d'entrée en cave, le nombre de bouteilles acquises, le prix d'achat compte tenu de la TVA et des frais de transport, le nom du fournisseur et de l'intermédiaire ainsi que son adresse et son téléphone, les sorties journalières, le stock restant et des notes de dégustation.
Il faut aussi disposer d'un classeur où seront soigneusement répertoriés les factures, les pièces de régie, les bordereaux de transport et des fiches de dégustation vierges.
Il permet de contrôler l'évolution des vins pour, éventuellement, renforcer les bons achats lorsqu'il reste encore des disponibilités chez le fournisseur.

COMMENT LA RENTABILISER ? Dans les très grands millésimes, acheter quelques caisses de Châteaux les plus spéculatifs du Bordelais, en essayant de ne pas trop diversifier les acquisitions. Il va de soi que plusieurs caisses d'une grande année, provenant d'une seule propriété, se vendront toujours mieux que le même nombre divisé en trois ou quatre crus. Les vins achetés dans un but spéculatif peuvent sans aucun risque se conserver dans leurs caisses de bois d'origine, qui apporteront toujours un petit plus lors de la revente. Le stockage est aussi plus aisé. Il suffit de les placer au-dessus des casiers.
Pour réaliser une bonne opération financière, il ne faut surtout pas se presser de négocier. La grande année gagne à vieillir et plus le temps passe, plus le nombre de bouteilles disponibles sur le marché se raréfie. À la longue, elles constituent presque des pièces de collection. Chaque année, il faut consulter avec attention les cours du négoce bordelais pour réévaluer son stock et se tenir au courant des prix réalisés dans les salles des ventes. Ces petites opérations sont passionnantes et, à la longue, aussi rentables que le boursicotage. Au bout de quelques années, un système bien rodé permet d'acquérir régulièrement, avec les substantiels bénéfices obtenus, une bonne partie des vins moins nobles, réservés à la consommation familiale qui composent l'ossature de la cave.
Enfin, avantage non négligeable : en dessous de 20 000 francs de transactions dans la même année, il n'y a pas d'imposition sur les plus-values, une cave patrimoine étant considérée, au regard de la fiscalité française, comme « collection privée » et sa cession est assimilée à celle de « biens meubles ».
Toute vente annuelle aux enchères, pour une somme supérieure, devra acquitter 4,5 % à l'administration sans plafonnement et 7 % lorsqu'il s'agit de bouteilles vendues par un autre circuit (malheureusement y compris le prix d'achat et la TVA).
Les vieux vins doivent en principe être rebouchés environ tous les vingt-cinq ans. C'est une opération très délicate, qui demande une certaine expérience pour éviter l'apport d'oxygène nuisible à leur bonne conservation. Elle doit être effectuée dans un temps très court. Même en tenant compte de la fatigue occasionnée par un transport (après un certain temps de repos, le vin récupère), il est préférable que cette manœuvre ait lieu à la propriété. Elle y est souvent pratiquée sous gaz neutre, pour éviter toute oxydation *, mais, dans la plupart des cas, le viticulteur ou le maître de chai (dans les grandes propriétés bordelaises) se contente d'ajouter – avant le rebouchage – quelques gouttes de solution à 5 % (SO_2). Il assure ainsi une protection au vin sans nuire à sa qualité future, surtout si le niveau de la bouteille un peu bas nécessite un remplissage avec le vin de la même année (en sacrifiant une bouteille) ou avec un vin jeune d'un très bon millésime, qui ne peut que lui donner un coup de fouet.

CHAPITRE V

à table

LES ACCORDS GOURMANDS

L'association des mets et des vins – hormis quelques grands classiques éprouvés – demeure dans son ensemble un problème insoluble. Elle relève d'un domaine où il vaut mieux faire preuve d'éclectisme que de rigorisme.

Lorsqu'il m'arrive de parcourir certaines revues dites « spécialisées » et d'y trouver les commentaires d'un aréopage de dégustateurs, qui ont passé plusieurs heures à philosopher devant une préparation culinaire et quelques bouteilles pour définir le mariage idéal, je me prends à sourire voyant qu'ils ne sont même pas arrivés à se mettre d'accord entre eux. Il est vrai que dans ce genre de confrontation, chacun des protagonistes ne cherche qu'à se démarquer des autres participants, en émettant toujours un avis diamétralement opposé pour ne pas perdre la face. Cela m'amène à une réflexion : doit-on s'incliner devant la prétendue science de ces étonnants experts vétilleux ou au contraire les prendre pour de vulgaires fumistes ? Dans la plupart des cas, j'opterais plus volontiers pour cette dernière solution.

C'est devenu une mode aujourd'hui ! On veut par tous les moyens diriger le goût du consommateur, en fonction de critères bien définis ou de simples jugements personnels ; ce qui est tout bonnement irritant. Plutôt que d'établir des règles détaillées et complexes sur ce qu'il convient d'adapter à tel ou tel plat, mieux vaut laisser à chacun le plaisir de découvrir certaines alliances étonnantes. Aucune règle n'est à même de garantir une harmonie entre les mets et les vins, vu le nombre de paramètres entrant en ligne de compte :

- le goût personnel, qui est un sentiment très vif, instable, parfois arbitraire et, n'oublions pas, versatile comme la mode ;
- l'état d'âme du moment présent, selon la région où l'on se trouve et les conditions de vie. On ne peut en effet avoir la même vision des choses si l'on est accaparé par une activité débordante qui vous stresse ou, à l'inverse, en vacances ;
- la saison joue aussi un rôle capital, amenant à choisir de préférence en hiver un vin corsé alors qu'en été on opte plus facilement pour un vin léger et gouleyant ;
- les produits identiques n'ont pas forcément les mêmes saveurs ; celles-ci sont conditionnées par les époques et les lieux de provenance. Ainsi, un turbot de petite pêche ou un bar de ligne n'aura pas le même goût qu'un poisson de chalut, qui aura séjourné plusieurs jours dans la glace avant d'arriver sur l'étal du poissonnier ; de même qu'un vrai faisan sauvage a obligatoirement une viande plus ferme et aromatique que celle d'un ex-prisonnier d'élevage lâché dans la nature la veille de la chasse pour le simple plaisir de chasseurs endimanchés. Un veau de lait de Corrèze élevé sous la mère ne peut se comparer à un animal engraissé en batterie avec une nourriture étudiée en laboratoire. Peut-on établir un parallèle entre un bon légume cultivé avec un amendement organique et cueilli à parfaite maturité en pleine saison avec un vulgaire produit poussé à outrance à l'aide d'engrais chimiques, ramassé avant terme et conservé en fonction d'impératifs économiques dans des chambres à atmosphère contrôlée. Ces quelques exemples illustrent malheureusement bien notre alimentation actuelle. À eux seuls, ils réduisent à néant tous les prétendus accords gourmands des spécialistes en dégustation ;
- enfin, dans la grande cuisine française, n'oublions pas que pour une même préparation beaucoup de produits sont cuits séparément et par conséquent gardent leurs propres saveurs. Il arrive donc qu'un vin s'accorde très bien avec certains des composants d'un plat, mais pas obligatoirement avec les autres. Quant à la cuisine actuelle, dite « nouvelle », elle est composée de nombreuses herbes et d'épices encore inconnues des Chefs il y a une dizaine d'années. Cela donne des associations parfois scabreuses, mettant à mal les connaissances des sommeliers les plus chevronnés.

Pour imager mon propos, je dirai que dans un repas le vin est aux mets ce que la décoration est au mobilier dans un salon :
- une grande bouteille demande à être mise en valeur au même titre qu'on ne place pas une belle œuvre dans un coin sombre ;
- il est aussi dommageable d'accrocher un mauvais tableau dans un salon élégant, que d'associer à une bonne cuisine un vin de qualité médiocre ;
- c'est un non-sens que de suspendre une aquarelle aux nuances délicates près d'un double rideau aux couleurs vives qui l'écrase. Le principe est le même pour le vin : ainsi, une bouillabaisse demande un simple vin blanc de Cassis, mais surtout pas un grand bourgogne blanc.

Pour les mariages gourmands comme pour la décoration, deux principes peuvent être mis en application : si l'on n'est pas conformiste, pourquoi ne pas jouer sur les contrastes, en intégrant par exemple une ou deux belles pièces anciennes dans un mobilier moderne ou une peinture abstraite dans un ensemble classique ? Avec le vin, on peut procéder de même et obtenir des associations surprenantes et cependant heureuses, comme un grand bourgogne blanc sur un bœuf mode cuisiné avec le même vin

ou bien, au contraire, rechercher une grande unité. À table, les exemples ne manquent pas, même avec des vins réputés difficiles, à condition de servir plusieurs millésimes dans le même repas :
- château-châlon : écrevisses à la nage, poulet aux morilles, fromage de Comté, gâteau aux noix ;
- sauternes : foie gras d'oie non truffé, volaille de Bresse à la crème, roquefort, pâtisseries, en excluant le chocolat ;
- chinon : matelote d'anguilles, cul de veau aux petits oignons, fromage de Sainte-Maure, fouace.
Quelques règles sont néanmoins impératives dans les accords mets et vins, auxquelles il ne faut pas déroger :
- le blanc sec * doit être servi avant les rouges et les liquoreux ;
- pour accompagner un plat en sauce, réalisé avec du vin, il est essentiel de boire une AOC de la même région, sans pour autant s'en tenir strictement à l'équivalence. On peut aussi se faire plaisir et monter la gamme, en dégustant une vénérable bouteille d'une appellation prestigieuse. Son sacrifice, inutile en cuisine, n'apporterait d'ailleurs rien de plus au mets, si ce n'est de risquer de lui nuire, en raison de la modification de certains éléments de sa composition due au vieillissement. Le coq au chambertin ou le lièvre à la royale au même vin n'existent plus que dans les vieux livres de recettes ou dans de vagues souvenirs que nos aïeux enjolivent avec le temps ;
- sur certaines préparations, il faut impérativement proscrire le vin et boire de l'eau : les potages, les salades, les asperges et les œufs (sauf s'ils sont cuisinés au vin rouge) ;
- dans un repas familial, deux vins, un blanc et un rouge, suffisent. En revanche, lors d'un grand événement, on peut aller jusqu'à quatre appellations, mais jamais au-delà si l'on veut que chacune puisse être mise en valeur ;
- la grande cuisine française demande, certes, des vins de haute lignée, mais il ne faut pas oublier qu'il existe aussi une autre cuisine non moins estimable, celle des plats « canailles » qui, elle, réclame des petits vins « crapuleux » comme le bourgogne aligoté (escargots), le bourgogne Coulanges-la-Vineuse (œufs en meurette) ou un jasnières (friture du Loir) ;
- il est aussi possible de faire tout un repas arrosé au champagne brut, en ayant soin d'aller crescendo, en choisissant par exemple un blanc de blancs * pour l'apéritif et les entrées, puis une grande cuvée vineuse de la Montagne de Reims sur les viandes et les fromages ;
- il faut impérativement suivre une progression, en terminant toujours par la plus grande bouteille [1], sans distinction régionale ni de millésime, et surtout ne pas oublier que le vin que l'on boit ne doit jamais vous faire regretter celui qui vous a été servi précédemment ;
- éviter de suivre le phénomène de mode actuel, qui consiste au restaurant à ne pas vouloir changer de vin pendant tout le repas, sous le fallacieux prétexte d'éviter à tout prix les mélanges ou, encore mieux, d'accompagner les poissons, les préparations au caviar, les crustacés et surtout les coquillages (avec ces derniers, le vin rouge prend une âcreté rebutante et devient presque méconnaissable) d'un rouge léger ; ce qui est une faute de goût, car le tannin * et l'iode se marient vraiment très mal. Bien sûr, on peut tout faire, même boire du thé, de la bière ou de la vodka sur tous les plats comme le font les Asiatiques et les habitants de l'Europe du Nord. À ce sujet, je rappelle une

(1) Sauf avec certains fromages.

citation de Brillat-Savarin : « Prétendre qu'il ne faut pas changer de vin ou de millésime dans un repas est une hérésie. La langue se sature et après le troisième verre, le meilleur n'éveille plus qu'une sensation obtuse. » ;
- éviter dans un même repas de servir deux grands seigneurs, qui se nuiraient mutuellement ;
- il faut au cours d'un repas servir les vins avant le plat correspondant et non après, comme cela se fait malheureusement trop souvent ;
- enfin, contrairement à une fausse idée reçue qui persiste dans l'esprit du consommateur, le fromage - surtout lorsqu'il est affiné - est plutôt l'ennemi que l'ami des grands vins rouges. Un bon camembert demande simplement d'être escorté d'un cidre fermier, le munster fera merveille avec un gewurztraminer, le chèvre s'accommodera d'un sancerre, le cabecou du Quercy d'un cahors vineux, et la fourme d'Ambert ou mieux encore le stilton ne voudront d'autre compagnon qu'un extraordinaire porto vintage. Quand je pense que dans un restaurant deux fois étoilé au *Guide Michelin* j'ai vu le maître d'hôtel conseiller, avec la puante boulette d'Avesnes, un deuxième cru classé du Médoc ! En réalité, pour terminer un repas sur un grand vin rouge, qu'importe qu'il soit de Bordeaux, de Bourgogne ou des Côtes du Rhône ! Rien ne les mettra plus en valeur qu'un bon comté ou l'un de ces remarquables vieux gruyères suisses, à la rigueur un reblochon fermier, à condition qu'il ne soit pas trop affiné. Pour accompagner les fromages plus forts, il faut des vins puissants, susceptibles d'affirmer leur caractère, tels qu'un gigondas, un châteauneuf-du-pape ou un barolo. On dit que le fromage, le vin et le pain ont des affinités particulières, parce que tous trois sont des produits fermentés. Cette interprétation relève plus de la poésie que de la réalité ;
- avec les desserts, surtout ne jamais servir un champagne brut, mais plutôt un sec * ou mieux encore un demi-sec (comme le font les Anglo-Saxons). Il y a en effet incompatibilité entre le sucre et le brut, la siccité de celui-ci s'opposant à la douceur de celui-là. Il est regrettable de le voir absent de la carte des vins de la plupart des restaurants et, comble de paradoxe, des étalages de toutes les pâtisseries, vendant en revanche du brut ! À défaut, on peut aussi servir un vin liquoreux du Bordelais, un moelleux d'Anjou, un gewurztraminer vendanges tardives ou un merveilleux vin doux naturel * de type muscat ou rivesaltes. Un vieux banyuls pourra dominer les préparations au chocolat mais un grand porto ou un malaga de bonne lignée feront également un excellent mariage.

CHOIX DU VERRE ET SON ENTRETIEN

CHOIX. Le verre à déguster a une très grande importance. Il avait d'ailleurs, il y a une quarantaine d'années, été l'objet d'une étude très sérieuse par les Établissements Nicolas. Depuis, les organismes officiels, avec l'aide de quelques-uns des plus grands dégustateurs français ont reconnu, sur le plan technique, la nécessité de déguster dans un verre aux formes bien définies, afin que les analyses sensorielles deviennent comparatives, car on sait, par expérience, que le fait de goûter le même vin dans des verres de formes différentes procure des nuances dans les perceptions olfacto-gustatives ; d'où la création d'un modèle type, répondant à toutes les normes exigées, qui a été baptisé « Verre INAO ».

Hormis ce modèle, les verres servant à une dégustation doivent être très fins (s'ils sont en cristal, c'est encore mieux) et translucides pour ne pas constituer le moindre écran entre l'œil et le vin. Il faut absolument bannir tous les verres à facettes en cristal taillé, conçus par des stylistes qui ne devaient pas avoir l'amour et le respect du vin. Ces verres, même blancs (il en existe aussi en couleurs), sont faits uniquement pour dresser une belle table et pour le plaisir de l'œil.

Rangement. Il ne faut jamais ranger les verres sens dessus-dessous dans un meuble. Bien sûr, on évite ainsi l'admission de poussières. En revanche, presque invariablement, on communique au verre des odeurs étrangères, qui restent à l'intérieur. Un dégustateur, digne de ce nom, ne goûte jamais un vin sans avoir au préalable senti son verre vide. J'ai même connu certains grands connaisseurs, comme Jules Chauvet, qui n'hésitaient pas, lorsqu'ils goûtaient en cave, à se déplacer avec un petit panier contenant leurs verres personnels. Le meilleur rangement consiste à aménager (à très peu de frais) une partie de meuble devant recevoir les verres avec de petites étagères perforées pour les conserver la tête en bas, sans qu'ils n'aient à subir aucun contact avec une matière quelconque.

Entretien. Les verres doivent être lavés à l'eau très chaude, mais toujours sans aucun produit et ne jamais passer à la machine.
L'entretien des carafes à décanter est le même. Toutefois, si elles restent tachées par la matière colorante de certains vins tanniques, on peut ajouter à l'eau chaude quelques paillettes de savon de Marseille. De même, lorsqu'elles sont légèrement entartrées, on peut les rincer en ajoutant à l'eau une poignée de gros sel ; mais, dans ces hypothèses, il faut ensuite procéder à quatre ou cinq rinçages à l'eau claire jusqu'au ras du goulot, seul moyen d'éliminer les traces des matières étrangères, mais également l'air contenu, puis bien les égoutter. Si le tartre persiste, les mettre à tremper pendant une heure avec un ou deux comprimés de Stéradent. Pour l'essuyage, qu'il s'agisse de verres ou de carafes, il faut utiliser uniquement des essuie-verres très fins de bonne qualité, qui ne doivent absolument pas pelucher. Dernier conseil : les essuie-verres doivent être réservés uniquement à cet usage et lavés à l'eau claire bouillante, sans aucun produit et surtout ne jamais passer à la machine à laver.
Certains utilisent, pour servir le vin après l'avoir décanté, des pichets en étain. Attention ! lors de leur achat, il faut bien exiger qu'ils soient à usage alimentaire. Leur entretien est le même que pour les carafes (gros sel mis à part), mais ils doivent être rincés immédiatement ; il ne faut jamais laisser de vin y séjourner. Ces pichets ont uniquement l'intérêt d'aérer un beaujolais jeune où subsistent encore des traces de gaz carbonique *.

OUI ! SANS ABUS LE VIN EST BON POUR LA SANTÉ

Le vin est trop fréquemment et injustement attaqué par les pouvoirs publics ou les ligues bien pensantes. Ils ont toujours tendance à faire un amalgame entre une consommation raisonnable et l'alcoolisme. Raison qui mérite bien, au nom des producteurs, sa réhabilitation en quelques pages.

Dès l'Antiquité, les mérites du vin étaient déjà reconnus. Hippocrate, que l'on peut considérer comme l'initiateur de l'observation clinique, le premier, classa les vins en quatre groupes : vin rouge : antidiarrhéique ; vin blanc : diurétique ; vin généreux : nutritif ; vin jeune : dépuratif.

Sur la porte d'entrée de l'école de Salerne – très réputée au Moyen Âge – on pouvait lire dans le relief cette inscription (traduite en français) : « Bois un peu de vin. » Or ce fut, ne l'oublions pas, la première école de médecine. Il est vraisemblable que si les maîtres de l'époque avaient fait graver cette citation dans le bois, c'est qu'ils attribuaient au vin des propriétés médicinales non négligeables. Comme l'a si joliment dit, plusieurs siècles plus tard, le docteur Edmond Panier : « Si le vin avait été un poison, l'homme n'aurait sans doute pas mis 4 000 ans pour s'en apercevoir. »

De très nombreuses sommités de la médecine ont successivement démontré tout le bien-fondé de la consommation du bon vin, en lui reconnaissant de nombreux points positifs sur la santé de l'homme : entre autres, les professeurs Masquelier, Portmann, Jacquot, Joyeux (quel beau nom pour traiter un tel sujet !), Mirouze, Laparra, Creys et Halpern, ce dernier occupant un poste important à la célèbre université de Davis aux États-Unis et Trémollières, fondateur de nutritionnisme en France. On peut aussi citer comme fervents défenseurs de cette noble cause les docteurs Brioult, du Conseil supérieur de l'hygiène, et Mironneau. Je me garderais d'oublier d'éminents scientifiques, tel le célèbre œnologue Pascal Ribereau-Gayon. Toutefois, bien qu'ils soient tous unanimes sur deux points, en considérant le vin non seulement comme un aliment nécessaire à l'organisme mais aussi comme une thérapeutique auxiliaire, ils donnent des conseils de prudence sur son utilisation et surtout prônent fort justement la modération quant à sa consommation.

En ce qui concerne les apports bénéfiques, on savait déjà que le vin a :

- une action antiseptique sur l'ensemble du monde microbien, notamment dans le domaine de la pollution biologique de certains aliments où cette propriété trouve tout son intérêt. Parfois, souillés par des rejets d'origine animale, les fruits, les légumes ou les coquillages peuvent être consommés sans danger si on les accompagne d'un peu de vin ;
- l'aptitude à favoriser la digestion des protéines et des matières grasses, grâce à son acidité, qui se rapproche beaucoup de celle du suc gastrique (il a aussi un pH très bas), dont le goût est masqué par l'alcool ;
- de nombreuses composantes en dehors de l'alcool et éventuellement des sucres résiduels importants (vins liquoreux ou moelleux) jouent un rôle non négligeable dans le métabolisme : l'acide tartrique *, qui donne l'acidité dioxymalique, protège la vitamine C, l'acide citrique, un constituant du sang, l'acide lactique, excellent aliment des tissus, l'acide succinique, catalyseur dans la respiration des muscles ;
- la faculté d'être léger pour l'estomac, grâce à la pression osmotique qu'il exerce sur cet organe, qui est inférieure à celle du sang, propriété lui donnant un réel avantage sur les jus de fruits et tous les liquides sucrés ;
- le pouvoir de réaliser un parfait équilibre entre les saveurs salées, sucrées, amères et astringentes ; ce qui lui permet de faire figurer dans notre alimentation des substances complémentaires, qui en sont habituellement proscrites. Aujourd'hui, où l'on n'a jamais autant parlé du goût, il démontre qu'il demeure un auxiliaire indispensable pour l'accompagnement de la cuisine parfois débridée pratiquée par certains chefs ;

- une action anticholestérol, observation démontrée en laboratoire sur des animaux à qui l'on avait fait consommer régulièrement et modérément du vin.
Le vin rouge, notamment en raison de plusieurs de ses composants, s'avère être particulièrement intéressant pour la santé. Sa consommation présente en effet bien des points positifs :
- action anticancéreuse, grâce au leucocyanidol ;
- vertus contre le bacille d'Eberth (typhoïde) : c'est pourquoi il est recommandé d'en boire avec les huîtres ou tout autre mollusque cru, bien que gastronomiquement parlant, cela soit un peu une antinomie ;
- pouvoir de maintenir l'organisme à l'abri de toute carence en vitamine PP ;
- en raison de la nature des tanins et des polyphénols * de la matière colorante (surtout le bordeaux), une action de consolidation sur les vaisseaux sanguins, tout en se montrant un excellent remontant pour les personnes anémiées.
Quant au vin blanc, considéré comme un excitant, sans qu'aucun scientifique n'ait été en mesure d'en expliquer le mécanisme, il sait aussi se montrer bénéfique dans quelques cas bien précis :
- certains en raison de leur teneur en potassium, facilitent l'activité diurétique, ce qui semble être le cas du gros plant du pays nantais ;
- des recherches faites à l'université de Davis sur sa consommation par des personnes asthmatiques ont permis de conclure à des effets positifs à long terme sur la maladie.

En 1978, une enquête de l'Organisation mondiale de la santé sur les causes de mortalité dans vingt-trois pays européens démontre que l'infarctus du myocarde est l'une des plus redoutables maladies, frappant surtout les hommes entre 55 et 64 ans. Cette étude a divisé les pays en trois groupes : les pays viticoles, les pays d'Europe centrale, les pays d'Europe du Nord. Le premier groupe était le moins touché. Les résultats de l'étude MONICA, lancée à partir de 1982 par l'Office mondial de la santé, font apparaître que la France – pourtant deuxième producteur mondial de vins – est avec le Japon et la Chine l'un des pays où l'on meurt le moins de maladies cardio-vasculaires. C'était déjà un pas de fait en faveur du vin. À ce sujet, il est bon de rappeler que les régions non productrices de vin, comme la Bretagne, la Normandie et le Nord-Pas-de-Calais, sont celles où l'alcoolisme sévit le plus. La conclusion s'impose d'elle-même : les ravages viennent sans doute essentiellement de l'excès de consommation d'alcool et de vin de table de qualité parfois douteuse.
Une autre étude très sérieuse, réalisée par le professeur Masquelier, démontre que les procyanidols, composés phénoliques dont la grappe de raisin et le vin rouge de certains cépages sont fortement pourvus, comparativement aux autres fruits et aliments, présentent une action protectrice vis-à-vis de l'athérome artériel, maladie chronique des artères et principal responsable des infarctus et des accidents vasculaires cérébraux.
Tout récemment, aux États-Unis, le Dr Arthur Klatsky de l'hôpital d'Oskland en Californie a estimé à 40 % la réduction du risque d'accidents coronariens chez les personnes buvant un ou deux verres de vin rouge chaque jour. Les chercheurs américains s'interrogent notamment sur le rôle très bénéfique d'un produit anti-agrégeant-plaquettaire, trouvé récemment dans la composition de la grappe de raisin, qui préserverait aussi de l'infarctus.

Des constatations très intéressantes, concernant l'action des tanins sur les radicaux libres, ont permis d'établir que l'individu est équipé pour se défendre contre eux, lorsqu'ils apparaissent dans l'organisme. Avec l'âge, les défenses naturelles diminuent et les radicaux libres deviennent de plus en plus destructeurs. Ce sont eux qui déterminent en partie le vieillissement. L'apport externe de substances capables de les contrer s'avère donc très utile. Entre autres il apparaît que certains vins très tanniques comme le bordeaux peuvent être des auxiliaires précieux pour les piéger.
Je regrette toutefois que l'on n'ait pas poussé plus avant les recherches sur les multiples composants du vin. Y a-t-il par exemple des conditions de culture, des techniques de vinification et d'élevage, voire des modes de ramassage du raisin qui accroissent ou annihilent certains effets bénéfiques du produit final ? Pour le dernier point, je suis affirmatif, la cueillette mécanique dilacère la pulpe des grumes, en augmentant le taux de méthanol, produit toxique pour la santé. Les vins qui en contiennent le moins sont le beaujolais et le champagne, dont les raisins sont pressés entiers.
Durant l'année qui vient de s'écouler, une nouvelle peu rassurante a été annoncée. On a appris que, suivant le triste exemple des Américains, près d'un Français sur trois, traumatisé par les difficultés de tous ordres rencontrées chaque jour, notamment dans la vie professionnelle, usait régulièrement de tranquillisants ou d'antidépresseurs pour calmer ses angoisses. Or ces innombrables produits que la chimie offre à la thérapeutique échappent totalement à la réprobation des ligues et des associations bien pensantes, tout en permettant de calmer artificiellement une foule d'individus atteints par les frustrations de la vie quotidienne, alors que leurs ennuis deviendraient sans doute acceptables s'ils buvaient un peu de bon vin avec discernement. Ils n'auraient plus à redouter les effets secondaires déplaisants et dangereux qui caractérisent la plupart des médicaments anxiolytiques.
Le bon vin est également profitable aux personnes d'un certain âge, reléguées dans des maisons dites « de retraite », qui ont l'impression d'être complètement coupées de tous les agréments de la vie. Ce ne sont pas les mornes régimes alimentaires imposés qui peuvent leur remonter le moral. Il est fréquent qu'un patient en gériatrie perde très vite son appétit et se plaigne de digestions difficiles. C'est là où le bon vin peut jouer un rôle bienfaisant. Un petit verre de bordeaux à chaque repas apportera une note de gaieté, facilitera la stimulation du processus digestif et augmentera l'appétit ; ce qui ne manquera pas d'avoir une incidence favorable sur la sociabilité du retraité. Pour ces personnes, il est quand même plus agréable de boire un peu de vin de bordeaux que d'absorber un comprimé de plus, qui n'aura guère de chance « d'augmenter l'appétit ». Dans ce cas, le vin possède à la fois des propriétés physiologiques et psychiques.
Le bon vin médicament… j'en accepte volontiers l'augure, en formulant toutefois une remarque : toute médication porte sur sa boîte une mention bien connue : « Ne pas dépasser la dose prescrite ». Faisons de même avec lui ; usons-en avec parcimonie, pour mieux en apprécier les vertus bienfaisantes et rappelons-nous ce précepte : il doit exister des journées sans vin, tout comme il y a des jours sans soleil. Il en est d'ailleurs de même avec les autres boissons ; lorsque leur consommation devient excessive, elles deviennent souvent toxiques, même celles jugées inoffensives. Ainsi, les grands buveurs de lait anglo-saxons connaissent-ils des problèmes d'artères et de reins occasionnés par le durcissement et les incrustations (syndrome lait-alcalin).

Je serais tenté de finir par une boutade. Lorsque je rencontre un ami qui me demande banalement : « Comment allez-vous ? », je lui réponds : « Très bien, comme un buveur de vin. »

Pour l'anecdote, rappelons que le patriarche Noé, considéré comme le premier vigneron de l'humanité, après avoir survécu au déluge et planté de la vigne, se saoula sans doute pour ne pas se déshabituer du mal de mer, dont les symptômes sont sensiblement les mêmes que l'état d'ébriété. Notons enfin au passage que, contrairement à la croyance populaire, « santé et sobriété » ne vont pas forcément de pair, puisqu'il a, dit-on, vécu jusqu'à l'âge de 349 ans...

HARO SUR LES DÉTRACTEURS DU VIN

Un buveur de lait, Pierre Mendès-France, a supprimé le privilège des bouilleurs de cru, mesure impopulaire dans nos campagnes, sans pour autant véritablement réduire l'alcoolisme. À intervalles réguliers, les gouvernements en place, de droite ou de gauche, sont toujours piégés par une administration qui rend l'alcool responsable de tous les maux. Il est vrai que c'est facile, cela ne coûte pas cher et frappe l'imagination !

Dans les collisions graves, il ne faut pas nier qu'il existe souvent une corrélation entre le taux d'alcoolémie des conducteurs et les accidents provoqués, si l'on en croit les statistiques qui nous assaillent quotidiennement. Une majorité d'entre eux n'est pas essentiellement due au vin mais plutôt à l'alcool (apéritifs anisés ou bière), mais l'éthylotest ne fait pas la différence. De nombreuses autres causes interviennent : personnes qui ont une mauvaise vision, drogués, anxieux sous tranquillisants ou euphorisants, imprudents qui ne respectent pas la priorité, impétueux qui se croient au volant d'une formule 1, inconscients ou tout simplement chauffeurs inexpérimentés du week-end. Les grands départs produisent souvent des hécatombes : routes surchargées, pas adaptées aux excès de trafic, conditions de circulation parfois encore aggravées par la pluie ou le brouillard rendant la visibilité nulle. Un père de famille qui emmène les siens en vacances est généralement sobre ; il n'est pas pour autant attentif.

On aimerait que les pouvoirs publics nous informent avec des statistiques très détaillées sur les causes de tous les télescopages, y compris celles dues à l'état des pneus des véhicules et à certaines portions de routes dangereuses, pourtant répertoriées par les services officiels sous le vocable « point noir ». C'est sans doute demander l'impossible, car trop de bulletins de vote sont en suspens et les hommes politiques ne tiennent pas à mettre leur fauteuil en péril !

Bien sûr, si l'on veut à tout prix défendre la santé de l'homme, il faut supprimer non seulement le vin, mais aussi la bière, le cidre et tous les autres excitants : café, thé, tabac, cola, etc. Ce qui amène à se poser la question : l'homme peut-il s'en passer totalement ? Je crois qu'un bon verre de vin, pris sans excès, vaut mieux que la dose de drogue qui envahit chaque jour un peu plus le monde.

La publicité anti-alcool n'est rien d'autre qu'une attaque à peine dissimulée contre le vin et les récoltants. Elle est consternante. Les sommes énormes qui sont investies au seul bénéfice de publicitaires, à l'affût d'une campagne bien juteuse, ont tout juste réussi à faire cesser de boire ceux qui ne consommaient que quelques verres de vin par

semaine. Elle n'a eu aucun effet dissuasif sur les buveurs impénitents, qui continuent imperturbablement leur chemin suicidaire pour eux et les autres.
Depuis la nuit des temps, l'être humain a consommé des boissons fermentées. Les progrès de la médecine ont permis d'allonger considérablement la vie, grâce à une alimentation mieux appropriée, au développement de l'hygiène et à de meilleures conditions de travail ; ce n'est pas pour la rendre ennuyeuse, en se privant d'un verre de bon vin chaque jour.
Dans plusieurs professions très surveillées pour la consommation des boissons alcoolisées, certains ont parfois recours aux tranquillisants ou aux euphorisants, est-ce mieux ?
Pour une vaste qualité de vie, il faut revenir aux sources, en retrouvant le bon vin, qui doit être associé à la convivialité et dégusté entouré de ceux que l'on aime, mais surtout ne pas le considérer comme un produit dangereux à proscrire.
Je ne peux conclure ce chapitre sur l'alcoolisme, sans citer une réflexion d'un ancien président des États-Unis, Thomas Jefferson (qui visita longuement les vignobles français) : « Une nation où le vin est vendu à un prix modique ne devient pas alcoolique. Si le prix du vin y est élevé, elle se reportera sur les alcools forts. Pour éviter ce malheur, pratiquer des bas prix. L'impôt doit aussi être appliqué en conséquence (beau sujet de méditation messieurs du ministère des Finances). En agissant ainsi, nous ferons progresser la santé et le bien-être général. »

CHAPITRE VI

au restaurant

LE SOMMELIER

Le sommelier ou la sommelière (les dames ont fait leur entrée dans la profession) est la personne chargée du service des vins dans un restaurant. C'est un métier qui a connu une grande revalorisation ces dernières années en raison de la multiplicité des établissements de standing en France. Il exige de celui qui l'exerce beaucoup de psychologie, surtout lorsqu'il présente la carte des vins à une table ; il lui faut presque un sixième sens pour reconnaître le client qui désire dépenser de celui qui s'est fixé un budget. Il ne faut jamais imposer une grande appellation et se souvenir que si on lui demande parfois un vin léger, c'est souvent au prix qu'on pense !

Dans le passé, le sommelier accomplissait un métier très ingrat, qui exigeait de lui de longues heures de présence, avec jamais plus d'une journée de repos hebdomadaire. Il lui fallait bien souvent, en plus de la mise en place et du service en salle, procéder à des mises en bouteilles dans des conditions de travail pénibles et pas toujours très hygiéniques : remuage * et lavage des bouteilles. Bref, une profession bien difficile dont l'horizon était très limité. Il allait de la cave à la salle à manger, en passant par l'office. Aussi, trouvait-il quelquefois une maigre consolation en abusant de la dive bouteille, s'arrangeant toujours pour qu'il y ait des retours de table, qualifiés familièrement de « prises de guerre », qui n'allaient jamais beaucoup plus loin que l'office. À cette époque, pour arrondir quelque peu ses fins de mois, il lui arrivait aussi parfois de travailler au bouchon (certains négociants ou représentants n'hésitaient pas – pour faire du chiffre – à racheter des bouchons qui étaient la preuve que les bouteilles avaient bien été vendues) avec des fournisseurs peu scrupuleux.

Aujourd'hui, les choses ont heureusement bien évolué. Le sommelier, en général plus jeune, ne boit plus, il déguste... Il faut dire que ses conditions de travail se sont considérablement améliorées. Il dispose parfois de deux jours de repos par semaine, continue bien sûr à faire un nombre d'heures respectable mais, en contrepartie, touche en général un salaire qui compense cet excès de présence. Enfin, les mises en bouteilles ont toutes disparu. La plupart du temps, le sommelier est devenu un personnage en vue de sa profession, au même titre que le chef de cuisine ; ce qui lui vaut de participer chaque année à une multitude de manifestations et de dégustations. Il a sa photo dans la plupart des revues viticoles et gastronomiques. Il lui arrive même, à l'occasion, de jouer au journaliste en écrivant dans la presse spécialisée. Les chroniqueurs et certains guides ne manquent jamais de rendre hommage à ses qualités professionnelles. En quelque sorte, il est devenu une vedette du vin. Contrairement à leurs aînés, qui n'avaient malheureusement jamais l'occasion de voyager et ne connaissaient du vignoble français que le peu qu'ils avaient pu glaner au travers de quelques livres ou brochures, les nouveaux sommeliers n'hésitent pas à se déplacer (peut-être même un peu trop). À longueur d'année, on les rencontre chez la plupart des viticulteurs ou des négociants, dans pratiquement toutes les régions de production, sans doute pour y apprendre les subtilités du vin, la caractéristique des différents millésimes et les rudiments de la vinification, mais aussi pour y cultiver leur image de marque et tenter d'influencer le patron pour diriger personnellement les achats... Hormis une élite restreinte – au demeurant fort compétente – opérant dans les grands établissements, il est assez désarmant, lorsqu'on se trouve dans certains restaurants, de constater la totale incompétence voire l'ignorance redoutable de beaucoup de préposés au service du vin, dont la simplicité n'est pourtant pas toujours la vertu première. Il est vrai qu'ils arborent au revers de la veste la fameuse grappe dorée !

Un sommelier digne de ce nom doit toujours être en mesure de trouver sur la carte un vin ayant un bon rapport qualité/prix, mais sa tâche ne s'arrête pas là : il faut aussi que la ou les bouteilles qu'il suggère s'accordent avec les préparations choisies par l'ensemble des convives ; ce qui, actuellement, est presque aussi difficile à résoudre que la quadrature du cercle. Les chefs, qui pensent parfois trop à leur cuisine, ne lui facilitent guère la tâche car beaucoup de leurs préparations contiennent des épices et des herbes difficilement mariables avec les subtilités d'une grande bouteille. De plus, les menus dégustation engendrent parfois une multiplicité de saveurs, peu compatibles avec l'ordonnancement d'une progression classique des vins. Il faut ajouter qu'en fonction des plats choisis, tous les convives d'une même table ne partagent pas la même émotion devant un verre. Un sommelier ne doit jamais oublier, surtout lorsqu'il est encore jeune, qu'il a quelquefois affaire à des clients qui, en raison de leur âge et de leur situation, ont souvent une pratique et une connaissance des grands vins supérieures à la sienne (ce qui est encore plus vrai pour certains Anglais, Belges ou Suisses).

Un bon sommelier doit :

- goûter tous les vins qu'il sert, pour y détecter éventuellement une tare, mais aussi pour mieux connaître sa cave, afin de la faire tourner intelligemment, en se tenant constamment au courant de l'évolution des différents crus et millésimes qui y sont entreposés.

Fort de ces enseignements, il pourra judicieusement recommander la bouteille qui est à son apogée et protéger les vins qui ne sont pas encore arrivés à maturité, en dissuadant habilement le client, qui, dans la plupart des cas, ne demande qu'à être conseillé ;
- servir plus souvent des magnums qui, sur une table, ont une présence indéniable, surtout lorsqu'elle regroupe au moins six convives, qui ne souhaitent pas changer de vin ; d'autant qu'il est démontré que l'évolution en gros volume est toujours nettement supérieure ;
- éviter de se laisser monopoliser à une table, au détriment des autres ;
- ne pas faire de différence entre un client qui a pris une petite appellation et un autre qui aurait choisi une grande bouteille ;
- assurer également le service de l'eau minérale, d'autant qu'en France sa consommation annuelle est évaluée à 60 litres par an et par habitant ;
- ne pas faire état de connaissances parfois superficielles pour épater le client. On peut parler du vin simplement et avec passion, sans entrer dans d'interminables palabres ;
- éviter le folklore, qui consiste à parader en salle, un tastevin autour du cou, d'autant que cette petite tasse sert uniquement en cave pour goûter les vins nouveaux ;
- bien étudier le remplissage des verres, de façon à répartir équitablement le contenu de la bouteille entre tous les convives, pour ne pas forcer la main en plaçant l'invitant dans une situation délicate vis-à-vis de ses hôtes ;
- ne jamais servir les vins rouges trop chambrés, la chaleur fait ressortir l'acidité ou inversement l'alcool qui écrase ou détruit la subtilité des arômes et du bouquet, surtout lorsqu'il s'agit de vins issus d'années très ensoleillées ou au contraire difficiles type 1984 ou 1987. Pour les vins blancs, si les liquoreux peuvent supporter un refroidissement rapide, il n'en est pas de même pour les vins secs *. Pour des raisons assez mal connues, certainement liées à la fragilité des composants aromatiques, le rafraîchissement dans un seau à glace a toujours donné des résultats supérieurs à ceux du réfrigérateur. Plus un vin blanc est grand, moins il supporte le froid. Un bon sommelier ne doit pas hésiter à sortir certaines bouteilles du seau, lorsque cela s'avère nécessaire ;
- lorsqu'il est sur le point de servir un vin de Bordeaux ou même un grand bourgogne blanc, il doit toujours proposer de le transvaser en carafe. Le décantage est l'instant magique pour le client, où le sommelier, tel un grand prêtre, officie au-dessus de la flamme de la bougie. Il permet à un vin en bouteille, donc en milieu réducteur, d'acquérir une certaine oxygénation profitable pour le ramener à son potentiel d'oxydoréduction et aussi à de vénérables flacons de pouvoir être séparés du dépôt de matières colorantes accumulées au cours des ans. Le décantage est une opération qui exige que le sommelier connaisse très bien les bouteilles qu'il a en cave, car certaines demandent à être mises en carafe bien avant la dégustation et d'autres, au contraire très fragiles ne le seront qu'au moment du service ;
- pour les vins très jeunes, éviter le panier verseur qui n'est que du mauvais cinéma ;
- limiter l'importance de la fameuse cave du jour, sauf si elle est climatisée, et ne pas hésiter à aller quérir directement en cave la grande bouteille (qu'il s'agisse de blanc ou de rouge), faute de quoi elle finirait par trouver que c'est le jour le plus long...
- écouter et supporter certains clients imbus de leur personne qui dans la plupart des cas sont ignorants, et faire preuve de beaucoup de diplomatie face aux faux experts qui s'écrient sur un ton péremptoire « enlevez-moi cela, il est bouchonné... » (en général, on peut dire qu'au restaurant, sauf pour les demi-bouteilles, assez peu de vins méritent

ce reproche). Malheureusement le client est roi et le sommelier ne doit pas oublier qu'il affronte son palais contre un autre et, dans ce cas, le meilleur des professionnels peut tomber sur un plus subtil que le sien. Pour ma part, j'ai une certaine admiration envers les sommeliers qui restent fermes devant un client, lorsque le vin ne présente aucun vice rédhibitoire, surtout lorsque la réclamation est faite quand la bouteille est déjà largement entamée comme c'est parfois le cas ;

- le sommelier doit aussi quelquefois dissuader certains vignerons dans leur choix lorsqu'ils se rendent dans un restaurant dont ils sont les fournisseurs. Il en est qui ont la fâcheuse tendance à ne vouloir boire que leur vin (j'en connais). Ces viticulteurs ont des œillères. Ils ne pourront jamais s'améliorer. Pour devenir un grand vinificateur, il faut non seulement souvent déguster les vins produits dans sa propre AOC, mais aussi et surtout goûter ceux provenant des autres régions viticoles, afin d'essayer de les connaître en tentant de rester objectif, faire preuve de beaucoup de tempérance vis-à-vis de ses collègues et éviter de se montrer sectaires comme certains Bordelais ou Bourguignons, qui ne trouvent jamais rien de bon en dehors de leur région.

La température des vins

On pourrait épiloguer longtemps sur la température à laquelle est servi le vin dans la plupart des restaurants. Il est vrai que les blancs et les champagnes sont trop souvent amenés sur table glacés. À l'inverse, sans doute pour faire bonne mesure, les sommeliers ou les maîtres d'hôtels s'obstinent à présenter les rouges à des températures trop élevées. Bien que je réprouve vertement cette pratique, je veux quand même, pour être objectif, défendre le personnel. Je reste en effet persuadé que les personnes chargées du service de salle ne sont pas toujours entièrement responsables. La faute en incombe à une détestable habitude, qui finit par devenir machinale, pour satisfaire une majorité de clients qui ne connaissent guère du vin que le terme « chambré » qu'ils parent de toutes les vertus. Je ne compte plus le nombre de fois où j'ai moi-même entendu faire des reproches au sommelier, pour avoir servi le vin trop frais, allant même parfois jusqu'à exiger l'échange de la bouteille. Dans cette espèce de dialogue de sourds, le pauvre préposé au service du vin n'a pas la tâche facile. Il lui arrive aussi assez fréquemment que l'ensemble des convives d'une même table aient une opinion diamétralement opposée sur le sujet. Il faut penser qu'une bouteille conservée dans une excellente cave du jour, maintenue à 14° (ce qui est la température idéale de stockage), lorsqu'elle arrive en salle, avant même le débouchage, prend 1°. Le vin, après avoir été versé dans les verres – et sans parler de la décantation en carafe – gagne encore 1°. Lorsqu'on ajoute qu'un grand nombre de caves sont à une température supérieure et que les flacons, pendant tout le service, restent généralement sur une console, on devient conscient que la majorité des vins rouges ne sont jamais ou rarement bus dans de bonnes conditions, si l'on ne prend pas la décision d'exiger un seau d'eau très fraîche pour y remédier ; pratique que je renouvelle même pendant le repas, pour « la plus grande joie du sommelier » !

Pour ne pas commettre d'erreur, disons que les grands vins blancs secs * supportent d'être bus entre 10 et 12°, alors que les liquoreux, moelleux, vendanges tardives ou sélections de grains nobles se portent bien entre 6 et 8°, le champagne de 8 à 10°. En blanc, une seule exception : le château-châlon se boit à température ambiante (16 à 18°). En revanche, un vin médiocre ou certains rosés gagnent à être bus plus frais, pour dissimuler leurs défauts. En rouge, les vins de Loire et des Côtes du Rhône (sauf l'hermitage, la côte-rôtie ou le châteauneuf-du-pape pouvant supporter jusqu'à 17°) peuvent aller jusqu'à 15° –, les vins d'Alsace, du Sud-Est et du Sud-Ouest (bandol mis à part) exigent d'être servis entre 13 et 15°. Le bourgogne de 14 à 16° maximum pour lui permettre d'exhaler ses arômes ou son bouquet ; le bordeaux demande de 16 à 20°, selon son millésime et surtout sa classification. Tout a déjà été écrit dans ce domaine, il n'y a pas de règle formelle. On peut simplement ajouter qu'il vaut mieux commencer par boire un peu trop frais que trop chaud... Enfin, dernier point, je regrette vivement que la majorité des restaurateurs n'utilisent pas plus souvent le seau à glace adopté par les Alsaciens (imposé par la hauteur de la bouteille), qui est le seul permettant au vin d'être entièrement plongé dans l'eau fraîche.

LA CARTE DES VINS

Dans un passé pas si lointain, seule une infime minorité de grandes tables françaises était en mesure de présenter à leur clientèle une carte des vins digne de ce nom. On pouvait pratiquement les compter sur les doigts des deux mains. Depuis une quinzaine d'années, les choses ont évolué très favorablement.

Contrairement à leurs aînés qui s'attachaient à maintenir un esprit de caste, les Chefs de la génération actuelle sont très ouverts et ne considèrent plus leurs collègues comme des concurrents, mais au contraire comme des confrères ; d'où la naissance de sortes de petits clans professionnels, qui permettent de se rencontrer souvent (peut-être un peu trop, au risque d'une certaine banalisation) pour échanger des idées sur les recettes et se communiquer certaines adresses de bons fournisseurs, dans le seul but d'améliorer la qualité et la présentation de la carte des vins.

L'élévation du niveau de vie n'est sans doute pas non plus étrangère à ces améliorations. Elle a permis à une nouvelle clientèle jeune de pouvoir voyager et fréquenter les établissements de luxe, ce qui l'amène à rechercher ostensiblement sur les cartes les appellations et surtout les bons viticulteurs qu'elle a découverts, devenant du même coup une sorte de catalyseur bénéfique.

L'audiovisuel et la presse écrite ont aussi largement contribué à faire découvrir aux médias tout l'éventail des vins français. Il est seulement dommage que certaines informations soient erronées.

Je regrette aussi que le seul guide gastronomique qui fasse véritablement autorité, Michelin, n'ait pas encore jugé utile de revenir au sigle qui signalait à ses lecteurs les très belles caves, complément pourtant indispensable des bonnes tables.

La majorité des bons établissements ont indéniablement accompli d'immenses progrès dans ce domaine mais il reste encore énormément à faire au stade des maisons secondaires et aussi, pourquoi le cacher, de certains très grands restaurants pourtant plusieurs fois étoilés et toqués, entre autres dans la prestigieuse chaîne des Relais et Châteaux.

Regrettable aussi de ne pas trouver plus souvent sur les cartes des grands établissements des bouteilles de qualité à moins de 200 francs, pourtant facilement détectables à la propriété dans plusieurs autres régions d'AOC que le Bordelais, qui ont fait d'énormes progrès en vinification, notamment les Côtes du Rhône, le Languedoc, le Roussillon, la Savoie, le Sud-Est et le Val de Loire.

Dans la quasi-totalité des petits restaurants français, il est encore courant, lorsqu'on demande la carte des vins, de se voir présenter quelques feuillets pas très nets protégés par un plastique, où émergent pêle-mêle, une liste de vins sans distinction d'appellations, de fournisseurs et même parfois de millésimes, tapés sommairement et de surcroît la plupart du temps mal orthographiés. C'est d'autant moins compréhensible qu'aujourd'hui l'informatique permet d'avoir toujours et à moindre frais une carte régulièrement mise à jour.

Toute infraction à la réglementation sur les cartes des vins constatée par le service de la répression des fraudes tombe sous le coup de la Loi. Il est amusant de voir que certaines très belles cartes de maisons illustres comptant encore de très vieux millésimes sont paradoxalement répréhensibles de faire figurer avec les AOC actuelles des vins antérieurs aux décrets de contrôle les concernant, du fait que lors de leur création, il n'y eut pas d'effet rétroactif. Exemple : Margaux a obtenu la consécration le 10 août 1954 seulement.

Quelques indices permettent de reconnaître une carte des vins bien tenue :

- elle n'a nul besoin d'être luxueuse pour démontrer sa qualité, mais elle demande à être un peu personnalisée ;
- une belle carte manuscrite faite à la plume par un ancien secrétaire de mairie ou clerc de notaire constitue le fin du fin ;
- il faut aussi féliciter les professionnels qui ont remplacé le terme « carte des vins » par celui plus noble de « livre de cave » ou « cave de X » ;
- la rédaction d'une carte des vins s'appuie sur la classification des appellations, mais il n'y a pas de règle impérative. Elle peut en plus être composée à partir des années si le restaurateur dispose de suffisamment de millésimes aptes à être commercialisés, avec encore un petit plus en tenant compte des prix par ordre croissant. Il arrive – et dans ce cas on atteint la perfection – que les trois éléments se trouvent associés ;
- elle doit être claire et sans ambiguïté. Les AOC doivent obligatoirement être séparées des VDQS, des vins doux naturels, des vins de pays, des vins de marques et éventuellement des vins étrangers, chacune de ces catégories étant bien distincte ;
- les régions et sous-régions doivent être indiquées avec précision, sans équivoque pour le consommateur.
- hormis le Bordelais, où les noms des Châteaux suffisent pour désigner l'exploitation, dans toutes les autres régions viticoles sans exception, le nom des fournisseurs – qu'il s'agisse de viticulteurs, négociants ou caves coopératives – doit figurer ; il est pour le client un enseignement indispensable pour lui permettre de déterminer son choix ;
- il faut aussi se méfier des cartes musées. Il est en effet relativement aisé de se procurer une ou deux bouteilles dans de nombreuses AOC en salles des ventes ou chez les antiquaires des vins pour habiller un ensemble. Ces cartes sont faciles à détecter : il suffit de repérer le prix dissuasif affiché pour certains grands vins, que le restaurateur ne souhaite évidemment pas vendre.

Les restaurants devraient s'inspirer d'une règle de trois qui consiste à :

- acheter des vins jeunes bien sélectionnés ;
- les conserver dans de très bonnes conditions de température et d'hygrométrie ;
- ne les vendre que lorsqu'ils sont à maturité.

En adoptant cette ligne de conduite, ils feront plaisir au client, qui boira mieux, et ils rehausseront le prestige de leur établissement. Ces enseignements restent difficiles à mettre en application, en raison du fisc qui veille sur les stocks.

Il faut aussi préciser que dans les régions de production, il est souvent difficile de bien boire au restaurant car, outre les obligations d'achats, les Chefs achètent souvent au coup par coup, en ne vendant pratiquement que des vins jeunes insuffisamment reposés ; ce qui leur évite du stockage, d'autant que les viticulteurs locaux livrent eux-mêmes rapidement, en profitant de l'occasion pour venir se restaurer en famille.

Enfin, dernier conseil pour boire un bon millésime sous-coté dans un grand établissement : il faut de préférence choisir des vins hors de leur région de production. Par exemple : le Bourgogne blanc en Alsace, le Bordeaux rouge en Bourgogne et l'Alsace en région parisienne où il bénéficie malheureusement d'un préjugé défavorable.

CHAPITRE I

alsace

Actuellement, le vignoble alsacien compte 50 grands crus : 14 dans le Bas-Rhin et 36 dans le Haut-Rhin, totalisant environ 1 600 hectares, soit pratiquement 12 % de la superficie plantée.

Soucieux d'apporter la preuve que certains de leurs terroirs étaient d'un niveau plus relevé que l'ensemble, les syndicats de plusieurs communes adressèrent une requête auprès de l'INAO afin de reconnaître quelques coteaux en premier cru. Après étude approfondie par un aréopage d'experts, satisfaction leur fut très justement donnée le 20 novembre 1975. Il est vrai qu'à l'époque, les récoltants d'autres lieux-dits aussi remarquables, comme le Mambourg, le Schoenenbourg ou le Zinnkoepflé pour n'en citer que trois, n'avaient pas cru bon de revendiquer ce privilège, du fait de la contrainte d'un rendement plus réduit. Quelques années plus tard, comme c'était à prévoir, ils revinrent sur leur premier jugement ; d'où une nouvelle tranche de 25 autres grands crus.

Lors de ces deux opérations de classement, les commissions d'experts, essentiellement dans un but qualitatif, conseillèrent aux vignerons propriétaires des parcelles concernées d'adopter un encépagement approprié à chacune d'elles en fonction de la nature des sols et des sous-sols, du drainage naturel et des expositions. Les récoltants restant toutefois libres du choix de leurs plantations, qui n'engageait qu'eux.

On remarque que, pour 18 grands crus, le riesling, roi des cépages alsaciens, avait été recommandé seul et sept fois en association : quatre avec le gewurztraminer et trois avec le tokay pinot gris. Il devance nettement le gewurztraminer et encore plus le

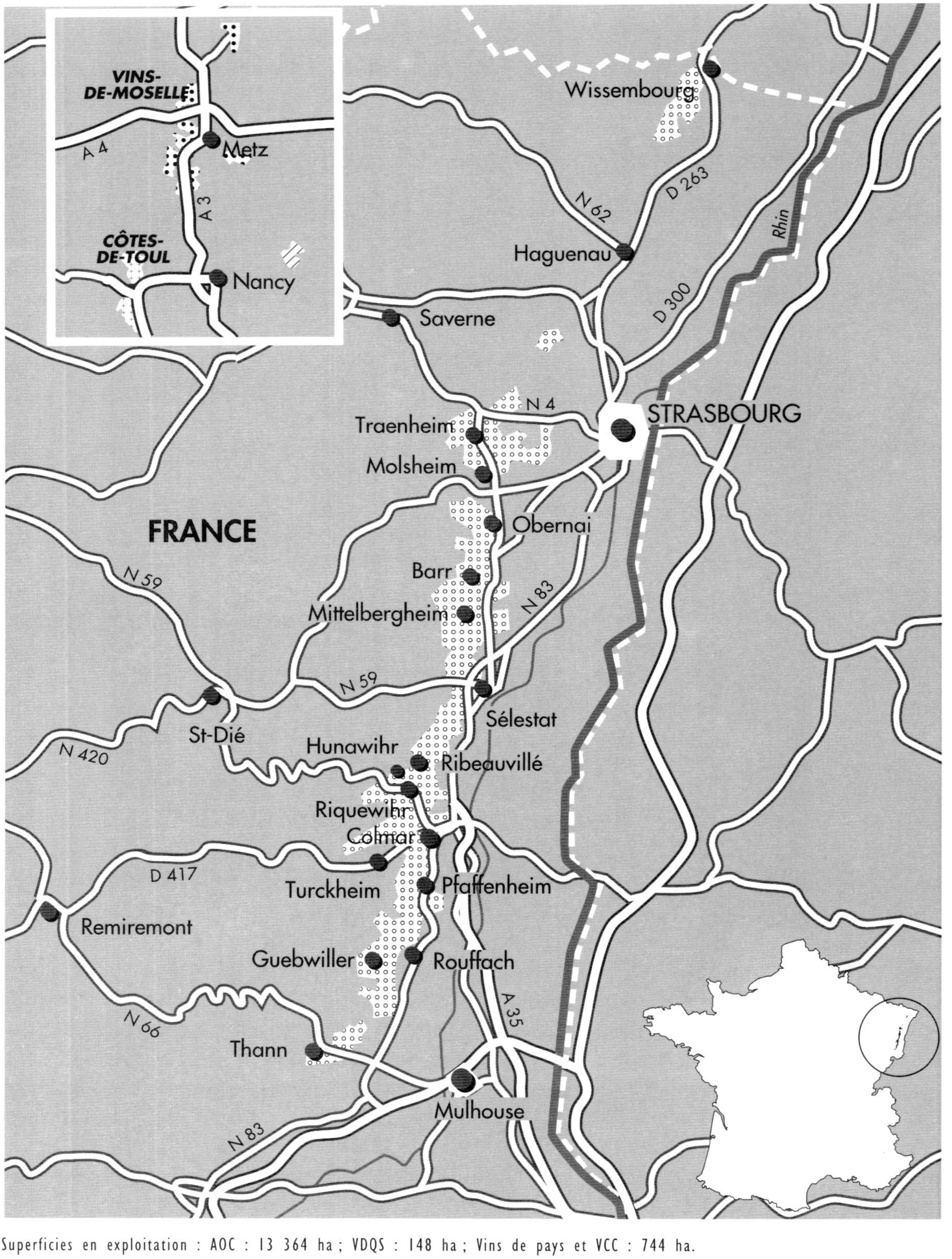

Superficies en exploitation : AOC : 13 364 ha ; VDQS : 148 ha ; Vins de pays et VCC : 744 ha.

Encépagement : Blancs : riesling, gewurztraminer, tokay pinot gris, muscat, pinot blanc, sylvaner, auxerrois, chardonnay (crémant). Rouges : pinot noir, pinot meunier (VDQS), Gamay.

tokay pinot gris. Quant au muscat, on constate que, hormis au grand cru Hatschbourg, en partie sur les communes de Hattstatt et Voegtlinshoffen, il n'a guère sa place dans les grands crus, sauf dans cette zone restreinte, qui demeure un cas d'exception dû à des traditions très anciennes. Ce qui démontre qu'il ne demande pas obligatoirement les meilleurs terroirs pour s'exprimer. Ses sols de prédilection semblent être, outre le grand cru déjà cité, les localités de Gueberschwihr (coteau du Goldert) et Pfaffenheim où œuvrent des vignerons sincères : la famille Frick dont un des fils n'est autre que l'ancien chef sommelier de *L'Espérance* à Saint-Père-sous-Vézelay.

Ce qui est positif. Avec l'ouverture du Marché commun, qui, dans la plupart des domaines, conduit malheureusement à l'uniformisation des produits, il est rassurant de constater que nos grands vignobles – malgré toutes les chausse-trapes des fonctionnaires de Bruxelles – ont pu, vu l'antériorité de notre législation sur les AOC, préserver leur personnalité. Ainsi, la Bourgogne cumule les appellations, en raison de ses multiples et minuscules climats. Le Bordelais, avec ses Châteaux, maintient une image de prestige. La Champagne reste, avec ses maisons de commerce mondialement connues, l'exemple des marques. Enfin, l'Alsace, fidèle aux cépages qui ont fait sa renommée, continue sa spectaculaire percée, se plaçant actuellement dans le peloton de tête des autres régions viticoles, pour sa qualité toujours en progression, bien qu'il subsiste encore trop de vins médiocres.

Je regrette vivement qu'un trop grand nombre de Français, amateurs de vins de qualité, ne connaissent pas ou très mal l'Alsace, attractive de multiples façons :

- avec ses splendides villages, abondamment fleuris et ses impeccables rangées de vignes, accrochées aux premières pentes des Vosges, ce vignoble demeure l'un des plus beaux de France ;
- l'accueil chaleureux de l'ensemble des professions viticoles : récoltants, négociants ou caves coopératives, n'hésitant jamais à ouvrir des bouteilles (présentées à bonne température), pour faire découvrir leurs vins ;
- on trouve d'excellents vins dans le bas de gamme, offrant un très bon rapport qualité/prix, (pinot blanc ou sylvaner) et, bien sûr, des bouteilles prestigieuses provenant de grands crus ;
- la diversité des sols. Aucun vignoble en France, du point de vue géologique, n'est aussi complexe ;
- enfin, il est dommage que ces vins remarquables n'aient pas encore réussi à se construire la renommée qu'ils méritent dans la grande restauration. Les consommateurs ont une idée préconçue lorsqu'ils pensent Alsace. Ils imaginent à tort qu'il n'est qu'un vin de comptoir ou de brasserie fait pour accompagner une choucroute industrielle. Ils se méprennent. Un superbe riesling ou un opulent tokay pinot gris valent largement mieux que les vins de certaines appellations bourguignonnes, d'autant qu'ils ont un prix plus attractif.

Ce qui est regrettable. - Quelques extensions injustifiées, accordées bien généreusement pour des parcelles qui n'auraient jamais dû avoir droit à l'appellation, entre autres les remblais d'une ancienne carrière à Houssen, dans le prolongement de l'aéroport de Colmar. Dans ce même secteur de la Hardt, une bonne partie de la forêt

d'acacias de la Fecht a disparu, au profit de la vigne. En outre, sur les « sommets » de Riquewihr, les replantations sur des parcelles qui sont exposées plein nord, où la vigne ne voit jamais le soleil ! Curieusement, certaines ont été obtenues par le même vigneron Marcel Blanck qui – coïncidence peut-être – était à l'époque membre du Comité national de l'INAO ;
- toutes les mentions superfétatoires, telles que « réserve », « grande réserve », « réserve personnelle », « cuvée x », « quintessence », etc., n'apportent rien de plus à la qualité et ne font que semer le doute dans l'esprit du consommateur déjà désorienté ;
- les excès de médailles : les Alsaciens sont particulièrement friands de décorations !
- les productions beaucoup trop importantes de la plupart des domaines, facilitées par la diversité des cépages. Lors de la déclaration de récolte, c'est l'ensemble des vignes en production qui est pris en compte pour chaque exploitation, sans faire de distinguo. Ainsi : 5 hectares de cépages nobles, plantés en coteaux, peuvent produire ce qu'ici on appelle « raisonnablement »... En contrepartie, les surfaces en pinot blanc ou sylvaner récoltées dans la plaine, la plupart du temps, dépassent largement le rendement autorisé, sans pour autant enfreindre la réglementation en vigueur, phénomène qui peut encore être amplifié en cas de déclaration d'une partie de la récolte en vendanges tardives ou sélection de grains nobles * ;
- la surabondance des vendanges tardives et des sélections de grains nobles, commence à ne plus trouver preneurs, bien qu'il s'agisse généralement de vins exceptionnels. On trouve trois raisons à cela : ils sont atypiques, puisque les alsace sont considérés comme des vins blancs secs *, donc difficiles à placer au cours d'un repas. Leur prix, bien que justifié, demeure dissuasif [1]. Je m'élève aussi contre leur multiplication insensée dans les grands crus, dont la personnalité ne devrait jamais être estompée par ce type de vinification. Les récoltants, adeptes de cette pratique, oublient qu'un cépage noble produit dans un terroir * réputé doit rester un vin sec *, capable d'exprimer la finesse de ses arômes, combinée aux nuances d'un sol et d'une exposition qui en font, sans artifice, un produit d'exception.
- le muscat n'aurait jamais dû être retenu par le législateur dans les quatre cépages nobles, susceptibles de pouvoir faire des vendanges tardives ou mieux encore des sélections de grains nobles. Cela demeure, à mon sens, un mystère ou plutôt une ineptie. Pour ce raisin, le fruité est incompatible avec le taux maximum de teneur en sucre. Il demande au contraire à être ramassé quelques jours avant complète maturité, époque qui correspond à une forte intensité des composés volatils et odorants. On constate d'ailleurs que le muscat, lorsqu'il est très mûr, manque de fruit, par conséquent de typicité. Un raisin de cette variété, vendangé à une densité supérieure à 1 090, donne naissance à un vin qui peut parfois être harmonieux mais sans caractère, car il a brûlé ses parfums sur pied ;
- il existera toujours une petite rivalité et des querelles de clocher entre les vignerons du Haut-Rhin et ceux du Bas-Rhin sur la renommée de leurs vins. Je sais, par expérience, que les viticulteurs de ce dernier département ont fait d'énormes progrès, grâce à la reconnaissance de grands crus comme le Kirchberg de Barr, le Zotzenberg ou le Kastelberg entre autres. Il ne faut cependant pas qu'ils soient chauvins car plusieurs facteurs jouent

(1) On trouve même des demi-bouteilles vendues jusqu'à 450 francs HT, par certains Alsaciens, qui se prennent pour des émules du Château d'Yquem.

en faveur du Haut-Rhin : notoriété plus ancienne de la plupart des grands crus, meilleur climat – chaque année les précipitations atmosphériques sont plus importantes à Strasbourg qu'à Colmar –, tradition viticole plus affirmée. N'oublions pas que dans le Bas-Rhin, on a longtemps (et même encore de nos jours) pratiqué la polyculture ; enfin, il y a une homogénéité supérieure de l'ensemble des parcelles.

- Achats : différenciez-vous et redécouvrez les bons alsaces. *Le consommateur doit savoir qu'un bon vin d'Alsace, même lorsqu'il s'agit d'une vendange tardive *, conserve une certaine acidité naturelle, pour garder de la fraîcheur en bouche. De même qu'il doit s'attendre souvent à trouver des vins en principe secs * ayant conservé un peu de sucre résiduel [1] et quelquefois une pointe de CO2 qui agace agréablement la langue, sauf bien entendu dans les vins rouges.*
Outre des vins magnifiques issus des quatre cépages nobles, ce vignoble enregistre des résultats surprenants avec le pinot blanc, en extension, permettant d'obtenir des vins bien structurés, à la fois nerveux sans excès, élégants et délicatement bouquetés, au rapport qualité/prix pratiquement sans égal, vers lesquels le consommateur doit s'orienter aujourd'hui.
Bénéficiant d'un classement identique – certains ne le méritent cependant pas pour l'intégralité de leurs parcelles –, les cinquante grands crus ne présentent pas tous la même antériorité ni la même notoriété. Autant de raisons qui expliquent qu'ils puissent être d'un niveau qualitatif différent. Il faut en tenir compte, et surtout connaître l'encépagement préférentiel des plus renommés. Pour la régularité des vins qu'ils produisent, une dizaine de ces grands crus, sans ordre de préférence, semblent pourtant très légèrement supérieurs. J'ai accompagné certains, du nom d'un très bon récoltant pris dans un ensemble de producteurs, également réputés : Kastelberg d'Andlau (M. Kreydenweiss), Geisberg et Kirchberg de Ribeauvillé (A. Kientzler), Schoenenbourg de Riquewihr (M. Deiss), Schlossberg à cheval sur Kientzheim et Kaysersberg (Domaine Weinbach), Kitterlé de Guebwiller et Altenberg de Bergheim (G. Lorentz), Zinnkoepflé en partie sur deux localités Soultzmatt et Westhalten et surtout le Rangen de Thann (L. Humbrecht) ainsi que le splendide Brand de Turckheim (Cave de Turckheim), dont la grande variété de sols permet à trois plants nobles de s'exprimer pleinement (riesling, gewurztraminer et tokay pinot gris).
Derrière ces dix grands crus, on peut classer ensuite comme étant sensiblement du même niveau les crus suivants avec leur encépagement préférentiel : Kirchberg de Barr (riesling, tokay pinot gris), Zotzenberg [2] de Mittelbergheim (gewurztraminer, riesling), Wiebelsberg d'Andlau, Kanzlerberg de Bergheim, Mandelberg de Mittelwihr (tokay pinot gris, gewurztraminer et muscat), Mambourg de Sigolheim, Sommerberg de Niedermorschwihr et Katzenthal, Florimont d'Ingersheim et Katzenthal, Hengst de Wintzenheim (gewurztraminer, tokay pinot gris), Steingrubler de Wettolsheim, Pfersigberg d'Eguishem et Wettolsheim, Hatschbourg de Hattstatt et Voegtlinshoffen (muscat et gewurztraminer), Goldert de Gueberschwihr (gewurztraminer, tokay pinot gris) et Vorbourg (tokay pinot gris), qui s'étale sur Rouffach et Westhalten.
On constate que dans le noyau d'élite ne figurent que quatre grands crus du Bas-Rhin.
*Quant au mariage idéal entre un terroir * et un cépage, il apparaît que les meilleurs sont respectivement :*
- riesling : le Kastelberg et Kirchberg de Ribeauvillé [3], Schoenenbourg, Brand, Schlossberg et Kitterlé légèrement devant Geisberg, Wiebelsberg et Sommerberg ;

(1) Trop pour certains, la qualité devenant alors une tare.
(2) À prendre avec des réserves, il a surtout construit sa renommée sur le sylvaner.
(3) Ce grand cru ayant des homonymes.

- tokay pinot gris : Rangen, Brand et Zinnkoepflé, avant Vorbourg ;
- gewurztraminer : L'Altenberg de Bergheim [1]*, Brand, Zinnkoepflé et Mambourg, un ton au-dessus de Florimont, Steingrubler et Kanzlerberg de Bergheim.*

Ce serait méconnaître totalement la viticulture alsacienne que d'oublier quatre grands noms, méritant amplement de figurer en dehors des grands crus :
- la famille Hugel, pionnière des vendanges tardives et des sélections de grains nobles, dont Jean, qui fut à la base du décret de contrôle, demeure l'ardent défenseur. On ne peut pas dire qu'il manifeste la même chaleur pour les grands crus !
*- l'excellente maison Trimbach, possédant pour moi le plus grand terroir * de riesling, le Clos Sainte Hune, au volume malheureusement ultra confidentiel... mais aussi une large palette d'autres très bons vins, élégants et sans sucre résiduel ;*
- sans oublier le sympathique couple Rolly-Gassmann, dont l'exploitation se trouve sur une commune dépourvue de grands crus, ce qui ne l'empêche pas de s'imposer à un très bon niveau qualitatif ;
- enfin, Seltz père et fils qui donnent avec un exceptionnel Sylvaner Vieilles Vignes et un Riesling très floral une grande image du Bas-Rhin.

*Il ne faudrait pas conclure hâtivement que les seuls vins d'Alsace dignes d'intérêt sont uniquement les grands crus, les vendanges tardives ou les sélections de grains nobles. Il y a, dans presque chaque commune des deux départements également de très bons vins blancs, provenant de l'un ou l'autre des trois circuits de commercialisation (récoltants, propriétaires-négociants ou caves coopératives). Dans les produits plus courants, issus d'un assemblage * de cépages nobles bénéficie de la simple AOC, Edelzwicker, vin sans prétention, sur lequel on juge souvent le talent du vinificateur.*

Je serai beaucoup moins enthousiaste sur les rouges provenant du pinot noir. La plupart du temps, ils n'ont pas de robe, sont courts, voire dilués par des productions déraisonnables, et surtout vendus beaucoup trop cher. Les réussites de ce type de vin n'ont lieu qu'isolément et essentiellement dans un très grand millésime. Je garde pourtant un grand souvenir de ceux de Zind-Humbrecht et Marcel Deiss en 1990. Ils pouvaient allégrement rivaliser avec des premiers crus de la Côte d'Or.

(1) Ce grand cru ayant des homonymes.

CHAPITRE II

bordelais

Depuis plus d'un siècle et demi, le monde connaît le nom de « Bordeaux », qu'il juge généralement à tort pour « l'ensemble » comme synonyme de grands vins, alors que cette dénomination n'est en fait que la transposition d'une modeste appellation devenue, avec le temps, porte-drapeau de la plus grande région viticole française d'AOC.
Les catégories bordeaux et bordeaux supérieurs (seul un demi-degré les différencie), plantées dans les endroits les moins favorables, produisent des vins modestes voire souvent médiocres en très gros volumes, trouvant difficilement preneurs vu l'importance des superficies qu'elles occupent (plus de 57 000 hectares). Une minorité de récoltants a cependant fait de gros efforts qualitatifs, tant sur le plan de la production que de la vinification ; il faut se donner un peu de mal pour les dénicher, tel le Château Belle Garde à Génissac.
En Gironde, toutes les propriétés s'appellent « château » et quelques-unes se nomment « domaine », même s'il s'agit d'une très modeste maison de vigneron, contribuant pourtant à l'étranger à la renommée du vignoble. Dans la réalité, les choses sont un peu différentes. On peut dire que la gloire du vignoble girondin repose uniquement sur une bonne centaine de châteaux en renom, totalisant un peu plus de 3 % de l'ensemble des plantations, soit environ 3 500 hectares. Ces propriétés peuvent se diviser à peu près ainsi :
- haut Médoc : une bonne quarantaine [1] y compris quelques crus bourgeois dignes d'intérêt ;
- Graves de Pessac-Léognan : une douzaine (pour ne faire de peine à personne) ;

(1) Dans les communes de Saint-Seurin-de-Cadourne, Saint-Estèphe, Pauillac, Saint-Julien, Listrac, Moulis, Soussans, Cantenac, Labarde, Arsac, Margaux et Ludon.

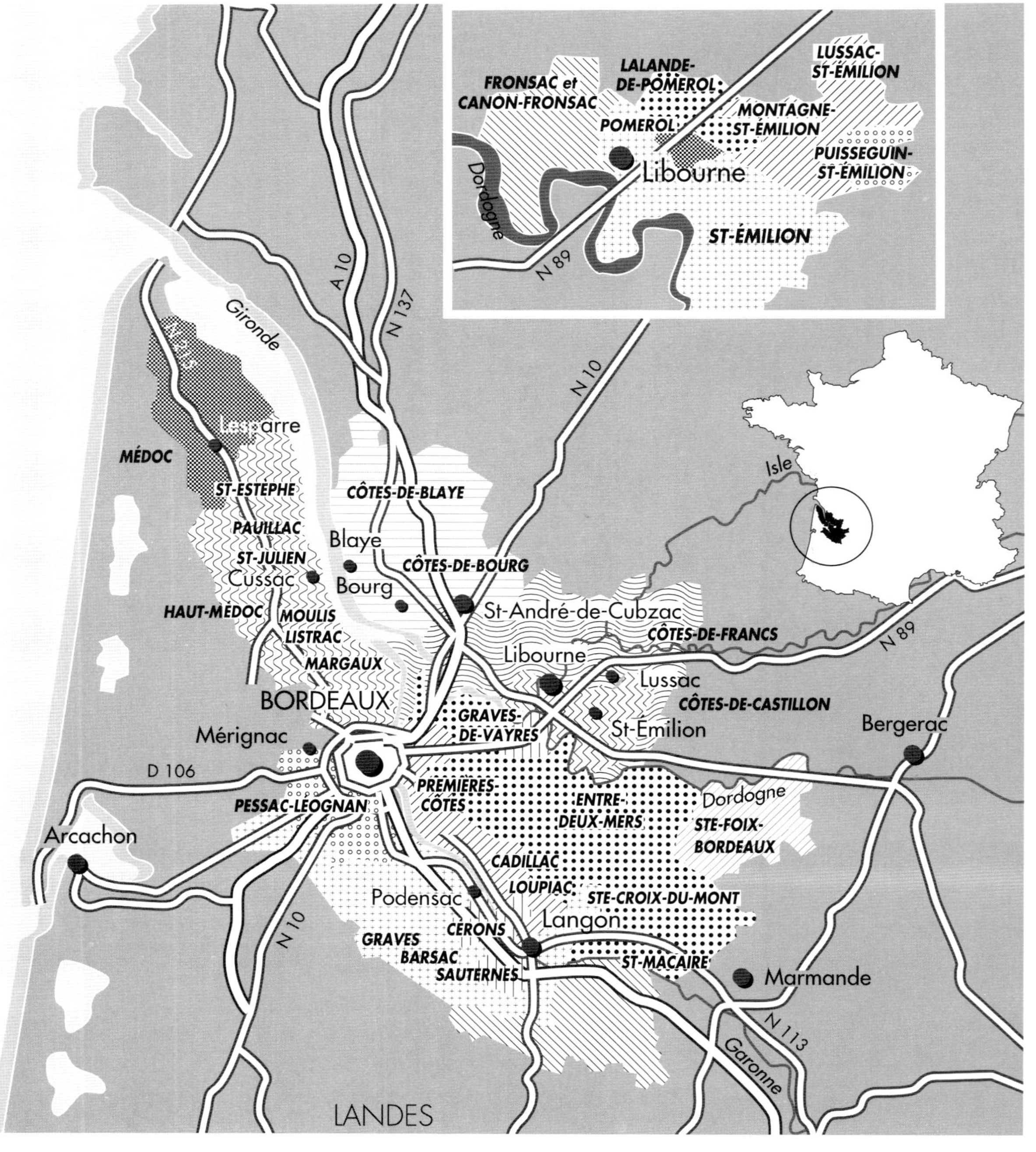

Superficies en exploitation : AOC : 110 663 ha ; Vins de pays et VCC : 4 072 ha.

Encépagement : Blancs : sémillon, sauvignon, muscadelle. Cépages secondaires : ugni blanc, merlot blanc, colombard, mauzac, ondenc. Rouges : cabernet-sauvignon, carbernet franc, merlot. Cépages secondaires : malbec, petit verdot, carmenère.

- Saint-Émilion : allez ! mettons une trentaine, pour être vraiment très généreux ;
- Pomerol : une douzaine, c'est ce qu'il faut compter sans aller au-delà ;
- Sauternes et Barsac : c'est mon jour de bonté, treize à la douzaine, comme chez le crémier !

Derrière ce groupe d'élite, on doit encore retenir une petite centaine de crus pour

l'ensemble de ces appellations, auxquelles il faut ajouter le Médoc, Canon-Fronsac, Lalande de Pomerol, les Côtes de Bourg et les Premières Côtes de Bordeaux totalisant sans doute un peu plus de 2 000 hectares supplémentaires, soit, pour ces deux catégories, environ 5 % des zones plantées. Ce qui est vraiment peu, pour un vignoble qui compte plus de 110 000 hectares. Il y a aussi dans chacune des autres appellations même mineures quelques valeurs sûres, qui ont en plus souvent l'avantage de présenter un excellent rapport qualité/prix, mais n'ont malheureusement pas contribué au rayonnement du Bordelais à l'étranger.
Fréquentant très régulièrement la grande restauration, j'avoue que je suis à la fois étonné, mais surtout irrité, d'entendre à longueur d'année la grande majorité des clients demander au sommelier : « Donnez-moi un bordeaux » sans autre précision !
Je m'aperçois que j'ai levé le lièvre sur le mot « château ». Il est donc bon de faire un aparté sur la législation le concernant.

LE CHÂTEAU : UN PRIVILÈGE BIEN BORDELAIS

Le terme « château » a été « inventé » par les vignerons girondins. Il a contribué à la fortune de beaucoup d'entre eux.
La jurisprudence de la cour d'appel de Bordeaux a énoncé des règles très libérales en ce qui concerne son emploi. En particulier, il est jugé depuis longtemps qu'il n'est pas nécessaire de posséder sur l'exploitation une habitation servant à la résidence du propriétaire, mais tout simplement des bâtiments d'exploitation.
Le décret du 30 septembre 1949 exige, pour l'utilisation du terme « château », que le produit provienne d'un domaine agricole existant réellement. Autrement dit, il faut une exploitation par château, comprenant des bâtiments (chais, cuverie, etc...), à défaut d'une construction évoquant les belles demeures anciennes.
La réglementation communautaire ne permet l'emploi du mot « château » en français – *schloss* en allemand, *manor* en anglais, *castello* en italien, *castillo* en espagnol et *kastro* en grec –, qu'à condition que le vin provienne de raisins récoltés sur les vignes faisant partie de l'exploitation viticole et que la vinification ait été effectuée sur les mêmes lieux de production. Certains problèmes se sont posés récemment avec l'emploi du terme « château », utilisé à tort et à travers par beaucoup de crus classés, qui ont presque tous un second, voire un troisième vin d'une qualité bien entendu inférieure au premier, obtenu à partir d'une sélection personnelle effectuée sur leur domaine.
Il est parfaitement légal de désigner les vins produits sur la même exploitation sous plusieurs marques. Mais il est en revanche difficile d'admettre que le même viticulteur puisse avoir deux ou trois étiquettes, mentionnant divers châteaux, alors qu'il n'en possède, la plupart du temps, qu'un seul ; astuce qui fut pourtant longtemps utilisée par plusieurs crus classés ou assimilés du Bordelais.
Depuis quelque temps, les châteaux n'emploient plus cette dénomination pour désigner leur second vin. Exemple : le Pavillon Rouge du Château Margaux. Cette affirmation s'appuie aussi sur l'article 13 du décret de 1921, précisant que l'emploi du terme « château » est réservé aux seuls vins provenant d'un domaine bien délimité.

Le vignoble bordelais, tout en étant d'un volume important, demeure intégralement réparti dans le département de la Gironde. Il rassemble trente-cinq zones bien distinctes, plus ou moins étendues, produisant soit presque essentiellement des vins rouges, soit des vins blancs secs * ou liquoreux ou, simultanément, les deux couleurs. Certaines d'entre elles méritent qu'on s'y attarde, sans pour autant entrer dans des considérations géographiques trop poussées (entre autres le Haut Médoc, dont la particularité est de regrouper – à une exception près – tous les crus rouges classés en 1855).

DES CHÂTEAUX À GÉOMÉTRIE VARIABLE. Avant tout, il faut rappeler que dans le Bordelais un château, même classé en 1855, n'est qu'une marque commerciale où n'entre aucunement en ligne de compte la référence à une superficie donnée. Par conséquent son propriétaire peut l'agrandir en achetant d'autres vignes, tant qu'il reste dans une même appellation. Encore que cela ne soit pas tout à fait exact. Certains crus classés et non des moindres possèdent des parcelles de vignes sur la commune limitrophe : le Château Lafite Rothschild (Saint-Estèphe), les Châteaux Ducru-Beaucaillou et Beychevelle (Cussac-Fort-Médoc), etc. ; cas particuliers, la plupart antérieurs à la création des AOC, bénéficiant aujourd'hui en principe de la prescription. Ce ne sont pourtant pas les seuls ; quelques autres îlots de Saint-Julien se positionnent aussi dans Pauillac au nord et sur Saint-Laurent du Médoc à l'Ouest. Le rattachement à une autre commune de parcelles isolées appartenant à certains crus classés leur permet bizarrement d'être assimilées aux exploitations principales. L'inverse est aussi vrai pour Pauillac – c'est là où il y a deux poids, deux mesures – par rapport aux petits exploitants ne bénéficiant pas du même privilège que les grands châteaux.
Le fait de pouvoir jongler avec une étiquette permet aux Médocains de jouir confortablement et en toute impunité d'une rente de situation qui continue à faire leur fortune, en engageant sur la moindre parcelle de vignes à vendre une espèce de partie de Monopoly, favorable à ceux disposant déjà d'une place forte et, du même coup, de capitaux pour surenchérir. Cette sorte de lacune dans les AOC fait qu'il advient parfois des choses bien étranges dans le Médoc. Ainsi, en l'espace seulement d'une quinzaine d'années, on a assisté à la résurrection d'un troisième cru classé, disparu depuis 1937, le Château Desmirail, revenu subitement sur le marché par le simple achat d'une marque, qui dormait sagement au fond d'un coffre, dans l'attente d'un éventuel repreneur. Comme ses vignes avaient été dispersées à l'époque, il a bien fallu les recréer là où c'était possible… Plus fort encore, aux environs des années 1980, un quatrième cru classé de Saint-Julien changea lui aussi de propriétaire dans des conditions assez rocambolesques. Une partie de son vignoble est allée grossir les rangs d'un cru classé, déjà bien nanti, tandis que des bâtiments d'exploitation trouvaient preneur chez un autre ; enfin, la marque commerciale qui, seule, permet d'assurer la pérennité du château et surtout du classement, allait à un troisième acquéreur, déjà propriétaire d'un cru bourgeois, avec quand même des vignes, pour que l'honneur soit sauf… J'ajoute que toutes ces transactions sont parfaitement légales et aucunement en contradiction avec la réglementation sur les AOC qu'il devient urgent de revoir.

LE CLASSEMENT DE 1855. Le but de cet ouvrage n'est pas de ressasser tous les classements et lois qui ont émaillé le cours de notre histoire viticole. Cela n'exclut cependant

pas un certain rappel d'événements encore d'actualité aujourd'hui. C'est le cas du fameux palmarès de 1855 et surtout de son rebondissement en 1973, où le baron Philippe de Rothschild, après plus de vingt ans d'opiniâtreté, en usant de ses relations et en frappant à toutes les portes, est enfin parvenu à faire reconnaître les mérites incontestés de son Mouton, injustement pénalisé au siècle dernier.
Avec le recul, démonstration est faite que la classification présente bien des failles. Ce dont tout le monde à Bordeaux est parfaitement conscient, mais que personne ne tient à changer. Toujours est-il qu'après la révision des premiers crus, comme par enchantement, la porte s'est refermée, sans doute pour toujours. En somme, la montagne avait accouché d'une souris...
L'exposé suivant permettra au lecteur de mieux se familiariser avec l'étiquetage bordelais, qui repose entièrement sur des marques commerciales, donnant la possibilité à leurs utilisateurs d'augmenter facilement la superficie des exploitations, au gré des acquisitions de terrain et au mépris du consommateur. Si l'on en juge par l'importance des caractères qui lui sont consacrés sur les étiquettes, la marque éclipse totalement l'AOC.
Ce qui n'était pas véritablement un classement le devint par la suite, entériné et enjolivé par le temps. Voilà comment les choses se sont passées : le Comité formé pour assurer la participation de la Gironde à l'Exposition universelle, demanda un avis à la chambre de commerce de Bordeaux, concernant la présentation des vins du département. Celle-ci s'étant rendu compte qu'il serait dangereux d'envoyer à Paris, dans une manifestation aussi prestigieuse créée par l'empereur Napoléon III, les vins de la Gironde pour les soumettre au jugement de jurys manquant d'éléments d'appréciation, entendait que ces vins soient au préalable mis « hors concours » sans discussion. Son raisonnement était le suivant : « Ils n'ont pas de rivaux, donc ils sont les meilleurs ». CQFD... Partant de ce principe, la chambre de commerce confia au Syndicat des courtiers * de la ville, dont les membres avaient alors le caractère d'officiers ministériels, le soin de mettre en vedette une partie des crus soumis journellement à leur examen.
En consultant les archives, on retrouve une lettre du Syndicat des courtiers qui précise : « Vous savez comme nous, messieurs, combien ce classement est une chose délicate et éveille des susceptibilités. Aussi, n'avons-nous pas eu la pensée de dresser un état officiel de nos grands vins, mais bien de soumettre à vos lumières un travail dont les éléments ont été puisés aux meilleures sources. »
Joints à la lettre du 18 avril 1855, deux tableaux bien distincts, intitulés : « Vins rouges classés du département de la Gironde » et « Vins blancs classés de la Gironde ». C'est sans doute ce qui explique que l'on y trouve, parmi les premiers crus, le Château Haut-Brion, seul vin rouge retenu en dehors du Médoc. De même que, dans les blancs, n'y figurent que les vins du Sauternais ; aucun cru des Graves n'était encore reconnu d'un haut niveau par les courtiers.
Dans une autre lettre, adressée le 16 septembre 1855 à la Chambre de Commerce, le Syndicat des courtiers écrivait : « L'intention du syndicat, en rédigeant la liste des vins classés du département de la Gironde, n'a point été d'assigner un degré de supériorité à aucun de ceux qui sont compris dans chacune des cinq classes : ils sont regardés comme étant d'un mérite égal et donc rangés suivant l'ordre alphabétique ».
Considéré simplement à l'époque comme une sorte de palmarès, il a cependant résisté à l'épreuve du temps, au point qu'aujourd'hui – bien qu'âgé de près d'un siècle et

demi – il continue à faire autorité dans le monde, tout en faisant périodiquement couler beaucoup d'encre. Lors de son établissement, les vins de Saint-Émilion et de Pomerol furent systématiquement écartés. Sans doute étaient-ils loin d'avoir acquis leur notoriété actuelle, mais leur éviction est surtout due au fait que la chambre de commerce de Bordeaux, créée le 26 mai 1705, s'était uniquement préoccupée des châteaux dont les vins étaient généralement commercialisés par le négoce local. Dans cette compétition, la région de Saint-Émilion n'avait pas trouvé de défenseurs, et pour cause, la chambre de commerce de Libourne ayant été mise en place seulement le 16 décembre 1910.

Lorsqu'il m'arrive de me rendre dans le haut Médoc ou en Sauternais et d'admirer les vignobles des crus touchés par la grâce en 1855, je ne peux m'empêcher de penser que leur splendeur repose en partie sur ce classement, établi dans le seul but de donner une grande image des châteaux du Bordelais, pour aider au rayonnement du département de la Gironde. L'empereur appréciait, paraît-il; tout particulièrement les grands vins du Médoc et du Sauternais ; pour cette seule raison, il aurait mérité d'avoir au moins son buste sur l'une des places des six communes vedettes : Margaux, Saint-Julien, Pauillac, Saint-Estèphe, Sauternes ou Barsac. Il ne faut pas désespérer ; cela viendra sans doute un jour, lorsque les propriétaires des crus classés seront un peu plus riches…

Ce classement a reçu sa consécration officielle, en vertu d'un décret sur l'étiquetage des vins daté du 30 septembre 1949, permettant aux châteaux classés en 1855 de mentionner « cru classé » sur leur étiquette, manière de conforter une position déjà bien acquise, en apportant une assurance supplémentaire.

Aujourd'hui, de nombreuses voix s'élèvent, affirmant que ce classement est devenu complètement obsolète. Elles prêchent dans le désert… pourtant avec juste raison. C'est, en effet, une totale aberration que de faire encore référence à une classification établie à partir d'éléments caducs :

- en 1855, les vins provenaient essentiellement de vignes franches de pieds encore cultivées en foule ;
- après la destruction du vignoble par le phylloxéra, premier changement important ; les replantations se sont faites avec des vignes greffées sur des porte-greffes américains ;
- les méthodes de culture n'ont cessé d'évoluer. Avec la technique du palissage * des vignes comptant maintenant 10 000 pieds/hectare, on est passé successivement du travail manuel au labour avec le bœuf ou le cheval, puis au tracteur, avant d'en arriver au désherbage chimique ;
- la plupart des crus classés ont vu leur encépagement complètement modifié. Dans beaucoup de propriétés, le merlot occupe maintenant sinon une place prépondérante tout au moins de larges superficies au détriment du cabernet sauvignon, modifiant ainsi la typicité de nombreux vins. En 1990, il occupait 5 474 ha contre 7 306 ha au cabernet sauvignon ;
- dans pratiquement tous les châteaux, les superficies se sont considérablement étendues en englobant les terroirs moins bien ou mal situés. À une ou deux exceptions près, aucune propriété classée n'occupe aujourd'hui la même situation cadastrale qu'en 1855. Pour en être convaincu, il suffit de parcourir la première édition de la bible bordelaise, le célèbre Cocks & Feret de 1850, et de comparer avec la quatorzième parue en 1991 ; on constate que les extensions faramineuses concernent tout le monde.

Ainsi, le Château Brane Cantenac n'était censé produire annuellement que 90 tonneaux [1] contre 200 en 1991, de même que le Château Mouton Rothschild, crédité, lui, de 130 tonneaux contre 250 aujourd'hui. Pour ce dernier, un autre élément permet encore de corroborer ces affirmations : depuis 1945, les étiquettes de chaque millésime indiquent le nombre de flacons tirés pour toutes les contenances ; ce qui permet de constater des augmentations de volume spectaculaires. On rétorquera immanquablement qu'avec les modes de culture actuels et une meilleure protection des vignes contre les prédateurs, les productions ont augmenté. J'en suis parfaitement conscient, mais pas au point d'imaginer qu'elles aient pu doubler...
Ce ne sont que deux exemples, pris dans un ensemble accablant pour l'élite bordelaise, que confirment les minutes notariales relatives aux transactions viticoles. Heureusement, les deuxièmes vins viennent donner bonne conscience aux propriétaires ;
- à notre époque, les vignes sont régulièrement amendées, et même souvent au-delà du raisonnable ;
- les hommes ont aussi changé. L'esprit qui les animait n'est plus le même. En 1855, on faisait souvent de l'art, alors que dans le monde actuel, où tout repose sur la gestion, il n'est plus question de travailler de cette façon. Il faut sans cesse faire rentrer plus de capitaux et tenter de s'agrandir, pour ne pas tomber sous la coupe de compagnies d'assurances et d'autres vautours qui guettent le moindre signe de défaillance pour fondre sur leur proie.
Ce classement est devenu aujourd'hui, pour les multinationales et les capitaux étrangers, une sorte de cirque où, tels des gladiateurs des temps modernes, certains financiers s'affrontent, en terrassant leurs adversaires. Les armes ont changé : les milliards ont remplacé le glaive et le filet. C'est moins spectaculaire, mais cela fait aussi mal.
Partout des voix s'élèvent pour réclamer une révision, entre autres celles des propriétaires d'une poignée de très bons bourgeois en mal d'anoblissement, dont les revendications sont tout à fait justifiées.
En octobre 1959, une évolution paraissait imminente. Sous la pression du baron Philippe de Rothschild, le Syndicat des crus classés se réunissait et, ô miracle, votait pour la première fois une motion favorable à la révision par l'INAO ; ces dirigeants par excès d'autoritarisme s'imaginaient déjà pouvoir imposer une nouvelle classification, préparée dans le plus grand secret. Malheureusement, en novembre 1960, une indiscrétion du quotidien *Sud-Ouest*, révélant le projet, le fait échouer. À la stupeur générale, on apprend que quinze crus de 1855 ne figurent plus dans le nouveau classement. Cette sanction, jugée comme un abus de pouvoir, provoque un tollé général. L'INAO, mal inspiré, a quand même réussi l'exploit de se mettre à dos quatre catégories de mécontents : ceux qui avaient disparu, ceux qui estimaient ne pas être à leur place, ceux qui pensaient être en mauvaise compagnie et ceux qui n'y figuraient toujours pas. Plusieurs propriétaires de crus classés menacent alors l'INAO de poursuites judiciaires si ce classement est officiellement publié. L'autorité qui gère les AOC est contrainte d'abandonner sur le champ mais le dossier reste ouvert.
Pendant plusieurs années, commissions, négociations et intrigues se succèdent dans un sempiternel ballet. Enfin, en 1969, un décret de réforme est signé par Edgar Faure,

(1) Unité marchande fictive de 900 litres, correspondant à quatre barriques bordelaises de 225 litres.

alors ministre de l'Agriculture. Les nouveaux dirigeants de l'INAO, pour se débarrasser de ce cadeau empoisonné, proposent de le confier à la chambre de commerce de Bordeaux, manière astucieuse de lui rappeler qu'elle fut jadis à l'origine du fameux classement, donc experte en la matière.... Celle-ci accepte, au grand soulagement de l'organisme qui gère les appellations. On assiste à nouveau au bal des consultations avec les interminables propos d'antichambre entre les différentes organisations viticoles, syndicats, conseils, associations, chambres d'agriculture, etc. Le dénouement n'interviendra que le 21 juin 1973 lorsque parut enfin au *Journal officiel* un arrêté signé de Jacques Chirac, alors ministre de l'Agriculture, promulguant le nouveau classement pour les premiers crus qui se substitue à celui de 1855 en devenant le seul légal ; les cinq grands sont désormais en position d'égalité, l'ordre alphabétique étant explicite. La chambre de commerce qui avait décidé d'opérer par catégorie était toute disposée à continuer, mais elle a dû s'en tenir aux seuls premiers ; la suivante, comprenant quatorze seconds, ayant catégoriquement refusé de se soumettre à la moindre modification, en déniant tout changement, ferma alors définitivement la porte à une révision des classes suivantes, puisque selon les règles établies chacune ne pouvait être remaniée qu'après celle qui la précédait.
Il y a donc désormais officiellement deux classements : un de 1973, pour les premiers, et un autre de 1855 pour les quatre autres classes. Il est évident que les propriétaires des crus actuellement classés ne tiennent pas à ce que les choses changent, tant les intérêts en jeu sont énormes. On ne s'étonnera pas non plus de la colère bien compréhensible de ceux qui considèrent avec juste raison ces privilèges inacceptables.

MORALITÉ : UN CLASSEMENT REVISITÉ. Dans les dix communes concernées du haut Médoc [1], celui qui a la chance de posséder un château inclus dans le fameux classement peut dormir en paix, même si son domaine a triplé sur des terrains médiocres, si son encépagement a été complètement bouleversé, si sa production à l'hectare dépasse les limites du raisonnable, si la vinification est purement technologique, encore bien même vendangerait-il à la machine. Il restera toujours un respectable cru classé, que continueront à envier des crus bourgeois, pourtant qualitativement très supérieurs, mais dont l'accès à la hiérarchie suprême demeurera un rêve inaccessible. C'est ça l'abolition des privilèges... principe pourtant édicté par la Révolution française la nuit du 4 août 1789. Pour la très fertile imagination populaire, ces prérogatives n'étaient censées concerner que les titres de noblesse. En fait, il s'agissait plutôt de supprimer les avantages matériels, mesure n'ayant, dans les siècles futurs, jamais été véritablement mise en pratique. D'une manière humoristique, Philippe Bouvard a bien défini la chose : « Une révolution n'abolit pas les privilèges, elle se borne simplement à changer les privilégiés. »
En étant objectif, on peut dire qu'actuellement une dizaine de crus bourgeois demeurent supérieurs à une quinzaine de nantis..., voire certains seconds. Dégustant fréquemment des millésimes différents d'une majorité de châteaux bénéficiant de ce monopole désuet, j'en arrive à penser que l'on ne peut aujourd'hui le prendre au sérieux, tant certains vins sont décevants. Afin de ne pas causer trop de peine à leurs

(1) Il en est de même dans le Sauternais.

propriétaires, je reprendrai à mon compte une réflexion du regretté chroniqueur gastronomique Henri Clos-Jouve. Lorsqu'il avait mal déjeuné, il disait au restaurateur : « Mon petit gars, je te ferai le plaisir de ne rien écrire sur toi. » Je procéderai donc de même avec les crus classés en mentionnant uniquement ceux qui n'ont pas démérité dans la classification qui leur a été accordée en 1855.
À la lecture de ce qui suit, j'entends déjà le concert de vociférations de ceux qui, à longueur d'année, continuent hypocritement d'encenser des crus dont la renommée est tombée aujourd'hui en désuétude.

PREMIERS CRUS
Château Haut-Brion
Château Lafite Rothschild
Château Latour
Château Margaux
Château Mouton Rothschild

DEUXIÈMES CRUS
Château Cos D'Estournel
Château Ducru-Beaucaillou
Château Gruaud Larose
Château Lascombes
Château Léoville Barton
Château Léoville Lascases [1]
Château Léoville Poyferré
Château Montrose
Château Pichon Baron
Château Pichon Longueville Comtesse de Lalande
Château Rauzan Ségla

TROISIÈMES CRUS
Château Cantenac-Brown
Château D'Issan
Château La Lagune
Château Langoa Barton
Château Lagrange
Château Palmer [1]

QUATRIÈMES CRUS
Château Beychevelle
Château Branaire Ducru
Château Duhart Milon
Château Saint-Pierre
Château Talbot

CINQUIÈMES CRUS
Château Cantemerle
Château Cos Labory
Château Grand-Puy-Lacoste [1]
Château Haut-Bages-Libéral
Château Lynch-Bages [1]

Le bien-fondé de ce classement est démontré chaque année à Bordeaux avec la sortie des primeurs. On constate sur les tarifs du négoce que les vins absents de cette liste sont généralement proposés par le commerce à des cours inférieurs aux autres de la même catégorie. Le premier cru Château Lafite Rothschild est un cas à part, puisque, bizarrement, il continue d'atteindre des sommets, même en salles des ventes, sans

(1) Ces quatre Châteaux méritent mieux que leur classement. Pour chacune de ces catégories, les crus sont considérés comme d'égale valeur, donc répertoriés par ordre alphabétique, au total 32 au lieu de 61 et encore avec beaucoup de mansuétude envers trois d'entre eux, parfois irréguliers.

doute en raison de spéculations futures. Pourtant, je ne compte plus les déceptions qu'il m'a causées, même dans les très grands millésimes, tels que 1961, 1964, 1966, 1970, 1975 et aussi 1978. Il a pourtant pour lui d'être implanté sur l'un des plus grands terroirs du Bordelais, si ce n'est le meilleur. Il est vrai que, pour réussir un vin d'exception, beaucoup d'autres paramètres entrent en ligne de compte. Je garde pourtant des souvenirs émus de l'extraordinaire 1959, qui demeure l'un des plus grands vins qu'il m'ait été donné de déguster.

Il peut paraître présomptueux d'exprimer un avis aussi tranché sur ce classement arbitraire, d'autant qu'on ne peut rien y changer. Mais, en contrepartie, mettre en garde le consommateur sur les fausses valeurs relève de la bonne information intègre ; ce qui n'est déjà pas si mal.

LES CRUS BOURGEOIS. Aujourd'hui, avec beaucoup de recul, on mesure mieux les choses. Il paraît évident que les courtiers * bordelais de l'époque, pour établir leur classement en 1855, se sont surtout basés sur les cours de place, les usages commerciaux et l'état des chais, en n'accordant pas assez d'intérêt aux vignobles. Ils auraient dû au contraire établir une hiérarchie essentiellement en fonction des terrains de graves pures les plus proches de la Gironde et remonter progressivement à l'intérieur des terres, en tenant toujours compte de la nature des sols, sans obligatoirement respecter les limites communales, ce qui leur aurait permis de ne pas oublier le hameau de Grand Poujeaux à Moulis.

Devant autant de déceptions dans près de la moitié des crus classés, les consommateurs, les restaurateurs et les exportateurs ont été progressivement amenés à reporter leur choix sur les crus bourgeois. On les comprend aisément, d'autant que figurent dans cette catégorie des vins très bien vinifiés – dont les cours sont stables –, faisant l'objet d'une sélection sévère avant la mise en bouteilles et offrant un bien meilleur rapport qualité/prix, entre autres :

CHÂTEAUX	COMMUNES
Château Haut Marbuzet	Saint-Estèphe
Château Sociando-Mallet	Saint Seurin de Cadourne
Château Monbrison	Arsac
Château Poujeaux	Moulis
Château Phelan-Segur	Saint-Estèphe
Château Les Ormes-Sorbet (Médoc)	Couquèques
Château Labegorce-Zede	Soussans
Château Meyney	Saint-Estèphe
Château Les Ormes-de-Pez	Saint-Estèphe

NETTEMENT DEVANT, SANS ORDRE DE PRÉFÉRENCE :

Château De Pez	Saint-Estèphe
Château Chasse-Spleen	Moulis
Château Citran	Avensan
Château Le Crock	Saint-Estèphe

Château Maucamps	Macau
Château Fourcas-Dupré	Listrac
Château Potensac (Médoc)	Ordonnac
Château Maucaillou	Moulis
Château Tour-Haut-Caussan (Médoc)	Blaignan
Château Lanessan	Cussac-Fort-Médoc
Château La-Tour-de-By (Médoc)	Bégadan
Château Moulin-de-la-Rose	Saint-Julien-Beychevelle
Château Lestage-Simon	Saint-Seurin-de-Cadourne

Bien que remarquablement vinifiés, les meilleurs crus classés, qui se différencient surtout par les terroirs, sont généralement moins personnalisés que certains de ces grands bourgeois, qui s'apparentent plus à une création. Ils sont l'œuvre de viticulteurs tellement amoureux de leur produit qu'ils finissent, quels que soient les millésimes, par lui imprégner un style qui se retrouve à la dégustation. Les exemples les plus marquants sont Henri Duboscq (Château Haut Marbuzet), Jean Gautreau (Château Sociando-Mallet) et Jean Boivert (Château Les Ormes-Sorbet).
Ces vingt-deux crus sont dignes de figurer dans une bonne cave [1], sans en déprécier le contenu. À deux ou trois exceptions près, ils sont tous commercialisés en direct.

Dans le Bordelais, les vignes hautes occupent de très larges superficies. Elles ont d'ailleurs été autorisées dans plusieurs secteurs il y a une quinzaine d'années. Fait déplorable, car il est prouvé qu'elles contribuent à la baisse de la qualité. Je n'ai pas l'intention de faire ici l'inventaire de leurs emplacements, mais je ne comprends absolument pas qu'elles puissent sévir jusque dans le Médoc, où l'on en trouve d'ailleurs une assez grosse superficie, notamment sur le plateau de Saint-Christoly et dans la plupart des autres communes.

ASSEZ DE LA MULTIPLICATION DES SECONDS VINS !

Dans le passé, quelques propriétaires de crus très réputés avaient pris l'habitude, lors des égalisages, d'écarter certaines cuvées moins réussies, généralement issues de vignes jeunes. Cette option était guidée par le souci de présenter à chaque millésime un vin de leur château qui soit irréprochable. Ce qui ne pouvait être obtenu qu'au prix de gros sacrifices financiers, en déclassant volontairement une partie de la récolte pour être vendue sous une autre étiquette moins prestigieuse. Ils méritaient la reconnaissance des acheteurs pour leur probité, d'autant que plus la sélection était sévère, meilleurs étaient les deux vins : le premier, fruit d'un écrémage sévère et le second qui sortait bonifié de l'opération. C'est le cas du numéro 1 de cette catégorie, le Clos du Marquis, cadet du Château Léoville-Lascases.
Depuis quelques années, on assiste à la multiplication des seconds et même des troisièmes vins. On en compte actuellement plus de 500, avec pour leaders Le Clos du Marquis et Le Pavillon Rouge, devant La Réserve de la Comtesse, Les Fiefs de

(1) Repris récemment par Alcatel, le Château Malescasse pourrait peut-être à brève échéance se glisser dans ce groupe.

Lagrange, Les Châteaux Canuet et de Marbuzet, sans oublier La Dame de Montrose... Ce n'est plus une sélection, mais une véritable tactique commerciale, qui parfois va un peu loin.

Aujourd'hui, la plupart des crus, bourgeois compris, se sont considérablement agrandis et, comme nous l'avons vu, généralement pas dans les meilleurs terroirs. Ils produisent régulièrement toujours le maximum et ils ont souvent un pourcentage de vignes jeunes supérieur au juste équilibre d'un domaine. Le fait de commercialiser un second vin leur permet de pratiquer et surtout de pouvoir justifier des prix prohibitifs eu égard à ce qu'il y a dans la bouteille. L'astuce pour endormir la méfiance du consommateur consiste à faire savoir par la presse que X... appartenant à Y... est bien le second de Z... même propriétaire, tout en étant aussi réussi. Cela pour qu'une partie de la gloire, acquise au fil des années par le grand frère, rejaillisse à son tour sur le petit dernier ; procédé encore facilité par les sommeliers, qui jouent ce jeu stupide, en persuadant le client qu'il aura pratiquement le même vin à moitié prix. Ce n'est qu'une rouerie venant flatter le petit côté snob qui sommeille dans le cœur de bon nombre de consommateurs ; manière habile aussi de les ramener une vingtaine d'années en arrière, en leur rappelant l'heureuse époque des déclassés, qui ont tout à la fois rempli l'escarcelle des récoltants peu regardants et bercé les illusions des pseudo-connaisseurs, perpétuellement à la recherche de la bonne affaire... Il serait très instructif de connaître, pour tous les châteaux, le nombre de bouteilles tirées pour chacune des marques (la principale et la complémentaire), chiffre qui pourrait par exemple être mentionné sur une contre-étiquette collée à l'arrière de la bouteille, manière de juger le sérieux du propriétaire. Cette pratique, qui tend à devenir envahissante, a maintenant gagné la région des Graves, Saint-Émilion et même de petites AOC comme les Côtes de Blaye. Telle une pieuvre, elle ne va pas tarder à étendre son action malfaisante à l'ensemble du vignoble.

Lorsqu'une possibilité d'achat se présente, les propriétaires de crus renommés, quelle que soit l'appellation, supputent très vite l'aspect financier d'une bonne opération. En 1970, lors du partage familial, les héritiers de Bailliencourt dit Courcol, afin d'indemniser ceux qui souhaitaient se retirer et régler les droits de succession, durent amputer leur domaine en vendant le Château La Dominique (cru classé à Saint-Émilion) et près de 5 hectares du Château Gazin à Pomerol. Ces derniers ont été acquis par M. Jean-Pierre Moueix, déjà copropriétaire de Pétrus, dont les vignes contiguës allaient - grâce à l'opération - s'agrandir d'autant. Qualitativement, il n'y avait rien à redire, la partie cédée de Gazin étant sur le même type de sol et bénéficiant d'une exposition identique. Je n'en dirai pas autant de la rentabilité, car du jour au lendemain, le prix de ces parcelles, grâce à cette transaction, avait pris une plus-value faramineuse. Sur le plan législatif, en Bordelais, ces pratiques - même si elles s'expliquent très mal - sont en conformité avec les AOC, l'INAO tenant essentiellement compte de l'aire d'appellation, les marques commerciales, propriété des utilisateurs, ne relevant pas de son autorité. En revanche, le consommateur, contraint de payer une plus-value substantielle due à une nouvelle identité, subit incontestablement un préjudice.

HAUT MÉDOC ET MÉDOC

« Pays du milieu », telle est l'étymologie du terme « Médoc ». Cette presqu'île triangulaire est bordée à l'ouest par l'océan Atlantique et à l'est par le vaste estuaire de la Gironde. Tout au long de ce dernier, le vignoble s'étend du nord au sud sur une longueur

d'environ 80 kilomètres. La largeur moyenne atteint seulement 5 kilomètres. Il est protégé de l'océan par une forêt de pins très dense, entrecoupée de lacs importants. Traversé par le 45° parallèle, il jouit à ce titre d'un climat relativement chaud et humide, baigné de lumière. Son insertion entre deux masses d'eau importantes joue un rôle de régulateur thermique, qui crée une espèce de microclimat *, très propice à la vigne. Les faibles écarts de température et le mélange d'une certaine humidité atmosphérique, avec la chaleur due à un ensoleillement régulier, sont des facteurs bénéfiques pour le raisin, surtout pendant la période de maturation *. Les meilleures croupes de graves, aux pentes accusées, sont généralement très bien drainées naturellement ; on ne voit jamais l'eau y stagner.
Cet important vignoble, qui possède des appellations communales prestigieuses (Saint-Estèphe, Pauillac, Saint-Julien, Moulis et Margaux), est scindé en deux : haut Médoc et Médoc, doux euphémisme de ce qui était autrefois bas Médoc.
Il est bon de faire un petit retour en arrière : le Médoc demeura longtemps un pays peuplé de paysans, où se succédaient en alternance forêts (dominantes), élevage et culture. Bien qu'il y ait eu quelques vignes auparavant, c'est seulement à partir de la fin du XVe siècle qu'elles commencèrent timidement à s'implanter, surtout autour de Margaux et au nord de Pauillac. Il faut attendre la fin du XVIIe siècle pour que le Médoc viticole commence véritablement sa progression. À cette époque, les meilleures croupes de graves, celles qui regardent la rivière (curieusement, c'est ainsi que les habitants de la presqu'île nomment l'imposant estuaire de la Gironde), sont devenues la propriété des financiers, des notables du parlement de Bordeaux et d'une opulente bourgeoisie, notamment les Ségur (Lafite, Latour et Calon) et les Brane (Mouton).
De magnifiques châteaux ont alors commencé à agrémenter ces splendides domaines viticoles, qui allaient devenir, au siècle suivant, les grands crus que nous connaissons. Aux environs de 1780, la quasi-totalité du vignoble médocain était constituée. La plupart du temps restaient incultes les sols où l'eau s'évacuait difficilement et où les graves brillaient par leur absence. Certains d'entre eux sont pourtant devenus aujourd'hui les extensions des crus classés et crus bourgeois après avoir, bien sûr, subi d'importants travaux de restructuration et de drainage. Mais les sols et les expositions n'ont pas changé ; ils sont restés les mêmes, c'est-à-dire moyens. Les nouveaux spécialistes en dégustation voudraient quelquefois nous convaincre du contraire avec leurs soi-disant révélations, capables d'après eux de rivaliser avec les vraies valeurs, oubliant qu'il existe une vérité du terroir *, contre laquelle on ne peut aller. Un grand cru, digne de ce nom - pour de multiples raisons - peut dans une année être moyen, mais l'inverse n'est pas pensable même avec le secours de la technologie !
Lorsqu'on visite le haut Médoc actuellement, on ressent une impression d'aisance. Les châteaux sont magnifiquement entretenus, les vignes sont belles et tout semble aller pour le mieux. Il est vrai que, entre 1975 et 1990, les vins se sont bien vendus et même très cher (surtout ceux qui avaient une notoriété) ; ce qui n'a pas toujours été le cas. À deux époques, pas si lointaines que cela (après 1934 et surtout en 1952), se rappelle Madame Blois, la célèbre courtière du Médoc, la région a traversé les périodes les plus noires de son histoire. Ce n'est pas fabuler que d'affirmer qu'alors la viticulture était complètement exsangue. Le phénomène touchait aussi bien les crus classés que les autres. Leurs propriétaires vivaient en autarcie dans leurs châteaux, qu'ils ne pouvaient

entretenir faute de moyens. Les toitures avaient presque toutes besoin d'être refaites. Dans cette espèce de « misère dorée », chacun tentait de s'en sortir avec les produits agricoles de son exploitation. Heureusement, la sagesse paysanne avait incité certains à conserver le bétail, des volailles et surtout des forêts, pour y faire régulièrement des coupes. Même dans l'adversité, les Médocains faisaient preuve de dignité et demeuraient des grands seigneurs. Comme m'a dit un jour Jean-Eugène Borie de Ducru Beaucaillou : « On avait plus besoin d'argent que de conseils. »

Aussi curieux que cela puisse paraître aujourd'hui, il était plus facile de vivre de quelques vaches qu'avec le vin, à tel point que souvent, plus on possédait de vignes, plus pauvre on devenait. Presque tout le Médoc était à vendre. Certains châteaux sont même partis à l'encan, par décision de justice. Seules les propriétés appartenant à des banquiers supportaient la tempête. Pour l'anecdote, notons que l'électricité n'a fait son apparition dans ce secteur qu'en 1932.

Quelques châteaux faisant déjà de la bouteille avec les meilleures cuvées, le reste partait, tant bien que mal, en citerne pour le négoce du quai des Chartrons. Paradoxalement, les vins issus d'hybrides * se négociaient à un cours légèrement supérieur. Après la Seconde Guerre mondiale, le commerce continuait d'aller cahin-caha, incitant beaucoup de petits propriétaires à vendre leurs terres, qui coûtaient plus qu'elles ne rapportaient. D'où une multitude de transactions, les acheteurs étant bien entendu déjà les crus classés les plus en vue, qui voyaient là une première occasion d'agrandir leur domaine à peu de frais, en jouant sur la flexibilité de la législation française en matière de châteaux, même si le fait d'avoir un kaléidoscope de petites parcelles supplémentaires, pas toujours avoisinantes, occasionnait un surplus de main-d'œuvre et imposait davantage de rigueur.

Quant au bas Médoc, devenu depuis Médoc, il présentait, aux environs des années 55-60, un aspect lamentable. La majorité des terroirs étaient en friche, les bâtiments des exploitations viticoles tombaient en ruine. Les châteaux étaient presque sinistrés dans leur solitude.

L'afflux vers 1959 de rapatriés d'Afrique du Nord, venant pour la plupart de Tunisie, allait tout changer. Comme l'a si bien écrit mon ami Jacques-Louis Delpal : « Ils sont frères, pères ou fils, cousins, oncles, neveux, beaux-frères, petits-fils ou tellement amis que leur complicité les apparente. »

Ces Français de Tunisie sont devenus les colonisateurs des friches nord-médocaines, les restaurateurs des domaines et les responsables d'illustres châteaux. Sans eux, cette région n'aurait sans doute jamais recouvré ses lettres de noblesse. Ils ont amené en Gironde leur goût du travail bien fait, le sens de l'organisation, leurs connaissances agronomiques, une parfaite technique de la commercialisation et surtout une chaleur dans l'accueil qui manquait parfois en Médoc. On leur reproche simplement de produire quelquefois un peu trop (ce qui n'est peut-être pas tout à fait inexact) et aussi d'avoir développé les plantations de vignes hautes (c'est malheureusement encore vrai).

L'ORGANISATION. À la différence de toutes les autres régions viticoles, où le récoltant est le plus souvent seul maître à bord pour gérer son exploitation, tant sur le plan cultural que pour ce qui est de la vinification et de l'accueil des clients, il n'en va pas de même dans les grandes appellations du Bordelais.

En Gironde, et particulièrement en Médoc – vu l'importance et la notoriété de la plupart des châteaux – tout est cloisonné. La majorité des propriétaires ne vivent pas sur place et, lorsque c'est le cas, ils se contentent de superviser l'ensemble. Pratiquement chaque domaine est géré par un régisseur ou un directeur, qui a lui-même sous ses ordres plusieurs responsables, pour mener à bien les différentes activités de l'exploitation. La baisse qualitative de nombreux crus classés tient à plusieurs facteurs, mais il est fort probable qu'elle repose en grande partie sur le fait que certains propriétaires n'ont pas su s'entourer d'hommes valables comme Jean Delmas [1] (Haut-Brion), Pascal Delbeck (Ausone) ou Marcel Ducasse (Lagrange) – les vignes de ce dernier sont sans doute les mieux soignées de France – et quelques autres.

Lorsqu'il ne s'agit pas d'une compagnie d'assurances, le maître des lieux consacre une grande partie de son activité à faire en France, mais surtout à l'étranger, notamment aux États-Unis, en Belgique, au Royaume-Uni et au Japon, des relations publiques, pour promouvoir son vin. Lorsqu'il est sur ses terres, entre deux parties de chasse en Irlande ou tout simplement à la palombe, il s'occupe exclusivement de la gestion, inspecte deux ou trois fois par an ses parcelles de vignes et assiste en général aux vendanges en observateur. Certains sont plus proches de leur produit, comme Michel Delon à Léoville Lascases, Bruno Prats à Cos d'Estournel ou Xavier Borie à Ducru-Beaucaillou qui forment avec leur personnel une sorte de direction collégiale, très profitable à la qualité.

Quant à la partie administrative, un secrétariat reçoit les visiteurs et sert éventuellement les clients. Ce qui n'est pas le cas de la grande majorité des crus classés qui, compte tenu d'usages commerciaux et des volumes importants de production, gardent l'exclusivité au négoce de la place de Bordeaux.

Dans l'exploitation, l'homme de la vigne, le chef de culture, et l'homme du vin, le maître de chai, occupent les deux postes-clés.

Le chef de culture est le plus souvent diplômé d'agronomie. Sa tâche est très délicate, car, pour certaines opérations, telles que les replantations ou les apports de fumure, il engage la vie du domaine pour un bon nombre d'années. Il prend généralement seul – quelquefois avec l'avis du propriétaire – la décision pour choisir les porte-greffes et les clones. C'est également lui qui règle la taille, décide des traitements et de la date des vendanges, après avoir consulté le directeur et le maître de chais, lorsque l'entente règne entre eux. Ceci n'est malheureusement pas toujours le cas. Dans certains châteaux, on peut regretter que les propriétaires privilégient parfois l'homme de la terre, au détriment de celui du vin, les deux ayant le même rôle bénéfique à jouer.

Le maître de chais a l'entière et lourde responsabilité de la vinification, des assemblages * entre les différentes cuvées, issues de parcelles et de cépages différents, avec une addition de vin de presse *, opération qui, en Bordelais, se nomme l'égalisage. Le choix décisif, financièrement, peut être lourd de conséquences à court et à long terme, car il consiste à équilibrer les différentes cuvées, pour développer à la fois la typicité du cru et son originalité. C'est simple à dire, mais délicat à réussir. Un peu plus de merlot, un peu moins de l'indispensable vin de presse * et la cuvée ne sera pas assez tannique et trop primeur. À l'inverse, un peu trop de cabernet-sauvignon et le vin risque

(1) Heureusement pour le château, après qu'il ait donné sa démission en 1994, le duc de Mouchy lui a fait changer d'avis.

d'être trop dur. Cette opération se fait généralement en janvier, lors de la mise en barriques ou, éventuellement, en mars en cas de doute, mais les meilleurs assemblages sont précoces, avant que le vin ait eu le temps de commencer à prendre de la personnalité. En plus de leurs terroirs privilégiés, la plupart des meilleurs grands crus actuels doivent leurs qualités et leur notoriété à des générations d'égalisage rigoureux.
Le vin de presse * est une sorte de vin « médecin améliorant » et un correcteur, contenant de bons tannins. Dans les belles années, dignes d'intérêt, le maître de chais, lors du pressurage * des parties solides du raisin après avoir écoulé le vin de goutte *, garde une certaine proportion des vins ainsi obtenus, pour se constituer une sorte de « banque de presse ». Il en incorporera un certain pourcentage dans les millésimes suivants s'ils sont plus pauvres, pour leur apporter une certaine structure qui contribuera à donner un plus à la cuvée. Cette coutume particulière au Médoc est tolérée, mais elle fausse obligatoirement l'image du millésime.
Enfin, la dernière opération pour le maître de chai relève de l'élevage en barriques, avec un certain pourcentage de fûts neufs. C'est encore lui qui décide, en fonction du millésime, d'affiner et surtout ne pas trop marquer le vin par des goûts de bois excessifs avant la mise en bouteilles qui a lieu au bout de dix-huit à vingt-quatre mois selon l'année et les pratiques propres à chacun.
Toutes ces raisons expliquent qu'en Bordelais, dans une suite de très bons millésimes, ce ne sont pas toujours les mêmes propriétés qui dominent. Voici des exemples significatifs pris sur les meilleurs Châteaux, pour cinq années récentes :
1985 : Château Ausone
1986 : Châteaux Margaux et Mouton Rothschild
1987 : Château Mouton Rothschild
1989 : Château Haut-Brion
1990 : Pétrus et Château Latour

Une originalité qui se paie beaucoup trop cher

Le Médoc compte aussi maintenant une douzaine de vins blancs très marginaux, ne pouvant prétendre qu'à la modeste appellation « Bordeaux ». L'un d'eux est cependant aujourd'hui mondialement connu, au point qu'il se négocie pratiquement au même prix que les meilleurs premiers crus de la Côte de Beaune et, le comble, plus cher qu'un Chablis grand cru ou un Hermitage. Il s'agit du Pavillon Blanc de Château Margaux. Il était à prévoir que son immense succès commercial ne tarderait pas à provoquer des émules. C'est maintenant chose faite, depuis quelques années, avec l'arrivée sur le marché du Blanc de Lynch-Bages, et d'Aile d'Argent du Château Mouton Rothschild, pour ne citer que les principaux [1]. La stratégie de marketing des propriétaires de ces trois châteaux est identique : elle repose principalement sur un étiquetage astucieux, mais tout à fait légal, qui indique clairement que le Bordeaux blanc provient de la même exploitation que le cru classé, dont il porte le nom en référence.
Il ne reste ensuite qu'à pratiquer un prix de vente très élevé (environ 150 francs HT), qui favorise l'élitisme, et surtout à procéder à un choix restrictif des réseaux de distribution, en écartant systématiquement tous les points de vente qui pourraient nuire à l'image de marque du produit. Celui-ci s'attire ainsi les bonnes grâces d'une clientèle snob, persuadée qu'elle fait partie des privilégiés qui ont eu un jour la chance de boire du Château Margaux, du Château Lynch-Bages ou du Mouton Rothschild blanc, même s'ils n'existent que dans leur imagination. Bravo aux propriétaires de ces vins, qui réussissent l'exploit de vendre à prix d'or de modestes appellations – il est vrai technologiquement bien vinifiées avec tout l'arsenal améliorateur que sont la macération pelliculaire *, le bâtonnage et surtout le passage en fût de chêne neuf ! – mais que je déconseille vivement pour leur très mauvais rapport qualité/prix.

(1) Les autres nouveau-nés sont respectivement les blancs des Châteaux Monbrison (1 ha), Chasse-Spleen (2 ha), Clarke (2 ha) et Fonréaud (2 ha) venus rejoindre cinq anciens : le Caillou Blanc du Château Talbot et les vins des Châteaux Linas, Saransot-Dupré, Loudenne et de La Dame Blanche.

Le Pavillon Blanc du Château Margaux est un pur sauvignon ; il occupe 12 hectares d'un seul tenant sur la commune de Soussans. Le blanc de Lynch-Bages qui relève d'un assemblage * sémillon-sauvignon et moindrement muscadelle ; il couvre 5 hectares à Saint-Sauveur du Médoc. Quant à l'Aile d'Argent du Château Mouton Rothschild dernier-né, il occupe 4 hectares répartis en trois parcelles complantées de sémillon pour 48 %, le reste étant aussi du sauvignon et de la muscadelle. J'ajoute que les vignes dont sont issus ces vins, du fait de la simple appellation Bordeaux générique *, sont autorisées à produire plus que les AOC communales, c'est-à-dire pour le millésime 1990 : 66 hl/ha... De la belle ouvrage...

Le tour de passe-passe des Médocains. Les statistiques du *Journal officiel* nous apprennent qu'en 1975 le vignoble girondin représentait 102 128 hectares de plantations, réparties comme suit :
- appellations d'origine contrôlée : 69 028 hectares ;
- vins de pays et vins de consommation courante : 33 100 hectares.

Dix-neuf ans plus tard, c'est-à-dire en 1990, les chiffres se sont légèrement modifiés. Jugez plutôt : superficie totale de 114 735 hectares répartis de la manière suivante :
- appellations d'origine contrôlée : 110 663 hectares ;
- vins de pays et vins de consommation courante : 4 072 hectares seulement !

Deux constatations s'imposent. Durant cette période, pourtant assez restreinte, les vignobles produisant des vins de pays et de consommation courante ont considérablement régressé, de 29 028 hectares, pour être précis. Comme il fallait s'y attendre, le phénomène de balancier a, en contrepartie, joué à l'avantage des vignes d'AOC, dont la progression spectaculaire s'est montée à 41 635 hectares !

Les achats de droits de plantations, émanant des transferts autorisés à l'époque, ont évidemment accentué la transformation du vignoble girondin. Ils ont aussi fait le bonheur des nantis et apporté une maigre consolation aux autres :
- les nombreux Châteaux du Médoc ont largement profité de l'opportunité qui s'offrait à eux pour agrandir substantiellement, rapidement et, somme toute, à bon compte, la superficie de leurs exploitations ;
- quant aux producteurs de vins de table, devenus invendables, qui ne voyaient aucune autre solution pour tirer un parti de leurs pauvres vignes, ils ont ainsi pu toucher quelques subsides !

En excluant les plantations émanant des transferts, la région a quand même progressé de plusieurs milliers d'hectares. Il n'est pas étonnant de constater que la qualité, avec de tels procédés, tend à régresser. Les extensions se sont faites avec la bénédiction de l'INAO sur trois variétés de terrains (paradoxalement pourtant inclus dans les premières délimitations), tous aussi mauvais les uns que les autres : sols de graves pyrénéennes, acquises après déboisement de forêts de pins ; sols sableux du type des Landes ; terrains argilo-calcaires, pris sur d'anciennes prairies d'élevage. Aucun de ces types de terroirs ne réunit les conditions requises lors des premières délimitations, pour produire des vins ayant le caractère d'une grande AOC communale. Ainsi, à Pauillac, entre 1981 et 1993, la superficie a augmenté de 266 hectares (près de 30 % des superficies plantées), profitant essentiellement aux crus classés. Ont, entre autres, bénéficié de substantiels droits de replantation les Châteaux Batailley, Pichon Baron et Pichon Comtesse (sur des terrains qualifiés de « points bas », plantés de pins déboisés et drainés pour la circonstance, cas de Batailley et Pichon Comtesse). En ce qui

concerne ce dernier, il a été restructuré une première fois entre 1969 et 1971 sur le lieu-dit La Couronne (2,70 ha) et une seconde, entre les années 1985 et 1987, sur des parcelles très moyennes portant le nom des Landes du Haut de l'Ill pour la bagatelle d'environ 11 ha. Pourquoi s'étonner, dans ces conditions, de la baisse de qualité de certains châteaux et de la multiplication des seconds vins ? Ce n'est malheureusement qu'un exemple illustrant une triste pratique qui touche l'ensemble des crus classés.
On a vu aussi plusieurs viticulteurs coopérateurs, partant à la retraite, céder des parcelles du plateau de Milon et du hameau du Pouyalet, en raison d'offres d'achat mirifiques. Le processus est identique sur les autres localités réputées : Saint-Julien (163 hectares), Saint-Estèphe (128 hectares) et Margaux (200 hectares).

– Conseils pour bien acheter. MÉDOC. *Trop vaste secteur pour respecter une règle qualitative d'ensemble, ce qui me facilite la tâche pour ne recommander que les meilleurs. Légèrement détaché, le Château Les Ormes-Sorbet me semble supérieur aux Châteaux Potensac, Tour-Haut-Caussan et La-Tour-de-By.*
HAUT MÉDOC. *En dehors des six appellations communales, dont quatre sont prestigieuses, cette zone comprend assez peu de valeurs affirmées, si l'on excepte les Châteaux La Lagune, Sociando-Mallet et Cantemerle, supérieurs aux Châteaux La-Tour-du-Haut-Moulin et Maucamps.*
SAINT ESTÈPHE. *Appellation très étendue avec des terroirs loin d'être tous du même niveau. Les meilleurs se tiennent, par ordre de préférence sur : la croupe du Château Cos d'Estournel (favorable au cabernet-sauvignon) et du plateau de Marbuzet (propice au merlot), avec son fleuron, le Château Haut-Marbuzet, sans oublier les sols graveleux faisant face à la rivière, comprenant les Châteaux Montrose et Meyney (sauf les bas plus discutables pour une telle AOC). Mention Bien également pour le Château de Pez occupant la même position depuis plus d'un siècle, ce qui mérite d'être signalé dans une région géographiquement si bouleversée…*
PAUILLAC. *17 crus classés occupent près de 800 hectares, en raison des extensions avec des vignes parfois bien moyennes, en limite communale, sur des parcelles bordant les communes de Saint-Sauveur-du-Médoc et Saint-Laurent-du-Médoc. En dehors et en excluant les vins des vignerons coopérateurs, il existe peu de bouteilles intéressantes, si l'on excepte le Château La Bécasse généralement bien vinifié par les Fonteneau père & fils ainsi que le Château La-Fleur-Milon, appartenant aux héritiers d'André Gimenez, ancien maçon reconverti à la viticulture après avoir acquis de nombreuses et minuscules parcelles du plateau de Milon. Je me souviens du jour où, devant la carte du vignoble, il m'avait déclaré avec une grande naïveté : « Tout ce qui n'est pas à moi est à Rothschild ! »*
SAINT-JULIEN. *Fait d'une seule unité, le vignoble de cette appellation est d'une parfaite homogénéité. Comparativement au nombre de ses propriétés viticoles, Saint-Julien offre le meilleur pourcentage de crus classés. Seule fausse note : à l'entrée du village trône une gigantesque bouteille qui est du plus mauvais goût. Il est parfois hasardeux de vouloir, dans une dégustation à l'aveugle, faire la différence entre les frontaliers de Pauillac-sud et ceux du nord de Saint-Julien. Dans les propriétés nominées en 1855, deux peuvent se révéler dans l'avenir être un bon placement : les Châteaux Branaire Ducru et surtout Lagrange. Parmi les crus bourgeois, on ne court pas de risque en achetant le Château Moulin-de-la-Rose. Terrey-Gros-Cailloux ne cesse de me causer, et depuis longtemps, bien des déceptions. Quant à Gloria, il semble, depuis l'acquisition par ses propriétaires du Château Saint-Pierre, qu'il soit rentré dans l'ombre ; je me suis déjà posé la question : son vignoble occupe-t-il toujours les mêmes parcelles qu'avant 1983 ?*

LISTRAC. *Sa particularité est de produire des vins tanniques très colorés et presque sévères, sauf sur la faible partie du plateau et de la croupe du Fourcas. Les vins de cette appellation s'étaient surtout construits une petite réputation auprès des voyageurs, en étant le pilier principal de la carte des wagons-lits ainsi qu'aujourd'hui de l'*Orient-Express, *pour la simple raison qu'ils semblent, mieux que d'autres plus fragiles, supporter allégrement les trépidations sans que leur équilibre physico-chimique en soit altéré. Ce qu'il est bon de savoir pour le consommateur qui n'a pas la chance d'avoir une cave ou un lieu de stockage exempt de vibrations. En outre, ils vieillissent très bien, en perdant leur agressivité, au point même de devenir aimables si on leur en laisse le temps. En dégustation, celui qui revient souvent est le très médiatisé Château Clarke, mais il serait injuste d'oublier le Château Mayne Lalande en constants progrès ainsi que le Château Fourcas-Dupré.*

MOULIS. *Cette commune comporte deux hameaux : Petit et Grand Poujeaux. Ce dernier orienté en partie à l'est est surtout constitué de graves pures ; les meilleurs vins de l'AOC y ont leur vignoble. Il ne faut pas oublier, avant d'acheter, de s'assurer de l'emplacement des vignes. Le Château Poujeaux possède la plupart de ses parcelles sur ces excellents terroirs ainsi que le Château Gressier-Grand-Poujeaux un peu plus rustique.*

MARGAUX. *Cette vaste aire d'appellation s'étend sur cinq communes. Il semble que les meilleurs terroirs soient situés à Margaux et Cantenac. Les trois autres localités – Labarde, Arsac et Soussans (très gélive du fait de terres froides) – produisent des vins où l'on remarque des disparités qualitatives d'une propriété à l'autre, d'autant que les récoltes sont généralement trop importantes pour la valeur de certaines parcelles aux sols assez maigres. Une adresse intéressante : le minuscule Château Larruau.*

LES GRAVES

La zone des Graves constitue le cœur historique du vignoble bordelais, planté dans l'Antiquité romaine. Au début du XXe siècle, les vignes occupaient encore des parcelles pratiquement situées dans la ville de Bordeaux.

La région proprement dite commence très exactement au nord de la capitale d'Aquitaine, à la Jalle de Blanquefort, petit ruisseau qui sert de limite au Médoc. Mais elle débute véritablement à Pessac, pour se terminer au sud à Saint-Pierre-de-Mons. Les vignes sont réparties très irrégulièrement, sur une cinquantaine de kilomètres de long pour une petite quinzaine de large, entre le fleuve et la forêt landaise.

Les Graves sont maintenant scindées en deux régions, séparées par le Saucats, minuscule ruisseau qui traverse le village de la Brède. Cette scission est venue d'une espèce de guerre de sécession, partie cette fois du Nord à la suite de graves désaccords entre les grands Châteaux et les petits producteurs du Sud. Bien que moins nombreux, les nordistes ont imposé leur volonté et obtenu ce qu'ils voulaient, c'est-à-dire une AOC Graves-Pessac-Léognan. Les meilleures croupes de graves et les crus les plus réputés sont dans ce secteur, où ils donnent des vins voisins de ceux du Médoc, peut-être plus corsés et plus colorés, mais avec un peu moins de finesse. On y trouve également quelques grands blancs secs * ; trois semblent dominer l'ensemble, le Domaine de Chevalier, les Châteaux Haut-Brion et Laville Haut Brion. Ils devancent quatre vins nés de la technologie actuelle ou de la reprise par des perfectionnistes à l'esprit quasi-philanthropique, les Châteaux de Fieuzal (sans doute le meilleur) Smith Haut Laffite, Carbonnieux (très bon terroir *) et La Tour Martillac.

– Conseils pour bien acheter : GRAVES PESSAC LÉOGNAN. *Dans les rouges, je vois un quinté qualitatif dans cet ordre, avec les Châteaux Haut-Brion, Haut-Bailly, La Mission Haut-Brion, Pape Clément et Domaine de Chevalier. Il est incontestable que les valeurs les plus affirmées se trouvent uniquement dans la zone de Pessac-Léognan, mais la plupart sont des crus classés connus de tous. En dehors de ce secteur, en descendant vers le sud, de nombreuses propriétés sont disséminées avec des expositions variables et surtout des terroirs de graves plus ou moins affirmés. D'où un large éventail de vins, parfois médiocres. Les meilleurs proviennent des communes de Portets, Pujol sur Cirons et Toulenne. On peut être tranquille en optant pour le Clos Floridène et le Château Respide.*

SAINT-ÉMILION

Avec plus de 5 335 hectares, c'est l'appellation de cru la plus vaste de France (extension depuis 1981 : 377 ha). Il est évident que sur une telle superficie, on trouve des situations, des expositions et surtout des types de sols extrêmement variés, allant du meilleur au pire, en passant par toute une série de paliers intermédiaires.

D'après différentes études de sols, les spécialistes pensent que les meilleurs crus se trouveraient sur le rocher et le plateau calcaire ainsi que sur la petite zone de graves proche de Pomerol. Une chose est certaine, le plateau calcaire et ses pentes constituent le plus authentique terroir * de Saint-Émilion, où l'on produit le véritable vin, au sens historique.

J'avoue avoir un faible pour les vins issus des vignes exposées plein sud, sur une partie de la côte et surtout sur le rocher calcaire, la couche de terre arable faisant parfois à peine une quinzaine de centimètres et où, par conséquent, la vigne, pour survivre, est obligée de lutter. Ses racines doivent s'enfoncer très profondément jusqu'à plusieurs mètres à travers les failles de la roche, seul moyen de trouver l'eau et les éléments assimilables, nécessaires à son alimentation. Ces conditions extrêmement difficiles font que ces vins dans leur jeunesse sont assez austères avec même une certaine minceur, mais au vieillissement, ils acquièrent une finesse et un je-ne-sais-quoi qui les rend inégalables. Pour mon goût personnel, ce sont les plus grands, en particulier le Château Ausone [1], sans oublier les Châteaux Canon, Magdelaine, Belair et Curé Bon.

La côte nord, au sol argilo-calcaire dominant, regroupe la majorité des crus classés, entre lesquels il est assez difficile de sortir des valeurs plus affirmées bien que certains soient d'un excellent niveau ; pour la majorité, c'est le talent du vinificateur qui fait essentiellement la différence.

La minuscule zone de graves (à peine 2 % de l'AOC), semblable au Médoc, est également très intéressante. Les grands vins qui en proviennent ne sont pas sans rappeler leurs proches voisins de Pomerol, en présentant aussi une certaine similitude avec les crus du Médoc, entre autres les Châteaux Cheval-Blanc (dommage que sa vinification soit irrégulière) et Figeac qui, dans certains millésimes, l'a parfois surpassé.

(1) Ausone étant exposé au sud et à l'est, avec une partie de vignoble reposant sur un sol argilo-calcaire plus profond. Ces deux types de sous-sol contribuent à sa complexité et lui assurent des possibilités de vieillissement insoupçonnées.

En bordure de la départementale 243, dans le secteur des « Grâce Dieu » (plusieurs châteaux avec des additifs portent ce nom), on trouve des terroirs d'argile recouverts de sables éoliens où l'extension des racines est très limitée par une nappe phréatique assez superficielle. La particularité de ce type de sol est de produire des vins charmants mais bien fluides certaines années.

Le seul fait de prononcer le nom de Saint-Émilion est, pour le consommateur, synonyme de grands vins. Ce qui est loin d'être le cas, pour un très grand nombre de châteaux, dont les vignes occupent les terroirs médiocres de l'immense plaine. Sont dans ce cas des terrains de Libourne (ancienne AOC Sables Saint-Émilion jusqu'à la loi du 24 décembre 1973), Vignonet, Saint-Sulpice-de-Faleyrens et surtout Saint-Pey d'Armens où, hormis quelques très petits et rares îlots de graves, la plupart des sols, constitués de limons et de sable, semblent pour moi plus appropriés à la culture des asperges. Pour être moins sévère, disons que si ils n'étaient inclus dans cette AOC, ces vins ne pourraient être considérés que comme de simples bordeaux génériques. Bref : tout un ensemble de vins, manquant parfois de couleur, minces, courts et sans aucune potentialité aromatique, quand ils ne sont pas encore en plus dilués, en raison de productions trop importantes pour la qualité des terroirs. Pourtant, certains sont déclarés en grands crus !

La localité de Saint-Étienne-de-Lisse, en excluant quelques parcelles, ne représente pas non plus ce qu'il y a de meilleur. Cet ensemble de terroirs est très loin de valoir des appellations voisines tout en coteaux, comme Canon-Fronsac. L'échelle des valeurs, telle que la conçoit le consommateur, est donc à reconsidérer complètement. Je n'en dirai pas autant d'une grande partie des bons terroirs de Saint-Hippolyte, comme ceux de l'excellent Château Haut-Plantey, dont les vignes sont limitrophes du remarquable Château Troplong-Mondot, encore moins des superbes coteaux de Saint-Laurent des Combes, qui a le privilège de compter deux vins représentatifs : les Châteaux Larcis Ducasse et Tertre Roteboeuf. Le Château de Valandraud constitue un cas à part. Son propriétaire, tout en ayant deux tiers de son vignoble sur la commune de Saint-Sulpice-de-Faleyrens, fait un vin très particulier, en privilégiant la concentration mais avec de très gros moyens : 25 vendangeurs pour seulement 2 ha, égrappage à la main sans l'aide d'aucun matériel, pigeage à la bourguignonne, etc. Il est vrai que son prix est en conséquence ! Mention très bien pour une partie de la commune de Saint-Christophe-des-Bardes, notamment au lieu-dit Les Bardes, où se trouve l'excellent Château Barde Haut.

Les vins de Saint-Émilion, en fonction du degré, peuvent être déclarés en Saint-Émilion (11° minimum) ou en Saint-Émilion grand cru (11°5). Pour ce dernier, la mise en bouteilles au Château est obligatoire. Un viticulteur peut demander l'appellation grand cru, pour une partie de sa récolte seulement. Les conditions requises, pour cette dernière AOC, ne sont pas assez restrictives ; certaines années, il en est revendiqué beaucoup trop (jusqu'à 60 % de l'AOC totale).

Comme si cela ne suffisait pas, Saint-Émilion a aussi un classement depuis le décret du 7 octobre 1954, homologué par l'INAO en 1958 seulement, lié à l'appellation ; à la différence de celui du Médoc [1], il est révisable au bout d'un certain nombre d'années, en

(1) Sur lequel il a cependant un avantage : les extensions, quelle que soit la valeur des terroirs concernés, sont une cause d'exclusion ; ce qui valut le retrait très sévère du Château Beauséjour Bécot en tant que premier grand cru classé. Il demeure pourtant une valeur sûre qui n'aurait sans doute pas de mal à blackbouler d'autres crus si une véritable dégustation les mettait en lice, à condition qu'entrent dans sa production les seuls vins produits sur le plateau calcaire originel.

principe tous les dix ans. C'est un club très fermé. Il ne s'ouvre jamais bien grand... Trop d'intérêts entrent en jeu. Le dernier, qui remonte à 1986, où certains châteaux ont été exclus – peut-être injustement, alors que d'autres qui le méritaient sont restés – a fait beaucoup de remous. À noter que pour cette élite, seulement deux propriétés sont sur d'autres communes, dont une un peu incompréhensible, le Château Haut Sarpe... À mon avis, un tel classement brouille encore un peu plus l'esprit du consommateur, qui n'arrive plus à s'y retrouver entre un Saint-Émilion grand cru et un Saint-Émilion grand cru classé ou premier grand cru classé. Avouez que, pour un profane, il y a de quoi y perdre son latin.
Je regrette aussi que cette magnifique ville, à l'instar de Beaune, soit maintenant complètement détériorée par les multiples boutiques et échoppes à vins, qui fleurissent presque à chaque pas-de-porte. Enfin, dernier conseil, ne vous avisez pas d'aller demander un renseignement au syndicat viticole de la rue Guadet, vous y seriez reçu comme un chien dans un jeu de quilles ! Ce n'est plus tout à fait aussi vrai aujourd'hui avec l'arrivée d'une charmante relations publiques, Sophie Gaillard.

LES VOISINS DIRECTS. Dénommées autrefois un peu péjorativement « satellites », cinq appellations voisines de Saint-Émilion conservent le droit d'accoler à leur nom celui du grand voisin, avantage considérable pour la commercialisation. La superficie totale de ces frontaliers représente environ 3 800 hectares de vignes – avec aussi une extension de 750 hectares depuis 1981 –, occupant des situations et des expositions très diversifiées. En vertu d'un décret ambigu du 5 décembre 1972, deux d'entre elles – Saint-Georges-Saint-Émilion et Parsac-Saint-Émilion – sont autorisées à prendre l'appellation Montagne-Saint-Émilion ; tolérance qui n'est pourtant pas obligatoire, chaque récoltant restant maître de son choix lors de la déclaration de récolte.
Ce sont respectivement, par ordre de préférence :
- Montagne-Saint-Émilion, la plus importante en superficie (plus de 40 % de l'ensemble) et aussi la mieux située. Comme son nom le laisse supposer, elle occupe d'excellents coteaux généralement bien exposés (bonne note pour le Vieux Château Saint-André). Il faut simplement faire preuve de plus de prudence en acquérant les vins issus des propriétés dont les vignobles sont sur l'ancienne commune de Parsac (environ 35) ;
- Saint-Georges-Saint-Émilion. À peine 200 hectares, généralement bien placés et une locomotive de valeur : le Château Saint-Georges, incitant beaucoup de voisins à se ranger sous la même bannière, en conservant le nom de leur AOC ;
- Parsac-Saint-Émilion, appellation restreinte devenue pour l'ensemble des châteaux Montagne-Saint-Émilion ; ce qui est bien compréhensible avec un nom très porteur !
- Lussac-Saint-Émilion : beaucoup trop de vignes en plaine (extension : 355 ha) et des expositions au nord, avec des terres froides, donnant des vins très rustiques. Une exception pour le Château de Bellevue bien vinifié, dont les ceps sont sur le rocher calcaire ;
- Puisseguin-Saint-Émilion : vins communs, sauf de rares cas d'espèce, dus essentiellement au coup de patte du vinificateur et à cinq facteurs primordiaux : soins attentifs à la culture, production limitée, vendange manuelle, vinification traditionnelle et élevage soigné.

- Conseils pour bien acheter. *C'est une appellation trop vaste pour donner véritablement un conseil d'achat précis. Toutefois, pour ne pas tenter le diable, là plus qu'ailleurs, il faut mettre*

en pratique la règle consistant à acheter de préférence dans les meilleurs terroirs et non sur les communes de Libourne, Vignonet, Saint-Sulpice-de-Faleyrens, Saint-Pey-d'Armens et Saint-Étienne-de-Lisse, bien qu'il y ait sans doute une poignée de récoltants tirant assez bien leur épingle du jeu, en raison de petits îlots de graves et de production limitée.
Une fois n'est pas coutume, je recommanderai en priorité les crus classés (qu'il ne faut pas confondre avec le saint-émilion grand cru), bien qu'un certain nombre semblent surestimés. On peut acheter en confiance les Châteaux Beauséjour Bécot (le meilleur et pour cause...), Curé Bon, La Dominique, Larcis Ducasse et Pavie-Macquin, légèrement devant les Châteaux Cadet-Piola, Cap de Mourlin, La Clotte, Grand Corbin, Croque-Michotte, Fonplegade, Fonroque, Grand-Mayne, Grand-Corbin-Despagne, Grand Pontet, Laniote, Laroze, Le Prieuré, Saint Georges Côte Pavie et Tertre Daugay. J'ai mis à part les Châteaux L'Angelus et Troplong-Mondot, très bien vinifiés où l'on privilégie parfois la concentration aux dépens de la finesse ; c'est ce que j'appellerai des vins « parkerisés ». Si l'on dispose d'un budget moins restrictif, dans les premiers grands crus classés les Châteaux Cheval-Blanc, Figeac (avec des réserves certaines années, car la vinification est parfois irrégulière en raison d'un encépagement pour une large part de cabernet franc), Ausone, Belair, Canon, Pavie et Magdelaine. Bien qu'ils ne soient pas classés, on n'encourt pas de déception avec les Châteaux Tertre Rotebœuf, Cadet Bon, Haut-Plantey et Barde-Haut.

LE SAUTERNAIS

Curieusement, les extraordinaires vins liquoreux de Sauternes et de Barsac qui avaient pourtant, au cours de leur histoire, traversé des périodes fastes et connu durant la première moitié du siècle des heures de gloire dues à plusieurs très grands millésimes, tombèrent en désuétude entre les années 1960 et 1970. La qualité s'était considérablement dégradée. La plupart des vins étaient chaptalisés et sulfités à outrance, engendrant des lendemains difficiles. Le consommateur n'avait plus aucune attirance pour ces vins, qui semblaient complètement passés de mode. Même bien vinifiés, ils étaient dédaignés. Dans les ventes aux enchères, on voyait des bouteilles magnifiques bradées pour des sommes dérisoires. Depuis quelques années, l'amateur montre à nouveau un regain d'intérêt pour ces vins splendides. La restauration les a réinscrits sur les cartes et la presse en parle avec chaleur. Autant d'encouragements ne pouvaient être que bénéfiques pour l'appellation. Les producteurs ont fait volte-face, en recherchant la qualité. On vendange à nouveau par tris successifs. La chaptalisation * a été bannie et le SO_2 est utilisé à dose infinitésimale ; le tout est encore amélioré par de nouveaux procédés de vinification, entre autres la cryoextraction *, que certains utilisent, bien que son installation soit très onéreuse.
Cinq communes composent l'appellation. La meilleure est incontestablement Sauternes, située sur les hauteurs dominant la rive droite du Ciron. Ses terroirs au drainage parfait sont généralement constitués de belles graves pures. À l'inverse, la moins bonne demeure Fargues (sauf pour une très petite zone, située près du bourg).

– Conseils pour bien acheter. *Le consommateur doit se rappeler ces règles : ce n'est pas parce qu'il est cher qu'un sauternes est forcément bon ; mais il n'existe pas plus de petits sauternes que de Ferrari de série... J'aime les vins élégants du Château Doisy-Daëne et ceux moins connus des*

Châteaux Lamothe-Guignard et Haut-Bergeron. Derrière l'intouchable Château d'Yquem et ces trois Châteaux, l'on ne peut omettre :
- La Tour Blanche, propriété de l'État, il fut pendant très longtemps un vin de fonctionnaires sans intérêt. Grâce à son nouveau régisseur, M. Josserand, il est devenu depuis 1988 un sauternes fantastique ;
*- Climens, grand terroir *, mais pas toujours irréprochable ;*
*- De Malle, terroir * moyen, mais remontée qualitative spectaculaire ;*
- Lafaurie-Peyraguey, se maintient constamment dans le peloton de tête ;
- enfin, Gilette et Les Justices, tous deux admirablement bien vinifiés, mais, ce qui est logique, un ton en dessous des crus classés.
Rappelons également que le terme « Crème de tête » figurant sur certaines bouteilles de sauternes n'a jamais eu aucune signification car il n'est pas fondé sur une notion qualitative vérifiable.

POMEROL

Bien que d'une superficie restreinte et presque immuable, cette appellation présente une grande diversité de sols. Pour bien comprendre les différences qui existent entre les Châteaux, il faut être patient et prendre le temps d'observer attentivement la variété des terroirs. On distingue véritablement trois types principaux de sols, voire quatre :
- le plateau d'argile lourde réunit les plus grands vins de l'appellation. Ce type de terrain confère au Pomerol une faible acidité, des tanins souples et gras, de la puissance et une magnifique couleur sombre ; c'est le grand mariage du merlot et de l'argile. Ce terroir * d'exception forme une espèce d'évasement, dont la partie la plus resserrée, le cœur, part de Pétrus et des Châteaux La Fleur-Pétrus et Lafleur (pour ce dernier, le sol différent est constitué aussi de petites graves), en englobant Vieux-Château-Certan, Certan-de-May, L'Évangile et une partie de Gazin. Puis, elle s'élargit progressivement, pour atteindre sa largeur maximale, après l'église. C'est ensuite une cassure, qui annonce, à partir des Châteaux Trotanoy et Bourgneuf-Vayron (deux valeurs sûres), des terroirs où l'argile, quoique toujours bien présente, commence à laisser apparaître un peu de graves. Ce mélange harmonieux donne aux vins de la consistance et une grande complexité aromatique. Sont aussi sur ces terrains, les Châteaux L'Église Clinet, Clinet et Gombaude-Guillot ;
- on rencontre ensuite des sols de petites graves, qui donnent des vins plus secs *, bien structurés et plus classiques. Ceux qui dominent sont les Châteaux Latour à Pomerol et La-Grave-Trigant-de-Boisset ;
- aux extrémités, les terrains sablonneux ne permettent de faire que des vins légers, beaucoup plus minces, avec une robe peu soutenue, à quelques exceptions près, dues à des îlots de graves isolés (Château Moulinet et Château Clos René).

- Conseils pour bien acheter : POMEROL. *Derrière une partie de l'élite Pétrus, les Châteaux Lafleur, Vieux-Château-Certan, Trotanoy, Gazin et Certan de May, j'aime aussi Latour à Pomerol, Bourgneuf-Vayron et Gombaude-Guillot, sans pour autant négliger Le Gay, La Violette (parfois irrégulier), La-Grave-Trigant-de-Boisset, Le Clos René et Moulinet ; Le Bon Pasteur, vin d'œnologue, où la concentration se fait, certaines années, aux dépens de la finesse, reste un cas à part : on aime beaucoup ou pas du tout.*

NEAC LALANDE DE POMEROL. *Très vaste secteur, tout proche de Pomerol, que seul sépare le ruisseau la Barbanne. Beaucoup de vins médiocres ; aussi n'en suis-je que plus à l'aise pour recommander les Châteaux Tournefeuille, face à Pétrus, admirablement vinifié par les frères Sautarel, et Samion aux vignes centenaires, œuvre de Jean-Claude Berrouet.*

En vertu d'un jugement du tribunal civil de Libourne, remontant au 29 décembre 1928, confirmé par un arrêt de la cour d'appel de Bordeaux du 27 juillet 1931, six propriétaires de la commune de Libourne ont obtenu que l'aire de production des vins de Pomerol dépasse les limites reconnues jusque là et s'étende sur le territoire de Libourne. Cette décision fut ensuite entérinée par le Comité national des vins de France, lors de l'attribution de l'AOC le 8 décembre 1936. Ce sont les Châteaux de Salles, Nénin, La Pointe, Plince, Ferrand et Mazeyres. Lorsqu'on voit la situation géographique de ces Châteaux et surtout leurs sols, pour peu qu'on déguste les vins qu'ils produisent, on est amené à se poser des questions sur les connaissances géologiques et œnologiques des juges et des experts de l'époque, tant il semble évident qu'ils ont fait preuve de libéralité... Dépités de ne pas bénéficier de classement officiel, une quinzaine de propriétaires ont créé le cercle « Pomerol Prestige » : on n'est jamais aussi bien servi que par soi-même. Si l'on excepte le Château Bon Pasteur (plus en concentration qu'en finesse), il me semble que le terme « prestige » est peut-être excessif. Trois de ces domaines appartiennent aux assurances et aux banques, qui ont aussi jeté leur dévolu sur cette petite AOC jusqu'alors chasse gardée des Corréziens.

CÔTES DE BOURG

Ce secteur de la rive droite regroupe plusieurs domaines dignes d'intérêt. Il est aussi en extension pour les vignobles produisant les vins rouges : près de 900 hectares entre 1981 et 1993. Les meilleurs terroirs sont : Bourg-sur-Gironde, Saint-Seurin-de-Bourg et Tauriac.

– Conseils pour bien acheter. *Les vignes sont réparties sur des coteaux et des plateaux généralement bien exposés, produisant des rouges dignes d'intérêt, supérieurs à ceux de l'appellation voisine Côtes de Blaye. Il est seulement regrettable, pour une économie de bouts de chandelles, que la plupart des viticulteurs s'obstinent à récolter à la machine, au détriment d'une partie de la qualité. Malgré cela, quelques châteaux tirent bien leur épingle du jeu, notamment Brulesécaille et Haut-Maco. Mais, incontestablement, le meilleur vin est le Château Roc de Cambes (malheureusement introuvable), où rien n'est laissé au hasard, à commencer par la cueillette manuelle. Son propriétaire est un perfectionniste.*

CÔTES DE CASTILLON

Malgré une assez forte extension (481 hectares en treize ans), cette AOC bien située n'est pas inintéressante, d'autant que les prix des vins y sont assez attractifs, mais la recherche est un vrai travail de fourmi car tout est très loin d'être d'une grande qualité.

LES PREMIÈRES CÔTES DE BORDEAUX

Sorte de balcon, au sommet de la falaise calcaire, qui domine le fleuve, cette appellation s'étend sur une soixantaine de kilomètres le long de la rive droite de la Garonne.

À l'instar du Médoc, une grande partie de son vignoble fut remis en valeur par les rapatriés. Après avoir suscité le scepticisme et parfois même l'hostilité de la population, ils finirent par s'intégrer en même temps que leurs vins faisaient redécouvrir cet excellent terroir *. Les meilleures communes sont : Camblanes, Quinsac, Cambes et Beguey. L'extension de l'AOC : 895 hectares en treize ans, a été préjudiciable car les terroirs sont très hétérogènes.

– Conseils pour bien acheter. *Ce sont d'excellents vins rouges, dont le rapport qualité/prix est bon. L'ensemble est cependant loin d'être homogène, en raison de l'emplacement des terroirs et de la vendange mécanique. Le consommateur perspicace sera quand même surpris par le niveau général. C'est un secteur à prospecter, mais avec minutie. Le Château Reynon et le Domaine de Chastelet méritent plus qu'une simple dégustation.*

LE FRONSADAIS

Vignoble proche de Libourne, sur de magnifiques coteaux, généralement bien exposés, dominant la Dordogne. Il est composé de deux appellations : Fronsac et Canon Fronsac. Les vins, surtout ceux de la dernière AOC sont colorés, fruités, charnus, bien structurés avec une bonne aptitude au vieillissement. Enfin, les prix auxquels ils sont commercialisés semblent angéliques, comparativement à leurs qualités, les plaçant assez loin devant les Saint-Émilion de la plaine, les Pomerol de la zone sableuse, les Graves du Sud et certains Médoc.

– Conseils pour bien acheter. *De nombreux récoltants savent actuellement tirer le meilleur parti de ces vins étonnants, entre autres les Châteaux Moulin Pey Labrie, La Fleur Cailleau et Canon. Même cas pour les Fronsac, avec les Châteaux Moulin Haut Laroque et Villars.*
Vous l'aurez compris, c'est mon coup de cœur !

LES CÔTES DE FRANCS

Au nord-est de Bordeaux, entre Saint-Émilion et Bergerac, près du département de la Dordogne, se trouve la plus petite AOC, néanmoins intéressante, composée de trois communes : Francs, Saint-Cibard et Tayac. Les superficies plantées sont en extension. Le nom de « Côtes de Francs » étant un formidable avantage pour la clientèle étrangère, qui prononce souvent « Côtes de France », en faisant depuis 1967, année de sa création, le vin français par excellence.

– Conseils pour bien acheter. *Les vins de cette AOC lilliputienne que j'ai dégustés pouvaient parfois avec quand même moins de finesse rivaliser avec ceux d'appellations plus connues. Le seul reproche étant leurs prix un peu élevés, surtout pour le Château Puygueraud, qui semble être la locomotive. Vu le volume restreint, la recherche de bons vinificateurs est facilitée, d'autant que les propriétés les plus affirmées appartiennent toutes plus ou moins à la famille Thienpont.*

L'ENTRE-DEUX-MERS

Vaste zone viticole, produisant à la fois des vins blancs pouvant bénéficier de cette appellation (environ 2 500 hectares) et surtout des vins rouges sur près de 17 000 hectares, qui ne peuvent prétendre qu'aux AOC bordeaux et bordeaux supérieurs (environ 30 % de la totalité de ce type de vin). Les vignes sont réparties sur 129 communes. Son territoire, de forme triangulaire, délimité par la rive gauche de la Dordogne, la rive droite de la Garonne et la limite sud-est du département de la Gironde, aurait dû, plus justement, être appelé entre deux rivières... À la suite de plusieurs décisions judiciaires, l'Entre-deux-Mers a été successivement amputé de certaines zones, qui ont obtenu leurs propres appellations : Haut-Benauge Sainte-Foy-Bordeaux, Graves de Vayres, Cadillac, Loupiac, Sainte-Croix du Mont, Bordeaux Sainte-Macaire et les Premières Côtes de Bordeaux. À mon avis, cette diversité est nuisible plutôt que bénéfique. Hormis les liquoreux de Loupiac et de Sainte-Croix du Mont et les excellentes Premières Côtes, qui connaît le reste ?
L'Entre-deux-Mers est une très jolie région touristique à découvrir ; elle mériterait d'être mieux connue. Les principales caractéristiques viticoles de la région sont les suivantes :
- il semble que les meilleurs vins blancs, tout au moins les plus aromatiques et les plus fins, issus des cépages sauvignon et sémillon, soient produits sur les sols siliceux et graveleux du secteur de Créon. En revanche, les terroirs argileux du sud, proches de Soussac, semblent mieux convenir à la muscadelle ;
- dans les rouges, il y a de tout : du bon, du moyen, du médiocre et même du franchement détestable. Ceux de la région de Créon ont de la finesse, mais manquent un peu de charpente. Les meilleurs proviennent des terres plus fortes argilo-calcaires ou argilo-graveleuses de Montussan et des localités voisines du canton de Cenon ;
- en dehors de Montussan et Beychac-et-Caillau, on peut aussi citer comme bon terroir * la commune de La Sauve. C'est sur ces trois localités que l'on trouve les meilleurs vins ;
- il est seulement regrettable qu'en raison de la conjoncture du moment, les viticulteurs arrachent parfois les cépages d'une couleur, pour les remplacer par l'autre, sans toujours tenir bien compte de la nature des sols ;
- c'est une zone plantée presque essentiellement de vignes hautes, à grand écartement (3,60 m à 3,80 m), pour permettre des vendanges mécaniques. Quelques rares propriétaires ayant la chance de bien vendre, s'étant rendu compte que ces deux pratiques allaient à l'encontre de la qualité, reviennent progressivement au bon vieux système qui a fait ses preuves : vignes basses et vendanges manuelles. On note aussi qu'elle regroupe seize caves coopératives, donc un nombre impressionnant de vignerons collectifs ;
- on peut regretter aussi que subsistent encore trop de cépages blancs médiocres, tels l'ugni blanc et le colombard. Le renouveau qualitatif ne peut passer que par leur élimination totale, sans pour autant tomber dans un excès de sauvignon. Préjudiciable aussi que l'INAO ait accordé en 1974 (en même temps que les vignes hautes) le droit de planter du cabernet sauvignon, inadapté au terroir ;
- en revanche, je note avec satisfaction que l'école Dubourdieu de la macération pelliculaire * a tendance à se développer considérablement. Dans ces régions déshéritées où la maturité des cépages blancs laisse parfois à désirer dans les millésimes difficiles, elle permet une meilleure extraction aromatique.

En résumé, il y a possibilité de dénicher de bons petits vins, sans que le terme soit péjoratif, à des prix corrects. Comme le disait si bien le roi Louis XV : « La reine, toujours la reine, il y a aussi à la Cour de charmants minois à lutiner... »

– Conseils pour bien acheter. *Derrière le leader, le Château Thieuley, peuvent être considérés comme dignes d'intérêt les Châteaux Turcaud et Meyrefort (rouge intéressant).*

SAINTE-CROIX-DU-MONT ET LOUPIAC

Ces deux AOC presque jumelles font face à Sauternes sur la rive droite de la Garonne. Certains viticulteurs, grâce aux techniques nouvelles de vinification, où l'on privilégie les procédés physiques de préférence aux opérations chimiques en limitant les apports de SO_2, obtiennent aujourd'hui d'excellents liquoreux. Ils n'ont maintenant plus de complexes à faire vis-à-vis de beaucoup de sauternes ou de barsac, d'autant qu'ils sont commercialisés à des tarifs décents, faisant un apéritif agréable et peu coûteux.

– Conseils pour bien acheter. *Je pense surtout aux Châteaux Loubens et La Rame ainsi qu'au Domaine du Noble, ce dernier à Loupiac.*

LES CÔTES DE BLAYE

Elles rassemblent une très vaste zone, comprenant plusieurs AOC, tant blanches que rouges. L'ensemble représente en superficie pratiquement trois fois le volume de sa voisine les Côtes de Bourg. On peut dire, sans crainte d'être contredit, que ce vignoble est très hétérogène qualitativement. Autrefois, il n'y avait pratiquement de vignes que dans les meilleurs terroirs, appelés Côtes de Blaye, où les ceps faisaient face à l'estuaire de la Gironde. Incontestablement, les seuls vins valables sont toujours produits sur les communes de Cars, de Plassac et dans certains secteurs de Mazion. Dans le passé, l'encépagement blanc représentait presque les trois quarts. Il s'agissait le plus souvent de vins acides et sans aucune potentialité aromatique, achetés par le commerce pour compléter les vins de marque. Ils ont en grande partie aujourd'hui disparu, laissant la place aux vins rouges, guère meilleurs, vu les terroirs où ils voient le jour. L'INAO a autorisé, il y a une vingtaine d'années, des droits de plantation sur des sols pratiquement impropres à la culture de la vigne, qui n'ont rien arrangé. Dans de nombreuses localités, on n'a pas hésité à mettre de la vigne n'importe où, notamment sur d'anciennes prairies, à la place des forêts, qui ont été défrichées pour la circonstance ; comme ce fut le cas à Saint-Savin et Saint-Christoly-de-Blaye. Les extensions aberrantes atteignent, depuis 1981, 1 132 hectares ! Comment s'étonner après cela que les viticulteurs se lamentent, face à la mévente, et que les consommateurs se tournent vers les produits d'autres régions ?

– Conseils pour bien acheter. *Une propriété domine, le Château Bertinerie, pourtant loin d'être situé sur les meilleurs terroirs.*

CHAPITRE III

bourgogne

CHABLIS

CE QUI EST REGRETTABLE. Tout a véritablement commencé avec la parution au *Journal officiel* de deux décrets relatifs à la nouvelle délimitation des appellations Chablis et Petit Chablis, sans faire aucunement référence à la composition du sous-sol, qui avait pourtant été l'élément déterminant à deux reprises, pour définir ce vignoble bien particulier, la première fois lors d'un jugement du tribunal d'Auxerre en 1923, la seconde à l'occasion de son accession à l'appellation d'origine contrôlée, le 13 janvier 1938. Quelques années plus tard, toutes ces nouvelles plantations, qui se comptaient par centaines d'hectares, avaient - tel un raz-de-marée - complètement modifié la physionomie du paysage chablisien. La plupart des extensions se sont faites sans toujours tenir compte de la valeur des sols et surtout des sous-sols. Les terroirs des coteaux (bons ou mauvais) et ceux des plateaux, dont certains faisaient leur apparition dans les nouveaux classements, ont dans beaucoup de cas été placés sur un pied d'égalité. Quant aux expositions, mieux vaut ne pas en parler. La Commission de délimitation, dans sa grande bienveillance, a même jugé à plusieurs reprises que le nord n'était pas un handicap ! Pour couronner le tout, nonobstant toutes les règles élémentaires des AOC, des apports massifs de terres allogènes ont été faits sur de nombreuses parcelles qui, quelquefois, venaient à peine d'être déboisées. Bref ! voilà aujourd'hui un vignoble de qualité réduit quasiment à néant par la cupidité d'une

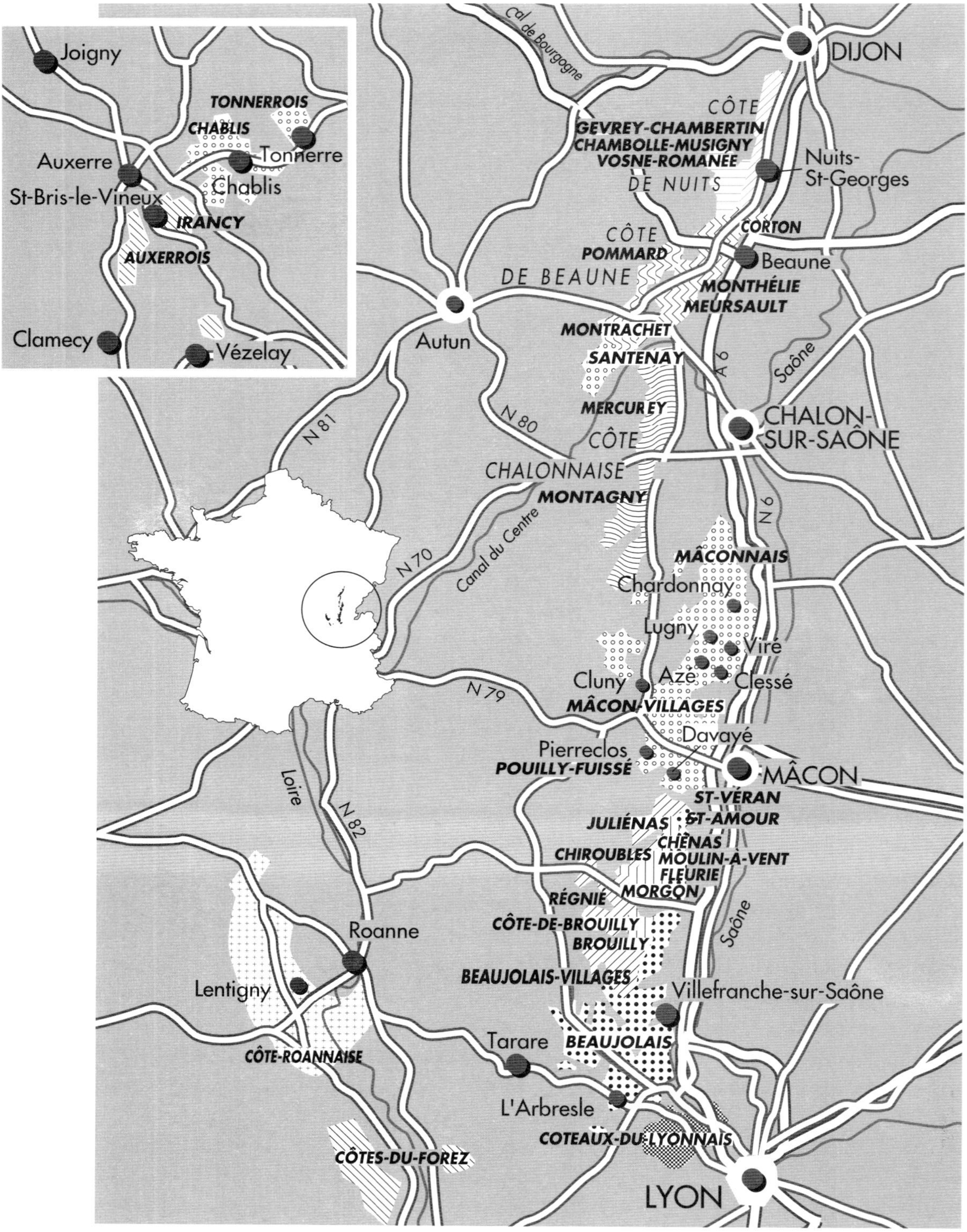

Superficies en exploitations : AOC : 46 165 ha ; VDQS : 97 ha ; Vins de pays et VCC : 996 ha.

Encépagement : Blancs : chardonnay, bourgogne aligoté. Cépages secondaires : pinot blanc, pinot beurot, sauvignon, sacy (crémant de l'Yonne). Rouges : pinot noir, gamay. Cépages secondaires : césar (irancy).

poignée d'hommes, dont l'entreprise de destruction a été largement facilitée par l'incompétence d'un organisme, dont on se demande parfois s'il a encore sa place lorsqu'on prononce le mot qualité.
Ces bouleversements avaient permis la création de onze nouveaux premiers crus, dont beaucoup de parcelles venaient, comme par hasard, d'être acquises peu de temps auparavant par des acheteurs très perspicaces, qui devaient avoir un flair infaillible à moins qu'ils aient été plus simplement fort bien informés pour réaliser une telle plus-value. Dans ce cas, on pourrait parler de délit d'initiés ! Il est heureux que la COB [1] ne veille pas sur les opérations spéculatives portant sur le vignoble.
Plusieurs de ces premiers crus ont, semble-t-il, été attribués généreusement et surtout sans discernement. Sinon, comment admettre que cinq lieux-dits – Vau Ligneau, Vau Ragons, La Côte de Jouan (anciennement Les Landes & Verjuts), les Beauregards et Vau de Vey – aient pu accéder à cette classification, alors que, dans un passé pas si lointain, ils ne portaient que des bois et n'avaient sans doute jamais été plantés en vignes de Chardonnay ? Pour Vau de Vey, le professeur d'agrogéologie Bernard Gèze (mandaté par l'INAO), dont l'autorité était pourtant reconnue dans les milieux scientifiques, l'avait lui-même mentionné comme peu propice à la culture de la vigne. Aux dires de plusieurs observateurs impartiaux et réputés pour leur compétence, il semblerait que les nouvelles délimitations déposées par la Commission nommée par l'INAO n'aient pas toujours été conformes à ses conclusions. Je me suis même laissé dire qu'il avait surtout servi à donner une apparence de régularité à l'ensemble des opérations. Une vérité s'impose : ces cinq premiers crus des très modestes communes de Courgis et de Beines, qui représentent à eux seuls actuellement une bonne centaine d'hectares, produisent des vins bien moyens pour leur classification.
Un bonheur, c'est bien connu, n'arrive généralement jamais seul. La création de ces onze nouveaux premiers crus, totalement inconnus, allait néanmoins poser un problème à leurs heureux et récents propriétaires. Comment les faire rapidement connaître et surtout les mettre en valeur, pour que l'opération soit bien juteuse ? C'est là qu'intervient une nouvelle fois l'INAO, bien décidé à parfaire sa grande œuvre salvatrice, en faveur de ces pauvres climats, si injustement oubliés par nos aînés, qui devaient avoir une bien piètre idée de la richesse de leurs terroirs ! D'où un nouvel arrêté, qui autorisait cette fois un regroupement général plus important que celui de 1967 des premiers crus, en permettant aux quarante existant maintenant d'être éventuellement commercialisés sous seulement 17 dénominations, correspondant généralement à un voisin plus connu (le terme voisin pris dans son sens le plus large...).
On pourrait épiloguer longtemps sur ces rattachements. Pour certains climats ou parcelles, il semble évident que la complaisance ou l'inexpérience – on peut l'appeler comme on veut – ait largement prévalu sur la compétence et l'équité.
Heureux sont les rares premiers crus d'un haut niveau qui ont eu le privilège géographique d'être situés dans un coin isolé, loin de voisins envieux et envahissants, et qui, avec l'aide de l'INAO, cherchent désespérément à se créer une image de marque respectable et surtout plus rentable. Ont encore cette chance : le Mont de Milieu et la Côte de Léchet.

(1) Commission chargée de veiller à la régularité des opérations en Bourse.

C'est ainsi qu'en allant à l'encontre de son esprit initial, l'organisme chargé de protéger les appellations d'origine contrôlée déjà existantes, a pu, en usant de subterfuges, modifier complètement la structure de ce vignoble historique.
Ces pratiques navrantes donnent des zones qui gèlent de peur la plupart des années et une majorité de Chablis d'une médiocrité attristante, qui n'ont pour eux que le nom ! La plupart de ces vignobles créés de toutes pièces appartiennent à des exploitations très importantes, gérées en affaires financières, ou encore à des céréaliers et des éleveurs de moutons reconvertis à la viticulture, en raison des circonstances. Tous ont adopté le même style de travail. Il leur permet de produire des vins sans vices ni vertus, qui pourront se boire très vite pour éviter le stockage et surtout l'immobilisation de capitaux. Ce style de Chablis technologique s'obtient aujourd'hui facilement, grâce au progrès (que le terme est mal adapté !) : vendanges à la machine, centrifugation * et collage * à la sortie du pressoir, suivis généralement d'un relevurage avec des levures industrielles * et d'un ensemencement avec des bactéries lactiques, pour enclencher la fermentation malolactique *. Enfin, passage par le froid afin d'éviter les précipitations tartriques, séjour rapide en cuve et mise en bouteilles accélérée, pour être commercialisé à partir de la mi-janvier ; le tout au détriment des consommateurs qui attendent autre chose qu'un vulgaire vin blanc primeur lorsqu'ils achètent un Chablis…
Avec le Petit Chablis, l'INAO a atteint le comble de l'absurde. Le vignoble de Chablis se trouve, en effet, dans une situation unique dans l'histoire des AOC, en occupant une position étrange. Il présente la particularité d'avoir exactement sur les mêmes terroirs deux appellations différentes et identiques : Chablis et Petit Chablis. La seconde est à la fois fictive, puisque ne reposant sur aucun caractère agronomique sérieux, et également temporaire, car constamment remise en question. Aujourd'hui, son aire de production se rétrécit comme une peau de chagrin. Elle est, en quelque sorte, devenue une « contre-appellation », appelée à jouer le rôle d'un facteur permanent d'extension de l'appellation supérieure Chablis, selon les demandes des viticulteurs et au gré des experts présents et futurs. Ce qui a pour effet de créer des litiges permanents. En résumé, disons qu'avec un tel imbroglio, on ne voit pas comment il pourrait en être autrement. Et l'acheteur, que devient-il dans tout cela ? L'INAO semble avoir pris comme devise l'expression de Mme Cresson, ancien Premier ministre de la Ve République : « J'en ai rien à cirer… »
Depuis quelques années, les droits de plantations nouvelles sont accordés avec moins de facilité dans l'ensemble des zones. Malgré cela, on peut noter au passage que le vignoble chablisien s'est encore trouvé placé sous le bon robinet. Il est vrai que lorsqu'on se penche sur la carte politique, on constate que deux ministres importants du gouvernement socialiste, Henri Nallet et Jean-Pierre Soisson, en place jusqu'en avril 1992, occupaient aussi des sièges d'élus locaux dans deux communes environnantes. Cela n'a pas dû constituer un désavantage.
En total désaccord avec les décrets de 1976, le syndicat de défense des vignerons de Chablis intenta un recours devant le Conseil d'État, en soutenant qu'un vignoble d'appellation ne saurait être étendu sur des terrains de qualité inférieure à ceux de son terroir * authentique et contrairement aux usages. L'INAO prit très au sérieux l'un des motifs de Droit avancé par surcroît, les requérants montrant que cet organisme avait agi dans le cadre d'une délégation de pouvoir confiée illégalement.
Entre-temps, l'INAO s'était souvenu d'un précédent de 1977, ayant eu trait à une

appellation bordelaise, où le Conseil d'État avait donné raison aux requérants, en précisant que le gouvernement ne pouvait pas prendre un décret et donner ensuite mission (en quelque sorte un blanc-seing) pour délimiter en conséquence du décret. Le Conseil d'État avait jugé que, quand l'INAO prend une décision de délimitation, le gouvernement doit signer le décret seulement quand celle-ci est faite et non avant. C'était un changement dans la jurisprudence de cette autorité suprême, qui donnait tout à fait raison au recours déposé par le syndicat des vignerons de Chablis. D'où la parution de deux nouveaux décrets datés du 27 février 1978, abrogeant ceux de 1976. Le premier précise que bénéficient de l'appellation Chablis les vins récoltés dans l'aire de production que vient de redélimiter l'INAO... conformément aux décrets de 1976. Le second s'exprime d'une manière similaire, en ce qui concerne le Petit Chablis. Avec cet artifice rédactionnel, l'INAO avait mis tous les atouts dans son jeu, évitant un vice de forme avant l'engagement du débat devant le Conseil d'État. Une fois de plus, il s'était tiré d'un mauvais pas, en plaçant les vignerons contestataires de Chablis devant le fait accompli. Il ne leur restait plus, comme d'habitude, qu'à subir...
Enfin, le vignoble chablisien est l'un des plus mécanisés de France. Plus de 80 % des 4 000 hectares plantés sont vendangés à la machine. Pour la seule commune de Chablis, il n'existe plus aujourd'hui que cinq ou six exploitants, qui récoltent manuellement. Encore, faut-il comprendre parmi eux deux domaines très importants, qui utilisent la machine pour leur bas de gamme (Chablis et Petit Chablis).

Pour mieux découvrir le Chablis, il faut assister le dernier dimanche de novembre à la fête du vin. Chaque village de l'appellation y est représenté. On peut, moyennant un droit d'entrée bien modeste, déguster gratuitement les vins de tous les vignerons et prendre des contacts fructueux. En une seule journée, il est possible d'en savoir plus qu'en plusieurs voyages, à condition de ne pas hésiter à poser beaucoup de questions, mais surtout de prêter une oreille particulièrement attentive à tout ce qui se dit autour des stands.

- Achats : règles à respecter, Yonne. *Bourgognes rouges parfumés et agréables sur les communes d'Irancy et Coulanges la Vineuse, mais uniquement les très bonnes années, car, en petit millésime, ils manquent de robe et ont une acidité excessive. Bonnes caves : Jean Podor, Roger Delaloge et Raymond Dupuis.*
En Chablisien, comme nous l'avons vu, la sélection est difficile, en raison des extensions inconsidérées et des regroupements fallacieux. On peut minimiser les dégâts, en évitant d'acheter chez les récoltants qui commercialisent des vins que l'on peut qualifier de primeurs (vendus souvent au mois de janvier suivant la récolte). Cela n'est pas le cas des excellents vins de Jean-Marie Raveneau, René et Vincent Dauvissat ou encore Adhémar Boudin pour lesquels j'ai une légère préférence. Un ton en dessous : les héritiers Louis Pinson, Louis Michel et fils et Jean-Pierre Grossot.
À l'instar de la Côte d'Or, Chablis compte aussi un classement sensiblement égal, comprenant des grands crus, des premiers crus, des villages avec, en plus, des Petits Chablis (il s'agit de vins faibles en alcool). Les qualités premières de ce dernier sont la fraîcheur et le fruit, qui en font un produit agréable pour accompagner des plats simples comme les fruits de mer ou les cochonnailles. Communes de prédilection : Lignorelles, Villy, La Chapelle-Vaupelteigne et Maligny, bénéficiant de plusieurs microclimats favorables à la précocité.
Éviter le grand cru Bougros et les premiers crus provenant des climats Vau Ligneau, Vau Ragons, la Côte de Jouan, les Beauregards et Vau de Vey. En contrepartie, opter, dans cette catégorie, pour les vins issus des lieux-dits suivants : Montée de Tonnerre, Mont de Milieu, légèrement devant les

Forets, Vaillons, Butteaux, L'Homme Mort, Chapelots, Côte de Lechet et La Fourchaume, avec des réserves pour ce dernier, sauf si l'on connaît très bien l'emplacement des parcelles, en raison des regroupements et des extensions.

CÔTE D'OR

Au plein sens du terme, la véritable Bourgogne, dont les frontières sont très restreintes, se trouve dans la Côte d'Or. Cette région viticole, contrairement à la plupart des autres (la Champagne mise à part), a connu très tôt la prospérité. Pourtant, les vignerons bourguignons, particulièrement privilégiés, feignent souvent de ne pas s'en rendre compte, au point que l'on pourrait leur attribuer une pensée d'Henri Janson : « J'en ai connu des ruinés, mais jamais des pauvres. »

Tout avait pourtant commencé comme un conte de fée. Il était une fois le 26 février 1791, l'assemblée qui, à l'initiative de Mirabeau, terminait le découpage de la France en 83 départements (travail entamé le 15 janvier précédent). Les constituants commençaient à être sérieusement lassés. Lorsqu'on arriva à la Bourgogne, plusieurs définitions furent formulées, notamment « Haute-Seine » ou encore « Seine-et-Saône ». Les députés, qui avaient auparavant écarté d'autres propositions, trouvèrent que cela faisait quand même beaucoup d'eau pour un pays de vin ! C'est alors qu'un obscur parlementaire, dont on n'avait sans doute jamais entendu la voix (peut-être inspiré par une bonne bouteille bue le midi), se leva tout à coup et suggéra : « Pourquoi pas Côte-d'Or ? » On observa un silence, la couleur des vignes à l'automne fit rêver les esprits l'espace d'un instant et puis il était tard, il fallait bien en finir. C'est ainsi que ce département bénéficia d'un si joli nom, forgé dans un moment d'exaltation, mais qui, aujourd'hui, contribue incontestablement à promouvoir ses vins à l'étranger.

Le nom de « Côte d'Or » n'est que le premier maillon d'une série d'éléments favorables qui, en s'additionnant, finissent par former une longue chaîne, facilitant la vie du vigneron, en l'aidant à vendre plus régulièrement, et surtout à bon prix, des vins dont la qualité ne justifie pas toujours un tel engouement. Ces facteurs sont les suivants :

- le vignoble, par l'autoroute, n'est qu'à 2 h 30 de la capitale ;
- il est placé sur la route directe de la Côte d'Azur et aussi des plus belles stations de sports d'hiver ;
- il est proche de deux nations à monnaies fortes, appréciant tout particulièrement les vins de Bourgogne. Autre avantage, leurs représentants ont généralement pour habitude de régler la plupart du temps en espèces, argument de poids en Côte d'Or... ;
- entre les années 1847 et 1927, dix localités de la Côte de Beaune et de la Côte de Nuits ont été autorisées à modifier leur nom, en y accolant celui du cru le plus représentatif de la commune. La première par ordonnance royale, les suivantes en vertu d'un décret républicain. C'est ainsi que se sont successivement transformées :

. Gevrey en Gevrey-Chambertin (17 octobre 1847)
. Aloxe en Aloxe-Corton (23 mars 1862)
. Vosne en Vosne-Romanée (11 avril 1866)
. Chambolle en Chambolle-Musigny (25 mars 1878)
. Chassagne en Chassagne-Montrachet (27 novembre 1879)

. Puligny en Puligny-Montrachet (27 novembre 1879)
puis :
. Nuits-sous-Beaune en Nuits-Saint-Georges (10 mai 1892)
. Pernand en Pernand-Vergelesses (04 mai 1922)
. Auxey en Auxey-Duresses (19 juillet 1924)
. Morey en Morey-Saint-Denis (9 janvier 1927)
Il est évident qu'au moins pour cinq d'entre elles cette réunion n'a pas manqué de créer une certaine ambiguïté dans l'esprit des acheteurs, qui subsiste d'ailleurs toujours aujourd'hui, d'autant plus qu'elle est parfois sciemment entretenue par quelques vignerons ne possédant pas de grands crus.

Un premier ou un grand cru, en Côte d'Or, est une petite zone géographique, appelée « climat ». En réalité, c'est un lieu-dit qui, depuis un lointain passé, est connu pour l'originalité de sa production, qui lui a permis, au fil des ans, d'acquérir une notoriété commerciale pour ses vins.

Beaucoup de ces climats, même lorsqu'ils ne sont que « villages », sont délimités par des chemins d'exploitation. Il est très curieux de constater qu'il y a moins de différence entre deux vins provenant de vignes séparées de plusieurs centaines de mètres, mais situées dans le même « climat », qu'entre deux autres limitrophes sises dans deux lieux-dits différents.

La plupart correspondent à des entités naturelles, qui s'extériorisent par le caractère des vins qu'ils produisent, mais qui devaient se reconnaître avant leur défrichement. Leurs noms sont souvent évocateurs de conditions naturelles, se rapportant à des éléments bien précis, notamment :

- à la constitution du sol : le Clos de la Roche, les Craies (cailloux), les Grèves (petits cailloux), les Perrières (synonyme de carrière), les Lavières (les laves étaient utilisées comme grandes pierres tombales), etc.
- à leur ancienne végétation : les Charmes, les Genevrières, le Clos des Chênes, les Griottes, les Calouères (lieux plantés de noyers), etc.
- à la faune qu'on y rencontrait : les Cailles, les Perdrix, les Serpents, au Renard, les Corbeaux, etc.
- ou bien encore aux ordres religieux, qui en furent les propriétaires : Clos de Bèze, Clos de Tart, l'Abbaye de Morgeot, le Clos Prieur, le Moulin aux Moines, la Combe aux Moines, etc.

Pour simplifier les choses, beaucoup de ces noms de climats se retrouvent dans plusieurs communes...

C'est ainsi qu'il existe :

- un climat des Perrières à Meursault, Aloxe-Corton, Fixin, Puligny-Montrachet, Nuits-Saint-Georges, Gevrey-Chambertin, Beaune, Saint-Aubin et Pommard. Pour arranger le tout, un est en grand cru, sept en premier cru et le dernier en générique * ;
- les Caillerets que l'on retrouve en premier cru à Chassagne-Montrachet, Puligny-Montrachet et Volnay ;
- idem pour les Charmes, simultanément grand cru à Gevrey-Chambertin, premier cru à Chambolle-Musigny, Meursault et Morey-Saint-Denis, mais seulement villages à Puligny-Montrachet. De quoi faire perdre son latin à un évêque !

La liste est loin d'être exhaustive. Lorsqu'on sait que les climats de la Côte d'Or sont au nombre de 783 pour la Côte de Nuits et 426 en Côte de Beaune, sans compter ceux des Hautes Côtes, on imagine, devant une telle situation, le désarroi du consommateur.

Il est certes difficile de faire comprendre à un amateur non averti, déjà complètement perdu dans la mosaïque des climats de la Côte d'Or, qu'il existe une immense différence, tant qualitativement que pécuniairement entre les illustres grands crus que sont un Chambertin, un Corton, un Musigny ou un Montrachet et les modestes Gevrey Chambertin, Aloxe-Corton, Chambolle-Musigny ou Puligny-Montrachet, simples AOC villages du bas du classement, mais dont le prestige s'est quand même trouvé rehaussé par ces décrets providentiels.

Il faut savoir que dans chacune de ces communes assez peu de vignerons exploitants ont la chance de posséder quelques ouvrées [1] dans les grands crus.
Si certains récoltants – non nantis – prennent le temps d'expliquer au visiteur la complexité du classement bourguignon, d'autres – couvant parfois une petite rancœur vis-à-vis d'un voisin – ont assez d'aplomb pour expliquer qu'il n'y a guère de différence entre les deux vins, puisque leurs parcelles sont mitoyennes.
En résumé, cette association de noms village-cru, qui demeure un avantage non négligeable pour les bourguignons, n'est qu'un piège de plus à déjouer pour le consommateur néophyte. En réalité, le volume restreint des appellations et particulièrement celui des trente-et-un grands crus, représente à peine plus de 3 % de l'ensemble.

À l'instar du show-biz, il faut aux régions viticoles une bonne locomotive. Dans ce domaine, la Côte d'Or est particulièrement gâtée... Elle en a deux et de poids :
- la célèbre vente des Hospices de Beaune, qui attire les plus gros acheteurs étrangers, chacun tentant d'acquérir un ou plusieurs des lots formés de quelques barriques de vins issus de premiers et de grands crus, vente de charité qui prélude des futurs cours pratiqués à la propriété. Elle est un formidable tremplin publicitaire gratuit. Aucune campagne, même superbement orchestrée, n'aurait le même impact. La presse mondiale et plusieurs chaînes de télévision relatent l'événement, contribuant à renforcer la popularité et, du même coup, le porte-monnaie des récoltants. Dans le passé, il est souvent arrivé que les cours s'envolent, même audelà de la qualité du millésime. Depuis 1991, un revirement complet pas seulement dû à la conjoncture économique, s'est produit, les prix se sont effondrés ; même les vins blancs n'ont pas été épargnés, malgré les tentatives habituelles de sauvetage de la maison Patriarche, qui a soutenu vaillamment les enchères, pour tenter de sauver la Bourgogne du naufrage vis-à-vis de l'étranger. Il fallait bien un pareil coup de semonce pour freiner l'élan inflationniste des vignerons bourguignons, qui avaient parfois tendance à confondre les cours du vin avec celui des pierres précieuses ;
- la superbe, spirituelle et étincelante Confrérie des Chevaliers du Tastevin, créée le 16 novembre 1934, époque où la Côte d'Or traversait un marasme sans précédent, par deux joyeux Bourguignons perspicaces et confiants dans l'avenir de leur beau vignoble : Camille Rodier, Georges Faiveley et rejoints, peu de temps après, par René Engel. Depuis bientôt une bonne trentaine d'années (la réussite s'était manifestée bien avant), les celliers capitulaires du Château du Clos de Vougeot ont vu défiler dans leurs murs à peu près tout ce que le monde compte de célébrités dans les domaines aussi variés que la politique, la justice ou les milieux artistiques, culturels, sportifs et gastronomiques. Ces personnalités, conquises par l'hospitalité bourguignonne et le souvenir inoubliable d'un grand spectacle digne d'un opéra, où se mêlent tout à la fois le génie de Molière, la richesse du vocabulaire de Rabelais et l'humour caustique des Bourguignons sont ensuite devenues les meilleurs ambassadeurs de la Bourgogne, en portant la bonne parole aux quatre coins de la planète. D'autant que le Grand Conseil des Chevaliers du Tastevin a développé l'esprit de la Confrérie, en créant des commanderies et sous-commanderies dans neuf pays du monde, notamment les États-Unis, l'Australie et le Canada, dont le rôle est de perpétuer en cours d'année les soirées du Clos de Vougeot. Aujourd'hui, avec le recul, on peut dire que les deux promoteurs de cette véritable institution ont eu une idée astucieuse de marketing, qui aurait fait les beaux jours de Publicis ou de Jacques Seguéla...

Outre la renommée de la vente des Hospices de Beaune et de la Confrérie des Chevaliers du Tastevin, la Bourgogne a dans son jeu des atouts de poids :
- le pinot noir demeure le seul cépage rouge des deux Côtes. En dehors de cette zone de prédilection, ses résultats ne sont guère probants. L'amateur de ce type de vin n'a donc d'autre alternative que de boire du Bourgogne ;

(1) Unité de mesure ancienne toujours utilisée en Côte d'Or d'une superficie de 4 ares 28.

- la multiplicité des climats, véritable patchwork viticole, est loin d'être un désavantage pour la vente. Bien au contraire, elle la facilite. C'est un peu comme chez le confectionneur : si la cliente est bien conseillée, elle finit toujours par dénicher un modèle à son goût ;
- enfin, la Bourgogne dispose de nombreuses caves magnifiques, où les vignerons, qui roulent les « r » avec un accent inimitable, savent recevoir chaleureusement. Ils parlent de leurs vins avec une telle conviction qu'on est prêt à pardonner lorsqu'il leur arrive de faire déguster une cuvée qui ne tient pas tout à fait les promesses de son terroir *. Les visites en caves sont interminables. Après la dégustation aux fûts, si peu que l'on soit un peu connu ou que l'on s'intéresse aux vins, il y a toujours une bouteille qui surgit de l'appellation PNG [1]. Dire que c'est pour forcer la vente serait médire car, dans la plupart des cas, on s'entend répliquer que le vin est épuisé. C'est souvent vrai, mais il arrive que le récoltant en retrouve un ou deux cartons !

En outre, les Bourguignons matois aiment à se faire tirer l'oreille, ce petit rituel faisant partie du jeu. La région bordelaise réagit aux antipodes. Conclusion : en Bourgogne, tout est à boire et rien à vendre alors qu'à Bordeaux, tout est à vendre et rien à boire !

Paradoxalement, tous ces avantages, qui avaient fait des vignerons nantis, ont fini avec le temps par devenir un handicap pour la Bourgogne. On ne peut vivre éternellement sur une réputation vieille de plusieurs siècles et les générations en place ont besoin d'une éthique pour la maintenir. Ce qui est très difficile, car il est bien connu que la facilité engendre souvent la médiocrité.

Sans chercher à créer une polémique autour de cet ouvrage, je me dois, pour être simplement objectif, de démontrer que ce vignoble jouissant pourtant encore d'une certaine notoriété dans le monde, traverse actuellement une période bien difficile.

Le déclin des vins de Bourgogne. Depuis déjà une vingtaine d'années, je constate une régression spectaculaire de la qualité des vins de Bourgogne et particulièrement de la Côte de Nuits. Je le dis avec d'autant plus d'amertume que j'aime profondément cette magnifique région, que je fréquente assidûment depuis 1959. J'y compte un grand nombre d'amis sincères parmi les viticulteurs et suis parfaitement conscient qu'en écrivant ce chapitre, je vais sans doute me créer quelques inimitiés. Comme l'a si joliment écrit le naturaliste Buffon : « Il faut rassembler des faits pour avoir des idées. »

Voici quelques années, j'avais eu l'occasion de m'exprimer sur le sujet dans une émission en direct à la télévision. Pour que les choses soient bien claires, une fois pour toutes, aujourd'hui je le répète : la Côte d'Or ne compte qu'une poignée de très bons vinificateurs [2] par commune, capables de faire encore de grands vins rouges où s'exprime pleinement la finesse du pinot noir, ayant à la fois les caractéristiques du millésime, la typicité de leur appellation et surtout une bonne aptitude au vieillissement. Le phénomène existe aussi pour les vins blancs issus du chardonnay. Mais il est plus aisé d'en trouver qui aient encore une bonne longueur en bouche, seule garante d'une grande naissance.

(1) « Pour nos gueules... »
(2) Il y a, bien sûr, plus de bons vignerons qui savent bien soigner leurs vignes. Il existe une nuance entre un bon jardinier et un vinificateur. Ceux que j'ai compris dans l'élite cumulent les deux.

Je ne nie pas qu'il y ait chaque année quelques révélations émanant de jeunes viticulteurs, soucieux de très bien faire, venant s'ajouter au noyau d'élite, mais ils ne modifient pas sensiblement la donne. En effet, simultanément, des exploitations jugées pendant longtemps comme des valeurs sûres tombent subitement en baisse de régime, pour de multiples raisons, en tête desquelles on trouve la facilité, les rendements et les excès d'œnologie. Ce phénomène contribue malheureusement à maintenir cette espèce d'équilibre néfaste et explique que, contrairement aux écrits périodiques d'une presse spécialisée, parfois euphorique, la Côte d'Or n'a pas retrouvé le niveau qui avait contribué, à partir de 1936, grâce à des hommes d'une trempe exceptionnelle, à asseoir sa réputation mondiale. Pour ces vignerons ayant su faire preuve d'abnégation, le terme « qualité » (expression surannée) éclipsait celui de « rentabilité ». Ils se nommaient : Henri Gaunoux, Henri Gouges, Alfred Michelot, Charles Noellat, Pierre Ramonet, Robert Rapet, Paul Roulot, Armand Rousseau, Robert de Suremain, Paul Tollot, Louis Trapet et François Virot. Deux sont encore là pour témoigner : Edmond Delagrange et Pierre Dubreuil. Aucun n'était œnologue ; c'est sans doute la raison pour laquelle ils faisaient ces grands vins de longue garde, bien représentatifs de leurs terroirs, que l'on ne trouve plus actuellement.

Au même titre qu'une hirondelle ne fait pas le printemps, une minorité de vignerons d'élite ne suffit pas aujourd'hui pour relever ou simplement même maintenir une région qui fut aussi prestigieuse (tout le monde ne s'appelle pas Henri Jayer ou le regretté docteur Georges Mugneret).

De nombreux facteurs sont à l'origine du déclin de la qualité :

- des terroirs exceptionnels ont été complètement anéantis pour bien longtemps, par les excès d'engrais potassiques conseillés, voici une vingtaine d'années, par André Vedel, haut fonctionnaire de la viticulture, inconscient du danger qu'il faisait courir à d'aussi belles vignes et de ses répercussions sur la qualité. Il préconisait 100 kg à l'ouvrée, soit 2 400 kg/ha, chiffre effarant ! La potasse, fait prouvé depuis longtemps, n'apporte strictement rien sur le plan aromatique. Son incidence se manifeste essentiellement sur le degré alcoolique et surtout la production. Deux arguments de poids qui avaient convaincu les Bourguignons, surtout ceux des communes riches. La potasse favorise aussi la désacidification des vins. Enfin, et ce n'est pas le moins important, elle a dans le sol une migration très lente (quelques centimètres par an) poursuivant ses dommages pendant de longues années après son introduction. Les domaines qui ont pris conscience du désastre et arrêté tout apport depuis 1985 n'en sont donc pas débarrassés pour autant ;
- avec l'abandon de la traditionnelle sélection massale, la Bourgogne, à son tour, est entrée dans une ère nouvelle : celle de la sélection clonale. Bien maîtrisée, cette technique n'est sans doute pas sans intérêt. Malheureusement, au début, de nombreux récoltants, avec ce nouveau mode de sélection, ont vu là un moyen sûr et rapide de produire beaucoup et surtout régulièrement. Pour cela, ils ont choisi des clones très fertiles, notamment le sinistre pinot droit, expérimenté par un vigneron de Flagey Échezeaux, qui est l'une des principales causes de la dégénérescence de la qualité dans la Côte de Nuits. Il faut dire que pour les Bourguignons ce plant a bien des attraits. Outre sa productivité, il a la particularité de faciliter le travail, donc de limiter la main-d'œuvre. Ces vins n'ont aucune finesse et surtout tiennent à peine quelques années, mais avec une belle appellation, ils se vendent quand même cher... Du fait qu'il

n'avait pas bonne presse, il a changé de nom et s'appelle maintenant « pinot à port érigé ». Ce sont les subtilités de la langue française ! On connaît la formule « pas de taxes, mais cotisations volontaires obligatoires... ». La nouvelle dénomination est certes plus jolie, mais elle n'a rien changé. Les Bourguignons, surtout ceux de la Côte de Nuits, continuent à le planter, avec un mépris total pour celui qui est au bout de la chaîne : le consommateur ;

- dans une région où les vins se vendent aussi cher, il y a antinomie entre le terme qualité et certaines pratiques. Il est inadmissible de voir la plupart des domaines utiliser les désherbants chimiques. En Côte d'Or, on ne peut évoquer des raisons d'ordre économique et, encore moins, l'accès difficile des parcelles (nous ne sommes pas en Côte Rôtie ni au Rangen de Thann) ;
- la taille n'est pas toujours respectée, son allongement visant à assurer le PLC * ;
- le fait, par souci esthétique, que les vignes soient parfois rognées beaucoup trop bas, bloque le cycle chlorophyllien et enlève du sucre, en particulier lors des années de sécheresse ;
- c'est bien connu, aucun cépage ne donne de grands vins au-delà d'un certain rendement, le pinot noir encore moins que les autres. Il a la particularité de produire des vins ayant une jolie robe rubis brillante, sans pour autant être intense, qui sont à la fois délicats et extrêmement fins, en développant des arômes inimitables. Ces qualités sont annihilées au-delà de 40 hl/ha. Le chardonnay supporte un peu mieux les rendements plus élevés, mais, si l'on tient à ce que ses vins conservent de la longueur, seule garante d'une véritable noblesse, 45 à 50 hl/ha, selon la situation du climat et du millésime, sont le garde-fou à respecter. Hélas ! rares sont les récoltants qui prennent en compte ce phénomène ! En outre, le pinot noir est un cépage beaucoup plus difficile à vinifier que le merlot ou le cabernet sauvignon ;
- accordées par l'INAO à titre expérimental en 1959 – à l'initiative d'André Vedel à qui la Côte d'Or doit décidément beaucoup ! – les plantations de vignes hautes continuent à produire à outrance aujourd'hui, en occupant une large place dans le vignoble des Hautes Côtes de Beaune et de Nuits. Elles apparaissent aussi à Savigny-les-Beaune et Auxey-Duresses. Mais le comble de l'aberration est atteint dans la Côte de Nuits ; on les trouve en effet jusqu'à Vosne-Romanée. Pourvu qu'ils réalisent quelque profit, les Bourguignons ont décidément peu de scrupules ;
- toujours pour la facilité, beaucoup de vignerons raccourcissent les temps de cuvaison *, enlevant ainsi encore un peu de couleur à ces pauvres vins déjà très anémiés ;
- le défrichement perpétuel des parcelles du haut de la montagne, pour laisser la place aux nouvelles plantations, est une pratique courante dans l'ensemble des communes, particulièrement en Côte de Nuits, même si au-delà d'une certaine altitude les raisins ont bien du mal à acquérir une maturité suffisante. Le meilleur exemple est à Gevrey Chambertin, au climat Bel-Air où, comme par enchantement, de vulgaires jardins potagers ont été transformés en vignes, certains même en premier cru, sur plus de 3 hectares. Les vignerons bourguignons n'ont pas encore compris que, pour gagner quelques ouvrées sur les sommets, ils favorisent le ravinement qui enlève chaque année un peu plus de terre dans les grands crus et les très bons premiers crus, situés à mi-coteaux. En déboisant sur les hauteurs, ils modifient aussi certains microclimats qui, dans l'avenir, contribueront à accentuer les orages de grêle, déjà fréquents dans cette région ;

- n'est plus systématique chez tous les vignerons le traditionnel pigeage * pratiqué en Bourgogne, depuis des siècles, indispensable au pinot noir pour lui permettre d'avoir plus de couleur et surtout de développer ses immenses potentialités aromatiques ;
- l'extrême morcellement du vignoble et le nombre parfois restreint d'ouvrées de vignes rendent les vinifications en rouge extrêmement délicates. Il est en effet très difficile de faire cuver séparément des volumes parfois infimes de raisins, tout comme il est impensable de réussir une bonne choucroute pour deux personnes ! Je sais que l'on me rétorquera qu'il existe maintenant des cuves miniatures pour effectuer des micro-vinifications, avec des doubles parois permettant d'obtenir une bonne thermorégulation (réchauffement et refroidissement), pour extraire le maximum de couleur et d'arômes. Le seul ennui, c'est que je n'en ai encore jamais vu dans une cave de vigneron bourguignon. Il est vrai que leur petite taille permet de les cacher aux regards indiscrets !
- la chaptalisation * entre également dans la régression qualitative des vins de Bourgogne. Elle est bien sûr autorisée, avec des limites à ne pas dépasser, mais en Côte d'Or, le vigneron confond parfois la louche avec le sac. Les récoltants ont sans doute été séduits par la publicité à la télévision d'une grande marque de gâteaux secs, où l'on voyait officier un certain « Monsieur Plus ». Les degrés excessifs dus seulement au sucre ne peuvent faire un grand vin et encore moins un produit de garde. Les temps et surtout les mentalités ont bien changé. En 1845, au congrès de la viticulture de Dijon, fut votée à l'unanimité une résolution tendant à obtenir la suppression totale du sucrage, considéré comme néfaste à la réputation des grands vins de Bourgogne. On croit rêver…
- bien que cela soit rigoureusement interdit par la loi, les viticulteurs chaptalisent et réacidifient. Les deux opérations sont autorisées, mais à l'exclusion l'une de l'autre. Pour ma part, je serais plus tolérant que la législation actuelle, qui n'est peut-être – en tout cas pour la Bourgogne – plus tout à fait adaptée. Certains ont déjà payé bien trop cher, à mon avis, le non-respect de cette réglementation obsolète, en servant de boucs émissaires à l'ensemble de la viticulture, entre autres l'honorable maison de négoce beaunoise Bouchard Père & Fils. En contrepartie, je verrais d'un assez bon œil le renforcement des contrôles et éventuellement la suppression pure et simple du droit à l'AOC, pour usage abusif de l'acide tartrique *, se perpétuant à chaque vendange chez de nombreux vignerons dans le seul but de porter assistance à des vins qui, sans cet artifice provisoire, seraient indignes d'être commercialisés.

Je suggère aux récoltants bourguignons, pour berner l'administration, d'user d'un procédé jésuitique, en acidifiant les raisins à la vigne sur les remorques et les comportes de vendanges et ensuite de chaptaliser les mêmes à la cuverie. Cela ne pourrait plus être considéré comme une réacidification en cuverie ou en cave, mais au contraire comme un traitement préventif envers l'oxydation *. L'effet serait identique, mais non répréhensif, car les textes actuels – ambigus – considèrent la chaptalisation * et l'acidification * essentiellement comme des pratiques de vinification et non d'agronomie ;
- les Bourguignons doivent bien se mettre dans la tête qu'ils ne pourront « plus jamais » faire des grands vins de garde, tant qu'ils resteront obsédés (le mot n'est pas trop fort) par la réacidification, et revoir le problème à la source, c'est-à-dire dans les sols. Il est prouvé maintenant que dans ce vignoble les causes du manque d'acidité des vins sont d'ordre agronomique (abus de potasse) et non œnologique. Un vin peu chaptalisé, issu d'une production raisonnable, doit être en mesure de bien vieillir, même avec une acidité

basse. Ce qui compte c'est son équilibre. Au lieu de cela, on boit maintenant une majorité de bourgognes rouges tellement acides qu'ils finissent par devenir désagréables et aussi, n'ayons pas peur de l'écrire, des blancs quelquefois agressifs, à tel point qu'après une séance de dégustation, on a parfois l'impression qu'un spéléologue fait une première du tube digestif et de l'estomac. Si encore c'était au bénéfice du vieillissement ! Au contraire, après quatre ou cinq ans, les rouges tartriqués à outrance se dessèchent et finissent décharnés comme des vieillards. Quant aux vins blancs, ils ne valent guère mieux, le gras se trouvant masqué par une nervosité persistante et excessive ;
- il existe aussi un autre procédé très particulier : après l'entonnage *, de nombreux viticulteurs et non des moindres s'obstinent à monter « déraisonnablement » la température de leurs caves, à l'aide de systèmes fonctionnant généralement au fuel, pour activer le processus terminal de la fermentation malolactique *, afin de mettre les vins « au propre » comme ils disent ! Avec de telles pratiques, ces récoltants ne réussissent qu'à dessécher les vins. Je précise que le chauffage n'est généralement arrêté qu'une fois que toutes les barriques (ou presque) ont accompli la fermentation secondaire. On imagine aisément ce que doivent continuer à supporter, parfois pendant plusieurs jours, des vins qui sont encore au berceau et dont le seul tort est d'avoir trop vite accompli leur travail, imposé par ce traitement barbare ;
- découlant directement de la technique précédente, une autre consiste, dès que les vins sont finis, à les filtrer sur kieselgur [1] toujours « pour les mettre au propre », afin de se simplifier la tâche et surtout ne pas courir de risque, au cas où quelques vilaines bactéries subsisteraient. En Bourgogne, parmi les vignerons, ne restent guère d'aventuriers ; c'est sans doute pourquoi les grands vins sont si rares. Pour développer toutes les qualités que lui confère son terroir * (lorsqu'il est sain), un vin doit vivre et se nourrir sur ses lies * fines pendant un certain temps, en tout cas jusqu'au premier soutirage *. Il est comme un veau de lait, qui a besoin de sa mère pour accomplir sa croissance ;
- une autre catégorie ne filtre pas immédiatement, mais procède à des soutirages répétés, qui donnent le même résultat. Toutes ces pratiques fragilisent les vins et annihilent la qualité ;
- on a aussi supprimé le roulage des fûts de grands vins blancs, qui remettait fréquemment les lies * fines en suspension, seule technique pour donner plus de gras. Elle est remplacée par le « bâtonnage * » ou « dodinage » [2];
- les porte-greffes sont parfois trop vigoureux ou mal adaptés ;
- pour les départs en fermentation, la plupart, pour une question de facilité, remplacent maintenant le bon vieux pied de cuve * [3] par le petit sac de levures industrielles * lyophilisées ;

Est regrettable l'utilisation de levures * sélectionnées pour les vins (surtout blancs) par les soi-disant novateurs, qui semblent perdre de vue que chaque région viticole possède les siennes, véritable cheptel d'infiniment petits, qui fait partie de sa richesse naturelle. Elles sont depuis la nuit des temps bien adaptées au climat, au sol et aux cépages. À chaque vendange, elles se retrouvent au rendez-vous, à pied d'œuvre sur la pellicule du raisin, où elles rejoignent en cuverie, dont les murs sont déjà naturellement ensemencés, celles des années précédentes qui ont subsisté. Les grandes régions viticoles ont pour chaque cépage leur souche

(1) Dépôt siliceux de micro-organismes appelé diatomée.
(2) Opération ayant le même but, mais un peu moins efficace.
(3) Levain provenant de la cueillette préalable d'un faible volume de raisins parfaitement mûrs facilitant la multiplication des levures pour assurer le départ d'une cuve de vinification.

de levures * ; ce sont elles seules qui apportent au vin ses caractéristiques et sa typicité, alors que le levurage, pratiqué avec des produits lyophilisés fabriqués en laboratoire, ne peut que favoriser une certaine uniformisation. En raison de l'abus des pesticides, elles sont cependant en nombre beaucoup plus faible, depuis une vingtaine d'années.

- je ne suis pas un fanatique du bois neuf, que l'on a maintenant pris l'habitude d'utiliser à tort et à travers, dans la plupart des vignobles, pour en faire un argument de vente. Mais, en Côte d'Or, je trouve que, dans certaines caves possédant des grands crus, des premiers crus et même des villages réputés, le renouvellement marque nettement le pas. À ce sujet, je ne peux m'empêcher de mentionner une anecdote. Un vigneron, bénéficiant pourtant d'une certaine réputation, m'a dit un jour : « Je passe tous mes vins sous bois neuf, en pratiquant par rotation ! » Jugeant du nombre de fûts et de l'importance du domaine, j'en ai conclu que certains vins comme les consommateurs des pays de l'Est devant une boutique, devaient attendre bien longtemps avant d'être servis... !
- pour certains domaines, on peut aussi regretter que les vins provenant de grandes AOC soient parfois mis en bouteilles sans aucune précaution par des embouteilleurs à façon ;
- la Côte d'Or pose quelquefois des problèmes insolubles. Elle compte une appellation bâtarde, Bourgogne, constituée de vignes plantées, pour la plus grande partie, dans des terroirs bien modestes au-delà de la RN 74, mais du mauvais côté. Paradoxalement, les vins qui en sont issus se vendent assez mal. Pourtant les vignerons sont tous contents d'en posséder quelques parcelles. Il doit bien y avoir une raison, peut-être « les fameux vases communicants » ? Lors des déclarations de récolte, on peut toujours imaginer en années déficitaires que ces vignes permettent de tirer le bas vers le haut (côté appellations communales). En revanche, dans l'hypothèse de productions pléthoriques, l'inverse peut se produire. Ce n'est qu'une supposition. Mais elle ne semble pas irréalisable ;
- des vinifications technologiques sont placées sous la seule responsabilité d'œnologues ne travaillant qu'en fonction des feuilles d'analyses, sans prendre le moindre risque. Les vins qui en découlent n'ont qu'une qualité, celle de ne pas avoir de défaut, mais ils peuvent voyager sans risque...
- quant aux grands crus, sans entrer dans des détails fastidieux, on est amené à se poser des questions sur au moins deux d'entre eux, dont les frontières ont dû, à plusieurs reprises, être extensibles. Sinon, comment expliquer que le Corton, le Charlemagne et le Corton Charlemagne [1], qui faisaient à peine 173 hectares au début du siècle, en fassent aujourd'hui plus de 295, après avoir mangé quelques parcelles voisines ? Même exemple avec les Mazoyères-Chambertin, qui touchent maintenant la RN 74. Ajoutons encore les deux derniers-nés de cette catégorie : le Clos des Lambrays à Morey-Saint-Denis, dont la qualité de l'ensemble reste sujette à caution, vu l'hétérogénéité de son vignoble. Le classement aurait dû être assorti d'exclusions, sans que cela paraisse anormal, compte tenu de l'altitude de certaines parcelles. Quant à la Grande Rue à Vosne-Romanée, quoique remarquablement située, sur les derniers millésimes qu'il m'a été donné de déguster, j'avoue que j'étais loin de m'attendre à une telle promotion. Pour l'anecdote, les commissions de délimitations, mandatées par l'INAO, étaient composées d'un Bordelais, d'un vigneron de Châteauneuf-du-Pape et de l'inévitable viticulteur alsacien,

(1) Ensemble des climats composant ces trois grands crus (Charlemagne étant actuellement commercialisé presque en totalité sous l'AOC Corton Charlemagne).

dont la compétence avait déjà été démontrée précédemment à Chablis... Comment un tel aréopage a-t-il pu juger avec objectivité de tout un ensemble de lieux-dits très diversifiés, dont il ignorait sans doute jusqu'à l'existence, quelques mois auparavant ?
- on ne peut parler de la Côte d'Or en passant sous silence toutes les magouilles qui ont modifié à la fois le nombre et les superficies d'une multitude de premiers crus. Ainsi, à Meursault, un beau matin de 1971, à la publication du nouveau cadastre, on put constater que près de 4 hectares du très modeste climat les Gruyaches étaient passés, sans tambour ni trompette, dans le premier cru les Charmes [1]. Dans la même commune, le premier cru les Perrières-du-Dessus, après avoir converti il y a fort longtemps une carrière de pierre, vient encore de légèrement s'agrandir aux dépens de la montagne et grâce à de petits, mais providentiels, apports de terres allogènes... On pourrait épiloguer longtemps, tant le sujet est vaste. Je ne vois d'ailleurs pas comment ce genre d'entreprise pourrait s'arrêter un jour, car le lecteur doit savoir qu'il existe encore actuellement en Côte d'Or une trentaine de climats, dont une partie est classée en premier cru et l'autre en villages. J'ajoute que bien souvent le même récoltant possède des vignes dans les deux AOC, d'où des demandes perpétuelles de reclassement, pour tenter d'accéder à la catégorie supérieure. L'accession au rang de premier cru entraîne trois répercussions, mais, contre toute logique, ne modifie pas les rendements qui restent identiques aux AOC villages : la première est immédiate. Le vigneron s'empresse de revaloriser son vin, qui n'est pas meilleur pour cela. La seconde concerne le fisc, qui voit toujours d'un bon œil une promotion, permettant de faire rentrer plus d'argent dans ses caisses. Enfin, la troisième touche le consommateur, obligé de payer plus cher pour un simple changement d'identité qui, la plupart du temps, n'est visible que sur l'étiquette.
- le passage par le froid, que subissent certains vins blancs, pour éviter les précipitations tartriques, est une technique qui sèche et amaigrit les vins, en éliminant les colloïdes * protecteurs [2];
- enfin, la quasi-totalité des propriétés, même celles possédant des crus prestigieux, tire le vin dans des bouteilles sortant directement des palettes provenant de la verrerie, sans jamais les relaver. La Bourgogne est une région où tout ce qui ne semble pas véritablement indispensable est jugé comme un investissement inutile.

À la lecture de ces griefs, pourtant tous justifiés, je sais pertinemment que les syndicats viticoles vont s'insurger, en me traitant de détracteur. Un grand stratège ayant dit que « l'attaque était la meilleure des défenses », je rétorquerai que, lorsqu'on déguste des bourgognes de certains domaines très jeunes au fût, on les trouve toujours délicieux et moins bons après les mises en bouteilles, où on a l'impression de ne pas toujours retrouver les mêmes, en raison de toutes les manipulations et les traitements qu'on leur fait parfois subir, et ce, même après les avoir laissés plusieurs mois au repos, pour qu'ils s'habituent à l'exiguïté de leur nouveau logement. J'ajoute que, sans la miraculeuse présence de l'étiquette, on douterait parfois de leur identité, car les Bourguignons ont (sauf quelques domaines tenant à leur réputation) la déplorable habitude de ne pas étamper les bouchons, où devraient pourtant toujours figurer l'appellation, le millésime et le nom du propriétaire.

(1) Certains visionnaires... avaient anticipé en le commercialisant en Charmes depuis déjà plusieurs millésimes.
(2) Ce procédé semble heureusement appelé à disparaître pour être remplacé par une simple opération physique sans dommage pour le vin, mise pratiquement au point par le génial chercheur Denis Dubourdieu.

On pourrait croire cette litanie achevée. Eh bien, non ! Il faudrait aussi parler :
- des cuves tournantes, s'apparentant plus à une bétonnière ou à une capsule Apollo qu'à un matériel fait pour la cuvaison * des raisins. Elles sont pourtant employées chez plusieurs viticulteurs réputés de la Côte de Beaune et de la Côte de Nuits, pour vinifier de grandes appellations ;
- de la machine à vendanger, bien que son utilisation soit obligatoirement restreinte en Côte d'Or (sauf dans les Hautes Côtes), en raison du morcellement des parcelles. Néanmoins, elle est quand même utilisée pour ramasser les raisins d'appellations nobles à Meursault, Puligny-Montrachet et Vosne-Romanée ;
- de la flash pasteurisation *, technique pourtant pratiquée épisodiquement par plusieurs viticulteurs et négociants jouissant d'un certain prestige. Il est vrai qu'après avoir subi ce traitement, même stocké dans les pires conditions, le vin n'aura jamais la mauvaise idée de se remettre à fermenter. A-t-on déjà vu un mort se manifester ?
- des filtrations * sur plaques stériles, qui déshabillent complètement le bourgogne le mieux constitué ;
- de la tentation de céder à la facilité. Il faut savoir que – hormis trois ou quatre – l'ensemble des grands crus et bon nombre de premiers crus, jouissant d'une certaine notoriété, ont un volume si restreint que la demande mondiale excède très largement l'offre. Cela aide à mieux comprendre que rien ne vienne tempérer la propriété en incitant les vignerons à proscrire certaines pratiques et à limiter les rendements. À titre d'exemple, la production des prestigieux Chambertin, Chambertin Clos de Bèze et Montrachet ne suffirait même pas à fournir une bouteille à chaque habitant de Dijon et sa périphérie. On comprend mieux l'emballement des acheteurs pour ces raretés, même si elles sont quelquefois bien décevantes et d'un prix immodéré.

Pour ma part, je regrette aussi vivement que le contrôle sur les millésimes soit quasi inexistant. Ainsi, la plupart des vins issus de la très mauvaise année 1975 ont été bradés au négoce (il faut dire qu'ils ne valaient guère mieux). J'ai moi-même été témoin de plusieurs enlèvements à la propriété. Or, à ma grande surprise, peu sont ressortis sur le marché avec cette identité. On ne peut tout de même pas penser que le commerce les a laissés vieillir pour une spéculation future [1] !

Enfin, je déplore que la plupart des négociants de la grande Bourgogne possèdent de multiples firmes souvent fictives (une simple boîte à lettres suffit pour en créer une nouvelle). Ce qui leur permet de travailler sous une ribambelle d'étiquettes, au détriment du consommateur régulièrement piégé.

Dernière remarque : les grands vins de la Côte d'Or ont subi jusqu'en 1990 des hausses incessantes et, paradoxalement, dans le même temps, on a assisté à une régression constante et inquiétante de la qualité. Il n'entre pas dans mes intentions d'adresser un quelconque reproche aux viticulteurs concernant les prix qu'ils pratiquent. Mais j'estime que le consommateur qui achète une grande appellation est en droit d'en avoir pour son argent. On ne discute pas le prix d'une belle toile ou celui d'un meuble ancien, pas plus qu'on ne doit le faire pour une caisse de grandes bouteilles, à condition qu'il existe un juste équilibre entre la qualité du vin et la somme demandée par le vigneron. Ce qui, hélas, à l'inverse du Bordelais, n'est pas souvent le cas en Côte d'Or.

(1) Il y a, bien sûr, les VSR (Vins spécialement recommandés, non millésimés), dont le volume restreint n'encombre jamais le marché…

J'insiste sur le fait qu'un grand cru rouge tel que le Musigny pourrait représenter, s'il était digne de son AOC, un prix correct à 600 francs mais à l'inverse la plupart de ceux vendus aujourd'hui constituent un mauvais investissement à 400 francs, tarif pourtant couramment pratiqué.

En Bourgogne, il y a beaucoup de petits vins, mais surtout pas de petits prix. C'est un sujet sur lequel j'ai longuement débattu avec les vignerons bourguignons, sans jamais avoir trouvé un terrain de compréhension. Ce qui m'amène à ouvrir une parenthèse :

• pour produire une bouteille d'AOC, le coût de revient est sensiblement le même partout ;

• chez le pépiniériste, le greffé soudé coûte, à quelque chose près, généralement le même prix pour l'ensemble des cépages. Il en est de même pour les autres fournitures (piquets, fils de fer, matériel agricole et produits de traitement de la vigne et du vin) ;

• le taux horaire de la main-d'œuvre varie sensiblement selon les zones, mais pas au point d'avoir une grosse incidence sur le vin d'une AOC particulière ;

• reste, bien sûr, l'élevage, dont le temps diffère d'une appellation à l'autre (en excluant, bien entendu, les primeurs, et surtout le mode de vieillissement utilisé). Il est évident qu'en petit volume, avec un certain pourcentage de fûts neufs, il est beaucoup plus onéreux, car, outre l'achat des barriques (bien qu'il faille déduire de l'investissement la revente des pièces d'occasion, commerce qui marche assez bien avec des régions viticoles moins en vue), viennent s'ajouter une perte due à l'évaporation qui est beaucoup plus importante et une main-d'œuvre supplémentaire, pour assurer l'ensemble des opérations nécessitées par cette technique (ouillages, soutirages, etc.) ;

• enfin, au stade terminal, c'est-à-dire lors de l'embouteillage, on trouve encore une légère différence, qui oscille entre 3 et 4 F, due au choix de la bouteille (lourde ou légère), du bouchon (qualité et longueur) et de la consistance de la capsule ;

• hormis la bouteille lourde, les deux derniers paragraphes ne concernent pas les vins de la Côte d'Or, représentant les appellations du bas de gamme que sont : bourgogne (générique *), aligoté et bourgogne passetoutgrains *. Ce qui revient à dire que, pour produire une de ces bouteilles de vin, le vigneron bourguignon a strictement les mêmes frais que ses collègues des autres régions viticoles. Or, curieusement, en Côte d'Or, les prix oscillent généralement entre 30 et 45 francs la bouteille au départ de la propriété. Seule une qualité au-dessus de la moyenne et un élevage sous bois en petit volume pourraient à la rigueur justifier de telles sommes. Il faut revoir le problème à la source. Les vins de ces trois appellations sont presque tous issus de vignes plantées sur des parcelles médiocres, au-delà de la RN 74, dans des terres parfois plus aptes à recevoir des cultures céréalières que des ceps de vignes. Les productions qui en découlent portent sur des rendements très substantiels, supérieurs à la plupart des autres appellations. Enfin, l'élevage n'a rien de particulier : il se fait tout bonnement en cuves métalliques.

J'encourage les vignerons bourguignons qui produisent ces appellations à suivre mon exemple. Qu'ils prennent leur bâton de pèlerin pour aller découvrir les autres vignobles. Ils en reviendront plus modestes, avec une autre vision du vin, et surtout des prix. Ils constateront qu'ils ne sont pas les meilleurs et que, pendant qu'ils vivent en autarcie sur une vieille réputation, d'autres, sans bruit, ont accompli des efforts qualitatifs considérables et sont maintenant prêts à prendre leur place sur les marchés. Ils se rendront aussi compte de visu que l'on peut parfaitement, avec les techniques actuelles, faire de très bons vins, issus de productions raisonnables et les commercialiser à des prix décents, tout en ayant des cuveries modernes bien équipées. Enfin, ils entendront de leurs propres oreilles que la Bourgogne, surtout celle des appellations communales, a une image de marque en déclin auprès des autres régions.

Lorsqu'on aborde ce problème avec les récoltants bourguignons, qui produisent de modestes bourgognes, voire de simples passetoutgrains *, on a droit à une réponse puérile, qui est d'ailleurs toujours la même : « Avec les prix pratiqués ailleurs, on ne couvrirait même pas nos frais de production ! » Faites sonner le ban ! Il est vrai que les vignerons des autres régions n'ont généralement pas de caves aussi somptueuses...

LUEUR D'ESPOIR POUR L'AVENIR. S'agissant d'une prestigieuse région, dont la renommée remonte à plus de dix siècles, je veux, malgré les erreurs commises depuis

1966 [1], rester optimiste. Ce qui m'amène à espérer, pour les années à venir, une légère amélioration de la qualité. Elle commence d'ailleurs à se manifester timidement dans plusieurs domaines, avec l'arrivée aux commandes de viticulteurs issus de la nouvelle génération. Ils ont encore beaucoup d'obstacles à surmonter :
- la majorité des terroirs des vignerons les plus nantis sont dans un état désastreux et ont actuellement à peu près autant de vie que les sables du Sahara. Plusieurs années seront nécessaires pour qu'ils retrouvent une activité microbienne et bactérienne normale ;
- la vigne n'est pas une salade, mais une plante pérenne *. Or les mauvais clones, dont le pinot droit, sont malheureusement toujours en place dans beaucoup de parcelles ;
- on peut difficilement revenir en arrière. Les extensions et les parcelles de vignes, prises sur la montagne, sont une réalité. Ils devront s'en accommoder ;
- il leur faudra remettre l'œnologie à sa vraie place, en ne prenant d'elle que l'essentiel (soins et traitements physiques), pour l'incorporer à juste dose dans un soupçon d'empirisme, en n'oubliant jamais que c'est de ce savant dosage que dépend l'avenir des grands vins de Bourgogne ;
- enfin, ils devront aussi éviter de tomber – comme l'ont déjà fait plusieurs de leurs collègues – sous la coupe d'une espèce de gourou de l'œnologie qui a fait plus de mal que de bien à la Côte d'Or.

LES HAUTES CÔTES. Avant l'invasion phylloxérique, il existait un vignoble beaucoup plus important qu'aujourd'hui dans ce qu'il était convenu d'appeler « l'arrière-côte ». Il avait presque disparu pendant un demi-siècle, en laissant la place à la culture des petits fruits rouges (cassis et framboises). Les viticulteurs qui subsistaient s'étaient reconvertis à la polyculture. Le 4 août 1961, les vignobles des Hautes Côtes de Beaune et des Hautes Côtes de Nuits ressuscitaient, en se voyant attribuer chacun une AOC. La nouvelle réglementation offrait simultanément aux vignerons de ces secteurs, jusqu'alors un peu déshérités, non seulement le droit de bénéficier d'une identité personnelle mais surtout un avantage considérable : un nom très porteur. Dans l'esprit du consommateur, le terme « Hautes Côtes » prend une signification bien supérieure à la plupart des vins qui y sont récoltés.
Les vignobles des Hautes Côtes sont à la fois disséminés et répartis sur 36 communes (16 en Hautes Côtes de Nuits – y compris les hameaux de Corboin et Concœurs – et 20 en Hautes Côtes de Beaune). Dans ces deux zones, exposées généralement au sud, sud-est et sud-ouest – hormis quelques bons microclimats –, l'ensemble a toujours une dizaine de jours de retard sur la Côte de Nuits, elle-même plus tardive que la Côte de Beaune. Incontestablement, les meilleurs terroirs sont situés sur la commune de Magny-les-Villers, qui est à cheval sur les deux appellations. Deux autres villages sont également réputés : Chaux (secteur de Nuits) et Nantoux proche de Pommard. Petite mention aussi pour certaines parcelles de Meloisey, situé sur la route qui mène à Saint-Romain.
Un pourcentage très important est planté en vignes hautes et larges, qui ont, certaines années tardives, beaucoup de difficultés pour arriver à maturité, d'autant qu'elles sont toujours chargées. Conscient des excès de production engendrés par les vignes hautes, l'INAO a fait paraître, le 9 janvier 1990, un décret précisant que ce type de plantation,

(1) La perte de l'Algérie française, en 1962, signait déjà le déclin d'un fort pourcentage de vins rouges de Bourgogne, qui, sans cet apport bénéfique, n'auraient pu, parfois, être vendus en l'état. Il n'était pourtant censé n'alimenter que le marché des vins de marque…

outre qu'il devrait être mentionné sur la déclaration de récolte, n'aurait le bénéfice de l'AOC que dans une limite maximum d'un rendement égal à 80 % de celui autorisé pour les vignes basses [1]. Ce qui, à mon avis, est encore trop ; le décret aurait dû surtout prévoir une date de vendanges différente.
La grande majorité des vignes des Hautes Côtes est vendangée mécaniquement. Un fort pourcentage de la production est commercialisée par la cave des Hautes Côtes, qui, malheureusement, ne donne pas une grande image de l'AOC.
Les bons vinificateurs se comptent aisément sur les doigts d'une seule main. Les vins les plus estimables des Hautes Côtes rouges ou blancs (pour ces derniers, production très limitée) proviennent uniquement des vignes basses.

REGRET. Lorsque je contemple la prospérité de la Côte d'Or, je ne peux m'empêcher d'avoir une pensée pour une poignée de vignerons précurseurs de la mise en bouteilles à la propriété qui, au prix de durs sacrifices, ont réussi à échapper aux fourches caudines du négoce. Malgré leur volonté d'indépendance, ils n'auraient pu réussir sans l'aide d'un exceptionnel personnage du vin : Raymond Baudoin, créateur de la *Revue des Vins de France* en 1927 et de l'Académie des vins de France en 1933. Ils furent les pionniers des exportations vers les États-Unis tout de suite après la prohibition. Ils se nommaient Armand Rousseau, Henri Gouges, Charles Noellat, Joseph Matrot, Albert Noirot [2], le père de l'actuel Marquis d'Angerville, et surtout Pierre Ramonet, vinificateur d'exception et Bourguignon hors du commun, qui aimait me rappeler qu'en 1936, alors que rien ne se vendait, il avait vu un jour arriver dans sa cour une « Bouic », comme il disait, avec à son bord Baudoin et deux acolytes américains qui lui demandèrent deux bouteilles de Ruchottes à déguster au restaurant. « Encore des bouteilles de foutues ! », se dit Ramonet. Mais l'après-midi il est surpris de les voir revenir pour commander six cents cartons, dont la moitié réglée comptant par chèque. Enfourchant sa bicyclette, il vole alors jusqu'à la banque, pour vérifier la valeur du « papier ». Ayant eu confirmation, il saute à nouveau sur son vélo et, retrouvant sa femme, s'écrie : « Lucie, y'a des sous ! » Une anecdote pareille ne s'invente pas.
Le grand Raymond Baudoin, champion de la qualité, était écouté, redouté et craint comme la peste par tous les fraudeurs. Il nous a quittés, pour aller rejoindre les vignobles célestes, le 11 août 1953. Non content d'avoir introduit tous les grands vins de Bourgogne aux États-Unis, grâce à ses amis Alexis Lichine et Franck Schoonmaker, il fut aussi le précurseur des premières belles cartes des vins – quelques-unes subsistent encore, comme celle de la magnifique *Auberge des Templiers* aux Bézards, tenue par mon ami Philippe Depée. Pour « services rendus aux vins de Bourgogne », il aurait mérité d'avoir sinon sa statue, du moins son buste ou simplement une plaque commémorative dans l'un des grands domaines viticoles de la Côte d'Or, qu'il a sortis de la misère, après la crise terrible de 1934. Cela aurait été plus intelligent que de fanfaronner à la télévision, comme l'ont fait récemment les deux petits-fils du grand Ramonet, en exhibant les prestigieuses bouteilles de bordeaux acquises par l'aïeul, en n'omettant pas de mentionner les prix actuels !

(1) Sauf pour le bourgogne aligoté, pour lequel la réglementation est incomplète.
(2) Pendant ces années de disette, Albert Noirot de Vosne Romanée avait même arraché sa vigne des Boudots, pour y planter des pêchers pourtant guère rentables, mais il valait mieux encore cela que produire des vins dont personne ne voulait.

Le vigneron de la Côte d'Or. Cet ouvrage ne veut surtout pas entrer dans des détails à n'en plus finir sur la personnalité et les mœurs des viticulteurs de toutes les régions viticoles. Mais il m'a paru indispensable de décrire le vigneron de la Côte d'Or. Son comportement échappe à toutes les règles : il est à la fois intéressé, rusé, méfiant, mais commerçant dans l'âme et paradoxalement accueillant, disert, généreux et plein d'humour, avec un bon sens parfois déroutant.

Le Bourguignon est farouchement individualiste, au point qu'après la Révolution, il commençait généralement par élever un mur de pierres autour du terrain, où il envisageait de bâtir sa future maison. Dans le même village, bien que l'on s'estime professionnellement, on ne veut jamais rien décider ensemble, qui risquerait de bouleverser les habitudes, sauf, bien sûr, lorsqu'il s'agit de manifester pour la solidarité du porte-monnaie, où l'on oublie tous les griefs.

C'est une région au libéralisme si fortement ancré qu'il a toujours été impossible – bien qu'elles soient embarquées sur le même bateau – aux deux grandes familles professionnelles, négoce et propriété, de pouvoir s'entendre. Voilà plus de deux siècles qu'elles continuent à se regarder en chiens de faïence. À ce sujet, rappelons ce que disait autrefois un vieux curé de la Côte à son évêque : « Si vous croyez que c'est facile de mettre les vignerons et le commerce dans une même bouteille. Quant à envisager de poser un bouchon dessus, vaut mieux pas y penser… »

La plupart du temps, c'est essentiellement la conjoncture économique du moment qui a fait des vignerons de la Côte d'Or des commerçants bien malgré eux. Ce qui explique que beaucoup aient quelquefois du mal à s'habituer à certains usages, surtout quand ceux-ci remettent un peu en cause le portefeuille ou bien leur demande un surcroît de travail. C'est ainsi que certains répugnent à faire des demi-bouteilles. D'autres appliquent, en plus du vin, carrément huit francs, voire dix, de supplément pour deux, alors que celles-ci sont de plus en plus demandées par la grande restauration en raison de la crainte de l'alcootest. Le système est le même pour les magnums, tarifés généralement vingt ou trente francs plus cher pour le flaconnage. Dans toutes les autres régions viticoles, y compris les prestigieuses – tel le Bordelais – ces pratiques sont jugées incompatibles avec les bons rapports client-fournisseur. Dans la majorité des domaines, ne vous avisez pas de demander un règlement par traite : « Pensez donc, les frais bancaires coûtent bien trop cher ! » Toutes les occasions sont bonnes pour pleurer. La Côte d'Or devrait être jumelée avec Cholet, ville connue pour ses mouchoirs, mais comme le disait si bien un philosophe suisse : « Il faut apprendre à se plaindre sans souffrir… »

Dans la multiplicité des lieux-dits de la Côte d'Or, il est indéniable que beaucoup de parcelles sont d'un niveau inférieur à d'autres, pourtant, curieusement, situées à très peu d'intervalle et portant le même nom, en fonction d'exposition, de pente légèrement différente et surtout en raison du fait qu'elles reposent sur un sol ou un sous-sol de substrats différents remontant à plusieurs époques du quaternaire, du secondaire ou même du primaire. Le fait est tellement évident qu'on peut affirmer qu'il concerne à peu près 70 % des 1 209 climats des deux Côtes (Beaune et Nuits).

En résumé, dans le même climat, il existe des situations extrêmement variées, allant du meilleur au pire. Les exemples sont légion. Pour la seule commune de Meursault, les Charmes du dessus sont d'un niveau très supérieur à ceux du dessous. Il en est de même pour les Perrières, mais là, à l'inverse, seules celles du bas méritent le classement

en premier cru. De même qu'à Pommard, le célèbre climat des Rugiens vaut amplement son classement pour sa partie basse, mais surtout pas pour celle du haut.
En établissant le fameux classement de 1861, les membres du comité d'agriculture de Beaune avaient prouvé qu'ils étaient tout à fait conscients de ces anomalies. C'est sans doute ce qui les avait incités à diviser un grand nombre de climats en première, deuxième et troisième cuvée. Aujourd'hui, où l'on a tendance à tout uniformiser, chacun d'entre eux ne fait plus qu'un. Qu'importe si un certain volume est d'un niveau nettement inférieur, ce ne sont pas les viticulteurs qui vont s'en plaindre, car ils sont généralement d'une mauvaise foi désarmante. Je n'ai pas souvenance d'en avoir entendu un me dire un jour que ses vignes étaient mal placées ; c'est à croire que les parcelles les moins bonnes n'appartiennent à personne ou seulement au voisin. Pour illustrer la chose, la palme revient incontestablement à Edmond Delagrange, superbe vigneron de la Côte de Beaune. Un jour où je lui posais une question sur ses vignes de Rugiens, j'ai eu droit à plusieurs commentaires évasifs : « Elles sont bien placées, ce sont de bons Rugiens, ça fait de beaux vins. » Comme il voyait que manifestement je ne me satisferais pas de ses explications, il se décida enfin, ce qui me valut une vraie réponse de Normand : « Elles sont dans le bas des hauts ! »
Les premiers rendez-vous ne sont jamais faciles à obtenir. Attendez-vous souvent à ces réponses : « Ça va pas z'y être facile, j'attends mon importateur américain, demain j'ai des Belges, vendredi les journalistes japonais et samedi Bettane... ». Dites-vous bien que le vigneron va quand même trouver un moment pour vous recevoir. Il aime bien se faire prier. Cela fait partie de son folklore.
Les producteurs ont un caractère extrêmement méfiant, presque fermé, qui les rend parfois déconcertants pour qui ne les connaît pas très bien. Lors d'une dégustation avec un étranger, il leur faut un certain temps avant de se détendre. On sent très bien que le vigneron reste sur ses gardes, que chacun de ses gestes et de ses mots est étudié. En général, cela commence à peu près toujours comme cela : après avoir donné un verre, en descendant l'escalier de la cave, on a droit aux recommandations d'usage : « Attention à la tête, fermez la porte... ». Une fois dans la place, silence total ; il vous observe et ses premières paroles sont presque toujours les mêmes : « J'ai plus rien à vendre, vous êtes t'y restaurateur, journaliste ou particulier... » Puis, on arrive aux banalités. À défaut des verres, il faut bien remplir le temps. Suivent les jérémiades, du style : « La fleur est mal passée, on a eu des attaques de vers de la grappe, avec le temps qu'il fait, ça va encore être une année difficile. » Enfin, vient le moment tant attendu, celui où l'on suit le vigneron, en allant de fût en fût. N'oubliez jamais de sentir votre verre vide, pour y détecter d'éventuelles odeurs suspectes et n'hésitez pas à l'aviner, avant de déguster (vous marquerez des points précieux). Ensuite, pour peu que vos commentaires soient pertinents, si, surtout, vous savez faire preuve d'humilité et si vous savez cracher, la glace se rompt et le récoltant devient plus disert. Il faut en général une bonne heure pour faire connaissance. Bien que très pris par son labeur, le vigneron, dans ce cas, prend son temps. Avec un peu de chance, si vous avez su vous faire apprécier, suivra la vieille bouteille et, si vous en avez trouvé le millésime, le vigneron vous regardera déjà d'un autre œil. Toute proportion gardée, se faire en Côte d'Or des amis vignerons demande autant de patience et d'intuition qu'un dompteur pour se faire admettre de ses animaux.

En revanche, plus tard, lorsque les vignerons vous connaissent bien et vous apprécient, cela vaut des séances de dégustation mémorables. Aucune autre région viticole française ne sait recevoir avec une telle chaleur et une aussi grande libéralité que les récoltants de cette région, même les vignerons du Beaujolais, pourtant toujours d'humeur joyeuse. Enfin, depuis quelques années, le comportement des jeunes viticulteurs a beaucoup évolué. Ils se rendent maintenant les uns chez les autres et n'hésitent pas à confronter leurs vins dans des dégustations, en parlant des nouvelles techniques. Ce que n'auraient pas fait leurs parents et encore moins leur grands-parents, hostiles aux collègues. Cette émulation ne peut être que profitable à la Côte d'Or, mais il reste encore beaucoup de chemin à parcourir.

Dans cette zone viticole, le consommateur se trouve aussi très souvent placé devant des noms composés, dont il ne comprend pas toujours bien la signification. Exemple : Michelot-Buisson, Mugneret-Gibourg ou encore Delagrange-Bachelet, ce qui indique que M. X... a épousé Mlle Y... L'association de noms correspond au regroupement d'un seul domaine familial où chacun a apporté ses propres vignes dans la corbeille de mariage. Cela permet aussi d'éviter les homonymies existant dans presque toutes les communes.

– Côte d'Or, achats : là plus qu'ailleurs, il ne faut pas déroger. *Lorsqu'on parcourt l'ensemble de mes reproches sur la Bourgogne – parfois acérés, je le reconnais, mais fondés – on serait tenté de croire qu'il n'existe plus de bons vins dans ce département. Ce n'est heureusement pas le cas, mais ils sont loin d'être légion et il faut se donner beaucoup plus de mal qu'ailleurs pour les dénicher. Après tout, n'est-ce pas le meilleur moyen de mieux les apprécier ?*

Dans chaque vignoble, un nombre restreint de grands vinificateurs émerge du lot. La Bourgogne n'a pas le privilège de la médiocrité, mais la recherche est moins aisée qu'ailleurs. Principal responsable : la facilité. Il est probable, pour beaucoup de vignerons, que la période d'austérité actuelle remette les pendules à l'heure. Pendant trop longtemps, une majorité de récoltants des grandes AOC, que la conscience professionnelle ne tourmentait guère, s'est contentée de vendre un peu n'importe quoi, pourvu que sur le ventre de la bouteille une étiquette porte un nom de commune célèbre, pour mieux faire avaler la pilule aux consommateurs naïfs. Aujourd'hui, ces derniers commencent à réaliser qu'ils ont été dupés et les problèmes de mévente se posent dans de nombreuses caves, d'autant que le négoce, considéré comme la bouée de sauvetage – même par ceux qui en mangent... à longueur d'années – est lui aussi assez mal en point. Rien de tel qu'une bonne crise pour aider à retrouver le chemin de l'intégrité, par conséquent de la qualité. Je sais que toute vérité n'est pas toujours bonne à dire, mais « qui aime bien, châtie bien ».

Une infime catégorie fait de bons vins, mais comment les détecter ! Là, est toute la question pour qui ne connaît pas parfaitement la région.

Quelques recommandations s'imposent. *Dans un premier temps, il vaut mieux éviter la Côte de Nuits, dont les domaines plus sélects sont d'accès assez difficile. Il est clair - vu leur palette d'appellations prestigieuses et restreintes - qu'ils recherchent moins le nouveau venu. C'est un secteur où, il y a encore peu de temps, il ne fallait s'aventurer (et surtout pas le samedi) que sur recommandations ou avec déjà quelques connaissances sur le vin de Bourgogne. Aujourd'hui, cela n'est plus aussi vrai. Comme me disait, il y a peu de temps, un bon vigneron de Mercurey : « Fini les regards inquisiteurs à l'œilleton pour jauger des possibilités financières du client éventuel d'après la marque de son automobile. Maintenant, il faut vendre. On a retrouvé dans le dictionnaire la définition de l'adjectif ouvert. »*

Le classement des vins en Côte d'Or comprend quatre catégories d'appellations bien distinctes. Le consommateur doit parfaitement les connaître pour éviter de faire des mauvais achats.

Les 31 grands crus. Au sommet de la pyramide, ils totalisent 470 ha 43 a 21 ca. Ce sont respectivement, du sud au nord :

Criots-Bâtard-Montrachet
Montrachet
Chevalier-Montrachet
Bâtard-Montrachet
Bienvenue Bâtard-Montrachet
Corton
Corton-Charlemagne
La Tâche
La Grande Rue
La Romanée

Romanée-Conti
Richebourg
Romanée Saint-Vivant
Grand Échezeaux
Échezeaux
Clos de Vougeot
Musigny
Bonnes-Mares
Clos de Tart
Clos des Lambrays

Clos Saint-Denis
Clos de la Roche
Charmes-Chambertin
Mazoyères-Chambertin
Latricières-Chambertin
Griotte-Chambertin
Champelle-Chambertin
Chambertin
Chambertin Clos de Beze
Ruchottes-Chambertin
Mazis-Chambertin

Il faut faire preuve d'une extrême prudence, particulièrement dans les rouges, pour plusieurs raisons :

. seulement cinq d'entre eux sont des monopoles, sans pour autant être tous d'une qualité irréprochable. Les autres, généralement très morcelés, rendent les bonnes acquisitions délicates, pour ne pas dire problématiques ;

. contrairement aux premiers crus classés ou assimilés du Bordelais, ils représentent parfois un mauvais placement [1] (il n'y a qu'à voir les ventes aux enchères – Romanée Conti et La Tâche mises à part, mais introuvables en raison de la politique de commercialisation compréhensible pratiquée par ses copropriétaires).

Le prix de vente des grands crus rouges de la Côte d'Or n'est pas toujours en rapport avec la qualité du vin et leur aptitude au vieillissement ne plaide guère en leur faveur. On les reconnaît au fait que son nom seul suffit pour le distinguer sur une étiquette. Exemple : La Tâche, Clos de la Roche ou Montrachet, le terme « grand cru » étant facultatif.

Les excellents vins blancs ne sont pas concernés par ce chapitre.

Les premiers crus. Après les grands crus se classent les premiers crus, dont un certain nombre sont – il faut bien le dire – surestimés, raison pour laquelle j'ai distingué, pour les principales communes, ceux que je juge dignes de cette classification. Tant qu'à entreprendre un investissement, mieux vaut le faire sciemment. L'étiquetage fait obligation de mentionner le terme « premier cru ». En revanche, le nom du climat est aussi facultatif, en permettant l'assemblage de plusieurs lieux-dits pour les récoltants ne possédant pas une superficie suffisante, permettant de faire une cuvée.

Les villages. En troisième position se placent les appellations dites « villages ». Là encore un choix s'impose, certaines de par leur position géographique (meilleurs emplacements ou expositions privilégiées), apportant davantage de garanties que d'autres, dont la réputation semble pourtant parfois plus porteuse. Seul le nom de leur appellation les identifie. Exemple : Meursault ou Vosne Romanée.

Les appellations génériques. Enfin, tout en bas du tableau, on trouve les appellations dénommées, peut-être un peu péjorativement, génériques, tels que bourgogne, bourgogne passetoutgrains *, bourgogne grand ordinaire [2] (il serait plus juste de dire « très ordinaire ») et bourgogne aligoté. La dernière mise à part, elles représentent, à de rares exceptions, le plus mauvais rapport qualité/prix des AOC françaises et surtout une qualité – si j'ose employer ce terme – généralement très en dessous de la moyenne acceptable. Ce type de vin tient essentiellement à la réputation du Domaine. Ces considérations n'excluent pas, pour les deuxième et troisième catégories, des réussites en dehors des climats recommandés, dues essentiellement à la sagesse de production et au talent du vinificateur.

(1) Bien que je réprouve les pratiques spéculatives sur ce type de produit.
(2) Le premier est un mélange de deux cépages – deux tiers Gamay, un tiers Pinot noir – alors que le second est uniquement à base de Gamay.

Écarter impérativement Beaune, fief du négoce avec ses caveaux et ses boutiques à vins qui ne sont, généralement, que des attrape-nigauds.
*Pour qui veut commencer par s'initier avec des moyens plus limités, les Hautes Côtes constituent un excellent terrain de prospection, mais il a beaucoup de diversité dans la qualité, en raison des vignes hautes. Pour ne courir aucun risque, je préconise une visite à Magny-les-Villers, terroir * à cheval sur les deux côtes (Nuits et Beaune), où se trouvent deux excellents vinificateurs : Robert Jayer-Gilles et Gilbert Germain. Bien qu'il s'agisse du mauvais côté de la RN 74, pourquoi ne pas s'aventurer à Chorey-les-Beaune, pour y découvrir de bons vins au rapport qualité/prix étonnant. Le Domaine Tollot Beaut possédant aussi d'autres AOC admirablement vinifiées, réussit la gageure de faire des bourgognes qui sont toujours bons jeunes et qui passent allégrement le cap des années.*
Pour débuter les investigations, ne pas trop se disperser, en opérant seulement sur trois communes : Savigny-les-Beaune, Volnay et Meursault. Elles ont d'une part l'avantage de regrouper un certain nombre de bons vinificateurs. D'autre part, les vins y sont élégants, parfumés et d'approche plus facile, pour un palais moins averti. Lorsqu'on a noué un premier rapport avec des récoltants, il n'est pas rare de se voir indiquer d'autres bonnes adresses, pour affronter un peu plus tard les localités voisines avec bonheur ; faut-il encore avoir la chance de rencontrer de bons vinificateurs accueillants, prêts à sacrifier un peu de leur temps de travail pour parler du vin d'une manière simple, en faisant partager leurs passions. Je pense surtout pour les trois villages concernés, à : Jean-Marc Pavelot (Savigny-les-Beaune), Marquis d'Angerville (Volnay) et le jovial Bernard Michelot (Meursault).
C'est de cette façon que j'ai commencé voici trente-six ans, à Meursault. Aujourd'hui, je ne m'en plains pas. Je n'ai rien contre les autres appellations, où il existe de grands vinificateurs, mais les crus plus difficiles à la dégustation rendent le début de cette espèce de compagnonnage aléatoire.
Dernier point : souvenez-vous qu'un vigneron qui vous reçoit gentiment, prend la peine de vous parler de son vin, passe son temps et n'hésite pas à ouvrir plusieurs flacons, mérite qu'on ne se montre pas ingrat, en lui achetant quelques bouteilles, qui pourront être un bon investissement et démontreront votre intérêt pour le Bourgogne et surtout votre éducation.

CÔTE DE BEAUNE (du nord au sud).
LADOIX SERRIGNY. *Commune assez importante, comptant plusieurs climats du grand cru Corton, malheureusement pas les meilleurs. Elle regroupe aussi une petite dizaine de premiers crus, aucun ne semblant véritablement s'imposer, comme d'ailleurs dans les appellations Villages. Les rares vins qui émergent sont essentiellement dus au talent du vinificateur.*
ALOXE CORTON. *Les meilleurs sont :*
Grands crus rouges : Corton-Bressandes, Corton-Clos-du-Roi, Corton-Renardes,
Grands crus blancs : Corton-Charlemagne [1] (sauf ceux sur le sommet de la montagne qui fait face à Ladoix-Serrigny)
Premiers crus : Les Fournières, Les Vercots et Les Valozières.
Appellations Villages sans intérêt. Aucune cave ne mérite la visite.
PERNAND VERGELESSES. *Grands crus : Corton-Charlemagne (en connaissant très bien l'emplacement des vignes, dont une grande partie occupe une situation catastrophique en plein nord)*
Meilleurs premiers crus : Île des Vergelesses, Basses Vergelesses (avec des réserves), et les Fichots

(1) Le meilleur Corton-Charlemagne provient d'un propriétaire négociant, Louis Latour.

Appellations communales : dans l'ensemble assez bien placées. On ne peut pas vraiment dire qu'un vigneron actuel domine.

SAVIGNY-LES-BEAUNE. *Meilleurs premiers crus : La Dominode (un petit ton au-dessus, surtout ceux de J.-M. Pavelot et Bruno Clair), Les Lavières, Les Guettes, Aux Serpentières, Les Narbantons, Aux Vergelesses et Les Jarrons.*

Villages : dans l'ensemble assez bien placés, donnant des vins parfumés et même primeurs, sauf les quatre climats bordant la RN 74. Plusieurs vinificateurs sont dignes d'attention.

BEAUNE. *Beaucoup trop de premiers crus. Un tiers au moins ne justifie pas ce classement.*

Les meilleurs sont : Les Grèves, Les Bressandes, Le Clos des Mouches (avec des nuances), Les Fèves, Les Cent-Vignes (en partie), Les Marconnets (le Dessous), Les Teurons et Les Toussains.

*AOC Villages : pour la plupart, très moyennes, pour ne pas dire plus, surtout celles bordant la N 74, à peine bonnes à produire du bourgogne générique *.*

Les meilleurs viticulteurs ne sont pas sur la ville.

POMMARD. *Meilleurs premiers crus : Les Rugiens-Bas, Les Charmots, Les Pézerolles, Les Epenots, Le Clos des Epeneaux, Les Argillières (aucune différence entre Les Grands et Les Petits Epenots, si ce n'est la longueur des rangs de vignes. D'ailleurs, la meilleure partie est située dans Les Petits Epenots).*

À part les premiers crus, l'AOC Villages est très quelconque. La partie située en dessous de la commune est dans la plaine, pour ne pas dire en cuvette, et certains lieux-dits exposés au Nord ont un nom évocateur : La Vache, En Bœuf et la Plante aux Chèvres. Ce qui a peu de rapport avec la vigne !

Deux caves valent la visite : le Domaine du Comte Armand, où officie le dynamique canadien Pascal Marchand, et celui du regretté Michel Gaunoux, que son épouse maintient fort bien.

VOLNAY. *Meilleurs premiers crus : Les Caillerets, les Taillepieds (le bas), Clos de la Bousse d'Or, Le Clos des Chênes (essentiellement le bas), Les Santenots du Milieu (qui, curieusement, sont sur la commune de Meursault), Le Clos des Ducs, Les Champans, le Clos du Verseuil, la Barre et, moindrement, Les Angles et Les Fremiets.*

Les Villages sont, dans l'ensemble supérieurs à ceux de Pommard, sauf la partie qui borde la Nationale.

Bons vinificateurs : le Marquis d'Angerville, Gérard Potel, Michel Lafarge et Hubert de Montille.

MONTHELIE. *Meilleurs premiers crus : Les Champs-Fulliots, La Taupine, Sous la Vesle et Les Duresses (qui ne sont pas entièrement en premier cru).*

Très bonne situation des appellations communales.

On peut recommander un domaine : le Château appartenant à la famille de Suremain.

AUXEY DURESSES. *Meilleurs premiers crus : Les Duresses, Climat du Val et Reugne.*

AOC Villages : Beaucoup à dire (trop de vignes hautes, des extensions sur le haut des coteaux et des expositions au nord). Viticulteurs qui, malgré cela, tirent bien leur épingle du jeu : Jean-Pierre Diconne et Michel Prunier.

SAINT-ROMAIN. *Cette commune, à une certaine époque, a bénéficié de l'appui d'un personnage important en Côte d'Or, Roland Thévenin, qui avait un négoce solidement implanté sur les lieux. Sans cet atout, elle serait sans doute encore aujourd'hui intégrée dans les Hautes Côtes de Beaune. Pas de premiers crus heureusement.*

Villages : seuls les vins blancs, dans les années très ensoleillées, sont intéressants, tels ceux de Alain Gras. En millésime moyen, ils ont un excès d'acidité ; ce qui se comprend, lorsqu'on voit la plupart des expositions. Rouges sans intérêt.

MEURSAULT. *Meilleurs premiers crus : Les Perrières-du-Dessous, Les Genevrières (en totalité), les Charmes du Dessus, Le Porusot du Dessus (celui qui touche Les Genevrières et Les Bouchères). Villages : pour la plupart assez bien placés.*
Meilleurs climats : Les Narvaux du dessous (de Bernard Michelot), Le Clos de la Barre (monopole des comtes Lafon), Les Limozins (Le Dessus), Les Tessons et Les Chevalières.
On peut aussi citer d'autres producteurs : François Jobard, Pierre Morey, Les Domaines Guy Roulot et Coche-Dury.
HAMEAU DE BLAGNY. *Présente la particularité d'être en partie une sorte d'îlot de vins rouges, au milieu d'un océan de grands vins blancs.*
Meilleurs premiers crus : La Pièce sous le Bois, particulièrement en rouge au Domaine Joseph Matrot.
PULIGNY-MONTRACHET. *Meilleurs grands crus : Montrachet, Chevalier-Montrachet, Bâtard-Montrachet.*
Meilleurs premiers crus : Les Demoiselles, Le Cailleret, Les Combettes, Les Pucelles (en excluant le Clos qui est dans un trou), Les Champ Canet, Les Chalumeaux, Clavoillon, Les Folatières et Les Perrières.
Les climats, classés en villages, situés presque tous en dessous du Chemin de Couches (ancienne voie romaine d'Autun à Dijon, séparant l'appellation villages des premiers crus) sont d'un niveau bien moyen. Là encore, des noms de lieux-dits pas en rapport avec la vigne : La Rue aux Vaches, Les Grands Champs et Les Petits Champs. Trois d'entre eux relèvent légèrement l'ensemble : Les Enseignères, Les Charmes et Les Meix. La nappe phréatique, située sous la commune, exclut la possibilité de creuser des caves. Ce qui a pour effet, les années très chaudes, d'accélérer le vieillissement des vins blancs, sauf chez les viticulteurs ayant eu la sagesse de climatiser les lieux de stockage et d'entreposage des cuves ou des barriques.
Les Domaines les plus en vue sont surtout : Leflaive, Sauzet, J.-M. Boillot et Carillon. La majorité des récoltants ne font pas de bouteilles, mais écoulent facilement leurs vins en vrac par le canal du négoce, recherchant particulièrement les produits de cette commune au volume ultra-confidentiel.
SAINT-AUBIN. *De tout : du bon, du moyen et du médiocre. Commune difficile à juger. Presque autant de premiers crus (21) que de climats en Villages (23). Curieux ou bénédiction de l'INAO ? Pour garder quand même un bon souvenir, Marc Collin, bien que son Cailleret, que j'ai dégusté voici peu de temps au restaurant, m'ait laissé sur ma soif… Note favorable au climat Les Pucelles (Domaine Roux et fils).*
CHASSAGNE-MONTRACHET. *Meilleurs grands crus : Montrachet, Bâtard-Montrachet (climats à cheval sur deux communes) et Criots-Bâtard-Montrachet*
Meilleurs premiers crus : La Boudriotte (surtout en rouge), La Grande Ruchotte, Les Caillerets (très bons), Le Clos Saint-Jean (en rouge), Les Vergers, Les Chaumées, La Maltroie et Les Morgeots en partie (trop de climats ont le droit de prendre ce nom), surtout ceux de l'Abbaye.
Vaste choix dans l'AOC villages. La plupart descendant beaucoup trop bas pour être dignes d'intérêt.
Caves à découvrir : Jean-Marc Morey, Fontaine Gagnard et Michel Niellon.
SANTENAY. *Meilleurs premiers crus : Les Gravières, La Comme, Le Grand Clos Rousseau, Le Clos de Tavannes et Le Passe-Temps.*
Villages : la plupart des climats donnent des vins rustiques sans finesse, qui ne sont pas ma tasse de thé ! Les meilleurs sont généralement produits par des récoltants des localités avoisinantes.

CÔTE DE NUITS (du sud au nord).

NUITS-SAINT-GEORGES et PREMEAUX. *On ne peut pas dire qu'il y ait un, mais deux types de Nuits. Tout de suite après Vosne-Romanée au nord, on trouve des vins très élégants, alors qu'au contraire, en allant vers le sud, au-delà de la commune, ils sont plus fermes, à la limite presque sauvages, mais de garde.*

Meilleurs premiers crus : Les Saint Georges, Les Vaucrains, Les Poirets ou Porrets, Les Pruliers, Les Cailles, Les Chaignots, Les Boudots, Les Meurgers, La Richemone, Aux Cras ; les cinq derniers limitrophes de Vosne-Romanée.

Production marginale de Nuits-Saint-Georges blanc : le meilleur provient du climat Les Perrières.

Beaucoup de lieux-dits, classés en villages, sont très mal placés.

La commune de Prémeaux bénéficie de la même appellation.

Meilleurs premiers crus : Les Forêts et Aux Corvées.

Caves méritant une dégustation : Domaine Henri Gouges, Rion Père & Fils, Alain Michelot, Robert Chevillon, et surtout le domaine Jean-Jacques Confuron (Alain Meunier).

En 1861, le Clos de la Maréchale à Premeaux, aujourd'hui premier cru, n'avait qu'une partie classée en première cuvée ; le reste était en deuxième et même en troisième. Conclusion : même terroir, mais deux visions différentes selon les siècles et les hommes. Entre 1968 et 1972, plusieurs parcelles des climats Aux Champs Perdrix, Aux Damodes, Les Hauts-Pruliers et Les Vallerots, soit près de deux hectares, ont été l'objet de pratiques incompatibles avec l'esprit des AOC. N'ayant pas une couche de terre suffisante pour être mises en plantation, elles ont subi des traitements de choc : défonçage au ripper, roche concassée et très important apport de terre allogène, prélevée dans la banlieue de Dijon.

À la demande expresse du syndicat de l'appellation, qui souhaitait que les parcelles concernées fassent l'objet d'exclusion, pour apport abusif de terre, une commission d'experts approuva, en argumentant que les nouveaux sols risquaient de donner des produits différents de ceux ayant justifié l'AOC. Aux démarches réitérées des requérants, l'INAO et le ministère de l'Agriculture ont, comme toujours, opposé la force d'inertie. Finalement, la réponse du ministre de l'Agriculture de l'époque arriva à un parlementaire de Beaune, disant textuellement : « À l'heure actuelle, l'expansion concernant les vins d'appellation, tant sur le marché intérieur qu'à l'exportation, impose que la production soit assurée dans les meilleures conditions. Il semble donc nécessaire que les apports de terre puissent continuer à jouer leur rôle bénéfique. »

Cette réponse conforte ce que j'ai exposé dans le chapitre consacré à l'étatisation de l'INAO. La politique actuelle n'a qu'un seul objectif : la production, sans aucunement tenir compte de la manière dont elle doit se faire, même si c'est au détriment de la qualité. J'ai particulièrement apprécié l'expression employée par le ministre : « Rôle bénéfique concernant des apports de terre » provenant de banlieue, sise en dehors d'un tel vignoble aussi prestigieux.

VOSNE ROMANEE. *Meilleurs grands crus : Romanée-Conti, Richebourg, La Tâche [1], Romanée Saint-Vivant (avec beaucoup de réserves pour certaines parcelles).*

Meilleurs premiers crus : Les Malconsorts, Le Cros Parantoux (renommée qui tient à Henri Jayer), Les Suchots (le haut), Aux Brûlées et Les Petits Monts.

Un premier cru assez discutable : Les Chaumes.

Parmi la bonne trentaine de climats, classés en villages, plus de la moitié donnent des vins honnêtes, sans plus, surtout les parcelles bordant la nationale, hormis, bien sûr, ceux provenant d'un grand vinificateur. Pour l'ensemble, il est heureux que le décret, qui ajoute « Romanée » soit venu en 1886.

(1) Ce climat, à une certaine époque, s'est beaucoup agrandi, en englobant, il y a bien longtemps, les Gaudichots dont, curieusement, une parcelle est restée sous cette dénomination.

J'aime assez les vins des Domaines Méo Camuzet, Georges Mugneret, Emmanuel Rouget et surtout la remarquable société civile du Domaine de la Romanée-Conti pour ses rendements infinitésimaux, les soins apportés à la vinification et sa politique plus souple en matière de distribution à l'égard de la grande restauration.

Elle n'est pourtant pas si loin l'époque de la qualité, celle où le docteur Chanut, important propriétaire à Vosne, avait trois critères pour la mise en valeur de son vignoble, qu'il semble bon de rappeler. Après tout, cela donnera peut-être un jour des idées aux jeunes vignerons :

- 8 rangs de pinot noir ;
- 1 rang de pinot beurot pour le degré [1];
- 1 rang de chardonnay pour la finesse ;
- des vignes plantées horizontalement, pour bénéficier d'un ensoleillement maximum et pour éviter le ravinement ;
- un ajout de cailloux cassés entre les rangs, privilégiant la réverbération, profitable la nuit à la restitution de la chaleur accumulée durant la journée.

FLAGEY ÉCHEZEAUX. *Deux grands crus composent l'ensemble de cette petite agglomération, sise de l'autre côté de la RN 74 : Grands Échezeaux et Échezeaux.*
Onze climats forment le grand cru Échezeaux. Deux n'en sont pas dignes ; ils valent juste un premier cru : Les Treux et les Quartiers de Nuits. Il y a autant de qualités que d'emplacements de vignes et de vinificateurs.
Les lieux-dits, classés en premier cru et en villages sont commercialisés sous le nom de Vosne Romanée.
VOUGEOT. *Un grand cru, mondialement connu, le Clos de Vougeot (plus de 50 hectares) est entièrement entouré de murs. Ses meilleures parcelles sont situées près du château. Les bas donnent des vins moins fins, sauf les années très sèches où la vigne ne souffre pas de manque d'eau. Lorsque les moines étaient propriétaires de la totalité, il y avait sans doute une parfaite homogénéité, puisqu'une seule cuvée !*
Meilleurs premiers crus : La Vigne Blanche (Clos Blanc) et Les Cras.
CHAMBOLLE MUSIGNY. *Deux grands crus, dont les vins furent, pendant les deux premiers tiers du siècle, exceptionnels : Les Bonnes-Mares et surtout l'incomparable et subtil Musigny [2]. Hélas ! aujourd'hui les hommes n'ont plus la même conception du produit. Trouver actuellement un Musigny tenant la route est devenu, depuis 1970, presque aussi difficile que de résoudre la quadrature du cercle. Sur les 10 ha 70 de ce climat, plus des deux tiers appartiennent au Domaine de Voguë, dont les réussites depuis une vingtaine d'années – si l'on excepte le millésime 1990 – sont devenues très épisodiques.*
Meilleurs premiers crus : Les Amoureuses, Les Charmes, légèrement devant Les Chabiots, Les Feusselottes et Les Fuées.
Les parcelles classées en villages sont, dans l'ensemble, supérieures à celles de Morey-Saint-Denis, Vosne-Romanée et Gevrey Chambertin, sauf la petite bande bordant la nationale.
MOREY SAINT DENIS. *Cette commune comprend cinq grands crus, si l'on compte la très petite portion des Bonnes Mares (1,51 ha), Le Clos de la Roche, Le Clos de Tart, Le Clos Saint-Denis et le dernier-né Le Clos des Lambrays.*

(1) Cépage maintenant prohibé. On se demande d'ailleurs pourquoi. Je pense que des vignerons devraient braver l'interdiction et en replanter quelques pieds.
(2) Le Musigny comprend deux climats : les Petits et les Grands, dont la différence tient essentiellement à la longueur des rangs de vigne. Toutefois, les Grands sont sur la roche mère. À noter aussi une production confidentielle de Musigny blanc.

Meilleur grand cru : Le Clos de la Roche (le vrai) et non les vins issus de certains des huit climats qui le composent, entre autres : Les Chabiots et Les Mochamps d'un niveau très inférieur, et aussi Le Clos Saint-Denis.
Meilleurs premiers crus : Les Sorbés, Le Clos Sorbé, Les Millandes, Les Ruchots, La Riotte et Les Monts-Luisants. Aucun n'est cependant « transcendant ».
Les AOC villages sont très moyennes.
Difficile de dire qu'une exploitation émerge véritablement, encore que Jean-Marie Ponsot…

Pour bien comprendre les appellations de la Côte d'Or, il faut rappeler que, dans cette région, les « Clos » peuvent être de nature très différente. C'est ainsi qu'il y a :

- les rares monopoles, demeurés intacts depuis la Révolution (ex-bien du clergé, pour la plupart). Le Clos de Tart en est la meilleure illustration ;
- ceux assortis d'extensions, comme le Clos de la Roche cadastré 4 ha 56 53, qui fait pourtant aujourd'hui 16 ha 90 27, agrandi une première fois par une sorte d'opération miraculeuse. En effet, à la publication du décret d'AOC le 18 décembre 1936, les vignerons se sont trouvés devant le fait accompli en apprenant que le Clos de la Roche était généreusement passé à 15 ha 34, l'intégration de climats mitoyens s'étant faite sous la pression de propriétaires voisins, désireux d'accrocher leur wagon à ce bon convoi. En Bourgogne, comme le dit si bien Jean-Marc Morey, c'est connu : « Tout ce qui me touche me joint ». Enfin, en novembre 1971, nouvelle extension, avec l'incorporation de parcelles des climats Genavrières et Chaffots, portant maintenant le Clos de la Roche à sa superficie actuelle ;
- enfin, les entités rassemblées au XIXe siècle, faites de plusieurs parcelles : Le Clos des Lambrays [1] demeure l'exemple type. Au cadastre de 1826, il était divisé en environ cent parcelles, dont deux prépondérantes. Au nouveau cadastre de 1957, il se présentait ainsi :

Les Larrets ou Clos des Lambrays, 5 ha 71 87 }
Les Bouchots, 1 ha 99 10 } soit 8 ha 66 18
Meix Rentiers, 0 ha 95 21 }

Lors de l'instauration des AOC, l'ensemble ne fut classé qu'en Morey-Saint-Denis premier cru. Depuis son dernier classement en grand cru, il se trouve maintenant au même niveau que trois voisins immédiats : au nord Clos Saint-Denis et Clos de la Roche et au sud Clos de Tart. Pour accorder ce classement en grand cru, discutable pour l'ensemble, la Commission de délimitation de l'INAO semble s'être appuyée sur une notion d'entité chère aux Bordelais.
Où sont les grands vins de la regrettée Madame Cosson, il est vrai, produits à doses homéopathiques ?

GEVREY CHAMBERTIN. *Bon nombre de dégustateurs commencent à reconnaître que beaucoup de vins provenant de villages réputés de la Côte de Nuits jouissent aujourd'hui d'une renommée très surfaite. C'est le cas d'une majorité de ceux produits sur Gevrey-Chambertin – commune privilégiée – pour plusieurs raisons, entre autres le fait que les récoltants, depuis la dernière guerre, ont pendant très longtemps perpétré des apports massifs de potasse sur les sols.*
Meilleurs grands crus (sous réserve que les vins qui en découlent aient été bien vinifiés) : le Chambertin et le Chambertin Clos de Bèze, suivis dans cet ordre par les Latricières Chambertin, les Mazis Chambertin (le Haut) et les Ruchottes Chambertin, un petit ton au-dessus de la Chapelle Chambertin et de la Griotte Chambertin.
Comme la plupart des communes, beaucoup trop de premiers crus (au moins cinq des vingt-huit existants). Les meilleurs sont Le Clos Saint-Jacques (égal des grands crus), Aux

(1) Qui n'est pas un monopole. Un viticulteur de Morey en possède 4 a 20, soit presque une ouvrée, qui lui a été transmise par héritage.

Combottes (bien que légèrement dans un creux), Les Cazetiers, La Combe au Moine et, moindrement, Les Lavaut.

Dans les 69 climats classés en villages, en dehors de quelques petits îlots épars, les autres sont scindés en trois groupes :

- une première zone, à cheval sur Gevrey et Brochon, produit des Gevrey-Chambertin de qualité homogène, d'un assez bon niveau ;

- un autre secteur, fort d'une quinzaine de climats, borde la route nationale et produit des vins de qualité plutôt moyenne ;

- enfin, curieusement, le plus important regroupement se trouve du mauvais côté de l'ancienne route impériale, où certains climats vont pratiquement jusqu'à la ligne de chemin de fer Paris-Lyon, dernier rempart pour calmer l'ardeur des vignerons ! Hormis Les Craies, la plupart des seize autres lieux-dits ne valent guère mieux que l'appellation Bourgogne. Il est vrai qu'à l'époque des premières délimitations, sans doute en raison d'un bon président de syndicat et aussi d'une indéniable bienveillance de l'INAO, la commune a été particulièrement privilégiée. Ce qui laisse à penser qu'il y a eu favoritisme ou incompétence.

Enfin, ce qui n'arrange rien, les très bons vinificateurs se comptent sur les doigts des deux mains, encore faudrait-il ajouter celles d'un menuisier ébéniste, qui en aurait perdu un ou deux à la dégauchisseuse… Parmi les domaines encourant peu de reproches – certains ont connu périodiquement des passages à vide – on peut citer les exploitations Trapet Père & Fils , Armand Rousseau, Bruno Clair, Gaby Tortochot, Esmonin père et filles, Joseph Roty, Claude Dugat, Rossignol-Trapet, Denis Mortet et Philippe Charlopin.

Trouver un Chambertin typique et de garde relève presque de l'exploit. Quant aux Gevrey-Chambertin, vu la plupart des terroirs qui leur sont consacrés et la façon de vinifier actuelle, pour un grand nombre, heureusement, le nom de la commune est très porteur…

Les extensions sont aussi pour beaucoup dans cette baisse de la qualité et certains grands crus n'y échappent pas. Au début du siècle, les climats Aux Charmes et Mazoyères ne faisaient respectivement que 12 ha 29 et 14 ha 71, soit 27 ha, encore que le lieu-dit Les Mazoyères n'était, pour sa plus grande partie, qu'en troisième cuvée (sans pour autant descendre jusqu'au bord de la RN 74). Aujourd'hui, les Charmes Chambertin et Mazoyères Chambertin, tous deux grands crus, font presque 31 ha. Cet agrandissement s'est fait en englobant des parcelles qui n'étaient même pas toutes entièrement en premiers crus et juste bonnes à produire des vins, dont la qualité tenait essentiellement au fait qu'ils s'appelaient Gevrey-Chambertin. Les expansions expliquent que certains vins de ces deux climats arrivent souvent juste au niveau d'un honnête villages.

Sans être particulièrement pessimiste, je ne vois pas comment les choses vont pouvoir s'améliorer dans l'avenir, en raison de plusieurs facteurs : appellation continuant incroyablement à vivre sur une réputation usurpée, petitesse des meilleurs crus et demandes mondiales, plus importantes que la production, ce qui laisse rêveur…

FIXIN. *Dernière commune marquante de la Côte de Nuits, dont les meilleurs premiers crus sont Le Clos du Chapitre, Les Hervelets, Les Arvelets et Les Perrières. Villages manquant un peu de finesse. Il faut effectuer un véritable travail de fourmi pour dénicher l'oiseau rare…*

Comme on l'a vu pour certains climats, il existe des situations extrêmement variées, pouvant aller du meilleur au pire. Dans un cru bien précis, le haut est très supérieur ; à l'inverse, dans d'autres, il faut privilégier les vins issus des vignes de la partie basse. Autant de raisons qui font que, pour des lieux-dits bien particuliers, il ne faut pas hésiter à consulter en mairie le cadastre viticole, pour savoir qui est propriétaire dans les meilleures parcelles. Les quelques moments passés à

compulser les documents administratifs ne seront pas du temps perdu. Outre l'enrichissement des connaissances, ils éviteront bien des déboires pour les futurs achats et, enfin, ils permettront de déjouer les vignerons matois.
Un propriétaire négociant (le meilleur), L. Jadot, est aussi digne d'intérêt.

CÔTE CHÂLONNAISE

Il a été beaucoup replanté dans cette zone, entre autres dans la toute nouvelle AOC Bourgogne Côte Châlonnaise. De très nombreuses parcelles ont bénéficié de droits de plantations accordés bien généreusement, pour des terroirs plus aptes à accueillir des troupeaux que de la vigne. Curieusement, à certaines époques (ceci vaut pour d'autres appellations), comme avant chaque élection, on voit apparaître de nouvelles vignes. Il est vrai, comme le dit Michel Juillot, que la viticulture compte aussi une catégorie de récoltants mal connus du public, « les vignerons électoraux ».
Fer de lance de cette région, Mercurey porte aussi son fardeau. Cette appellation vient de se voir attribuer des premiers crus, dont plus de la moitié sont injustifiés. Mais là n'est pas le plus grave ! La superficie en exploitation compte près d'un tiers de vignes (soit près de 200 hectares) qui ne valent strictement rien. La plus grande superficie a été plantée entre les années 1951 et 1955 sur des terroirs médiocres, le reste beaucoup plus récemment dans les climats Aux Cheneaux, Aux Creux de l'Enfer et Bois de Lalier déboisé pour la circonstance, qui ont fait l'objet d'importants apports de terres allogènes, provenant surtout de déblais dus à la construction d'une usine photographique à Châlon-sur-Saône. Résultat : des mercurey qui n'ont pour eux que le nom, sans doute pas sans intérêt pour alimenter les grandes surfaces toujours en quête de produits d'attaque. Comme à la Samaritaine, on trouve donc de tout à Mercurey, du bon au carrément mauvais, avec, bien entendu, des paliers intermédiaires...

– Conseils d'achats. *Au centre de cette zone, son appellation phare, Mercurey, recèle aussi des premiers crus. Malheureusement, beaucoup semblent avoir été accordés sans discernement ou peut-être par copinage. En revanche, ceux méritant ce classement ont beaucoup de points communs avec des AOC villages de la Côte de Nuits (notamment Gevrey-Chambertin), tels Le Clos des Barraults (principalement celui de Michel Juillot), Le Clos du Roi, les deux Clos Voyens, Les Champs Martins, le Clos Tonnerre, Les Naugues, Les Vellées, Le Clos des Combins, Le Clos l'Évêque et Les Crets. Sous réserve d'avoir été obtenus par un petit rendement et bien vinifiés, ils peuvent sortir grandis d'une confrontation où, de plus, ils représentent un bien meilleur rapport qualité/prix, notamment les vins de Jean Maréchal et Michel Juillot.*
Trois autres appellations voisinent avec Mercurey. Entre autres :
- Rully dont les meilleurs climats sont les Rabourcés, les Saint-Jacques (blancs supérieurs) et les Cloux (rouges plus précoces). On peut se rendre avec confiance chez Olivier Leflaive (blancs) et Jacqueson père & fils (rouges) ;
- Givry où émergent Les Bois-Chevaux, Le Cellier aux Moines, Le Clos du Cellier aux Moines des frères Joblot et surtout le remarquable Clos Salomon de Madame du Gardin ;
- enfin, Montagny, produisant essentiellement des vins blancs, les meilleurs sur le climat Les Coères, notamment ceux de Bernard Michel et Jean Vachet.

*Dans les génériques *, on trouve encore d'excellents Bourgogne Côte Chalonnaise (bénéficiant d'une appellation depuis le décret du 27 février 1990) rouge et blanc, essentiellement sur la commune de Saint-Désert, où les vignes occupent un splendide coteau exposé plein sud, appartenant en grande partie au bon vigneron Michel Goubard et à son beau-frère Michel Derrain ; ils font oublier leurs tristes homologues de la Côte d'Or. Ce secteur est également réputé pour le Bourgogne Aligoté, lorsqu'il provient des villages de Bouzeron (Domaine Aubert de Villaine) et Bissey-sur-Cruchaud (cave coopérative).*

MÂCONNAIS

Il est produit un peu plus des deux tiers des appellations Mâcon et Mâcon Villages en vins blancs, issus exclusivement du chardonnay (un léger pourcentage de pinot blanc subsiste encore) et un petit tiers de Mâcon rouge provenant du gamay, sans oublier une production marginale venant du pinot noir, planté à une certaine époque, à l'initiative d'un fonctionnaire de l'INAO, ce qui fut une erreur.

Cette région est un véritable bastion de la coopération (27 caves coopératives), les premières datant de 1926.

Bonnes communes : Viré, légèrement devant Clessé et Chardonnay.

Seules, trois petites localités limitrophes du Beaujolais, en raison d'un terroir * granitique assez semblable, sont renommées pour le Mâcon rouge : Serrières, Pierreclos et Bussières. Dans les terres lourdes des autres secteurs, sans doute en raison de productions généralement très abondantes, le gamay s'exprime mal.

Le Saint-Véran occupe un ancien secteur, jadis réputé pour son Beaujolais blanc, qui, sous la poussée du négoce, a obtenu sa propre appellation voilà déjà une vingtaine d'années, très exactement en 1971. Cette AOC est divisée en deux zones, partagées par le cru Pouilly Fuissé, au nord, Davayé et Prissé (très bon coin) ; au sud, Chânes, Saint-Véran, Saint-Amour, Leynes et Chasselas, les deux dernières n'étant pas inintéressantes.

Le cru Pouilly Fuissé, situé dans un haut lieu de la préhistoire cher au président Mitterrand, est le seigneur blanc, non seulement du Mâconnais, mais aussi de la Saône-et-Loire. Il a la particularité de très bien vieillir mais, selon les parcelles et les vinificateurs, il lui est quelquefois reproché d'être un peu lourd. À cause de l'euphonie de son nom, il connaît généralement un succès constant chez les Anglo-Saxons et au Japon ; en revanche, même lorsqu'il est très bon, le vin de cette AOC est désavantagé du fait d'une certaine analogie avec un autre cru du Val de Loire « Pouilly Fumé », ce qui crée la confusion dans l'esprit du consommateur non averti, qui analyse mal sur une carte des vins une telle disparité dans les prix. Il est tout à fait regrettable qu'un trop grand individualisme des vignerons ne lui ait pas permis d'obtenir, comme dans les autres vignobles bourguignons, des premiers crus pour certaines parcelles.

- Achats : les bons ne sont pas légion. *Zone très importante comprenant les six AOC Mâcon, Mâcon Villages, Saint-Véran, Pouilly Loché, Pouilly Vinzelles (toutes deux sans grand intérêt) et Pouilly Fuissé, dont les meilleurs terroirs se trouvent à Fuissé, Solutré et son hameau de Pouilly. Cinq bonnes caves, parmi d'autres, les Domaines Ferret, Roger Saumaize, André Forest, Château de Beauregard (Pouilly Fuissé) et des Deux Roches (Saint Véran).*

*Les vins rouges du Mâconnais sont quelconques, avec cependant un assez bon terroir * au sol granitique, semblable au Beaujolais voisin, sur les communes de Serrières et Pierreclos, où officie Maurice Gonon.*
Les meilleurs mâcon villages blancs sont produits sur la localité de Viré où réside un très bon vinificateur : André Bonhomme. On peut aussi accorder un préjugé favorable au village de Clessé, limitrophe de Viré, sans pour autant se laisser impressionner par les macons botrytisés de Jean Thévenet qui, telle Jeanne d'Arc, a eu des visions en entendant l'appel du Sauternais...

BEAUJOLAIS

Vaste zone couvrant près de 25 000 hectares, qui s'étire sur plus de 55 kilomètres, avec une largeur de 12 à 15 kilomètres et une altitude moyenne de 300 mètres. En raison de certaines extensions, la vigne monte souvent beaucoup plus haut à certains endroits. Suivant les expositions, elle grimpe allégrement jusqu'à 550 mètres ; ce qui est bien sûr dommageable pour les raisins qui ont du mal, certaines années, à arriver à maturité.
Il comprend deux secteurs bien distincts ; le haut Beaujolais, patrie des beaujolais villages ainsi que des dix crus, et le bas Beaujolais appelé fort justement Pays des pierres dorées, en raison des jolies constructions qu'on y rencontre.
Chaque année, une très grande partie de la production des beaujolais et des beaujolais villages, après une vinification courte, est commercialisée en primeurs. Cette mise rapide sur le marché présente pour les vignerons, caves coopératives et négoce beaucoup d'avantages.
Elle permet en effet :
- l'enclenchement précoce des commandes pour la campagne à venir, qui va décider des cours et de la tendance du marché ;
- la vente importante, très tôt d'une partie de la récolte ;
- d'éviter le stockage, demandant souvent une place considérable ;
- l'apport immédiat de trésorerie.
En dehors des crus, on recense trois AOC en Beaujolais.
- Beaujolais, récolté sur une multitude de communes, qu'il serait fastidieux de toutes récapituler ;
- Beaujolais Supérieur, réservé en principe aux vins de la zone sud. Ce n'est qu'une AOC créée à l'instigation du négoce, trouvant toujours les degrés trop faibles ;
- Beaujolais Villages, censés représenter l'élite. Le raisin est récolté sur les parcelles bien délimitées de 37 communes (29 du Rhône et 8 en Saône-et-Loire).

CE QUI EST REGRETTABLE. - Il faut rappeler qu'à une certaine époque le vin se vendait assez mal. Ce qui obligeait beaucoup de vignerons à pratiquer la polyculture. Il n'était pas rare, dans une même exploitation, de voir l'étable accolée à la cuverie et de trouver quelques pâturages, disséminés entre les terres viticoles. Le renouveau du vin a ramené la prospérité, en mettant fin à ce genre d'entreprise. Les vaches ont été vendues, mais les terres sont restées et, comme il fallait s'y attendre, les vignerons ont demandé pour certaines d'entre elles le reclassement en AOC Beaujolais, qui fut en partie accordé par l'INAO, ce qui ne manque pas de donner des vins très moyens ; le

contraire eût été étonnant ! La vigne n'est pas faite pour prendre la place des herbages. Si j'affirme de telles choses, c'est que j'en ai été témoin dans plusieurs domaines amis ;
- pour tenter de produire des vins colorés et surtout plus aromatiques, quelques vignerons – je devrais dire malheureusement de plus en plus – pratiquent actuellement sur les conseils d'œnologues la thermovinification *, qui consiste à chauffer les cuves jusqu'à 60° pendant une douzaine d'heures et à les redescendre ensuite à 22°. Pourquoi ne pas dire tout simplement « pasteurisation ». Avec cette technique, on modifie complètement la typicité des vins, d'autant qu'elle oblige à relevurer avec des levures industrielles pour remplacer les bonnes levures naturelles du raisin tuées dans l'opération ;
- il faudrait aussi, certaines années difficiles, que les vignerons – surtout ceux du Bas Beaujolais – mettent la pédale douce sur le sucrage, faisant perdre son charme au meilleur Beaujolais, qui doit rester un petit vin de soif et non un produit dominé par l'alcool, qui masque le fruit. Il faudrait de temps en temps que les récoltants se remémorent une pensée de la grande Colette : « Le Beaujolais est un vin qui doit vous descendre directement dans les reins et ne jamais y stationner » ;
- les mises en bouteilles par camions embouteilleurs, qui sévissent dans 90 % des exploitations beaujolaises, sont tout aussi regrettables. Je sais que certaines, placées directement sous la surveillance du vigneron, sont étroitement surveillées et qu'il ne s'agit généralement pas de vins de longue garde, mais tout de même, acquérir un petit groupe d'embouteillage n'est pas le Pérou. Les vignerons font d'autres dépenses plus inutiles ;
- enfin, je déplore le relevurage, en particulier avec la B 71, qui communique au vin un goût de banane, paraît-il apprécié de beaucoup de consommateurs, mais que j'ai en sainte horreur, d'autant qu'au bout de quelques mois, il se modifie en donnant au produit des arômes industriels très désagréables. C'est encore une invention des œnologues, tentés de satisfaire le négoce qui cherche à faire passer le prix par un artifice.

Ce qui est positif. - Le touriste qui emprunte l'autoroute, en avalant des kilomètres l'œil rivé sur le rétroviseur sans rien voir d'autre que le terre-plein central, lorsqu'il traverse la Saône-et-Loire et le Rhône, ne sait pas qu'il passe à côté d'un paysage magnifique. On peut vraiment dire que le Beaujolais est, avec l'Alsace, l'un des deux plus jolis vignobles de France. Au détour de chaque vallon, on découvre de ravissantes communes très fleuries, dont l'architecture a su se préserver d'un modernisme de mauvais goût et l'on admire ses splendides vignobles de gamay, impeccablement alignés, dont la taille est déjà tout un programme « en gobelet » ;
- l'accueil des vignerons, qui ont tous l'accent traînant des Lyonnais, est chaleureux. À chaque cave, qu'il s'agisse de la propriété ou de la coopérative, on découvre la même gentillesse et toujours le petit coin bar pour la dégustation. Contrairement à la plupart des vignerons de la Côte d'Or, qui se perdent dans des préambules pour jauger le visiteur avant de passer à l'acte, en Beaujolais, on est tout de suite dans le vif du sujet. On boit d'abord et on parle après, mais les séances sont assez dures, car on ne recrache généralement pas ;
- enfin, c'est une région où tous les prétextes sont bons pour faire la fête et surtout pouvoir déguster et comparer en bonne compagnie non seulement les crus entre eux, mais surtout les vins des voisins ; le tout dans une ambiance de joyeuse libation. C'est pourquoi les manifestations vineuses y sont multiples.

- Achats : gentillesse et entrain, de quoi mettre en condition. *Ce vignoble, intégré à la Bourgogne viticole depuis un jugement du tribunal administratif de Dijon remontant au 19 avril 1930, couvre une superficie sensiblement égale à trois fois celle de la Côte d'Or. Il est aussi composé de lieux-dits dénommés également « climats », bien que n'ayant pas la même portée que ceux-ci (peu de récoltants les mentionnent sur l'étiquetage). C'est regrettable, car, dans chaque appellation, certains emplacements sont très supérieurs à l'ensemble. Félicitons les viticulteurs qui informe le consommateur par une étiquette sans ambiguïté, indiquant d'où provient le vin. Pour la majorité négligeant ces précisions, il ne faut pas hésiter à poser des questions avant d'entreprendre une transaction.*

*En tête de la hiérarchie, on trouve les crus. Plusieurs se sont beaucoup trop étendus, en empiétant sur des parcelles à vocation viticole très discutable. C'est le cas de Brouilly, occupant sur la commune de Charentay des terroirs plus aptes à recevoir des céréales que de la vigne. Il en est de même pour Morgon. Dans d'autres secteurs, elle a grimpé beaucoup trop haut ; des droits de plantations ont été accordés sans discernement : Chiroubles, où les parcelles situées très au-dessus de la commune, n'arrivent à maturité que les années exceptionnelles ; même phénomène à Fleurie. D'où, après la sortie des primeurs, des cours qui dégringolent et des vins vendus en Bourgogne générique * au négoce, encombrant un peu plus le marché ; ils ne valent d'ailleurs guère mieux.*

Les crus sont au nombre de dix depuis l'accession du dernier-né, Régnié. Celui-ci connaît de grosses difficultés pour se construire une réputation qui risque de demander encore bien du temps. Pour ces viticulteurs, ne fallait-il pas mieux demeurer le meilleur des Beaujolais Villages, plutôt que d'être devenu le wagon de queue des crus ?

Sans les passer systématiquement au crible (les trois manquants sont Saint-Amour, Julienas et Chiroubles), six d'entre eux (du nord au sud) méritent d'être mieux connus du consommateur :

- MOULIN-À-VENT. Curieusement, ce seigneur du Beaujolais connaît depuis quelques années des petits problèmes de commercialisation. Son vin possède un caractère particulier dû, en partie, à son sous-sol riche en manganèse, lui communiquant un caractère très corsé et une aptitude au vieillissement. Meilleurs lieux-dits sur le secteur inclus dans Chenas : Rochegrès, La Rochelle et Les Brasses ; sur la localité de Romanèche-Thorins, Le Carquelin, Les Thorins et Le Champ Decour. Un grand vinificateur : Paul Janin.

- CHENAS. Cru à cheval sur deux communes : un tiers Chenas et deux tiers La Chapelle de Guinchay. Vu sa petite superficie, il a des difficultés à se faire un nom, alors qu'il est pourtant d'un niveau assez homogène et surtout d'un excellent rapport qualité/prix, malgré la perte de plus de la moitié de ses climats au profit du Moulin-à-Vent. Lors de l'attribution des appellations, ce dernier a joué avec lui le rôle du bernard-l'hermite. Meilleur climat : Les Brureaux. J'ai un faible pour le vin de Fernand Charvet.

- FLEURIE. J'aime particulièrement ce cru. Jeune, il se révèle élégant et plein de fruit. Ce qui ne l'empêche pas de bien supporter les années, en procurant au dégustateur d'autres charmes. Il est seulement dommageable, pour la qualité, que ses vignes grimpent maintenant allégrement jusqu'à Emeringes. Meilleurs climats : Aux Moriers, La Roilette et Le Point du Jour, tous très proches. Vignerons sérieux : Michel Chignard et Alain Coudert.

*- MORGON. C'est l'un des crus qui s'est le plus étendu et la plupart du temps sur des parcelles indignes de son AOC, notamment sur les zones de Pizay et Saint-Joseph. Lorsqu'il est issu d'un bon terroir *, il vieillit admirablement. C'est le cas des vignes poussant sur les roches pourries de la Côte du Py. Méritent aussi une mention bien : Javernières, Les Grands Cras et Les Charmes, bien qu'ils soient dans des sols plus profonds. Possède des bonnes vignes dans ces climats : Louis Desvignes.*

- Côte de Brouilly. Ce cru, tout en étant d'un volume assez réduit, est réparti sur quatre communes : Cercié au nord, Saint-Lager à l'est, Quincié à l'ouest et Odenas au sud. Ce qui explique sa diversité, encore accrue par des facteurs climatiques. Les années tardives, dans les expositions nord, la vigne n'arrive jamais à épanouissement complet ; à l'inverse, lorsqu'elles sont précoces, les vins du flanc sud sont un peu pénalisés sur le plan finesse et manquent généralement d'acidité ; ce qui rend leur garde problématique. Il est donc important de connaître, pour certains millésimes bien particuliers, l'emplacement exact des parcelles du récoltant chez qui l'on envisage de faire un achat, afin d'établir un parallèle avec les conditions climatiques qui ont régné avant les vendanges. Bonne cave : le Château Thivin.

- Brouilly, le plus important en superficie. Paradoxalement, il semble pourtant connaître moins de difficultés de commercialisation. Meilleur climat : Pissevieille. Bien que ses vignes n'en fassent pas partie, je fais confiance à Jean-Paul Ruet, dont la famille fait de la bouteille depuis plus de 30 ans.

- En descendant le classement, on trouve ensuite un ensemble de communes classées en Villages, qui sont loin d'être homogènes. Certaines ont même, me semble-t-il, été attribuées très généreusement. Sans vouloir entrer dans des considérations géographiques ou qualitatives à n'en plus finir, je peux affirmer – même si tout le monde ne partage pas mon opinion – que les quatre meilleures – le Perréon (plus primeur), Quincié, Lantignié et Lancié – sont celles vers lesquelles le consommateur doit s'orienter en priorité, pourquoi pas au Domaine des Nugues ou chez Jean-Charles Pivot ?

Outre le gros volume de vin rouge, il existe aussi une production très marginale de Beaujolais blanc d'un intérêt restreint, produit à partir du chardonnay. Meilleurs secteurs : le canton de la Chapelle de Guinchay en Saône-et-Loire et la zone sud (Pays des pierres dorées).

Quand l'imagination s'en mêle

La Bourgogne est sans conteste la région viticole au passé le plus riche et le plus glorieux. Son histoire foisonne d'anecdotes authentiques et parfois cocasses facilitant grandement la tâche des animateurs spirituels, sur lesquels repose en partie le succès des multiples chapitres organisés par les confréries vineuses. Il faut pourtant croire qu'elles ne suffisent pas, puisque ceux-ci font périodiquement appel à des légendes absurdes, n'ayant même pas toujours le mérite d'être drôles :

- qui n'a pas entendu parler de la fameuse ordonnance de Fagon, médecin de Louis XIV, prescrivant à son illustre patient du vin de la Romanée, pour le guérir de sa fistule. Mais nul n'a jamais su dire où se trouvait la fameuse ordonnance !
- il en est de même pour l'anecdote, cent fois répétée, du premier Consul Bonaparte s'arrêtant à Dijon au retour de Marengo, envoyant un émissaire chez dom Goblet, dernier moine cellérier du Clos de Vougeot, afin d'obtenir de lui quelques précieuses bouteilles. Le vieil ecclésiastique aurait soi-disant répondu : « S'il veut en boire, qu'il vienne, mais lui en vendre jamais ! » S'il est vrai que Bonaparte, au retour d'Italie, a bien fait étape à Dijon de 8 heures à midi, son emploi du temps est connu minute par minute : réception, déjeuner rapide, revue militaire et départ, ne lui laissant guère de temps pour se préoccuper de sa cave...
- le Clos de Vougeot est d'ailleurs prolixe en légendes en tous genres. Rappelons-nous les trois cuvées : cuvée des papes, cuvée des rois et cuvée des moines, qu'aucune preuve n'est jamais venue étayer ;
- il ne faut surtout pas oublier le Champ à Bertin, voisin de celui des moines de l'Abbaye de Bèze, devenu par la suite le Chambertin. Là encore, on cherche en vain la justification.
- le Vert Galant a également sa petite page d'histoire bourguignonne. Traversant Pernand-Vergelesses, commune où soit dit en passant il n'a sans doute jamais mis les pieds, Henri IV se serait écrié : « Vin je bois, verre je laisse. » C'est émouvant !
- Claude Brosse, vigneron de Charnay-lès-Mâcon, aurait dit-on, en 1660, effectué un voyage qui dura trente-trois jours avec un char plein de vin tiré par deux bœufs, afin de faire connaître le produit viticole de sa région à la Cour de Louis XIV. Assistant à la messe royale, du fait qu'il avait une immense taille et bien qu'il fût agenouillé, il fut interpellé par la Garde qui avait cru qu'il

était resté debout et conduit devant le Roi, où il parla de son vin de Mâcon avec une telle chaleur que le souverain souhaita en goûter. C'est aussi simple que cela. Encore un beau conte de fée... Si Claude Brosse a bien existé, aucun document n'a jamais permis d'authentifier cet événement. Des historiens ont même prouvé l'impossibilité d'une telle rencontre, pour non concordance de date ;

- il ne semble pas non plus que la Romanée-Conti ait pu tout à la fois être convoitée par le Prince de Conti et Madame de Pompadour. Aucun mémoire ne l'atteste. On trouve seulement un texte sans auteur précis, rédigé à Vosne pendant la Révolution. Il est tout à fait improbable que la favorite de Louis XV se soit, à un moment ou à un autre, trouvée sur les rangs des éventuels acquéreurs, d'autant que la transaction s'est essentiellement déroulée en Bourgogne et non dans les antichambres du Palais de Versailles ;

- Givry a aussi sa fable amplifiée par l'imagination astucieuse utilisée pour faciliter la vente, par beaucoup de vignerons du cru, qui n'oublient pas de rappeler sur les étiquettes : « Vin préféré du Roi Henri IV. » Bien que la belle Gabrielle d'Estrées ait possédé une propriété proche du vignoble, aucun document n'a véritablement authentifié cette passion du Vert Galant pour les vins de Givry. Il est vrai que la vie sentimentale mouvementée du roi de Navarre et aussi son attachement à tout ce qui touchait à la table n'ont sans doute pas rendu la tâche facile aux historiens. Mais, là encore, les preuves manquent...

- enfin dans le domaine des légendes, la palme revient à la sci-disant répartition des grands crus de Chassagne-Montrachet et Puligny-Montrachet par le Seigneur de Montrachet (a-t-il vraiment existé ?). Il avait séduit une jouvencelle dans le Clos des Pucelles, union qui avait engendré un enfant adultérin ; ce qui l'amena à partager en toute équité... plusieurs parcelles en fonction des événements et des personnages du moment : Montrachet pour lui-même (il ne pouvait faire moins), Chevalier-Montrachet pour son fils parti aux croisades, Bâtard-Montrachet pour l'enfant illégitime, Bienvenues Bâtard-Montrachet du fait que les villageois avaient bien accueilli le nouveau-né, enfin Criots-Bâtard-Montrachet pour rappeler que celui-ci avait de la voix, dès son plus jeune âge. Toute cette légende est bien belle mais d'autant plus difficile à croire que certains de ces lieux-dits ne furent gratifiés de leur nom actuel qu'au début de ce siècle. Mais il me semble encore entendre mon ami le regretté Vincent Leflaive, conteur bourguignon intarissable, narrer cette histoire avec une telle foi qu'il réussissait presque à convaincre son auditoire de l'authenticité des faits.

Dans le bluff, celle-ci n'est pas mal non plus !

On ne peut parcourir un bel ouvrage sur le vin, sans y voir en bonne place une splendide photo représentant le sempiternel vigneron procédant au collage *, avec son panier rempli d'œufs posé à côté de lui. Cette pratique est aujourd'hui tombée en désuétude, sauf chez de rares vignerons marginaux aux exploitations restreintes.

Il faut quatre blancs d'œufs très frais (légèrement battus avec une pincée de sel) pour coller une pièce de vin. On comprend donc son abandon dans la plupart des châteaux du bordelais et des domaines aux superficies importantes. On voit en effet mal coller 500 ou 600 pièces de vins, avec ce procédé ancestral. Outre la difficulté pour se procurer plusieurs milliers d'œufs frais pondus, l'opération demande plus de temps. Encore faut-il trouver un débouché rapide pour la revente des jaunes !

Les exploitations sérieuses continuent néanmoins à coller les vins rouges avec de l'albumine d'œufs en poudre ou en cristaux, vendue en sachets. C'est sans doute aussi efficace (encore que cela reste à prouver), mais avouons-le beaucoup moins photogénique...

CHAPITRE IV

champagne

L'ÉCHELLE DES CRUS

L'organisation économique champenoise est très particulière. Elle repose en totalité sur son échelle des crus, classement organisé autour d'un pourcentage, les meilleurs vins étant cotés à 100 %.

Dès 1873, le quotidien régional *L'Indépendant rémois*, avait divisé le vignoble en différents groupes et placé au premier rang les villages d'Ay, Cramant et Verzenay, ce qui était une très bonne vision. En 1911, année de la révolte des vignerons, le Syndicat des vins de Champagne établissait pour ses membres, sur la base de la moyenne des prix pratiqués depuis vingt-cinq ans, un classement de tous les crus, selon une première échelle, allant de 22,50 % à 100 %… ce qui fut repris et peaufiné en 1919. Il faut attendre le décret-loi de 1935 pour qu'une commission soit créée, chargée de fixer chaque année les prix par catégories de crus, pour que l'échelle soit enfin officialisée par les pouvoirs publics. À plusieurs reprises, cette échelle a subi d'importantes modifications, qui avaient toutes le même objectif : réduire l'écart entre les premiers et les derniers. Déjà très relevé en 1941, le niveau inférieur qui était pourtant passé à 50 % remonte à 58 %. Comme si cela n'était pas encore suffisant, quatre ans plus tard, il atteint 70 %. Depuis, il a encore progressé à plusieurs reprises, au point que des communes médiocres de l'Aube, de l'Aisne, de la Seine-et-Marne et de la Haute-Marne, qui étaient les plus mal classées, atteignent maintenant 80 %. Ce n'est peut-être pas terminé car il existe toujours une commission, chargée d'instruire les nouvelles demandes de modifications…

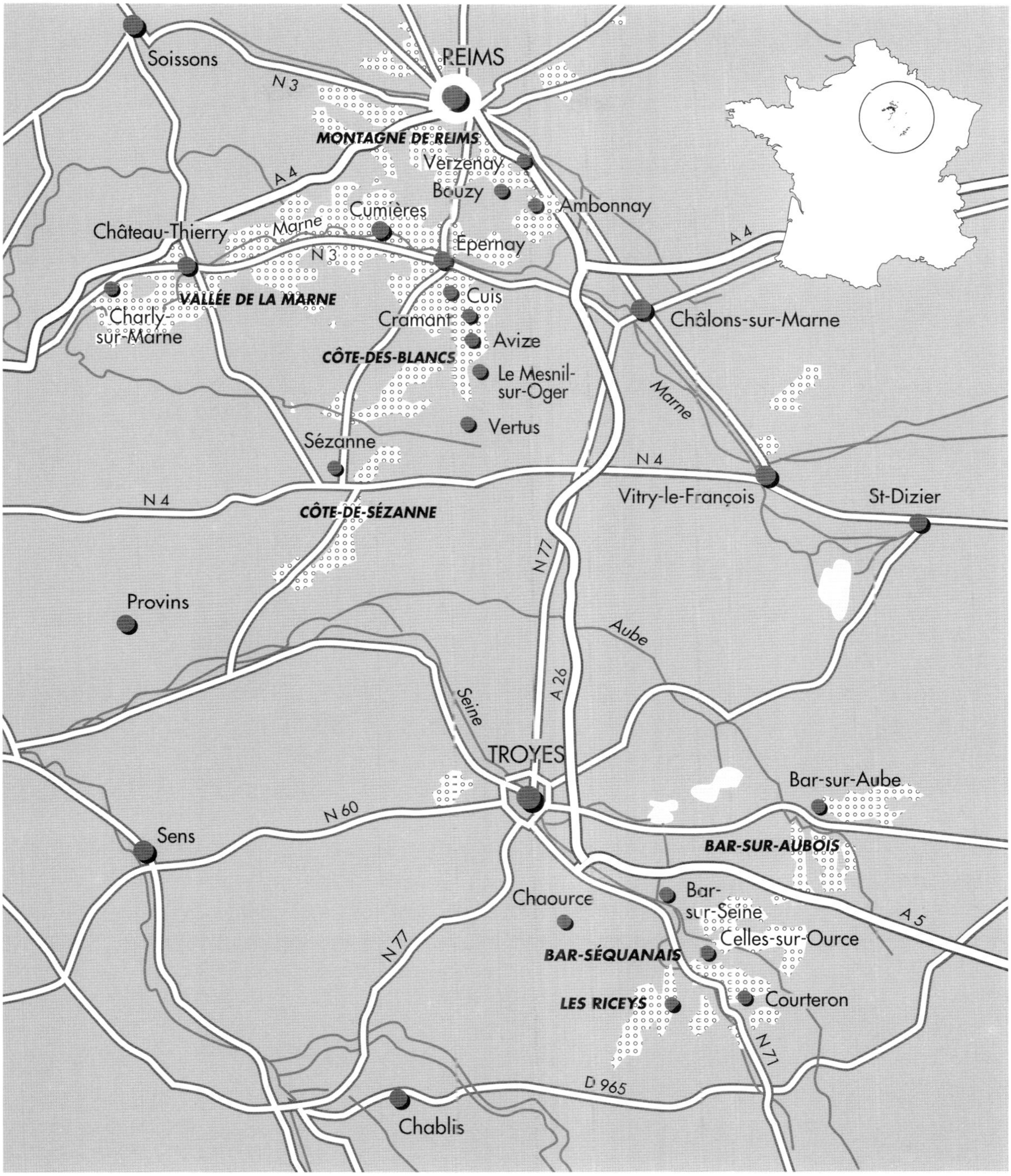

Superficies en exploitation : AOC : 28 870 ha. VCC : 257 ha (il s'agit de surfaces plantées généralement en gamay ou en hybrides producteurs directs, sur des aires non délimitées, produisant essentiellement des vins pour la consommation familiale. Leurs propriétaires tiennent à les conserver car, en cas d'arrachage, ils n'obtiendraient plus le droit de les replanter. On les trouve presque exclusivement dans le département de l'Aube).

Encépagement : Blancs : chardonnay.

Rouges : pinot noir, pinot meunier.

Méconnue du grand public, l'échelle des crus champenoise tient une place prépondérante dans l'économie de ce vignoble, tout en n'étant que le reflet d'une certaine hiérarchie, car il est évident que chaque cru garde sa propre personnalité.
En établissant les premières règles d'une hiérarchisation des crus de la Champagne en 1919, les anciens ont accompli un travail considérable. Avec le recul, il apparaît qu'une et même plusieurs revalorisations des villages les moins favorisés était nécessaire. Il est, en effet, indéniable que des améliorations dans les modes de culture et de meilleures techniques de vinification les justifiaient pleinement, mais de là à accorder 80 % à une multitude de terroirs modestes, pour ne pas dire plus, relève du non-sens. Il ne faut pas oublier qu'au départ, ces mêmes communes étaient à 22,50 %.
Puisque le nivellement par le bas semble être un cheval de bataille depuis une quinzaine d'années, il n'y a aucune raison pour que l'échelle ne soit pas à nouveau revalorisée. On ne peut que sourire quand on voit des crus tels que Crouttes, Charly et, plus récemment, Rizaucourt Buchey, classés à 80 %, alors que le terroir * le plus prestigieux du vignoble champenois, Ay, est lui à 100 %. Toute proportion gardée, c'est un peu comme si, à l'argus automobile, une voiturette cotait 800 000 F pour une Rolls, qui en vaudrait 1 000 000. Soyons sérieux, Messieurs les récoltants champenois, même avec beaucoup de mousse, ça passe très mal. Très curieusement, on trouve toujours dans cette échelle Beaumont-sur-Vesle et Tours-sur-Marne, communes aujourd'hui presque essentiellement agricoles cotées à 100 %. Il faut toute la sagacité d'un fin limier, pour y repérer les rares îlots de vignes qui subsistent encore.
Il est parfaitement inutile de récapituler l'ensemble des communes champenoises, figurant dans cette échelle (près de 400). En revanche, il m'a semblé indispensable de mentionner les 29 bénéficiant d'une cotation égale ou supérieure à 95 %, abstraction faite de Beaumont-sur-Vesle et Tours-sur-Marne [1]. Ce sont, respectivement :

- Ambonnay, 100 %
- Avize, 100 %
- Ay, 100 %
- Bergère-les-Vertus, 95 %
- Billy-le-Grand, 95 %
- Bisseuil, 95 %
- Bouzy, 100 %
- Chouilly, 100 %
- Cramant, 100 %
- Cuis, 95 %
- Dizy, 95 %
- Grauves, 95 %
- Louvois, 100 %
- Mailly-Champagne, 100 %
- Mareuil-sur-Ay 99 %
- Le Mesnil-sur-Oger, 100 %
- Oger, 100 %
- Oiry, 100 %
- Puisieulx, 100 %
- Sillery, 100 %
- Tauxières, 99 %
- Trépail, 95 %
- Vaudemanges, 95 %
- Vertus, 95 %
- Verzenay, 100 %
- Verzy, 100 %
- Villeneuve-Renneville, 95 %
- Villers-Marmery, 95 %
- Volpreux, 95 %

Les meilleurs vins de Champagne sont indéniablement produits dans ces terroirs réputés. Mais cela n'exclut pas certaines réussites dues aux champagnisateurs dans les communes moins privilégiées.

(1) Où se trouve pourtant l'excellente maison Laurent Perrier, connue pour la qualité de ses vins et son accueil privilégié.

En partant de cette cotation, une dizaine de jours avant les vendanges, se tient généralement à la mairie d'Épernay une table ronde, placée sous l'autorité d'arbitres, du préfet de région et du président du CIVC [1]. Cette assemblée regroupe les représentants des deux grandes familles viticoles : le syndicat des maisons de commerce et celui des récoltants, qui vont signer un protocole d'accord, fixant pour la récolte à venir le prix du kilo de raisins pour l'ensemble de la Champagne viticole, en partant des calculs faits par le CIVC [1]. En possession des prix pratiqués (pour chaque cuvée) par le négoce et les caves coopératives [2] pour la période comprise entre le 1er janvier et le 30 juin qui a précédé les vendanges, le CIVC établit le prix moyen d'une bouteille de champagne. Partant de cet élément, il détermine, pour les communes classées à 100 % le prix indicatif du kilo de raisins à raison de 30 % de la bouteille. Pour les crus les moins cotés, le système est identique, mais il va en décroissant. On devrait plutôt dire les prix du raisin, car il y en a en réalité deux : celui fixé par les autorités responsables, dit prix « indicatif », et un autre qualifié de prix « de référence », au-dessous duquel les acheteurs ne peuvent descendre quelle que soit la conjoncture. En 1993, ils étaient respectivement pour les crus à 100 % de 20,50 F et 18,66 F toutes primes comprises. Je veux bien admettre qu'il s'agissait d'un millésime d'abondance, moyen dans l'ensemble, mais on est quand même loin des années précédentes où il a atteint 32 F !
Jusqu'à 1991, lors des tractations, bien qu'ils ne soient pas toujours d'accord entre eux en cours de campagne, les récoltants retrouvaient la vieille solidarité du porte-monnaie, pour essayer de vendre le plus cher possible aux « cochons de payants » c'est-à-dire le négoce qui, lui, au contraire, se présentait moins uni. La raison de cette division était facile à comprendre : les maisons appartenant à des puissants groupes, disposant de réseaux commerciaux impressionnants, étaient généralement prêtes à payer plus cher, pour dresser une sorte de barrage au petit négoce, dans le but d'accroître ses difficultés, pour mieux l'absorber par la suite. Il est vrai qu'en affaire on est plus à son aise quand on a les coudées franches que lorsqu'on doit compter…
Actuellement, le processus est différent. Si le prix du kilo de raisins reste fixé comme auparavant, les cours sont paradoxalement devenus libres, en raison de la suppression du contrat d'engagement entre les vignerons et les négociants. Cet excellent système, qui fonctionnait depuis fort longtemps en Champagne, partait d'une réciprocité commerciale entre les deux professions. D'un côté, les viticulteurs s'engageaient – ceux qui avaient signé le contrat, ce qui n'était pas une obligation – à livrer un certain pourcentage de leur récolte au négoce (environ 60 % minimum), de l'autre les maisons avaient l'obligation d'acheter quelle que soit la conjoncture économique du moment. Pour le bien de tous, cette pratique ingénieuse aurait pu durer encore longtemps, si les récoltants ne s'étaient pas montrés aussi intransigeants, en voulant réduire le volume des livraisons. Devant la menace, les négociants ont purement et simplement dénoncé le contrat, en remettant en cause les vieilles pratiques. Si bien qu'aujourd'hui – surtout en période de crise – forts de leur implantation commerciale, de leur puissance financière et de leur capacité d'entreposage, ils ont reconstitué les stocks et attendent sagement les propositions des vignerons, sachant bien qu'ils sont en position de force pour

(1) Comité interprofessionnel des vins de Champagne.
(2) Curieusement, les ventes des récoltants manipulants n'entrent désormais plus en ligne de compte, les vignerons champagnisateurs ayant rétorqué que leurs prix plus modiques que ceux du commerce risquaient de trop tirer l'ensemble vers le bas.

négocier. C'est le pot de fer contre le pot de terre. Je ne suis pas fâché de la tournure que prennent les choses ; elles vont au moins rabaisser le caquet de certains récoltants qui étaient devenus plus impétueux que leurs vins.
Il subsiste pourtant encore – mais en dehors du CIVC – des contrats privés entre viticulteurs et maisons de commerce, renouvelables par tacite reconduction.

Deux clos bien particuliers

- Le Clos du Mesnil d'une superficie de 1 ha 87, identifié en 1698, n'a subi aucune modification en surface depuis cette date. Sa situation au centre du village du Mesnil-sur-Oger lui confère, en raison de la protection des murs et des maisons, un microclimat * favorable à la bonne maturation * du raisin. La famille Krug, qui l'a acquis en 1971, a immédiatement entrepris la restauration progressive du vignoble, qui était en très mauvais état. C'est seulement en 1979 que la récolte a été jugée digne d'être millésimée. Ce vin exceptionnel présente la particularité d'être à la fois un monocru et, en même temps, un monocépage. Seules, les grandes années de chardonnay sont retenues pour être millésimées ; dans les autres, il n'y a pas de Clos du Mesnil. En cela, les frères Krug ont choisi la même option qualitative que le Château d'Yquem.
- Le Clos des Goisses appartenant à la Maison Philipponnat depuis 1935, situé sur la commune de Mareuil-sur-Ay, occupe une superficie de 5 ha 50. Son vignoble extrêmement pentu bénéficie d'un ensoleillement remarquable, grâce à une exposition plein midi et aux réverbérations provoquées par la Marne. L'encépagement est constitué pour 70 % de pinot noir et 30 % de chardonnay.

LA QUALITÉ DES VINS DE CHAMPAGNE

CE QUI EST REGRETTABLE. La réputation du vin de Champagne et aussi le prix auquel il est commercialisé peuvent laisser espérer les consommateurs que le produit sera à la hauteur de son image. Ces raisons font qu'il a le droit d'être informé et aussi celui de s'ériger contre certaines pratiques :
- les excès de dosages provoqués par la liqueur d'expédition *, pour tenter de camoufler les défauts et surtout l'acidité excessive de vins médiocres, provenant de raisins récoltés dans des aires d'appellations à vocation viticole discutable ou provenant de rendements aberrants, souvent les deux à la fois ;
- le rythme d'arrachage et de replantation accélérés vignes sur vignes, pour assurer une production régulière et importante. À titre indicatif, en Champagne, 35 % des vignes ont moins de 10 ans, 27 % sont comprises dans une fourchette entre 10 et 20 ans, étant bien entendu que le plus fort pourcentage se situe entre 10 et 15 ans. Seulement 11 % des ceps sont âgés de plus de 30 ans ;
- l'éloignement des frontières antérieures de l'AOC, en raison des extensions récentes sur des sols plus aptes à produire des betteraves que de la vigne, notamment dans le secteur de Colombey-les-Deux-Églises ;
- enfin l'accueil désagréable de la plupart des récoltants manipulants, inhospitaliers au possible et peu enclins à faire déguster avant d'être sûrs de prendre une belle commande, même après une récolte abondante. Je n'ose parler de visite survenant derrière un coup de gel, où tout le monde sort les mouchoirs. Si l'on attribuait, comme aux artistes ou aux journalistes, un prix Citron et un prix Orange aux viticulteurs des différentes régions viticoles françaises, nul doute que les Champenois n'auraient pas de rivaux pour le prix citron, car pour la plupart ils sont encore plus acides que leurs vins dans un petit millésime.

CE QUI EST POSITIF. - La nouvelle réglementation, intervenant lors du pressurage *. Il faut maintenant 160 kilos de raisins pour obtenir 100 litres de moût *, alors qu'antérieurement, il n'en fallait que 150. Cette obligation permet fort judicieusement d'éliminer les moûts provenant de la troisième presse dite : deuxième taille. Rappelons qu'en Champagne le pressurage *, portant sur 4 000 kilos de raisins non égrappés, était auparavant fractionné en trois opérations alors qu'aujourd'hui il n'en comporte plus que deux : la première presse donne la cuvée, qui fait les meilleurs vins, soit 20,50 hl (dix pièces champenoises de 205 litres), la deuxième presse produit la première taille (5 hl). Cette modification qualitative est fondée sur le fait qu'au fur et à mesure des pressurages, la qualité s'amoindrit.
- L'accueil extrêmement chaleureux de tous les services du Comité interprofessionnel des vins de Champagne, où le simple visiteur est reçu comme un VIP.
- Les réceptions pleines de gentillesse de beaucoup de maisons de commerce qui ont pu garder encore une dimension humaine où les hôtes se mettent en quatre pour que le client éventuel garde un excellent souvenir de son passage en multipliant les attentions : visite des caves, initiation à la vinification et dégustation.

En conclusion, outre la qualité de la vendange, les quatre interventions qui prédominent pour réussir un grand brut sans année sont, dans l'ordre : le pressurage *, l'élimination de la deuxième taille, l'assemblage * et un long vieillissement sur lattes *, afin de faciliter le phénomène d'autolyse.

LE PHÉNOMÈNE D'AUTOLYSE. Un champagne dégorgé ne vit plus de la même façon. Sa qualité reste bonne pendant un certain temps (variable selon le lieu de conservation), mais il ne peut plus s'améliorer, alors qu'au contraire non dégorgé et gardé sur latte *, il progresse encore pendant un certain nombre d'années, grâce à un phénomène d'autolyse.
L'apport de la liqueur de tirage *, composée de sucre et de levures * sélectionnées, permet au vin d'effectuer dans de très bonnes conditions une deuxième fermentation alcoolique * en milieu réducteur. Les ferments transforment simultanément le sucre contenu dans la liqueur en alcool et en gaz carbonique *, qui va se dissoudre lentement, en conférant au vin de Champagne le pétillement suffisant pour créer une pression de cinq ou six atmosphères, garante d'une bonne prise de mousse. Au cours de leur travail, les levures * emmagasinent aussi beaucoup d'éléments nutritifs et subtils pour le vin, tels que des acides aminés, etc., qui sont en fait les véhicules des bons goûts, des arômes et, plus tard, du bouquet. Lorsque cette fermentation est terminée, les levures mortes se déposent, en constituant le fameux dépôt sur lequel le Champagne va vieillir très lentement. On a longtemps cru qu'elles étaient devenues inactives. Or il n'en est rien. D'importants travaux, effectués par les services techniques du CIVC ayant permis de les isoler, ont démontré qu'en éclatant, elles se désintègrent et restituent au vin tous les éléments de sa complexité aromatique qu'elles lui avaient pris pendant la fermentation. Plus un Champagne reste longtemps au contact de son dépôt, plus les composants responsables du bouquet s'expriment, pour l'aider à retrouver subtilité et rondeur.
L'autolyse permet en plus au gaz carbonique * de se mélanger intimement au vin, en affinant la bulle jusqu'à la rendre microscopique, apportant au champagne une grande

finesse, seul gage d'un long vieillissement. Plus les bulles sont fines, plus elles mettent de temps à remonter le long des parois pour atteindre le haut de la flûte ou de la coupe, assurant la longue tenue de ce qu'on nomme si joliment le cordon, qui est, en fait, la trappe d'arrivée. Un grand champagne ayant subi un long séjour sur latte *, propice à l'autolyse, le tient longtemps. Pour schématiser, disons que les petites poches, contenant les levures formant le dépôt qu'on a longtemps considérées comme mortes, vont tout d'un coup s'ouvrir et commencer à s'animer, créant un mystérieux ballet invisible dans la bouteille, qui ira en s'amplifiant selon un phénomène d'autolyse, suivant le temps passé sur lattes * ; d'où une période minimale pour la commercialisation imposée par la réglementation en vigueur.

Cette noble pratique champenoise, permettant d'obtenir des grands vins non millésimés, n'est hélas plus aujourd'hui que l'apanage de quelques maisons de commerce, plaçant la qualité au-dessus de tout. Elle demande un travail de très longue haleine et des stocks importants, nécessitant une solide assise financière, afin de supporter la longue période pendant laquelle l'argent restera improductif.

Lorsqu'il achète une bouteille, le consommateur doit en prendre conscience, en pensant que le prix d'un champagne de récoltant manipulant vendu un an et un jour après l'année de récolte, simple adolescent n'ayant pas terminé sa croissance, ne peut être identique à celui d'une maison sérieuse habituée à dégorger ses champagnes non millésimés après deux ou trois ans de cave, pour en faire des grands vins. Malheureusement, cette noble pratique reste seulement l'apanage d'une élite très restreinte.

LE GOÛT DE LUMIÈRE. Les effets néfastes du rayonnement lumineux (qu'il soit naturel ou artificiel) sur le vin contenu dans une bouteille ont été mis en évidence voici une vingtaine d'années par le professeur Maujean.

Agressé par une lumière, que le verre de certaines bouteilles ne filtre pas toujours parfaitement, le vin, particulièrement de Champagne, subit une réaction chimique provoquant l'apparition de composés soufrés. Il en résulte, pour le consommateur, un goût plus ou moins désagréable appelé « goût de lumière », détruisant les caractéristiques du produit. L'apparition de ces goûts est due à un phénomène complexe, impliquant plusieurs systèmes d'oxydoréduction provoqués par l'influence de la lumière sur le vin et, plus particulièrement, lorsqu'il est champagnisé, donc réduit naturellement par la troisième fermentation en bouteilles.

Il est généralement admis que l'apparition de « goût de lumière » ou « goût de réduit » est en relation directe avec la formation d'hydrogène sulfuré (H_2S).

Les lumières solaires incandescentes ou fluorescentes sont des catalyseurs efficaces pour la formation de mauvaises odeurs. Concernant les vins champagnisés, l'hypothèse la plus répandue est que ce fameux « goût de lumière » résulte d'une réaction de l'hydrogène sulfuré avec l'éthanol. Selon le professeur Maujean, un composé du vin, la riboflavine, de couleur jaune, intense capte l'énergie lumineuse et décompose la méthionine en produits nauséabonds, en particulier en méthane-thiol. Le vin se décolore légèrement et prend alors un goût, pouvant aller jusqu'à le rendre impropre à la consommation.

Aujourd'hui, bien que les verres soient généralement filtrants à 95 % et que la plupart des caves de négoce soient éclairées par des lampes à sodium, dites « à lumière froide »

(procédé très coûteux, démontrant que les Champenois redoutent tout particulièrement les effets de la lumière sur leurs vins), une mesure préventive consiste parfois à incorporer au vin, généralement avec la liqueur d'expédition *, de l'acide sorbique. Je suis totalement hostile à cette protection. Pourquoi vouloir encore ajouter un produit supplémentaire dans le vin ? Il en est déjà suffisamment pourvu. L'acide sorbique, mal assimilé par certains crus, peut en plus, avec le temps, apporter des déviations aromatiques rappelant le goût de pélargonium (géranium).
Le champagne doit s'acheter directement chez le négociant ou à la propriété. Le consommateur n'ayant pas cette possibilité (cause de finance ou problème d'entreposage), devra choisir avec beaucoup de discernement un très bon caviste ou une épicerie fine de renom, en exigeant quand même que la bouteille provienne directement de la cave. Il ne faut pas avoir peur de le dire : le champagne ne sera jamais le vin des grandes surfaces. Il ne supporte pas les inadmissibles stations debout ni les séjours prolongés à la lumière violente des tubes au néon, surtout lorsqu'il s'agit de grandes cuvées. Certaines d'entre elles sont d'ailleurs commercialisées en bouteilles blanches ; les maisons de commerce qui usent de cette pratique ayant trouvé la parade contre la lumière en les enveloppant dans un film protecteur.
Des études très sérieuses ont été faites en Champagne par des œnologues ayant exposé des bouteilles de Champagne pendant plusieurs jours respectivement à 1, 3, 5 et 7 mètres d'une lumière dispensée par des tubes fluorescents. Après une dizaine de jours, ils ont été capables de reclasser les différentes bouteilles en fonction de la distance à laquelle elles se trouvaient de la lumière. Or une bouteille placée à deux ou trois mètres d'un tube lumineux est loin d'être en situation exceptionnelle dans un hypermarché ou dans certains magasins jouissant pourtant d'une bonne réputation.

PARLONS UN PEU DE TRANSVASEMENT. Toutes (ou presque) les maisons de Champagne [1] sont équipées d'une (rarement) ou plusieurs machines dénommées transvaseuses, toujours tenues à l'écart des visiteurs et sur lesquelles les Champenois sont d'une rare discrétion…
La totalité des quarts, la grande majorité des demi-bouteilles et la quasi-intégralité des flacons d'une contenance supérieure aux magnums subissent l'opération du transvasement, avant d'être placés dans leur conditionnement définitif. J'ajoute qu'il arrive fréquemment que des bouteilles de bons crus, achetées sur lattes [2] chez les récoltants, soient ensuite, grâce à cet appareil miracle, transformées en cuvées de prestige de grandes maisons, selon les impératifs du marché, notamment à l'occasion des fêtes ! Pratique facilitée par le fait qu'il n'existe aucun contrôle spécifique sur ce type de produit.
La prise de mousse, provoquée par l'adjonction de la liqueur de tirage * et complétée par le travail du remuage * sur pupitre, se fait en Champagne presque uniquement dans les bouteilles champenoises de 75 cl. Seules, quelques maisons de prestige, au mode de travail différent axé sur la qualité, champagnisent encore les demi-bouteilles, magnums et jéroboams * sans transvasement, celui-ci demeurant en revanche, inévitable pour le remplissage des formats plus importants.

(1) Beaucoup de récoltants manipulants et, bien sûr, les coopératives de champagnisation le sont aussi.
(2) Commerce très important en Champagne entre la propriété et le négoce. Souvent ces vins, achetés sur lattes, après un remuage rapide… et un dégorgement, sont habillés avec l'étiquette du revendeur et prennent aussitôt le chemin du circuit de distribution. Ce qui explique, pour certaines maisons de commerce, l'irrégularité parfois constatée lors des achats d'une bouteille à l'autre.

Rien n'a jamais été écrit sur l'utilisation de ce matériel et pour cause… Pourtant, les ouvrages de luxe sur le champagne pullulent.
Comme son nom l'indique, cette machine permet au liquide, en l'occurrence au vin de Champagne, de changer d'habitat, malheureusement pas toujours sans détérioration. Lors de son fonctionnement, la machine est automatiquement escortée d'une bouteille faisant office de contre-pression, remplie de CO_2 ou autre gaz neutre, directement envoyé dans l'appareil pour suppléer la déperdition du gaz naturel du vin.
Non content de servir exclusivement au simple équilibre de pression du gaz naturel, obtenu lors de la troisième fermentation en bouteille (deuxième pour ceux qui ne font pas la malolactique), il assure aussi la réintégration artificielle par saturation, au niveau du nouveau contenant, du gaz éventuellement perdu au cours de cette délicate manipulation.
Un vin qui a subi le transvasement ne s'en tire parfois pas sans dégâts. Il perd automatiquement – même si l'utilisateur prend le maximum de précautions – une certaine partie de son bon gaz naturel, d'autant que la machine n'est jamais utilisée selon les recommandations des fabricants, préconisant de :
- mettre au préalable le vin au froid (4 ou 5°), afin de calmer son gaz ;
- rincer soigneusement les bouteilles et les aviner à l'aide d'un petit injecteur à vin, précautions presque jamais mises en pratique. Bien que figurant toujours sur les catalogues de ventes, l'injecteur y fait figure de matériel ancestral, aucun des nombreux utilisateurs de la machine de transvasement ne l'ayant commandé depuis de nombreuses années.
Conclusion, contrairement à toutes les autres régions viticoles, où le vin a une bien meilleure évolution en gros volumes, le fait, pour un champagne, d'être contenu dans un grand format laisserait plutôt supposer le contraire, sauf dans le cas des quelques rares maisons de négoce récusant cette pratique en deçà du jéroboam *.
Il y a un peu plus de trois ans, les Champenois ont signé une « charte de la qualité du champagne ». Je m'étonne qu'il n'y ait pas été fait mention de cette technique, en la légalisant, par exemple en obligeant à ce qu'elle figure sur l'étiquetage des bouteilles concernées, même et surtout lorsqu'il s'agit de cuvées de prestige, sous cette forme « vin transvasé ». Le fait d'utiliser couramment cette pratique diminue indéniablement le niveau qualitatif du produit, à l'insu du consommateur, en constituant une tromperie. La réputation prestigieuse du champagne et son prix très élevé devraient imposer aux différents circuits de commercialisation le respect de certaines normes de qualité, contrôlées par le service de la répression des fraudes.

L'ASSEMBLAGE. Ce procédé unique, et propre au Champagne, consiste à faire une cuvée non millésimée, en y incorporant un grand nombre de vins nature provenant de crus, de cépages et d'années différents. L'assemblage est à la base de la réussite de ce vin de légende, raison pour laquelle les meilleurs proviennent presque exclusivement des maisons de commerce, acheteuses dans chaque millésime de raisins ou de moûts issus des multiples zones ou villages de l'appellation.
Cette pratique remonte à près de trois siècles. Curieusement, la plupart des auteurs d'ouvrages sur le champagne ne l'évoquent que succinctement. Cette manière d'éluder le sujet amène à se poser une question : pourquoi la juger avec un certain mépris, sinon comme un simple problème de vinification, alors qu'elle est la clé du champagne ?

En contrepartie, dans les mêmes lectures, on traite abondamment certains détails d'un passé pourtant lointain, entre autre l'œuvre de dom Pérignon. J'ai ainsi pu apprendre que le procureur (titre lui ayant été donné le 23 mai 1668), doté d'un palais exceptionnel, avait pour habitude, à l'époque des vendanges, de se faire apporter le soir par les moines de sa congrégation des grappes de raisin provenant des différentes parcelles que possédait l'abbaye sur plusieurs communes. Il les dégustait ensuite le matin à jeun, avant de procéder à des mariages, en associant uniquement dans chacune des cuvées, avant le pressurage *, les raisins d'un seul cépage. Notons qu'il s'agissait de raisins et non de vins, contrairement à ce qui se fait aujourd'hui. Il a été abondamment écrit sur le bon moine de l'abbaye d'Hautvillers, en lui accordant beaucoup de découvertes. Malheureusement, aucun document ne permet de corroborer certaines affirmations, car la correspondance du révérend Père, qui aurait permis d'éclaircir bien des points, a totalement disparu.

Contrairement aux autres régions viticoles, où la quasi majorité des vins d'appellation portent l'année de référence, le millésime en Champagne est l'exception confirmant la règle. L'une des caractéristiques essentielles de ce vin demeure l'assemblage.

Jusqu'à la crise viticole de 1929, seules les maisons de négoce procédaient à la champagnisation et la commercialisation du vin. C'était une époque où l'assemblage était roi.

Pour réaliser un assemblage harmonieux, le ou les dégustateurs ayant en charge la composition de la cuvée doivent nécessairement y faire entrer un grand nombre de crus, de terroirs (microclimats), de cépages et de vins des années précédentes (dénommés vins de réserve), chacun d'entre eux ayant un rôle de complémentarité pour corriger l'acidité, le corps, la finesse, la puissance, l'arôme, etc. Dans certaines cuvées, il entre parfois plus de cinquante crus différents.

Chaque maison de commerce possède sa propre cuvée non millésimée, qui est son image de marque. Elle est toujours réalisée par la ou les mêmes personnes, généralement l'œnologue, le chef de cave, le propriétaire de la marque ou l'un de ses proches parents ou collaborateurs. Elle doit refléter un style personnel ; certains recherchent la finesse, d'autres la nervosité ou, au contraire, la puissance. Un client, habitué à une marque et ayant un bon palais, doit aisément la reconnaître.

Les responsables ont une tâche délicate. Il leur faut en effet ne pas dévier de la ligne directrice et rester dans l'esprit maison, tout en faisant quand même certaines fois preuve d'imagination, en variant les dosages tant dans les années que les cépages ou les crus, pour contrer les caprices de dame nature sur certaines zones ou coteaux.

Disons qu'une cuvée est une composition florale, ne pouvant être semblable à une autre. C'est un peu comme si l'on donnait des fleurs à trois femmes différentes pour réaliser un bouquet : la première le ferait peut-être en hauteur, la seconde préférerait une présentation ronde, alors que la troisième jouerait tout simplement sur le contraste des couleurs. Pour le champagne, c'est pareil : on obtient non seulement une qualité, mais surtout un style, en fonction de sa vision commerciale du vin.

C'est un domaine bien particulier où le récoltant manipulant est très désavantagé [1] vis-à-vis du négoce, travaillant essentiellement avec ses propres vignes, et souvent sur une seule commune, parfois même avec un unique cépage.

(1) En vertu d'une réglementation très ancienne, un viticulteur a le droit d'acheter chaque année l'équivalent de 5 % de sa récolte dans la même AOC ; d'où des petites transactions améliorant un peu les assemblages. Il semble d'ailleurs, bien qu'aucun document ne l'atteste, qu'un Champenois ait été à l'origine de ce texte.

C'est le cas des viticulteurs de la Côte des Blancs, plantée exclusivement en chardonnay, ne disposant que de vins de réserve des années précédentes. C'est l'une des raisons pour lesquelles beaucoup de manipulants sont entrés dans le circuit coopératif, pour bénéficier d'un préassemblage. Une autre solution astucieuse est pratiquée par une minorité ; elle consiste, pour un fils de vigneron d'une zone, à épouser une fille de récoltant d'une autre en pratiquant ce que j'appellerais familièrement « le double assemblage cave/alcôve ».
Le meilleur assemblage, consiste comme le fait toujours l'excellente maison Bollinger, à incorporer à la cuvée un certain pourcentage de vins de réserve, issus de grands millésimes conservés sur lattes * en magnums (contenant idéal pour l'évolution) pendant plusieurs années.
Une petite dizaine de maisons de commerce fort réputées sont passées maîtres dans ce type de vin, demeurant le pilier de soutènement de l'édifice champenois ; Sans ordre de préférence, car les caractères et les styles varient énormément, ce sont : Bollinger, Krug, Louis Roederer, Pol Roger, Laurent Perrier, Deutz, Gosset, Gratien, Jacqueson et Billecart Salmon.

L'aide indirecte de l'Union européennne

Avec tous leurs règlements, quelquefois quasiment inapplicables, les technocrates de Bruxelles ne réussissent qu'à compliquer un peu plus chaque année la vie des pauvres viticulteurs. Lorsqu'ils ont normalisé la contenance des bouteilles de vins d'AOC à 75 cl (elles étaient auparavant à 73 cl), la plupart des producteurs des grandes régions viticoles ont perdu 2 cl par bouteille. On imagine le manque à gagner pour un cru classé du Médoc, certains dépassant les 80 hectares. Avec cette nouvelle législation, seuls les Champenois ont été largement gagnants. Jusqu'en 1964, les bouteilles de Champagne contenaient 80 cl. De 1965 à 1973, elles sont passées à 78 cl, premier avantage pour cette région. En 1974, avec l'abaissement à 77 cl, encore un profit. Enfin, depuis 1975, elles ont rejoint l'ensemble des AOC, en s'alignant sur les 75 cl, apportant à nouveau un gain dans l'escarcelle de ces pauvres vignerons...
Lorsqu'on évoque ce phénomène avec un récoltant manipulant, il hausse les épaules, répliquant que c'est bien peu de chose, ou, plus simplement, il élude prudemment la question. Pourtant, si l'on a la curiosité de reprendre les chiffres des ventes de bouteilles effectuées durant ces vingt-huit années concernées en France et à l'étranger par les trois circuits de commercialisation (maisons de commerce, récoltants manipulants et caves coopératives), on reste rêveur... Constatant que seulement sur les dix dernières années, avec les petits centilitres grignotés grâce à l'Union européenne, les Champenois, sur 2 182 480 246 bouteilles vendues, en ont ainsi récupéré la bagatelle de 58 199 473. C'est de la belle ouvrage ou je ne m'y connais pas.

LES TROIS CIRCUITS DE VENTE

MAISONS DE CHAMPAGNE. Les négociants champenois, comme on les appelle maintenant, étaient au début du XIXe siècle, dénommés plus joliment « maisons de champagne ». À cette époque, jusqu'à la crise de 1929, ces maisons achetaient le raisin, faisaient le vin et les vignerons s'occupaient des vignes. Tout allait donc pour le mieux, dans le meilleur des mondes. Le champagne connaissait une prospérité sans cesse croissante, grâce aux exportations de plus en plus nombreuses dans tous les pays du monde.
Puis arriva la crise de 1929 de triste mémoire. Beaucoup de ces maisons, s'étant trouvées en difficulté, durent cesser ou diminuer leurs achats de raisins, mettant les vignerons

devant le fait accompli, les obligeant non seulement à stocker leurs récoltes mais aussi à apprendre les rudiments de la vinification. Cette année-là leur porta le premier coup. Elles se ressaisirent, mais fortes de leur implantation en France et surtout à l'étranger et aussi de leur puissance financière, elles ne traitèrent pas toujours le vigneron comme il aurait dû l'être, achetant au coup par coup et souvent au prix le plus bas.
En somme, le négociant prit le bâton pour se frapper lui-même. Ce qui ne manqua pas d'être préjudiciable pour la renommée et surtout la qualité du champagne. En effet, si, dans toutes les autres régions viticoles françaises (Bordelais mis à part en raison de son quasi-monopole de vente sur les crus classés), je suis le plus souvent favorable au récoltant au détriment du négoce, je pense qu'en Champagne les plus grands vins sont l'apanage des productions du commerce. Cela est fort compréhensible, puisqu'il a tous les éléments pour réussir : expérience acquise depuis plus de deux siècles, installations d'une haute technicité, caves impressionnantes, meilleurs œnologues, personnel ultra qualifié, stocks de vins de réserve, finances permettant au vin de s'affiner par un long vieillissement sur lattes * ; enfin, gamme très étendue de crus, donnant la possibilité de procéder aux assemblages les plus complexes.
Il est seulement regrettable pour la Champagne que certaines grandes maisons, qui ont fait sa réputation, soient devenues, par le jeu des finances, des sociétés de marketing où le commerce prime souvent sur la qualité. En Champagne, on ne saura bientôt plus si untel appartient à untel et qui a pris le contrôle de qui ! Il y a tellement d'alliances et de prises de participations que le consommateur ne s'y retrouve plus, d'autant que les marques, donc les étiquettes, restent inchangées :
- L.V.M.H. (Louis Vuitton, Moët, Hennessy) contrôle entièrement Moët & Chandon, Mercier, Ruinart ainsi que le groupe Canard Duchêne, Veuve Clicquot, Henriot et enfin la marque Pommery, soit plus de 30 000 000 bouteilles dépendant de trois circuits ;
- Burtin (Marne Champagne), par le jeu des rachats et des alliances, est maintenant la deuxième puissance champenoise avec Besserat de Bellefon et Lanson ;
- arrive en troisième position, la puissante SEAGRAM, qui englobe Mumm, Perrier Jouet et Heidsieck Monopole ;
- Rémy Martin, qui semble majoritaire chez Krug, Piper Heidsieck et Charles Heidsieck, complète ce quarté que je qualifierais de « finan-champagnisateur » ;
- tandis que Laurent Perrier, qui vient de céder une participation à un groupe étranger, chapeaute déjà les marques Salon, Delamotte, de Castellane et Lemoine. Enfin, le groupe Marie Brizard gère Philipponat et Abel Lepitre, alors que Roederer est devenu actionnaire chez Deutz. C'est du holding où je ne m'y connais pas...
Il existe également d'autres alliances, qui sont plus ou moins révélées au grand jour.
Heureusement pour la qualité, certaines de ces maisons, si elles ont été en partie ou totalement absorbées sur le plan financier, ont néanmoins pu garder leur autonomie pour la champagnisation et la commercialisation, cas de Ruinart, Laurent Perrier (qui reste quand même familial) et surtout Krug, l'un des fleurons du Champagne que j'apprécie particulièrement.
Pour l'avenir économique d'une région viticole aussi prestigieuse que la Champagne, toutes ces absorptions, qui ne sont sans doute pas finies, ont un petit côté malsain. Le consommateur risque un jour ou l'autre d'en faire les frais. Il n'est en effet jamais souhaitable, pour celui qui est au bout de la chaîne, que la plupart des cartes maîtresses se

trouvent dans les mêmes mains. Seule l'émulation commerciale est à même de garantir l'équilibre du marché.

Le tableau n'est pourtant pas tout à fait noir. Quelques autres belles affaires, restées entièrement (ou presque) familiales et dont certaines sont d'un haut niveau qualitatif, subsistent heureusement encore. Ce sont, respectivement, par ordre de préférence : Bollinger, Gratien, Laurent Perrier, Pol Roger, Roederer, Gosset et Taittinger.

Les maisons de commerce, contrairement à une fausse idée reçue, ne sont propriétaires que d'environ 3 000 ha. Ce qui représente à peu près 10 % du vignoble, dont près de 2 000 pour huit d'entre elles, le reste réparti entre toutes les autres ; ce qui fait peu pour chacune d'elles. On se croirait en Côte d'Or !

RÉCOLTANTS MANIPULANTS. Le récoltant manipulant est un vigneron qui champagnise et vend son vin en bouteilles. Il a fait son apparition après le première crise de 1929. Il s'est tout à coup trouvé dans l'obligation de stocker ses récoltes, d'apprendre la vinification qu'il connaissait mal, d'effectuer des investissements en matériel de cave, à une époque peu florissante, où les banques ne prêtaient pas aussi facilement qu'aujourd'hui. Il lui a fallu également se créer une clientèle ; épreuve extrêmement difficile pour lui, qui n'avait reçu aucune formation commerciale. C'était cela ou disparaître !

Freinée par la Seconde Guerre mondiale, la vente à la propriété, dès 1950, se ressaisit vivement. En 1971, la Champagne comptait déjà près de 3 000 manipulants. Après la nouvelle crise de 1974, ils étaient 3 800. Actuellement, on en recense un peu plus de 4 600, mais ce nombre, pour la première fois, risque aujourd'hui de connaître la régression. À titre indicatif, en 1982, une bouteille sur deux vendue en France provenait d'un récoltant. Cette tendance a été grandement facilitée par la démocratisation du champagne dans la restauration et chez les particuliers.

Les crises successives, qui éprouvèrent le négoce champenois, se révélèrent toutes bénéfiques pour les vignerons. Ils avaient pris goût à la manipulation et surtout aux avantages financiers qu'elle leur avait apportés, d'autant que les dernières revalorisations de l'échelle des crus avaient encore amélioré la situation des villages plus mal nantis.

Pour la première fois, en 1992, la dernière crise venant derrière la rupture du contrat interprofessionnel met à mal ce circuit de vente. Cette remise à l'heure des pendules risque d'être positive pour le consommateur, en mettant un frein à l'inflation.

LES CAVES COOPÉRATIVES. En dehors du Languedoc – pour une toute autre raison – cette région viticole est aujourd'hui l'une des mieux équipée dans le domaine de la coopération. Elle compte 140 caves coopératives, qui ont une activité de pressurage *, 109 dans la Marne, 19 dans l'Aisne et 12 dans l'Aube. Environ 80 d'entre elles pratiquent aussi la vinification et 36 ont également une activité de commercialisation, 28 pour le seul département de la Marne et 8 dans l'Aube et l'Aisne.

En Champagne, contrairement aux autres régions viticoles (à quelques rares exceptions près), la coopération se fait à la carte. Le vigneron coopérateur peut en effet ressortir son produit à chaque stade de sa fabrication, c'est-à-dire dès la fin du pressurage *, en bouteilles sur lattes * ou après le dégorgement *. Lorsqu'il reprend son vin sur lattes * et qu'il le dégorge ensuite lui-même, il a le droit, lors de l'habillage, d'apposer sur son étiquette le sigle RM (Récoltant Manipulant), car la législation champenoise considère que cette mince opération suffit pour apporter une touche personnelle. C'est loin d'être mon avis, car il n'a pas touché à l'élaboration du vin, qui n'est d'ailleurs plus le sien, puisqu'il est incorporé à l'ensemble de ce que j'appellerai « la fosse commune », avantageuse tout de même car elle facilite les assemblages. Dans beaucoup de cas, cela fausse complètement la légende du petit vigneron, à la trogne vineuse, qui va quérir tout au fond de sa cave ou de son cellier la bouteille qu'il a vinifiée et élevée avec amour, à l'intention de ses clients. Apparaît alors le paysan madré qui n'hésite pas à leurrer le consommateur de passage !

\- Propriétés inhospitalières, achats parcimonieux. *Face à l'accueil rébarbatif que m'ont réservé plusieurs récoltants manipulants, je suis moins enclin à conseiller ce réseau de commercialisation, en privilégiant plutôt les maisons de commerce qui ont un tout autre sens des relations publiques. Toutefois, pour être objectif, je reconnais que quelques viticulteurs, situés dans les meilleures communes, ont acquis une bonne expérience de la champagnisation. Cela ne doit cependant pas faire oublier au consommateur, pour éviter d'aller au devant de déceptions, d'acheter de préférence les crus bénéficiant d'une haute cotation dans la fameuse échelle. Outre que les vins sont obligatoirement meilleurs, les prix ne sont généralement pas plus élevés que dans les secteurs médiocres proches de la capitale, quand ce n'est pas le contraire. Partant de ce postulat, je pense aux villages apportant le plus de garanties. Dans chacun des grands secteurs, ce sont, sans ordre de préférence :*

- Vallée de la Marne : Ay, Mareuil-sur-Ay et Dizy ;
- Montagne de Reims : Ambonnay, Bouzy, Verzenay, Verzy, Chigny-les-Roses et Tauxières ;
- Côte des Blancs : Avize, Cramant, Mesnil-sur-Oger, Oger et Chouilly ;
- Petite Montagne de Reims : Écueil.

On risque peu de déceptions chez des récoltants tels que : Anselme Selosse (l'un des meilleurs), Mlle Bonville, Mmes Lassalle, Brochet-Hervieux, Paul Bara, Cheval-Gatinois, Pierre Gimonnet et M. Fallet-Gourron.

CHAPITRE V

côtes du rhône

Les côtes du Rhône sont scindées en deux zones bien distinctes, séparées par un important no man's land, démarrant un peu après Valence pour prendre fin au-delà de Montélimar.
Le vignoble restreint de la partie septentrionale, réparti sur les départements du Rhône, de la Loire et de l'Ardèche, apparaît brusquement dans une sorte de couloir, peu de kilomètres après avoir dépassé la périphérie lyonnaise où les premiers ceps de syrah de la Côte-Rôtie s'accrochent aux terrasses de Saint-Cyr-sur-Rhône, face à la ville de Vienne. Ce secteur, regroupant huit crus dont deux prestigieux et le confidentiel Château Grillet (à peine 3 hectares), prend fin avec l'appellation Saint-Péray dans la banlieue de Valence. Son climat s'apparente à celui de Lyon, bien que nettement plus chaud. C'est une sorte de très grand verger où cerisiers, pêchers et abricotiers alternent avec les parcelles de vignes, plantées en grande partie sur des sous-sols granitiques parfois décomposés.
D'une superficie très impressionnante, la partie méridionale s'étend sur les départements de la Drôme, du Gard et du Vaucluse. On constate que la nature a complètement changé. C'est le royaume des garrigues, à la végétation broussailleuse, où abondent le thym et le romarin. Le chêne-truffier, l'olivier, quelques champs de lavande commencent aussi à faire leur apparition. Le mistral y souffle au moins deux cents jours par an, créant la transition entre le climat continental parfois humide et froid, et celui sec et chaud d'Afrique du Nord. Les vignobles occupent une multitude de sols et de sous-sols de compositions extrêmement variées, qui vont des cailloux roulés de

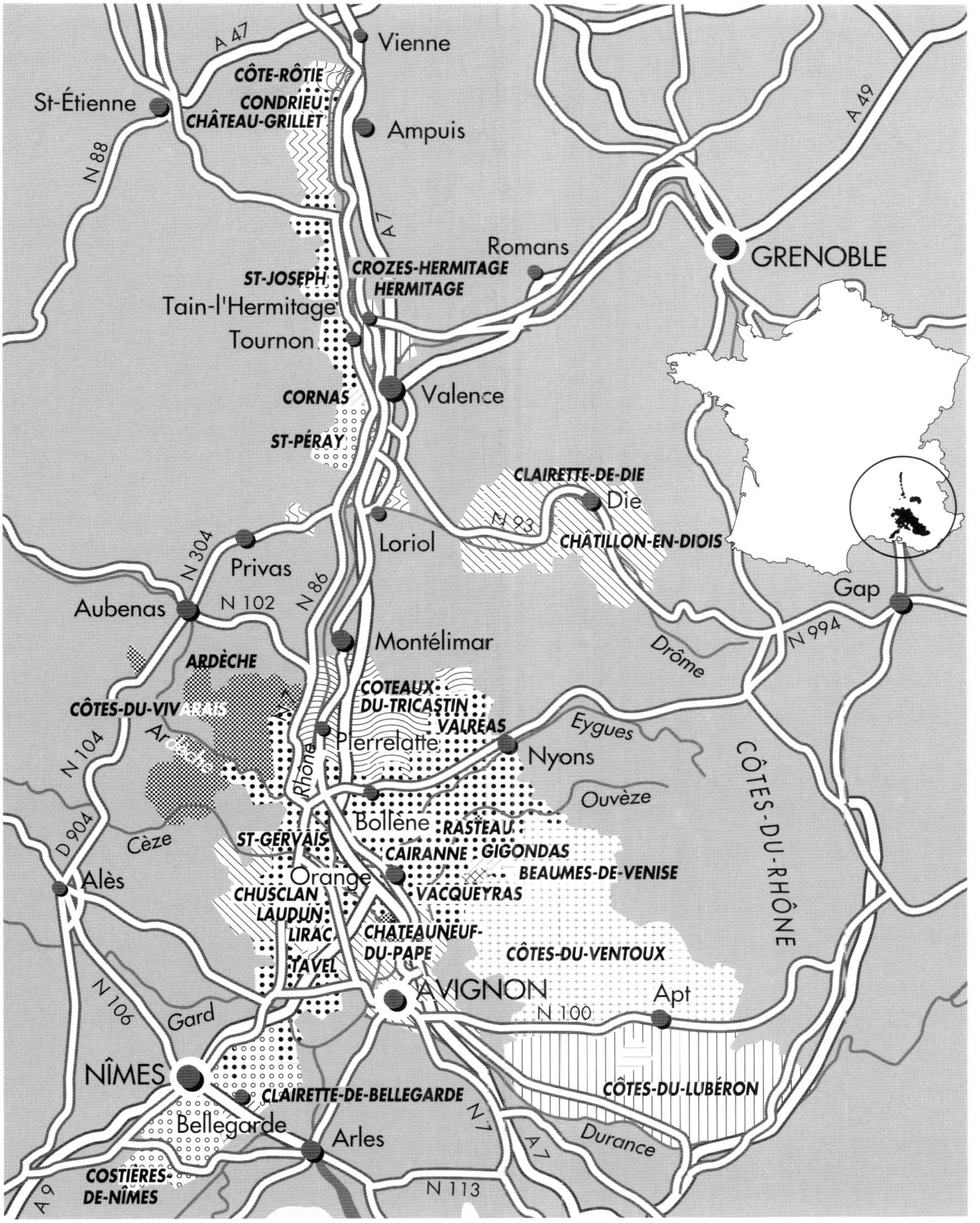

Superficies en production : AOC : 66 437 ha. VDQS : 747 ha. Vins de pays et VCC : 33 592 ha.

Encépagemen : Blancs : clairette, bourboulenc, roussanne, marsanne, grenache blanc, viognier (Condrieu, Château Grillet). Cépages secondaires : picpoul blanc, ugni blanc, pascal blanc.

Rouges : grenache, mourvèdre, syrah, cinsault, terret noir, carignan. Cépages secondaires : picpoul noir, picardan, counoise, muscardin, vaccarèse, calitor, pinot noir, gamay.

Châteauneuf-du-Pape aux sables squelettiques de Tavel, en passant par les molasses sableuses de Beaumes-de-Venise. Alors que les vins de la partie septentrionale ne sont généralement issus que d'un seul cépage (deux au maximum pour certains), ceux de la zone méridionale, en raison de son climat d'excès du Sud accentuant les qualités et les défauts, exigent de nombreuses variétés, pour obtenir un parfait équilibre. Ce mélange des raisins dans les assemblages *, allié à la diversité des terroirs et des microclimats, donne ce que les esprits modernes appellent du « complémentarisme sensoriel ».
Il peut paraître paradoxal que deux régions où tout diffère, bien séparées géographiquement, aient reçu, lors de la création du Comité national des vins de France la même appellation, explication qui est purement d'ordre juridique. La loi du 6 mai 1919, qui a servi de référence, exigeait comme condition de reconnaissance d'une appellation le respect des fameux usages dits « locaux, loyaux et constants ». En application de ces principes, tous les lieux où étaient produits des vins vendus sous le nom de Côtes du Rhône ont été successivement intégrés dans la même appellation. De telles assimilations paraissent aujourd'hui discutables ; après tout, le Beaujolais fait bien partie intégrante de la Bourgogne, alors que tout l'oppose à la Côte d'Or, à commencer par le sol et le sous-sol.

RÉGION SEPTENTRIONALE

Ce qui est positif. L'Hermitage est l'une des rares appellations prestigieuses qui n'ait jamais subi la moindre extension. C'est sans doute pourquoi ses vins, lorsqu'ils sont bien vinifiés, comptent parmi les meilleurs du monde, tout au moins pour ce qui est des rouges, bien que les blancs soient aussi remarquables. Ce cru avait d'ailleurs vu ses limites géographiques définies par un jugement administratif bien avant la création des appellations d'origine contrôlée. L'ensemble des parcelles, qui composent ses 130 hectares, exposés plein sud, appartient à un bon nombre de propriétaires qui exercent les trois activités principales de la viticulture : négociants, coopérateurs récoltants et récoltants exploitants. Environ 70 % de l'appellation est détenue par quatre raisons sociales différentes : deux excellents propriétaires négociants fortement implantés dans le secteur, un très grand vinificateur, Gérard Chave, propriétaire récoltant (sans doute le meilleur) demeurant de l'autre côté du Rhône à Mauves, et la cave coopérative de Tain l'Hermitage. Pour cette dernière, une question se pose : il était tout à fait inhabituel à une époque et pas conforme aux statuts de la coopération qu'un organisme en bénéficiant soit, en même temps, propriétaire de vignoble [1].
De nouvelles plantations de viognier dans l'appellation Condrieu [2] marquant la renaissance de ce vin que l'on ne peut comparer à aucun autre. La subtilité de ses arômes floraux enchante et surprend tout à la fois les consommateurs qui le découvrent. Le Coteau de Vernon, produit par Georges Vernay – l'homme qui le premier a cru à sa réhabilitation en tant que vin sec [3] – est particulièrement splendide.

(1) Au ministère de l'Agriculture, on reconnaît cependant qu'une cave peut être propriétaire d'exploitations agricoles, mais avec des réserves : elle ne doit pas avoir « d'activité immobilière ». À la rigueur, elle peut acquérir des terres pour les donner en bail à de jeunes agriculteurs.
(2) Actuellement environ 90 hectares.
(3) Dans un passé plutôt proche, ce vin était généralement mis en bouteilles précocement, avec du sucre résiduel qui le rendait légèrement moelleux ; d'où le risque fâcheux d'un redémarrage de la fermentation alcoolique au printemps.

Bien que de superficie très restreinte, le cru Cornas offre une bonne image qualitative. On peut seulement regretter les prix un peu élevés auxquels son vin est généralement commercialisé par les quatre ou cinq récoltants qui surclassent l'ensemble.

À BOIRE ET À MANGER. La vraie Côte-Rôtie, celle des plateaux escarpés, prend naissance au-dessus du poste de péage de l'autoroute Lyon-Ampuis, juste à la limite du vieux château de Montlis. C'est un superbe vignoble, qui forme une sorte d'amphithéâtre, tour à tour concave ou convexe, mais toujours remarquablement et doublement ensoleillé, à la fois directement et indirectement, du fait de la réverbération du Rhône, qui le place dans une situation extrêmement privilégiée. Les vignes de Côte-Rôtie sont certainement parmi les plus difficiles à travailler. Les vignerons qui continuent à maintenir en état ce véritable patrimoine national ne devraient pas être fiscalement imposés aussi lourdement que ceux d'autres régions d'accès plus facile.
La Côte-Rôtie est scindée en deux zones bien distinctes : Côte Brune et Côte Blonde [1] séparées par un minuscule ruisseau, le Reynard. L'exposition des deux parties est sensiblement identique, mais plusieurs microclimats permettent de faire la différence entre les vins des parcelles les plus représentatives, qui sont, respectivement :
- Côte Brune (sol brun grossier et très riche en oxyde de fer) : La Turque, La Landonne (58 % de pente) et La Pommière.
- Côte Blonde (sol plus pâle de composition silico-calcaire) : La Mouline, La Chatillonne, La Grande Plantée et La Garde.

Trois vins exceptionnels, non contents de dominer l'ensemble de l'appellation, comptent aussi parmi les meilleurs du monde : La Turque (la plus blonde des brunes), La Mouline et La Landonne [2] (la plus brune des brunes). Ils sont l'œuvre du même homme, Marcel Guigal, qui réussit la gageure d'être un vinificateur d'exception à l'esprit cartésien. Hormis ces trois vins, auxquels il faut ajouter La Chatillonne, les dégustateurs s'accordent à reconnaître que l'assemblage * de raisins provenant des deux côtes, avant la cuvaison *, donne des vins plus harmonieux.
Au sud, c'est encore un ruisseau miniature, le Bassenon, qui délimite la Côte-Rôtie et le vignoble de Condrieu. Le 30 décembre 1966, contre toute logique, paraissait un nouveau décret de délimitation qui autorisait une extension assez spectaculaire de la Côte-Rôtie, non pas, comme on aurait pu le penser, dans les coteaux où d'excellentes parcelles restaient à remettre en exploitation (on s'en est aperçu depuis), mais au contraire sur les plateaux jusque-là en grande partie consacrés à la culture des céréales et pour une bonne trentaine d'hectares. Il semble que cette décision ne fut pas une surprise pour tout le monde, car certaines des parcelles incriminées avaient été acquises peu d'années auparavant – très exactement depuis novembre 1963 – par d'habiles spéculateurs associés à des investisseurs étrangers. Le moins que l'on puisse dire, c'est que, dans cette affaire, la commission de délimitation et le président de syndicat de l'époque se sont montrés légers dans leurs appréciations ; c'est ainsi que près de 20 % de l'appellation produit actuellement des vins qui n'ont de Côte-Rôtie que le nom.

(1) Dans le domaine des légendes, la région des Côtes du Rhône septentrionales n'a rien à envier à la Bourgogne ou au Bordelais. Si l'on croit de très nombreux écrits en Côte-Rôtie, la Côte Blonde et la Côte Brune porteraient ces noms en raison du partage du vignoble par le Seigneur de Maugiron entre ses deux filles, l'une étant aussi blonde que sa sœur était brune. Dans la réalité, c'est essentiellement la nature et la couleur des sols qui sont à la base de ces dénominations ; explication nettement plus plausible.
(2) Ce lieu-dit n'est pas un monopole de la maison Guigal ; un autre récoltant en possède une parcelle qu'il vend sous le nom de ce cru alors que, curieusement, du point de vue cadastral, elle n'y est pas incluse !

Il est encore heureux que n'intervienne pas systématiquement de contrôle de maturité au moment des vendanges, car certaines risqueraient quelquefois, dans les millésimes moyens tel que 1993, de perdre le bénéfice de l'appellation.
Lors de l'attribution des premières appellations, pour le cru Crozes Hermitage, seule la commune du même nom avait été retenue, choix sans doute trop restrictif. D'où un nouveau décret le 5 juillet 1952 ouvrant ce même droit à dix autres localités. Vu les volumes concernés, une telle décision était à l'évidence trop libérale, mais les pouvoirs publics, ayant pris conscience qu'il fallait faire quelque chose pour les producteurs de fruits en difficulté, leur donnèrent la possibilité d'une reconversion rapide. Les conséquences de cette opération permirent des droits de plantations, accordés sans discernement pour certaines parcelles de plaines d'une affligeante médiocrité, et le classement en AOC de Pont de l'Isère. On s'aperçoit aujourd'hui, avec beaucoup de recul, que ce cru rencontre d'énormes problèmes de commercialisation, en raison du volume de sa production et de la qualité très moyenne de tout un ensemble de vins, et l'on cherche à faire machine arrière en revoyant la délimitation. Malheureusement, le mal est fait. À moins d'arracher, mais pour remettre quoi ? en tout cas surtout pas des arbres fruitiers !
Pour l'anecdote, rappelons que le syndicat de défense du Crozes Hermitage ne reculant devant rien, afin de faire état de la splendide position géographique de ses terroirs auprès des médias, se permet de diffuser un dépliant illustré avec la photo de son prestigieux voisin l'Hermitage. De très nombreuses affaires commerciales sont tombées pour moins que cela sous le coup de la loi, réprimant la publicité mensongère !

Ce qui est regrettable. Considéré à juste titre, pendant des décennies, comme l'un des plus grands vins de France, le Château Grillet est devenu un produit anodin, ne cessant au fil des années de se dégrader, au point qu'aujourd'hui il est bien incapable, face à beaucoup de Condrieu, de s'imposer dans une dégustation à l'aveugle (à noter toutefois une certaine amélioration depuis le millésime 1990, due à l'arrivée sur le domaine de la charmante fille de M. Canet ; malheureusement, elle n'a pas encore les coudées franches). Ce déclin est incompréhensible, pour qui sait que ses vignes occupent la meilleure situation géographique du secteur. Son manque d'ampleur et de persistance aromatique, qualités pourtant propres au floral viognier, tiennent sans doute au fait qu'il est presque chaque année vendangé avant d'avoir atteint une maturité optimum ; sinon, comment expliquer que ses degrés naturels soient souvent inférieurs à ceux de plusieurs Condrieu ? J'ajoute qu'à la dégustation, il présente parfois des déviations organoleptiques, dues sans doute à un élevage manquant de rigueur dans des fûts anciens. En raison de ma principale activité, nul n'est mieux placé que moi pour connaître parfaitement ce vin, que j'ai suivi professionnellement pendant presque vingt ans, en tant qu'agent intermédiaire auprès de la grande restauration.
Bien que de notoriété fort ancienne, le Saint-Joseph, dénommé au Moyen Âge vin de Mauves en raison de la principale commune qui le produisait, a dû attendre jusqu'au 15 juin 1956 pour voir enfin son mérite consacré par une appellation d'origine contrôlée. Ce n'était que justice pour la qualité de ce produit, tant rouge que blanc, qui a la particularité d'être à la fois de garde mais en même temps très parfumé et élégant, au point qu'on en vient parfois à le prendre pour un primeur. Lors de l'attribution de l'AOC, le terroir * délimité ne concernait que six communes, dont trois sont reconnues

par tous comme constituant le berceau : Mauves déjà citée, Tournon et Saint-Jean de-Muzols.
L'exode rural et la réussite commerciale d'un voisin jouent toujours les détonateurs des demandes d'extensions ; elles ont commencé ici à devenir pressantes à partir de 1966. Généralement, ces revendications finissent par aboutir, même si elles ne sont pas toujours en conformité avec l'esprit des appellations contrôlées. Il était à prévoir que le saint-joseph n'échapperait pas à cette « foire d'empoigne », d'autant qu'à cette époque le fonctionnement de l'INAO venait d'être complètement modifié. D'où le décret du 5 juin 1969, portant sur une nouvelle délimitation de l'appellation, dont le terroir * restrictif devenait tout à coup élastique. Le moins que l'on puisse dire, c'est que les experts, en retenant 7 000 hectares, avaient vu grand… Les six communes déjà existantes s'en voyaient adjoindre vingt-trois supplémentaires !
Le nouveau terroir * du saint-joseph s'étend donc sur 57 kilomètres, sans que soient pris en compte les variations climatiques importantes dans ce couloir du Rhône. Il part de Chavanay (inclus aussi dans l'AOC Condrieu) pour se terminer à Guilherand aux portes de Valence, après avoir enjambé deux autres appellations (Cornas et Saint-Péray), ce qui est une totale hérésie !
Ce que l'on pouvait craindre s'est, bien sûr, produit petit à petit. De très bons coteaux ont été abandonnés pour faciliter la tâche des vignerons. Les vignes sont descendues dans la plaine, en occupant de nombreuses parcelles comprises entre la ligne de chemin de fer et la RN 86 et, du même coup, sont arrivés sur le marché des vins de qualité discutable. Comment aurait-il pu en être autrement ?
Conscient de ces trop nombreuses anomalies, l'organisme chargé de veiller au respect… des AOC, a désigné en 1991 une nouvelle commission, pour revoir les délimitations. Celle-ci a déposé ses conclusions, retenant tout de même 3 600 hectares sur les 7 000 classés antérieurement. Curieusement, les disparitions ne touchent pratiquement que des terrains qui n'ont jamais été plantés. Les rares parcelles qui étaient en exploitation conserveront le droit à l'AOC pendant encore trente ans. Au-delà, les vignes devront être arrachées, à moins que, d'ici là, se produise un autre événement ! En revanche, très curieusement, aucune commune n'a fait l'objet d'une mesure d'exclusion, pas même Guilherand, pourtant isolé de l'AOC. Il est vrai que les vignes du président actuel sont dans cette localité. Comme le disent si bien les Africains indépendants : « On ne touche pas au président… »
Je ne peux conclure sur la partie septentrionale sans évoquer un autre facteur de régression de la qualité. Il tient à une profonde modification de l'encépagement des vins blancs. Dans de nombreuses parcelles, la roussanne, plant noble qui produisait des vins de très haute qualité ayant contribué à la réputation de l'Hermitage et des grands Saint-Joseph, est en très nette régression. Elle laisse la place à la marsanne dont les vins plus légers sont loin d'avoir la même finesse et surtout un bouquet aussi subtil mais, en contrepartie, ce plant présente une qualité à laquelle les vignerons sont particulièrement sensibles : il est plus gros producteur et surtout moins sensible aux maladies.

- Achetez en confiance, on y trouve le bon rapport qualité-prix. - *Bien qu'ayant plus allégrement grimpé en prix qu'en coteaux, le saint-joseph demeure encore un excellent vin assez abordable, tant en blanc qu'en rouge. Il faut toutefois très bien choisir le terroir * de production pour éviter*

les désillusions. Axer la prospection sur les trois seules localités répondant à ce critère : Saint-Jean-de-Muzols, Tournon et Mauves, où l'on trouve la plus grande concentration de récoltants qualifiés : Bernard Gripa, Jean-Louis Grippat, Jean Marsanne, Pierre Gonon et Raymond Trollat pour n'en citer que cinq.
- Crozes-Hermitage : une poignée de bons vinificateurs, tels Alain Graillot, les Domaines Pochon, Belle, Jaboulet aîné ou Raymond Roure à Gervans (toutes les vignes de ce dernier sont en coteaux) réussissent à faire actuellement des choses étonnantes en rouge et aussi, marginalement, des blancs intéressants. Il est seulement dommage qu'ils soient aussi peu nombreux.
- Bien que tout ne soit pas du plus haut niveau, Cornas regroupe quelques vinificateurs consciencieux, faciles à détecter vu le volume restreint de l'AOC, entre autres Guy de Barjac et Auguste Clape.
- Saint-Peray est d'un intérêt moindre, si l'on excepte celui de Bernard Gripa.
- Les AOC Côte-Rôtie, Hermitage et Condrieu s'adressent à une catégorie de consommateurs au pouvoir d'achat nettement plus élevé. Ce qui n'exclut pas des vins que j'aime particulièrement, produits par J.-P. Jamet, Gérard Chave, Georges Vernay et Marcel Guigal.

RÉGION MÉRIDIONALE

CHÂTEAUNEUF-DU-PAPE. Le but de cet ouvrage n'est surtout pas de détailler chaque AOC, mais, en raison de circonstances bien particulières traversées au cours de son histoire, ce vignoble fait exception. Le fait, pour la cité d'Avignon, d'avoir abrité pendant près d'un siècle le siège et la résidence des souverains pontifes a certainement largement contribué à faire connaître au monde le vignoble papal proche. Sept papes ont vu leur élection dans cette ville : le Bordelais Clément V, Jean XXII, Benoît XII, Clément VI, Innocent VI, Urbain V et Grégoire XI. Jean XXII (1316-1334), protecteur du vin de Châteauneuf, fit bâtir le château, dont il reste encore quelques vestiges au sommet de la colline dominant la commune. Les papes qui se succédèrent furent presque tous propriétaires d'un vignoble clos, d'une vingtaine d'hectares, dans Châteauneuf.
Très tôt, bien avant la naissance des AOC, les vignerons de Châteauneuf-du-Pape, sous l'impulsion d'un homme remarquable, le baron Le Roy, s'attachèrent à faire reconnaître et délimiter leur vignoble par un jugement du tribunal d'Avignon, le 28 mars 1930. Il s'étend sur cinq communes : Châteauneuf-du-Pape pour pratiquement les deux tiers, Courthezon, Orange, Bédarrides et Sorgues. C'est en volume, avec près de 3 200 hectares, l'appellation de crus (connue depuis le début du siècle) la plus importante, après Saint-Émilion.
La plus grande partie du sol de Châteauneuf-du-Pape, qui repose sur le diluvium alpin de l'époque du quaternaire, est en fait composée de gros cailloux roulés qui emmagasinent la chaleur accumulée pendant la journée, pour la restituer la nuit à la vigne, favorisant la maturité des raisins. C'est un sol extrêmement ingrat, unique au monde, au point que la plupart des constructeurs de charrues et de chenilles agricoles viennent y faire des essais de matériel. Si les socs résistent, ils peuvent ensuite être utilisés partout sans risques. À l'est et au nord, vers Courthezon, sur quelques sols siliceux et sableux, l'on produit des vins assez fins, mais moins colorés, donc généralement prêts plus tôt à la consommation, avec des exceptions dues au talent du vinificateur.
C'est certainement la seule appellation où les vignerons s'imposent cinq règles draconiennes pour le respect de la qualité :

- contrôle de taille fait scrupuleusement, tout dérapage étant susceptible de sanctions ;
- contrôle de maturité avant les vendanges ;
- rendement limité à 35 hectolitres à l'hectare [1] ;
- obligation d'effectuer un tri pendant les vendanges, pour obtenir une récolte parfaitement saine, en éliminant au minimum 5 % (quelquefois plus, selon les années) de raisins atteints par la pourriture ou insuffisamment mûrs, grumes qui doivent cuver ensuite à part et ne pouvant produire que du vin de consommation courante. Cette opération s'appelle le « râpé », du fait que ce nom désigne une boisson jadis réservée au personnel, que l'on obtenait en faisant repasser de l'eau sur du marc de raisin fraîchement pressé ;
- enfin, interdiction formelle de chaptaliser [2].

Le manquement à l'une des obligations peut faire perdre aux récoltants le bénéfice de l'appellation et ceci pour l'ensemble de leur récolte.

Les producteurs, afin de se distinguer du négoce, avaient aussi créé une bouteille, de forme bourguignonne qui leur était exclusivement réservée, marquée aux armoiries pontificales, fondues en relief dans la masse du verre et portant la mention « Châteauneuf-du-Pape ». Jusqu'à 1992, elle apportait une garantie supplémentaire en désignant une mise authentique à la propriété. Bien qu'elle demeure, il y a maintenant ambiguïté pour le consommateur, car le négoce a désormais aussi la sienne, qui est presque copie conforme.

L'encépagement, selon le décret de contrôle de l'AOC, permet de faire appel à treize cépages rouges ou blancs, qui sont, respectivement : grenache, syrah, mourvèdre, counoise, terret noir, cinsault, vaccarèse, picardan, muscardin, picpoul, roussanne, bourboulenc et clairette.

Entre la période qui a précédé le phylloxéra et les années 1970-1975, les vins de Châteauneuf-du-Pape ont eu trois caractères successifs, le dernier ayant une similitude avec le premier, phénomène qu'explique l'histoire bien particulière de ce vignoble.

La fin du siècle dernier : autrefois, les cépages, associés selon une technique dite « en plants mêlés », figuraient pour la plupart dans l'encépagement de toutes les exploitations. Ce qui rendait la tâche des vignerons délicate, étant donné les stades de maturité différents. Mais on les conservait, car ils étaient complémentaires l'un de l'autre, chacun apportant sa pierre à l'édifice, pour faire l'harmonie et la personnalité du Châteauneuf-du-Pape, réputé et considéré comme l'un des meilleurs vins de France.

La facilité : lors de la reconstitution du vignoble, après sa destruction par le phylloxéra et devant la morosité du commerce, beaucoup de vignerons se tournèrent vers le négoce beaunois qui recherchait des vins puissants pour remonter les cuvées « déjà déficientes » de la Côte d'Or. Mais il subsistait un autre problème : les Bourguignons étaient surtout attirés par les vins « médecins », provenant essentiellement du grenache, pour leur degré alcoolique, qu'ils payaient généralement un peu plus cher.

Puis, vint la Première Guerre mondiale, durant laquelle le vignoble, comme beaucoup d'autres, souffrit du manque de bras et aussi de produits de traitement d'où l'obligation, après la signature de l'armistice, de replanter une partie de ceps malades ou manquants. Ainsi fut-il reconstitué avec le cépage qui se vendait le mieux et le plus cher à cette époque. La quasi-totalité des vignes de Châteauneuf du Pape était alors presque à 100 % grenache. Mais déjà se profilait à l'horizon un nouveau danger... Le négoce de Beaune, ayant trouvé un autre réseau d'approvisionnement beaucoup moins onéreux avec les puissants vins d'Algérie, avait considérablement limité ses achats et surtout – selon son habitude – discutait les prix.

(1) Règle transgressée une seule fois depuis la création de l'AOC à l'occasion du superbe millésime 1985 où les récoltants ont eu droit à 37 hl/ha au lieu de 35. Quel cadeau ! Cela a pourtant provoqué une mini-révolution à Châteauneuf-du-Pape

(2) Depuis 1936, l'enrichissement avec du moût concentré rectifié n'a été autorisé qu'à deux reprises et seulement pour 1° en 1987 (uniquement les vins blancs) et en 1992.

Quelques années plus tard, avec la création des appellations d'origine contrôlée, la fraude était devenue difficile pour les Bourguignons qui abandonnèrent progressivement ce circuit d'appoint. Il ne restait plus alors comme alternative aux vignerons de Châteauneuf-du-Pape qu'à se convertir à la mise en bouteilles et surtout à trouver d'autres débouchés commerciaux. Ce qu'ils firent avec courage. Mais le grenache, s'il avait apporté la prospérité, s'avéra alors constituer un handicap pour l'appellation, en produisant des vins certes gras mais trop alcooliques et manquant d'acidité. Au bout de quelques années, ils commençaient à s'oxyder ; d'où une certaine désaffection du consommateur pour ce produit parfois lourd et sans finesse.

Le renouveau : Châteauneuf-du-Pape venait d'entrer dans le troisième volet de son histoire. Pour s'en sortir, les producteurs n'avaient qu'une solution : réduire le pourcentage de grenache et revenir aux anciens plants qui avaient été à la base de la notoriété des vins au début du siècle.

La renaissance de l'ancien vignoble de la papauté s'est surtout faite sous l'impulsion d'un médecin natif de Saint-Quentin, le docteur Philippe Dufays, propriétaire d'un beau domaine dans l'aire d'appellation. Il a accompli un véritable travail de bénédictin, tant dans la biologie végétale que dans la sélection variétale, consistant à retrouver tous les cépages du passé. Après les avoir plantés par unités parcellaires (comme c'est l'usage aujourd'hui), il a commencé à les vinifier séparément d'une manière rationnelle, pour bien connaître les propriétés de chacun. Puis il a procédé à divers assemblages * méthodiques, en variant à chaque fois le pourcentage, jusqu'à ce qu'il arrive au parfait équilibre entre les principaux composants, tels que la finesse, l'alcool, l'acidité, la couleur et la persistance aromatique. Avec le recul, on peut dire que ce praticien mériterait, au même titre que le baron Le Roy, d'avoir sa statue en bonne place à Châteauneuf-du-Pape.

Actuellement, seuls quelques très rares domaines comme le Château de Beaucastel, utilisent à nouveau la palette complète des cépages autorisés. La majorité se cantonne à huit ou dix maximum (ce qui est déjà bien !) dont les qualités dominantes sont : grenache : gras et puissance alcoolique ; syrah : potentialité aromatique intense ; mourvèdre : tannique et antioxydant, contrebalançant certains excès du grenache et possédant une grande aptitude au vieillissement ; counoise : finesse ; clairette : fruit ; bourboulenc : acidité ; muscardin : arôme délicat ; cinsault : robe, à condition de vraiment le limiter en production ; roussanne : délicatesse d'un grand cépage blanc ; terret noir : discrètement bouqueté et peu coloré, mais qui se marie assez bien avec le grenache et le mourvèdre.

Un grand vin de Châteauneuf-du-Pape est en quelque sorte une somptueuse recette préparée par un chef de cuisine d'exception, où tous les ingrédients se fondent harmonieusement sans qu'aucun ne domine. On peut dire que cette appellation présente à peu près autant de types de vins que de vinificateurs, puisque, en dehors des quatre types de sols, chacun reste maître du nombre de cépages et de leur pourcentage dans sa cuvée, qui reflète le « style maison ». Néanmoins, le plant très dominant demeure le grenache et c'est heureux car il est parfaitement adapté au terroir *.

Ce qui est regrettable. - En France (quelle que soit l'AOC), l'action de dérougir un vin blanc taché accidentellement au cours du pressurage * ou pendant la vinification est autorisée. Il est cependant difficile de la contrôler dans les exploitations importantes. Les seuls produits tolérés, pour cette opération, sont le noir végétal ou le noir animal, employé à la dose maximale de 100 g/hl.

Curieusement, le décret de contrôle des vins de Châteauneuf autorisant treize cépages, noirs ou blancs, ne fait pas obligation – comme c'est la règle dans les autres appellations, champagne mis à part – d'utiliser pour les vins blancs exclusivement des raisins provenant des cépages blancs. On peut regretter cette ambiguïté, laissant la porte ouverte à l'usage de pratiques peu orthodoxes, toujours possibles... permettant de faire, selon la demande, des vins blancs, en utilisant éventuellement des raisins rouges à jus blanc de moindre qualité.

- Lors de l'attribution de l'AOC en 1936, le législateur aurait dû écarter certains des terroirs retenus (environ 10 %), reposant sur un type de sol très différent situé à l'ouest de Châteauneuf-du-Pape : l'urgonien (calcaire dur du barrêmien récifal), donnant certes de petits rendements, mais produisant des vins manquant de puissance, de potentialité aromatique et parfois même de couleur. À plusieurs reprises, dans un but d'amélioration mais surtout de productivité, des parcelles en question ont été concassées à l'aide d'engins extrêmement puissants.

Côtes du Rhône

Lors de la création des appellations contrôlées, 117 communes pouvaient prétendre appartenir à cette AOC. Aujourd'hui, elles sont 163 ! Certaines nouvellement promues se trouvent pratiquement à 40 kilomètres des rives rhodaniennes. Quant à leur altitude, mieux vaut ne pas en parler, si l'on veut conserver au terme « côtes » sa véritable signification. Pour ce qui est des terroirs, leur choix amène à se poser des questions. Ainsi, sur le plateau entre Orange et Sainte-Cécile-les-Vignes, un véritable grenier à raisins a pris la place des anciennes plantations de chênes verts. C'est encore plus significatif au lieu-dit le Plan de Dieu, proche de l'aérodrome. On pourrait épiloguer à l'infini sur d'autres exemples similaires dans le même vignoble. Après cela, l'INAO ose prétendre que notre système d'appellations contrôlées reste un modèle de rigueur que le monde entier nous envie ! Pour garder une note d'optimisme, il faut goûter le vin issu de ceps centenaires du domaine Gramenon à Montbrison-sur-Lez.

CÔTES DU RHÔNE VILLAGES. Face à l'immensité de ce vignoble, immédiatement après la dernière guerre, plusieurs communes, dont les superbes terroirs étaient – on le comprend – plus estimés par le négoce, cherchèrent à se distinguer de la masse, en tentant de se créer une identité, qui leur permettrait de vendre un peu mieux et surtout plus cher. D'où, à partir de 1953 jusqu'à 1979, 18 arrêtés ministériels, les autorisant à faire suivre sur l'étiquette le nom du lieu de production, après les termes « Côtes du Rhône », à condition, bien sûr, d'observer des contraintes de production plus sévères que celles imposées pour l'appellation générique *. Ce sont respectivement par ordre d'attribution : Cairanne Chusclan [1], Laudun, Vinsobres, Rasteau, Visan, Roaix, Seguret, Valréas, Rochegude, Saint-Maurice-sur-Eygues, Rousset-les-Vignes, Saint-Pantaléon-les-Vignes, Sablet, Saint-Gervais et Beaumes-de-Venise, soit actuellement seize communes car, entretemps, Gigondas et Vacqueyras ont obtenu leur propre appellation de cru.
Antérieurement à 1967, ces nouvelles dénominations, qui donnaient satisfaction aux producteurs, n'étaient cependant pas sans poser quelques problèmes commerciaux. Hormis certaines transactions, portant sur des ventes en bouteilles, il apparaissait que le négoce avait du mal à se plier aux nouvelles exigences administratives pour imposer à sa clientèle autant de vins différents, compte tenu du volume relativement faible de chacun. Conscient de cet inconvénient le baron Le Roy, alors président de l'INAO, chercha une formule qui pourrait aider à développer la progression des ventes en donnant au négoce la possibilité d'opérer sur des quantités plus importantes, pour être en mesure de faire consciencieusement son travail.
Il fallait mettre en place un marché, fonctionnant sous une appellation commune, en prenant modèle sur le Beaujolais. D'où le décret du 25 août 1967 qui, à défaut d'une définition nouvelle – tout en gardant une réglementation et des disciplines identiques –, permettait de donner un air de famille à ces vins dont les nuances reposaient sur un terroir *, mais qui présentaient beaucoup de points communs. Désormais, viticulteurs et

(1) Seulement pour le rosé. Il ne bénéficia du même privilège pour le rouge que bien plus tard.

négociants pourraient les vendre soit sous le nom de Côtes du Rhône (avec une identification communale) – par exemple, Côtes du Rhône Vinsobres –, soit sous celui de Côtes du Rhône Villages dans le cas où les produits de plusieurs communes reconnues étaient assemblés pour justifier cette désignation.
Bien qu'elles aient en commun une certaine similitude, ces seize communes sont pourtant différentes. Il existe dans cette zone d'importants décalages climatiques d'un secteur à l'autre. Ainsi, malgré une distance qui n'excède pas 40 kilomètres au nord, Valréas vendange quelquefois quinze jours après Châteauneuf-du-Pape. En outre, en raison de microclimats bien particuliers, le grenache, cépage dominant, peut, en fonction des conditions climatiques et géologiques du terroir * où il est planté, se comporter différemment.
Pour les vins rouges se dégagent deux grandes familles :
- vins puissants, généreux et très colorés, à forte prédominance de grenache, dont le bouquet demande plusieurs années pour s'épanouir, qui sont un peu les cousins germains de Châteauneuf-du-Pape et de Gigondas ;
- vins plus élégants à la robe moins soutenue, plus vite prêts à boire, mais pouvant apporter d'autres satisfactions.
Cependant, vu la diversité de l'encépagement et la liberté laissée à chacun pour en modifier les pourcentages, apparaissent parfois, même entre deux vins du même village, des disparités étonnantes, selon que le vigneron recherche la charpente, la finesse ou le bouquet, pour ne citer que trois éléments.
Les meilleures communes des Côtes du Rhône Villages rouges, pour des vins de garde, sont Cairanne et Vinsobres, légèrement devant Rasteau et Sainte-Maurice-sur-Eygues. En blanc, Saint-Gervais domine Laudun.
Lorsqu'on parcourt cette partie du vignoble, considérée comme le véritable berceau de la viticulture rhodanienne, et que l'on admire ses coteaux – pour la plupart bien exposés –, on comprend les raisons qui ont poussé le législateur à permettre successivement à plusieurs localités de se différencier d'un vaste ensemble de terroirs, dont une large partie est tout juste bonne à produire des vins de comptoir qui leur ont valu dans la capitale le terme familier de : « Petite Côte ». Il était cependant à prévoir qu'elles ne tarderaient pas à faire des envieux qui, par tous les moyens, chercheraient à leur tour à s'intégrer à ce noyau d'élite. Comme il fallait s'y attendre, lors de sa session du 15 septembre 1983, l'INAO, une fois de plus, approuva un vaste programme d'extensions, si bien que dorénavant quarante-huit nouvelles localités sont autorisées à déclarer une certaine partie de leur production en Côtes du Rhône Villages. Ce qui représente la bagatelle de 13 575 hectares, soit plus de quatre fois et demi la vaste appellation de Châteauneuf-du-Pape ! Comment s'étonner dans ces conditions que tant de consommateurs délaissent les AOC pour les vins de pays, qui valent souvent aussi bien que les productions issues d'extensions injustifiées [1] ? Pour en être convaincu, il suffit d'inspecter les « splendides » coteaux de Sainte-Cécile-les-Vignes, ou les vignobles des anciennes terres maraîchères de Jonquières, dont le moins que l'on puisse dire est qu'elles ne sont pas réputées pour leurs grands vins ! Les nouveaux promus peuvent commercialiser sous l'AOC « Côtes du Rhône Villages », mais ne doivent en aucun cas se recommander du nom de la commune d'origine !

(1) Pour être objectif, il faut noter que l'intégralité n'est pas revendiquée en Côtes du Rhône Villages.

Le décret d'appellation exige un tri des raisins, ce qui exclut la machine à vendanger ! Pour ce dernier point, j'aimerais savoir comment sont effectués les contrôles des parcelles classées en Villages dans les quarante-huit nouvelles communes, compte tenu que, dans la plupart des cas, elles ne représentent qu'un faible pourcentage, à l'intérieur de domaines importants, équipés depuis longtemps pour tout vendanger mécaniquement !

Ce qui est regrettable. - Lirac : sous l'impulsion de plusieurs rapatriés d'Afrique du Nord, cette appellation s'est considérablement étendue depuis une vingtaine d'années, malheureusement pas obligatoirement dans des bons terroirs.
Beaucoup de récoltants de Tavel sont également présents dans l'une des quatre communes composant l'AOC Lirac. Ce qui n'est pas forcément un désavantage, bien au contraire. On peut en effet supposer que, dans les années déficitaires (par exemple quand le grenache coule à cause d'une mauvaise floraison * due au froid), Tavel, plus facile à vendre, fait toujours le plein, au détriment de Lirac. Ce n'est qu'une hypothèse, mais elle est parfaitement réalisable du fait d'un encépagement identique.
Des bruits circulent périodiquement, laissant entendre que des viticulteurs peu scrupuleux, propriétaires dans les deux appellations, feraient cuver l'ensemble pendant un certain nombre d'heures, puis procéderaient aux saignées * pour faire leur rosé de Tavel. Ils laisseraient ensuite les raisins macérer quelques jours, afin de vinifier le rouge de Lirac, ce qui expliquerait que des vins de ce type soient parfois trop tanniques. Réalité qui n'est pas étonnante, s'ils proviennent d'un pressurage * déséquilibré par un mauvais rapport partie solide/jus. Ce ne sont peut-être que des allégations, mais « il n'y a jamais de fumée sans feu ».
- Chacun se défend avec les armes dont il dispose. Dans le domaine des extensions, les vignerons de deux crus pourtant voisins, Gigondas et Vacqueyras, selon la configuration de leurs terroirs, ont adopté une tactique inverse. Les premiers sont partis à l'assaut des Dentelles de Montmirail, tandis que les seconds, notamment sur Sarrians, descendaient pour annexer les anciennes terres maraîchères encore irriguées voici quelques années. C'est ainsi que plusieurs parcelles de Gigondas, trop hautes en altitude, produisent des raisins n'arrivant à maturité que les années exceptionnelles. Alors qu'à Vacqueyras les vignes plantées sur les alluvions de l'Ouvèze donnent des vins grossiers et produisent trop. Après cela, comment ne pas être étonné que certaines appellations se trouvent plus que d'autres confrontées aux rigueurs du marché ?
- Tavel : depuis une bonne vingtaine d'années, cette appellation s'est trop étendue. Entre 1953 et 1957, eut lieu une première opération de remembrement, qui avait permis de défricher un peu plus de 250 hectares du plateau caillouteux de Vallongues (à cheval sur deux appellations (Tavel : 1/3 et Lirac : 2/3) et de la forêt de Clary. Les terrains communaux ainsi récupérés devaient ensuite être répartis à raison d'un hectare par exploitant. Curieusement, la règle n'a pas été respectée. Au contraire, ce furent les récoltants déjà bien nantis qui en bénéficièrent le plus. On vit des domaines passer d'un seul coup de 5 à 30 hectares.
En 1965, un processus identique se reproduit avec la bénédiction de l'INAO, en arrachant cette fois des bois situés à l'ouest de la commune.

Ainsi, ce rosé noble, qui n'avait jamais connu la mévente, commence aussi à péricliter avec l'arrivée sur le marché de vins quelconques, provenant des extensions sur des terroirs médiocres, expliquant que l'on trouve dans les grandes surfaces de plus en plus de tavels bradés, tavels qui n'en ont plus que le nom.

Achats : conseils pour éviter la dispersion. - *Châteauneuf-du-Pape. L'ensemble de l'appellation encourt peu de reproches, en tout cas moins que la plupart des AOC. On y trouve une majorité de grands et de bons vins, mais guère de médiocres. Les prix des rouges dans l'ensemble – sauf chez deux récoltants – sont corrects. Quant aux blancs, leur marginalité (à peine 5 %) les rend moins accessibles. Dans ce vaste terroir *, on peut distinguer les Châteaux Rayas et Beaucastel ainsi que les Domaines Paul Avril, Joseph Sabon et fils, et Henri Bonneau.*
- Pour acquérir un grand vin rosé, le consommateur doit s'orienter vers Tavel, plutôt que sur l'appellation voisine, Lirac, dont les produits – il est vrai moins chers – sont loin d'avoir la même noblesse. Éviter le circuit coopératif au bénéfice des domaines ayant une certaine antériorité et l'expérience de la mise en bouteilles. Remplissent ces conditions : les Châteaux de Trinquevedel et d'Aqueria.
- Deux AOC contiguës, Gigondas et Vacqueyras, sont sensiblement identiques, en raison de l'antériorité du cru. Les vins du premier semblent être plus élégants et mieux structurés (en quelque sorte des petits châteauneuf-du-pape), surtout lorsqu'ils proviennent de récoltants dont les parcelles ne grimpent pas jusqu'au pied des Dentelles de Montmirail dominant l'ensemble. Bonne note pour les Domaines Raspail-Ay et des Amouriers, ce dernier à Vacqueyras.
- Cet immense vignoble a aussi le privilège de compter deux vins doux naturels : le Rasteau et l'exceptionnel Muscat de Beaumes de Venise, que le Domaine des Bernardins sait si bien faire.
- Les meilleures communes des Côtes du Rhône Villages rouges permettent d'acheter des vins rouges de garde, notamment dans les Domaines Rabasse-Charavin et Alary frères à Cairanne et La Soumade à Rasteau.
- Cela ne doit pas faire oublier qu'il existe, essentiellement dans le Gard, des vins blancs intéressants, principalement dans deux communes : Laudun et Saint-Gervais, entre autres aux Domaines Sainte-Anne et Pelaquié.

Comtat venaissin

Voisine direct des Côtes du Rhône, cette zone, à cause de rivalités et de querelles intestines, n'est jamais parvenue à s'intégrer à celles-ci.

Coincées entre les Côtes du Rhône et le massif du Ventoux, géant de Provence culminant à 1912 m, les Côtes du Ventoux peuvent être considérées comme un vignoble hétérogène assez récent, tout au moins pour sa partie la plus importante. Les masses d'air froid, engendrées par la montagne, tempèrent l'influence du climat méditerranéen, en limitant les excès de maturité d'un encépagement sensiblement identique à ses voisins. Peu d'individualités, le circuit coopératif représentant un très fort pourcentage de la commercialisation, où les rosés fruités, issus principalement du grenache et du cinsault, demeurent la valeur sûre. J'ai apprécié celui du Domaine Champ-Long.

Refuge doré des milliardaires et des artistes, les Côtes du Luberon, proches voisines du Ventoux, sont surtout réputées pour leurs vins blancs, en particulier lorsqu'ils proviennent du versant méridional. Entre deux garrigues, curieusement, on voit la vigne cohabiter avec les oliviers. Là encore, le secteur coopératif domine. En dehors, un domaine a réussi une percée qualitative assez spectaculaire : le Château de la Verrerie, dont les rouges aussi ne sont pas inintéressants.

CHAPITRE VI

val de loire

Immense vignoble s'étendant sur seize départements traversant, en partie ou en totalité, dix des anciennes provinces françaises : Nivernais, Berry, Bourbonnais, Auvergne, Poitou, Orléanais, Maine, Touraine, Anjou et Bretagne, ayant pour trait d'union le plus long fleuve du territoire national couvrant avec son bassin, près du cinquième de la superficie de la France.
Les vins de cette zone n'ont aucune histoire commune. Ils sont d'ailleurs improprement dénommés du Val de Loire, alors que le terme « Vins des Pays de la Loire » serait beaucoup mieux approprié.
Avec des blancs secs * aux deux extrémités (muscadet et sancerre), ce gigantesque terroir * viticole présente la particularité de produire une palette complète comprenant à peu près tous les types de vins, allant des rouges primeurs et de garde jusqu'aux blancs secs *, demi-secs et moelleux, en passant par les vins gris et rosés secs * ou demi-secs, sans oublier les différents vins effervescents : pétillant *, crémant et méthode traditionnelle.

POUILLY-SUR-LOIRE ET POUILLY-FUMÉ

Au début de cette immense région viticole, bordant en partie le grand fleuve sur l'autre rive de la Loire, face au piton rocheux sur lequel repose Sancerre, on trouve encore deux appellations moins anciennes que celle du pays berrichon : Pouilly-sur-Loire,

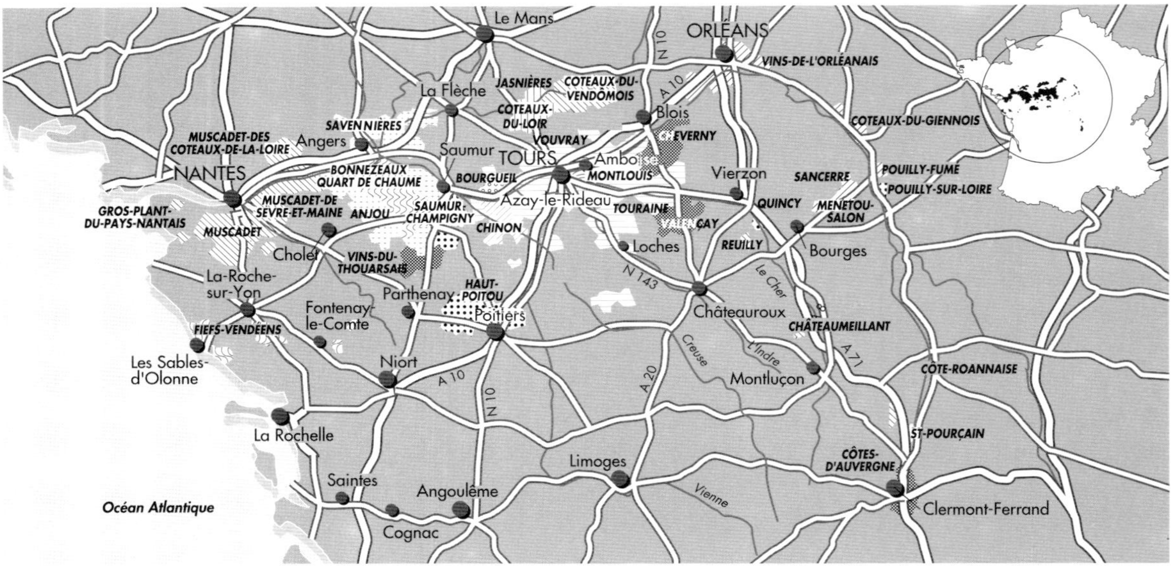

Superficies en exploitation : AOC : 43 998 ha. VDQS : 5 685 ha. Vins de pays et VCC : 24 682 ha.

Encépagement : Blancs : chenin, sauvignon, melon de Bourgogne (Muscadet), folle blanche (Gros Plant), chasselas (Pouilly-sur-Loire). Cépages secondaires : chardonnay, arbois ou menu pineau, romorantin, auvernats blanc et gris, tressalier (Saint-Pourçain), saint-pierre doré, pinot gris.

Rouges : cabernet franc, cabernet-sauvignon, cot, gamay. Cépages secondaires : pineau d'Aunis, pinot noir, groslot, pinot meunier.

dont les surfaces s'amenuisent comme une peau de chagrin, et Pouilly Fumé (ne pas confondre avec le Pouilly Fuissé bourguignon) dont les aires septentrionales sont particulièrement gélives.

Les meilleurs terroirs se trouvent incontestablement sur les communes de Pouilly-sur-Loire, Tracy et Saint-Andelain. Lieux-dits les plus en vue qualitativement : les hameaux des Loges et des Berthiers, les Griottes (Pouilly-sur-Loire), la Côte de Girarmes qui se prolonge sur Tracy, la Butte de Saint-Andelain et surtout les Chaudoux comme les Loges à cheval sur Pouilly-sur-Loire et le village de Tracy.

Comme dans la plupart des AOC, depuis une quinzaine d'années ont eu lieu des plantations massives, parfois sur des parcelles inaptes à produite des grands vins, entre autres sur les localités de Saint-Laurent et Saint-Martin, comptant aujourd'hui plus d'un tiers des surfaces en exploitation. Il y a une vingtaine d'années, ces terrains n'étaient pas en vignes. Le soudain intérêt pour cette zone s'explique facilement car, après le remembrement agricole des années 70, les propriétaires se sont retrouvés avec de très grandes parcelles, faciles à travailler et surtout plus aptes à être vendangées à la machine, qui, immanquablement, ont attiré les convoitises.

Aujourd'hui, le Pouilly Fumé s'étend sur près de 900 hectares, dont 90 % des raisins sont récoltés mécaniquement ; ce qui ne va pas de pair avec la qualité. J'ajoute qu'en raison d'une production très abondante, la mévente commence à s'installer.

Pour une question de rentabilité, à Pouilly-sur-Loire l'appellation du même nom, concernant un vin blanc sec * de très vieille réputation, issue du chasselas, son meilleur emplacement en France, semble condamnée et vraisemblablement appelée à disparaître (ou presque) à brève échéance. Actuellement, elle ne représente déjà plus qu'une soixantaine d'hectares, disséminés sur les terres fortes des pentes argilo-siliceuses où il s'exprime pleinement. Sa fin va, du même coup, être préjudiciable à la qualité de l'appellation jumelle. Dès qu'un vigneron prend la décision d'arracher une parcelle de chasselas, il s'empresse de la replanter en sauvignon, pour produire du Pouilly Fumé commercial et plus rentable, même si le sol lui convient moins bien. La finesse du sauvignon s'exprime uniquement sur les terroirs argilo-calcaires et caillouteux compacts du Kimmeridgien, qui ont l'avantage pendant la journée d'accumuler la chaleur qu'ils restituent à la vigne la nuit. Faute de trouver son sous-sol de prédilection, ce cépage donne des blancs fumés plus lourds, manquant de distinction, sauf sur la butte de Saint-Landelin, en raison d'un excellent microclimat *.

– Conseils d'achats. *Il est dommage qu'à Pouilly, encouragés par une presse gastronomique mal informée et plus avide de curiosités que d'authenticité, on trouve maintenant ce que j'appellerai des vins atypiques, élevés en fûts neufs ayant complètement perdu le caractère de leur appellation, vendus au prix d'un grand premier cru de la Côte d'Or, par Didier Dagueneau, vigneron auquel le vedettariat a monté à la tête, au point de faire du narcissisme. Pour remettre les pieds sur terre en retrouvant les vraies valeurs du Pouilly Fumé ou de Pouilly-sur-Loire, rien de tel qu'une dégustation sincère chez Serge Dagueneau (attention aux homonymes), ou à la cave de Jean-Michel Masson.*

SANCERRE

Le 14 novembre 1936, les vins blancs de Sancerre obtenaient fort justement le droit à l'appellation d'origine contrôlée pour les vignes plantées sur des zones bien précises de treize localités et six hameaux. Avec du recul, on s'aperçoit que les meilleurs terroirs se trouvent (sans ordre de préférence) sur les communes de Sancerre, Bué, et surtout les hameaux d'Amigny, Chavignol (peut-être le meilleur) et Champtin.
Les vins rouges et rosés ont dû attendre jusqu'au 22 janvier 1959, pour accéder à l'AOC
Les deux points forts de ce vignoble reposent sur l'accueil chaleureux des récoltants et aussi sur le fait qu'à partir de 1970, une majorité est venue prospecter la restauration parisienne, en assurant ensuite elle-même les livraisons, ce qu'elle continue d'ailleurs de faire, en sensibilisant le client, toujours content de rencontrer périodiquement son « petit vigneron » (d'ailleurs souvent plus important qu'il ne le pense).
Actuellement, la vogue pour le vin de Sancerre dans la restauration semble s'être un peu émoussée. Deux raisons en sont responsables. Depuis quelques années, malgré plusieurs bons millésimes, on a assisté à une baisse progressive de la qualité. Hormis quelques très bons vignerons possédant en plus des vignes bien placées, elle a touché l'ensemble du vignoble. Une fois encore la cause repose principalement sur les extensions, faites, la plupart du temps, sur des terroirs médiocres en limite d'appellation, sur les villages de Verdigny, Sury-en-Vaux, Veaugues, Vinon, Montigny et surtout Sainte-Gemme. Cette dernière localité n'ayant pas été au départ – avec juste raison – jugée digne d'être retenue dans l'AOC. Depuis le 28 août 1961, elle a réussi à accrocher son wagon au bon convoi, parti de Sancerre en 1936, et ne cesse depuis une vingtaine d'années d'augmenter ses superficies plantées, au point qu'aujourd'hui elle se place dans

le peloton de tête des villages viticoles. Le consommateur a beau être naïf, il arrive un moment où il se rend compte que quelque chose a changé. La qualité baisse régulièrement et les prix (actuellement stables) ont longtemps été en érosion, d'où l'enclenchement d'un processus de désaffection, risquant de devenir irréversible, à l'avantage d'autres appellations.

Les récoltants devraient en prendre conscience et surtout penser qu'il existe aujourd'hui toute une gamme de très bons vins commercialisés à moins de 30 F dans d'autres régions. Il y a aussi le cas des vins rouges issus du pinot noir. La plupart des vignes de ce cépage sont plantées dans les mauvais emplacements rendant les vins médiocres, au point qu'ils ne mériteraient pas toujours l'agrément. Leurs défauts sont multiples : robe à peine plus soutenue qu'un rosé, maigreur explicable par les excès de productions, acidité désarmante et aucune potentialité aromatique. Je pense qu'à 25 F la bouteille, certains seraient encore bien payés. Je serais quand même injuste en logeant tous les récoltants à la même enseigne. Bien que le sancerre rouge soit loin d'être ma tasse de thé, je dois reconnaître qu'il en existe de bons dans le secteur de Bué et à Crézancy, à condition que les vignerons gardent la typicité, en ne les élevant pas dans des fûts neufs. Plaire à une clientèle pour laquelle le bois a valeur de référence qualitative va à l'encontre d'une majorité de consommateurs recherchant plutôt le fruit.

Quant aux rosés, obtenus par pressurage * direct, mieux vaut les oublier, tant ils sont d'une grande médiocrité. Le contraire serait étonnant, vu qu'ils proviennent des cuvées de pinot noir les moins estimables ou des parcelles très mal exposées. Ce n'est plus de l'écrémage, mais de la récupération au niveau le plus bas.

J'ai gardé pour la bonne bouche le cas de Chavignol, jadis terroir * d'exception, au point qu'à une certaine époque le simple énoncé de son nom était un sésame, éclipsant parfois celui de Sancerre. Les choses ont évolué. Ses merveilleuses pentes, d'accès si difficile, produisant des vins remarquables sur les lieux-dits la Comtesse, le Cul de Beaujeu, les Monts Damnés et la Grande Côte sont aujourd'hui encore assez peu plantées, en raison des problèmes de culture [1].

Seuls, un ou deux vignerons, travaillant encore au treuil, ont eu le courage d'y garder l'ensemble de leurs vignes, donnant des vins étonnants.

En revanche, sur presque toutes les maisons, trône invariablement la fameuse pancarte « vigneron récoltant » ou « domaine X » [2]. C'est sans doute vrai, mais on oublie de dire que la majorité des vignes de l'exploitation se trouvent à l'extérieur du célèbre hameau, quelquefois même assez mal placées à Sainte-Gemme.

Chavignol demeure un hameau particulièrement privilégié, ayant la chance d'avoir simultanément deux appellations d'origine contrôlée, une pour le vin, l'autre pour son célèbre fromage. De quoi motiver les plus blasés. Pourtant, ses habitants, sans doute trop gâtés, sont restés insensibles à tant d'avantages. J'en suis arrivé à penser qu'ils ont une vision qualitative particulière. Sinon, comment expliquer que la plupart des fromages, que l'on pourrait parfois facilement confondre avec du plâtre, soient fabriqués pendant une assez longue période de l'année avec du lait congelé, dont la provenance n'est pas toujours bien définie. Attention ! Chavignolais, l'INAO a étendu ses compétences, en s'occupant aussi des fromages. Il est vrai que s'il est aussi efficace que dans

(1) Un viticulteur, à l'aide d'un bulldozer, a commencé à aplanir les difficultés… C'est ça le respect des terroirs…
(2) Bien souvent aussi avec la double casquette de négociant, ce qui est fréquent dans le Sancerrois et ici en particulier.

les vins, on peut là encore se poser des questions. J'ajoute qu'au milieu du hameau un distributeur automatique de crottins fonctionne de jour comme de nuit. Je suggère pour être dans le vent... de lui adjoindre un compartiment annexe réservé aux préservatifs. Au chapitre des griefs, on ne peut passer sous silence les fameuses cuvées de prestige (que le terme est mal adapté !). Ces dernières années, elles ont fait florès chez de nombreux récoltants. C'est un domaine où l'imagination n'est jamais prise en défaut ; on a eu droit à tout : la bouteille spéciale (copie du passé), les cuvées élevées sous bois neuf, les vins vendangés tardivement, les vieilles vignes et j'en passe... un espèce d'écrémage, d'ailleurs pas toujours bon et atypique, finissant par coûter cher au consommateur. En créant les appellations contrôlées, le législateur visait la transparence et la qualité du vin. Les vignerons du Sancerrois devraient s'en souvenir.

– Conseils d'achats. *Le sancerre rouge a ses inconditionnels, qui n'hésitent pas à le parer de toutes les qualités, allant jusqu'à se ridiculiser, en affirmant qu'il peut avec bonheur accompagner les préparations de poissons. Je reste très circonspect sur les vertus du pinot noir, en prétendant qu'en dehors d'un millésime exceptionnel doublé d'un vinificateur talentueux lorsqu'il franchit les frontières de la Côte d'Or, ses vins n'ont absolument aucun intérêt. J'ajoute qu'ils présentent un mauvais rapport qualité/prix. Pour en être convaincu, il suffit de déguster régulièrement la majorité des pinots noirs d'Alsace ou mieux encore les maigres Bouzy !*
En revanche Sancerre produit des vins blancs dignes d'intérêt, lorsqu'ils proviennent de ses meilleurs secteurs et d'un récoltant consciencieux. Bons vinificateurs n'encourant pas de déceptions, les Frères Cotat, Lucien Crochet, Vincent Pinard, Paul Millerioux et le domaine Vacheron. Prolongeant les vignobles du Sancerrois, l'appellation Menetou-Salon, pourtant antérieure, est répartie sur une succession de coteaux entrecoupés de terres céréalières et de prairies d'élevage. La recherche des vignerons y est moins aisée, mais il y a un domaine digne d'intérêt, Henri Pellé Père et Fils, dont les blancs sont agréables et abordables.

VOUVRAY

Dans certaines AOC du Val de Loire, la maturité du chenin pose souvent des problèmes de commercialisation aux vignerons, les obligeant à faire, selon les millésimes, des types de vins très différents. Cela perturbe le consommateur ; il en arrive à ne plus comprendre, au point de parfois délaisser de bonnes appellations comme Vouvray et Montlouis, où l'on trouve simultanément des vins secs * (souvent moyens car produits seulement lors des années difficiles), demi-secs, moelleux (fabuleux trois ou quatre fois par siècle), pétillants * ou de méthode traditionnelle (terme qui remplace celui de méthode champenoise).

– Conseils d'achats. *La Touraine avec Vouvray ne pose guère de problèmes pour dénicher l'oiseau rare, tant est grand l'écart séparant le trio de tête composé de Philippe Foreau, Bernard Fouquet et Noël Pinguet du reste de l'appellation où certains vendangent même à la machine. Sur l'autre rive à Montlouis, même type de vins, la recherche de la qualité passe par les Domaines Deletang et De La Taille Aux Loups.*
Ce vignoble compte encore trois autres appellations : Touraine-Amboise, Touraine-Azay-le-

Rideau et Touraine-Mesland. La dernière, plus importante en volume, le demeure également qualitativement, notamment au Château Gaillard.

CHINON

Le vignoble de Chinon a pris un peu trop d'extension (700 hectares en 1970, plus de 1 800 aujourd'hui, soit près du triple en vingt ans), expliquant l'hétérogénéité des qualités, vu la diversité et l'exposition de certaines parcelles, auxquelles s'ajoute un vaste éventail de récoltants. Avoir accordé sans discernement l'AOC sur un aussi grand ensemble est sans doute une erreur. Les meilleurs terroirs se situent sur les communes de Beaumont-en-Véron, avec ses crus des Picasses (qui reste la valeur la plus sûre) et des Peuilles, sans oublier Chinon (partiellement) au Coteau de Saint-Louans ainsi qu'aux Clos de l'Écho et de l'Olive (volume très restreint). Cravant-les-Coteaux occupe la plus grande superficie mais sur l'ensemble n'est pas le leader du point de vue de la qualité (près d'un tiers des vignes reposent sur des terroirs inondés presque chaque année, dont la vocation première était certainement plus céréalière que viticole). Le reste de son vignoble se trouve sur les plateaux et non les coteaux – nuance ! – où il a pris en partie, voici une trentaine d'années, la place de la forêt qui semblait pourtant mieux adaptée à la nature de certains sols. Pour acheter du vin dans cette localité (il y en a pourtant du bon), il faut connaître parfaitement l'emplacement des plantations et surtout la qualité du vinificateur.

– Conseils d'achats. *Ayant obtenu leurs appellations en 1937, les vins de Chinon, peut-être plus austères les premières années, regroupent quelques bons récoltants, parmi lesquels il convient de retenir le Domaine Olga Raffault, où l'on trouve aussi le meilleur chinon blanc récolté sur une parcelle dénommée Champ Chenin (nom du cépage qui l'engendre), Philippe Alliet et Bernard Baudry, pourtant tous deux à Cravant-les-Coteaux, comme quoi il y a toujours l'exception qui confirme la règle. Il faut associer à la réussite qualitative de cette AOC la famille Couly qui a largement contribué à la faire reconnaître au-delà de nos frontières.*

BOURGUEIL ET SAINT-NICOLAS-DE-BOURGUEIL

Voilà une quinzaine d'années, j'ai passé trois jours consécutifs dans les vignobles de Bourgueil et Saint-Nicolas de Bourgueil, pour déguster chez une vingtaine de récoltants, parmi lesquels figuraient les soi-disant élites de ces AOC. Je n'ai pratiquement trouvé que des caves en désordre, voire sales, du matériel de vinification qui datait de Mathusalem, des futailles tout juste bonnes à alimenter la combustion d'un barbecue et, bien entendu, des vins mal soignés, certains ayant même pris de l'acescence *. Le contraire eût été étonnant, avec des barriques qui, pour la plupart, ne devaient être ouillées * que lorsqu'on sonnait le tocsin dans la commune ; dans certaines il aurait presque fallu une pipette à rallonge, pour atteindre le vin. Où étaient ces excellents Bourgueil et Saint-Nicolas au parfum de framboise, dont j'avais gardé des souvenirs d'adolescence ? Conscients du phénomène, une poignée de jeunes viticulteurs, bientôt suivis par l'ensemble, a pris le taureau par les cornes et remis les appellations sur le rail, au point qu'aujourd'hui, les cuveries sont bien équipées, les rendements maîtrisés et les vinifications conduites avec rigueur. On trouve donc à nouveau d'excellents vins et des prix assez amènes. Attention ! une réserve : ces AOC ont trois sols distincts : tuffeau, graviers et sables (entre les deux derniers, subsiste une bande moins propice, surtout les années humides où l'eau stagne). Petite indication : lors d'une dégustation, demander à voir l'emplacement des vignes.

■ – Conseils d'achats. *Pour ces AOC siamoises, la domination de deux vignerons perfectionnistes commence à s'affirmer : Yannick Amirault (attention aux homonymes) et Pierre-Jacques Druet. En fonction des millésimes et surtout des différents types de terroirs (sable, graviers, tuffeau, etc...), ces vins répondent aux exigences de chacun, selon les saisons et les préparations culinaires, à la seule condition d'être servis un peu frais ; ce qui ne veut pas dire glacés !*

SAUMUR-CHAMPIGNY

Très commercial dans la région parisienne, en raison d'un nom porteur, le Saumur-Champigny demeure un excellent petit vin, surtout lorsqu'il provient d'une bonne cave, dont les vignes sont de préférence situées à Varrains, Chacé ou sur le hameau de Chaintres. Il est dommage que certains hauts de coteaux, où la maturité est plus difficile, plantés antérieurement en blancs le soient maintenant en rouges, où ils donnent des vins terriblement acides. Meilleurs lieux-dits : Les Poyeux sur Chacé et le Clos Cristal sur Souzay-Champigny (malheureusement, les vins actuels ne sont plus ceux vinifiés par l'ami de Clemenceau, appelé familièrement « le père Cristal »).
Lorsqu'on se penche sur un vignoble d'AOC, il est rare qu'on ne prenne pas l'INAO en défaut. On se demande à chaque fois si son action n'est pas actuellement plus néfaste que bénéfique. Sur la commune de Parnay, il a été accordé, aux environs de 1980, des droits de plantations portant sur une centaine d'hectares pour des terrains qui venaient tout juste d'être déboisés pour la circonstance, puis en partie rétrocédés à plusieurs viticulteurs. Lorsqu'on sait que la vigne a une sainte horreur de l'eau, je pense que le choix d'une telle implantation ne pouvait être moins judicieux. Par temps humide, elle stagne parfois plusieurs jours, au point qu'un homme ne peut marcher entre les ceps sans courir le risque de s'enliser. Que le vin de ces parcelles doit être bon !
Le Saumur-Champigny éclipse totalement l'appellation limitrophe. C'est logique qualitativement pour ses meilleures localités. En revanche, le vin produit à Montsoreau et Saint-Cyr-en-Bourg ne vaut guère mieux que celui de la commune voisine Brézé, ni même que ceux de Distré, Le Coudray-Macouard ou Montreuil-Bellay, n'appartenant pourtant modestement qu'à l'appellation Saumur.

■ – Conseils d'achats. *Depuis une dizaine d'années, le saumur-champigny connaît une grande vogue. Il a pourtant dû attendre vingt ans de plus que le chinon et le bourgueil pour obtenir la consécration de l'INAO. Les frères Foucault (ils n'ont jamais grand chose à vendre) sont tellement supérieurs à leurs collègues que vouloir les mettre en parallèle avec d'autres est hasardeux, encore que le Domaine des Roches Neuves ne démérite pas...*

ANJOU VILLAGES

En tout premier doivent être mentionnés les immenses progrès réalisés par plusieurs vignerons de l'appellation Anjou Villages, surtout dans les coteaux de l'Aubance, au sud d'Angers, particulièrement autour de Brissac et Saint-Jean-des-Mauvrets, où se trouvent les meilleurs terroirs. Quelques bons vinificateurs réussissent parfaitement ces vins, en tirant la quintessence du cabernet-sauvignon, ce grand cépage tardif du haut Médoc, maintenant bien acclimaté en Maine-et-Loire. Ils ont su choisir, depuis une dizaine d'années, les emplacements pour le planter – en évitant les situations basses où il s'exprimait mal – et réussir un savant dosage avec son demi-frère le cabernet franc, dont c'était déjà le terroir * de prédilection. Enfin, la plupart des viticulteurs ne commettent pas la sottise d'élever leurs vins sous bois neuf, afin de privilégier la typicité et garder le fruit. Les magnifiques Anjou-Villages n'ont pas de complexes à avoir face aux vieilles gloires que sont les Chinon, Bourgueil et Saumur-Champigny.

Conseils d'achats. *L'Anjou Villages a révélé plusieurs jeunes vignerons, avec un chef de file très* [redacted] - *affirmé, Jean-Yves Lebreton, au domaine des Rochelles. On peut aller aussi en confiance chez son homonyme, Victor Lebreton.*

SAVENNIÈRES

À Savennières, zone infiniment restreinte de vins secs *, au milieu d'un important secteur privilégié des moelleux – hormis La Coulée de Serrant – le choix est abondant, mais la qualité fait souvent défaut. L'appellation sert actuellement de leurre à plusieurs vignerons, dont les exploitations se situent souvent bien loin, jusqu'en Loire-Atlantique ! Là, encore, l'INAO est en faute. Sinon comment expliquer qu'un récoltant ait pu obtenir dans le lieu-dit « La-Roche-aux-Moines » des droits de plantations sur un terrain pourtant impropre à produire des vins de qualité (mais curieusement inclus dans les premières délimitations), où, aux moindres caprices du temps, l'eau stagne (il est vrai qu'il s'agit d'une sorte de cuvette, où elle a sa vraie place).

COTEAUX DU LAYON ET BONNEZEAUX

Finie la chaptalisation * excessive, pour remplacer l'absence de pourriture noble * et les excès de soufre, qui stabilisaient l'ensemble, concourant à rendre les lendemains bien difficiles. Depuis quelques années, les moelleux des Coteaux du Layon et les superbes Bonnezeaux (malheureusement, on ne peut en dire autant de tous les Quarts de Chaume, où curieusement on voit des vignes hautes) peuvent à nouveau rivaliser avec les liquoreux du Sauternais, tout particulièrement ceux de Faye-d'Anjou, Rablay-sur-Layon et Rochefort-sur-Loire, alliant la nervosité à l'onctuosité. Bonne note également pour les vins de Beaulieu, quoiqu'un peu mous, donc plus lourds. Je regrette que l'INAO ferme les yeux sur la mention « Sélection de grains nobles » qui n'est pas réglementaire en Val-de-Loire et qui, pourtant, a tendance à se multiplier...

– Conseils d'achats. *Le département du Maine-et-Loire tire surtout sa gloire de trois crus, deux moelleux et un sec * : Bonnezeaux, Quarts de Chaume et Coulée de Serrant. Aussi, moindrement, d'une vingtaine de communes bénéficiant de l'AOC Coteaux du Layon, quelques-unes supérieures, ayant le droit d'accoler leur nom à celui de l'appellation, cas de Faye-d'Anjou, l'un des meilleurs terroirs. Faire une tentative de sélection parmi les récoltants des Layons n'est pas une tâche facile ; aussi me suis-je cantonné à mentionner un bon tiercé : Philippe Delesvaux, le Château Montbenault (vieux millésimes encore disponibles) et Claude Papin. Bonnezeaux compte un perfectionniste : Marc Angeli.*

MUSCADET

Le sancerre, même lorsqu'il est bon, ne peut éclipser le muscadet indissociable des fruits de mer. L'ensemble des producteurs condescendants des grandes AOC le considèrent comme le parent pauvre ; il a pourtant du charme. J'aime ce vin de soif vif, frais, peu alcoolisé, lorsqu'il est vendangé à maturité et non en surmaturité, surtout lorsqu'il provient des meilleures communes de Sèvre-et-Maine, mis en bouteilles sur ses lies * saines, formées essentiellement des débris de levures * mortes, contribuant, dans les premiers mois qui suivent la fermentation alcoolique *, à l'élaboration de son bouquet par leur rôle réducteur, s'opposant à son altération par oxydation *.
L'appellation « Muscadet sur lies * » a fait l'objet d'un décret du 14 décembre 1977. Pour avoir droit à cette mention, les vins doivent ne passer qu'un seul hiver en cuve ou en fût et se trouver encore sur leurs lies * fines au moment de la mise en bouteilles. Les expéditions en vrac à destination du négoce sont interdites après le 15 février suivant la récolte (date limite qui a été plusieurs fois modifiée). Les vins destinés au commerce doivent théoriquement en plus, avant leur expédition des chais du producteur, être analysés et soumis à l'agrément d'une commission (article 6 bis), seule habilitée à constater qu'ils présentent bien les caractéristiques requises pour porter la mention « mis en bouteille sur lie * », procédure, hélas !, pas systématiquement respectée.
Sous la pression du négoce, il est fortement question, dans les années à venir, de moduler cette date d'enlèvement. C'est aussi un consensus qui serait bien vu de toutes les instances de la viticulture. La raison invoquée par le commerce est d'ordre financier. Il est vrai qu'un nombre extrêmement réduit de négociants importants (on en compte cinq) commercialisent à eux seuls près de 70 % de la production, nécessitant une très bonne trésorerie pour faire face aux échéances. Je me suis pourtant laissé dire que les récoltants attendaient parfois bien longtemps les règlements. Soulignons qu'une loi récente va maintenant leur permettre (espérons-le) d'être payés à 75 jours. En cherchant à modifier cette réglementation, qui a déjà seize ans, le commerce a certainement une autre idée derrière la tête. En raccourcissant les délais entre l'enlèvement et la mise en bouteilles, on ouvre fatalement une brèche susceptible d'avoir des répercussions sur la qualité future.
En outre, les muscadets sont astreints à être mis en bouteilles avant le 1er juillet suivant la récolte et à porter l'indication du millésime. Cette contrainte, pour respecter scrupuleusement les règles imposées par l'AOC, nécessite que les vins durant l'hiver subissent l'action du froid, leur permettant de conserver une teneur en gaz carbonique *

d'environ 1,5 gramme par litre ; ce qui les rend naturellement pétillants *, sans qu'ils aient besoin d'un apport artificiel de CO_2, beaucoup plus problématique (l'exposition à l'air favorisant indéniablement le dégagement du gaz carbonique *, de même que l'élévation de température réchauffant le vin, le CO_2 étant plus soluble à froid qu'à chaud !), pratique pourtant parfois utilisée par le commerce. La meilleure preuve tient dans le fait qu'un personnage très médiatique, M. Métaireau, dirigeant un groupement de vignerons, a convoqué un huissier et la presse pour assister à la mise en bouteilles « sur lie * » des vins, dont il avait la responsabilité commerciale. Opération trop théâtrale à mon avis.

L'appellation concernant ces vins est en fait maintenant représentée par quatre AOC, trois mineures – muscadet, muscadet Côte de Grandlieu et muscadet des Coteaux de la Loire –, et une principale, qui demeure le *nec plus ultra*, muscadet Sèvre-et-Maine. Théoriquement, il s'agit d'une zone comprise entre deux rivières, la Sèvre-Nantaise et la Petite Maine. Dans la réalité, c'est autre chose, oubliés les affluents ! Elle déborde allégrement à l'est sur les cantons de Vallet et du Loroux-Bottereau, en limite de l'Anjou. Il serait plus juste de dire que la RN 149 sépare les « vrais Muscadet de Sèvre-et-Maine » plantés sur une succession de coteaux granitiques et schisteux, des autres issus des sols plus profonds des plateaux, constituant un véritable océan de vignes. Le secteur le plus moyen semble être (hormis le Pallet) le canton de Vallet (prononcé Vallette), qui reste pourtant la capitale du négoce, bien qu'il y ait quelques coteaux ne suffisant pas à relever la médiocrité de l'ensemble.

Le meilleur terroir * du muscadet de Sèvre-et-Maine est incontestablement Saint-Fiacre, au confluent des deux rivières, avec son vignoble tout en coteaux. Viennent ensuite, sans ordre de préférence, la Haie Fouassière, Châteauthébaud, Maisdon-sur-Sèvre, Le Pallet (vin à la fois précoce et plus corsé), Gorges et Monnières (ces deux dernières communes dépendant du canton de Clisson). Le reste du vignoble est d'un ton inférieur.

– Conseils d'achats. *L'appellation Muscadet Sèvre-et-Maine regroupe une large palette de domaines vinifiant bien. Il est impossible de tous les mentionner dans un ouvrage de ce type. Aussi me suis-je contenté de trois exploitants, le premier associant à la qualité un prix vraiment peu courant : le Château de la Mercredière, les Domaines de la Haute-Févrie et Jean & Laurent Poiron, où l'on est jamais déçu.*

CHAPITRE VII

les autres régions

JURA

Ce qui est positif. - Les remarquables et inimitables Château Chalon qui, malgré leur prix relativement élevé, sont, en raison de leur minuscule aire d'appellation, d'un meilleur rapport qualité/prix que l'ensemble des vins jaunes (plus de diversité dans les terroirs) provenant pourtant d'un encépagement et d'un mode de vinification similaires, exigeant un élevage en fût sans ouillage * pendant six ans, avant la mise en bouteilles.
- Les excellents vins de l'Étoile et les Arbois rouges, délicatement fruités, récoltés sur les communes de Pupillin et Montigny-les-Arsures.

Ce qui est regrettable. - L'accroissement des superficies plantées en pinot noir, plus productif et surtout régulier, en raison du choix sélectif des clones, finit par détruire totalement le caractère local des vins rouges.
Seule une infime minorité de jeunes récoltants, très attachés à leur beau vignoble, maintiennent encore un encépagement à base de trousseau et de poulsard, permettant de préserver la typicité des vins.
- À l'instar du pinot noir, le chardonnay, encore plus fertile (venant de la Bourgogne voisine), occupe aussi des surfaces en extension.
- En blanc, parmi les différentes appellations composant ce vignoble, les Côtes du Jura représentent un volume assez important (les rouges sont marginaux), allant jusqu'à rendre, certaines années, leur commercialisation difficile. Elles proviennent généralement

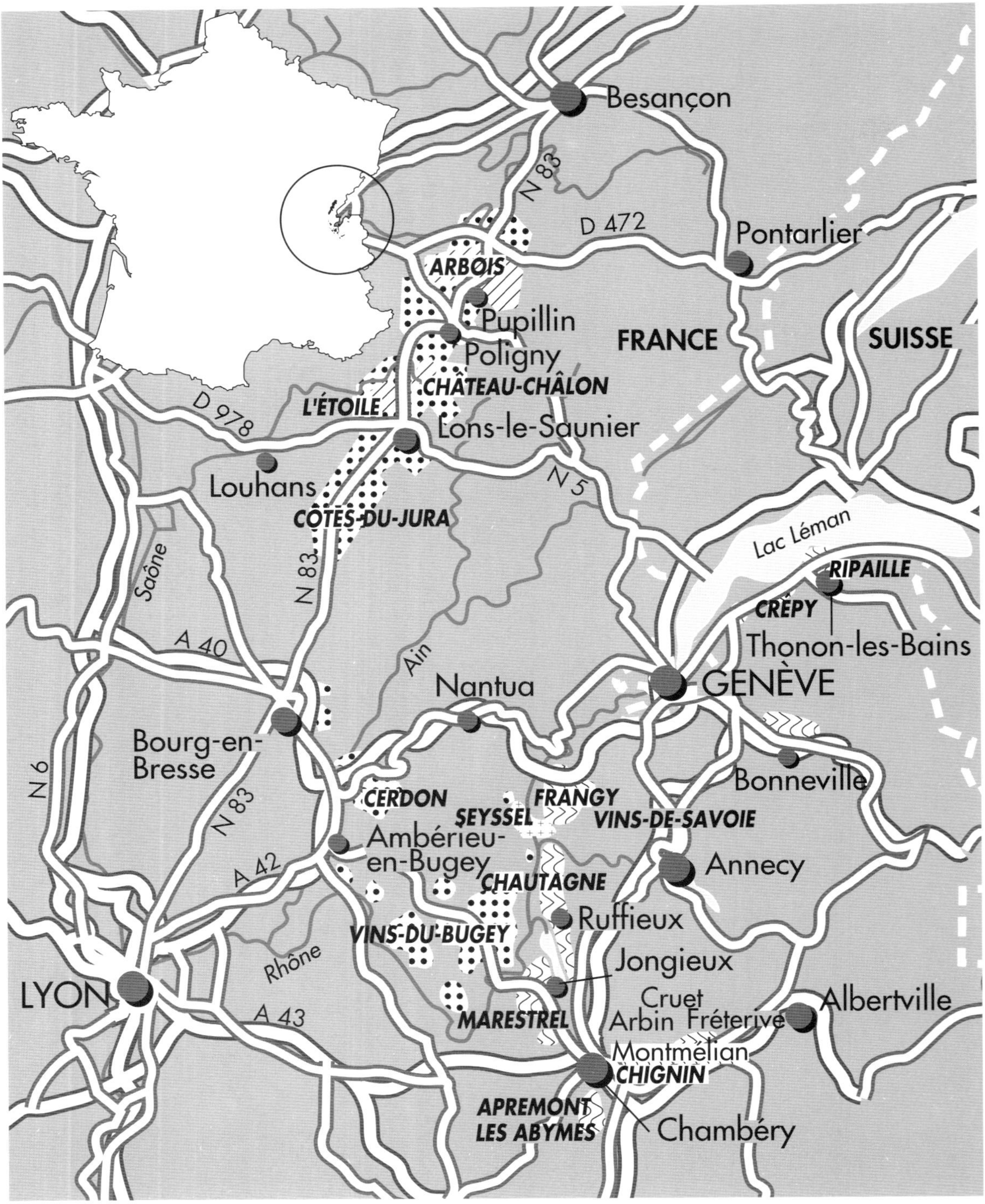

Jura et Savoie

Superficies en exploitation. AOC : 3 351 ha. VDQS : 451 ha. Vins de pays et VCC : 1 740 ha.

Encépagement. Blancs : savagnin (Château-Châlon), chardonnay, chasselas rose et vert (Crépy), jacquère, molette, pinot blanc, gringet, roussette, mondeuse blanche.

Rouges : pinot noir, poulsard, trousseau, mondeuse (Arbin), gamay.

Le regretté Pierre Ramonet et l'auteur en dégustation à Chassagne-Montrachet. Ce vigneron fut non seulement le meilleur vinificateur de la Côte d'Or (les deux couleurs confondues), mais aussi un vrai gourmet et un personnage hors du commun.

La célèbre vente aux enchères des Hospices de Beaune, qui attire les plus gros acheteurs étrangers. Elle est loin l'année 1859, où Joseph Pétasse, économe des Hospices, allait prospecter pour faire connaître les vins !

Vignoble de Jasnières, au lieu-dit « Les Jasnières », cœur de l'appellation. Le prince des gastronomes, Curnonsky, disait : « Trois fois par siècle, c'est l'un des plus grands vins de France. » Il avait dégusté 1893, 1921 et 1947 !

Vinificateur d'exception, le regretté Georges Mugneret pigeant une cuve de pinot noir provenant du Clos de Vougeot. Cette pratique tend malheureusement à disparaître, et c'est dommage, car elle permettait d'extraire le maximum de couleur et d'arômes au subtil pinot noir.

Un océan de vignes appartenant en partie au Chavignolais sur les terroirs médiocres de Sainte-Gemme. Qu'à cela ne tienne ! Le siège des exploitations est à Chavignol et c'est le principal.

Il n'y a plus guère de place en Côte de Nuits pour y planter encore de la vigne. On voit que les montagnards sont là, même si au-delà d'une certaine altitude les raisins ont bien du mal à acquérir une maturité suffisante.

Sur les coteaux escarpés de la Coulée de Serrant, grâce à Nicolas Joly, le cheval demeure encore un précieux auxiliaire, respectant les vieux ceps de chenin, qui donneront plus tard ce merveilleux et inimitable vin sec de l'Anjou, qui n'a pas à avoir de complexe face aux autres grands vins blancs de France.

Quand la terre des crus classés quitte ceux qui la cultivaient, ou lorsque les familles de viticulteurs, pourtant très attachées à leur terroir, sont supplantées par des compagnies d'assurances (Château-Beychevelle)...

... ou des Japonais (Château-Lagrange), pour cause de droits de succession qui ont plus à voir avec les taux d'usure et qui dilapident à terme le patrimoine national, si les pouvoirs publics ne revoient pas les taux d'imposition.

Parmi beaucoup d'autres, quatre étiquettes répréhensibles, histoire d'égarer un peu plus le consommateur dans le labyrinthe des appellations : Meursault 1er cru *Les Narvaux, Chablis* Grand Cru *La Moutonne, Jurançon* vendanges tardives, *et* Rouge *de Turckheim. La liste est loin d'être exhaustive.*

Sous la colline de la Crouzette, à Châteaugay, la pittoresque et unique rue des caves – dans certaines subsistent des cuves antiques en lave – qui méritent d'être découvertes, entre autres celle de la famille Rougeyron.

Château de La Chaize à Odenas, édifié entre 1674 et 1676 par le frère du confesseur de Louis XIV. Dans l'AOC Brouilly, ce Château est réputé pour sa magnifique cave, la plus impressionnante du Beaujolais.

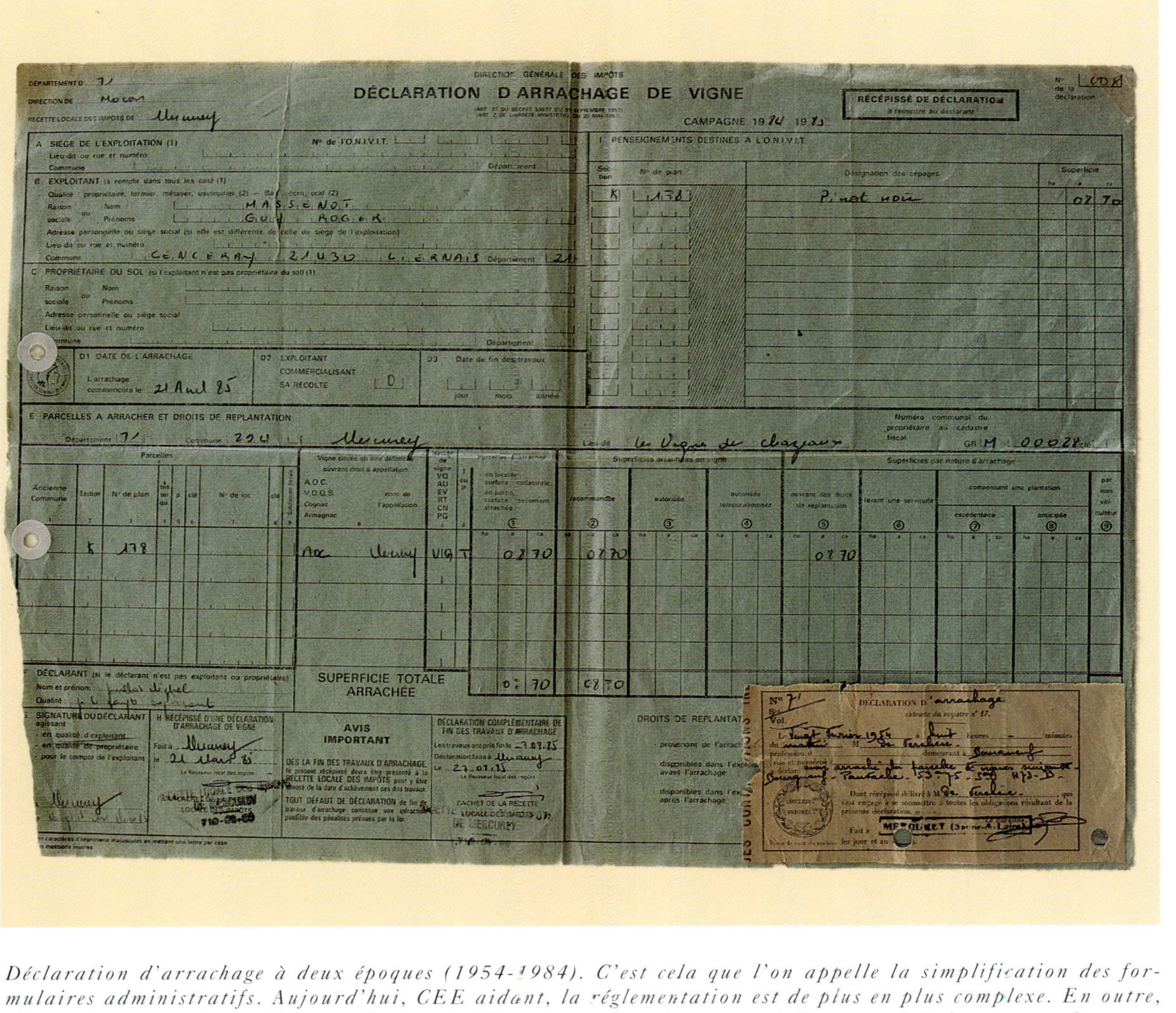

DIRECTION GÉNÉRALE DES IMPÔTS

DÉCLARATION D'ARRACHAGE DE VIGNE

RÉCÉPISSÉ DE DÉCLARATION à remettre au déclarant

CAMPAGNE 1984 1985

A SIÈGE DE L'EXPLOITATION

B EXPLOITANT — Nom MASSENOT — Prénoms GUY ROGER — Commune CENCERAY 21430 LIERNAIS

C PROPRIÉTAIRE DU SOL

D1 DATE DE L'ARRACHAGE — L'arrachage commencera le 21 Avril 85

D2 EXPLOITANT COMMERCIALISANT SA RÉCOLTE

D3 Date de fin des travaux

E PARCELLES A ARRACHER ET DROITS DE REPLANTATION

I RENSEIGNEMENTS DESTINÉS A L'O.N.I.V.I.T. — Pinot noir — 07 70

SUPERFICIE TOTALE ARRACHÉE

AVIS IMPORTANT

DÉCLARATION D'ARRACHAGE — extrait du registre n° 17

DROITS DE REPLANTATION

Déclaration d'arrachage à deux époques (1954-1984). C'est cela que l'on appelle la simplification des formulaires administratifs. Aujourd'hui, CEE aidant, la réglementation est de plus en plus complexe. En outre, elle varie presque journellement. Pourquoi s'étonner que les vignerons négligent parfois leurs caves ?

Vignoble de Provence, sur les hauteurs de Saint-Tropez : un coin de rêve, mais des vins surestimés, qui ne justifient pas toujours leur prix. Être récoltant dans cette zone n'oblige pas à faire des efforts : c'est une rente de situation.

Splendide coteau de l'un des plus grands vins de France : L'Hermitage, dominant majestueusement le Rhône. L'une des rares appellations prestigieuses qui n'ait jamais subi la moindre extension. Ses vins sont remarquables.

L'Alsace, fidèle aux cépages qui ont fait sa renommée, poursuit sa spectaculaire percée, avec une qualité toujours en progression. Au pied de la Thur, l'un des meilleurs grands crus du vignoble alsacien : le Rangen de Thann, remis en valeur par Léonard Humbrecht.

Perle du vignoble jurassien : Château-Chalon, au terroir et au goût si particuliers. Une minuscule aire d'appellation pour des vins remarquables et inimitables, exigeant un élevage en fût sans ouillage pendant six ans.

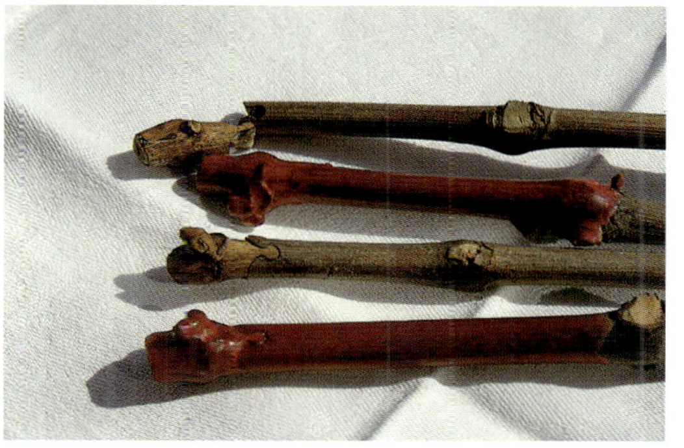

Greffé-soudé, paraffiné contre la dessication, ou la symbiose du porte-greffe et du greffon. Le porte-greffe peut être un facteur important de la vigueur de la vigne, par conséquent de la production, et donc de la qualité du vin.

Le minuscule – mais ô combien grand ! – Château-Lafleur à Pomerol. Certaines années, il rivalise avec Pétrus, dont il est le plus proche voisin. Un vin renommé et introuvable, dont la rareté est encore accentuée par le volume restreint de son aire d'appellation : 4 hectares.

L'œnothèque du Château du Clos de Vougeot où dorment les échantillons des vins tastevinés pour contrôles éventuels en cas de contestation sur la typicité de l'AOC. Il appartient à la célèbre Confrérie des Chevaliers du Tastevin.

Ribeauvillé avec, en toile de fond, le grand cru Kirchberg, où la Maison Trimbach récolte une partie des raisins de son superbe Riesling « Cuvée Frédéric Émile », un des produits haut de gamme de ce vinificateur.

Une riche palette de bouteilles rares. Un lot à mettre en émoi une salle des ventes. À la propriété, elles demeurent introuvables (Château-d'Yquem mis à part), ce qui est dommage. Mais c'est sans doute la raison pour laquelle elles font tant rêver les connaisseurs de vins…

d'un assemblage * dominant de chardonnay, associé au savagnin ou des jeunes vignes de ce dernier cépage jugées inaptes à la production de Vin Jaune et de Château-Châlon. Conscients des problèmes rencontrés, les producteurs s'efforcent de typer leurs vins, en accentuant le goût de « jaune » par la technologie ou l'imagination, les procédés les plus utilisés consistant à :
- laisser le vin séjourner pendant un certain temps dans un fût ayant préalablement contenu un vin jaune, encore imprégné des levures * naturelles du savagnin ;
- l'ensemencer fortement avec des levures industrielles * appropriées.

Il se murmure aussi, sous le manteau, qu'il existe certains procédés répréhensibles permettant de frauder, en renforçant artificiellement l'éthanal * [1], marqueur naturel de l'activité biologique du goût de jaune, par un apport de faux éthanal [2].
Il est évident qu'avec de telles pratiques, le vin prend « l'accent jurassien » et surtout cette oxydation * recherchée par les amateurs.
- Je déplore que, dans le secteur d'Arbois, il ait été beaucoup arraché de chardonnay pour y replanter du savagnin, destiné à la production d'un vin jaune standardisé par certaines des pratiques déjà évoquées.

- Achats : quelques adresses éparses. *Château-Châlon : on peut acheter en confiance chez Marius Perron et Jean-Marc Courbet. Tandis qu'à l'Étoile, il serait dommage de ne pas déguster les superbes vins du Domaine Montbourgeau. Choix plus vaste en Arbois, où une poignée de bons vinificateurs sortent du lot, entre autres Jacques Puffeney, André et Mireille Tissot, Daniel Dugois et le Domaine de la Pinte.*

SAVOIE

Ce qui est positif. - À Chignin, une poignée de récoltants (plusieurs homonymes) tirent la quintessence du meilleur vin blanc savoyard, le bergeron, issu de la noble roussanne (cépage de l'Hermitage), cultivée ici sur de petites terrasses (une dizaine d'hectares) bien ensoleillées, semblables aux restanques de Bandol, principalement au Hameau de Thormery.
- L'excellent vin rouge coloré, aromatique et élégant – à condition de ne pas avoir été élevé en fût neuf – provenant de la mondeuse, récoltée à Arbin, son terroir * de prédilection, en raison d'un sous-sol reposant sur du calcaire friable et de très bonnes expositions plein sud. Dans les autres crus (Cruet, Saint-Jean-de-la-Porte et Montmélian), elle donne généralement des vins plus communs, souvent dilués en raison des excès de production.

Ce qui est regrettable. - Le cru le plus connu est Apremont, où l'on trouve de plus en plus de vins indignes de porter cette AOC. Deux causes à cette dégradation : on a trop replanté et surtout abusé des engrais potassiques ; pour créer certaines parcelles

(1) L'éthanal, de la famille des aldéhydes, est un intermédiaire entre l'acide acétique et l'alcool éthylique. On l'obtient soit en oxydant l'alcool éthylique, soit en réduisant l'acide acétique.
(2) Pour fabriquer de l'ersatz d'éthanal, il suffit simplement de rajouter de l'eau oxygénée chimiquement pure à 110 ou 130 volumes. À ce moment-là, on transforme une partie de l'alcool en éthanal, difficilement détectable à l'analyse.

nouvelles, les vignerons ont parfois fait appel au bulldozer pour dérocher les coteaux, modifiant ainsi complètement le drainage naturel ;
Les individualités, ayant amené la multiplication de petits crus en détruisant l'unité, ont fini par créer un vignoble trop morcelé, désorientant complètement le consommateur.
Joue également un rôle néfaste, la mauvaise répartition des cépages rouges, entre autres la mondeuse et surtout le gamay, qui n'a pas toujours sa place dans plusieurs secteurs.
La suppression du gamay teinturier (raisin à jus rouge) dans les nouvelles plantations du cru Chautagne n'a pas été une initiative heureuse, car il contribuait à la typicité de ce vin, palliant son manque de couleur.
Je déplore les scandaleux excès de rendement de l'AOC Crépy. Le chasselas, lorsqu'on l'aide, a la faculté de produire à outrance. Ses vins ont alors à peu près les arômes d'une eau minérale !

- Achats : les deux meilleurs suffisent. *Vu l'étendue et le morcellement des petits crus, il est vraiment difficile de recommander une cave. En indiquant celle d'André Quenard & Fils avec son superbe Chignin Bergeron et Charles Trosset pour son époustouflante Mondeuse, je ne risque pas d'être contredit.*

LANGUEDOC

Ce qui est positif. - Les excellents vins de plusieurs domaines du cru Faugères issus des rudes terroirs de schistes noirs.
- La zone du Minervois semble aussi intéressante pour ses terroirs. Il est seulement dommage que peu de récoltants réussissent à faire actuellement des vins ayant structure et potentialité aromatique.
- Au nord-est du Minervois, seuls quelques sites privilégiés sont plantés en vignes, notamment Saint-Jean de Minervois, produisant l'un des meilleurs muscats, rivalisant avec ceux de Rivesaltes et Beaumes-de-Venise (ce dernier en Côtes du Rhône). Sa finesse est due à des conditions de maturation * différentes, provoquées par l'altitude. Un surplus d'acidité masque en partie la sucrosité du produit, en contribuant à son équilibre. Les partisans d'une théorie, selon laquelle un cépage ne donnerait sa meilleure expression qu'en limite nord de son aire de culture, semblent avoir raison dans cette AOC.
- Le Languedoc produit aussi d'excellents vins de pays issus d'un seul cépage (rouges et blancs), provenant du merlot, cabernet sauvignon, syrah, chardonnay et chenin. Paradoxalement, ces sans-grade sont parfois supérieurs à beaucoup d'appellations, si l'on excepte celles produites par une poignée de très bons vinificateurs.

Ce qui est regrettable. - Presque chaque année, des groupes de manifestants envahissent les villes, allant parfois jusqu'à tout casser sur leur passage, sous prétexte que les vins se vendent mal ou que le négoce ne les paie pas assez cher. Avant de semer la pagaille, ils devraient penser que ce n'est pas en attaquant verbalement les autres régions qu'ils pourront défendre la leur, mais plutôt en modifiant totalement l'encépagement et en réduisant les productions. Un viticulteur d'AOC consacrée et un producteur de vins de table n'ont d'ailleurs pas plus de points communs qu'un

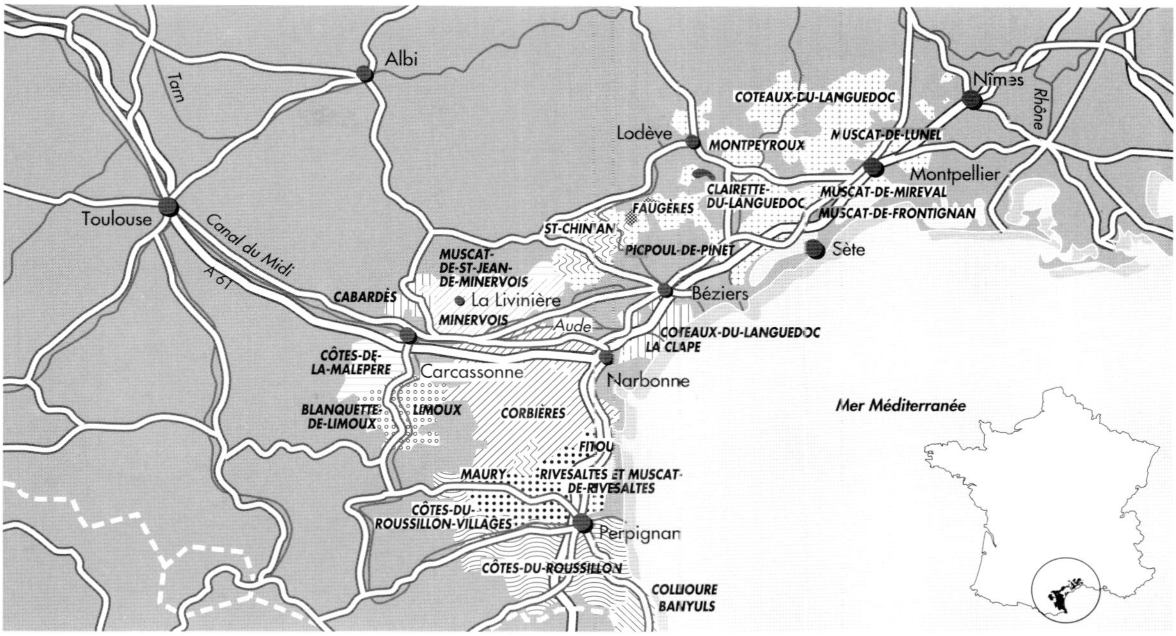

Languedoc et Roussillon

Superficies en exploitation. AOC : 69 183 ha. VDQS : 737 ha. Vins de pays et VCC : 226 720 ha.

Encépagement. Blancs : clairette, grenache blanc, maccabéo (côtes du Roussillon), marsanne, roussanne, ugni blanc, bourboulenc, terret blanc, carignan blanc, listan, viognier, rolle. Vins doux naturels : muscat d'Alexandrie, muscat de Frontignan. Vins de pays : sauvignon, chardonnay, sémillon, chenin. Accessoirement : petit manseng, riesling, pinot blanc.

Rouges : grenache, carignan, mourvèdre, cinsault, syrah, lliadoner pelut (Pyrénées Orientales), picpoul noir, terret noir, aspiran noir et gris. Cépages secondaires : counoise, œillade, tempranillo. Vins de pays et VCC : cabernet franc, cabernet sauvignon, malbec, merlot, pinot noir, gamay, alicante bouschet, aramon, tannat.

joaillier et un quincaillier. La crise ne tient pas essentiellement aux apports anarchiques de vins en provenance d'Italie, mais surtout au fait que beaucoup des nôtres demeurent médiocres.

- Pour un esprit averti des choses de la viticulture, il est évident que la loi de 1973 (faite pour les vignerons du Midi), dont l'objet avoué était la suppression des origines simples, avait un tout autre but. Elle visait uniquement, pour l'avenir, à ouvrir grande la porte des AOC à toute une kyrielle de vins recherchant une identité. Par sagesse, l'INAO, avant de la rendre opérationnelle, a observé astucieusement une période de transition afin de ne pas provoquer la réaction en chaîne des autres appellations. Comme il fallait s'y attendre, une douzaine d'années plus tard, lors du passage en AOC des VDQS du Languedoc, la Commission de délimitation en profita pour inclure à l'ensemble la bagatelle de 8 154 hectares, afférent à vingt-quatre nouvelles communes. Les parcelles retenues étaient auparavant uniquement autorisées à produire des vins de consommation courante. Toute proportion gardée, c'est un peu comme si à l'armée un deuxième classe, par simple décision, devenait général de corps d'armée. Comment peut-on espérer du jour au lendemain que des récoltants, ne sachant pas toujours faire un vin de table convenable, puissent vinifier en respectant les usages d'une AOC. Quant aux terroirs (à quelques exceptions près), ils sont restés très médiocres. Des points positifs existent : l'étiquette est anoblie, les prix sont réévalués à la hausse et naît l'espérance pour les pouvoirs publics de juguler l'ampleur des futures émeutes toujours possibles avec ces récoltants perpétuellement agités. Maintenant que le processus est en route, plus rien ne peut l'arrêter : l'organisme sur lequel repose le respect des AOC a d'ailleurs annoncé qu'une soixantaine de localités de l'Hérault et du Gard sont en cours de délimitation parcellaire en vue de l'octroi d'une éventuelle appellation contrôlée. Le consommateur devra se montrer de plus en plus prudent pour ses achats, surtout dans les grandes surfaces. Encore faudra-t-il connaître la mise à jour des localités concernées !

Il ne faudrait pas avoir la mémoire courte. La réglementation viticole française est la plus complexe du monde. Lorsqu'on la parcourt, on constate qu'un certain nombre de mesures n'ont eu pour but que de calmer les esprits échauffés des vignerons du Midi, ces enfants terribles de la profession.

- La déclaration de récolte, à laquelle sont astreints tous les récoltants, est venue à la suite de la révolte sanglante de vignerons du Languedoc en 1907.
- La plantation de vignes réservées à la consommation familiale, limitée à 20 ares, a été abolie, pour ne pas nuire aux producteurs de vins de table. Sa suppression, offrant aux récoltants la possibilité d'acheter à l'extérieur des vins de consommation courante pour leur usage familial, crée une sorte de paradoxe. D'un côté, elle pénalise les viticulteurs honnêtes, en les privant d'un droit légitime ; de l'autre, elle a un effet pervers, en permettant à d'autres de procéder à des acquisitions hors exploitation, parfois bien difficiles à contrôler, à moins de poster un gabelou devant la porte de chaque cave ! Les apports frauduleux pouvant servir à deux usages : « vins médecins * » issus d'alicante bouschet, par exemple, pour remonter une cuvée déficiente ou livraisons répétitives assurant le PLC *. J'avoue que, dans certaines régions où la probité n'est pas toujours de mise, j'ai parfois des doutes en voyant un camion-citerne en action devant un domaine viticole. On peut, en effet, se poser la question : procède-t-il à un enlèvement ou, au contraire, à une livraison, surtout quand l'opération se déroule très tôt ou tard le soir comme cela se produit parfois en Côte d'Or, avec ces citernes que je suis parfois tenté d'appeler le « SAMU viticole ». La tricherie peut encore être facilitée dans certaines grandes régions d'AOC par l'obligation faite aux vignerons de fournir chaque mois 50 litres de vin de table à chaque employé, au titre des avantages en nature.
- Une autre contrainte imposée à tous les vignerons – les prestations d'alcool vinique [1] – a aussi pour origine le Midi viticole. À une certaine époque, il était fréquent que les viticulteurs de cette zone usent de pratiques nuisant à la qualité : suppression des marcs ou passage des lies * au filtre presse, afin de faire un peu plus de vin pour la distillation, pratiques en voie de disparition. Les pouvoirs publics y ont remis de l'ordre, en obligeant maintenant chaque année (en fonction du volume rentré en cave) tous les récoltants français sans exception à livrer gratuitement à l'État une certaine quantité d'alcool dit de rétrocession, les mettant dans l'obligation pour la produire, de faire distiller des marcs moins asséchés. Ne soyons pas hypocrites à ce sujet, l'objectif de l'État étant plutôt de limiter les productions…

(1) Après les vendanges, chaque exploitant, en fonction de sa récolte, est tenu de fournir – pour ainsi dire gratuitement ! – à l'État, un taux d'alcool pur obtenu par la distillation des marcs (résidus secs de pressurage après vinification) ou des grosses lies. Un viticulteur ayant produit 700 hl de vins sera imposé à 10 hl d'alcool à 50°.

- L'année 1974 a vu apparaître une nouvelle réglementation des rendements, supprimant la possibilité des déclassements * en cascade dans les AOC, pour permettre aux producteurs du Languedoc de vendre plus facilement leurs vins de table. Hélas ! ce fut pour eux un coup d'épée dans l'eau ! Aujourd'hui le consommateur boude ce type de produit.
- Enfin, on a complètement oublié les quatre calamités, ayant frappé et détruit une grande partie du vignoble français à la fin du siècle dernier : mildiou, oïdium, phylloxéra et black-rot, dus essentiellement aux importations de vignes en provenance d'Amérique du Nord par des vignerons du Languedoc, dans le seul but d'accroître leur production. Cette accumulation de griefs devrait inciter les manifestants à faire parfois preuve d'un peu plus de réserve dans leurs revendications.

- Achats : prudence, les valeurs sûres sont très limitées. *Immense vignoble encore très hétérogène, vu la diversité de ses terroirs et le balbutiement des techniques de vinification, sauf dans de rares domaines bien précis émergeant très nettement au-dessus de la mêlée, tels Alquier (Faugères), le Clos Centeilles (Minervois), Saint-Jean-de-Bébian et François Henry (coteaux du Languedoc).*
Frontignan : beaucoup de vins doux naturels (VDN) standards et une valeur très affirmée, le Château La Peyrade.
Minervois : un superbe muscat au domaine Barroubio.
Dans cette brève énumération, je n'aurais garde d'oublier le Domaine de La Grange Des Pères et les extraordinaires vins de pays blancs et rouges du Mas Daumas Gassac, supérieurs à beaucoup de grandes AOC bordelaises et bourguignonnes. Leur propriétaire, Aymé Guilbert, est vraiment un personnage hors du commun. Il a aussi signé avec un groupement de propriétaires une sorte de contrat moral de partenariat pour assurer la vinification et la commercialisation d'un vin produit exclusivement avec de très vieilles vignes de coteaux regroupant des cépages en voie de disparition, vu leur rendement ridicule. Cela donne les Terrasses de Guilhem, dont le rapport qualité/prix n'a pas d'équivalent en France.

ROUSSILLON

Ce qui est positif. - Les remarquables vins doux naturels qui sont produits à Rivesaltes, Maury et Banyuls.
- Les Côtes du Roussillon Villages, issus de cinq communes, dominent l'ensemble de l'appellation : Tautavel, Caramany, Latour de France, Baixas et Calce (plus précoces). La qualité de leurs vins est due à la richesse des terroirs, mais aussi à une maîtrise en vinification, paraissant dans l'ensemble mieux contrôlée qu'en Languedoc.

Ce qui est regrettable. - À Rivesaltes, l'extension démesurée des surfaces consacrées au muscat.
- Là encore, je n'ai pas compris la position de l'INAO pour l'appellation Muscat de Rivesaltes. Dans cette plaine, l'une des plus chaudes et des plus précoces de France, il oblige les domaines en restructuration à replanter du muscat à petits grains jusqu'à concurrence de 50 %, ce qui est trop. C'est un terroir * où le muscat d'Alexandrie s'exprime magnifiquement, en donnant aux vins des arômes remarquables, alors que le muscat à petits grains, indispensable en complémentarité – je le concède – brûle parfois

ses parfums sur le cep et s'étiole, sauf lorsqu'il est ramassé très tôt. Malheureusement, il faut attendre le bon vouloir du préfet, pour commencer la cueillette…

– Conseils d'achats. *Vins doux naturels (VDN) : trois domaines s'imposent : Docteur Parcé (Banyuls), Cazes (Rivesaltes) et Mas Amiel (Maury).*
Côtes du Roussillon : on peut acheter en toute confiance au domaine Gérard Gauby ainsi qu'aux caves de Tautavel et Baixas (prononcer « Béchas »).

SUD-EST ET CORSE

Dans les six appellations contrôlées composant cet immense vignoble, entrecoupé de no man's land rocheux et forestiers, on trouve obligatoirement de fortes disparités qualitatives. Le fait que l'appellation la plus importante en volume se soit attribuée le mot magique de « Provence » joue à son avantage et fait injustement oublier au consommateur qu'il existe aussi dans le Sud-Est quatre AOC de notoriété pourtant bien antérieure (Cassis, Palette, Bandol et Bellet) – dont deux il est vrai au volume ultra-confidentiel, mais tout aussi provençales – et une très récente, les Coteaux d'Aix.

Côtes de Provence. Pendant très longtemps, seule la glace faisait la réputation des Côtes de Provence. Ce n'est heureusement plus vrai aujourd'hui, bien qu'il subsiste encore un certain pourcentage de rosés très moyens. Cette région, représentant un volume considérable de vins, comprend plusieurs secteurs, dont trois principaux : la zone côtière propice aux vins blancs, notamment à la Londe-des-Maures, le plateau triasique et la dépression permienne. C'est dans ce dernier et particulièrement sur les communes de Cuers, Pierrefeu, Gonfaron et Pignans que l'on trouve souvent les meilleurs vins rouges.
Les Côtes de Provence, curieusement, ont aussi leurs crus classés, mais une révision s'impose. Certains ont aujourd'hui disparu et d'autres n'en sont plus dignes. Cela ne gêne personne, tant sont rares ceux qui les connaissent encore.

Ce qui est regrettable :
- beaucoup trop de caves coopératives (plus de 50) ont pour ainsi dire main mise sur l'appellation ;
- la multiplication des bouteilles fantaisies, certaines étant plus appropriées pour contenir une eau de toilette que du vin ;
- certains vins, produits dans les environs de Saint-Tropez, sont d'une qualité ne justifiant pas toujours leur prix. Avoir la chance d'être récoltant dans cette zone n'oblige pas obligatoirement à faire des efforts. C'est une rente de situation. Tout le monde sait qu'avec une locomotive, allant dans la bonne direction, les wagons suivent…
- enfin, je n'ai jamais compris que le Service de la Répression des Fraudes n'intervienne pas pour faire supprimer sur les bouteilles de vins blancs, dans la plupart des domaines – et pas des moindres – la mention « blanc de blancs * », qui n'est qu'un artifice, pour donner au produit une valeur qui n'en est pas une. C'est habile, mais fallacieux. Pourquoi pas « rouge de rouges » !

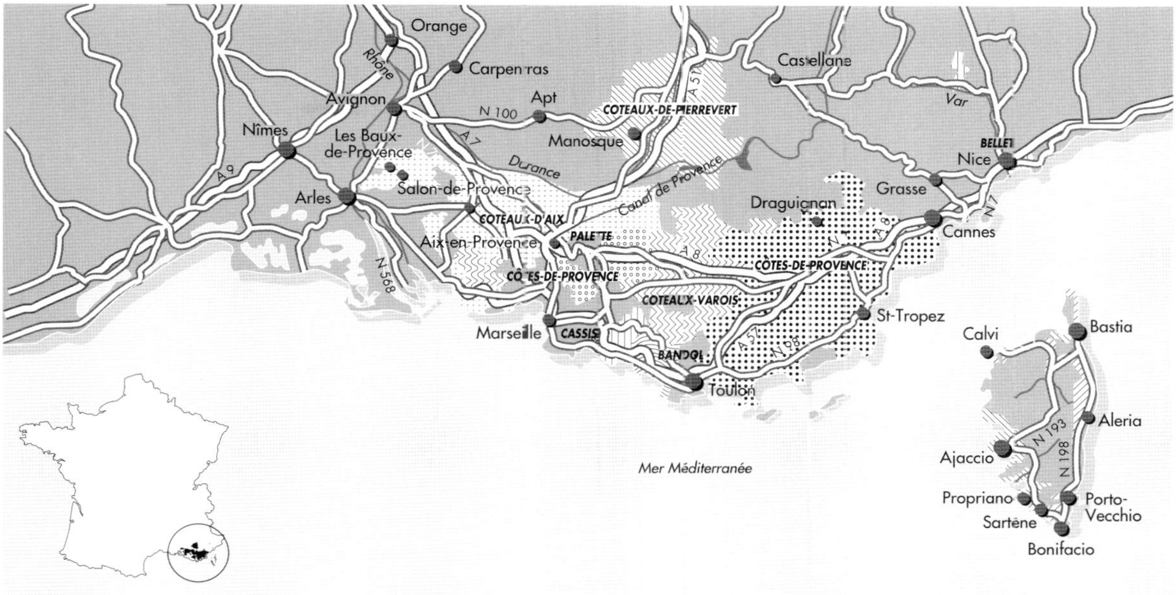

Superficies en exploitation. AOC : 26 329 ha. Vins de pays et VCC : 29 117 ha.

Encépagement. Blancs : bourboulenc, clairette, ugni blanc, sauvignon, sémillon, rolle (Bellet), chardonnay, marsanne, pascal blanc, vermentino (Corse). Cépages secondaires : pignerol, muscat à petit grains, doucillon.

Rouges : grenache, mourvèdre, syrah, cinsault, tibouren, sciacarello (Corse), niellucio (Corse), braquet (Bellet), folle noire (Bellet). Cépages secondaires : barbaroux, clairette rose, barbarossa, codi varta.

■ – Conseils d'achats. *Côtes de Provence : il y a vraiment un trop grand éventail de vins, pour véritablement donner un conseil précis, si ce n'est choisir de préférence les blancs sur la zone côtière et les rouges dans les meilleures communes de la dépression permienne. Parmi les exploitations n'encourant pas de reproches : Domaine du Jas d'Esclans, de Richeaume, de Rimauresq (très vieilles vignes et conservatoire des anciens cépages provençaux) et le Château de Roux, mais il en existe sans doute d'autres, peut-être même supérieurs.*

PALETTE. Aux portes d'Aix-en-Provence, un vignoble lilliputien, bénéficiant sur ses coteaux exposés au nord d'un microclimat * privilégié et d'un encépagement où subsistent de bons vieux plants provençaux aujourd'hui complètement disparus. Il produit des vins ayant à la fois distinction et race. On ne s'attend pas à trouver, tant en blanc qu'en rouge, une aussi grande qualité sous cette latitude. C'est un très vieux vignoble, ayant appartenu aux moines des Grands Carmes d'Aix. Ce sont eux qui creusèrent, au XVIe siècle, les splendides caves de la Bastide de Meyreuil, devenue depuis le Château Simone, phare de l'appellation.

■ – Conseils d'achats. *Palette : sur les trois seuls récoltants, il faut se tourner vers celui dont la famille est à la base du décret d'appellation, M. René Rougier au Château Simone. Les blancs sont étonnants, les rosés parmi les meilleurs du Sud-Est avec ceux du Château de Bellet.*
Quant aux rouges, je trouve que le séjour sous bois pendant trois ans les sèche un peu, en leur enlevant du fruit ; c'est dommage, car ils ont beaucoup de matière.

BANDOL. La réussite exceptionnelle d'un cépage particulièrement difficile, mais d'une grande qualité, le mourvèdre. À lui seul, il a fait la réputation des merveilleux vins rouges de cette AOC trop restreinte à mon sens, mais c'est ainsi que l'on maintient la qualité ; le mérite en revient à deux hommes, M. Roethlisberger et surtout Lucien Peyraud, courageux pionnier et défenseur des vraies valeurs dans un INAO de la première heure, dirigé par le baron Le Roy, à la façon du chevalier Bayard.

– Conseils d'achats. *Bandol, par son volume de production, est la plus connue. Elle est assez homogène qualitativement : il est donc plus délicat de faire un choix parmi une douzaine de très bons récoltants. On ne court pas de déception au Château de Pibarnon et au Domaine Tempier, où règne un esprit familial et un accueil d'un autre temps.*

BELLET. On peut remercier les quelques très rares récoltants ayant su, dans ce quartier excentré de Nice dont la situation géographique est exceptionnelle, résister aux offres mirifiques des promoteurs et des horticulteurs, en continuant à cultiver les vieux ceps de rolle (et non pas vermentino), de braquet et de folle noire (que l'on ne trouve plus guère en dehors du Château de Bellet), pour vinifier l'un des meilleurs vins du Sud-Est. À propos de cette AOC, une petite mise au point s'impose. Il est exact que la famille Bagnis, propriétaire actuel du Château de Crémat doté d'une merveilleuse cave, a donné, à une certaine période un second souffle à l'appellation. En revanche, la reconnaissance de l'AOC est due essentiellement, ne l'oublions pas, à l'ancien propriétaire du Château de Crémat, M. Thomé, et à la famille de Charnacé, exploitant avec talent une propriété familiale, dont la tradition viticole remonte à quatre siècles. Il faut préciser qu'avant la guerre, elle comptait à elle seule presque 40 hectares plantés, soit à peu près l'équivalent de l'ensemble de l'AOC actuelle. Madame Rose de Charnacé mère est d'ailleurs la fille du dernier baron de Bellet.

– Conseils d'achats. *À Bellet, si l'on excepte le Château du même nom, valeur sûre de l'AOC, le risque d'être déçu est grand.*

CASSIS. Lors de l'attribution de son appellation d'origine contrôlée le 15 mai 1936, elle n'a pas été assortie d'exclusion – comme toutes les autres AOC – pour certaines zones des bas, peu aptes à recevoir de la vigne. Cette lacune explique que l'on trouve aujourd'hui, dans cette jolie commune, lieu de promenade privilégié des Marseillais, des vins de qualité très hétérogène.

– Conseil d'achats. *Entre le Cap Canaille et les Calanques de Cassis, beaucoup de choix avec des vins blancs intéressants (compagnons indispensables de la bouillabaisse) au Clos Sainte Magdeleine et au Domaine du Paternel. Je n'en dirai pas autant des rouges, très médiocres.*

COTEAUX D'AIX ET DES BAUX-DE-PROVENCE. D'appellations plus récentes, ils demandent encore à s'affirmer, pour présenter une qualité plus homogène.

– Conseils d'achats. *Coteaux des Baux-de-Provence. Il n'a pas été facile de faire reconnaître ce complément d'AOC par les instances dirigeantes de l'INAO, plus conservatrice que novatrice, donc peu encline à comprendre un perfectionniste comme le propriétaire du Domaine de Trévallon, Éloi Dürrbach, sorte de chien blanc né dans une portée de chiens noirs. Ses rouges sont parmi les plus grands du Sud-Est, mais les blancs doivent être revus pour un boisage moins prononcé. Il vient d'ailleurs d'être exclu de l'appellation. Motif : encépagement à trop fort pourcentage de cabernet sauvignon. En revanche, l'INAO, dans la même zone, tolère l'irrigation déguisée, baptisée hypocritement : « Compensation du déficit hydrique » !*

CORSE. L'île de Beauté compte une petite dizaine de zones viticoles, constituant deux types de vignobles au contraste saisissant :
- un traditionnel, regroupant des AOC où la qualité progresse légèrement, tels les coteaux granitiques d'Ajaccio, plantés en majorité de sciacarello rouge, la petite enclave calcaire de Patrimonio – où règnent les plants locaux niellucio (rouge) et vermentino (blanc) – et les coteaux du cap corse où naît l'un des meilleurs muscats du monde ;
- l'autre, de création récente, tient à l'arrivée il y a une trentaine d'années d'un flot de rapatriés, en provenance d'Afrique du Nord. Il produit presque essentiellement des vins de pays et de table ; la vigne, selon l'expression consacrée, pisse…

– Conseils d'achats. *Pour éviter les déceptions : Domaine Péraldi, Antoine Arena, Yves Leccia et Toussaint Luigi.*

SUD-OUEST

JURANÇON. Le jurançon moelleux, surtout lorsqu'il est issu majoritairement du cépage petit manseng, existe encore. Les deux meilleurs clos * remplissant ces conditions sont Mirabel et Lamouroux. Antérieurement, il y avait également Joliette – dont la renommée était due à la regrettée Madame Migné – tous sur la commune qui a donné son nom à l'appellation au cœur des meilleurs terroirs du vignoble.

L'appellation Jurançon s'étend sur vingt-cinq communes, couvrant environ 600 hectares. Une majorité de récoltants disposent de trop faibles superficies en vignes pour vivre de leur exploitation ; ce qui les amène à pratiquer la polyculture. Il est évident que l'on ne peut demander à des producteurs de raisins, travaillant avec une cave coopérative, d'être tous aussi motivés que des viticulteurs dont c'est l'unique profession. Ils ont généralement un objectif prioritaire : faire des rendements plus élevés, en attachant moins d'importance au degré, la qualité du vin n'étant parfois que secondaire à leurs yeux.
Il était prévisible, avec une telle vision des choses, que le vignoble pyrénéen connaîtrait un jour ou l'autre des problèmes de mévente ; ce qui se produisit aux environs des années 1970. La cave coopérative fut, bien entendu, la première à en souffrir, du fait du nombre de ses adhérents.
Même avec un bon équipement, une parfaite technicité et un œnologue digne de ce nom, il était difficilement possible de faire du jurançon moelleux chaque année, avec une matière première diluée, arrivant quelquefois à peine au degré imposé. Conscient de ces problèmes, le syndicat viticole, appuyé fortement par la cave coopérative, sollicita l'INAO dans l'espoir d'obtenir une nouvelle appellation Jurançon sec *, plus pour sauver

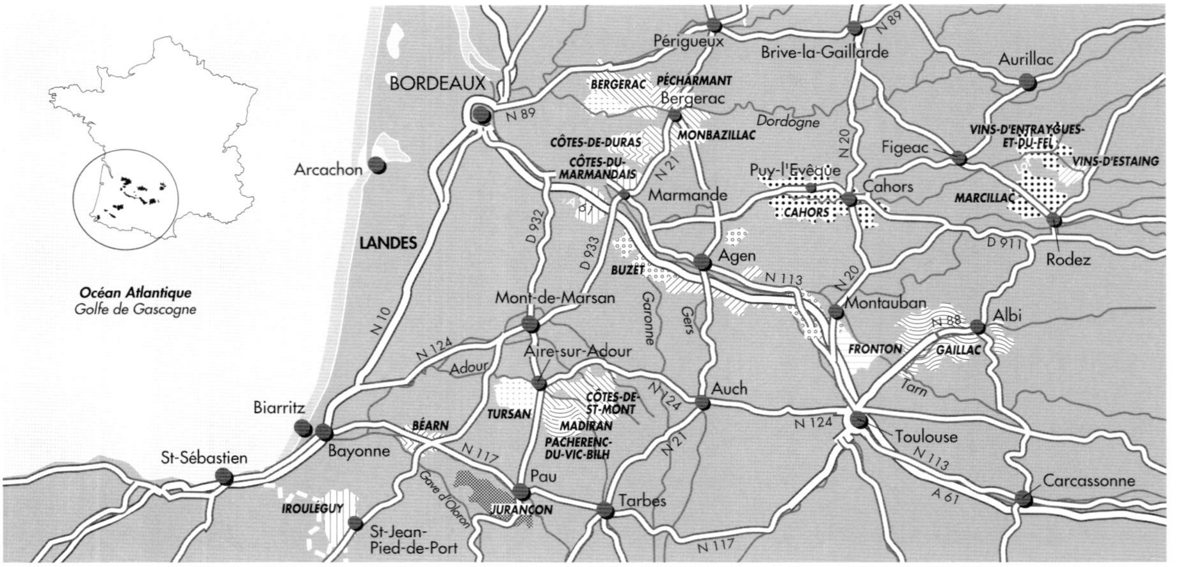

Superficies en exploitation. AOC : 26 780 ha. VDQS : 1 376 ha. Vins de pays et VCC : 35 833 ha.

Encépagement. Blancs : petit manseng (jurançon et pacherenc), gros manseng, sauvignon, sémillon, muscadelle et gaillac, l'ondenc (Gaillac), l'en de l'el (Gaillac), mauzac (Gaillac), barroque (Tursan), chardonnay (blanquette de Limoux), clairette. Cépages secondaires : courbu, arrufiat, lauzet, camaralet, chenin, ugni blanc, claverie, cruchinet, rousselou, chalosse blanche.

Rouges : cabernet-sauvignon, cabernet franc, merlot, tannat (Madiran), cot (Cahors), négrette (côtes du Frontonnais), fer servadou, duras. Cépages secondaires : courbu noir, merille, jurançon noir, gamay, mouyssagues, pinot noir, castet, valdiguié, milgranet, portugais bleu.

le vignoble en péril que par véritable vocation, d'autant que les moelleux semblaient ne plus correspondre au goût du moment. Le décret du 17 octobre 1975 fut très bien accueilli, mais ce fut sans doute encore une erreur de cet organisme, qui aurait dû seulement accorder des dérogations exceptionnelles pour des millésimes bien particuliers.
L'encépagement est constitué par quatre variétés, dont la particularité est de donner des raisins particulièrement acides, mais aptes à une très forte concentration en sucre, si on leur laisse le temps d'évoluer : le gros manseng, le petit manseng, le courbu et le camaralet [1], ces deux derniers n'occupant plus que des superficies très marginales. Pour vinifier des vins secs * avec une telle matière, il n'y a que deux solutions : faire des productions importantes de l'ordre d'au moins 70 hl/ha, pour avoir une dilution naturelle, ou ramasser avant la maturité, en ne dépassant pas le degré maximum autorisé qui est de 12,5°. Or, en vendangeant très tôt, on rentre inévitablement des moûts ayant une acidité trop excessive, qui ne produiraient en l'état que des vins imbuvables.
La seule solution pour que ces vins soient plus souples est la désacidification, opération d'ailleurs tout à fait légale, mais pas sans dommage pour la qualité. Elle peut s'opérer à l'aide de bicarbonate de potassium, dont la dose est réglementée.
La principale commune viticole Monein n'occupe pas une situation particulièrement privilégiée ; l'ensemble de ses terroirs est loin de valoir les pentes abruptes de la Chapelle des Rousses (meilleur secteur). À Monein, tout n'est pas en coteaux ni toujours bien exposé. Une petite partie du vignoble se trouve même sur le plat ; je dirais presque avec les pieds dans l'eau, puisque proche de la petite rivière la Baïse. La

(1) Il y avait aussi le lauzet, aujourd'hui disparu.

réputation très médiatique de la localité tient essentiellement à deux ou trois vignerons : parmi eux Henri Ramonteu, dont la modestie n'est pas la vertu première. Il est vrai qu'actuellement, beaucoup trop de gens écrivent sur le vin sans véritablement le connaître. Ce qui facilite la percée d'hurluberlus prétendant détenir la science infuse en endormant les journalistes par de belles paroles. Ils n'hésitent pas à affirmer que les grands vins de Jurançon ont besoin de techniques de vinification et d'élevage sophistiquées pour développer leur potentialité aromatique et révéler leur terroir *... Ces pseudonovateurs n'ont pas regardé à la dépense ; macération pelliculaire * pour les secs *, barriques de chêne neuves, assurant un vieillissement artificiel, et j'en passe... Comment s'étonner, après cela que le consommateur actuel en arrive à perdre le goût des choses authentiques ?

En France, pour respecter la réglementation en vigueur, la désacidification chimique d'un vin d'AOC oblige à ce qu'il conserve au minimum un gramme d'acide tartrique * (le meilleur), d'ailleurs indispensable pour assurer son vieillissement ; ce qui augmente le pH d'une manière trop importante et facilite l'enclenchement de la fermentation malolactique * achevant l'opération. Un autre procédé consiste, pendant la fermentation alcoolique *, à ajouter des levures * du type schizo-saccharomyces, qui consomment de l'acide malique *. Cette opération n'est pas facile à réaliser, car elle modifie la typicité du vin.

Les Allemands, dont les raisins manquent généralement de maturité et qui sont réputés pour leurs très gros rendements, se trouvent la plupart du temps confrontés à ce problème. Ils ont une technique pour s'en sortir sans trop de dégâts : ils désacidifient totalement un certain pourcentage de vin, qu'ils assemblent ensuite au reste ; ce qui a aussi été pratiqué en France, mais qui n'est plus autorisé. En usant de tels procédés, relevant plus de l'alchimie que de la viticulture traditionnelle, on ne peut espérer produire autre chose que des vins plats, typiques d'une petite année, sauf dans des millésimes exceptionnels.

J'entends déjà le syndicat viticole s'insurger et me traiter de dépréciateur, en rappelant le succès et la qualité des deux premiers millésimes de cette nouvelle AOC. D'accord, mais n'oublions pas qu'il s'agissait de 1975 et 1976, années caniculaires. La suite devait très souvent me donner raison. Remémorons-nous 1977, 1980, 1981, 1984, etc.

Lors de la création des appellations contrôlées en 1936, les fondateurs du système, qui avaient une tout autre vision de la qualité que l'INAO d'aujourd'hui, avaient fondé leur jugement sur l'observation de la nature.

Ainsi, l'acidité du manseng (petit ou gros), associée au sucre des raisins cueillis en surmaturité par passerillage * apporte au moelleux du jurançon un parfait équilibre, qui en fait, avec ses arômes inimitables, l'un des plus grands vins de France. Vinifié en sec *, il n'est qu'un vin médiocre et atypique, sans aucun intérêt. Au paradis où il doit se trouver, le bon roi Henri IV, s'il voit de telles pratiques, pense certainement que Ravaillac l'assassine une seconde fois !

Faible producteur, le meilleur cépage, le petit manseng, apportant l'alcool, les arômes et la subtilité au jurançon, représente tout juste une quarantaine d'hectares en exploitation, dont une bonne quinzaine chez deux récoltants. Or je suis toujours étonné de voir sur le marché autant de bouteilles de moelleux sur lesquelles l'étiquette mentionne « pur petit manseng ». C'est à croire que Jésus est redescendu à Pau, capitale du vignoble, pour enseigner aux vignerons sa technique de la multiplication des petits pains !

Je profite de ces remarques pour indiquer à certains viticulteurs que jusqu'en 1994 le terme « vendanges tardives » — vu parfois sur l'étiquetage — était strictement réservé à quelques vins d'Alsace bien particuliers et protégés par un décret.

Conseils d'achats. *Trois noms pour ne pas courir de risques : Les Domaines Bru Baché et Nays-Labassere ainsi que le Cru Lamouroux.*

GAILLAC. La rive gauche du Tarn est presque exclusivement réservée aux vignes produisant des vins rouges (on trouve actuellement les meilleurs autour de Técou et

Brens), alors que les coteaux argilo-calcaires de l'autre rive constituent la zone de prédilection des vins blancs, notamment à Cahuzac-sur-Vère.

– Conseils d'achats. *Cave de Tecou pour les rouges de la cuvée Passion, mais aussi les splendides blancs vinifiés sous la houlette de M. Boutrie. Sur l'autre rive, jolis vins blancs produits par MM. Auque père et fils.*

Madiranais. Ce cru s'étend sur trente-sept communes, réparties sur trois départements. Celles qui dominent sont incontestablement dans le Gers : Cannet, Viella et surtout Maumusson, dont les terroirs sont propices à la vigne, en raison de sols convenablement drainés et bien aérés, assurant une meilleure protection contre le gel. Imbriquée dans les mêmes parcelles, on trouve l'appellation Pacherenc du Vic-Bilh, produisant des vins blancs secs * (en majorité) ou moelleux souvent remarquables, lorsqu'ils sont bien vinifiés. Il est regrettable pour la qualité de ce vin, lorsqu'il est vinifié en sec *, que l'INAO, sous la pression du syndicat viticole, ait imposé dans l'encépagement un certain pourcentage d'arrufiat, pour soi-disant baisser le degré obtenu par les excellents petit manseng et gros manseng. La raison invoquée est simpliste : se différencier du jurançon ! Il est bon de rappeler que ce cépage de la vallée de l'Adour, plus exactement de la région de Camalès, planté au début du siècle en vignes hautes afin de résister aux gelées, était uniquement réservé à la production des vins de consommation courante.

– Conseils d'achats pour limiter les risques. *Madiranais : pour respecter la logique des terroirs, ne pas s'écarter des meilleures communes, en rendant visite à trois récoltants attachés à la qualité : les Domaines Guy Capmartin et Moureou ou encore le Château Barréjat (meilleur rapport qualité/prix). Il faut avoir entendu en 1990 son propriétaire s'exclamer, avec un accent aussi rocailleux que son terroir * : « Cette année, les "cabernettes" ont autant de couleur que les tannats ! » Pacherenc de Vic-Bilh : faites confiance au Château Bouscases et au Domaine Pichard-Vigneau.*

Aveyron. Les vins rouges et rosés de Marcillac ont accédé à l'appellation contrôlée le 2 avril 1990, bien qu'ils n'occupent que 140 hectares répartis sur onze communes plus ou moins viticoles. La plus importante et aussi sans doute l'une des meilleures est Goutrens, dont l'exposition plein sud favorise grandement la maturité du cépage dominant, le fer servadou, bien adapté au rougier, terrains tirant leur nom d'un sol riche en oxyde de fer.

– Conseils d'achats. *Domaine du Cros, qui serait encore meilleur si son propriétaire n'opérait pas une distraction des raisins provenant de ses meilleures vignes pour faire une cuvée spéciale qui n'a pas sa place dans une AOC aussi peu confirmée.*

Cahors. Il y a deux types de vins : ceux de la vallée du Lot souples, voire presque primeurs (une douzaine de communes), où se trouvent entre autres trois des meilleurs terroirs Prayssac, Viré et Puy-l'Évêque ; lorsqu'on remonte la rivière, la maturité est plus tardive. L'autre secteur comprend les neuf localités du causse Kimmeridgien au sud de la vallée du Lot, dominé qualitativement par le vignoble de Trespoux-Rassiels. Vins moins précoces, plus tanniques et évidemment de garde, type de l'ancien style

Cahors, quoique maintenant, ce ne soit plus aussi vrai, en raison de la vinification et des modifications de l'encépagement, le merlot ayant souvent empiété sur le tannat.

Achats : pour limiter les risques. *Les extensions spectaculaires des vingt dernières années ont désorienté les consommateurs, d'autant que dans ce vignoble les pancartes fleurissent presque à la porte de chaque exploitation. Pour éviter les mauvaises surprises, axer la prospection dans les meilleures communes : Prayssac, Puy-l'Évêque, Viré et Albas. Un viticulteur de talent maintient haut le fanion de la tradition : Jean Jouffreau. Un ton en dessous, bonne note également pour les Châteaux (le terme est parfois exagéré pour de modestes bâtisses) Eugénie, Gautoul et les Rigalets.*

BERGERAC ET MONBAZILLAC. Je m'aperçois que je n'ai guère parlé du Bergeracois. Ce serait pourtant une lacune que d'oublier ces appellations où l'on trouve encore des bouteilles intéressantes sur le rapport qualité-prix, à condition de ne pas regarder à sa peine pour les rechercher.

Conseils d'achats. *Bergerac et Pécharmant (zone considérée comme le premier cru du Bergeracois) : Château La Tour des Gendres, blanc de perfectionniste de M. Conti, et le Domaine du Haut-Pécharmant pour les rouges.*
Monbazillac compte un vigneron traditionaliste, M. Cros du Clos Fontindoule (vieux millésimes et prix raisonnables).

COTEAUX DE SAINT-MONT. On murmure très fort, dans le secteur de ce VDQS proche du vignoble de Madiran, que, pour obtenir le label d'agrément lors de la dégustation, il vaut mieux être coopérateur si l'on ne veut pas courir le risque de voir son vin refusé. Ce ne sont peut-être que des bruits, mais ils persistent…

TURSAN. Modeste VDQS – il ne vaut d'ailleurs guère mieux – qui ne m'a jamais laissé un souvenir impérissable à la dégustation, même celui de Michel Guérard, pourtant très médiatisé. L'inverse aurait été étonnant avec le barroque comme cépage principal. En dehors de l'alcool, on lui cherche vainement d'autres qualités. Il n'a pas de gros défauts ; c'est déjà ça…

Les oubliés volontaires

Cinq raisons m'ont amené à ne pas citer, à bon escient, certaines appellations :

- une quinzaine d'entre elles, malgré de nombreuses dégustations, ne m'ont jamais laissé un grand souvenir. Cas des vins provenant des Coteaux du Tricastin, des Côtes de Duras, de Cheverny, du Béarn, des Graves de Vayres ou encore du rosé des Riceys, pour n'en citer que six ;
- plusieurs, nouvellement et généreusement promues, sont trop hétérogènes pour que des valeurs aient déjà pu s'y affirmer. Je pense, entre autres, aux AOC Corbières, Saint-Chinian et Coteaux du Lyonnais ;
- quelques-unes sont de véritables bastions coopératifs, empêchant toute émulation individuelle, au point que si l'on invitait les récoltants qui ne sont pas coopérateurs à sortir des caves, il n'y aurait guère de vignerons dans les rues ! Entrent dans cette catégorie : Pouilly Loché, Pouilly Vinzelles (toutes deux aux volumes confidentiels), Irouleguy et les Côtes de Buzet. Pour les deux dernières, il faut souligner quand même leur bon niveau qualificatif ;

- sans s'attarder outre mesure sur des AOC mineures, une poignée d'entre elles méritent que l'on y fasse référence, en mentionnant quelques bons récoltants : Reuilly (Claude Lafond), Quincy (Domaine Mardon), Fitou (Château de Nouvelles), Collioure (André Parcé et le Domaine de la Rectorie), Côtes Roannaises (Robert Serol), Jasnières (Joël Gigou), les Maranges (Edmond Monnot) et Marsannay (Bruno Clair) ;
- enfin, une appellation que j'avoue ne pas connaître suffisamment (malgré deux très longues visites), pour émettre un jugement valable sur les hommes et les terroirs. Il s'agit du très vaste vignoble de Limoux (près de 4 000 hectares).

CHAPITRE I

la législation

Au départ, notre législation viticole, unique en son genre, avait été conçue avec un double objectif : prémunir les viticulteurs d'AOC contre toute manœuvre susceptible d'entraver un jour la bonne marche du système, et protéger le consommateur envers d'éventuels risques de fraude.

Pendant une trentaine d'années, les règles, pourtant fort contraignantes pour tous, ont dans l'ensemble été respectées.

Jusqu'au jour où les appellations contrôlées se sont peut-être révélées d'un volume insuffisant pour les intérêts de l'État, qui semblait ne plus y trouver son compte en matière d'exportations. D'où la semi-étatisation de l'organisme dirigeant, pour développer les extensions avec de nouvelles AOC, des lois plus adaptées aux pouvoirs publics qu'aux producteurs et un carcan bureaucratique qui ne laissera bientôt plus d'initiative aux vignerons.

À tout cela, on doit encore ajouter la réglementation vétilleuse et parfois absurde des fonctionnaires de l'Union européenne.

Il faut aussi parler des droits de succession quasiment usuraires, de la SAFER et de la malencontreuse loi Évin, venue encore aggraver le malaise d'une viticulture mal en point.

Je suis parfaitement conscient qu'une partie du contenu de ces deux derniers chapitres peut paraître de prime abord un peu rébarbative au profane, mais pour parfaitement se familiariser avec tous les vins de France, il est aussi indispensable de très bien connaître les réglementations les régissant.

NAISSANCE DES AOC

La législation viticole française, en matière d'appellations d'origine contrôlée, fait incontestablement autorité dans le monde. Mais, depuis quelques années, il est évident que pour favoriser au maximum les apports de devises et surtout pour mieux se positionner vis-à-vis des autres nations européennes, dans le Marché commun, nos dirigeants actuels appliquent, sans doute à tort, une politique qui tend à développer inconsidérément le label d'appellations contrôlées. En accordant ce privilège à la plupart des anciens VDQS, on tente d'ancrer ce concept dans la tête du consommateur, qui ignore totalement – comme d'ailleurs la plupart des jeunes générations de viticulteurs – comment est né il y a plus d'un demi-siècle, à l'initiative de quelques hommes clairvoyants, ce système incomparable de protection qui, n'hésitons pas à le dire, a sauvé les grands vins de France de la ruine.
Un petit retour en arrière s'impose pour bien assimiler les différentes étapes de cette longue marche vers la qualité.

La notion d'appellation. La notion d'appellation d'origine est presque aussi vieille que le monde. Depuis la plus haute Antiquité, les hommes se sont aperçus qu'il ne faisait aucun doute que des produits, notamment le vin, avaient des qualités très particulières lorsqu'ils provenaient de certains lieux. Déjà les Romains et les Grecs appréciaient des crus plus que d'autres : le vin de Samos ou celui de Falerne par exemple. Beaucoup plus tard, en France, des ordonnances royales allèrent dans le même sens : en 1350 et 1351, les édits du duc de Bourgogne Jean Le Bon interdisaient le coupage * des vins et prescrivaient aux taverniers de ne pas lui donner d'autres noms que celui du pays où il avait été récolté, sous peine de confiscation et d'amende. Il faudra attendre le début du XIXe siècle pour qu'enfin la loi du 28 juillet 1824 stipule, pour la première fois, que l'attribution du nom d'un lieu géographique, autre que celui de la fabrication, attribuée à un produit, sera passible des peines prévues à l'article 423 du Code pénal, sans préjudice des dommages et intérêts.

L'ébauche d'une première législation. Au début du siècle, un peu partout dans le vignoble français le mécontentement commençait à se faire sentir. Il faut dire que la viticulture, qui connaissait de sérieux problèmes, manifestait une certaine agitation dans plusieurs grandes régions viticoles ; émeutes du Languedoc en 1907, manifestations violentes en Gironde et révolte des vignerons champenois durant l'année 1911. Conscient qu'il devenait impératif de modifier le système, le gouvernement de l'époque, par l'intermédiaire de son ministre de l'Agriculture, déposa un projet de loi, instituant une nouvelle réglementation de délimitation qui agirait par voie judiciaire et non plus administrative, en précisant que les magistrats, pour la définition des appellations, devraient tenir compte non seulement de la notion d'origine, mais également de la qualité, afin d'éviter la fraude.
Après d'interminables palabres assez confuses, où se mêlaient tout à la fois la notion de qualité, celle d'origine géographique et l'idée que l'appellation – la plupart du temps en raison d'influences politiciennes – devait être la propriété individuelle du producteur, on touchait au but. Malgré une multitude d'embûches, cette proposition obtint

un vote favorable à l'Assemblée nationale et fut ensuite transmise au sénat. Malheureusement, la déclaration de guerre relégua ce problème mineur au dernier rang des soucis des représentants de la Nation.

Peu de temps après l'armistice du 11 novembre 1918 revint à l'ordre du jour le fameux dossier, vieux de cinq ans, qui fut adopté tel quel par le sénat le 27 février 1919. Un texte de loi fut enfin promulgué le 6 mai 1919. Il donnait à la France son premier statut des appellations d'origine, bien qu'aucune véritable définition légale ne fut donnée à cette notion.

La nouvelle loi supprimait tout ce qui avait engendré les délimitations administratives régionales et consacrait :

- le droit exclusif donné aux tribunaux civils de définir les appellations dans la mesure où ils en étaient saisis par toute personne intéressée ;
- l'appellation d'origine, comme un droit collectif de propriété, puisqu'elle confiait aux décisions rendues par les juges une autorité qui n'était pas limitée aux seules parties en cause au procès, mais également à toutes les personnes intéressées de la région, de la commune ou simplement du cru ;
- le maintien des droits acquis, en créant une présomption légale en faveur des bénéficiaires des anciens décrets de délimitation, pris antérieurement ;
- la première reconnaissance officielle des syndicats de défense de l'appellation ;
- l'impossibilité pour les appellations d'origine de présenter un caractère générique * et de tomber un jour dans le domaine public. De plus, elle imposait un certain nombre de contraintes toujours en vigueur, notamment l'obligation faite à tout viticulteur qui entend bénéficier pour son produit d'une appellation d'origine de l'indiquer dans sa déclaration de récolte.

Malgré ses lacunes, cette loi permit, entre 1920 et 1926, à de nombreuses appellations d'être reconnues par les tribunaux, dont les décisions s'appuyaient sur une jurisprudence toute récente que chaque cour établissait à son propre usage et surtout en fonction de ses interprétations de la loi. Si la plupart de ces dernières, relatives aux aires de production, respectaient bien, dans une très large mesure, les fameux « usages locaux, loyaux et constants » définis et précisés par les experts, d'autres ont quelquefois entériné des propositions territorialement restrictives, formulées par des producteurs, dont la principale justification paraissait résider dans la volonté d'éliminer des voisins jugés gênants ou, plus encore, dangereux pour l'avenir.

Dans cette inextricable floraison d'appellations, dont beaucoup n'évoquaient pas grand chose pour le consommateur, le nouveau système révélait de nombreuses failles. Il faut dire que cette loi, bien qu'ayant constitué une première étape en introduisant de nouvelles procédures de délimitation, s'avérait encore très incomplète.

Cette situation, où régnait une anarchie totale, risquait de se pérenniser. Il arriva quand même un moment où la goutte d'eau fit déborder le vase. Curieusement, ce fut à cause du célèbre « fromage de Roquefort ». À l'époque, on pouvait en effet appeler ainsi des produits fabriqués avec du lait de vache et non exclusivement de brebis. La loi du 16 juillet 1925 mit un terme à ce scandale ; elle fut sans aucun doute pour les vins le détonateur de la loi du 22 juillet 1927, qui comblait les lacunes de celle de 1919 ; tout cela grâce à un parlementaire, Girondin d'adoption, Joseph Capus, qui fut successivement député, ministre de l'Agriculture dans le troisième cabinet Poincaré et, enfin,

sénateur. Écœuré par tout ce qu'il voyait, tant dans son département de la Gironde qu'ailleurs, il multipliait les rencontres avec les producteurs et les syndicats viticoles, tout en s'efforçant de convaincre ses collègues parlementaires des nécessités de modifier une loi qui laissait la porte ouverte à tant d'abus. C'est ainsi qu'est arrivé en 1927 ce nouveau texte, qui subordonnait désormais le droit à l'appellation d'origine d'un vin :
- à son origine géographique réelle, suivant les conditions de l'article 1er de la loi du 6 mai 1919 ;
- aux cépages consacrés par les usages locaux, loyaux et constants [1]. Il précisait en outre que les vins provenant d'hybrides * producteurs directs n'auraient en aucun cas droit à une appellation d'origine [2];
- à l'aire de production consacrée par ces mêmes usages et comprenant tous les terrains aptes à produire le vin de l'appellation concernée.

Ce nouveau texte constituait un progrès indéniable, car, pour la première fois, il introduisait une liaison entre l'origine et la qualité, en soulignant que celle-ci reposait obligatoirement sur l'existence de terroirs et d'un encépagement bien précis, consacré par des usages. En cas de contestations, les viticulteurs pouvaient introduire un recours en Conseil d'État, pour faire reconnaître les fameux usages sur les parcelles exclues de la délimitation.

Pourtant, malgré toutes les précautions prises par les auteurs de cette loi, elle se révéla bien vite encore imparfaite, pour résoudre tous les problèmes posés par la viticulture. Si les jugements prenaient bien en considération les terroirs et les cépages pour définir les appellations, ils avaient continué d'ignorer, à quelques exceptions près dont Châteauneuf-du-Pape est le meilleur exemple, l'existence d'autres critères indispensables à la qualité – seul atout pour établir une réputation – comme un rendement maximum, une maturité suffisante garantie par un degré minimum et aussi l'application stricte de certaines méthodes culturales ou de vinification, sans le respect desquelles toute prétention à la qualité reste vaine. Pour ma part, je regrette vivement que huit ans plus tard, lors de la création des appellations d'origine contrôlée, la réglementation ait laissé toute liberté dans l'emploi des fumures et le choix des porte-greffes, qui sont pourtant des facteurs importants de la vigueur des vignes et par suite de la finesse des vins. Les conditions agronomiques qu'exige la production des vins nobles mettent plus que jamais aujourd'hui en lumière les lacunes d'une réglementation imparfaite.

Il était clair qu'il devenait urgent de faire autre chose si l'on ne voulait pas voir les prestigieux vins de France sombrer dans le plus grand désastre de leur histoire depuis le phylloxéra, en publiant enfin un texte qui répondrait à trois nécessités principales :
- la manière dont les délimitations étaient faites par les tribunaux. Il était en effet très vite apparu que la fixation des délimitations judiciaires, outre que ces dernières étaient fort longues, amenait presque toujours des pourvois en cassation pour gagner du temps, du fait qu'ils étaient suspensifs ; d'où beaucoup d'abus et d'usurpation, durant l'instance

(1) Il faut rappeler qu'un usage est « local » lorsqu'il est général dans toute la localité. Il est « loyal » s'il se manifeste au grand jour, sans qu'il soit fait recours à des pratiques frauduleuses. Enfin, il est « constant » s'il est ancien, répété et ininterrompu. Les usages recouvrent l'emploi de la dénomination géographique d'origine aussi bien que les procédés de culture et de vinification ; l'encépagement en fait également partie. Autrement dit, pratique ancienne et milieu naturel adéquat sont les bases de notoriété prises en compte pour la détermination d'une appellation d'origine.
(2) Ce qui n'excluait pas totalement les hybrides, qui furent longtemps tolérés dans certaines AOC, avec des pourcentages variables et très mal définis jusqu'à leur totale disparition.

qui ne pouvaient pas être sanctionnés. Il s'est aussi avéré que la compétence de certains tribunaux, en matière viticole, ne semblait pas toujours obligatoirement évidente ; en effet, l'emploi du nom d'une appellation pouvait être aisément déterminé, après étude des documents du dossier, alors que la définition des usages portant sur la production elle-même demandait des connaissances plus approfondies, qui nécessitaient dans la plupart des cas des expertises longues et fastidieuses ;
- l'inexistence de définitions limitatives des appellations. La législation n'était pas « limitative », dans la mesure où étaient considérés comme pouvant bénéficier d'un nom d'origine tous les produits pour lesquels les producteurs avaient revendiqué une appellation en totale liberté dans le choix du nom et des conditions de production de celle-ci. D'où des possibilités, qui en ont favorisé une véritable profusion, très souvent fantaisistes ;
- souci de diminuer le rôle de l'administration, jugé plutôt négatif par les vignerons au cours des décennies précédentes. Il démontrait que les viticulteurs supportaient de plus en plus mal l'anarchie, source d'injustice, qui régnait un peu partout et dont, à leurs yeux, l'État portait la plus grande part de responsabilité. Non seulement ceux des crus les plus prestigieux, mais aussi les vignerons du Midi étaient soumis à toutes sortes de contraintes appliquées aux vins de table comme le blocage, l'interdiction de plantation, la distillation obligatoire et j'en passe (rien n'a changé depuis, puisque, avec le Marché commun, on est revenu au même système). Autant de mesures auxquelles échappaient astucieusement à l'époque les vins déclarés avec la moindre appellation ; ce qui explique que le sénateur Joseph Capus n'ait trouvé que des alliés pour soutenir son futur projet. C'est bien la seule et unique fois en France que l'unité s'est faite au sein de la viticulture, toutes productions confondues, dans l'ensemble des régions viticoles.

La création du comité national. Le sénateur Joseph Capus jugea que le moment était opportun pour faire enfin une proposition qui réglementerait une fois pour toutes les appellations d'origine. Il profita pour cela du Congrès de Bordeaux, le 14 juin 1935, réunissant toutes les fédérations et les associations viticoles de France, pour présenter sa motion, qui fut adoptée à l'unanimité dès la fin de ce colloque.
Le député de l'Hérault, Édouard Barthes, obtint du gouvernement Laval, disposant de pouvoirs spéciaux, de promulguer le fameux décret-loi du 30 juillet 1935 qui créait un véritable code du vin et, par les articles 20 et 25, instituait aussi un Comité national des vins de France qui allait devenir le 16 juillet 1947 l'Institut national des appellations d'origine. Cette organisation avait pour tâche de compléter les jugements de délimitation, tout en respectant la chose jugée, c'est-à-dire que le Comité pouvait proposer des conditions plus restrictives que les attendus des jugements, sans pouvoir les étendre - ce qui a malheureusement bien changé une quarantaine d'années plus tard. Par ailleurs, il avait compétence pour proposer de classer, parmi les appellations contrôlées, les productions le méritant par leur qualité et leur notoriété, étant entendu que pour chacune d'entre elles le Comité se déterminait après avoir pris avis des syndicats intéressés, sur les conditions de production.
Les points essentiels de l'organisation des appellations d'origine contrôlée font qu'elles représentaient quelque chose d'unique dans toute l'administration française

de par sa constitution, en étant composée de gens sérieux auxquels l'État avait confié le soin de définir les conditions de production des vins et eaux-de-vie :
- le Comité national était un organisme privé, chargé d'un service public,
- les administrateurs étaient en majorité des producteurs, qui avaient été choisis en priorité parmi ceux des appellations les plus prestigieuses,
- son indépendance était garantie par le fait que l'État ne pouvait lui imposer une mesure dont elle ne voudrait pas ; il avait en effet le pouvoir de la refuser, mais aucunement de la modifier, pas plus que d'y apporter un amendement.

À cette époque héroïque, le Comité national a sauvé les producteurs de vins fins de la ruine. Cette poignée de pionniers, qui étaient tous animés d'une foi inébranlable dans l'avenir des grands vins de France, avaient tout naturellement comme premier président le sénateur Capus, aidé dans sa tâche par le député Barthes, Gaston Briand (Cognac), le baron Le Roy (Châteauneuf-du-Pape), le père de l'actuel marquis d'Angerville (Volnay), Albert Noirot (Vosne-Romanée), Ginestet et Delon (Bordelais), Doyard (Champagne), Girard (Jura), Naudet (Yonne), Perraton (Saône-et-Loire) et Walther (Alsace) ; en ce qui concerne ce dernier, président de l'association des viticulteurs d'Alsace, sa présence était un peu étonnante car cette région n'était pas encore prévue dans les AOC futures (rappelons qu'elle n'y accéda qu'en 1962). La liste est loin d'être exhaustive. Que les descendants de ceux que je n'ai pas cités veuillent bien me pardonner !

Si le Comité national des appellations d'origine a bien été, comme nous l'avons vu, créé par le décret du 30 juillet 1935, il ne fut pas pour autant immédiatement opérationnel. Il fallut, en effet, patienter jusqu'au 21 décembre pour qu'il soit enfin réuni au grand complet. C'est seulement le 15 mai de l'année suivante que sont apparus au *Journal officiel* les décrets définissant les premières AOC qui, curieusement, ne concernaient aucune des régions les plus réputées. Ce furent d'abord Arbois, Cassis, Tavel et Monbazillac, suivis quelques jours plus tard par Château-Châlon et Frontignan. Entre-temps, les premières commissions d'experts anonymes, nommées par l'instance suprême, s'étaient remises immédiatement au travail avec une grande conscience professionnelle et surtout sans craindre leur peine. Pour arriver à leurs conclusions, ils ont dû, pour toutes les appellations, sur lesquelles ils ont eu à travailler, délimiter pour chaque commune – si célèbre soit-elle – les seuls terrains capables de produire des crus. L'originalité du régime des appellations contrôlées réside précisément dans la délimitation cadastrale. Avant de déposer leurs dossiers, les experts ont dû également tenir compte de considérations essentielles susceptibles d'avoir des influences sur la qualité des vins : nature géologique des sols, situation géographique (exposition, altitude et latitude) – ce qu'on appelle le microclimat * –, ainsi que l'influence de l'eau (proximité d'une nappe phréatique, source ou mauvais écoulement), ce que certains nomment le « profil hydrique ».

La machine était inexorablement en marche. Rien ne pouvait plus l'arrêter. De 1936 à 1938, 135 appellations d'origine contrôlée réparties sur 34 départements virent le jour ; ce qui était tout simplement formidable, si l'on songe qu'à ses débuts le tout nouveau comité, encore quasiment inconnu de la plupart des administrations, comme d'ailleurs de presque tous les professionnels de la viticulture, n'employait en tout et pour tout qu'un directeur, deux ingénieurs agronomes, trois dactylos et un garçon de bureau, répartis tant bien que mal dans trois pièces en sous-location d'une société d'eaux minérales. On était encore très loin de l'organisation actuelle de l'INAO, dont l'administration

occupait entièrement jusqu'à 1994 le dernier étage d'un imposant et luxueux immeuble des Champs-Élysées [1], qui est parfois une ruche bourdonnante, car lorsqu'on téléphone pour solliciter un renseignement, on vous répond souvent : « Ces messieurs sont en comité. » Il est vrai qu'avec toutes les nouvelles demandes de passage en AOC et les extensions à satisfaire, ces nouveaux « fonctionnaires » doivent avoir plus de travail que leurs prédécesseurs.
La portée de ce décret de 1935 était sans précédent dans l'histoire de l'économie agricole française. Il intervenait un an avant la création de l'Office national du blé (devenu plus tard l'Office national des céréales). On peut véritablement dire que la viticulture avait fait preuve d'un sens de l'anticipation hors du commun. Ses dirigeants clairvoyants savaient qu'une organisation collective, dirigée par des hommes intègres, pourrait prendre en compte les diverses spécificités d'une production pour en maintenir et surtout promouvoir la qualité ; ce qui, invariablement, ne pouvait aboutir qu'à l'édification d'une législation capable de défendre les intérêts des producteurs, tout en protégeant les droits du consommateur. Ce dialogue profession/pouvoirs publics, qui allait être couronné de succès pendant presque un tiers de siècle, laissait augurer un bel optimisme pour les décennies futures. Malheureusement, les pionniers de ce colossal mouvement avaient pensé, peut-être un peu naïvement, que les générations qui les suivraient à la tête de l'imposante machine auraient la même vision des choses et surtout que le comité, à l'instar de ce qu'avaient souhaité ses créateurs, resterait une instance professionnelle dirigée par les viticulteurs des grandes AOC, avec l'appui d'un gouvernement qui, comme par le passé, saurait donner un avis autorisé sans jamais tenter de s'imposer. Quand on constate aujourd'hui ce qu'est devenu l'INAO, en particulier depuis sa grande réforme de 1967 et son espèce d'étatisation – décidée sans concertation avec les intéressés, donc très démocratiquement... (le baron Le Roy, un an avant sa mort, en fut très affecté) – on peut penser que cette vision du futur n'a jamais dû effleurer un seul instant l'esprit de ses pères fondateurs, raison qui explique sans doute leur imprévoyance à protéger le système, en n'ayant pas eu à l'époque de sa création la sagesse de s'adjoindre les services d'éminents juristes qui leur auraient permis de s'entourer de beaucoup plus de garanties pour l'avenir et d'éviter à leurs descendants d'être actuellement, en quelque sorte, spoliés de la direction de l'organisme.
Pour rester totalement objectif, il faut quand même préciser que toutes les premières délimitations ne se sont pas toujours déroulées sans quelques passe-droits. Certains viticulteurs, assez proches du nouveau Comité national, d'hommes politiques en vue ou simplement des instances dirigeantes de la viticulture, ont semble-t-il bénéficié d'un indéniable favoritisme, qui leur a permis de gagner un temps précieux pour l'attribution de leurs AOC ou mieux encore, les a largement avantagés en classant généreusement des parcelles en premier, voire en grand cru. Les hommes seront toujours des hommes... par conséquent sensibles à l'idée de plus-values futures, ce qui les amène quelquefois à faire passer l'intérêt personnel avant l'intérêt collectif.
Pour illustrer ces propos, les exemples ne manquent pas :
- en Bourgogne, ils sont légion. L'appellation Gevrey-Chambertin a été accordée bien au-delà de la RN 74 sur une majorité de lieux-dits de plaine ;

(1) Un déménagement pour la nouvelle cité du vin à Bercy est toutefois prévu en 1995.

- ailleurs, dans plusieurs autres villages, tels Volnay, Nuits-Saint-Georges ou Vosne-Romanée, que de climats transformés en premiers crus discutables encore aujourd'hui ! Je pense entre autres aux Chaumes et au Clos des Réas de Vosne-Romanée. Quant à la ville de Beaune, bastion du négoce, mieux vaut ne pas en parler : près d'un tiers de ses premiers crus sont totalement injustifiés, entre autres : Aux Epenotes Boucherottes, La Montée Rouge, Les Champs Pimont, Le Clos de l'Écu, La Mignotte et beaucoup d'autres ;
- en Savoie, pourquoi avoir décerné si précocement les AOC Seyssel et surtout Crépy, dont les vins démontrent, avec plus de cinquante ans de recul, qu'ils sont loin d'être supérieurs à d'autres crus savoyards qui, eux, ont dû pourtant patienter jusqu'en 1973 pour enfin obtenir la même consécration ?
- à Cassis, il semble assez paradoxal que l'appellation n'ait pas fait mention des terrains à exclure dans la commune. Encore un mystère !

Ce n'est qu'un aperçu, pourtant flagrant, de quelques irrégularités. On pourrait épiloguer beaucoup plus en détail sur ce sujet inépuisable, sans pouvoir, hélas ! y rien changer, mais en ayant le plaisir de pouvoir l'écrire.

En résumé, une appellation d'origine contrôlée n'est pas uniquement une simple indication de provenance. Il s'y attache aussi l'idée d'une certaine originalité et une notion de qualité. Les conditions d'obtention d'une AOC sont relatives à l'aire de production, à l'encépagement, au rendement par hectare, au degré alcoolique minimum et maximum des vins avant tout enrichissement * (chaptalisation *) et à des procédés de culture et de vinification, autrement dit plusieurs facteurs annexes dus à l'intervention de l'homme.

Une appellation d'origine devient contrôlée lorsque des fonctionnaires ou des agents mandatés sont censés vérifier sur le terrain l'application des règles imposées.

En pratique, une appellation d'origine est toujours considérée comme une propriété collective indivisible, appartenant à tous les vignerons qui sont propriétaires du cru, mais dont aucun ne peut la monopoliser pour son seul profit. C'est pourquoi elle a besoin d'être protégée contre les abus éventuels de certains de ses détenteurs qui auraient quelquefois un peu vite tendance à l'oublier.

CES RENDEMENTS QUI INFLUENT SUR LA QUALITÉ

En matière viticole, le rendement équivaut à la quantité de vin produite sur un hectare de vignes. Lors de la création des premières AOC en 1935, chacune d'entre elles fit l'objet d'un décret de contrôle, paru au *Journal officiel*, dans lequel figurait, parmi beaucoup de contraintes inhérentes à la qualité, une production à ne pas dépasser dénommée fort justement « rendement maximum » (devenue depuis rendement de base et rendement annuel).

Pour bien comprendre comment cette notion de rendement a été imaginée et appliquée en France de 1935 à nos jours, il est bon de faire un rapide historique.

À la mise en place du Comité national des vins de France, les vignobles qui pouvaient prétendre accéder à une appellation étaient pour la plupart en très mauvais état cultural et sanitaire, avec un niveau de productivité assez faible, qui a pourtant servi de référence aux professionnels de l'époque, lorsqu'il s'est agi de faire des propositions en matière de limitation de rendement, qui furent assez bien reçues. À quelques exceptions près, tout le monde semblait unanime sur le principe. Encore fallait-il, pour adopter ces bonnes résolutions, aplanir les dernières difficultés, afin de mettre d'accord l'ensemble de la viticulture représentative des meilleurs crus ; d'où la mise en place d'un système de réglementation exigeant de conserver des marges de sécurité suffisantes pour ne pas pénaliser les producteurs sérieux, tout en fermant la porte aux éventuels abus, tâche extrêmement délicate. Car n'oublions pas qu'il s'agissait d'une innovation sans précédent, dont il était difficile de prévoir les effets à long terme.

Partant du principe qu'aucune année ne se ressemble et qu'à une récolte abondante succède souvent une faible production, les instances dirigeantes de la nouvelle autorité avaient proposé que le rendement soit calculé sur cinq ans, en englobant l'année de la récolte et les quatre précédentes, pour faire une moyenne quinquennale qui devait se situer au-dessous d'un seuil fixe propre à chaque AOC. En cas de dépassement, l'ensemble de la récolte devait être déclassé en vin de table, mesure sans doute draconienne, mais il faut se rappeler qu'à cette période difficile de la viticulture, l'application des règles édictées reposait sur l'autodiscipline que s'imposait la majorité des vignerons. Sans entrer plus avant dans ce système, fondé essentiellement sur le crédit accordé aux vignerons pour « gérer convenablement » leurs productions d'une année sur l'autre, disons qu'il a très vite connu d'importantes difficultés d'application, démontrant qu'il était irréalisable, voire utopique.

Pour la petite histoire, notons qu'il est pourtant resté en vigueur pour les AOC bordelaises jusqu'à la parution du décret du 24 novembre 1955, date à partir de laquelle leur fut appliqué le processus déjà en vigueur dans les autres régions.

Il était devenu évident que les rendements pouvaient, selon les conditions météorologiques et les soins prodigués par le vigneron à ses vignes, subir d'importantes fluctuations d'une année sur l'autre, tant vers le haut que vers le bas. Ainsi, l'organisme de tutelle mit en place une procédure simple, qui permettait d'établir leur ajustement, en partant d'une proposition syndicale faite après étude des perspectives de la future récolte sur pied, pour finalement aboutir à une décision du Comité national sur le rendement de base. Mais, là encore, il s'est très vite avéré que cet ajustement général, applicable à l'ensemble des viticulteurs d'une même AOC, n'était pas suffisant. Le principe de la dérogation individuelle se trouvait posé.

Entre-temps est survenu un accroissement très important de la productivité viticole, qui s'est surtout manifesté à partir des années 1950, en raison d'une meilleure sélection massale, de l'arrivée sur le marché de porte-greffes plus productifs, d'une plus grande connaissance de la lutte phytosanitaire *, de l'apport massif de fertilisants et des débuts de la mécanisation. On a alors assisté à un phénomène : les rendements qui étaient habituellement situés à des niveaux inférieurs à 40 hl, voire 30, se sont parfois élevés jusqu'à 90 hl et même davantage, tout cela bien entendu au détriment de la qualité.

Le système de l'époque était tel que tout déclarant possédait un droit absolu à disposer des quantités correspondant au rendement annuel. Les excédents pouvaient être, soit déclassés et commercialisés librement en vin de table, soit maintenus partiellement ou en totalité en appellation ; il suffisait au viticulteur de faire une demande de dérogation à l'INAO, en s'exposant toutefois à quelques contraintes, telles qu'un

contrôle des conditions de production et même une dégustation effectuée par une commission composée de professionnels de la viticulture.
Les producteurs avaient toutefois la possibilité d'éviter tout contrôle en utilisant « un artifice » permis par la réglementation : la déclaration de récolte dite « en cascade ».
Exemple pris sur une AOC communale du haut Médoc, en application des textes de l'époque et en prenant en considération le caractère de moins en moins restrictif des critères de production des AOC de cette zone : Margaux, Saint-Estèphe, Pauillac ou Saint-Julien pouvaient en effet se replier successivement en AOC haut Médoc, et enfin en Bordeaux, avec encore la possibilité d'être éventuellement déclassés en vin de table ; faculté qui résultait de l'existence de rendements différents.
Prenons un vigneron de Saint-Julien, ayant récolté 90 hl sur un hectare de vignes qu'il avait la possibilité de déclarer de la manière suivante et tout à fait légalement : Saint-Julien : 40 hl, Haut-Médoc : 3 hl, Bordeaux : 5 hl, Vin de table : 42 hl. Total : 90 hl.
Même cas en Bourgogne. Exemple pris sur l'un des crus les plus prestigieux : le Chambertin, dont un producteur aurait produit 65 hl (ce qui est arrivé plus souvent qu'on ne le croit chez certains récoltants) : Chambertin : 30 hl, Gevrey-Chambertin : 5 hl, Bourgogne : 20 hl, Vin de table : 10 hl. Total : 65 hl.
Il s'était ainsi créé un commerce parallèle, véritable marché noir des appellations où, par référence verbale aux plus prestigieuses, régnait une totale anarchie. D'un côté, des vignerons vendaient à prix d'or et en toute impunité des grands crus de qualité discutable et, de l'autre, guère moins chers, les mêmes vins « soit-disant déclassés » qui sortaient tous du même tonneau à tiroirs ! Il est vrai qu'ils avaient souvent en face d'eux des consommateurs naïfs, toujours à l'affût de la bonne affaire pas chère, dont ils faisaient profiter famille et relations. En somme, une bonne publicité gratuite et savamment entretenue par quelques vignerons un tantinet madrés.
Plus que jamais, il était temps de limiter ces abus, qui allaient totalement à l'encontre de l'esprit des fondateurs des AOC, d'où de nouvelles dispositions pour supprimer cette hypocrisie avec le décret du 19 octobre 1974, où il était fait état des considérations suivantes : la qualité d'un vin est liée au seul rendement de la vigne dont il provient, qu'une fraction de sa production soit déclarée en appellation et le reste en vin de table ne modifie en rien le résultat qualitatif obtenu. En conséquence de quoi, il est maintenant précisé que dans la déclaration de récolte, toute AOC revendiquée doit être assortie d'une surface de production ; ce qui n'était pas le cas auparavant, puisqu'on avait la possibilité de déclarer « en cascade » et donc d'utiliser la même surface, non seulement pour plusieurs AOC, mais aussi pour du vin de table. Ce décret mettait un terme définitif à cette duperie.
Depuis une dizaine d'années, la production viticole française ne connaît plus de pointes extrêmes ; ce n'est pas pour autant qu'elle est moins importante, au contraire, puisque d'une régularité presque désarmante en raison de plusieurs facteurs : parfaite maîtrise de la sélection clonale, plus grande connaissance de l'œnologie, arrivée sur le marché de nouveaux produits de traitement très efficaces, notamment les systémiques, et mécanisation poussée à l'extrême ; ce qui a amené à cette époque l'INAO à créer une nouvelle réglementation fonctionnant de la manière suivante : chaque année, deux ou trois semaines avant l'ouverture des vendanges, chaque président de syndicat ou d'association viticole d'une AOC réunit les viticulteurs qu'elle regroupe, afin de les

mettre d'accord sur une proposition de rendement, en fonction des conditions météorologiques qui ont précédé la maturation * du raisin et de l'état présent du vignoble. À noter que si le processus est le même pour toutes les appellations, sa mise en pratique est quand même un peu différente selon les régions. Ainsi, dans les grands secteurs du Bordelais comme le Médoc, c'est l'ensemble des AOC qu'il regroupe qui adopte une position commune (sauf bien entendu, en cas de catastrophe naturelle ayant dévasté certaines zones bien définies), alors qu'en Côte d'Or, d'un village à l'autre – même voisin – les rendements peuvent varier (Puligny-Montrachet et Meursault par exemple).
Dans ces réunions, les vignerons forment trois catégories : une majorité bruyante qui demande toujours le maximum, une minorité de sages qui tente en vain d'imposer son point de vue, et quelques individualistes qui ne se sentent pas concernés du fait qu'ils vendent leur vin cher et sans problème, au point qu'ils n'assistent pas obligatoirement à ce genre de délibération. À l'issue de la réunion, chaque responsable syndical transmet par écrit une demande au président du Comité régional de l'INAO, mais rien n'est encore réglé, ce dernier une fois en possession des divers procès-verbaux concernant les autres AOC dépendant de sa région, les fait parvenir avec son avis à Paris au Comité national de ce même organisme, qui demeure l'instance suprême pour entériner ou modifier le quantum. Sa décision est sans appel ; il n'y a aucun moyen de revenir dessus. C'est seulement avant les vendanges que les différentes régions viticoles sont informées du rendement accordé pour l'année en cours. C'est celui qu'ensuite tout déclarant ne pourra dépasser et qu'en vertu des dispositions de l'article 12 du Code du vin il sera tenu de faire figurer sur sa déclaration de récolte dans un délai prévu à cet effet, en général le 25 novembre (sauf pour les vins liquoreux, moelleux, les vendanges tardives et les sélections de grains nobles), à la mairie du siège de son exploitation, en revendiquant pour chaque vin le nom de l'AOC comme on le fait pour une naissance. Rappelons qu'en France les déclarations doivent être rédigées sur des imprimés spéciaux prévus à cet effet, qui sont mis à la disposition des intéressés par les organismes officiels de la viticulture ou la mairie du lieu de l'exploitation. Ces formulaires sont établis en cinq exemplaires.
Le public ne sait pas toujours que les déclarations de récoltes sont publiques et, par conséquent, peuvent être aisément consultées en mairie. C'est un bon moyen pour débusquer les vignerons qui déclarent systématiquement le maximum (PLC [1] compris) auquel ils ont droit, même s'il manque à certains quelques pieds de vignes dans leurs parcelles ou si les acariens ont détruit une partie de la production.

Il arrive qu'un ou deux vignerons dénués de scrupules aient parfois une petite idée derrière la tête ou, plus simplement, ne peuvent s'empêcher de penser – même si cela comporte quelques risques – au vin « bicyclette », ce vin qui n'existe que sur la déclaration de récolte, toujours susceptible d'arranger les affaires d'un marchand pas trop regardant, à qui il manque un peu de papiers mais jamais de vin [1] (acquit sec) pour être en mesure de faire face aux demandes d'AOC qu'il a en portefeuille ; d'où ce qualificatif imagé, pour illustrer un moyen de transport discret et peu encombrant... Exemple – fictif je le concède, mais loin d'être irréalisable : un vigneron ayant produit, sur 15 ha, 45 hl alors que le rendement autorisé pour son AOC était de 50 hl, est parfois tenté de les déclarer et, bien entendu, en l'absence de contrôle, dispose alors théoriquement de 75 hl de vin fictif, offrant encore un autre débouché illicite, mais rentable, l'achat de vins en fraude pour faire un coupage en allongeant la sauce !

---

(1) Les VCC destinés à l'élaboration des vins de marque constituent parfois, par le biais des vases communicants, un appoint non négligeable.

Le Plafond limite de classement (PLC). Au-delà du rendement autorisé, les vignerons ont encore une possibilité d'accroître leur production par le biais du PLC qui constitue la limite après laquelle le rendement est considéré comme incompatible avec l'appellation. En vertu des décrets du 19 octobre et du 20 novembre 1974, ce plafond est en général fixé à 20 % de majoration applicables sur le quantum. Exemple : rendement autorisé 50 hl ; après utilisation du PLC : 60 hl. Ce dernier, en fonction de conditions climatiques exceptionnelles ayant précédé la vendange (grêle), peut être inférieur ou supérieur, mais cela reste assez rare.
Le rendement annuel a pour but d'adapter une limite qualitative acceptable, eu égard aux conditions climatiques d'une année déterminée, alors que le PLC a été instauré (tout au moins au départ) essentiellement pour permettre de tenir compte des différences de production, susceptibles d'exister d'une exploitation à une autre, pour ne pas pénaliser les viticulteurs qui soignent particulièrement leur vignoble, en se protégeant mieux contre les maladies, les risques de coulure * ou les prédateurs. Il va de soi qu'au-delà du rendement annuel, majoré du PLC, tout vin en excédent ne peut bénéficier d'une appellation, le dépassement de ce plafond pouvant même entraîner la perte du droit à l'AOC, non seulement pour les débordements, mais aussi pour la totalité de la récolte ; ce qui paraît tout à fait logique, puisqu'il s'agit du même vin. Notons quand même que cette mesure extrême est faite surtout pour impressionner, car, dans la réalité, elle n'est jamais appliquée. Il existe, en effet, des dérogations individuelles au principe du déclassement * total qui sont accordées, à condition que les viticulteurs concernés s'engagent par écrit, au moment de la déclaration de récolte, à envoyer les quantités produites au-delà du PLC en distillerie pour produire de l'alcool de rétrocession, étant entendu que la livraison de ce surplus devra être effectuée au plus tard le 15 décembre de l'année suivant celle de la récolte. Bien qu'ils ne puissent échapper à cette contrainte, les viticulteurs des grandes AOC en tirent quand même un petit avantage, car il est évident que les vins qui partent à la distillation ne sont naturellement pas les meilleurs ; d'où une légère amélioration de certaines cuvées un peu moins cotées.
Au sujet du PLC, il est utile de faire un petit retour en arrière. Le 12 décembre 1980, M. Perromat, qui était à l'époque président de l'INAO, écrivait : « Le PLC est un complément destiné à éviter que soient sanctionnées les – rares – exploitations viticoles, qui, exceptionnellement, bénéficient fortuitement d'une bonne récolte. Il ne saurait devenir le prétexte à de forts rendements. »
Or, aujourd'hui, le PLC est devenu une sorte de droit potentiel, qui vient s'ajouter au rendement annuel, en permettant au vigneron de faire une récolte supplémentaire tous les cinq ans… Il est maintenant demandé chaque année avant les vendanges par la plupart des viticulteurs, en général dès la fin août puisqu'il n'est plus possible de le faire après la récolte (sauf calamité de dernière heure ou cas très particulier).
Le processus de demande est individuel. Il doit être fait par écrit au président de la Commission de rendement de l'appellation concernée. Les vignerons qui ont sollicité le PLC s'engagent à ce que les vignes, pour lesquelles ils ont revendiqué ce droit, soient inspectées avant vendange par une commission dite des « sages », qui peut être éventuellement accompagnée d'un agent technique de l'INAO habilité pour juger l'importance de la future récolte.

Il existe, en effet, dans chaque AOC, une assemblée de cinq membres désignés par le président du syndicat qui la préside et entérinée par l'INAO pour contrôler l'état des parcelles déclarées en appellation. Ces membres, très justement dénommés « sages », sont, en général, choisis parmi les vignerons réputés pour leur expérience et leur impartialité. Bien qu'ayant eu connaissance de quelques décisions prises en défaveur de certains viticulteurs, je reste quand même assez sceptique sur l'autorité de telles commissions pour de nombreuses raisons :

- les hommes qui la composent sont viticulteurs, donc déjà avec une activité très prenante, qui explique aisément qu'il ne leur reste guère de temps disponible pour aller inspecter les vignes de leurs collègues, en jouant le rôle ingrat de justicier ;
- il est très difficile d'apprécier visuellement l'importance d'une récolte sur pied, qui peut, selon les années, être plus ou moins riche en jus ;
- il y a aussi la « bonne vieille sagesse paysanne » qui veut que l'on évite d'entrer en conflit avec les voisins. Il ne faut pas oublier que les propriétaires d'une AOC vivent presque toujours en vase clos, la plupart du temps dans le même village, où chacun peut un jour avoir besoin de l'autre ; d'où une certaine prudence avant de se mêler des affaires des autres. Elles seraient susceptibles de raviver de vieilles histoires. À la campagne, on a la rancune tenace !

En conclusion, le processus du PLC est maintenant inversé. Son attribution n'était qu'occasionnelle et exceptionnelle. C'est maintenant son refus qui l'est devenu. Pour être totalement objectif, je dois reconnaître que le système en place est quand même pernicieux puisqu'il incite souvent les petits malins, qui possèdent des caves secrètes bien dissimulées, à vendre au noir ou tout simplement à stocker dans l'attente d'une année déficitaire. Malheureusement, il n'existe pas d'autre manière de procéder que cette espèce de jugement de Salomon, pour endiguer l'hémorragie toujours plus grande des vins excédentaires au PLC ou au VSI (Volume substituable individuel) futur dans les AOC de renom.

Il ne faut pas se voiler la face pour garder bonne conscience. Depuis plusieurs décennies, une partie du vignoble actuel a tendance à s'éloigner des zones historiques que les anciens n'avaient pourtant pas choisies au hasard. Dans certaines AOC, la vigne est descendue progressivement des coteaux vers la plaine pour des facilités de culture, de rendement et de profit. Le meilleur exemple est fourni par le Sancerrois, où les excellents coteaux pentus de Chavignol ont été en partie abandonnés au bénéfice des terroirs très moyens de la commune de Sainte-Gemme. À Cahors, le vignoble historique, qui occupait le haut des coteaux avant la crise phylloxérique, est maintenant descendu à plus de 90 % sur les terres alluvionnaires qui bordent le Lot. Ailleurs, les pampres de la vigne ont allégrement grimpé jusqu'aux sommets, là où il n'y a presque plus de terre et une altitude qui ne permet pas toujours aux raisins d'arriver à complète maturité.

Outre ces transformations du paysage viticole, il y a aussi beaucoup d'autres facteurs, qui sont responsables de l'augmentation des rendements. Entre autres :

- une rotation trop rapide des arrachages et des replantations pour avoir constamment des vignes jeunes et vigoureuses qui donnent à outrance, problème qui touche particulièrement la Champagne et, dans une moindre mesure, la Bourgogne.
- l'allongement de la taille. Le bon docteur Guyot, qui avait préconisé un mode de taille devenue la panacée de nos jours, n'en avait sans doute pas espéré autant.

Les excès ont évidemment autant de répercussions sur la qualité des grands vins blancs que sur celle des grands vins rouges, bien que de prime abord elle soit plus difficile à évaluer à l'œil, puisqu'on fait abstraction du phénomène couleur. Ces superproductions ont pour conséquence de donner des raisins manquant de matière. Les professionnels savent pourtant qu'il est matériellement impossible de rendre à un vin ses caractéristiques originelles (finesse et développement aromatique), si celles-ci sont perdues ou tout au moins altérées par des rendements aberrants.

Beaucoup trop de viticulteurs croient pouvoir encore actuellement se permettre toutes sortes de pratiques, qui vont à l'encontre de la qualité, en tablant sur la faiblesse et l'incompétence de la plupart des consommateurs. C'est une vision simpliste, car aujourd'hui l'opinion prend enfin conscience des excès et il commence à se produire un renversement de la tendance, remettant déjà fortement en question la position privilégiée d'une caste de producteurs, notamment ceux des grandes AOC qui font beaucoup moins d'efforts, se contentant de vivre aisément sur une réputation parfois usurpée.

De nos jours, la viticulture moderne est entrée de plein fouet dans une période de profonde mutation, préjudiciable au niveau qualitatif. Sous la pression de données économiques implacables, les bonnes habitudes ancestrales ont tendance à être abandonnées.

La viticulture est l'expérience de générations de vignerons qui se sont succédés au cours des siècles. C'est ce que l'on dénomme l'empirisme. La vigne est la seule plante qui ait une tradition et un passé. Elle est étroitement liée à un terroir *, à une exposition et à un climat. Dans un temps, qui n'est pourtant pas si vieux, le vigneron avait pour habitude de raisonner son travail, de manière à ce qu'à tout moment il en tire le meilleur, en le fractionnant en trois tranches. Il s'occupait d'abord du sol, puis de la vigne et enfin du vin. Les techniciens modernes, qui veulent maintenant tout faire à la fois, appellent cela un écosystème : on voit le résultat !

Il est indéniable que les rendements seront dans les prochaines années l'un des facteurs qui agira le plus sur la perte de caractère de quelques-uns de nos grands vins. Au-delà de 45 hl, on fait du vin, mais pas de grands vins. Bien sûr, il arrive qu'une année de forte récolte donne un bon vin, voire un très bon vin. De même qu'une année de très faible production peut ne donner qu'un vin médiocre. Mais il est bien entendu que, pour chacun de ces deux millésimes, le meilleur vin sera toujours celui qui aura été obtenu avec les rendements les plus faibles. Il faut toutefois noter, à la décharge des récoltants, que les longues périodes de sécheresse comme celles que la France a traversées durant les années 1988, 1989 et 1990 ont, elles aussi, eu une incidence sur les surproductions. Ce phénomène a obligé la vigne à descendre ses racines plus profond, pour atteindre l'eau nécessaire à sa survie, ce qui a imprimé à la plante une vigueur accentuée, due à l'équilibre entre la partie racinaire et la partie foliaire, qui est amenée à se développer davantage, occasionnant des excès de fructification. En cela le cep, à l'instar de l'être humain, ne fait que suivre un processus logique d'adaptation à son milieu naturel.

Le VSI devrait se substituer au PLC. Conscients que la limitation des rendements devenait l'objectif prioritaire des années futures, le nouveau président de l'INAO et les membres du Comité national ont longuement cogité en 1994. Il leur fallait tenter de trouver une solution capable de concilier les vues de chacun, tout en ménageant les susceptibilités et surtout les intérêts de l'État, qui tient à préserver une source de devises non négligeable.

Vouloir imposer une nouvelle orientation en matière de production part d'un bon sentiment, mais je crains que le problème soit aussi difficile à dénouer que le nœud gordien. On sait que la modération n'a pas toujours été la vertu première de l'INAO. Pour l'anecdote, en 1986, les viticulteurs de Vosne-Romanée – après consultation – avaient eu pour une fois la sagesse de ne demander que 45 hl/ha ; à leur grande surprise, le Comité national leur en a octroyé 50 : curieux de la part d'un organisme prônant aujourd'hui la modération !

Je vois mal comment l'INAO pourra trouver une solution équitable, alors que sa réglementation demeure très ambiguë. Dans le décret de janvier 1967, dans le même paragraphe, cohabitent des termes incompatibles : « amélioration de la productivité et de la qualité ». En outre, l'INAO doit faire face au puissant lobby des exploitants en renom des AOC prestigieuses, qui chercheront tous les biais pour ne pas faire marche arrière en se pliant à des règles de production draconiennes, notamment ceux des crus classés du Médoc, les Bourguignons et plus encore les Champenois, hostiles à tout ce qui touche à leur intérêt.

En rédigeant ces lignes, j'anticipe, car le décret d'application de la nouvelle réglementation [1] concernant le VSI (volume substituable individuel) n'est pas encore paru au *Journal officiel*. Il a été défini et quelque peu téléguidé par les Bordelais, lors d'une réunion commune à Bordeaux, avec les membres de l'INAO, en avril 1994.

Le nouveau système donne un peu l'impression de revenir à la case départ. Les dirigeants de 1935 avaient à l'époque proposé que le rendement soit calculé sur une moyenne quinquennale. Le VSI fonctionnera selon le même principe, mais en calcul décennal. Le viticulteur, pendant dix ans, sera laissé libre de gérer d'un millésime sur l'autre sa production, en fonction des conditions météorologiques ayant précédé les vendanges et aussi – bien que cela ne soit pas stipulé – de la conjoncture économique du moment, en respectant toutefois un plafond butoir annuel fixé, si j'en crois mes sources, à 60 hl/ha [2], seuil au-delà duquel les vins partiront d'office à la distillation. Pour le principal intéressé, le consommateur, cette nouvelle option n'apporte pas une grande protection. Le plafond est en effet beaucoup trop élevé pour garantir la qualité. Il ne devrait pas excéder 50 hl/ha.

Il laisse aussi la porte ouverte aux malversations toujours possibles dans une profession particulièrement astucieuse lorsqu'il s'agit d'accroître la rentabilité. Prenons le cas d'un cru classé du Médoc qui aurait, lors d'un très beau millésime, un peu dépassé... le fameux seuil butoir : en raison de la pratique tolérée, consistant à conserver une banque de presse pour l'incorporer éventuellement dans un millésime ultérieur, il est parfaitement concevable de récupérer les excédents antérieurs pour venir grossir le volume d'une année moins généreuse. En Bourgogne, où il existe parfois des cuves bien dissimulées des regards indiscrets, tricher reste toujours possible, ce qui a été démontré à maintes reprises, lors de visites inopinées des Contributions indirectes parfois averties par leur petit doigt... Ce ne sont que des hypothèses !

Par décence, je n'ose parler des Champenois, habitués depuis toujours à conserver sur plusieurs années des vins excédentaires, bloqués en cuves dans l'attente d'un millésime déficitaire. Compte tenu de la puissance de cette appellation, nul doute qu'il faille s'attendre à une réglementation particulière, beaucoup plus souple, pour ne pas heurter ces « pauvres » vignerons...

L'ÉTATISATION DE L'INAO

Le décret du 9 janvier 1967. Nous avons vu dans un chapitre précédent comment était né, en 1947, l'INAO [3]. Depuis, il a sensiblement évolué ; malheureusement pas dans le bon sens, d'où cette mise au point, pour bien en comprendre le fonctionnement actuel. Le 9 janvier 1967, paraissait au *Journal officiel* un décret portant le n° 6730,

(1) Ce processus devrait se mettre progressivement en place dans toutes les régions d'AOC à partir de cette année, en tout cas à peu près sûrement dans le Bordelais, mais sa dénomination précise n'est pas encore bien arrêtée à l'heure où j'écris ces lignes.
(2) Beaucoup moins pour les gens raisonnables des grandes AOC des Côtes du Rhône : Hermitage, Côte-Rôtie et Châteauneuf-du-Pape.
(3) Anciennement Comité national des vins de France.

relatif aux nouvelles règles de fonctionnement de l'Institut national des appellations d'origine des vins et eaux-de-vie et à sa composition. Rarement l'administration n'avait fait preuve d'autant de perspicacité dans le choix de ses collaborateurs. Le président de l'INAO, jusqu'en août 1993, était en effet M. Jean Pinchon [1], ancien directeur de cabinet de M. Edgar Faure, alors ministre de l'Agriculture et père de ce décret. Mais cela n'est sans doute que pure coïncidence...

Pour mieux connaître le mécanisme actuel de l'INAO, certains articles de ce décret méritent d'être analysés plus en profondeur.

Comme les icebergs, il avait une face cachée. À l'époque, il a semblé anodin. Pourtant, ce que l'on ne voyait pas était le plus important. Dans l'administration, c'est souvent ainsi que les choses commencent. Ce qui pouvait paraître des termes « en l'air » s'est très vite concrétisé. Dès le printemps 1967, l'esprit initial de l'INAO s'est considérablement modifié. Ce décret a permis d'opérer un changement à peu près complet de l'équipe en place. Profitant de cette opportunité, le Gouvernement, sous le prétexte un peu puéril du rajeunissement des cadres, trouva là une occasion inespérée pour opérer un grand nettoyage de printemps, en débarquant la quasi-totalité de l'ancienne équipe. Il apparaît qu'une bonne partie des hommes, choisis pour composer la nouvelle équipe, avaient surtout été retenus en fonction d'un certain dynamisme dans le but de favoriser à l'avenir l'expansion des zones déjà existantes et d'aider à en promouvoir un grand nombre de nouvelles avec l'idée de développer à tout crin l'économie marchande, en produisant de plus en plus de vins d'appellation d'origine contrôlée. De nos jours, il semble en effet qu'il soit plus important d'assurer la promotion d'une masse de vins « dits de qualité », produits dans des régions déterminées, que de sauvegarder la renommée d'un nombre limité de grands vins. Cela permet de faire entrer plus d'argent dans les caisses de l'État, car il est indéniable que les terres à vignes d'AOC rapportent plus que les terres à céréales.

Paradoxalement, cet organisme, créé au départ pour freiner le développement anarchique des AOC, semble en être devenu aujourd'hui le meilleur promoteur. Dans son article 1er, ce décret précise que l'INAO est chargé, indépendamment des attributions prévues par les décrets des 30 juillet 1935 et 30 novembre 1960, « d'étudier et de proposer toute mesure réglementaire propre à assurer la régularisation du marché des vins et eaux-de-vie bénéficiant d'une appellation d'origine ainsi que, le cas échéant, de participer à leur application ». Cette disposition est en complète contradiction avec le principe des AOC. Il n'y a pas un marché national des vins d'appellation contrôlée, mais plusieurs. Avec un tel alinéa, il y a le risque de se retrouver un jour devant un conflit de compétences entre l'organisme qui gère les AOC et les syndicats viticoles. Toujours est-il qu'avec cet article, l'INAO, selon la conjoncture du moment, pourrait, le cas échéant, se transformer assez facilement en un organisme d'intervention des vins de qualité en reprenant une idée de 1981, chère aux socialistes : créer un office du vin. Toujours selon ce même décret, l'INAO est en mesure « de donner tous avis sur les mesures techniques et de reconversion utiles à l'amélioration de la productivité et de la qualité ainsi que, le cas échéant, de participer à l'application de ces mesures ». En

(1) Il reste cependant encore en place pour deux ans en tant que président du conseil permanent de l'INAO, instance qui chapeaute les trois comités composant dorénavant l'institut : Vins et spiritueux, Produits laitiers et autres denrées. Ce conseil supérieur définit la politique générale de toutes les appellations d'origine en France. En quelque sorte, il demeure encore le vrai patron.

vertu de cet article, l'INAO n'est donc plus seulement, comme l'avaient voulu ses créateurs, un organisme technique ayant pour objet de définir des conditions agronomiques de production des vins d'appellations d'origine, mais aussi, maintenant, une sorte d'établissement public chargé de s'occuper de considérations économiques, en organisant éventuellement le marché des vins d'appellation d'origine. Les comités régionaux ont été créés durant l'année 1967. Antérieurement, il n'existait qu'une instance suprême : le Comité national.
Article 12 : « Un commissaire du gouvernement auprès de l'Institut national des appellations d'origine des vins et eaux-de-vie est désigné par le ministre de l'Agriculture. Il assiste aux séances du Comité national, du Comité directeur et, éventuellement, à celles de la Commission permanente et des Comités régionaux ».
Article 17 : « Le commissaire du gouvernement peut approuver en séance du Comité national des vins et eaux-de-vie les décisions qui s'intègrent dans la politique agricole du gouvernement. Les autres décisions sont soumises à l'approbation du ministre de l'Agriculture ».
L'INAO présente désormais tous les caractères d'un établissement public alors que pendant près de trente-deux ans le Conseil d'État et les administrations de l'Agriculture et des Finances avaient toujours considéré cette qualification comme nuisible au prestige et à l'action de l'Institut à l'étranger. Maintenant, l'État a mainmise sur l'INAO. Un commissaire du gouvernement, nommé par le ministre de l'Agriculture, vient parfaire son emprise, en ne donnant son approbation qu'aux décisions « conformes à la politique agricole du pays », les pouvoirs de l'INAO se bornant seulement à définir les conditions de production.

En 1985, à l'occasion du cinquantenaire des AOC, l'INAO avait lancé une vaste opération de charme en faveur de nos grands vins, afin de valoriser en France, mais surtout à l'étranger, l'image de l'appellation d'origine contrôlée. Pour cela, il avait organisé de nombreuses festivités dans presque toutes les grandes régions viticoles avec, pour apothéose, un somptueux dîner dans la Salle des Batailles du Château de Versailles. L'une de ces journées fut consacrée à un gigantesque forum d'informations, qui avait réuni à Paris, au grand auditorium du Palais des Congrès, Porte Maillot, une foule de participants (j'y assistais), dont beaucoup étaient venus de l'étranger. À l'issue de ce colloque, chaque congressiste s'est vu remettre une médaille commémorative et un beau livre intitulé Une Réussite française : l'appellation d'origine contrôlée. J'ai parcouru avec beaucoup d'attention cet ouvrage, au demeurant très bien fait, qui retrace l'historique de l'AOC, en regrettant toutefois que ses auteurs se soient montrés assez discrets sur certains articles (notamment les n° 1 et 17) contenus dans ce décret du 9 janvier 1967. En ayant omis de les détailler, je pense que les dirigeants de l'INAO ont manqué d'objectivité car, que je sache, ils sont plus importants pour l'avenir de la viticulture actuelle que la révolte des vignerons champenois de 1911 (pourtant mentionnée) et dont plus personne ne se souvient aujourd'hui. J'ai aussi été très étonné que le président de l'époque, M. Pinchon, et son prédécesseur, M. Ferromat, n'aient pas rendu hommage au baron Le Roy, pour l'œuvre qu'il avait accomplie en faveur des AOC ; il est vrai qu'il n'avait guère apprécié la nouvelle option prise par cet organisme et qu'il n'avait pas craint de le faire vertement savoir.
Le livre de l'INAO, consacré à la réussite de l'AOC, ne doit pas nous faire oublier le nom de certains de ses pionniers, sans lesquels cet organisme n'aurait peut-être pas à une époque très difficile survécu à tous les écueils dressés sur sa route.
M. Pestel, son ancien directeur fut de ceux-là. Il eut l'idée bien naturelle d'écrire un ouvrage, au demeurant fort bien documenté, intitulé Trente ans d'INAO. Comme tout auteur, il avait caressé l'ambition qu'il serait publié, sans doute sous le parrainage de l'institution à laquelle il s'était voué corps et âme pendant trente années difficiles. C'était sans compter sur la nouvelle équipe dirigeante, dont l'optique était très différente de celle du baron Le Roy.

Voici comment les choses se sont passées. Au début de l'année 1968, le manuscrit fut remis à un imprimeur pour en faire l'étude. Dès le mois d'avril suivant, celui-ci commença la composition, réalisa les dessins et prépara les clichés. Deux mois plus tard, c'est-à-dire en juin, les épreuves furent corrigées par l'auteur. Il ne manquait plus à l'imprimeur que le bon à tirer. Au lieu de cela, en juillet, il fut invité à suspendre son travail. Motif : le nouveau président de l'INAO désirait revoir l'ouvrage. Inquiet de ne pas avoir de nouvelles, l'auteur relança plusieurs fois le directeur de l'INAO par écrit et verbalement, sans obtenir de réponse. Ce n'est que le 3 mai 1969 qu'il apprit par l'imprimeur que l'INAO lui avait réglé les frais engagés (4 000 francs environ) en annulant le projet. Pour éviter que son œuvre tombe aux oubliettes, M. Pestel fit faire, à ses frais, une édition polycopiée d'un tirage restreint, qui reste malgré tout un témoignage intègre des premiers pas de notre législation viticole, sans laquelle les grands vins de France n'auraient jamais connu la réputation mondiale qu'ils ont aujourd'hui. Qu'il en soit remercié au nom des vignerons de la première heure.

COMMENT LES VITICULTEURS ONT PERDU L'INAO. Ses créateurs avaient voulu faire de l'INAO un tribunal professionnel géré par les viticulteurs eux-mêmes, appuyé par l'autorité de l'État, dont les représentants donnaient un avis particulièrement écouté, mais qui n'avaient pas pour autant un droit de veto. Aujourd'hui, les vignerons des grands crus ne sont pratiquement plus représentés. Les personnalités, nommées par le gouvernement et le commerce, qui ont tous un droit de vote, occupent un très grand nombre de sièges.
Tous les six ans, dans chaque région d'AOC, le préfet de région, commissaire de la République, consulte toutes les organisations professionnelles de la viticulture (fédérations ou syndicats d'exploitants agricoles et du négoce des vins), en leur demandant de lui soumettre une liste de postulants éventuels, pour la formation des futurs comités régionaux de l'INAO que ses services transmettent ensuite au ministre de l'Agriculture avec son avis. Ce qui peut être déjà considéré comme une sorte de préfiltrage. Les candidatures sont ensuite regroupées par les services compétents du ministère de l'Agriculture, où le ministre désigne un de ses collaborateurs, en général un conseiller technique chargé de l'ensemble des problèmes viticoles, pour lui proposer la liste des futures nominations. À ce moment certaines influences politiciennes, mais surtout corporatives, venant des gens en place, sont susceptibles d'entrer en ligne de compte. Il ne faut pas oublier que le président de l'INAO, nommé conjointement par le ministre chargé de l'Économie, des Finances et du Budget et le ministre de l'Agriculture, et son directeur, nommé, lui, seulement par le ministre de l'Agriculture, sont sans doute consultés avant la mise en forme des nominations. C'est l'aspect « cooptation » de l'affaire, car le président et le directeur de l'INAO, qui sont en fait des émanations du ministère des Finances et du ministère de l'Agriculture, font certainement leur possible pour que l'on évite de nommer quelqu'un qui pourrait être hostile à la politique menée par l'INAO. D'où, probablement, des tractations de couloirs, pour être sûr que ne soit pas désigné un empêcheur de danser en rond...
Les membres du Comité national, autres que les représentants de l'administration, sont recrutés dans les Comités régionaux et nommés pour six ans par un arrêté conjoint du ministre de l'Agriculture et du ministre de l'Économie, des Finances et du Budget, sans doute aussi après concertation entre le cabinet des ministres, le commissaire du gouvernement, le président de l'INAO et son directeur. La profession n'est guère consultée et son avis pèse bien peu dans la balance.
Il va de soi que ce double quadrillage permet d'évincer systématiquement une grande

partie des hommes qui auraient encore tendance à avoir une vision nostalgique de 1935 et, surtout, un esprit trop engagé vers la pondération en matière d'extensions.
Acceptant d'occuper un poste de responsabilité comme représentant des viticulteurs au Comité régional ou national de l'INAO, le vigneron se crée un surcroît de travail au détriment de ses propres activités, d'autant qu'il lui faut être totalement désintéressé, car l'INAO, qui dispose pourtant d'un budget assez substantiel, se contente de rembourser les frais de déplacement calculés au plus juste prix. Il est hors de question que le vigneron puisse profiter de ces libéralités... pour déjeuner ou se loger chez l'un de ses clients...
Une fois nommés au Comité national, les délégués, qui sont tenus d'assister aux séances de l'INAO, reçoivent, une dizaine de jours avant chaque réunion, l'ordre du jour avec tous les documents annexes, qui est à peu près aussi volumineux qu'un annuaire des télécommunications. Il faut voir les choses en face : personne n'a matériellement et intellectuellement la possibilité d'en prendre connaissance avec minutie. C'est seulement dans le train qui les amène à Paris, où certains se retrouvent, que les plus consciencieux le compulsent succinctement.
Lors de l'ouverture de la séance, le directeur de l'INAO expose très brièvement chaque affaire citée en référence, bien qu'elles aient déjà été toutes réglées auparavant. Dans ces réunions, il n'est, en général, question que de rendement, extension, création d'AOC, demande de premiers crus, chaptalisation *, droits de plantation, etc. Curieusement, tout le monde ou presque oublie que dans le vocabulaire français figure le mot « qualité », qui est pourtant la clé des AOC.

Chacun sait que, dans la plupart des réunions – quel que soit l'organisme de tutelle –, le but principal est de cautionner le point de vue et la politique des dirigeants, généralement fermement décidés à ne rien changer dans l'organisation du système en place. Toutefois, pour que le pluralisme soit respecté, il faut, comme dans toute bonne assemblée digne de ce nom, qu'autour de la table soient représentés à peu près à égale proportion ceux qui rêvent, somnolent, n'écoutent rien, ceux qui, pour se donner de l'importance, prennent vainement des notes et, enfin, les lèche-bottes de service qui ne manquent pas de hocher consciencieusement la tête d'un air entendu à chaque fois que le président ou une quelconque personnalité prend la parole. À l'occasion des débats portant sur quelques grands textes de considération générale, tels que les problèmes de rendement, plusieurs participants tentent désespérément de briller, en mettant à profit les très rares créneaux de temps disponibles, pour émettre un modeste avis, sans qu'il en soit d'ailleurs aucunement tenu compte.
Néanmoins, cet aparté a le mérite de modifier provisoirement l'atmosphère et surtout de permettre au président, qui en a profité pour réfléchir, de reprendre en main son auditoire, en éludant les questions gênantes par le biais de petites phrases toutes faites, qui ne laisseront plus aucune initiative aux vignerons présents.
Extraits de ce type de leitmotiv : « Le sujet est tellement d'actualité que je propose de lui consacrer un moment plus important lors de notre prochaine assemblée... » ; « C'est un problème qui me tient particulièrement à cœur depuis que j'ai pris la direction de notre organisme... » ; ou bien encore : « Je propose de nommer une commission spécialement chargée d'en étudier le dossier... »
Enfin, arrive la minute fatidique où le président, après avoir souhaité beaucoup de choses agréables aux participants, lève la séance.
Chacun reprend alors vite le chemin de son vignoble, avec en tête des impressions très différentes quant à la valeur du système en place :
- les optimistes et les m'as-tu-vu sont intimement persuadés que, sans eux, l'organisme ne survivrait pas,
- les pessimistes ont l'impression d'avoir une fois de plus perdu leur temps,
- enfin, les réalistes pensent, à juste titre, qu'ils ne sont que de simples figurants servant à cautionner une politique viticole déterminée par avance pour que l'organisme de tutelle ait bonne conscience.

En réalité, lors des sessions, si l'on retire les temps de parole du président de l'INAO, de son directeur et du commissaire du gouvernement, qui n'est pas obligatoirement le muet du sérail, il ne reste guère de possibilités aux délégués de la viticulture pour exprimer ne serait-ce qu'un simple point de vue. Cette manière d'opérer est très astucieuse. Ainsi, les responsables des syndicats et des associations viticoles [1] remplissent leur rôle de proposition vis-à-vis de l'INAO, ce qui, obligatoirement, les rend solidairement complices de la réglementation, tout en ne leur donnant qu'une apparence de pouvoir, garantissant par là même l'administration de tout risque de réaction brutale de la profession. Aussi, peu de vignerons sont tentés par ce type de responsabilités, qui risquent surtout de les brouiller un jour ou l'autre avec certains de leurs collègues. Les gens intègres savent bien qu'à force de jouer les Jeanne d'Arc ils finiront par devenir des Don Quichotte. En revanche, intégrer ces postes suscite toujours plus ou moins la convoitise de ceux qui ont quelques idées derrière la tête.
La France est un pays composé de corporations. Elles ont pourtant été supprimées au moment de la Révolution par l'Assemblée Constituante (décret d'Allarde 2 - 17 mars 1791), mais elles sont comme « l'hydre » : on coupe une tête et il en repousse d'autres. Il y a une espèce de poussée corporatiste, toujours existante, avec des manifestations plus importantes dans certaines périodes. Chacun sait que Bercy s'est constitué en citadelle, qu'EDF est un État dans l'État et qu'il se livre entre chaque administration des guerres aussi sévères que celles qui divisent les services de police, mais nul n'ose rien changer tant les positions de chacun sont solides.
Notre nation tend à devenir une société d'égoïsme, parce qu'elle s'enfonce dans le corporatisme et abrite des privilèges injustifiés, qu'il s'agisse du patronat, des syndicats de fonctionnaires ou des innombrables groupements professionnels. Chacun défend son statut au mépris du bien commun et dans l'oubli total des plus déshérités.
N'échappant pas à la règle, l'INAO est devenu aussi un corporatisme qui, comme tous les corporatismes, a pour objet de servir l'intérêt de ses membres, en commençant par les intérêts particuliers et, bien sûr, les intérêts les plus immédiats.
Aujourd'hui, de nombreuses voix s'élèvent pour critiquer le fonctionnement de l'INAO dans sa politique de délimitation de certaines extensions jugées abusives.
Il faut dire que les contestataires n'ont peut-être pas tout à fait tort, surtout lorsqu'on examine plus en détail la composition des commissions d'experts.

Les commissions d'experts. Lors de la création des AOC – en tout cas jusqu'à la réforme de 1967 – les délimitations se voyaient toujours confiées à des experts indépendants (en général des techniciens, souvent des géologues) ou bien encore choisis dans le corps administratif ou parmi les milieux universitaires. Ces experts n'assistaient pas aux réunions du Comité national et se contentaient de déposer leurs conclusions, que celui-là n'était pas obligé de suivre. Depuis 1967, il s'est produit une évolution assez curieuse dans le fonctionnement de l'INAO. Les commissions, désignées pour les délimitations, les accessions de nouveaux vins à l'AOC ou les classements en premiers et grands crus, sont peuplées de membres du Comité national. Ce ne sont donc plus des gens indépendants mais, en quelque sorte, des délégués de l'instance, chargés de prendre la décision.

(1) Rappelons que les syndicats viticoles ont été créés en vertu des lois de 1884 et 1901 relatives à la liberté d'organisation professionnelle et d'association.

L'INAO peut très bien ne pas suivre les conclusions d'un expert, mais, dès lors qu'il nomme une commission composée de ses membres, je ne vois pas comment le Comité national, dont ils font partie, pourrait les désapprouver, alors qu'il les a lui-même désignés. C'est là où le système est devenu vicié.
Bien sûr, l'INAO ne manque pas de rétorquer que des experts accompagnent sur le terrain les membres du Comité national lors des nouvelles délimitations. Mais, si l'on en juge par tous les abus perpétrés un peu partout dans les zones viticoles, ils doivent avoir une autorité assez limitée et leur voix ne doit pas porter bien loin...
Dans un ouvrage (déjà cité) risquant fort de devenir mon livre de chevet... paru à l'occasion du cinquantenaire des AOC, il est écrit page 71 : « Par voie de conséquence, l'INAO a été conduit à choisir des experts ayant une parfaite connaissance des caractéristiques naturelles des différents terroirs rencontrés dans la ou les régions où ils exercent leurs talents. Ils sont généralement choisis dans le monde universitaire, scientifique ou de la technique, parmi les meilleurs spécialistes des disciplines suivantes : géopédologie, agronomie, œnologie et viticulture, sans que cette énumération soit limitative ».
En revoyant d'un peu plus près la composition de la commission qui a procédé aux extensions de l'AOC Chablis, si l'on est un tant soit peu informé des choses de la viticulture, on est obligatoirement amené à se poser plusieurs questions sur la prétendue qualification d'au moins trois des membres de la fameuse commission de délimitation. Sur les quatre personnes désignées par le Comité national, le premier était un viticulteur alsacien, le second un vigneron champenois, le troisième un ancien producteur de céréales reconverti depuis peu à la viticulture et, enfin, le quatrième un négociant en vins. On est loin d'être en accord avec ce qui est mentionné dans l'ouvrage du même institut. Si j'en crois les réunions bruyantes, organisées par le syndicat des vignerons de Chablis et le dépôt de plusieurs recours devant le Conseil d'État, je ne dois pas être le seul à penser de cette façon. Je m'explique difficilement comment un tel aréopage non qualifié a pu juger avec objectivité, pour bouleverser une grande partie d'un vignoble historique, alors que deux de ses membres au moins ignoraient à peu près tout de cette AOC avant de faire partie de la commission. Ce n'est qu'un exemple pris au hasard. On pourrait, en effet, remplir tout un volume sur ce sujet !

Qu'il me soit permis de donner un petit conseil aux fameux membres des commissions de délimitations futures. Il n'est pas dénué de bon sens et sa véracité m'a souvent été démontrée par de vieux vignerons ayant acquis sagesse, connaissances et respect de la nature. L'épreuve de la neige : après une assez grosse chute, qui a totalement recouvert le vignoble, il faut observer, lors du dégel, les places où elle met beaucoup plus de temps à fondre. On connaît ainsi facilement les endroits mal exposés (il y a parfois plusieurs jours d'écart). Nul doute qu'en ayant opéré de cette façon, ils auraient commis beaucoup moins d'erreurs préjudiciables à la qualité dans maintes AOC, en particulier dans le Chablisien.

Une machine à fabriquer des règlements. L'INAO est devenu une énorme machine à fabriquer des règlements. C'est certainement, parmi tous les organismes français, l'un de ceux qui fournit le plus de matière pour la composition du *Journal officiel*. Il existe maintenant entre lui et le ministère de l'Agriculture une parfaite symbiose, qui fait que tous les règlements ou presque passent sans aucun problème. Malheureusement, plus une législation est compliquée, plus elle tracasse les gens honnêtes, sans gêner les autres qui se servent de tous les moyens pour gagner encore un peu plus d'argent. C'est bien connu : il faut apprendre le droit pour marcher de travers.

Un décret du 29 mai 1987 modifie encore un peu plus le fonctionnement de cet organisme. La durée du mandat, pour les membres des Comités régionaux et du Comité national toujours désignés par le ministre de l'Agriculture, est fixée à six ans. En revanche, il est instauré une limite d'âge à 65 ans pour tous les membres des Comités régionaux et du Comité national, ne concernant pas les représentants des administrations ; de même, cette mesure ne touche pas le président. C'est le dernier verrou qui saute, permettant d'éliminer éventuellement les quelques vignerons récalcitrants qui seraient encore en place. Depuis cette réforme de l'INAO, les viticulteurs eux-mêmes sont partagés entre deux conceptions :

- dans la première, on rencontre ceux qui n'ont pas oublié les années de misère traversées par leurs parents, qui se sont battus pour faire reculer la fraude et améliorer la qualité au bénéfice du consommateur, en édifiant une sévère et contraignante législation, s'imposant une discipline de fer fondée sur le respect des dispositions légales et traditionnelles, souvent au mépris de la rentabilité ;
- pour la seconde, qui est de loin la plus importante, on recense une grande partie de nouvelles générations qui ont tendance à croire que la situation actuelle est immuable et qui trouvent certaines règles établies d'un autre âge. On constate donc de nombreuses demandes tendant à l'extension des appellations existantes, surtout dans les zones de grands vins où la vente est plus facile, à l'augmentation des rendements et même à la modification de l'encépagement.

Déjà très largement majoritaire, cette seconde catégorie de viticulteurs, face à ces revendications, trouve une oreille attentive et complaisante de la part même de l'INAO, d'autant que les doléances vont toujours dans le même sens : celui de la facilité.

Cela se traduit par :

- la création de nouvelles appellations à partir de terroirs non encore classés ; ce qui s'est fait dans le Languedoc ;
- l'accession de la plupart des VDQS à l'AOC ;
- l'octroi de droits de plantation tendant à étendre les zones d'appellations d'origine déjà existantes, mais à l'intérieur comme à l'extérieur de ces aires les extensions ne sont possibles aujourd'hui que sur des terrains moins favorables que ceux ayant été initialement retenus par les premières délimitations (générales et parcellaires). Ceci entraîne obligatoirement une diminution de la qualité et cause l'apparition d'une production de vins différents de ceux du type de l'AOC ;

Malheureusement, toutes ces extensions des zones d'AOC, que rien ne justifiait, si ce n'est l'appât d'un profit immédiat ou d'une valorisation foncière pour certaines catégories de viticulteurs, ne constituent pas le seul péril pour l'avenir des grands vins de France.

D'autres dangers, tout aussi redoutables, les menacent à court terme :

- des terroirs prestigieux ont été dénaturés par des apports abusifs de terre allogène : Chablis, Ay et Nuits-Saint-Georges pour ne citer que les principaux,
- les vignes hautes se sont multipliées jusque dans les AOC les plus réputées,
- les règles concernant la taille ne sont pratiquement presque jamais observées,
- on introduit dans certaines régions des cépages « dits améliorateurs » qui bouleversent complètement le goût originel de chacune de nos appellations. Beaucoup de viticulteurs sont plus préoccupés par ce qui se vend bien que par les caractéristiques de leur appellation. Le cabernet sauvignon, le merlot, le sauvignon et le chardonnay semblent être la panacée et se négocient bien ; pourquoi ne pas demander le droit de les planter !

Le mal de notre civilisation industrielle avancée vient du fait qu'aujourd'hui plus personne dans aucun secteur ne souffre d'être qualifié de petit ou d'inférieur. Tout le monde veut se donner du galon ! La Seine-Inférieure est devenue Seine-Maritime, les Basses-Pyrénées se nomment Pyrénées-Atlantiques, l'éboueur est qualifié de technicien de surface, dans le spectacle même le simple figurant de jadis s'appelle maintenant acteur de complément, excusez-moi du peu... Dans le domaine viticole c'est identique. Ce n'est pas en donnant l'AOC à de petits vins qu'ils vont, par un coup de baguette magique, devenir grands du jour au lendemain. Jadis vins ordinaires, les vins de table voudraient être vins de pays, les vins de pays aspirent à devenir des VDQS, ceux-ci à leur tour caressent la secrète ambition d'accéder à l'AOC. Dans les grandes appellations, les villages cherchent à s'élever en devenant premiers crus, ces derniers envisagent bien entendu de se hisser au rang des grands crus. C'est une spirale infernale où le principal, c'est-à-dire la qualité, est oublié !

La doctrine française, sur laquelle ont été fondées la législation et la réglementation de nos AOC, est en totale opposition avec les orientations actuelles de la production : on ne peut à la fois afficher le respect des usages historiques pour vendre le vin et, en même temps, les violer pour produire ce même vin en tentant, avec l'aide de l'autorité de tutelle qui encourage cette tendance, de justifier cette attitude par des arguments fallacieux. Il y a là une antinomie.

De 1941 à 1965, l'INAO a obtenu 1 645 condamnations contre des viticulteurs. Pour la seule année 1963, 44 % des échantillons des vins des Côtes du Rhône n'eurent pas droit à l'appellation et à Bergerac les vins de 168 vignerons furent aussi éliminés. Combien le sont-ils encore aujourd'hui ?

Il est de règle que les administrations publient un bilan annuel. Pourquoi, depuis 1967, l'INAO ne s'y conforme-t-il plus ? Les associations de consommateurs seraient pourtant en droit de connaître le nombre de vins refusés pour chaque région, par rapport à ceux agréés, ainsi que les condamnations de récoltants pour dépassement de rendement, degrés insuffisants, etc. Il est permis de rêver !

Cependant, certains éléments à la décharge de l'INAO doivent être signalés :

- lors de la création du Comité national des appellations d'origine, la majorité des AOC ont été accordées alors que les délimitations générales et parcellaires n'étaient pas encore complètement établies [1]. Je sais bien qu'à l'époque il fallait faire vite pour sauver la viticulture des grands vins de la catastrophe, mais c'était quand même mettre un peu la charrue avant les bœufs. Cela a été en partie fait depuis, mais davantage de rigueur aurait évité les extensions abusives sur des parcelles peu aptes à recevoir de la vigne (pour ne pas dire plus), notamment dans le Médoc et en Côte d'Or. Le tout à partir de 1964, en raison des achats de transfert de droits de replantation. Lorsque je m'indigne face à ces aberrations, je trouve invariablement en face de moi des vignerons sûrs de leurs bons droits, rétorquant avec aplomb : « Toutes les vignes que vous contestez sont dans les aires d'AOC. » Ils n'ont pas tout à fait tort, puisque la faute en incombe à des délimitations extensibles !
- au nom de la protection des appellations existantes, on ne peut bien sûr empêcher les producteurs de certains vignobles, qui ont fait de gros efforts qualitatifs, d'accéder à la

(1) Sauf pour celles qui avaient été auparavant déjà délimitées judiciairement, bien qu'actuellement, aussi invraisemblable que cela puisse paraître, l'INAO, en vertu d'une loi du 16 novembre 1984, ait la possibilité de pouvoir revenir sur la chose jugée.

hiérarchie des AOC ; c'est un but louable et parfaitement respectable, mais ils doivent rester des cas d'espèce ;

- dans plusieurs AOC, surtout les plus prestigieuses, beaucoup de viticulteurs ne font plus aucun effort, se contentant de vivre sur une vieille renommée dont ils ne sont plus dignes. Aujourd'hui, si l'INAO ne faisait pas preuve d'un tel laxisme, il n'hésiterait pas à opérer quelques coupes sombres, en déclassant certaines productions, pour le bien de tous et aussi pour montrer qu'il existe encore des limites à ne pas franchir ;
- il faut aussi tenir compte de l'évolution sociale et économique des temps modernes et savoir que les productions doivent obligatoirement être plus importantes qu'en 1935, compte tenu de la mécanisation et des moyens de lutte actuels contre les fléaux qui frappent la vigne. Il serait en effet absurde de s'opposer au progrès technique, mais il est nécessaire de le discipliner : toute modification des pratiques viticoles et œnologiques en usage avant l'invasion phylloxérique n'est admissible que dans la mesure où elle n'affecte pas la finesse et surtout l'originalité des grands vins. Il n'y a pas incompatibilité à concilier le passé et l'avenir, mais cela ne doit pas être pour autant prétexte à la démagogie, qui ferait de nos appellations d'origine contrôlée un masque dont on se pare vis-à-vis du consommateur étranger.

À lire mes reproches, on serait enclin à penser que j'ai du ressentiment contre l'INAO. Il n'en est rien. Je suis seulement irrité, à chaque fois que j'ouvre un livre ou une revue consacré aux vins, de constater que presque tous les auteurs brossent invariablement le même panégyrique à cet organisme, en occultant son véritable fonctionnement, son corporatisme et ses travers…

Les vignerons proches du Comité national me serinent aussi à longueur d'année leur leitmotiv : « Tous les autres pays envient notre organisation. »

Il est indéniable que l'INAO est perfectible, mais je reconnais qu'il a le mérite de continuer à exister contre vents et marées, en limitant le nombre des dérapages incontrôlés.

Le président actuel, Jérôme Quiot, vient seulement de prendre ses fonctions. Je ne peux donc encore porter une appréciation, en rappelant que « c'est au pied du mur que l'on juge le maçon ». Sa première prise de position, en faveur de la limitation des rendements, démontre pourtant l'amorce d'une volonté de réforme, qui plaide nettement en sa faveur.

Je terminerai sur une réflexion de M. Pestel au Congrès viticole de 1937 : « Les AOC constituent une richesse nationale de la France, qui doit être assimilée aux monuments historiques, à cette différence près qu'elle est encore plus délicate à maintenir parce que vivante et pouvant donc se renouveler ou disparaître. »

DEUX LOIS QUI VONT À L'ENCONTRE DE L'ESPRIT INITIAL DES AOC

La loi du 12 décembre 1973. Les générations actuelles ignorent sans doute une page de notre histoire viticole, qui mérite pourtant d'être rappelée, si l'on veut bien comprendre ce qui s'est passé beaucoup plus tard. Elles concernent les « appellations d'origine simple », reléguées aujourd'hui au rang de souvenir.

Pour analyser le processus qui leur a permis de voir le jour, bien avant les « appellations d'origine contrôlée », il est nécessaire de faire un retour en arrière.

Durant le premier tiers du siècle, il régnait dans la viticulture une pagaille indescriptible, amenant les pouvoirs publics à faire passer une loi en 1919, qui introduisit pour la première fois la procédure de délimitation judiciaire. L'appellation d'origine étant identifiée comme un droit de propriété collective attachée au terroir *, pouvoir était accordé aux tribunaux civils de le reconnaître. L'innovation était de donner la capacité aux syndicats ou associations viticoles, constitués depuis au moins six mois pour la défense d'une appellation, d'intervenir dans les instances civiles au même titre que les personnes physiques. Des centaines de viticulteurs, comme la loi les y autorisait, déclaraient leurs vins sous un nom qui n'était souvent qu'une simple et vague provenance géographique. Ce fut le début des appellations d'origine simple. Quelques années plus tard, à la création des appellations contrôlées, celles qui n'avaient pas été jugées dignes d'accéder à la hiérarchie suprême ont quand même continué à vivre. Elles menaient leur petit bonhomme de chemin en toute quiétude, puisque la loi du 6 mai 1919 qui leur accordait ce privilège n'avait pas été abrogée. Il n'était pas rare, même après la création des AOC, de voir subsister dans chaque région viticole deux appellations du même nom, l'une contrôlée et l'autre libre. L'ingénieux stratagème, imaginé par l'administration pour calmer les esprits échauffés créa une espèce de cohabitation nébuleuse, qui devait durer encore cinq ou six ans. La majorité des vignerons avaient pensé à tort que les premières étaient supprimées, sans doute à cause du décret-loi du 3 avril 1942, qui abolissait définitivement le régime transitoire de la double appartenance, en interdisant l'usage de l'appellation simple aux vins ayant fait l'objet d'un décret d'AOC.
Puis subitement, pendant la guerre, une décision de justice, émanant d'un tout petit tribunal de province, est venu rappeler que le décret-loi n'avait en aucun cas supprimé le droit d'utiliser une appellation d'origine simple, à condition bien entendu qu'elle ne fasse pas double usage avec une AOC. Malgré cela, on peut dire que, pendant une bonne vingtaine d'années, il n'y en eut guère de nouvelles jusqu'au début de 1970, où elles sont brusquement réapparues, pour la plupart en provenance du Languedoc. Leur seul but était de bénéficier des termes Château, Clos, Domaine, etc., pour avoir un atout commercial supplémentaire sur l'étiquetage, droit qui, bien sûr, leur a été supprimé depuis.
Cette catégorie aurait pu continuer, sans aucunement gêner les AOC ni plus tard les VDQS pas plus que le consommateur, qui d'ailleurs en avait sans doute toujours ignoré l'existence. Le 12 décembre 1973 une autre loi est venue signer son arrêt de mort, sans qu'il y soit nommément fait allusion (ce qui était très astucieux).
Avec un peu de perspicacité et de connaissances viticoles, on est tenté de la qualifier de loi d'anticipation, tant elle semble adaptée pour servir les intérêts futurs des expansionnistes… Dans son article II, elle ouvre toute grande la porte des AOC et des VDQS aux vins de pays, en précisant qu'ils « peuvent, si leur qualité et leur notoriété le justifient, être classés » dans l'une des deux catégories précitées. Soit dit en passant, je trouve le terme « notoriété » inapproprié.
Étant donné la parfaite symbiose qui règne maintenant entre l'INAO et les gouvernements en place, il n'y a plus aucun obstacle pour empêcher une kyrielle de vins de pays, déjà promus depuis peu à une distinction (il ne faut surtout pas oublier que dans un passé récent, ils n'étaient que de très modestes vins de table), d'entrer avec les honneurs dans l'élite des vins de France.

Soyons sérieux ! Comment peut-on espérer trouver une renommée à d'anciens vins de table et surtout oser prétendre – sauf pour deux ou trois cas bien particuliers [1] – qu'ils puissent devenir du jour au lendemain les égaux des grands seigneurs, produits dans les prestigieuses régions viticoles [2] que sont le Bordelais, la Bourgogne, l'Alsace et les Côtes du Rhône, pour n'en citer que quatre ?
Lors de la création des AOC, le seul objectif du législateur était de protéger à tout prix les bons vins, partie intégrante du patrimoine national, ceux dont l'antériorité est de plusieurs siècles, produits dans les meilleurs terroirs naturellement bien drainés, bénéficiant d'une excellente exposition, complantés avec un encépagement noble et dont les raisins ont toujours été vinifiés traditionnellement par des générations d'hommes au savoir et à l'expérience irremplaçables. Les vins de table ou de pays (qu'importe le terme, excepté pour la commercialisation) ne sont souvent que des produits standards récoltés en général dans des sols de plaine ; tout juste assez bons pour prétendre à une vocation viticole. Quant à leur encépagement, il est fonction de trois critères : rentabilité, aptitude à être vendangé à la machine et propension à répondre au goût actuel du consommateur, déformé par des produits sans originalité. Ne parlons pas de leur vinification : elle est purement technologique, à la merci d'hommes sans passé viticole [3] et conseillés par de jeunes œnologues frais émoulus des écoles, n'ayant qu'une expérience de laboratoire !
Décidément, fouiller dans le passé est devenu pour moi une habitude. Malheureusement, je n'ai pas trouvé d'autre moyen pour démontrer que le patient travail désintéressé, accompli par nos aînés afin de protéger les zones produisant les meilleurs vins, est aujourd'hui en voie d'être réduit à néant. Tout cela par la cupidité des hommes et le laxisme de l'organisme sur qui repose la destinée des AOC, qui constituent pourtant un patrimoine incomparable et sur lequel louchent dangereusement toutes les nations viticoles.

La loi du 16 novembre 1984. Comme on l'a vu dans le texte précédent, les lois des 6 mai 1919 et 22 juillet 1927, quoique encore très imparfaites, avaient quand même permis aux tribunaux de l'époque de délimiter un grand nombre d'appellations sur lesquelles, plus tard, l'INAO n'eut pas le droit de procéder à des extensions. C'est du moins ce qu'on était en droit de croire jusqu'en 1984, puisque, en France, les parties entre elles n'ont pas le pouvoir de revenir sur l'autorité de la chose jugée. Or, aussi invraisemblable que cela paraisse, avec la loi n° 84-1008 du 16 novembre 1984 de Catherine Lalumière, l'INAO a maintenant la possibilité de procéder à des extensions d'aires d'appellations délimitées judiciairement. Pour certains esprits avisés, il a paru curieux qu'elle arrive à point nommé pour la restructuration du vignoble chablisien en pleine mutation, mais, après tout, il ne s'agissait peut-être que d'une simple coïncidence… Le plus curieux est que cette loi allant à l'encontre des intérêts d'un grand nombre de viticulteurs, fut votée à l'unanimité par les représentants des deux assemblées, dont un fort pourcentage est

(1) Le Mas de Daumas Gassac d'Aymé Guibert et le vin de Fernand Vaquer à Tresserre. Deux vignerons qui ont compris qu'un bon produit pouvait très bien se vendre et même cher en France et à l'étranger, sans l'artifice d'une AOC dont ils n'ont cure !
(2) Toutefois, pour rester objectif, disons que la plupart des génériques produits dans le Bordelais ou en Côte d'Or, ne valent guère mieux.
(3) J'ai recensé un architecte, un pharmacien, un cadre en informatique, un publiciste, un technicien en industrie chimique et un ingénieur. Quelle brochette ! On ne s'improvise pas viticulteur et encore moins vinificateur du jour au lendemain, mais, porté par la presse, on peut pendant un certain temps faire illusion au détriment du consommateur.

pourtant élu dans les régions viticoles. Ce qui amène à nouveau à se poser des questions sur l'utilité de la représentation parlementaire.
À cet égard et de façon tout à fait théorique, on peut se demander dans quelle mesure cette loi du 16 novembre 1984 est bien conforme à la Constitution. En effet, son orientation très corporatiste va jusqu'à confier à un organisme professionnel le soin de modifier une décision de justice ou une loi. Fait qui est étrange et reste sans précédent. Le but est-il « de faire acte de jurisprudence » ?

ENCORE UNE LOI QUI MALMÈNE UN PEU PLUS LES VITICULTEURS

Je ne pouvais, dans mon optique impartiale, faire un livre sur le vin sans donner mon opinion sur la loi n° 91-32 du 10 janvier 1991 dite « loi Evin », relative à certaines dispositions gouvernementales pour lutter contre l'alcoolisme. Depuis sa mise en application inopinée, elle commence à faire bien des remous dans le monde viticole, toutes professions confondues. Il faut dire que sa venue, en pleine période de crise, a été très mal accueillie par les producteurs de vin qui n'avaient vraiment pas besoin de cela pour encore aggraver la mévente qui sévit actuellement.
Que dit-elle en substance cette fameuse loi, qui fait couler tant d'encre ? Comme toutes les autres, on remarque qu'elle n'est guère digeste. Mais les législateurs sont en général des personnages très alambiqués. Sans entrer dans des détails fastidieux sur tous les articles et alinéas, qui en font la teneur, on peut regretter :
- que « toute publicité en faveur du vin, à l'exception des circulaires commerciales réservées aux professionnels, doit être assortie d'un message de caractère sanitaire, précisant que l'abus d'alcool est dangereux pour la santé ». Ce qui, avouons-le, n'est guère incitatif pour sa consommation. Je suggère que toutes les publicités automobiles portent aussi la mention suivante : « Au-delà d'une certaine vitesse, la voiture devient dangereuse » ;
- qu'il est interdit de vendre des boissons alcooliques à emporter entre 22 heures et 6 heures du matin, dans les points de vente de carburants. Pour ma part, j'aurais souhaité aller, pour ce circuit de distribution jusqu'à l'interdiction totale.
On constate qu'en restreignant toute forme de publicité, parfois indispensable pour la survie des domaines, une fois de plus les viticulteurs, dont les produits contribuent pourtant à l'équilibre de la balance commerciale, sont considérés comme des sortes de parias et mis au ban de la société. Ce n'est pas en multipliant les mesures de répression que l'on va aider notre économie viticole. Enfin, bien qu'il n'en soit pas fait mention dans la loi, reste à définir entre les pouvoirs publics et la profession le périmètre de protection pour la publicité autour des écoles et des facultés. Le ministère a déjà proposé cent mètres à compter du mur d'enceinte des bâtiments, alors que les intéressés souhaiteraient que seule l'entrée principale soit prise en compte. On voit déjà se dessiner les contestations pour les degrés de précisions de la future négociation. On se croirait revenu à la pièce de Courteline, *Messieurs les ronds-de-cuir*. Il faut dire qu'entre le ministère de l'agriculture et celui de la santé, il y aurait sur le sujet de l'eau dans le gaz... Les décrets d'affichage qui devraient paraître au *Journal officiel*, je l'espère sans trop y croire, laisseront peut-être une meilleure marge de manœuvre aux producteurs.

LA RÉPRESSION DES FRAUDES NE MÉRITE PAS TOUJOURS UN SATISFECIT...

La France, aux yeux des autres nations productrices de vins, est censée représenter dans le domaine viticole un exemple de rigueur et de bon sens, en matière de réglementation, grâce à l'efficacité du service de la Répression des fraudes, notamment sur l'étiquetage. Lorsqu'on en parle avec les récoltants, c'est bien sûr un « autre son de cloche ». Si on les écoute, ils sont constamment l'objet de tracasseries imposées par des règlements absurdes. Pour être objectif, je dois reconnaître que c'est parfois vrai et je déplore certains excès de zèle des fonctionnaires.

En revanche, en viticulture, où les manquements sont monnaie courante, je ne vois pas d'autre moyen pour conserver la valeur du système en place et surtout préserver la qualité des AOC. En contrepartie, tout cela ne peut se faire que si le service intéressé ne donne jamais prise à la moindre critique. Or, c'est malheureusement loin d'être toujours le cas, particulièrement pour ce qui touche à l'étiquetage.

Les indications portées sur une étiquette doivent strictement respecter la législation. Elles ont pour unique objet de renseigner sans aucune ambiguïté l'acheteur sur la provenance et les caractéristiques exactes du produit. En permettant, par laxisme, à des professionnels peu scrupuleux (vignerons, négociants ou caves coopératives) de commercialiser des vins sous une fausse identité, au détriment du consommateur, le service de la Répression des fraudes ne joue plus son rôle.

On ne compte plus les étiquettes répréhensibles. Ainsi, en Bordelais, la plupart ne sont pas conformes aux normes imposées pour la hauteur des caractères très souvent disproportionnée entre l'AOC et la marque commerciale représentée par le château. Pour la Bourgogne, c'est un autre problème : il est fréquent que d'une propriété à l'autre, le nom du même climat soit orthographié de plusieurs façons, selon l'inspiration du viticulteur. Exemples : Clos du Roi ou Clos du Roy, Mazis Chambertin ou Mazy Chambertin, etc. Mais il y a plus grave :

- en Alsace, certains vignerons des communes d'Ottrot et de Turckheim vendent du pinot noir d'Alsace sous la dénomination Rouge d'Ottrot ou Rouge de Turckheim, qui n'est pas une appellation reconnue par l'INAO ;
- le Chablis « Grand Cru La Moutonne » n'est qu'une marque commerciale et non – n'en déplaise – un grand cru, il y a une nuance ! Le vin vendu sous cette étiquette est censé provenir exclusivement de deux parcelles situées dans les grands crus Preuses et Vaudésirs. Pour être conforme aux usages de la réglementation, elle devrait être rédigée de la manière suivante : « Chablis Moutonne issu de grands crus » ;
- les établissements De Luze ont commercialisé un Meursault premier cru Les Narvaux, climat qui n'a jamais accédé à cette classification.

Il est vrai que la loi du 12 décembre 1973, mettant fin aux appellations d'origine simple, oblige tous les viticulteurs concernés par elle à trouver immédiatement une situation de repli, pour pouvoir continuer à commercialiser les vins qui entraient dans cette catégorie ; ce qui était loin d'être facile. Dans ce domaine, les Champenois se tirèrent admirablement d'affaire avec le vin nature de la Champagne, dont il est bon de rappeler l'historique.

Au début du siècle, il se nommait « vin originaire de la Champagne », mention qui ne figurait pas forcément sur les étiquettes, puisqu'elle n'était pas obligatoire. Elle n'en était pas moins réelle, puisque portée sur les déclarations de récolte. Puis, sans qu'on sache trop comment, elle est devenue « vin nature de la Champagne », en bénéficiant alors d'une appellation d'origine simple, dénomination très astucieuse, dont il convient de féliciter les viticulteurs et le négoce champenois, car elle laissait entrevoir tout à la fois une notion de vérité et un petit côté snob auquel le consommateur reste rarement insensible.
La dénomination « vin nature de la Champagne », comme toutes les appellations d'origine simple, s'est vue supprimée par cette fameuse loi. Comme il fallait s'y attendre, elle a été avantageusement remplacée par une appellation d'origine contrôlée. On ne pouvait faire moins pour une région aussi prestigieuse. Rien à redire, si ce n'est qu'entre en scène la nouvelle AOC dénommée « Coteaux Champenois » ; là, rien ne va plus. Suivez-moi bien : suppression des « vins nature de la Champagne » le 12 décembre 1973 et octroi de l'AOC « Coteaux Champenois » seulement le 21 août 1974, légalisée dix jours plus tard par le *Journal officiel*. Entre ces deux dates, presque neuf mois se sont écoulés, pendant lesquels le consommateur a continué à acheter des vins qui n'avaient plus aucune identité, ne serait-ce que par les stocks détenus par la restauration, les grossistes, les grandes surfaces et le commerce de détail. Très curieux, n'est-ce pas !
Il serait aussi intéressant de connaître les refus de vente de ce produit par les maisons de commerce pour la période précitée.
Il en faut souvent beaucoup moins que cela pour déclencher les foudres de l'administration contre un petit commerçant ou un honnête vigneron. Ce qui démontre que les choses les plus simples ne le sont pas obligatoirement en matière d'appellation contrôlée, lorsque de puissants intérêts sont en jeu…

CHAPITRE II

les contraintes administratives

UNE FISCALITÉ MAL ADAPTÉE AUX GRANDS VINS

Le poids de la fiscalité en France touche particulièrement le commerce et la production des vins qui semblent en recevoir plus que leur part.
Deux raisons en sont la cause :
- en France, les vins ont toujours été des objets de taxation, soumis à un « exercice » étroit, afin qu'aucune goutte n'échappe à la « consommation taxée ». Le seul fait, pour un producteur, de pouvoir lever son verre avec un client « en franchise de la taxe » ne peut relever que d'un « privilège fiscal » ;
- l'élaboration des vins de garde demande de longues et coûteuses opérations de stockage, pour que se forment et s'affinent les arômes et autres éléments constitutifs de la qualité. Relativement à leur chiffre d'affaires, les producteurs de vins, qu'il s'agisse des récoltants ou des négociants, ont à investir dans leurs stocks en cave autant que les fabricants de véhicules automobiles sont contraints de le faire pour leurs chaînes de montage. Les inventeurs et les gestionnaires de l'impôt sur les résultats des entreprises, ne sont jamais parvenus à comprendre que la constitution d'un stock de cave pouvait aussi correspondre, sur le plan économique, à une accumulation de matériel d'une usine moderne.

DES PROFESSIONNELS TRANSFORMÉS EN MAGASINIERS. En France, un homme du vin doit être, en effet, avant tout, un parfait magasinier. Qu'il soit de surcroît animé par

la préoccupation de produire et de vendre de bons vins n'est bien sûr pas interdit par l'administration. « Mais réellement, ce n'est pas son problème. »
Depuis plus de deux siècles, le service des Contributions indirectes, en France, a enfermé toute la profession du vin dans un « immense magasin », où rien ne se fait sans titre de mouvement, tenue de registres, recensements périodiques et déclarations d'inventaires ; le territoire français étant à cet effet quadrillé dans son intégralité par un réseau de recettes locales des impôts, secteurs d'assiette des contributions indirectes, brigades de contrôle et de recherche, etc.
À propos de l'assiette, je ne peux m'empêcher de citer une réflexion d'Auguste Detœuf, qui fut l'un des grands industriels de l'entre-deux-guerres : « Puisque les impôts ont leur assiette, je ne comprends pas qu'ils cherchent à manger dans la nôtre. »
Et tout ce corps administratif a pour mission fondamentale le recouvrement d'un droit de circulation de… 22 francs par hectolitre !
Le décrire avec précision dépasserait non seulement le cadre de ce texte, mais aussi la compétence de la plupart des agents de cette administration, en tout cas celle de leurs cadres supérieurs. Ce corps vieux de plusieurs siècles a en effet ceci de particulier qu'il est si complexe qu'il ne vit plus guère que par la pratique quotidienne de ses agents d'exécution : ce que tel contrôleur estime devoir faire ici pouvant être différent de ce que tel autre fera dans le département voisin.
Les experts français siégeant à Bruxelles sont sans doute les seuls à regretter qu'une organisation administrative aussi parfaite du secteur des vins n'existe pas dans chacun des douze autres États membres de la Communauté européenne, notamment en Italie.
En un certain sens, ils n'ont pas tout à fait tort, car il est bien vrai que ce vieux service, dont la corpulence est aujourd'hui sans commune mesure avec l'importance des recettes fiscales dont il assure le recouvrement, constitue l'armature de tout l'appareil de contrôle pesant sur le secteur des vins : le terme « marchand de gros de boissons » est la dénomination très délicate donnée par l'administration aux membres du commerce des vins, si prestigieux soient-ils.

DES PRATIQUES COMPTABLES DÉTOURNÉES DE LEUR OBJET. Que les excès de l'impôt sur les revenus et les résultats des entreprises soient aujourd'hui dénoncés marque sans doute un grand progrès des sociétés contemporaines. Il y a peu d'années, l'idée dominante était qu'il fallait encore le majorer et qu'en l'occurrence son poids était sans effet sur l'activité économique. Mais l'opinion publique ne retient encore que l'excès des taux. Peu de gens sont sensibles à ceux des règles d'assiette. Il est vrai que ces dernières ne concernent guère que l'impôt sur le résultat des entreprises.
De nombreux points inquiétants pour l'avenir de l'outil de travail commencent à sérieusement alarmer les professionnels du vin. Ceux-ci se demandent bien quelle attitude ils vont devoir prendre, en face de pratiques qui vont à l'encontre de la qualité, telles que l'inclusion dans le bénéfice imposable de l'accroissement de la valeur des stocks, parce que la logique comptable et les usages de la comptabilité commerciale les incluent dans le résultat annuel d'exploitation.
Il est sans doute normal qu'il en soit ainsi pour la majorité des entreprises, dont le stock de matières achetées n'a pour objet que d'assurer la sécurité d'un certain nombre de jours d'activité et qu'une bonne gestion se doit de réduire au maximum ; ou bien de

celles dont le stock de produits est constitué d'invendus, sanction d'une mauvaise adaptation de la production aux rythmes des ventes.

Mais il n'est pas tolérable qu'il en soit ainsi pour toutes les affaires dont les stocks sont un élément essentiel de l'actif, à tel point que leur accroissement peut être assimilé à celui des investissements. C'est le cas de toutes les exploitations viticoles et du commerce des vins, dont le propre est de travailler plus avec un stock qu'avec du matériel. La qualité des grands vins dépend essentiellement d'un processus de maturation * relevant d'un vieillissement d'assez longue durée (18 à 24 mois).

Ces entreprises ayant « des stocks à rotation lente » ressentent cela, mais sans être parvenues jusqu'à ce jour à se dégager de la logique comptable qui semble les condamner à leur implacable destin. Et pourtant, il y a là un phénomène de détournement des pratiques comptables de leur objet, qu'il faut dénoncer.

Cette manière de procéder, qui inclut l'accroissement de la valeur des stocks dans le résultat annuel d'exploitation, quelle que soit leur nature, n'a été inspirée que par l'objectif de déterminer à tout moment le patrimoine net de l'entreprise, qui peut être apporté en gage aux créanciers et aux banques. L'objet de ces pratiques comptables ancestrales n'était en aucun cas de déterminer le bénéfice disponible de l'exercice susceptible d'être distribué aux propriétaires de l'entreprise.

Que penserait-on en effet des propriétaires d'une affaire commerciale qui, après avoir jugé bon d'investir largement dans leurs stocks, pour accroître leur aptitude à livrer des produits de haute qualité, considéreraient en fin d'exercice les fonds ainsi investis comme un bénéfice qu'ils auraient à se partager, en demandant à leur banque de prendre leur relais dans le financement de ces réserves !

Or c'est ainsi que se comporte l'État devenu, par l'importance de ses prélèvements fiscaux, copropriétaire de chaque entreprise française, en feignant de considérer comme un bénéfice disponible, donc distribuable et par conséquent imposable, tout accroissement d'actif des entreprises.

Engagé dans cette voie et conforté par l'aphonie des assujettis, le fisc français n'a de cesse d'aller aussi loin qu'il lui semble possible. Au cours des huit dernières années, les producteurs de vins se sont vus ainsi exclure du régime de « la provision pour hausse des prix », qui permettait d'atténuer certains excès de la situation qui vient d'être décrite. Leur « stock en cave » s'est vu en outre alourdir d'un « stock en terre », englobant l'ensemble des dépenses de production, entrant dans la « récolte pendante » dans leurs vignobles, avant que celle-ci n'ait le temps d'être transformée en vin.

Pourquoi faudrait-il porter ces mesures excessives et tout à fait inadmissibles au compte d'un gouvernement particulier, puisque tous ceux qui se succèdent les approuvent, faute de les avoir remises en cause ?

Pour ne pas savoir tenir ce langage clair à l'État, montrant la nécessité de provisionner en comptabilité tout accroissement du stock jusqu'à ce que celui-ci soit transformé en valeur disponible par la vente, les entreprises relevant du secteur des grands vins à rotation lente se laissent progressivement mais sûrement dévorer.

Pour ce qui est du commerce et de la production des vins, l'effet de ce prélèvement fiscal sur les stocks est le suivant :

- ou bien les entreprises concernées (maisons de vins, domaines et « châteaux » viticoles) renoncent à faire correctement leur métier, en conservant leurs vins pendant

tout le temps nécessaire à leur épanouissement. Elles vendent alors des produits de plus en plus jeunes, donc d'une qualité banale, en laissant aux grossistes importateurs des pays étrangers la charge et le bénéfice de leur affinement, qui ne peut se faire correctement après des mises en bouteilles trop précoces ;
- ou bien, persistant dans leur activité d'élevage, elles n'y parviennent qu'au prix d'un surendettement croissant auprès de leurs banques, devenant ainsi des affaires fragiles, toujours à la recherche de la fluctuation des cours qui leur permettra de se refaire un peu de trésorerie.
En incitant les viticulteurs à vendre très tôt, on va à l'encontre de la qualité. À terme, on risque de détruire complètement l'originalité de nos grandes appellations sur le marché international. On favorise aussi le développement de toute une kyrielle de vins primeurs et de vins étrangers qui envahissent le marché en déformant de manière irréversible le goût du consommateur.
À trop placer les préoccupations quotidiennes des professionnels des vins au niveau de leur responsabilité de magasinier et de financier, les excès des pratiques fiscales françaises tendent à leur enlever le goût de faire de bons vins. En effet, la qualité des choses ne se développe pas dans un monde qui lui est totalement indifférent et même parfois hostile.
La renommée des vins français s'est formée au cours des siècles passés, dans l'environnement raffiné du monde de l'aristocratie et de la haute bourgeoisie. Reste encore à prouver qu'elle perdure dans un univers administratif aussi froid.

UNE BUREAUCRATIE AUSSI NÉFASTE QUE LE PHYLLOXÉRA

Nos dirigeants actuels font preuve d'un étatisme outrancier, au point de vouloir transformer tous les vignerons en bureaucrates, les obligeant à négliger de plus en plus vignes et caves pour jouer les ronds-de-cuir.
On parle toujours de la décentralisation, mais on oublie que les problèmes d'une viticulture très individualiste et matérielle ne peuvent se régler dans la tête de brillants intellectuels ou de fonctionnaires routiniers, qui veulent traiter ces différents aspects à Paris dans un bureau, en perdant de vue les contingences humaines et terrestres.
Décider et traiter des problèmes de la viticulture dans les ministères, c'est bien, mais il faut encore faire l'effort de comprendre que celle-ci repose avant tout sur le respect de pratiques historiques et de connaissances empiriques.
Les relations entre les vignerons et l'administration deviennent chaque jour plus difficiles. Au lieu de jouer un rôle de conseil, celle-ci adopte généralement une position répressive. Aujourd'hui, a fortiori si l'on prend en compte la CEE, la réglementation est de plus en plus complexe. En outre, elle varie presque journellement. Les vignerons ne savent pas toujours très bien quelle est la ligne qu'ils doivent suivre, notamment en matière de droits de replantation et d'étiquetage. L'administration, évidemment organisée et aussi naturellement mieux informée, fait figure de Goliath, face à David le pauvre vigneron. Les fonctionnaires, serviteurs et esclaves de règlements parfois absurdes, ne sont pas toujours de bonne foi et multiplient les tracasseries envers les viticulteurs.

Une multitude d'organismes officiels, entre lesquels il n'existe presque jamais de coordination, passe son temps à tourmenter les vignerons en les noyant sous les paperasses. Ainsi, la simple feuille de déclaration d'arrachage qui, en 1951, mesurait 11 cm x 6 cm fait aujourd'hui 40 cm x 29,5 cm et ne rentre même plus dans une machine à écrire. Dans le passé – outre cette déclaration très simplifiée et une déclaration de plantation – les vignerons n'étaient astreints qu'à une déclaration de stock (le 31 août chaque année) et une déclaration de récolte (le 25 novembre). Aujourd'hui, le moindre récoltant doit s'improviser expert-comptable et remplir à longueur de journée des formulaires qui, la plupart du temps, ne servent à rien. On estime leur nombre à près d'une centaine chaque année.

Nos dirigeants semblent oublier un peu vite que la viticulture française assure l'un des meilleurs résultats de la balance commerciale dans le domaine de l'agro-alimentaire. À titre documentaire, pour les seules années comprises entre 1986 et 1992, elle a laissé au commerce extérieure un solde plus que substantiel pour 909 437 hectares de vignes plantées (en grande partie) sur des terrains pauvres qui – sans cette culture – n'auraient porté qu'une maigre végétation, sans valeur, voir seraient restés en jachère *. Aucune production agricole, considérée séparément, n'a fait mieux, hormis les céréales, toutes confondues, pourtant récoltées sur 9 050 000 hectares de très bonnes terres, qui n'ont permis d'obtenir, durant la même période, qu'un excédent à peine plus créditeur, tout en ayant bénéficié d'une multitude de subventions.

LA SAFER : UN ORGANISME PARFOIS ADAPTÉ AUX ACQUÉREURS

Au fil des siècles, la France a réussi à se constituer un extraordinaire patrimoine viticole, que la plupart des nations nous envient.

Sans doute pour tenter d'endiguer une trop forte hémorragie de capitaux extérieurs à l'agriculture et aussi pour que la terre reste à ceux qui la cultivent, une initiative très louable a vu le jour, sous forme d'une loi d'orientation agricole le 5 août 1960, la SAFER [1] qui a un droit de préemption sur toutes les terres agricoles qu'elle achète et revend. La SAFER a pour objet la restructuration des terroirs, pour garder les agriculteurs ou les viticulteurs à la terre, dans le cadre d'un tissu économique et social. Elle joue le rôle de volant régulateur, pour empêcher les régions de se dépeupler.

Au départ, l'idée était louable, puisqu'elle devait permettre aux jeunes agriculteurs ou viticulteurs de pouvoir s'installer, en achetant des terres, plantées ou non, qui sans cela, auraient été inaccessibles. Lors de chaque acquisition, la SAFER touche une subvention de l'État. De plus, elle est exonérée des droits d'enregistrement lors des transactions, les acquéreurs ultérieurs le sont également des mêmes droits, au détriment de l'économie de la province, puisque leur montant est affecté à la région et au département.

En janvier 1990, a été publié au *Journal officiel* un décret modifiant la SAFER. Parmi les principales modifications, on notera que désormais le commissaire du gouvernement

(1) Société d'aménagement foncier et d'établissement rural.

doit respecter un certain délai pour faire connaître son avis sur les projets qui lui sont soumis par la SAFER, délai fixé à un mois pour les projets de rétrocession et à deux mois pour les projets de convention.
Autre modification : l'obligation d'exploiter personnellement les terres est supprimée. Le candidat à l'installation doit seulement s'engager à ne pas morceler l'exploitation et lui conserver une destination agricole ou viticole pendant quinze ans. Avec ce dernier article, c'est encore un verrou de protection qui saute.
Du côté du domaine viticole, des critiques s'élèvent de toute part n'hésitant pas à remettre en cause l'organisation dans sa totalité. Un viticulteur, à qui je parlais de la SAFER, m'a répondu d'un air ironique : « Ah ! vous parlez de la Société des sales affaires. » Effectivement, le rôle joué par cet organisme, dans plusieurs régions viticoles, n'a pas toujours été limpide. En 1974, à Chablis, son comportement a été pour le moins déroutant. Rappelons les faits : écartant les jeunes viticulteurs qu'elle a pourtant mission d'aider, elle a rétrocédé 60 hectares à trois des domaines les plus importants de l'appellation, pour un prix modique (des bruits avaient couru à l'époque, parlant de 10 000 F l'hectare). Une dizaine d'années plus tard, en Côte de Nuits elle préempte une importante parcelle de Richebourg (grand cru) à Vosne-Romanée, qu'elle rétrocède à deux vignerons de la commune [1], dont l'un, comme par hasard, n'était autre que le propre dirigeant de la SAFER de la région. Il lui a été reproché dans la presse d'avoir un peu confondu son intérêt personnel avec l'intérêt collectif !
La liste est loin d'être exhaustive. Dans le Sancerrois, en Beaujolais, en Alsace, dans le Sauternais et j'en passe... Il semble que plusieurs affaires de rétrocession ont bien été favorisées par le copinage. Il est vrai qu'en cas de désaccord, les viticulteurs ont deux mois pour faire opposition et même la possibilité d'aller jusqu'à entamer une procédure auprès du tribunal administratif. Seulement, faut-il encore être au courant en temps voulu de certaines ventes très discrètes...
En conclusion, disons que la SAFER a sans doute un rôle utile à jouer dans les terres agricoles, mais certainement pas dans la viticulture des grandes AOC, vu la valeur des terroirs en jeu. C'est si vrai que les vignerons de la Côte de Nuits et ceux de la Côte de Beaune se sont plusieurs fois prononcés, à l'unanimité, contre son fonctionnement sur leurs AOC. Il est simplement dommage pour quelques-uns qu'ils l'aient tolérée à une certaine période !

LES DROITS DE SUCCESSION QUI DILAPIDENT LE PATRIMOINE

Les grands vins représentent l'une des sources de richesse les plus importantes de notre patrimoine national. Ils contribuent très largement chaque année à faire rentrer dans les caisses de l'État des devises qui ne sont pas négligeables. Les gouvernements qui se succèdent, qu'ils soient de droite ou de gauche, semblent ne pas en avoir pris conscience. Pourtant, parmi les élus siégeant à l'Assemblée nationale, un grand nombre d'entre eux l'ont été dans des régions viticoles, donc par conséquent en partie grâce au suffrage des

(1) Les deux viticulteurs concernés possédaient déjà un très beau domaine viticole, regroupant des appellations réputées.

vignerons. Mais, en politique, on oublie vite ! Cela me rappelle une boutade d'Alphonse Allais : « Le plus difficile pour un futur député, c'est de faire croire aux électeurs qu'ils auront besoin de vous, alors qu'en réalité, c'est vous qui avez besoin d'eux ».
Ce préambule s'imposait pour parler de la contribution exigible par l'État sur la transmission successorale des domaines viticoles d'un haut niveau.
Compte tenu de la plus-value faramineuse prise durant les deux décennies comprises entre 1970 et 1990 par les terroirs à vocation de produire des grands vins, les droits relevant du simple passage, de ce qu'il est convenu d'appeler un instrument de travail entre descendants d'une même lignée, ne sont même plus prohibitifs, mais simplement hors de proportion avec celui-ci. Une exploitation familiale, qui n'a pas été morcelée, ne pourra survivre dans son intégralité, au passage de trois générations, tant que les pouvoirs publics ne reverront pas les taux d'imposition.
Au rythme actuel, les héritiers – même directs – d'un beau domaine sont presque condamnés, selon une formule souvent utilisée, à « racheter une grande partie des terres de l'exploitation familiale à chaque transmission ». C'est tellement vrai que les familles de viticulteurs, pourtant très attachées à leur terroir *, au train où vont les choses, ne tarderont pas à se voir très rapidement supplantées par des investisseurs institutionnels, qui auront sur elles l'avantage de ne jamais mourir…
Tout cela en raison de l'immense plus-value prise par les hectares des vignes renommées, qui servent de base au calcul des droits de transmission dont le montant est établi par les fonctionnaires de l'administration des Finances – qui ont toujours une vision à très court terme – en tenant essentiellement compte des prix les plus hauts, pratiqués lors des transactions récentes.
N'oublions pas que, lors de la transmission, une exploitation viticole compte non seulement les terres à vignes, mais aussi les bâtiments, le matériel et les stocks (dans les grandes appellations, il y a souvent deux à trois années de récoltes qui dorment en cave avant d'être commercialisées dans de bonnes conditions de maturation *).
Les taux actuels des droits de succession sont les suivants :
- en ligne directe, depuis la loi de finances n° 83 179 du 29 décembre 1983 : jusqu'à 40 % avec trois plafonds intermédiaires selon l'importance de l'héritage ;
- en ligne indirecte (entre frères et sœurs) : jusqu'à 45 % et 55 % pour les parentés des troisième et quatrième degrés. Au-delà et pour des étrangers, ils grimpent à 60 %.
Antérieurement à 1981, le taux maximum n'était que de 20 % et ne s'appliquait qu'à la fraction supérieure à 3 400 000 F sans plafonnement. Les très faibles abattements autorisés avant toute imposition en ligne directe ou entre époux sont ridicules, compte tenu du prix actuel des vignes dans les grandes régions viticoles.
Lorsqu'il y a succession et donc pas de vente, il serait beaucoup plus équitable que le gouvernement retienne une formule de valeur économique, mais, dans l'état actuel des choses, ce n'est malheureusement qu'un vœu pieux.
Il y aurait encore une autre possibilité, qui consisterait à différencier la valeur de rentabilité de la valeur de spéculation, en procédant de la manière suivante : à l'occasion de chaque succession, différencier le taux de la fiscalité selon que les héritiers décideraient de conserver ou non le domaine viticole. Dans la première hypothèse, le fisc ne pourrait retenir qu'une valeur de transmission, en rapport avec l'instrument de travail, en se basant sur les bénéfices réalisés par le domaine durant les dix ou quinze dernières

années, assortis d'une garantie trentenaire par laquelle les descendants s'engageraient à ne pas céder l'exploitation pendant cette période. Dans le cas contraire, où les héritiers opteraient pour la vente à un prix élevé, afin de dégager d'importantes liquidités, il est évident qu'ils devraient supporter le barème fiscal actuel. Ce serait une solution équitable, permettant de protéger le patrimoine des grandes AOC, sans nuire à l'intérêt de l'État. Belle proposition de loi, à déposer sur le bureau de l'Assemblée nationale, Messieurs les députés des grandes régions viticoles !

Le vigneron doit penser de bonne heure à préparer sa succession, surtout ne pas se dire qu'il sera toujours assez tôt, demain ou après-demain, et faire sienne cette maxime : « Mieux vaut régler soi-même ses affaires à froid, lorsqu'on est chaud, que les héritiers à chaud lorsqu'on est déjà froid » ! La transmission d'une propriété viticole d'une certaine importance ou d'une grande réputation est une opération complexe, qui revêt tout à la fois des aspects psychologiques, juridiques, fiscaux, économiques et humains. Le chef d'entreprise devra donc se donner le temps nécessaire pour aborder sereinement le problème et envisager toutes les hypothèses qui s'offrent à lui, afin de choisir en connaissance de cause celle qui conviendra le mieux à son domaine. Il ne doit surtout pas croire qu'il pourra tout régler par lui-même, en se passant des conseils d'experts (avocat, notaire ou conseil juridique). C'est pourquoi, il lui faudra très bien s'entourer pour étudier et définir son problème. De cette façon, il gagnera du temps et surtout de l'argent, en tentant de trouver le bon chemin, dans le redoutable dédale fiscal et en préservant son équilibre familial parfois fragile, lorsque de puissants intérêts financiers sont en jeu, surtout qu'il lui faut compter non seulement avec les siens mais aussi avec les éléments rapportés, qui ne sont pas les moins négligeables.

Il y a pourtant des solutions de sauvetage auxquelles les vignerons doivent penser. La donation-partage, qui permet à l'exploitant de réaliser la transmission de son domaine avec certains abattements, a pour effet de fractionner l'impôt, mais faut-il encore une très bonne entente familiale et également s'y prendre assez tôt, pour avoir le temps matériel de la réaliser entièrement de son vivant.

L'intérêt de cette formule est triple :

- elle préserve la paix de la famille et responsabilise les enfants ;
- les biens sont évalués au jour de la donation ;
- enfin, le montant des droits fait l'objet d'une réduction spécifique, en fonction de l'âge du donateur au moment de la transmission : 25 % s'il a moins de soixante-cinq ans et 15 % entre soixante-cinq et soixante-quinze ans.

Le donateur a aussi la possibilité de transmettre son patrimoine avec réserve d'usufruit. Les droits sont alors calculés uniquement sur la nue propriété, dont la valeur est déterminée par l'administration. Dans ce cas, les héritiers sont propriétaires des biens, mais les parents jouissent de l'usufruit jusqu'à la mort.

Mais, attention, le fisc veille ! Son contrôle s'opère au moment du paiement des droits, donc essentiellement lors de la donation-partage.

Il est fréquent, lors d'une telle opération, que les services des finances essaient de démontrer son abus, en tentant de prouver que les montages établis par le notaire ou l'avocat seraient fictifs et ne correspondraient pas à un besoin, en n'ayant qu'un seul but : éluder une partie de l'impôt. C'est là où le conseil devra se montrer très fin tacticien et utiliser tout l'arsenal des astuces juridiques, pour faire face à des fonctionnaires

rigides, qui se retrancheront derrière une réglementation qui, malheureusement, laisse la place à de multiples interprétations personnelles. Il ne faut pas oublier que l'administration dispose en plus de trois ans pour contrôler soigneusement tous les actes de transmission.
Plusieurs motifs font que cette solution n'est guère prisée par les vignerons :
- la retraite des exploitants agricoles est tellement infime (environ 2 000 F par mois), qu'elle oblige certains viticulteurs à retarder au maximum l'échéance du départ,
- beaucoup de vignerons ont l'impression d'être dépouillés de leurs biens, lorsqu'une partie de leur récolte est commercialisée sous une autre étiquette. Pour eux, cela équivaut à une perte d'identité,
- enfin, il existe les patriarches autoritaires, attachés à leur exploitation comme du lierre à un mur, qui pensent toujours qu'elle ne peut vivre et prospérer sans eux.
Au niveau foncier, d'autres possibilités permettent cependant d'être un peu moins pénalisé, tout au moins dans un avenir immédiat, mais elles ne présentent pas que des avantages. Tout le monde sait qu'en matière fiscale, le législateur a œuvré de manière à ne jamais être lésé, quel que soit le biais utilisé par le contribuable ! Ainsi les baux à long terme, avec création d'une société civile d'exploitation, permettent des abattements non négligeables, mais créent des liens juridiques complexes, qui font qu'en cas de dissension entre les héritiers on se retrouve souvent dans une situation inextricable.
Le GFA (Groupement foncier agricole), permet également de bénéficier de certaines atténuations. En fait, cette formule est presque obligatoirement un « patrimoine piégé », car les parts sont très difficilement cessibles à un étranger au groupement. Pour les vendre, il faut, en effet, l'accord des autres associés, qui disposent généralement d'une minorité de blocage. Enfin, dernière complication pour bénéficier de tous les avantages fiscaux, le GFA ne doit pas exploiter lui-même les vignes, mais, au contraire, les donner en fermage, d'où en plus la création d'une SCE (Société civile d'exploitation) entre les porteurs de parts pour exploiter. On oublie parfois que l'administration fiscale a un droit de regard pour vérifier si les fermages sont bien acquittés régulièrement et surtout s'ils figurent dans les déclarations annuelles, au titre des revenus financiers. Dans la plupart des cas, GFA et société d'exploitation rassemblent les membres de la même famille, ce qui explique que la rigueur ne soit pas toujours de mise. C'est là où le fisc s'empresse d'intervenir car ces situations exigent impérativement de respecter la règle du jeu, au même titre que si l'on traitait avec des étrangers.
Une loi, applicable à partir du 1er juillet 1992, relative aux successions ouvertes et aux donations, change, toutefois, certaines dispositions concernant les exonérations partielles, relatives aux droits de mutation. Antérieurement, elles n'intervenaient que lors de la première transmission ; désormais elles s'appliquent aussi sur les suivantes, en permettant aux héritiers futurs d'en bénéficier à nouveau. Étant bien entendu que les modifications éventuelles, survenues entre-temps sur le patrimoine, ne sont pas concernées.
Ce même article 793 qui fixait des restrictions en fonction d'une certaine limite de la superficie est également abrogé.
En outre, l'article 793 bis du même Code général des impôts, concernant la valeur totale des biens ruraux loués à bail à long terme et celle des parts de GFA transmises par le donateur ou le défunt à chaque héritier, est aussi modifié. Désormais, la limite est appréciée compte tenu des donations passées devant notaire depuis plus de dix ans.

La nouvelle législation présente tout de même un inconvénient : désormais, le bénéfice de l'exonération partielle des biens donnés à bail à long terme et des parts de GFA est supprimé, lorsque le bail a été consenti depuis moins de deux ans au donataire de la transmission, à son conjoint, à l'un de ses descendants ou à une société contrôlée par une ou plusieurs de ces personnes. Le donateur doit donc, pour mettre toutes les chances du côté de ses héritiers, faire ses affaires en temps voulu, alors qu'il se pense en bonne santé...

Il faut également parler des domaines qui sont en société, donc aux mains de plusieurs actionnaires. Il est bien connu que si l'on accroît leur nombre, on diminue du même coup le pourcentage de ceux qui participent activement à la vie de l'entreprise et qui, par conséquent, sont prêts à prendre des risques sur l'avenir. Plus nombreux sont alors ceux qui préfèrent quelquefois vendre, pour réaliser immédiatement. Il faut se mettre à leur place ; lorsqu'on est possesseur de parts, dont la valeur représente des grosses sommes, il est presque héroïque de se contenter d'une rémunération apportée par un fermage alors que l'argent placé peut rapporter un intérêt plus substantiel.

Dans ce genre d'exploitation, c'est souvent une affaire purement familiale, où chacun a son mot à dire. Le gérant, nommé par un conseil de famille, n'a pas toujours les coudées franches pour faire ce qu'il estime devoir être fait pour le bien de la propriété. Comme il vit en général seul sur place, en profitant d'avantages personnels, on lui reproche parfois d'agir un peu pour son propre intérêt.

Aujourd'hui, de plus en plus d'acheteurs s'intéressent aux grands vignobles. Les nouveaux venus investissent dans une propriété viticole comme ils le feraient avec une œuvre d'art, en considérant que l'une ou l'autre sera susceptible de prendre de la valeur au fil des années. Actuellement, le Bordelais, suivi de près par la Bourgogne sont devenus des terrains de chasse privilégiés, où opèrent de puissants groupes internationaux et surtout des investisseurs institutionnels comme les compagnies d'assurances, les mutuelles de fonctionnaires ou les groupes bancaires (GMF, AXA, MAIF, Groupe Suez, la Hénin et même Paribas). Récemment, plusieurs crus classés du haut Médoc, et non des moindres, sont passés sous leur coupe.

Les sociétés d'assurances, quelle que soit leur forme juridique, ont obligation de provisionner, dans l'année du sinistre, ce qu'elles auront ou pourraient avoir à indemniser. C'est pourquoi elles investissent beaucoup dans le vignoble.

Du fait des délais nécessaires à la détermination des responsabilités et à l'estimation des préjudices les plus graves, il s'écoule toujours un temps très long entre la provision et l'indemnisation effective.

Dans le cadre des dispositifs réglementaires, ces fonds temporairement disponibles sont placés pour conserver ou améliorer le pouvoir d'achat qu'ils représentent. Ce mécanisme s'appelle la couverture en provision technique, d'où la nécessité de placer un certain pourcentage des capitaux de garantie de la compagnie en foncier.

Toutes les propriétés acquises par ces multinationales prennent automatiquement le statut de SCI (Société civile immobilière), ne recherchant pas à faire de bénéfices. Elles n'ont qu'un seul but : l'obtention d'une plus-value, à long terme, d'où un manque à gagner pour l'État dans les années qui suivent les acquisitions, car n'oublions pas qu'un château ou un domaine viticole, qui appartient à un investisseur privé n'est pas – contrairement aux viticulteurs – imposé annuellement sur l'ISF. Il ne paie qu'un impôt minimum sur les bénéfices, s'arrangeant pour en avoir le moins possible en procédant à des améliorations permanentes et, bien entendu, échappe à tout prélèvement sur les droits de succession.

Il paraît inéluctable, dans l'avenir, que ces brutales transformations du paysage viticole traditionnel se poursuivent. Il faut dire qu'elles ont été grandement facilitées par une euphorie artificielle des prix. Les grands terroirs, malgré leur notoriété, ne méritaient pas un tel engouement ! Ce qui, invariablement, s'est traduit par des droits de succession quasiment usuraires, qui ne reposaient sur rien de sérieux. C'est une chaîne sans fin, qui fait qu'au rythme actuel des transactions, on peut se demander combien des très beaux domaines réussiront encore à garder leur structure d'ici à la fin du siècle. Une question se pose : quel va être l'avenir de ces entreprises viticoles gérées par ces propriétaires d'un profil nouveau, qui ont l'habitude de prendre leurs décisions autour de la table d'un conseil d'administration ? Il est à craindre que beaucoup de grands vins de France y perdent leurs lettres de noblesse et leur âme.

Pourquoi toutes ces transactions ? C'est facile à comprendre. Devenir propriétaire d'un grand cru, c'est aussi acquérir les moyens de vendre un vin de qualité exceptionnelle à bon prix. Ces spéculateurs savent que l'achat d'un cru ou d'une AOC réputée n'est pas une valeur immédiatement rentable, mais, en revanche, un bon refuge ; ce qui n'exclut pas qu'ils puissent un jour se tromper. Dans cette hypothèse toujours possible, le patrimoine français aurait quand même tout à y perdre. Les groupes financiers qui ont investi dans cette spécialité, nouvelle pour eux, l'ont fait en connaissance de cause, c'est-à-dire qu'ils sont pratiquement sûrs qu'elle sera toujours rémunératrice. Si, brusquement, les faits venaient leur donner tort, en faisant qu'elle devienne déficitaire, ils s'en débarrasseraient aussitôt ; ce qui est sans doute la bonne manière de gérer un portefeuille d'actions, mais pas un produit aussi noble que les grands vins.

Cette question de droits de succession sur les grandes AOC est, à n'en pas douter, le vrai débat des vingt prochaines années, si la France tient à sauvegarder l'une de ses plus belles richesses.

À l'ouverture du Marché commun, pour juger des égalités ou plus exactement des « inégalités », quelques chiffres méritent d'être mentionnés.

Pour la transmission d'un domaine agricole estimé à 5 millions de francs, les héritiers directs devront respectivement acquitter à leur État, selon que celui-ci est en : Allemagne : [1] 10,33 %, Italie [2] : 15 %, Portugal [3] : 22,98 %, Espagne : 24,99 %, Grèce : 27,00 %, Belgique : 30,00 %, France : 30,00 %. Ce qui est révélateur de notre système fiscal actuel pour ne comparer que sept nations de la CEE, dont cinq sont – ne l'oublions pas – productrices de vins, donc concurrentes à part entière de la France pour l'avenir. Après cela, comment s'étonner que nos grands vignobles soient, à plus ou moins longue échéance, la proie de capitaux étrangers ou de multinationales ?

Pour les droits portant sur des sommes illimitées, les barèmes sont les suivants : Portugal 24.00 %, Grèce 27.00 %, Italie 27.00 %, Belgique 30.00 %, Espagne 34.00 %, Allemagne [4] 34.98 %, France 40.00 %.

(1) Deux héritiers : 7,46 % ; trois héritiers : 6,13 %.
(2) Pour les propriétés agricoles, réduction de 40 % dans la limite de certains plafonds.
(3) Deux héritiers : 20,98 % ; trois héritiers : 17,57 %.
(4) Ce taux exorbitant ne s'applique qu'à partir de 10 milliards de francs français, car il y a six barèmes intermédiaires qui vont de : 11.51 % à 29.96 %.

On ne pense pas toujours, lorsqu'on voit un couple très uni, qu'il a fallu à ces deux êtres de longues années de compréhension mutuelle pour arriver à bien se connaître. La renommée d'un domaine viticole dans le temps est identique, car elle repose entièrement sur une vieille connivence entre un homme et son terroir *, dont il découvre à chaque millésime des aspects encore inconnus de ses possibilités. Cette sorte de symbiose entre un vigneron, une vigne et un sol est indissociable pour la qualité. C'est un élément primordial, qui amène le récoltant à conduire différemment sa vinification et ses assemblages *, dans un profond respect de la nature.
Jean-Paul Sartre écrivait : « Le système des valeurs d'une société reflète sa structure. » Ce qui est bien vrai. On le voit aujourd'hui, où l'argent corrompt tout. La qualité des grands vins ne se fait pas dans le bureau climatisé du P-dg d'une compagnie d'assurances ou à coups de fax avec des investisseurs étrangers, même si l'on a à sa disposition des cuveries sophistiquées à l'extrême, une futaille neuve impressionnante et des scientifiques rompus aux toutes dernières techniques de vinification, que le spirituel Henri Duboscq, du Château Haut-Marbuzet, appelle « œnarques », pour qui l'âme du vin n'est qu'un facteur secondaire. Tout cela pour entrer dans le jeu d'un État technocratique implacable, froid et cupide, qui ne juge qu'à court terme.
En résumé, depuis le Moyen Âge et jusqu'à la Révolution, les serfs ont cultivé la vigne pour le seul profit de la noblesse et du clergé de l'époque. Avec la politique menée par nos dirigeants, et en ce qui concerne les droits de succession, il est à prévoir que dans moins d'un siècle la France des grandes AOC revienne à l'ancien système, avec toutefois une nuance : les nouveaux maîtres des vignerons seront devenus les capitalistes étrangers et les investisseurs institutionnels.

L'UNION EUROPÉENNE ET SON CORTÈGE DE TRACASSERIES

La viticulture française repose sur une très longue tradition historique appuyée par une législation draconienne instaurée depuis un peu plus d'un demi-siècle. Il est certain que notre réglementation viticole est la plus contraignante de tous les pays d'Europe. Nos aïeux l'avaient voulu ainsi ; on ne peut que les en remercier. C'est à ce prix seulement que nos grands vins ont pu acquérir la réputation dont ils jouissent aujourd'hui.
À la législation française s'ajoute désormais une réglementation supplémentaire, découlant du Traité de Rome, signé le 25 mars 1957, qui a institué la Communauté économique européenne [1]. À l'époque, la viticulture n'intéressait que deux pays : la France et l'Italie, et à un degré moindre l'Allemagne et le Luxembourg. Elle ne fut donc pas l'une des préoccupations premières de la Communauté. Il a fallu en effet attendre plus de quatre ans pour voir la parution d'un règlement instituant un comité consultatif sur le vin et la viticulture.
Dans ses grandes lignes, la France s'est conformée aux directives européennes, ce qui lui a été assez facile jusqu'à maintenant, puisque les différents États membres conservent la liberté d'appliquer leur propre législation à la seule condition qu'elle soit plus restrictive

(1) Devenue depuis 1995 l'Union européenne.

que celle de l'Union, ce qui était le cas chez nous ; d'où la possibilité de maintien des dénominations nationales AOC et VDQS et la dispense du sigle VQPRD (vin de qualité produit dans une région déterminée) [1]. Cela n'a pas empêché les multiples règlements intervenus à Bruxelles et à Strasbourg depuis 1970 d'avoir des incidences sur la législation française, notamment au regard des pratiques œnologiques et de l'étiquetage.
Au sein de la Communauté européenne, on trouve deux tendances d'esprit très différentes : la première, qui semble en guider le fonctionnement, s'appuie sur le droit germanique où « tout ce qui n'est pas autorisé est par conséquent interdit », alors que la seconde est fondée sur le principe latin « tout ce qui n'est pas interdit est autorisé ». C'est de ce côté que semblent se ranger la France et l'Italie, créant ainsi des divergences profondes entre les États membres et des dissensions supplémentaires.
Aujourd'hui, il semble que les fonctionnaires et les experts qui siègent à Bruxelles aient, au nom de l'Union européenne, tendance à passer très vite du libéralisme et du libre-échangisme à un interventionnisme de plus en plus rigide, sans s'être donné au préalable tous les moyens de contrôler la mise en œuvre de leur politique.
Mesures, contre-mesures et décrets se succèdent, sans apporter de véritables solutions à l'ensemble des problèmes. Une des résultantes de cette réglementation devenue extrêmement complexe est de fournir un travail supplémentaire aux juristes, dont les compétences seront de plus en plus mises à l'épreuve. Ainsi, au lieu de vouloir détruire des milliers d'hectares de vignobles, il aurait été beaucoup plus simple et surtout plus logique dans le passé d'empêcher les plantations superflues, mais la commission de Bruxelles n'est jamais arrivée à avoir la maîtrise absolue de la production viticole de l'ensemble des pays de l'Union, pas plus qu'elle ne contrôle véritablement les rendements et les plantations anarchiques de certaines nations, où la réglementation est pour le moins fantaisiste. Si l'on veut construire un véritable « marché commun », il est impératif que les règles communes soient respectées par les différents protagonistes – c'est ce qu'on nomme le civisme –, et non faire comme certains États, qui semblent avoir pris à leur compte cette maxime de Talleyrand : « Appuyons-nous toujours et fortement sur les principes… ils finiront bien par céder ». Bien malin qui pourrait dire comment la France va se positionner face à certains partenaires, qui semblent armés pour lui causer quelques désagréments. Dans ce domaine, il est indéniable qu'une très faible élite de grands vins est au-dessus de la mêlée (ce qui est compréhensible vu les volumes restreints de certains). Les vins de pays tirent aussi assez bien leur épingle du jeu, du fait qu'ils représentent un bon rapport qualité/prix. Pour le reste, il ne faut pas pratiquer la politique de l'autruche.
Depuis 1993, le consommateur français est placé devant un vaste choix : d'un côté les vins français quelquefois médiocres, issus des nouvelles AOC, et une masse (le mot n'est pas trop fort) de génériques *, qui encombrent déjà le marché national actuel (bordeaux, bourgogne et côtes du rhône), tous obtenus avec des coûts de production très élevés. De l'autre, des vins espagnols, italiens et portugais bien vinifiés, provenant de bons terroirs très ensoleillés à un prix nettement plus attractif. À moins d'être un farouche cocardier, il n'est pas difficile de savoir de quel côté va pencher la balance, car il faut aussi tenir compte du fait que 70 % des consommateurs font leurs achats de vins dans la grande distribution. Or, depuis quelques années, celle-ci, parfaitement consciente du problème, a considérablement accru sur ses rayons la place accordée à ce

type de produits, pour lesquels la clientèle ne manifeste plus simplement de la curiosité, mais de l'intérêt.
Il ne faut pas oublier que, lors de la signature du traité de Rome, il n'y avait pas une seule grande surface en Europe. En France, le premier supermarché date seulement de 1963 ; on en retrouve plus de 6 000, 25 ans plus tard et, il en est de même dans toute l'Europe du Nord. Cette distribution de masse a profondément bouleversé le commerce traditionnel.
Selon la Communauté européenne, « aucune boisson ne peut être fabriquée ». Cette description introduit à tort le terme « fabriquer », qui, dans le dictionnaire, consiste à « transformer des matières en objets d'usage courant » ; or le vin ne se fabrique pas ! On construit une voiture, on élabore un vin. Ce n'est qu'un détail linguistique, mais il a son importance dans la bouche d'un juriste.
À compter de juin 1992, l'ensemble des professionnels de la viticulture française est obligé, lors de toute mise en bouteilles, de procéder au numérotage des lots. C'est une nouvelle tracasserie de la CEE qui complique encore un peu plus la vie des vignerons. Cette nouvelle réglementation a plusieurs objectifs. Elle ne se borne pas à la seule authentification des différents lots de bouteilles. Dans la réalité, elle cache plutôt un but non avoué par l'administration : pouvoir, grâce à une série de contrôles supplémentaires – susceptibles de survenir à tout moment – être en mesure de mieux chapeauter la viticulture. Il ne faut pas se voiler la face : il existe encore aujourd'hui, dans la plupart des AOC, un certain volume de bouteilles commercialisées par un marché occulte, fonctionnant entre des vignerons pas trop regardants sur la légalité et des consommateurs toujours à l'affût de la bonne affaire, qui leur fera économiser la TVA.
Après le marquage des lots, c'est l'interdiction du plomb dans les capsules, décidée par le Conseil de l'Union européenne le 29 juillet 1991 et applicable à partir du 1er janvier 1993. Cette mesure a été prise pour soi-disant éviter le risque de contamination, par contact du vin avec le rebord de la capsule, pourtant sans danger.
Il s'est avéré que la teneur moyenne en plomb d'un verre de vin, servi avec ou sans essuyage du goulot de la bouteille, ne constitue aucun risque. Nous ne sommes plus à l'époque des empereurs romains, gros consommateurs d'un breuvage nommé sapa (sorte de sirop obtenu par une cuisson très lente d'un moût * de raisin) fait essentiellement dans un récipient en plomb. Pline a d'ailleurs laissé des descriptions très précises sur la vie, les handicaps physiques et mentaux de ces empereurs, causés par le saturnisme, qui allaient souvent jusqu'à la folie. Le plomb a largement contribué à faire basculer l'Empire romain de son piédestal. Le sommelier, qui essuie discrètement et pourtant efficacement le goulot de la bouteille avec un liteau (serviette), est un exemple, synonyme à la fois de bonne manière et de bonne santé.
Le docteur Shoemaker, auteur d'un excellent article paru dans *Practical Winery and Vineyard* en février 1991 (traduit par Jean-Michel Jarry pour le *Progrès Agricole*), bien qu'il ait opté pour l'utilisation des capsules non métalliques en 1988, en approuvant l'aspect sanitaire du changement, ne peut s'empêcher de regretter le rituel du lent décapsulage de la vieille capsule en plomb. Il ajoute : « Les capsules en plastique, c'est comme les attaches de soutien-gorge en velcro, ça n'a plus aucune poésie. » Cette citation démontre ce qu'on savait déjà, à savoir : la grande culture, l'humour et la finesse d'esprit des hommes du vin.

L'EUROPE VITICOLE

Les sept États de la Communauté européenne, qui sont traditionnellement viticoles, représentent 60 % de la production mondiale du vin. Ce sont, respectivement, la France, l'Italie, l'Espagne, le Portugal, l'Allemagne, la Grèce et le Luxembourg.

ITALIE. Très gros producteur de vins, l'Italie, théoriquement en deuxième position dans la Communauté européenne pour les superficies en exploitation, va sans doute être un concurrent assez redoutable pour notre économie, surtout dans la catégorie des vins de table et des vins de pays. Elle bénéficie en plus d'une législation vraiment très élastique. Encore récemment, il n'existait pas dans ce pays ce qu'il est convenu d'appeler un véritable cadastre viticole, permettant de connaître avec certitude le volume des zones plantées. En outre, les vignerons italiens n'ont pas toujours eu l'obligation de faire, chaque année, une déclaration de stocks et un formulaire d'encépagement qui permettent aux différentes administrations viticoles et des finances de pouvoir exercer aisément des contrôles.
On peut dire qu'actuellement la véritable production des vins italiens est en partie inconnue. Dans l'état actuel des choses, il suffit de posséder une petite surface plantée en vignes, pour l'agrandir sans trop d'histoires selon ses besoins et déclarer tout le raisin que l'on estime nécessaire, pour ensuite prendre ses aises avec le vin produit de manière un peu illicite. De toute façon, aucune administration ne contrôle véritablement la production de tous les vignobles et l'exactitude des déclarations de récoltes, comparée aux superficies en exploitation. C'est aussi vrai pour les DOC (*Denominazione di origine controllata*, équivalents de nos AOC) que pour les vins de table.
On ne compte plus les fraudes portant sur les vins d'une appellation obtenue avec ceux d'une autre région (en général du Sud) et les indications géographiques fantaisistes des vins de table. Personne ne vérifie, ou presque, l'existence des cépages ; ce qui permet à l'Italie de vendre sans doute beaucoup d'hectolitres de chardonnay, de sauvignon, de cabernet sauvignon, de merlot et d'autres vins à la mode, sans qu'il existe obligatoirement la surface viticole correspondante, d'autant qu'il n'y a, pour ainsi dire, pas de contrôles de vendanges.
Dans cet immense désordre, tout le monde semble avoir raison. Même s'il y a parfois de grands écarts, qui enlèvent une part de crédibilité au niveau international. Les Italiens ne sont pas à cela près ; les différences sont facilement justifiées par les calamités climatiques ou agricoles (sécheresse, grêle, gelée ou maladies cryptogamiques *). Quand ils dépassent leur quota de production, ils invoquent les excellentes conditions météorologiques, qui ont permis de favoriser particulièrement la production !
En Italie, on s'arrange toujours avec la chaptalisation * ou autre chose... L'œnologie, dans ce pays, vit presque essentiellement de corrections * et de coupages *. La coloration du vin rouge peut être renforcée avec l'œnocyanine, substance extraite du raisin et autorisée en Italie. Dans les plaines fertiles du Nord, on récolte des vins qui titrent à peine 7°, alors qu'ils sont vendus ensuite à 11° ou 12°, quand ce n'est pas plus, après avoir subi un enrichissement * digne des noces de Cana ! Dans le Sud, c'est un autre problème ; les raisins obtenus sur les « tendones » (vignes très hautes, sortes de pergola) donnent des productions ahurissantes avec, par voie de conséquence, des degrés

faibles. C'est pourtant une grande partie de ces vins qui sera plus tard présentée sur le marché comme vins de coupage *, titrant au moins 13°.
En résumé, sévit une législation viticole à l'état sporadique et embryonnaire, qui s'efface devant la *combinazione*.
L'Italie compte de multiples régions viticoles, parmi lesquelles il convient de citer :
- le Piémont, au sud de Turin, qui produit sur huit communes l'un des vins rouges les plus réputés de la péninsule, le barolo, ainsi qu'un autre bon vin rouge, le barbaresco, et aussi un vin blanc à la fois moelleux et mousseux issu de muscat, connu dans le monde entier, l'asti spumante ;
- la Vénétie, qui regroupe les vins les plus exportés du pays, tel le valpolicella, récolté sur vingt communes au nord de Vérone ;
- la Toscane, patrie du célèbre chianti, dont la zone est subdivisée en sept secteurs. Le meilleur, au cœur de l'appellation, se nomme *chianti classico*, dont l'aire est située sur des collines arides à très haute altitude (jusqu'à 550 mètres) entre Florence et Sienne. C'est également dans cette région que se trouvent le saccicaia et le solaïa, qui ne sont pourtant que des *vini da tavola* (vin de table). Leurs producteurs, de nature indépendante, n'ont voulu planter que des ceps de cabernet sauvignon non reconnus dans les DOC. Ce sont des vins exceptionnels, au prix très élevé, parfaitement capables de rivaliser avec la plupart des meilleurs crus classés du Médoc ;
- l'Ombrie, province centrale, produit l'orvieto, vin blanc sec * qui, à l'origine, était moelleux ; il provient d'un mode de conduite très particulière, que les Italiens nomment *coltura promiscua*. Cette culture des ceps est tout à fait fantaisiste ; on y voit en effet la vigne faire bon ménage avec les arbres et les productions maraîchères ;
- la Sicile, dans sa partie occidentale, donne naissance au vin viné le plus connu de toute l'Italie, le célèbre marsala, base de tous les sabayons.

ESPAGNE. Dans le domaine viticole, l'Espagne est certainement le futur principal rival de la France avec ses 1 600 000 hectares de vignes en production, soit 17 % du total mondial, dont 1 200 000 hectares en cépages blancs. La production de ce pays en vins à dénomination d'origine (DO) ne cesse d'augmenter depuis la création en 1970 de son Institut national des dénominations d'origine (INDO). Actuellement, la production est encore très faible. Les rendements ne sont que de l'ordre de 25 à 30 hl/ha ; ce qui ne saurait durer bien longtemps. Les DO sont surtout rouges et rosés. Les plus renommés sont produits dans le nord et l'est du pays.
Le danger pour la France, avec l'entrée des vins espagnols, provient surtout d'un phénomène bien connu des économistes : l'importance salariale et les charges dans la constitution et la conduite d'un domaine viticole représentent le poste le plus important, qui font qu'à terroir * sensiblement comparable, une production viticole dans un pays où la main-d'œuvre est meilleur marché sera forcément beaucoup plus rentable que son homologue dans une nation aux charges beaucoup trop lourdes comme la France.
Comme dans l'Antiquité, la culture de la vigne reste l'une des principales activités agricoles du pays. On peut citer quelques zones :
- la Rioja, dans le Nord, tire parti à la fois d'un climat moins ingrat que celui, étouffant, du plateau central et de sa situation géographique (la France n'est guère à plus de 150 km). Elle tire son nom d'un petit affluent de l'Ebre, le Rio Oja ;

- la Manche, région la plus productrice. C'est une immense plaine, qui s'étend au sud-est de Madrid ;
- l'Andalousie, réputée pour ses vignobles de Xérès et les fameux liquoreux de Malaga ;
- le vignoble de Ribera Del Duero à l'est de Valladolid qui s'étend sur 12 000 hectares. C'est dans cette région que se trouve, à 800 mètres d'altitude, le vin le plus célèbre et aussi le meilleur d'Espagne (qui, comme le saccicaia italien, est sans appellation) : le vega sicilia issu des cépages cabernet sauvignon, merlot, malbec et surtout tempranillo ;
- la Catalogne, avec un vignoble très réputé comprenant les appellations Villafranca, Del Penedès, San Sadurni de Noya et, en bordure, Sitgès. Elle est surtout connue en raison de ses excellents vins rouges, mais un peu moins (ce qui est dommage) pour produire des blancs qui restent frais, grâce à des microclimats tempérés. Le cépage chardonnay semble y être bien adapté.

PORTUGAL. Cette nation possède une superficie viticole de 390 000 hectares. Elle est en train de procéder à la mise en place d'un cadastre viticole, qui comprend 28 régions, dont une dizaine d'une relative importance, avec un porte-drapeau de réputation mondiale, la célèbre zone du Douro qui produit les extraordinaires portos, entre autres les incomparables vintages.

Le danger pour la France va sans doute venir de l'important secteur de Vinhos Verdes, qui recouvre à peu près 10 % de la surface viticole du pays, soit un plus de 35 000 hectares disséminés sur 45 communes, ou l'équivalent des vignobles champenois et de la Côte d'Or réunis. Les vignes y sont cultivées en pergola ; elles produisent des vins rouges, qui ne sont pas sans rappeler nos beaujolais, et des vins blancs qui, après avoir fait leur fermentation secondaire, titrent de 8° à 11°, en restant assez vifs et en gardant un léger perlant qui a contribué à leur succès ; ils sont tout à fait dans le profil du consommateur actuel et futur, qui a de plus en plus tendance à rechercher des vins frais et peu alcoolisés. À noter aussi d'excellents vins rouges, à la robe très soutenue, commercialisés après un élevage de 18 mois en fûts, produits dans l'appellation Bairrada, qui comprend 18 000 hectares répartis sur une quarantaine de communes situées au centre du Portugal, sur la face Atlantique, entre le Rio Vouga et le Rio Mondega.

Enfin, aux environs du Port de Setubal, on trouve un incomparable muscat très apprécié dès le Moyen Âge.

ALLEMAGNE. Avant la réunification, les vignes d'Allemagne fédérale s'étendaient sur 93 276 hectares, après avoir vu leur superficie viticole augmenter de plus de 9 % durant les dix dernières années ; ce qui est assez peu et pourtant important. Leur situation géographique en fait le vignoble le plus septentrional de la Communauté.

En matière viticole, la législation germanique a toujours été très différente des autres nations et, ce, depuis près d'un siècle. Il est d'ailleurs bon de faire un petit retour en arrière. En 1909 une loi du Kaiser, confirmée bien longtemps plus tard par le chancelier Hitler, autorisait les viticulteurs allemands à utiliser la technique du mouillage, qui consistait à ajouter aux vins jusqu'à 30 % d'eau, pour servir de support à une acidité tartrique * très importante due à la mauvaise exposition de vignes hautes, situées pour la plupart sur des coteaux où les raisins n'arrivent pour ainsi dire jamais à parfaite maturité.

Ce procédé avait aussi pour but d'augmenter le volume de la récolte ; ce qui était d'autant plus facile que les vignerons avaient aussi le droit de chaptaliser avec du sucre de betterave pour remonter les degrés alcooliques. Sans vouloir faire de mauvais humour, on pouvait qualifier le produit obtenu de « bettavin ». Ce droit de mouillage a été en principe supprimé pour les *pradikat* (équivalents de nos AOC, mais les Allemands qui sont – comme chacun le sait – très bien organisés se sont quand même gardé une petite porte de sortie, dans l'éventualité où des circonstances climatiques exceptionnelles exigeraient le retour à cette pratique. Ce qui leur fut accordé à l'occasion des vendanges catastrophiques de l'année 1984, où la majorité des vins avaient une acidité si élevée qu'elle n'aurait sans doute pas permis de les commercialiser en l'état.
La Communauté européenne a défini, pour tous les États membres, des zones viticoles, en fixant pour chacune d'entre elles un titre alcoométrique minimum pour les vins qui en sont issus. L'Allemagne y occupe une position des plus enviables, puisque ses vins sont classés, presque en totalité, dans la zone A ; ce qui sous-entend qu'ils peuvent être récoltés selon les secteurs à partir de 6° et 6,5° pour les plus défavorisés... Seule la région de Baden est classée en zone B avec un degré minimum avant enrichissement * de 7,5°. Même si l'on tient compte du fait qu'il s'agit de vignobles situés à l'extrémité septentrionale, on ne peut s'empêcher de penser que les parlementaires de la CEE ont, une fois de plus, fait preuve de beaucoup de mansuétude envers les vignerons de la République fédérale. Un tel libéralisme est aberrant. Ce n'est qu'une incitation de plus à user immodérément du processus de chaptalisation * (sucre, moûts concentrés ou édulcorants, le résultat est le même), car, si les vignerons s'en tenaient strictement aux normes autorisées pour l'enrichissement * (3°), ils n'arriveraient qu'à faire des vins titrant 9° ou 9,5°. À qui veut-on faire croire qu'il y aurait des consommateurs pour les acheter et surtout pour les boire ? Il est indéniable que ce pays bénéficie vis-à-vis de la France de certains avantages non négligeables :
- le sucre est autorisé à voyager librement, sans avoir obligation d'être accompagné d'une pièce de régie ;
- l'édulcoration avec du jus de raisin est parfaitement légale ;
- dans les deux plus grands vignobles allemands, le volume commercialisable ne se calcule pas d'après la surface en production, mais d'après celle qu'on est en droit de planter. Cette manière de voir les choses permet ainsi légalement mais curieusement d'y intégrer les friches !
L'Allemagne n'est pas au sens propre du terme un concurrent sérieux pour la France, encore qu'elle exporte beaucoup de vins blancs secs * tranquilles ou effervescents, en prenant sur certains marchés étrangers la place d'AOC françaises, notamment bordelaises ou du Val de Loire ; 90 % sont en effet blancs, car les rouges mûrissent mal à des latitudes aussi septentrionales. Il serait toutefois injuste de passer sous silence une production très marginale en RFA, qui n'en est pas moins d'un niveau qualitatif plus qu'exceptionnel, les splendides beerenauslese et trockenbeerenauslese, équivalentes de nos sélections de grains nobles alsaciennes.

GRÈCE. Elle compte 88 000 hectares de vignobles, mais seulement 7 % de vins d'appellations. Elle est pourtant une rivale pour nos vins doux naturels avec son délicieux muscat de Samos.

Autriche. Ce pays compte 58 000 hectares de plantations. Les deux vignobles les plus connus sont le Wachau et le Burgenland. C'est dans ce dernier que l'on trouve le meilleur vin blanc, le Ruster Ausruch.

Le Luxembourg. 1 500 hectares de vignes complantées de sept cépages s'étendent sur 42 kilomètres de coteaux, bordant la Moselle et exposées plein sud. Depuis le 22 février 1985, un règlement du gouvernement a fait ajouter à la mention spécifique « traditionnelle de marque nationale » le label « appellation contrôlée ». Les vins blancs qu'on y produit s'apparentent aux alsaces auxquels on les compare volontiers, quoique plus vifs et moins alcoolisés.

Enfin, il ne faut pas oublier qu'en vue d'échapper à l'organisation commune et très contraignante du marché des vins de table, plusieurs pays, notamment l'Allemagne, l'Italie et l'Espagne, profitant de la longue période transitoire, ont fait passer la plus grande partie de leur production viticole sous la bannière des VQPRD avant la réglementation définitive ; manière habile de tirer leur épingle du jeu, en bénéficiant de la lenteur administrative.
En conclusion, on ne peut pas dire que la France viticole soit particulièrement avantagée par le Marché commun, car elle s'apprête à trouver en face d'elle deux concurrents redoutables, capables de présenter d'excellents vins à des prix plus attractifs que les nôtres : l'Espagne et le Portugal. Une nation où rien n'est vraiment net, l'Italie, un pays où la réglementation est le plus souvent établie en fonction des situations du moment, l'Allemagne, et sept autres membres non viticoles (pas tout à fait, l'Angleterre comptant quelques centaines d'hectares de vignes) toujours susceptibles, lors d'un vote, de faire un jour pencher la balance en notre défaveur, notamment au sujet de l'épineux problème posé par la reconnaissance des hybrides * en Allemagne, qui fera sans doute tout pour l'obtenir.

Le Français doit aussi savoir que :
- la viticulture de l'Union représente actuellement plus de 4 millions d'hectares de vignes, soit 48 % du vignoble mondial, qui produisent en bonne année environ 190 millions d'hectolitres de vin, équivalant à 60 % de la production viticole mondiale,
- que les rendements à l'hectare sont beaucoup plus élevés en Allemagne et surtout en Italie qu'en France et au Portugal, eux-mêmes supérieurs à la Grèce et à l'Espagne.

LA DÉGUSTATION OBLIGATOIRE : SOUVENT DU BIDON...

Inspiré par le règlement du 28 avril 1970 de la Communauté économique européenne de Bruxelles, un décret-loi du 19 octobre 1974, paru au *Journal officiel* le 22 octobre, oblige tous les viticulteurs et les négociants à soumettre, avant le 15 décembre (la date varie selon les appellations, en s'échelonnant de la fin novembre à la mi-décembre), l'ensemble des vins produits ou acquis lors du dernier millésime à une dégustation obligatoire, en vue d'obtenir un agrément délivré par l'INAO qui n'apporte véritablement pas de garantie supplémentaire aux consommateurs. Néanmoins, il est indispensable pour pouvoir

commercialiser les vins par la suite. Il est obtenu à l'issue d'une dégustation anonyme effectuée par un aréopage de goûteurs compétents, réputés et impartiaux, choisis parmi les producteurs des AOC concernées, des négociants, des courtiers *, des œnologues ou des employés des différents services administratifs de la viticulture. Avant cette date, les VDQS étaient déjà soumis à la dégustation obligatoire, pour obtenir leur labélisation.
Certains échantillons sont ajournés lors de cette présentation ; ce qui n'est pas pour étonner outre mesure, vu la période précoce où elle se déroule, surtout dans les années où l'on vendange tardivement. Une partie des produits présentés ont, la plupart du temps, leur fermentation malolactique * – voire alcoolique – inachevée. Mais il ne faut pas trop chercher à comprendre ; les technocrates de la viticulture en ont décidé ainsi, sans tenir aucunement compte des véritables problèmes liés à l'évolution de vins qui n'en sont encore qu'à leurs tout premiers balbutiements et, par conséquent, ne peuvent pas plus être jugés qu'un enfant au berceau. En effet, comment savoir si celui-ci sera un jour un grand de la finance, un clochard, un policier ou tout bonnement un voyou ?
Les échantillons ajournés sont soumis, quelques jours plus tard, à une nouvelle dégustation qui, quelquefois, peut être immédiate. Dans ce cas, l'ensemble des examinateurs ayant déjà opéré aux différentes tables, pour juger les nombreuses AOC présentées, désignent parmi eux un « super jury », qui aura à statuer et éventuellement repêcher les malchanceux, dont certains, pour des raisons multiples, n'avaient peut-être pas eu de la chance en premier lieu. Il faut, en effet, savoir qu'un vin, même très bon, peut très bien ne pas se présenter au mieux lorsqu'il est goûté derrière un autre, à la personnalité plus affirmée, de même qu'une plus longue aération peut permettre de revenir sur un jugement un peu trop hâtif. Malgré cela, il arrive également que certains vins soient à nouveau refusés, après leur deuxième passage. Dans cette éventualité, leurs propriétaires ont encore un ultime recours ; ils ont la possibilité de demander une dernière dégustation devant une Commission régionale, désignée par l'INAO, dans laquelle doit obligatoirement se trouver un œnologue et ce même après la date du 15 décembre, en prétextant que les vins ne se dégustaient toujours pas au mieux. Mais ils courent un gros risque, car, sans l'agrément, on ne peut rien vendre d'une appellation et même souvent de la totalité de la cave pour le millésime concerné. Pour se retrouver dans cette fâcheuse situation, le vigneron doit vraiment y mettre de la bonne volonté ou, tout simplement, faire preuve de beaucoup d'incompétence, car le jeu, dès le départ, est faussé.
Il faut voir les choses en face. La majorité des juges, qui sont aussi des récoltants, ont globalement les mêmes intérêts. Ils peuvent difficilement décevoir un collègue et, en même temps, accepter de ne pas avoir fait eux-mêmes un « bon vin ». C'est pourquoi, la plupart des échantillons passent comme une lettre à la poste. Ce n'est peut-être pas logique, mais tellement humain et surtout bien dans le tempérament français. Après tout, la qualité d'un vin n'est autre que celle que l'on veut bien lui accorder.
Ce décret a surtout été créé pour tenter d'éliminer les vins qui présentent une tare, due à une carence survenue au cours de la vinification, telle qu'une piqûre acétique * ou un goût de croupi, engendré par l'utilisation d'un matériel vinaire défectueux, car, vu la période où la dégustation a lieu, elle ne peut jouer un rôle vraiment sérieux dans la typicité. En revanche, elle présente quand même un côté positif ; car, malgré les immenses progrès accomplis par l'œnologie, notamment dans le domaine aseptique, il existe encore aujourd'hui des vignerons qui sont parfaitement incapables d'assurer

correctement un élevage (même de quelques semaines) en cuves ou en fûts, sans risques d'altération pour le vin ; d'où cette date du 15 décembre, fixée pour le déblocage, qui permet de vendre rapidement en vrac au négoce, mieux armé ensuite pour assurer la continuité du produit, dans de bonnes conditions.
La législation française a toujours été d'une complexité déroutante, au point qu'un décret ou une loi demande toujours, pour son application, la connaissance approfondie de plusieurs autres s'y rapportant plus ou moins. Ainsi, le décret du 19 octobre 1974 fixe bien les obligations de la dégustation, sans en donner exactement les modalités d'application, qui sont, en revanche, exposées dans l'arrêté du 20 novembre 1974, qui, lui, détermine enfin les règles de procédure.
Dans la réalité, voilà comment les choses doivent vraiment se passer. La prise d'échantillons s'effectue en une seule fois, sur la totalité du volume des vins détenus. Elle est pratiquée par un fonctionnaire agréé par l'INAO. Dans certaines appellations, sans doute plus astucieuses que d'autres, la désignation de l'agent chargé de collecter les prélèvements est un tout petit peu téléguidée par les syndicats viticoles qui en dépendent.
Il est également notifié dans cet arrêté du 20 novembre 1974 que la totalité du volume peut être fractionnée en plusieurs lots par le vigneron ou le négociant, qui feront chacun l'objet d'un prélèvement. C'est là que le bât blesse car, dans les très grandes AOC, seulement une infime partie de la cave est soumise à la dégustation obligatoire. Voici deux exemples significatifs :
- prenons le cas d'un grand cru classé du Médoc, dont certains ont une superficie avoisinant ou même dépassant très largement les 50 hectares. Le prélèvement, fait dans les règles, s'effectue en général seulement sur quelques cuves, qui sont censées représenter l'ensemble de la récolte ;
- en Côte d'Or, c'est encore plus folklorique. On peut même dire que la manière dont se déroule cette opération n'est qu'une vaste fumisterie. Ce sont les viticulteurs bourguignons qui ont été, à l'époque, les plus farouches détracteurs de cette nouvelle obligation contraignante pour la viticulture. Il est vrai que c'est une région où l'on sait très bien qu'à force de crier, il y aura toujours quelqu'un pour vous entendre. Dans ce département, il faut savoir que chaque viticulteur, vu l'extrême morcellement des climats (lieux-dits), possède presque toujours une multitude d'appellations dans la même exploitation (pouvant quelquefois aller jusqu'à une quinzaine). De plus, il existe une tradition vieille de plusieurs siècles, consistant à pratiquer l'élevage complet des vins blancs en fûts et, aussi, à passer sous bois dès le décuvage les vins rouges, de manière à leur permettre de faire leur malolactique en petits volumes ; d'où un nombre impressionnant de pièces de 228 litres dans chaque cave, qui, forcément, créent une quasi-impossibilité de prélever – comme le dit l'arrêté – un échantillon de chaque lot, vu le volume de vins qu'il faudrait fournir, souvent très rare.
Conscients de ce phénomène, les viticulteurs bourguignons, toujours assez roublards, ont très vite compris qu'ils pouvaient habilement tirer leur épingle du jeu en trouvant une parade, pour pallier l'incohérence du législateur. De là à faire avaler la pilule aux dirigeants de l'INAO, il n'y avait plus qu'un pas à franchir ; ce qui ne fut pas trop difficile, si l'on tient compte du fait que ces derniers – lorsqu'il s'agit d'une région d'AOC prestigieuse – tiennent toujours à ménager la chèvre et le chou dans leurs dialogues avec ses principaux représentants. D'où une réglementation un peu fantaisiste, qui

n'est propre qu'à la Côte d'Or, où chaque vigneron n'est tenu de fournir que deux échantillons [1] pour son exploitation, ceux-ci étant censés être représentatifs de l'ensemble des AOC qu'il revendique. Encore faut-il ajouter qu'il arrive de temps en temps que le vigneron les choisisse lui-même avant de les remettre à l'agent collecteur. Pas étonnant qu'avec un tel laxisme, il n'y ait pratiquement jamais de vins refusés dans cette zone, après le troisième examen, d'autant qu'avec de telles pratiques, le vigneron qui, par malchance, aurait raté la totalité de ses vinifications, pourrait toujours envisager la possibilité de se procurer les fameux échantillons auprès d'un voisin suffisamment compréhensif !
Dans ce cas, on est en droit d'estimer qu'en l'absence de dégustation et d'analyse réglementaires, un pourcentage important de vins de la Côte d'Or n'a logiquement pas droit à l'appellation d'origine contrôlée qui leur est délivrée indûment.
La première AOC à avoir été concernée par cette mesure est Saint-Julien en Médoc, alors que la Bourgogne ne l'a appliquée qu'à partir de la récolte 1979.
En conclusion, les véritables experts seront toujours en dernier recours les vieux courtiers * en vins dont l'expérience reste irremplaçable, quelques négociants et vignerons chevronnés et une infime minorité d'amateurs éclairés qui, avec pour seule arme leur palais averti, sillonnent inlassablement chaque année le vignoble français, pour y sélectionner les meilleurs vins. Nos théoriciens, imbus de leur supériorité intellectuelle avec ces fameux labels, voudraient nous faire croire le contraire, en laissant supposer aux consommateurs moyens que, sans leur vigilance, ils ne seraient que de simples pigeons en puissance.

(1) Un seul, si l'exploitant n'a pas de générique (bourgogne, etc.).

CONCLUSION

le vin est joyeux, par conséquent restons optimistes

De prime abord, le lecteur qui découvre cet ouvrage est en droit de penser qu'il incite plus au pessimisme qu'à l'optimisme. C'est pourtant loin d'être le but que j'ai recherché, bien au contraire. La passion et l'amour que je porte au vin m'ont incités à me poser en censeur pour le défendre. Exaspéré par trop de livres maniant – il est vrai parfois avec talent – la brosse à reluire, pour traiter le sujet, j'ai voulu tout simplement permettre aux consommateurs de mieux connaître tous les rouages entourant ce magnifique produit noble et irremplaçable, dont on sait, depuis des millénaires, qu'il demeure la boisson la plus conviviale et la plus saine. Actuellement il est trop souvent mis au banc des accusés. Les pouvoirs publics, par toutes sortes de mesures, s'ingénient à tracasser les producteurs, ces mal-aimés qui font rentrer tant de devises dans les caisses de l'État. Le vin n'est pas responsable de l'ensemble des maux dont on l'accuse, entre autres tous les accidents de la route. Les gros buveurs de vins ordinaires du passé ont aujourd'hui heureusement fait place à des consommateurs avisés, ayant la notion de plaisir et de culture, qui les amène à privilégier la qualité à la quantité. N'oublions jamais que nous sommes l'un des derniers pays où la table fait partie des éléments de la vie et où l'on mange encore en famille le midi. L'homme plus que jamais, dans un univers où la peur du lendemain demeure un facteur de stress permanent, a besoin de réconfort et de valeurs refuges sur le plan sensoriel. Il faut donc que reste la tradition du bon vin. Les consommateurs, lorsqu'ils sont à table, ont envie de rêver, d'être bien et de découvrir des sensations. Il demeure impératif que les producteurs de vins cultivent ces principes en contribuant à l'équilibre de la vie. Toutes les régions du monde ont fait des efforts considérables au

niveau de la qualité du vin. Il existe aujourd'hui une concurrence rendue encore plus impitoyable par la conjoncture économique mondiale qui assainit le marché, obligeant les vignerons à faire un produit irréprochable, ce qui ne devrait laisser aucune chance de survie aux récoltants, qui ne sauront pas s'adapter, en prenant en marche pendant qu'il est encore temps le train de l'avenir. Avec les nouvelles techniques de vinification, la limitation des apports de soufre, un matériel plus performant, une meilleure connaissance du vin et surtout un peu de sagesse de la part des récoltants, le consommateur est appelé – parfois, il est vrai aux dépens de la garde – à boire de mieux en mieux, même dans les millésimes qualifiés de petits, réservant souvent des surprises agréables.
Pour soutenir la vérité du vin, il faut bannir cette débauche d'intellectualisme, provoquée par les dégustateurs à la mode. On assiste trop au « vouloir paraître ». C'est la course pour savoir qui aura dégusté à « l'horizontale ou à la verticale » le plus de vin ou à celui dont les jugements seront les plus contradictoires. Ce faux faire-valoir sur le vin finit par éclipser totalement l'acteur principal, le produit lui-même.
Le vin d'aujourd'hui doit être le reflet d'une région et d'une tradition locale, pour respecter le souhait de l'acheteur, qui n'a plus qu'un désir : retrouver l'authenticité.
Malgré de sérieux écarts de parcours de la viticulture et des pouvoirs publics durant ces vingt dernières années, je reste optimiste en pensant que la sagesse paysanne commence à l'emporter et que l'avenir du bon vin, loin d'être noir, commence même à être réjouissant. Que l'ensemble des vins d'AOC – même récentes – soient maintenant meilleurs est un fait indéniable, mais il ne veut pas dire pour autant que tous reflètent véritablement les caractéristiques d'un grand terroir. Les macérations longues, le passage sous bois neuf et une technique poussée à l'extrême donnent des vins charmeurs, mais ne font pas tout. Seule, une infime minorité de produits émanant de vignerons traditionalistes pratiquant encore une vinification très pointue, font qu'ils demeureront toujours au-dessus de la mêlée. Malheureusement, leur minuscule aire de production, la difficulté pour se les procurer et les prix auxquels ils sont commercialisés demeurent des facteurs qui rendent leur acquisition problématique.
Le consommateur, pour mettre tous les atouts de son côté, devra aider la chance, en respectant cinq règles impératives : ne jamais se laisser impressionner par les médailles et encore moins par les notes de dégustations fantaisistes ; boycotter systématiquement tous les vins de marques – qu'il ne faut pas confondre avec l'indication du lieudit – et les vignerons se servant de cuvées de prestige comme d'un leurre ; faire preuve de rigueur dans le choix et l'aménagement du lieu d'entreposage des bouteilles ; éviter les circuits de vente manquant de fiabilité. Dans les autres, se servir habilement des conseils de l'ouvrage et se souvenir qu'en présence d'un acheteur avisé, le vendeur perd de sa superbe ; enfin, ne jamais considéré le vin en tant qu'objet de spéculation, mais uniquement comme une boisson saine pour qui en use avec modération, synonyme de plaisir et de convivialité.
Les véritables amateurs de bonnes bouteilles peuvent envisager l'avenir avec optimisme. La pléthore de vins en provenance de toutes les nations contribue, par le jeu de la concurrence, à maintenir un équilibre de prix profitable aux consommateurs et crée chez les producteurs une émulation qui ne peut être que bénéfique pour la qualité.
À l'aube d'un jour nouveau, laissant augurer beaucoup de bonnes choses, je lève mon verre à la santé des lecteurs qui m'ont accordé leur confiance.

LEXIQUE

ACESCENCE : maladie du vin, appelée aussi piqûre acétique. Des bactéries aérobies transforment l'alcool du vin en acide acétique. Cette dégradation conduit inévitablement au vinaigre.
ACÉTATE D'ÉTHYLE : composé chimique conférant au vin une odeur piquante, caractéristique du vinaigre.
ACIDE MALIQUE : acide naturel du raisin, dont le taux diminue au cours de la maturation, surtout lorsque le temps est chaud.
ACIDE TARTRIQUE : il est aussi présent naturellement dans le raisin et, bien entendu, dans le vin, mais peu répandu dans le reste du monde végétal. Les vins nouveaux en année froide en sont sursaturés, provoquant des précipitations de bitartrate de potassium dès qu'ils se trouvent au froid. Lorsqu'elles n'ont pas été éliminées totalement en cours d'élevage, elles se déposent au fond des bouteilles. Ce sont les fameux cristaux, appelés « gravelle », que les consommateurs prennent le plus souvent à tort pour du sucre.
ACIDIFICATION : traitement appliqué aux moûts et au vin en fermentation considérés comme insuffisamment acides pour la garde, en partant d'un produit naturel obtenu par raffinement du tartrate acide de potassium, après élimination du sel de potasse. Cette opération n'a rien de chimique, puisqu'il s'agit simplement de restituer au vin les substances manquantes entrant normalement dans sa composition.
ACIDITÉ VOLATILE : elle est constituée par plusieurs substances, dont la principale est l'acide acétique. Le vin qui en contient une dose supérieure à celle admise par la législation européenne n'est plus guère consommable, d'autant qu'elle augmente généralement avec le vieillissement. Son apparition se manifeste lors de la cuvaison, à l'occasion d'arrêt de la fermentation causée par l'élévation de la température.
AMPÉLOGRAPHIE : science décrivant les différentes espèces de cépages.
ANTHOCYANE : composé phénolique, responsable de la couleur des vins rouges.
AOÛTEMENT : phénomène physiologique, intervenant sur les bois de la rafle à la fin d'un été particulièrement chaud. Les vignerons égrappant en totalité en incorporent parfois un certain pourcentage dans leur cuvaison, lorsque ces conditions sont requises, sans risque de donner au vin des goûts herbacés.
ASSEMBLAGE : procédé consistant à incorporer, dans des proportions judicieusement étudiées, de nombreux crus de

Champagne pour réaliser la cuvée. Dans les autres régions, cette opération a pour but, soit d'unifier les différentes pièces de vin pour obtenir une cuvée homogène avant la mise en bouteille, soit d'incorporer le vin de presse à celui de goutte. Dans ce dernier cas, en Bordelais, elle se nomme « égalisage ».

BÂTONNAGE : à l'aide d'une tige, généralement munie d'ailettes ou d'un fouet, le vigneron remue les lies fines pour les remettre en suspension, afin de nourrir le vin en lui donnant du gras.

BENTONITE : silicate d'aluminium provenant, entre autres, du gisement américain de Fort Benton aux États-Unis. Cette matière gonfle au contact de l'eau, en possédant un pouvoir clarifiant pour le collage des vins, en éliminant les protéines en excès.

BGO : Bourgogne Grand Ordinaire provenant essentiellement du cépage gamay.

BLANC DE BLANCS : vin blanc uniquement élaboré avec des raisins blancs. Ce terme ne trouve sa véritable signification qu'en Champagne, puisqu'il permet de distinguer les vins blancs provenant uniquement du chardonnay.

BOIS MERRAIN : bois de chêne, débité en planches, destiné surtout à la tonnellerie.

BONDE : pièce de bois, plastique ou verre, permettant d'obturer le fût.

BOTRYTIS CINEREA : champignon parasite du raisin, qui selon les conditions météorologiques, peut apporter le désastre, avec la pourriture grise, ou l'apothéose qualitative dans les grands liquoreux et moelleux, avec développement de la pourriture noble. Ce qui fait que, curieusement, selon les régions il est souhaité ou redouté.

CASSE CUIVREUSE : maladie du vin, pouvant apparaître dans les blancs ou dans les rosés trop riches en cuivre, en raison de certains composés des sols, de traitements ou d'opérations malencontreuses en cuverie. A l'inverse de la casse ferrique, elle exige, pour que le cuivre demeure insoluble, qu'il soit en milieu réducteur. Remède simple : dès que la bouteille est ouverte, il faut la décanter ; le vin, alors débarrassé du dépôt provoqué par l'excès de cuivre, retrouvera ses qualités normales.

CASSE FERRIQUE : excès de fer apporté au cours des manipulations que subit le raisin. Elle provoque dans les vins blancs et rosés une casse blanche, appelée phosphato-ferrique, soit une casse bleue, dénommée tannate ferrique. La couleur du vin est difficile à définir, en raison des particules en suspension arrêtant les rayons lumineux. Remède simple : il suffit d'exposer les bouteilles debout aux rayons ultraviolets de la lumière solaire pendant plusieurs heures pour la voir disparaître. J'en ai été témoin, il y a une trentaine d'années, chez Étienne Sauzet à Puligny-Montrachet.

CENTRIFUGATION : sorte de clarification des moûts, en utilisant la force centrifuge pour éliminer dans les vins nouveaux les particules lourdes. Ce procédé est couramment pratiqué dans les grosses unités de production alsacienne et pour le traitement des primeurs en Beaujolais.

CHAPTALISATION : apport de sucre pendant la fermentation, pour remonter le degré alcoolique.

CHAPEAU : nom donné aux matières solides de la vendange, faites de grumes et de rafles (pour les vins non égrappés) flottant à la surface du moût. Il peut être, selon les vinifications, dénommé chapeau « immergé » ou chapeau « flottant », d'où, dans ce dernier cas, l'intérêt du pigeage ou de l'arrosage avec du moût prélevé en bas de la cuve, pour extraire le maximum de matière colorante.

CHAUSSAGE : travail qui consistait, à l'approche de l'hiver, à ramener la terre sur les pieds de vignes pour protéger les ceps des gelées. Il est malheureusement en voie de disparition.

CHLOROSE : étiolement de la vigne, causé principalement par un excès de calcaire dans les sols, dû le plus souvent à un mauvais choix du porte-greffes caractérisé par le jaunissement des feuilles.

CLARIFICATION : ensemble des opérations permettant d'obtenir un vin brillant et limpide. Plusieurs procédés sont utilisés, simultanément ou séparément : centrifugation, filtration et collage.

CLOS : parcelle de vignes qui, selon la législation, devrait obligatoirement être entourée de quatre murs ; ce qui est loin d'être le cas en Bourgogne.

COLLAGE : opération de clarification par addition dans le vin d'une « colle » incolore et sans saveur ayant la propriété de précipiter les particules en suspension. Il y en a de différentes sortes selon la couleur des vins et aussi en fonction d'un usage bien précis : bentonite, caséine, blanc d'œuf (frais ou en poudre), ou colle de poisson issue de la vessie natatoire de certains poissons, notamment l'esturgeon.

COLLOÏDES : composés de natures diverses, qui peuvent floculer ou se déposer au fond des cuves ou des barriques en cours d'élevage. Ils ont pour inconvénient de colmater rapidement les filtres et pour avantage d'arrondir et de protéger les vins.

CONCENTRATION DES MOÛTS : jus de raisin que l'on enrichit par évaporation.

COULEUSE : bouteille dont la fermeture n'est pas hermétique, en raison d'un pincement du bouchon lors de la mise en bouteille par la mâchoire de la boucheuse.

CORRECTION : amélioration apportée au moût ou au vin en fermentation. Il peut s'agir d'acidification ou de chaptalisation, quelquefois les deux réunies comme parfois en Bourgogne, bien que cela soit rigoureusement interdit.

COULURE : accident empêchant généralement, en raison du froid, la fécondation de la fleur, ayant pour conséquence de faire avorter le fruit.

COUPAGE : mélange de vins d'origines différentes.

COURTIER : intermédiaire entre le vendeur et l'acheteur, dont la mission est de prospecter les caves dans le vignoble sitôt après les vendanges. Il est rétribué à la commission, qui est généralement de 2 % ou plus pour les petites unités de commandes.

CRÈME DE TÊTE : expression surannée autrefois utilisée en Sauternais pour désigner des raisins particulièrement riches en sucre issus d'une première trie.

CRYOEXTRACTION : ce principe repose sur une loi classique de la chimie : la loi de Raoult, selon laquelle lorsqu'on dissout un corps dans de l'eau, le point de congélation de la solution baisse quand la quantité de produit dissous augmente. Par conséquent, plus un raisin est riche en sucre, plus le point de congélation de son jus est bas. On imagine donc très bien l'existence d'une température à partir de laquelle les raisins les moins sucrés sont congelés, alors qu'au contraire ceux qui le sont le plus ne le sont pas.

CUVAISON : acte principal de la vinification des vins rouges, pendant laquelle se produit la fermentation alcoolique, permettant d'extraire la couleur, les tannins, les arômes et diverses substances secondaires. Il arrive que la fermentation secondaire (malolactique) s'enclenche à la suite. La durée de cuvaison constitue l'un des facteurs les plus importants de la qualité. Elle est fonction du type de vin recherché et de l'option choisie par le vigneron. C'est sur cette opération que se joue tout l'avenir du vin. Elle n'est pas, comme on pourrait le croire, un moment de relaxation, mais implique au contraire une surveillance vigilante et constante du vinificateur. Il faut quand même préciser qu'avec l'apparition de matériel de plus en plus sophistiqué, contrôlant les températures à l'aide d'ordinateurs, l'homme a vu sa tâche grandement facilitée.

DÉBOURBAGE : premier soutirage, pour éliminer les bourbes ou grosses lies.

DÉCHAUSSAGE : travail aratoire pratiqué au printemps pour ramener la terre dans l'inter-rang, lorsque les grands froids ne sont plus à craindre.

DÉCLASSEMENT : cette décision peut être administrative ou volontaire pour le vigneron intègre. Elle a pour objet de ne pas revendiquer l'appellation, en commercialisant le vin sous une autre moins noble, dite « de repli ».

DÉGORGEMENT : ultime phase de la champagnisation, éliminant le dépôt accumulé sur le bouchon pendant le remuage. Cette opération délicate se pratiquait dans le passé à la volée. Elle est maintenant grandement facilitée par l'emploi du froid artificiel, en plongeant le goulot de la bouteille jusqu'à ce qu'il se forme un glaçon dans un bac contenant une saumure de chlorure de calcium ou de solution glycolée alimentaire, dénommée « monopropylène glycol ».

DENSITÉ DE PLANTATION : indique le nombre de pieds de vigne contenus à l'hectare, généralement compris, selon les régions, entre 3 000 et 10 000.

DOUELLE : planche servant à la fabrication d'un tonneau.

ÉCOULAGE : opération de la vinification, consistant à tirer le vin de goutte en bas de la cuve, en ne laissant que le marc qui sera ensuite pressuré.

EDELZWICKER : terme alsacien désignant les vins de cépages nobles (edel), qui sont assemblés pour former l'appellation. Bien qu'étant le bas de gamme, il reflète généralement la qualité de la cave.

EMBLAVURE : terre emblavée, c'est-à-dire ensemencée de céréales.

ENRICHISSEMENT : addition de moût concentré rectifié ou non, permettant de remonter le degré.

ENTONNAGE : remplissage des fûts après la décuvaison.

ÉTHANAL : de la famille des aldéhydes, il est un intermédiaire entre l'acide acétique et l'alcool éthylique. On l'obtient, soit en oxydant l'alcool éthylique, soit en réduisant l'acide acétique.

EXTRAIT SEC : résidu de l'évaporation d'un vin. Un vin surchaptalisé manque toujours d'extrait sec, car, en augmentant artificiellement l'alcool, le vinificateur ne fait que déséquilibrer son produit.

FERMENTATION ALCOOLIQUE : transformation des sucres en alcool sous l'influence des levures. Cette réaction amène la transformation du moût en vin.

FERMENTATION MALOLACTIQUE OU FERMENTATION BACTÉRIENNE DE L'ACIDE MALIQUE : dégradation de l'acide malique en acide lactique (moins fort) et en gaz carbonique. Cette transformation provoque la désacidification biologique du vin. Dans de nombreuses régions autres que la Bourgogne, elle n'est pas recherchée – voire même évitée – pour les vins blancs. En revanche, elle est systématique dans tous les rouges.

FILTRATION : procédé de clarification pour rendre le vin plus limpide. Il existe plusieurs types de filtres : à plaques (quelquefois stérilisantes pour le mal du vin), à membranes ou à kieselgur (de plus en plus utilisé) formé de dépôts siliceux à base de micro-organismes (diatomées). Dans le passé, les plaques étaient le plus souvent en amiante ; sous la poussée de technocrates écologistes, arguant qu'elles étaient cancérigènes, elles furent interdites. La presse, à l'époque, avait parlé de dangereuses fibrilles subsistant dans le vin ! Rien de sérieux dans tout cela. Comme le fait justement remarquer Jacques Puisais dans un excellent ouvrage, *Le Vin se met à table*, la quantité infime ne pouvait avoir aucune incidence sur la santé de l'individu. Des études ont d'ailleurs démontré qu'un homme buvant journellement un litre de vin filtré à l'amiante pendant cinquante ans de sa vie, aurait ingéré moins de 2 mg au bout de cette période. En revanche, curieusement, la plupart des sirops vendus en pharmacie continuent à être filtrés avec ce type de plaques, puisqu'aucun texte à ce jour ne l'interdit !
FLASH PASTEURISATION : technique tuant non seulement les bactéries mais aussi les levures, puisqu'elle consiste, grâce à un appareillage extrêmement complexe fait d'échangeurs, à monter le vin à une température de 120° pendant une seconde.
FLAVONES : pigments jaunes contenus dans le raisin, qui interviennent dans le processus d'oxydoréduction.
FLORAISON : phase végétative de la vigne, amenant la fécondation des grappes, qui va permettre la formation des baies.
GAZ CARBONIQUE (CO_2) : le gaz carbonique est présent à dans tous les vins, même dans ceux qui ne sont pas rendus mousseux comme le champagne. Il apparaît lors de la fermentation alcoolique, qui en dégage environ 80 litres par litre de moût. À la mise en bouteille, il est indispensable qu'il en reste encore un certain pourcentage pour permettre aux arômes et plus tard au bouquet de s'exhaler (environ 400 mg). Certains vins blancs, surtout d'Alsace, sont mis en bouteille avec un volume de CO_2 beaucoup plus important, très perceptible à la dégustation ; ce qui leur permet de garder beaucoup plus longtemps leur jeunesse. En revanche, ils heurtent beaucoup de consommateurs par leur côté piquant, qu'ils confondent avec « piqué » (acescence). Dans un vin rouge, c'est une tare inadmissible, sauf à la rigueur pour un primeur tel que le beaujolais.
GAZ INERTE : deux sont autorisés, le gaz carbonique et l'azote, qui peuvent aussi être mélangés. Ils servent surtout à conserver les vins en vidange maintenus en gros volumes en cave, en évitant les altérations microbiennes.
GÉNÉRIQUE : dans un sens très large, terme s'appliquant aux appellations d'origine de base. Exemples : bordeaux, bourgogne et côtes du rhône.
GOUTTE (VIN DE) : vin rouge qui s'écoule des cuves après la cuvaison. Il représente environ 85 % du volume total. C'est l'opposé du vin de presse issu du pressurage des marcs.
GREFFAGE : procédé utilisé pour reproduire la vigne après le phylloxéra. Il est issu de la soudure réalisée entre deux vignes différentes, la première portant le système racinaire (porte-greffe) et l'autre le système aérien porteur des feuilles et des fruits.
HYBRIDE : c'est le résultat de croisements entre les espèces du genre vitis destiné à apporter aux descendants des facteurs de résistance aux maladies. On distingue les hybrides américo-américains (noah, clinton, vialla, york et madeira), franco-américains (jacquez, herbemont, seibel, couderc, baco et seyve villard) et les franco-asiatiques ainsi que les russes résistant au froid de l'hiver sibérien.
HYBRIDEUR : personne qui, dans le passé, effectuait des recherches génétiques pour créer de nouveaux hybrides.
JACHÈRE : état d'une terre agricole qu'on laisse temporairement se reposer en ne lui faisant pas porter de récolte.
JÉROBOAM : flacon correspondant au double magnum, soit quatre bouteilles.
LAMBRUSQUE : vigne sauvage.
LATTE : planchette étroite servant d'intercalaire entre les bouteilles de champagne empilées, après avoir reçu la liqueur de tirage, et stockées à l'horizontale avant l'opération du remuage.
LEVURE : champignon microscopique, généralement de forme elliptique. On en dénombre jusqu'à 10 millions par millilitre. Ils permettent le bon déroulement de la fermentation alcoolique.
LEVURE INDUSTRIELLE : produit fabriqué par des entreprises souvent canadiennes ou hollandaises, opérant sur la multiplication des micro-organismes pour les matières agroalimentaires et pharmaceutiques. Son origine n'est pas industrielle, en revanche, sa multiplication l'est.
LIE : dépôt du vin pouvant être constitué en grande partie de levures inactives, en raison de l'épuisement en sucre. C'est pourtant une partie noble du vin et sa redissolution est indispensable pour l'enrichir pendant son élevage. Son contact prolongé développe les arômes et les matières azotées.
LIQUEUR D'EXPÉDITION OU LIQUEUR DE DOSAGE : elle a pour but de combler le vide (environ 2 cl) laissé par l'expulsion du dépôt évacué lors du dégorgement. Elle est généralement constituée d'un kilogramme de sucre de

canne au litre, dissous dans un vieux vin de champagne, à laquelle on ajoute parfois de l'esprit de cognac obtenu dans les Charentes en distillant une troisième fois de l'eau-de-vie de cognac, pour atteindre un degré alcoolique d'environ 85. Le dosage du sucre dans la liqueur varie selon le goût recherché et l'option du champagnisateur.

LIQUEUR DE TIRAGE : le vinificateur, après avoir réalisé la cuvée de vin sec, ajoute la liqueur de tirage et les ferments pour provoquer la prise de mousse. Elle est constamment brassée pendant tout le temps de l'opération pour une raison très simple : étant plus lourde que le vin, elle tomberait au fond de la cuve avec le risque d'avoir plus tard des bouteilles qui exploseraient et d'autres insuffisamment dosées empêchant la fermentation secondaire de se faire dans de bonnes conditions.

MACÉRATION CARBONIQUE : méthode de vinification des vins rouges, appelée fermentation intracellulaire. Les raisins entiers sont introduits sans foulage dans la cuve. Elle permet une amélioration des caractères organoleptiques et une diminution de l'acidité, en donnant des vins très aromatiques, mais de garde limitée. Ce type de vinification convient admirablement aux primeurs, notamment en Beaujolais, mais il s'est élargi à beaucoup d'autres régions où il donne parfois d'excellents résultats, notamment avec le cépage carignan en Côtes du Roussillon.

MACÉRATION PELLICULAIRE : les adeptes de cette technique nouvelle affirment qu'elle permet une meilleure valorisation du potentiel aromatique de la plupart des cépages blancs. Le système ne demande guère d'investissements, ce qui le rend facilement utilisable par tous. Il n'empêche qu'il exige le respect de données bien précises et des connaissances profondes du produit. Tout le monde n'a pas le génie de Denis Dubourdieu. Il faut utiliser des raisins vendangés dans un état sanitaire parfait, cueillis à maturité mais sans excès, faute de quoi le vin serait lourd et peu agréable (la machine à vendanger est à proscrire), et surtout respecter le temps pendant lequel ils doivent être en contact avec le jus de l'écrasement naturel avant pressurage. La durée de macération est fonction du cépage. Ce type de vinification donne des vins plus structurés avec une complexité aromatique intense, mais il est indéniable que cela se fait souvent au détriment de la garde. Ce qui explique que l'intérêt de cette technique doit se porter en priorité sur des appellations mineures.

MALADIE CRYPTOGAMIQUE : certains champignons sont à la base de ces maladies. Les plus connus sont le mildiou, l'oïdium, la pourriture grise et le black-rot.

MARCOTTAGE : mode de multiplication d'un végétal par lequel une tige aérienne s'enterre et prend racine. Avant le phylloxéra, toutes les vignes françaises étaient conduites de cette façon.

MATHUSALEM : flacon d'une contenance de huit bouteilles.

MATURATION : période au cours de laquelle les grumes ne grossissent plus beaucoup. En contrepartie, elle permet, en fonction de deux courbes, l'une décroissante (celle de l'acidité) et l'autre évolutive (indiquant la teneur en sucre), d'arriver au stade final de la maturité physiologique du raisin.

MATURITÉ PHÉNOLIQUE : pour les rouges, c'est le moment où le raisin a le maximum de couleur. On la contrôle par le dosage des matières colorantes.

MICROCLIMAT : terme désignant un ensemble de conditions climatiques régnant en permanence sur une parcelle, créant ainsi une situation privilégiée pour un cru ou partie de celui-ci.

MILLERANDAGE : avortement partiel des grains de raisins, en raison de mauvaises conditions météorologiques lors du passage de la fleur. Hormis les cas extrêmes, cette situation est toujours favorable à la qualité des vins rouges.

MOÛT : jus de raisins non fermenté destiné à l'élaboration d'un vin, libéré des grumes lors des phases précédant la fermentation.

MUID : grand fût dont la contenance varie selon les régions. Il avoisine le plus souvent les 600 litres.

MYCODERMA ACETI : bactérie (acétobacter) décrite pour la première fois par Pasteur ; agent de la propagation du vinaigre.

OSMOSE INVERSE : appareil très complexe et extrêmement onéreux (un million), permettant la concentration du moût avant le départ de la fermentation, pour éliminer un certain volume d'eau (environ 10 %). Beaucoup de crus classés du Médoc et des Graves en sont maintenant équipés. La Côte d'Or en possède également. Philosophiquement, je suis contre ce genre de technique, qui ne peut trouver son utilité que dans les grands millésimes où, bien sûr, elle n'est que rarement employée. Il faut encore ajouter que des problèmes se sont posés récemment à Bordeaux dans des crus classés, et non des moindres, qui avaient eu tendance à confondre la législation en faisant leur déclaration de récolte seulement après usage de l'appareil, faussant les rendements autorisés.

OUILLAGE : opération consistant à remplir très régulièrement les barriques à ras de la bonde, afin d'éviter que le vin, qui subit une évaporation constante (moins importante dans les caves très humides), ne demeure en contact avec l'oxygène de l'air.

OXYDATION : réaction chimique plus ou moins grave, provoquant des défauts dans les vins. On lutte contre elle par l'ouillage, la conservation sous gaz inerte ou l'apport de SO_2.
PALISSAGE : la plupart des vignes, hormis le gamay (exclusivement pour les Beaujolais-Villages et les crus), la syrah, le mourvèdre et le grenache – pour ne citer que les principaux – sont généralement palissées sur fils de fer depuis la remise en état du vignoble français quelques années après l'invasion phylloxérique.
PASSERILLAGE : flétrissement du raisin sur souche par dessèchement naturel, dû à des conditions climatiques exceptionnelles avant la cueillette, amenant une très forte concentration de tous les éléments du raisin et particulièrement du sucre. C'est l'autre moyen pour obtenir des vins naturellement moelleux en dehors de la pourriture noble.
PASSETOUTGRAINS : mélange de deux cépages : deux tiers de gamay et un tiers de pinot noir.
PÉDICELLES : ramifications du pédoncule se terminant par une fleur.
PÉRENNE : plante qui dure très longtemps.
PÉTILLANT : vin effervescent préparé selon la réglementation communautaire par une méthode semblable à la champenoise, mais avec une pression moindre (comprise entre 1 et 2,5 atmosphères par centimètre carré). Les plus traditionnels ont toujours été produits à Vouvray et à Montlouis.
PHYTOSANITAIRE : relatif aux soins à donner aux végétaux.
PIED DE CUVE : levain provenant de la cueillette préalable d'un faible volume de raisins parfaitement mûrs, choisis dans la meilleure parcelle, facilitant la multiplication des levures dans une cuve de vinification. On considère qu'un hectolitre de levain suffit pour faire démarrer 40 hectolitres de vendange.
PIGEAGE : opération de vinification en rouge, consistant une ou deux fois par jour à enfoncer la partie solide dénommée chapeau, qui, poussé par le gaz carbonique, s'accumule à la surface de la cuve pendant la fermentation. Elle a pour but de remettre le moût au contact des pellicules, en favorisant l'extraction des anthocyanes et des tannins responsables de la couleur. Ce procédé est maintenant mécanisé dans beaucoup de domaines possédant des cuves à pigeage automatique dont certaines sont même programmées par ordinateur
PIQÛRE ACÉTIQUE : maladie du vin occasionnée par des bactéries. Elle se produit généralement sur les vins mal protégés de l'oxygène de l'air et peu sulfités, en conduisant presque invariablement à la formation du vinaigre.
PIQÛRE LACTIQUE : maladie d'origine microbienne, agissant sur les vins rouges. Des bactéries lactiques, toujours présentes dans le vin (en fonction de l'élévation de la température ou lorsqu'il manque d'acidité), attaquent les sucres restants, qu'elles transforment en acide lactique, en acide acétique et en gaz carbonique. Le vin prend alors une odeur infecte de chou fermenté.
POLYPHÉNOL : molécule de base de la matière colorante, comprenant aussi les tannins et les anthocyanes.
POURRIDIÉ : maladie cryptogamique de la vigne et de certains arbres fruitiers. C'est un petit ver appelé nématode qui en est le vecteur, lorsque les débris de racines subsistantes n'ont pas été entièrement extirpés avant une nouvelle plantation.
POURRITURE GRISE : un champignon, qui est le même que celui de la pourriture noble, s'attaque au raisin et se propage très rapidement, causant des dégâts considérables, surtout à la suite d'une longue période d'humidité. En outre, la vendange altérée est de très mauvaise qualité. Seule solution dans les cas extrêmes : vinifier en rosé ou chauffer le vin pour tuer les oxydases.
POURRITURE NOBLE : pourriture bénéfique provoquée sur des raisins mûrs, en fonction de certaines conditions météorologiques et du *Botrytis cinerea*. L'idéal, pour son développement, est un brouillard humide le matin, suivi d'un beau soleil durant le reste de la journée. Elle provoque des modifications importantes dans la composition des grumes, amenant une diminution de l'acidité et surtout une très forte concentration du sucre. Du fait que tous les grains n'atteignent pas ensemble le stade recherché, il est nécessaire de récolter par tries successives, en ne cueillant à chaque passage que les raisins parfaitement à point.
PRÉCIPITATION TARTRIQUE : dépôt de bitartrate de potassium, formant des cristaux appelés « gravelle ».
PRESSE (VIN DE) : vin que l'on extrait du marc fermenté lorsqu'il passe sur le pressoir. Il est plus chargé en tannin que celui de goutte et son acidité volatile est également plus importante. Sauf cas particulier, il est, dans un fort pourcentage, incorporé au vin de goutte.
PRESSURAGE : opération consistant à extraire le jus de raisin à l'aide d'appareils de types différents. Les meilleurs sont les pressoirs horizontaux à chambre à air. Le pressurage est une opération délicate, demandant beaucoup de sagesse de la part du vinificateur, car, avec le matériel moderne, il est possible – si on le contrôle mal – de serrer jusqu'à l'obtention de mauvais goûts.
PROPHYLACTIQUE : mesure destinée à se prémunir d'une future maladie de la vigne.

PYRALE : papillon d'une famille de lépidoptères, dont les chenilles s'attaquent aux bourgeons de la vigne. Pour la petite histoire, c'est un vigneron de Chenas, Benoît Raclet, qui triompha pour la première fois de ce redoutable parasite avec une technique, pourtant primitive, consistant à ébouillanter les bourgeons à l'aide d'une chaudière portative maintenant l'eau à sa température, grâce à un ingénieux système fonctionnant au charbon de bois.
RAFLE : ensemble du pédoncule et des pédicelles, formant le squelette d'une grappe de raisin.
RÉDUCTION : phénomène physico-chimique, qui est l'inverse de l'oxydation, tout en lui étant parfois associé. Ne dit-on pas qu'un vin qui a le goût de réduit, provoqué par une privation prolongée d'oxygène, demande une aération pour retrouver son équilibre ?
REFERMENTATION : nouveau départ d'une fermentation alcoolique (sucre résiduel) ou malolactique (bactérie lactique subsistante) dans un vin mal stabilisé.
RÉFRACTOMÈTRE : appareil mesurant l'indice de réfraction, variable selon les concentrations de sucre dans le jus de raisin.
RELEVAGE DE COLLE : quand la colle est bien descendue, cette opération consiste à l'éliminer.
REMONTAGE : phase de la cuvaison, obligeant à pomper du vin de goutte en bas de la cuve pour lessiver le chapeau, en augmentant l'extraction des différents composés de vin, notamment la couleur. Ce procédé rappelle celui des vieilles lessiveuses de nos grands-mères.
REMUAGE : opération pratiquée en Champagne, consistant à tourner chaque jour, pendant un temps variable, les bouteilles ayant reçu la liqueur de tirage sur un pupitre réservé à cet effet, pour rassembler progressivement le dépôt de levure sur le bouchon. Un bon remueur tourne jusqu'à 40 000 bouteilles par jour.
ROGNAGE : l'un des travaux en vert, consistant l'été à stopper la végétation de la vigne, pour éviter la perte de sève occasionnée par la pousse désordonnée de jeunes rameaux. Il ne faut toutefois pas rogner trop bas, pour limiter les pertes de sucre sur le futur vin.
SAIGNÉE : dans une cuve remplie de vendange fraîche, le vinificateur procède, au bout d'un nombre d'heures déterminé (selon la couleur du vin qu'il désire obtenir), à un écoulage d'une partie des jus, qui produira en général du rosé. Cette pratique permet aussi, dans les années pléthoriques, d'éliminer un certain volume de liquide pour amener de la concentration.
SEC : selon la législation, terme usité pour les vins blancs contenant, après fermentation terminée, moins de 2 grammes de sucre restants au litre.
SÉLECTION DE GRAINS NOBLES : mention strictement réservée à de très grands vins d'Alsace. Elle est encore plus restrictive que celle de « vendages tardives ». Les vins autorisés à mentionner ce superlatif sur l'étiquette sont issus de grains vendangés en surmaturité, à l'issue de plusieurs tries.
SOUTIRAGE : opération par laquelle le vin est séparé de ses lies. Elle peut se faire à l'abri de l'air s'il est fragile à l'oxydation ou, au contraire, à l'air pour l'oxygéner s'il est robuste. Le transvasement dans un autre fût préalablement méché (apport d'une pastille de soufre pour tuer toute bactérie susceptible d'être encore présente) n'exclut pas un léger apport de SO_2. Selon le type de vin et les habitudes du vinificateur, on compte entre deux et quatre soutirages pour une période d'élevage s'étalant sur deux ans.
STABILISATION : réalisation d'analyses préventives, tout au long de l'élevage, dans un souci constant de juger de la santé du vin.
SUCRE DE RAISIN : il faut savoir qu'il n'est pas du saccharose, mais un mélange de fructose et de glucose, qui ne cristallise pas.
SUCRE RÉSIDUEL : vin ayant conservé, après la fermentation alcoolique, un taux de sucre non transformé en alcool supérieur à 2 grammes. Certaines cuvées difficiles ont parfois – comme disent les vignerons – « bien du mal à manger leur sucre ».
SULFATAGE : traitement de la vigne, désignant de nos jours une multitude de produits de synthèse.
SULFITAGE : opération consistant, en cours d'élevage, à ajouter au vin, à plusieurs reprises, une légère dose de SO_2. Cela commence sur la vendange, puis au pressurage, se poursuit à chaque soutirage et prend fin lors de la mise en bouteilles.
SURCHAPTALISATION : excès de chaptalisation, dû à un apport de sucre mal calculé.
SURMATURATION : concentration très accentuée, généralement engendrée par la recherche de vin liquoreux ou moelleux.
SYSTÉMIQUE : produit de traitement trop efficace à mon avis, contaminant l'ensemble de la plante pour la rendre toxique à toutes les attaques (champignons ou insectes).

TABLE D'ACCUMULATION : faisant suite au groupe d'embouteillage, elle permet aux bouteilles venant d'être remplies de stationner debout pendant quelques minutes, pour aider le bouchon à reprendre 92 % de ses dimensions initiales, en limitant les risques de couleuse.

TANNIN : groupe de substances contenues dans la peau, les pépins et moindrement dans la rafle du raisin (sans intérêt pour cette dernière). C'est l'élément indispensable de la tenue des vins rouges. Certains cépages en sont plus pourvus que d'autres.

TANNIQUE : vin très riche en tannin, procurant souvent à la dégustation une impression d'astringence.

TARTRIQUER : verbe employé en Côte d'Or et signifiant « procéder à l'acidification ».

TASTEVINAGE : label de qualité délivré à certains vins de Bourgogne par un aréopage de dégustateurs opérant au Château du Clos de Vougeot, à l'initiative de la Confrérie des Chevaliers du Tastevin qui n'intervient pas, son rôle se bornant à assurer la régularité de l'épreuve.

TENUE : faculté d'un vin à rester stable lorsqu'on le place dans des conditions extrêmes : tenue à l'air pour voir s'il casse, et tenue au froid pour éventuellement juger de traitements préventifs.

TERROIR : comprend le sous-sol, le sol et l'environnement. On dit souvent qu'un vin bien typé a le goût de terroir.

THERMOVINIFICATION : procédé de chauffage de la vendange à 70° (totalement ou partiellement), qui est ensuite refroidie et réensemencée avec des levures industrielles. Par cette opération, on tue les bactéries, mais aussi les bonnes levures naturelles. C'est une méthode pratiquée en Beaujolais pour accentuer les arômes des primeurs et extraire de la couleur. Je suis réticent envers ce système de fermentation contrôlée, semblable, à quelques nuances près, à celui utilisé par les brasseurs de bière.

TRAITEMENT CUPRIQUE : traitement à base de produits contenant du cuivre.

TRANQUILLE (VIN) : vin qui n'est pas effervescent.

TRIE : cueillette où l'on ne ramasse que les raisins atteints par la pourriture noble, pour produire des vins liquoreux ou moelleux.

VENDANGE TARDIVE : expression désignée par un texte de loi, s'appliquant uniquement aux vins d'Alsace issus des quatre cépages nobles, sous réserve d'avoir atteint naturellement (sans aucun apport de sucre) des degrés très élevés. Outre le fait d'avoir l'obligation de porter le millésime en référence, ces vins sont en plus soumis à des contrôles extrêmement rigoureux avant et après récolte.

VÉRAISON : stade de maturation du raisin au cours duquel les baies rouges commencent à se pigmenter et les blanches à devenir translucides.

VCC : vin de consommation courante.

VIN AU PROPRE : terme employé par les vignerons, signifiant que les impuretés ont été éliminées par les soutirages ou la filtration. En Bourgogne, certains sont trop propres pour avoir un avenir.

VIN DOUX NATUREL (VDN) : vin pour lequel on procède au mutage (arrêt de la fermentation alcoolique, par l'adjonction d'un certain pourcentage d'alcool de rétrocession compris entre 5 et 10 % du volume des moûts). Les plus célèbres sont Banyuls, Maury, Rivesaltes, et les Muscats de Rivesaltes, Frontignan, Saint-Jean-de-Minervois, Lunel et Beaumes-de-Venise.

VIN MÉDECIN : produit d'assez fort degré ou très coloré, provenant en général des cépages grenache ou alicante bouschet (raisin teinturier à jus rouge).

VITIS VINIFERA L : espèce indo-européenne définie botaniquement par Linné en 1957, regroupant tous les cépages cultivés en Europe et une partie de l'Asie (Afghanistan, Cachemire, Iran, Turquie et Russie d'Asie). Elle sert à produire des raisins de table, des raisins secs et des raisins de cuve destinés à faire des boissons alcooliques tout particulièrement du vin. On compte plus de 5 000 cépages dans le monde.

VQPRD : vin de qualité produit dans une région déterminée selon la législation communautaire.

Table des matières

Le vignoble français

Les usages et la loi

LES PUBLICATIONS ET OUVRAGES SUIVANTS ONT ÉTÉ UTILISÉS COMME SOURCES :

L'Amateur de Bordeaux
L'Hôtellerie (dégustations de Jacques Luxey)
La Journée vinicole
Le Progrès viticole
La Vigne
La Revue du vin de France
Science et vie, Spécial Vins
Tastevin en main
Alegoet (Christian) et Riboulet (Jean-Michel), *Aspects pratiques du bouchage des vins*
Angel (René), *Vosne-Romanée*
Aron (Jean-Paul), *Histoire de l'implantation de la vigne en France*
Batault-Morot, *Plan statistique des vignobles produisant les grands vins de Bourgogne*
Bazin (Jean-François), *Le Chambertin*
Bazin (François) et Curie (Gérard), *L'Almanach bourguignon*
Branas (Jean), *Les Appellations d'origines historiques en France*
Atlas Hachette des vins de France
Le Guide Hachette des vins
Debuigne (Gérard), *Larousse des Vins*
Denis (Dominique), *La Vigne et le vin, régime juridique*
Féret, *Bordeaux et ses vins*
Fevre (William), *Les Vrais Chablis et les autres*
Galet (Pierre), *Précis d'ampélographie pratique*
Gandilhon (René), *Naissance du Champagne*
Ginestet (Bernard), *Chablis*
Ginestet (Bernard), *Margaux*
Ginestet (Bernard), *Saint-Julien*
INAO, *Une Réussite française, l'AOC*
Kressmann (Édouard), *Le Vin considéré comme un des beaux-arts*
Larmat (Louis), *Atlas de la France viticole : les côtes du Rhône*
Larmat (Louis), *Atlas de la France viticole, Les vins de Bordeaux*
Lynch (Kermit), *Mes Aventures dans le vignoble de France*
Peynaud (Émile), *Le Vin et les jours*
Pestel, *Trente ans d'INAO*
Petiot (Sylvain) et Poupon (Pierre), *Atlas des grands vignobles de Bourgogne*
Puisais (Jacques), *Le Vin se met à table*
Renvoisé (Guy), *Le Guide des vins d'Alsace*
Renvoisé (Guy), *Le Guide des vins de Champagne*
Rothschild (baron Philippe de), *Vivre la Vigne*
Taransaud (Jean), *Le Livre de la tonnellerie*
Teillaud (Marie-Christine), *Thèse sur le vin et la santé*

Que soient ici remerciés plus particulièrement pour leur contribution amicale à cet ouvrage :
Paul Avril, viticulteur ; Paul Bara, viticulteur ; Jean-Claude Berrouet, œnologue : Madame Blois, courtière ; Gislain de Charnace, viticulteur ; Gérard Chave, viticulteur ; Philippe Courrian, viticulteur ; Serge Dagueneau, viticulteur ; Robert Dousson, viticulteur ; Pierre Dubois, œnologue, ingénieur agronome et maître de recherches à l'INRA de Dijon : Henri Duboscq, viticulteur ; Denis Dubourdieu, ingénieur agronome, professeur à l'Université d'Œnologie de Bordeaux II et directeur de recherches ; William Fevre, viticulteur ; Michel Futeul, viticulteur ; Pierre Gallet, ingénieur agricole et maître assistant à l'École Nationale Supérieure agronomique de Montpellier ; Jean Gautreau, viticulteur ; Marcel Guigal, viticulteur-négociant ; Jean-Marie Gray, médecin ; Jean Hugel, viticulteur-négociant ; Nicolas Joly, viticulteur ; Michel Juillot, viticulteur ; Bernard Michelot, viticulteur ; Paul Millerioux, viticulteur : Hubert de Montille, viticulteur ; Georges Mugneret †, viticulteur ; Docteur André Parce, viticulteur ; Lucien Peyraud, viticulteur ; Jean-Marie Ponsot, viticulteur ; François Raveneau, viticulteur ; Jean-Paul Ritzenthaler, ex-directeur de la Cave de Turckheim ; François Serres, œnologue ; Claude Valat, ex-directeur de l'ANTAV ; Richard Ziemek, viticulteur ; le Comité Interprofessionnel des Vins de Champagne à Épernay ; l'ONIVINS à Paris ; la Confrérie des Chevaliers du Tastevin, ainsi que Daniel Crozes pour sa collaboration amicale au chapitre « Une Civilisation millénaire » et Françoise Renvoisé pour sa précieuse collaboration informatique.

Toutes les photographies de cet ouvrage ont été réalisées par Yvette Renvoisé, à l'exception des photos suivantes :

- La Coulée de Serrant, Nicolas Joly, 49170 Savennières
- Que d'envolées lyriques en perspective, Jean-Pierre Soulier, 58140 Brassy
- Même déclaration à deux époques, Rabillé, 72800 Le Lude
- Bouteille non lavée, Rabillé, 72800 Le Lude

Cartes des vignobles : De Vree/Sanchez/GaultMillau

Conception graphique : Olivier Douzou

Achevé d'imprimer
en février 1996
sur les presses de Graphi Imprimeur
12450 La Primaube
pour le compte des Éditions du Rouergue
N° Imprimeur A94/1694R

Dépôt légal : mars 1996

ISBN : 2 84156 036 8